DILEMAS
NA CONSTITUIÇÃO

ALFREDO COPETTI NETO
GEORGE SALOMÃO LEITE
GLAUCO SALOMÃO LEITE

Coordenadores

Prefácio
Dalmo de Abreu Dallari

DILEMAS NA CONSTITUIÇÃO

Belo Horizonte

Fórum
CONHECIMENTO JURÍDICO

2017

© 2017 Editora Fórum Ltda.

É proibida a reprodução total ou parcial desta obra, por qualquer meio eletrônico, inclusive por processos xerográficos, sem autorização expressa do Editor.

Conselho Editorial

Adilson Abreu Dallari
Alécia Paolucci Nogueira Bicalho
Alexandre Coutinho Pagliarini
André Ramos Tavares
Carlos Ayres Britto
Carlos Mário da Silva Velloso
Cármen Lúcia Antunes Rocha
Cesar Augusto Guimarães Pereira
Clovis Beznos
Cristiana Fortini
Dinorá Adelaide Musetti Grotti
Diogo de Figueiredo Moreira Neto
Egon Bockmann Moreira
Emerson Gabardo
Fabrício Motta
Fernando Rossi
Flávio Henrique Unes Pereira

Floriano de Azevedo Marques Neto
Gustavo Justino de Oliveira
Inês Virgínia Prado Soares
Jorge Ulisses Jacoby Fernandes
Juarez Freitas
Luciano Ferraz
Lúcio Delfino
Marcia Carla Pereira Ribeiro
Márcio Cammarosano
Marcos Ehrhardt Jr.
Maria Sylvia Zanella Di Pietro
Ney José de Freitas
Oswaldo Othon de Pontes Saraiva Filho
Paulo Modesto
Romeu Felipe Bacellar Filho
Sérgio Guerra
Walber de Moura Agra

Luís Cláudio Rodrigues Ferreira
Presidente e Editor

Coordenação editorial: Leonardo Eustáquio Siqueira Araújo

Av. Afonso Pena, 2770 – 15º andar – Savassi – CEP 30130-012
Belo Horizonte – Minas Gerais – Tel.: (31) 2121.4900 / 2121.4949
www.editoraforum.com.br – editoraforum@editoraforum.com.br

D576   Dilemas na Constituição/ Alfredo Copetti Neto, George Salomão Leite, Glauco Salomão Leite (Coord.).– Belo Horizonte : Fórum, 2017.

446 p.
ISBN: 978-85-450-0236-9

1. Direito Constitucional. I. Copetti Neto, Alfredo. II. Leite, George Salomão. III. Leite, Glauco Salomão. IV. Título.

CDD 341.2
CDU 342

Informação bibliográfica deste livro, conforme a NBR 6023:2002 da Associação Brasileira de Normas Técnicas (ABNT):

COPETTI NETO, Alfredo; LEITE, George Salomão; LEITE, Glauco Salomão. *Dilemas na Constituição*. Belo Horizonte: Fórum, 2017. 446 p. ISBN 978-85-450-0236-9.

SUMÁRIO

PREFÁCIO 13

PARTE I
Dilemas na Teoria da Constituição

A CONSTITUIÇÃO BRASILEIRA DE 1988 E SEUS POSTULADOS LIBERAL-SOCIAIS: O FUNDAMENTO DA PROTEÇÃO DO SISTEMA DE GARANTIAS
Alfredo Copetti Neto e Mariana Garcia.. 17
1   Nota preliminar 17
2   A liberdade, o liberalismo social e sua adequação ao constitucionalismo contemporâneo 18
3   Uma análise dos postulados liberal-sociais na Constituição Brasileira de 1988 25
Notas finais 31
Referências 32

NOTAS PROGRAMÁTICAS PARA UMA TEORIA CRÍTICO-RECONSTRUTIVA DA CONSTITUIÇÃO
Marcelo Andrade Cattoni de Oliveira... 35
1   Introdução 35
2   O sentido de uma teoria crítico-reconstrutiva da Constituição................. 36
3   A Teoria da Constituição como *chave interpretativa* do Direito Constitucional 38
4   Origens da Teoria da Constituição 39
5   Campo de estudo da Teoria da Constituição 41
5.1 Teoria Geral do Direito Público 41
5.2 Instituições políticas 41
5.3 Teoria Geral do Estado 41
5.4 Teoria da Constituição 42
6   Teoria da Constituição e virada linguística 43
7   Dimensões da Teoria da Constituição 44
Referências 45

OS DILEMAS DA JURISDIÇÃO CONSTITUCIONAL NA DEMOCRACIA: É POSSÍVEL ESTABELECER PERFIS DE JUÍZES?
Lenio Luiz Streck 47

1	Introdução	47
2	Os perfis de juízes na obra de Cass Sunstein	48
3	É possível fixar ou determinar perfis/modelos de juízes?	51
4	Considerações finais	57
Referências		59

A CONSTITUIÇÃO DE 1988: OS INCONVENIENTES DA OPÇÃO PELO DETALHE
Edilson Pereira Nobre Júnior..61

I	A Constituição de 1988 e o Estado constitucional (à guisa de introdução)	61
II	O viés detalhista	63
III	O embaraço ao livre desenvolvimento interpretativo	66
IV	Os prejuízos à rigidez e à coerência sistemática	70
V	Palavras finais	73
Referências		74

PARTE II
Dilemas na Eficácia dos Direitos Fundamentais

NOTAS SOBRE O REGIME JURÍDICO-CONSTITUCIONAL DOS DIREITOS SOCIAIS NA CONDIÇÃO DE DIREITOS FUNDAMENTAIS, COM ÊNFASE NA "APLICABILIDADE IMEDIATA" DAS NORMAS DE DIREITOS FUNDAMENTAIS
Ingo Wolfgang Sarlet..79

1	Os direitos sociais no Estado Constitucional contemporâneo: entre "mínimo existencial" e o ideal de sua progressiva e ótima realização – aproximação e delimitação do tema	79
2	O regime jurídico-constitucional dos direitos sociais na condição de direitos fundamentais, com destaque para o dever de aplicação imediata das normas de direitos fundamentais	85
3	A título de encerramento, embora não propriamente em caráter de conclusão...	102

A ASSOCIAÇÃO EM JUÍZO NA DEFESA DAS PESSOAS COM DEFICIÊNCIA: NOVOS PARÂMETROS DECORRENTES DA CONVENÇÃO DA ONU
Luiz Alberto David Araujo e Flavia de Campos Pinheiro.........................105

1	Introdução	105
2	A Constituição e a pessoa com deficiência	105
3	A Convenção da ONU e sua hierarquia	107
4	O novo conceito de pessoa com deficiência: não basta o fator médico. A inclusão do fator socioambiental	108

5	A tutela das pessoas com deficiência pelas associações	110
6	Cuidados especiais na demonstração da legitimidade ativa	113
7	A presunção legal de barreira: a Lei de Proteção da Pessoa com Transtorno do Espectro Autista	115
8	Conclusões	116
Referências		117

OS CUSTOS DOS DIREITOS FUNDAMENTAIS JUSTIFICAM A NEGAÇÃO? PARA ALÉM DO DISCURSO A *LA POLLYANNA*

Alexandre Morais da Rosa e Jéssica Gonçalves 119

Introdução		119
1	Direitos fundamentais no discurso garantista de Luigi Ferrajoli	120
2	Para além do Direito: a interdisciplinaridade com a análise econômica	122
3	O custo dos direitos: adeus, *Pollyanna*!	125
Conclusão		128
Referências		128

DILEMAS NA EFICÁCIA DOS DIREITOSFUNDAMENTAIS

Clèmerson Merlin Clève e Bruno Meneses Lorenzetto 131

1	Introdução	131
2	Retomando a *doutrina da efetividade*	131
3	O avanço na teorização dos direitos fundamentais	134
4	Revisões e novos caminhos	137
4.1	Judiciário entre deferência e intervenção	137
4.2	Estado de Coisas Inconstitucional?	140
5	Considerações finais	145

PARTE III
Dilemas no
Federalismo Brasileiro

DILEMAS DO FEDERALISMO BRASILEIRO: TERRITÓRIO E DIVERSIDADE NA CONSTRUÇÃO DE UMA DEMOCRACIA REAL

José Luiz Quadros de Magalhães	151
A modernidade	151
Construindo a identidade nacional: o sujeito enraizado moderno	154
Construindo o presente contínuo: a identidade múltipla e mutante	155
Alternativas: federalismo e busca do diálogo intercultural	158
A solução federal multicultural	161
Conclusão: poder local e federalismo multicultural	165

OS LIMITES DA TRANSIÇÃO POLÍTICA E (ALGUNS) OS DILEMAS DO FEDERALISMO BRASILEIRO. UM OLHAR RETROSPECTIVO!
Jose Luis Bolzan de Morais e Roberta Camineiro Baggio.............................167
1   Introdução 167
2   A federação no contexto da transição política brasileira............................168
3   Os limites políticos das configurações constitucionais do federalismo brasileiro 172
3.1 O mito da descentralização e a federação simétrica..................................175
3.2 Os paradoxos da repartição de competências e o modelo predatório de sustentação econômica 179
4   Considerações finais..182
Referências 183

NORMAS GERAIS NO FEDERALISMO BRASILEIRO: EXPLICANDO E CONTEXTUALIZANDO O PAPEL DA UNIÃO NA REPARTIÇÃO DE COMPETÊNCIAS LEGISLATIVAS CONCORRENTES
Marcelo Labanca Corrêa de Araújo..185
1   Colocação do tema: combinando unidade com diversidade no federalismo brasileiro 185
2   Competência legislativa concorrente e o papel desempenhado pela norma geral 186
3   A caracterização das normas gerais...189
4   Contextualizando normas gerais no condomínio legislativo: estudo do caso da legislação sobre reserva de vagas em concursos para proteção e integração social das pessoas com deficiência 193
5   Considerações finais..197
Referências 199

O FEDERALISMO COOPERATIVO DE *EXECUÇÃO* COMO MODELO PARA O ESTADO SOCIAL BRASILEIRO
Andreas J. Krell 201
1   Introdução 201
2   O modelo da Federação na atualidade: convivência da coordenação central com o princípio da subsidiariedade 202
3   Bases teóricas do modelo do federalismo *cooperativo*............................206
4   Bases normativas do federalismo cooperativo no Brasil: artigos 23 e 241 da CF 209
5   A tendência da interpenetração das competências federativas no Estado intervencionista...211
6   Chances para o avanço do "federalismo de *execução*" no Brasil.............213
7   Crescimento do papel dos municípios na execução das políticas sociais do governo federal; aspectos jurídicos, financeiros e políticos....................216

8   Conclusão 219

PARTE IV
Dilemas na Organização dos Poderes

DESESTATIZAÇÃO E DECRETOS AUTÔNOMOS: LIMITES DO PODER REGULAMENTAR NO ESTADO BRASILEIRO
Frederico Antonio Lima de Oliveira e George Salomão Leite 223
1   Introdução 223
2   Descentralização administrativa e regulação 223
3   Poder regulamentar e o uso do decreto autônomo 226
4   O conceito de serviço público e o poder de polícia 230
5   À guisa de conclusão 257
Referências 259

A SEPARAÇÃO DOS PODERES E O ESTADO DE COISAS INCONSTITUCIONAL RECONHECIDO NA ADPF Nº 347
Bernardo Gonçalves Fernandes 261
Referências 270

A NOVA DIVISÃO DE PODERES E A PROATIVIDADE DA CULTURA DE CONTROLE
Vânia Siciliano Aieta 271

PODER JUDICIÁRIO E ARENA PÚBLICA
Maria Tereza Aina Sadek 285
Introdução 285
1   O desenho institucional democrático 286
2   A inclusão de direitos 288
3   Poder Judiciário: protagonismo 290
4   Notas finais 296
Referências 298

PROTAGONISMO INSTITUCIONAL DO PODER JUDICIÁRIO NO ESTADO CONTEMPORÂNEO: REFLEXÕES SOBRE A JUDICIALIZAÇÃO, O ATIVISMO JUDICIAL E A AUTONOMIA PROCESSUAL DA JUSTIÇA CONSTITUCIONAL
Guilherme Peña de Moraes 301
1   Introdução 301
2   Judicialização da política 301
3   Protagonismo judicial 303
4   Ativismo judicial 304
4.1   Definição 304

4.2	Tipologia	305
4.2.1	Ativismo extrajudicial	305
4.2.2	Ativismo dialógico	306
4.2.3	Ativismo procedimental	307
4.3	Limitação	307
4.3.1	Discriminação ou preconceito	308
4.3.2	Deliberação popular	308
4.3.3	Funcionamento da democracia	308
4.3.4	Capacidade técnica	309
4.3.5	Proteção deficiente dos direitos das gerações futuras	309
5	Conclusão	310
Referências		311

PARTE V
Dilemas no Processo Constitucional e no Controle de Constitucionalidade

ENTRE O *ÉTHOS* E A PRÁXIS: OSCILAÇÕES DA JURISDIÇÃO CONSTITUCIONAL NA PROTEÇÃO DE DIREITOS FUNDAMENTAIS
Flávia Santiago Lima e Glauco Salomão Leite 317

Introdução		317
1	O discurso neoconstitucionalista na legitimação do protagonismo judicial	318
2	Ativismo judicial para proteção de direitos?	324
3	O ativismo inesperado: entre retrocesso e potenciais avanços	327
3.1	Caso 1: Flexibilização da presunção de inocência	328
3.2	Caso 2: Flexibilização da garantia do sigilo bancário	331
Conclusões: um Soberano Tribunal Federal?		334
Referências		335

MODULAÇÃO DE EFEITOS NO CONTROLE DE CONSTITUCIONALIDADE E *OBJETIVAÇÃO* DO RECURSO EXTRAORDINÁRIO – REFLEXOS SOBRE O ACESSO À JURISDIÇÃO
Alexandre Melo Franco Bahia, Dierle Nunes e Diogo Bacha e Silva 339

1	Introdução	339
2	Controle concentrado de constitucionalidade como processo objetivo e efeitos transcendentes dos fundamentos da decisão	342
3	A objetivação do recurso extraordinário (e outros)	347
4	Convergência, riscos e formação de nossa jurisprudência	352
5	Mutação constitucional e eficácia expansiva: o que é isto?	355
6	Considerações finais	356
Referências		357

HUMOR, POLÍTICA E JURISDIÇÃO CONSTITUCIONAL. O SUPREMO TRIBUNAL FEDERAL COMO GUARDIÃO DA DEMOCRACIA: A PROTEÇÃO DA LIBERDADE DE CRÍTICA POLÍTICA EM PROCESSOS ELEITORAIS

Gustavo Binenbojm 361
I   Introdução 361
II As dimensões substantiva e instrumental da liberdade de
    expressão 362
III O sistema constitucional da liberdade de expressão e a sua posição
    preferencial 365
IV Liberdade de expressão e regime jurídico dos serviços de radiodifusão:
    inexistência de fundamentos para tratamento diferenciado em relação
    a outros veículos de comunicação 370
V   Liberdade de expressão e lisura do processo eleitoral 372
VI A inconstitucionalidade do art. 45, II, da Lei nº 9.504/1997 375
VII Inconstitucionalidade do art. 45, III (em parte), da Lei nº 9.504/1997 377
VIII A decisão do Supremo Tribunal Federal: intervenção a favor, e não
    contra a democracia 382

PARTE VI
Dilemas na Ordem Econômica e Social

A SAÚDE PÚBLICA NO BRASIL: BREVE ANÁLISE DE SUAS COMPLEXIDADES À LUZ DO DIREITO FINANCEIRO

José Maurício Conti e Ricart César Coelho dos Santos 389
1   Apresentação 389
2   A saúde na Constituição brasileira de 1988 390
3   Financiamento do Sistema Único de Saúde 392
4   Planejamento e gestão 394
5   Judicialização 396
6   Síntese conclusiva 398
Referências 399

OS DILEMAS DA PROTEÇÃO AO TRABALHO E DO COMBATE ÀS DESIGUALDADES SOCIAIS NA CONSTITUIÇÃO DE 1988

Gilberto Bercovici 401
Referências 411

DILEMAS DA CONSTITUIÇÃO ECONÔMICA

Daniel Francisco Nagao Menezes 413
1   Introdução 413
2   Constituição Econômica brasileira – história e conceitos 413

3	A redemocratização e o movimento constituinte 87/88	415
4	Os modelos de gestão	420
5	Considerações finais: os dilemas da Constituição Econômica	422

Referências 424

O *TRATADO ORÇAMENTAL*, UM VERDADEIRO "GOLPE DE ESTADO EUROPEU"
António Avelãs Nunes 425
Referências 441

SOBRE OS AUTORES 443

PREFÁCIO

Esta obra é uma coletânea de alto nível reunindo reflexões e ponderações sobre aspectos particulares da Constituição brasileira de 1988, escritas por especialistas de grande autoridade. Sem lançar dúvidas sobre o extraordinário valor da Constituição de 1988, como expressão do neoconstitucionalismo comprometido com a democracia e a garantia e promoção dos direitos fundamentais da pessoa humana, assinalam a existência de aspectos sujeitos a controvérsias e enfatizam a necessidade de se dar efetividade aos princípios e às normas constitucionais.

A rigor não caberia falar em dilemas suscitados pela Constituição, mas em desafios para que se dê aos preceitos constitucionais a interpretação e a aplicação mais condizentes com seu espírito e que, conciliando diferentes pontos de vista, assegurem a prevalência de orientações que levem à implementação de uma ordem política e social condizente com o Estado Democrático de Direito, como está definido o Brasil em dispositivo expresso da Constituição. Com efeito, tanto o tradicional dicionário Aurélio quanto o Pequeno Dicionário da Língua Portuguesa registram um sentido comum para o termo "dilema", que é "situação embaraçosa com duas saídas difíceis ou penosas". Na realidade, o que se encontra nos trabalhos aqui reunidos são análises precisas e oportunas de aspectos fundamentais da nova Constituição brasileira, assinalando controvérsias teóricas e a necessidade de se dar efetividade aos avanços nela consagrados.

Agrupando os trabalhos em função de diferentes aspectos temáticos relevantes, foram aqui reunidas exposições e análises sobre novas concepções que são marcantes no conjunto de inovações teórico-práticas que se tem evidenciado como expressões do neoconstitucionalismo. Foi dada especial ênfase à consideração da Jurisdição Constitucional na Democracia, o que tem expressivo registro tanto na ampliação de competências quanto na concepção do papel do Judiciário. Assim é que a Constituição de 1988 dá ao Supremo Tribunal Federal, como "função precípua", a guarda da Constituição. E no tocante ao novo papel do Judiciário cabe aqui relembrar o que foi assinalado pelo Ministro Enrique Ricardo Lewandowski no discurso de posse como Presidente da Corte Suprema: "O Judiciário, confinado, desde o século XVIII, à função de simples 'bouche de la loi', ou seja, mero intérprete mecânico das leis, foi pouco a pouco compelido a potencializar ao máximo sua atividade hermenêutica, de maneira a dar concreção aos direitos fundamentais, compreendidos em suas várias gerações". Isso está reconhecido e evidenciado em artigos reunidos nesta obra.

Em complemento às considerações sobre o tema específico da Jurisdição Constitucional foram também incluídos nesta coletânea estudos que, direta ou indiretamente, tratam com ênfase da questão da efetiva aplicação dos preceitos constitucionais mais avançados, relativos aos direitos fundamentais. Essas reflexões estão presentes no estudo do novo federalismo brasileiro, tanto do ponto de vista das competências exclusivas e concorrentes quanto nas considerações sobre a ordem econômica e seu relacionamento com o custo da efetivação dos direitos fundamentais, especialmente dos direitos sociais. A esse respeito é oportuno lembrar que os estudos aqui reunidos dão sequência ao que foi enfatizado, com muita precisão, pelo notável mestre da constitucionalidade e figura exponencial do Supremo Tribunal Federal, Ministro Luís Roberto Barroso, na obra denominada justamente "O Direito Constitucional e a Efetividade de suas Normas". São estas as suas palavras: "Cabe distinguir da eficácia *jurídica* o que muitos autores denominam de eficácia *social* da norma, que se refere, como assinala Reale, ao cumprimento efetivo do Direito por parte de uma sociedade... Em tal acepção, eficácia social é a concretização do comando normativo, sua força operativa no mundo dos fatos" (ob. cit., p. 78).

Na última parte da presente obra foi ressaltado um aspecto fundamental das atuais controvérsias políticas brasileiras, que é, precisamente, o custo da garantia de eficácia das normas de direito fundamental, especialmente das que são incluídas na concepção de "direitos sociais". Nessa parte foram reunidos trabalhos que dedicam especial atenção à ordem econômica relacionada com o custo da busca de efetivação dos direitos fundamentais. Num excelente trabalho sobre esse questionamento Gilberto Bercovici, ilustre Professor da Faculdade de Direito da Universidade de São Paulo, assinala a importância da efetividade dos direitos fundamentais consagrados na Constituição de 1988 para correção das profundas desigualdades sociais que ainda persistem no Brasil.

Em síntese, esta obra é um conjunto de estudos muito bem elaborados sobre aspectos relevantes do novo constitucionalismo, ressaltando peculiaridades altamente positivas da Constituição brasileira de 1988 e fornecendo elementos teórico-práticos para o conhecimento mais preciso das controvérsias a respeito de aspectos básicos da Constituição, contribuindo para a clara percepção de que essa Constituição foi, realmente, uma conquista do povo brasileiro, dando valiosa contribuição para que o Brasil seja, efetivamente, um Estado Democrático de Direito.

Dalmo de Abreu Dallari
Professor Emérito da
Faculdade de Direito da USP

PARTE I

DILEMAS NA TEORIA DA CONSTITUIÇÃO

A CONSTITUIÇÃO BRASILEIRA DE 1988 E SEUS POSTULADOS LIBERAL-SOCIAIS: O FUNDAMENTO DA PROTEÇÃO DO SISTEMA DE GARANTIAS

Alfredo Copetti Neto
Mariana Garcia

1 Nota preliminar

Para, em alguma medida, ser compreendido o conceito atual de constituição é necessário partir de uma premissa, que é aquela delineada por Konrad Hesse no ensaio "A força normativa da constituição".[1] Hesse, contrapondo Lassalle, em 1959, em sua aula inaugural na Universidade de Freiburg-RFA, defendeu a ideia segundo a qual a constituição, mesmo no embate em relação aos fatores reais de poder, não deveria ser considerada a parte mais fraca da contenda. Segundo o autor alemão, a constituição é dotada de uma força autônoma, que age na determinação e na estabilização da vida do Estado. Ele asseverou que a constituição normativa – e jurídica – tem na sua lógica a imposição de tarefas cuja realização faz com que ela se torne *força ativa*, o que depende, sobremaneira, não só da *vontade de poder*, mas especialmente, da *vontade de constituição*.[2]

Pode-se afirmar, por conta disso, que Hesse, ao lado de outro autor daquela época, Vezio Crisafulli,[3] responsável por cunhar o termo *normas programáticas*[4] – tão caro ao constitucionalismo brasileiro pós 1988 –, bem como, contemporaneamente, de J. J. Gomes Canotilho, autor da obra *Constituição Dirigente e Vinculação do Legislador*,[5] pretenderam, cada qual ao seu modo, estabelecer as arestas para aquilo que se pode nominar de *defesa da constituição e do estado de direito*.

Nessa perspectiva, a Constituição Brasileira de 1988 estabelece uma profunda ligação com o constitucionalismo erigido no segundo pós-guerra. Com a intenção de defender-se de possíveis ataques políticos (despóticos), econômicos (de poder) e morais (reacionários/não laicos), a Constituição avoca em seu texto

---

[1] HESSE, Konrad. *A força normativa da constituição*. Porto Alegre: Safe, 1991.
[2] *Ibidem*, p. 19.
[3] CRISAFULLI, Vezio. *La costituzione e le sue disposizioni di principio*. Milano: Giuffrè, 1952.
[4] Sobre o termo "normas programáticas" no Brasil ver: SILVA, José Afonso da. *A aplicabilidade das normas constitucionais*. São Paulo: Malheiros, 1999. Em relação à utilização equivocada do termo cunhado por Crisafulli no Brasil, ver, por todos: BERCOVICI, Gilberto. Ainda faz sentido a constituição dirigente? *Revista do Instituto de Hermenêutica Jurídica*, n. VI, 2008.
[5] CANOTILHO, José Joaquim Gomes. *Constituição dirigente e vinculação do legislador*: contributo para a compreensão das normas constitucionais programáticas. 2. ed. Coimbra: Coimbra Editora, 2001.

a ideia radical de rigidez constitucional e de controle de constitucionalidade material, além do já consagrado princípio da limitação do poder estatal – a partir da exigência de respeito ao princípio da legalidade e da separação dos poderes – aliado à garantia de direitos individuais e sociais.[6]

Por conta disso, pretende-se demonstrar, com o presente ensaio, que a *defesa da constituição e do estado de direito* tem uma finalidade não sua, interna, mas externa, com vista à nação, que desloca a preocupação do constituinte para um projeto de desenvolvimento social e econômico, *voltado à melhoria das condições sociais de vida da maioria da população*.[7]

Em outros termos, a esfera pública passa a ter um papel ativo na garantia de direitos e na efetivação de uma justiça social, o que, segundo Bercovici, pode ser *a última possibilidade que temos para a construção de um Estado nacional republicano e democrático*.[8]

Esse compromisso constitucional – que se expressa na ideia política progressista e social, recriada/avançada do liberalismo clássico, e que juridicamente se arranja no texto constitucional pela importância da pessoa humana; pela compressão da igualdade jurídica entre os indivíduos; pela soberania popular que contratualmente cria o Estado – ideologicamente se funda na concepção de *liberalismo social*.[9]

Por outro lado, se a discussão acerca dos fundamentos filosófico-políticos da Constituição Brasileira não ocorrer de forma séria, em primeiro lugar, permanecerá o tradicional dilema que envolve o debate acerca do conceito de *constituição econômica*; depois, acompanhando transversalmente essa primeira confusão, estarão as contemporâneas posições políticas adotadas acerca das liberdades civis, que minam e desvirtuam os fundamentos republicanos e laicos do Estado e do Direito.

2 A liberdade, o liberalismo social e sua adequação ao constitucionalismo contemporâneo

O *liberalismo social* surge como um passo adiante – e muito mais qualificado – da doutrina liberal clássica, razão pela qual, em alguma medida, não há como estabelecer

---

[6] Ferrajoli classifica o constitucionalismo brasileiro como não meramente rígido, mas *rigidíssimo*, por conta da existência de cláusulas pétreas no texto constitucional, bem como pela ampla gama de garantias, oriundas das *ações constitucionais*. Ainda, o autor italiano refere como novidade do constitucionalismo brasileiro o duplo controle de constitucionalidade e a função ampliada de garantia do Ministério Público. Para tanto ver: FERRAJOLI, Luigi. *La democrazia atraverso i diritti*. Roma: Laterza, 2013, *passim*.

[7] BERCOVICI, Gilberto. *Constituição econômica e desenvolvimento*: uma leitura a partir da Constituição de 1988. São Paulo: Malheiros, 2005. p. 9.

[8] *Ibidem*, p. 10.

[9] Embora há inúmeras expressões para definir uma concepção liberal social, opta-se pelo termo *liberalismo social*, que, utilizando expressões de natureza econômica, deixa clara a relação com as questões de direitos sociais. Ainda, ao usar a expressão *liberalismo social*, demonstra-se a vinculação a teóricos como Leonard Hobhouse – que utiliza o termo *social liberalism* – e a toda a tradição inglesa, que desde Stuart Mill tem se preocupado com a repartição justa da produção e com a eliminação dos privilégios decorrentes do nascimento. Para tanto, ver: HOBHOUSE, Leonard. *Liberalism*. London: Oxford University Press, 2009.

um conceito de *liberalismo social* que não abarque elementos do próprio liberalismo, como doutrina política, e do iluminismo, como movimento filosófico, este último mesmo numa perspectiva crítica.

Não obstante isso, para que seja possível apresentar uma compreensão adequada do liberalismo, é necessário tratar – ainda que brevemente – da questão que envolve o termo liberdade, na perspectiva em que a história do liberalismo, em suas diversas manifestações, conta também, de algum modo, a história da liberdade.[10]

Nesse sentido, importante são as colocações do italiano Nicola Abbagnano,[11] que em seu *Dizionario di Filosofia* atribui ao termo *liberdade* três significados fundamentais, cuja complexa estrutura ocorre por conta de seu viés histórico-filosófico, e se compõem do seguinte modo: a) *liberdade* como ausência de limite, conformada a partir da autodeterminação e da autocausalidade; b) *liberdade* vinculada não ao indivíduo, mas ao todo (ao Estado, por exemplo) como necessidade. Conduzida a partir da primeira percepção (autodeterminação), mas dela distante, pois pautada no âmbito da totalidade; c) *liberdade* como *possibilidade* ou *escolha*, portanto finita, condicionada.

Ainda, pondera Abbagnano, independentemente da forma assumida pela *liberdade* nos mais variados campos do conhecimento (liberdade moral, liberdade política, liberdade econômica, etc.), ela, necessariamente, orbitará o léxico dos três conceitos delineados. Especificamente, compreende-se adequado tratar a *liberdade*, em relação ao modelo constitucional brasileiro, pelo terceiro viés proposto, ou seja, "come misura di possibilità, quindi scelta motivata o condizionata",[12] afastando-se tanto de uma autodeterminação identificada consigo mesma como de uma identidade absoluta que age como causa individual.

O fato de o indivíduo assumir a autoria de suas próprias escolhas, por um lado, e deixar ausente de responsabilidade a divindade, por outro, compreendendo a causalidade limitada de forma objetiva por conta dos modelos de vida disponíveis, faz com que a liberdade se desloque para o âmbito da finitude, de um projeto concreto a ser desenvolvido. A admissão da determinação do homem em relação às suas condições, sem que haja uma previsão infalível acerca das suas escolhas, enaltece a *liberdade de fazer*, promovida pelos contratualistas, em especial Hobbes e Locke, em contraste com a *liberdade de querer*, consolidada pelo pensamento medieval como *livre-arbítrio*. Para Locke, por exemplo, a *liberdade*, em uma *perspectiva natural*, ocorre na medida em que nenhum indivíduo esteja vinculado a qualquer poder superior; numa *perspectiva social*, a *liberdade* consiste em submeter-se somente à lei estabelecida pelo consenso.[13]

---

[10] Sabe-se que o discurso acerca da liberdade traz posições antagônicas, contraditórias. Em nome da liberdade houve – e há – exclusão e opressão. Por conta disso, não se está a tratar especificamente do Estado liberal, mas dos pressupostos que o erigiram – e que em alguma medida foram esquecidos – sob o amálgama da liberdade.

[11] ABBAGNANO, Nicola. *Dizionario di filosofia*. 3. ed. aggiornata e ampliata. Torino: UTET Libreria, 2008. p. 634 *et seq*.

[12] *Ibidem*, p. 638.

[13] *Ibidem*, p. 639.

A partir das perspectivas mais socializantes, para além de seus fundamentos naturais, o termo liberdade assume um papel limitador. Para Stuart Mill a liberdade deve ser concebida como limite ao poder que a sociedade legitimamente exerce sobre o indivíduo. Na obra *"Sobre a Liberdade"*, Mill traça uma evolução desse limite desde os governos despóticos, nos quais se identifica um antagonismo entre o governante e o povo por ele governado – consubstanciando-se a liberdade em uma proteção contra a tirania dos governantes, até os governos "democráticos", nos quais não haveria receio da tirania e seria desnecessária a limitação ao exercício do poder uma vez que o interesse e a vontade do governante são o interesse e a vontade da nação.[14] A ideia de que o povo não precisaria limitar – mas somente compartilhar – seu poder sobre si mesmo é desconstituída por Mill, que considera que "o povo que exerce o poder não é sempre o mesmo povo sobre quem o poder é exercido",[15] dessa forma a vontade do povo significa a vontade da mais ativa e numerosa parte do povo, ou seja, da "maioria",[16] justificando-se a limitação do poder a fim de evitar a opressão do "povo" contra uma parte de "si mesmo".

Nesse ponto, Mill considera necessária a intervenção reguladora do Estado, superando a ideia do liberalismo clássico, de cunho estritamente individualista, desde que atenda a única justificativa existente para interferência dos homens na liberdade de ação do outro: a *autoproteção*. De acordo com Mill "a única razão legítima para se usar a força contra algum membro de uma comunidade civilizada é impedir que cause dano a outros".[17] Nesse contexto, nenhum indivíduo pode ser obrigado a fazer ou deixar de fazer algo sob a justificativa de que desse fazer (ou não fazer) deriva um benefício para si, pois para Mill a única parte da conduta que o indivíduo pode responder perante a sociedade é aquela que concerne aos outros. "Na parte que diz respeito a si próprio, a sua independência é, de fato, absoluta. Sobre si mesmo, sobre seu corpo e seu espírito, o indivíduo é soberano".[18]

Em tal perspectiva é que se desenvolve a *liberdade política*, e é a partir dela, também, que se aloca o problema fundamental da *liberdade*, que é o problema quanto a sua *medida*: a medida de participação individual e coletiva no controle das leis e a medida que tais leis têm em limitar-lhes a capacidade de escolha. Eis o dilema da liberdade e, por consequência, o dilema que se estabeleceu ao redor do *liberalismo moderno*.

A dificuldade que há em estabelecer uma "medida" para a liberdade atinge de forma inevitável o próprio liberalismo e por consequência a estrutura

---

[14] MILL, Stuart. *Sobre la libertad*. Tradução Josefa Sainz Pulido. 3. ed. Buenos Aires: Aguilar Editor, 1962.
[15] Tradução nossa. "[...] el Pueblo que ejerce el poder no es siempre el mismo pueblo sobre el que se ejerce". *Ibidem*, p. 41.
[16] Uma maioria que, quando se trata do Brasil, especificamente, vem representada por uma elite muito bem definida.
[17] Tradução nossa. "[...] la única razón legítima para usar de la fuerza contra um membro de uma comunidade civilizada es la de impedirle prejudicar a otros". MILL, *op. cit.*, p. 50.
[18] Tradução nossa. "Para aquello que no le atañe más que a él, su independencia es, de hecho, absoluta. Sobre sí mismo, sobre su cuerpo y su espíritu, el individuo es soberano". *Ibidem*.

do direito e da constituição como projeto. Ainda assim, estabelecer elementos que auxiliem na compreensão de que liberdade se está a falar é importante, uma vez que o liberalismo, embora não forme um conjunto homogêneo de ideias, em alguma medida, apresenta-se como uma narrativa ao desenvolvimento e à manutenção da liberdade.

Segundo Nicola Matteucci, parte da dificuldade em se conceituar o termo está relacionada ao fato de a história do liberalismo estar muito ligada à própria história da democracia, tornando árdua a tarefa de distinguir o que existe de liberal e o que existe de democrático nas atuais democracias liberais. Além disso, como o liberalismo surge em diferentes países e em diferentes momentos históricos diferentes, é árdua a tarefa de identificar o que há de comum nesse "movimento liberal", a fim de estabelecer uma definição de liberalismo que contemple esses diversos cenários.[19]

Ao abordar o surgimento do liberalismo, Leonard Hobhouse afirma que, se o Estado Moderno se inicia a partir de uma ordem autoritária, é o protesto contra essa ordem instituída – protesto religioso, político, econômico, social e ético – que dá início à história do liberalismo.[20]

Na busca de elementos que identifiquem o liberalismo, Matteucci considera que a defesa do Estado Liberal, entendido como um estado que garante os direitos do indivíduo contra o poder político e, que para tal, exige formas, mais ou menos amplas, de representação política, é um elemento presente em todo o pensamento liberal.[21]

Todavia, a questão é bem mais complexa, pois, a partir das pautas trazidas pelo socialismo, o liberalismo passa a enfrentar o seu maior desafio: conciliar a liberdade econômica com a justiça social. Até então, o liberalismo, na sua manifestação clássica, lutava pelas liberdades de religião, de participação no poder político, de iniciativa econômica, reivindicando a não intervenção do Estado e a garantia desses direitos individuais, civis e políticos. Para que fosse possível trazer soluções para a questão social, o liberalismo precisou renunciar à defesa da não intervenção do Estado na vida econômica.[22]

---

[19] MATTEUCCI, Nicola. Verbete Liberalismo, p. 686-705. In: BOBBIO, Norberto; MATTEUCCI, Nicola; PASQUINO, Gianfranco. *Dicionário de política*. 13. ed. Brasília: Editora Universidade de Brasília, 2010. v. 2.

[20] HOBHOUSE, *op. cit.*

[21] *Ibidem*.

[22] MYDRAL, Gunnar. *Beyond the Welfare State*. London: Duckwth, 1960. p. 14 *et seq*, esclarece a diferença entre planejamento econômico e intervenção estatal, na medida em que o planejamento é a alternativa mais liberal – e é a resposta – para o caos criado pela intervenção sempre existente e desordenada do Estado na economia. Obviamente que, nesse ensaio, nos valemos do termo intervenção para expor a perspectiva socializante que assume a função da esfera pública. Para essa perspectiva ver, ainda, VENANCIO FILHO, Alberto. *A intervenção do estado no domínio econômico*. Rio de Janeiro: FGV, 1968. p. 6 *et seq*. Para que seja compreendida a intervenção no âmbito jurídico e constitucional ver: ALBINO DE SOUZA, Washington Peluso. *Teoria da constituição econômica*. Belo Horizonte: Del Rey, 2002. p. 13 *et seq*. GRAU, Eros Roberto. *A ordem econômica na Constituição de 1988*. 13. ed. São Paulo: Malheiros, 2008. p. 64, para quem "o capitalismo se transforma, na medida em que assume um novo caráter *social*". Ainda, CABRAL DE MONCADA, Luis S. *Direito econômico*. 5. ed. Coimbra: Coimbra Editora, 2007. p. 9, que entende que "para a compreensão acabada dos fins da intervenção é necessário um aviso pleno e integrado do meio econômico mas também social em que vivemos esbatendo fronteiras entre diversos níveis de

John Stuart Mill é apontado como o primeiro entre os teóricos do liberalismo a ressaltar instâncias trazidas pelo socialismo para a concepção liberal de Estado. Dentre os pontos elencados por Mill, destaca-se a preocupação com a repartição justa da produção e a eliminação dos privilégios decorrentes do nascimento. Para Nicola Tranfaglia, "enfatizando com clareza a distinção entre ciência e política econômica, Mill foi, sem dúvida, o precursor da intuição fundamental da ideologia liberal-socialista".[23]

Entretanto, é a partir da metade do século XIX que o liberal-socialismo melhor se define como doutrina e "desperta interesse e consenso crescentes junto a minorias intelectuais em toda a Europa". A crise do marxismo e as discussões teóricas promovidas à época fazem com que os socialistas passem a rever princípios da doutrina marxista ortodoxa a fim de conciliá-los com a realidade da sociedade capitalista. Na mesma medida, o desenvolvimento da indústria e a evolução do movimento operário evidenciam as limitações da ideologia liberal, que parece "incapaz de resistir [...] à mensagem marxista, empenhada em proclamar com ardor a necessidade de justiça social para as massas proletárias". De acordo com Nicola Tranfaglia é a partir daí que passamos a identificar "tentativas de síntese entre socialismo e liberalismo, enfatizando ora um ora outro termo do binômio".[24]

Importante referir que, embora seja possível apontar diversos movimentos e correntes com ideias e motivações liberal-socialistas, define-se o núcleo da ideologia liberal-socialista a partir de referências dos teóricos que trataram especialmente do liberal-socialismo ou socialismo liberal.

Nesse contexto, o primeiro autor a ser lembrado é Thomas Hill Green,[25] que afirma que as questões que envolvem educação, habitação e condições sociais em geral devem ser preocupação de todos. Apesar de o autor apoiar o ideal liberal de que o indivíduo é autônomo e de que o Estado não pode forjar o caráter moral de um indivíduo, Green considera que o governo tem um papel legítimo e necessário de moldar as condições políticas, sociais e econômicas gerais em que indivíduos estão situados. Dessa forma, caberá ao Estado enfrentar circunstâncias sociais e econômicas, mas as relações entre as pessoas devem ser regidas sob o prisma do individualismo. Assim, dentro de uma concepção liberal, Green afirma que é papel do Estado criar e assegurar as condições sociais, políticas e econômicas em que os indivíduos possam desenvolver as suas capacidades latentes em toda a extensão possível.

Ainda assim, embora Green tenha dado ao liberalismo "um recomeço de vida conjugando os valores básicos dos direitos e liberdades individuais com uma

---

actividade". COPETTI NETO, Alfredo; CATTONI DE OLIVEIRA, Marcelo. Entre direito, economia e política – as contribuições da ciência do estado alemã (Staatswissenschaft) para o surgimento no século XIX de uma nova ciência do direito. *Revista Novos Estudos Jurídicos*, v. 18, n. 1, 2013.

[23] TRANFAGLIA, Nicola. Verbete liberal-socialismo. In: BOBBIO; MATTEUCCI, *op. cit.*, p. 705.

[24] *Ibidem*, p. 706. Ver também: COPETTI NETO; CATTONI DE OLIVEIRA, *op. cit.*

[25] GREEN, Thomas H. *Lectures on the principles of political obligation*. Cambridge: Cambridge University Press, 1986.

nova ênfase na igualdade de oportunidades, e no *ethos* de comunidade",[26] não chegou a conferir ao "novo liberalismo" uma inflexão socialista.

José Guilherme Merquior considera que o liberalismo social floresceu nos primeiros anos do século XX, destacando a contribuição de Leonard Trelawny Hobhouse.[27] Hobhouse apresenta uma concepção de liberalismo que abarca também as "liberdades sociais", considerando que a luta pela liberdade está relacionada com a luta pela igualdade. O autor[28] aborda o liberalismo a partir da experiência industrial da Inglaterra, entendendo que são necessárias algumas medidas de regulação, em especial no que tange às questões relacionadas ao trabalho.[29]

Ainda, a partir da análise do contexto europeu, Hobhouse afirma que a organização hierárquica da sociedade restringia certos trabalhos e ocupações, na medida em que não assegurava oportunidade de educação para os indivíduos de uma determinada "categoria ou classe". Diante disso, considera que a luta pela liberdade tão relevante para o liberalismo envolve também uma luta pela igualdade, pois só é possível afirmar que há uma efetiva liberdade de escolher e seguir uma ocupação se são asseguradas aos indivíduos iguais oportunidades para seguir essa atividade.

É importante identificar que o objetivo da promoção de direitos – que proporcionasse aos membros da sociedade uma igualdade viva de direitos – é o autodesenvolvimento individual. Assim, "os direitos hobhousianos são concedidos pela sociedade, mas sua função reside em auxiliar o crescimento da individualidade".[30]

Nesse contexto, é possível afirmar que Hobhouse[31] aprofunda o debate acerca do pensamento liberal social, da mesma forma que Green[32] considera que medidas de regulação são por vezes necessárias e que o Estado deve assegurar as condições sociais, políticas e econômicas que permitam aos indivíduos desenvolver plenamente as suas capacidades.[33]

Embora a incorporação da igualdade como um princípio de atuação política sirva para a efetivação da liberdade como escolha e apareça como submissão de condutas individuais para a concretização de objetivos mais amplos, determinados, não há de se pressupor uma restrição *lato sensu* ao termo

---

[26] MERQUIOR, José Guilherme. *O liberalismo antigo e moderno*. Rio de Janeiro: Nova Fronteira, 1991, p. 154.
[27] Ibidem.
[28] HOBHOUSE, *op. cit.*, p. 34.
[29] Exemplo disso é a questão atinente à liberdade de associação, defendida pelos liberais e tratada por Hobhouse. De acordo com o autor, os poderes de uma associação são diferentes dos poderes dos indivíduos e algumas associações podem se tornar tão poderosas que formam um Estado dentro de um Estado. Nesses casos, se a associação age de forma a oprimir os outros ou até mesmo os seus próprios membros, qual a função do liberalismo: proteger o indivíduo contra o poder da associação ou proteger o direito de associação contra toda e qualquer restrição legal? *Ibidem*, p. 40.
[30] MERQUIOR, *op. cit.*, p. 163.
[31] HOBHOUSE, *op. cit.*
[32] GREEN, *op. cit.*
[33] É também em razão desses argumentos que Hobshouse sustenta que o liberalismo apoia um sistema nacional de educação gratuita. HOBHOUSE, *op. cit.*

liberdade. Na verdade o que há é uma qualificação da liberdade, por um lado; e uma extensão, por outro. Ambos os lados, de qualificação e de extensão, atuam para proporcionar um mínimo de condições sociais e econômicas para que o indivíduo desfrute da própria liberdade. Mais do que tudo: o raciocínio que se atinge por essa perspectiva é a centelha inicial do que posteriormente foi muito bem desenvolvido por Amartya Sen no que tange ao desenvolvimento das *capacidades fundamentais*[34] dos indivíduos, pois é evidente que uma esfera pública que vise a proteger e estimular as *capacidades fundamentais* dos seres humanos, em direção à sua igualdade, tenha maior possibilidade de expansão da liberdade e, inclusive, da própria atividade econômica.[35]

Exemplo privilegiado dessa nova visão encontra-se historicamente na denominada *American Progressive Era*, em que o Direito americano também enfrentou a dicotomia individual(ismo)-social(ismo), tendo o pensamento jurídico progressista (fundado no realismo jurídico) defendido uma distribuição mais igualitária da riqueza e o fortalecimento do bem-estar social. Levando em conta o papel transformador do direito, os progressistas passaram a sustentar que essa função seria melhor desenvolvida a partir da relação entre Direito e Economia, ciência capaz de fortalecer a promoção da redistribuição da riqueza na sociedade.[36]

A proposta político-jurídica do pós-guerra veio consolidar e ideia segundo a qual há uma manifestação intrínseca de poder no âmbito privado, para além da mera manifestação pública do poder. Nesse sentido, a força do caráter rígido e prescritivo das constituições contemporâneas, que eleva o direito a um patamar limitador e vinculante, reestrutura o léxico no qual se enquadra o direito de liberdade, ou seja, o desvincula tanto da esfera da autodeterminação política pública quanto da esfera da não constrição à decisão econômica privada e o eleva, juntamente aos direitos sociais, a um patamar delimitador, seja à própria autodeterminação política, seja à decisão econômica.[37]

Essa busca jurídica de uma equalização econômica mostra-se aparentemente inconciliável com a tradição do pensamento liberal, explicando assim a contraposição histórica entre liberalismo e democracia,[38] na medida em que há divergências no que tange ao alcance da igualdade promovida pelo direito.

Entretanto, Bobbio, um dos grandes nomes na consolidação do liberalismo social na Europa, sustentou que "não só o liberalismo é compatível com a democracia,

---

[34] SEN, Amartya K. *Scelta, benessere, equità*. Bologna: Mulino, 2006. p. 356 *et seq.*
[35] SEN, Amartya K. *La democrazia degli altri*: perché la libertà non è una invenzione dell'occidente. Milano: Mondadori, 2005. p. 58.
[36] COPETTI NETO, Alfredo. Pragmatismo em filosofia, realismo em direito e o duplo assalto à economia política clássica: as bases do First Law and Economics Movement na Progressive Era Americana (1880-1930). *Sequência*, Florianópolis. ISSNe 2177-7055.
[37] COPETTI NETO, Alfredo. Uma perspectiva garantista do liberalismo e da democracia: marcos históricos e possibilidades contemporâneas edificados a partir de *Principia iuris*. In: VIANNA, Túlio; MACHADO, Felipe (Coords.). *Garantismo penal no Brasil*: estudos em homenagem a Luigi Ferrajoli. Belo Horizonte: Fórum, 2013. p. 59 *et seq.*
[38] BOBBIO, Norberto. *Liberalismo e democracia*. São Paulo: Brasiliense, 2000.

mas a democracia pode ser considerada como o natural desenvolvimento do Estado liberal".[39] A superação dessa divergência, que possibilita hoje usarmos a expressão "liberal-democracia", passa pela visão da democracia não apenas pelo seu ideal igualitário, mas a partir de sua proposta política de preponderância da soberania popular e da garantia de direitos.

Nesse ponto, é possível perceber uma aproximação do liberalismo com a democracia e defender que não somente o método democrático é necessário para a salvaguarda dos direitos fundamentais da pessoa, mas o conteúdo e a garantia desses direitos são extremamente necessários para o correto funcionamento do método democrático.[40]

Nesse sentido, para o pleno desenvolvimento dos direitos de liberdade foi necessário destacar a relevância, a complementariedade e a convergência que se estabelece entre estes e os direitos sociais, fruto das lutas pela igualdade jurídico-material que evidenciaram a premissa segundo a qual ninguém é livre sem as mínimas condições materiais de sobrevivência: à previdência social, ao trabalho, à saúde e à instrução. Para que fosse possível o cumprimento dessas tarefas, portanto, erigiu-se uma complexa estrutura jurídica que foi concebida como *Estado Constitucional de Direito*, cujas características se fundaram em um duplo aspecto: no controle material de constitucionalidade e na rigidez constitucional.

3 Uma análise dos postulados liberal-sociais na Constituição Brasileira de 1988

Especificamente, no constitucionalismo brasileiro, conforme leciona Bonavides,[41] há a forte influência do modelo de weimariano[42] a partir da Constituição de 1934, que produz uma mudança substancial de orientação e passa a consagrar "um pensamento diferente em matéria de direitos fundamentais da pessoa humana, a saber, faziam ressaltar o aspecto social, sem dúvida, grandemente descurado pelas Constituições precedentes".

A Constituição Federal traz em seu texto postulados que têm íntima relação com os fundamentos do liberalismo social e que implicam mudanças: seja no

---

[39] Ibidem.
[40] COPETTI NETO, Alfredo. *A democracia constitucional sob o olhar do garantismo jurídico*. No prelo.
[41] BONAVIDES, Paulo. *Curso de direito constitucional*. 23. ed. rev. atual. São Paulo: Malheiros, 2008. p. 366.
[42] A Constituição alemã de 1919 se destaca especialmente pelo *Livro II*, que estabeleceu os *direitos e deveres fundamentais do cidadão alemão* e traz um rol sistematizado de direitos com o objetivo de garantir tanto liberdades públicas como prerrogativas de índole social. Para Bercovici, a Constituição de Weimar tem por fundamento a busca de um compromisso em uma estrutura política pluralista, trazendo para o debate "a questão da instauração de uma democracia de massas, ou seja, de uma democracia que deveria ser entendida na forma e na substância, pois importava na emancipação política completa e na igualdade de direitos, incorporando os trabalhadores ao Estado pluralista". BERCOVICI, Gilberto. Política econômica e direito econômico. *Pensar*, Fortaleza, v. 16, n. 2, p. 571, jul./dez. 2011b.

âmbito da teoria do direito (e da constituição), seja no âmbito das instituições jurídico-políticas, seja na perspectiva da aplicação/interpretação do texto constitucional à efetivação de regras e princípios. É possível identificar, sobremodo, elementos do liberalismo social desde os primeiros dispositivos constitucionais que estabelecem os fundamentos e os objetivos da República, na linha que perpassa os direitos e as garantias individuais e coletivas, bem como no acento colocado à ordem econômica pela *constituição econômica*.[43]

A compreensão dessa perspectiva aparece já no *Título I* da Constituição Brasileira de 1988, onde são determinados os *Princípios Fundamentais* da República (desde o art. 1º até o art. 4º). O art. 1º, *caput*, é o responsável por expor a tríade elementar da nação, a sua porta de entrada, a partir dos princípios: *Republicano, Federativo* e da implicação do referencial democrático ao Estado de Direito, o *Estado Democrático de Direito*. Trata-se, por um lado, expressamente de "um comando objetivo aplicável e exigível a toda aplicação do sistema normativo brasileiro, constitucional e infraconstitucional";[44] por outro, de uma proposta que visa efetivamente à transformação da realidade, à mudança do *status quo*, que, para tanto, "instaura uma sociedade coesa e integrada, sem romper com a autonomia individual própria da tradição liberal, porém voltada à transformação das condições de vida dos cidadãos".[45]

Não por outra razão que os fundamentos propriamente ditos da República vão ao encontro da tríade estabelecida e são determinados pelos incisos específicos do art. 1º. Eles apontam para questões oriundas do constitucionalismo do pós-guerra e alocam subterfúgios ousados e qualificados ao (re)enraizamento republicano e democrático. A *Dignidade da Pessoa Humana*, "que representa uma norma jurídico-positiva dotada, em sua plenitude, de *status* constitucional formal e material";[46] os *Valores Sociais do Trabalho*, como fundamento revigorado da estrutura constitucional, a *pari passo* com a Constituição Italiana de 1948, efetivamente consolidado como opção constituinte de privilegiar o trabalho como condição integrante e nuclear de um novo paradigma jurídico; os *Valores da Livre-Iniciativa*,[47] um dos elementos que apregoam o modo de produção capitalista, mas que em relação aos dois princípios basilares antecedentes vem harmonizado e que, por conta disso, exacerba o papel mediador da esfera pública nesta relação.[48]

Não obstante isso, há a necessidade de ser ressaltado o papel do Estado (promoção e proteção) e do intérprete, obviamente, à efetivação dos princípios fundamentais já mencionados, pois a perspectiva anunciada no primeiro artigo da

---

[43] MOREIRA, Vital. *Economia e constituição*. Coimbra: Almedina, 2002. p. 5.
[44] BARRETO LIMA; Martonio Mont'Alverne. Comentário ao artigo 1º, *caput*. In: CANOTILHO, José Joaquim Gomes et al (Coords.) *Comentários à Constituição do Brasil*. São Paulo: Saraiva/Almedina, 2013. p. 108.
[45] STRECK, Lenio Luiz; BOLZAN DE MORAIS, José Luis. Comentário ao artigo 1º, *caput*. In: CANOTILHO, *op. cit.*, p. 113.
[46] SARLET, Ingo Wolfgang. Comentário ao artigo 1º, III. In: CANOTILHO et al, *op. cit.*, p. 108.
[47] Ver: BERCOVICI, Gilberto. A iniciativa econômica na Constituição brasileira de 1988. In: BOLZAN DE MORAIS, José Luis; COPETTI NETO, Alfredo. *Estado e Constituição*: estado social e poder econômico face à crise global. Florianópolis: Empório do Direito, 2015. p. 47 *et seq*.
[48] Além da soberania, da cidadania e do pluralismo político.

Constituição Brasileira é a de projetar uma sociedade em que todas as manifestações de iniciativa e de trabalho humanos – mesmo de carris não econômicos – sejam compreendidas como valores sociais, para além da mera individualidade.[49]

Esse projeto se enaltece ainda mais por conta do art. 3º da Constituição de 1988, em que os *objetivos da República* são definidos e que, também por isso, traz à tona a tese do *dirigismo constitucional*, proveniente de Portugal.[50] Embora calcado na proposta portuguesa, o dirigismo compromissário brasileiro não repercute o caráter revolucionário à transformação do modo de produção, rumo ao socialismo, que foi protagonizado pelos portugueses. O Brasil restringiu-se a optar por um novo modelo de Estado (democrático de direito), em que no plano econômico há a especificidade do cuidado quanto à *questão social*,[51] que para tanto erigiu-se uma índole intervencionista, a fim de garantir o preenchimento do núcleo essencial daquilo que foi chamado de *modernidade tardia não cumprida*.[52]

Há um programa de ação e de legislação para o Estado brasileiro, que vincula todos os poderes (Executivo, Legislativo e Judiciário) e estabelece uma *ideologia constitucional* a fim de promover o desenvolvimento nacional.[53]

Especificamente, a diagramação dessa ideologia vem pormenorizada nos incisos do artigo 3º da Constituição Brasileira, a partir de uma leitura contextualizada da situação social do país. Em outros termos, há um projeto jurídico-político a ser desenvolvido, ainda não alcançado, mas normativamente determinado, que preconiza: "a construção de uma sociedade livre, justa e solidária; a garantia do desenvolvimento nacional; a erradicação da pobreza e da marginalização; a redução das desigualdades sociais e regionais; a promoção do bem de todos, sem preconceitos de origem, raça, sexo, cor, idade e quaisquer outras formas de discriminação".

O âmago constitucional, conforme Bercovici,[54] vem posto segundo o critério de que "o *Governo* está vinculado à Constituição, não o contrário". Embora todas as dificuldades, há de se compreender que a Constituição Federal de 1988 "é um instrumento capaz de promover, por meio da atuação do Estado, a transformação social".

Para tanto, o núcleo estruturante de *direitos e garantias fundamentais* elencado no *Título II* da Constituição Federal, a partir do artigo 5º até o artigo 17, muito provavelmente seja um dos mais completos e profundos das novas constituições democráticas do segundo pós-guerra, com base na *Lei fundamental Alemã* de 1949.

---

[49] Para tanto ver: ADI 3512/ES, Rel. Min. Eros Grau, *DJ*, 23 jun. 2006.
[50] O termo *Constituição Dirigente* é cunhado em 1961 por Peter Lerche. Ver, para tanto, BERCOVICI, Gilberto. Ainda faz sentido a Constituição Dirigente? *Revista do Instituto de Hermenêutica Jurídica VI*, Porto Alegre, 2008.
[51] STRECK, Lenio Luiz; BOLZAN DE MORAIS, José Luis. Comentário ao artigo 3º, *caput*. In: CANOTILHO et al, *op. cit.*, p. 148.
[52] Para tanto, ver a tese acerca da *teoria da constituição dirigente aplicada a países de modernidade tardia* (TCDAPMT) desenvolvida por STRECK, Lenio Luiz. *Jurisdição constitucional e decisão jurídica*. São Paulo: RT, 2013. p. 131 *et seq*.
[53] BERCOVICI, *op. cit.*, 2005, passim.
[54] BERCOVICI, Gilberto. Dilemas da concretização da Constituição de 1988. *Revista do Instituto de Hermenêutica Jurídica*, Porto Alegre, n. 2, p. 102, 2004.

Notadamente, por conta disso, o *Título II* da Constituição Brasileira vincula-se aos três elementos característicos substanciais contidos no texto: o conteúdo pluralista, o cunho dirigente e o caráter analítico. Direitos individuais e coletivos, sociais, de nacionalidade, direitos políticos e partidos políticos são ali abrangidos e assumem caráter de fundamentalidade, cuja relevância vem demonstrada jurídico-hierarquicamente, sobretudo quanto à limitação do poder, tendo em vista sua força normativa suprema, que ativa o critério da *aplicabilidade imediata* dos direitos e garantias fundamentais, conforme determina o art. 5º, §1º, do texto.

Em que pese uma relativa falta de sistematização dos direitos fundamentais elencados na Constituição Brasileira de 1988, há que se considerar, por seu todo complexo, o cumprimento do critério elementar metajurídico da completude e da coerência lógica do texto, o que não obsta a compreensão da receptividade de novos conteúdos ampliativos de tais direitos.

No tocante aos direitos sociais, nesse prisma, além de assumirem no texto de 1988 capítulo próprio, no âmbito do art. 6º ao art. 11, eles também foram estendidos a outros elementos arraigados às necessidades existenciais humanas, tais como o *direito à moradia*, acrescentado ao art. 6º pela Emenda Constitucional nº 26 de 2000, bem como o *direito à alimentação*, inserido a partir da Emenda Constitucional nº 64 de 2010.

Obviamente, há uma série de percalços acerca da efetivação dos direitos fundamentais, por conta da sua exacerbada judicialização, que tende a produzir efeito contrário à plena efetivação, bem como de uma crítica bastante eloquente acerca de sua analiticidade, para não dizer prolixidade, que visa a denunciar a hipertrofia normativa e o regresso ao mero simbolismo de determinados direitos fundamentais.

Não obstante isso, a Emenda Constitucional nº 45 de 2004, a fim de preservar a abrangência e efetivação de tais direitos, normatizou como direito fundamental, elencando no inciso LXXVIII do art. 5º, a *razoável duração do processo e os meios que garantam a celeridade de sua tramitação* e, ainda, expressamente garantiu, com os novos parágrafos 3º e 4º, a *equivalência à emenda constitucional dos tratados e convenções internacionais referentes a direitos humanos* (por conta de votação qualificada no Congresso Nacional de 3/5), *bem como a submissão do país à jurisdição do Tribunal Penal Internacional*, à qual tenha aderido, respectivamente.

Se é verdade a afirmação segundo a qual há no âmbito das instituições do Estado uma espécie de abuso na limitação da ampla gama de direitos fundamentais, implícitos e expressos, elencados na Constituição, também é verdade que o sistema de direitos fundamentais pátrios recebe, no próprio texto constitucional, uma série de ações de garantia, voltadas a dar suporte de ação aos entes individuais e coletivos, que buscam a jurisdição constitucional.

As *ações constitucionais, Habeas Corpus, Habeas Data, Ação Popular, Mandado de Segurança Individual e Coletivo*, bem como os mecanismos de controle de constitucionalidade abstrato, ampliados desde 1988, nos casos da ADPF e da ADC, dispostos na Constituição Brasileira, tendem a dar guarida horizontal e vertical a esta acentuada quantidade de direitos fundamentais, no âmbito individual e transindividual, como também promover a *unidade* e enrobustecer a *força normativa da Constituição*.

A despeito disso, o princípio da legalidade, insculpido no art. 5º, II, da Constituição Federal, evidencia a preocupação liberal clássica do legislador constituinte com o limite do poder estatal, estabelecendo que *ninguém será obrigado a fazer ou deixar de fazer alguma coisa senão em virtude de lei*. Nessa mesma perspectiva, estão a *separação de poderes* e a *liberdade religiosa*, arraigada à laicidade do Estado a partir do art. 19, I, que veda à União, aos Estados, ao Distrito Federal e aos Municípios "estabelecer cultos religiosos ou igrejas, subvencioná-los, embaraçar-lhes o funcionamento ou manter com eles ou seus representantes relações de dependência ou aliança [...]".

Importante referir que a expressa menção do texto constitucional ao princípio da legalidade, da separação dos poderes e da laicidade do Estado não é suficiente para determinar que o constituinte tenha adotado fundamentos liberais sociais. O liberalismo clássico já apontava para a necessária limitação do poder do Estado e já trazia a liberdade religiosa como essencial, porém sem apontar para a previsão de igualdade material em direitos.

Nesse sentido, o próprio art. 5º resolve a questão acerca da igualdade e estabelece, já em seu *caput*, que "todos são iguais perante a lei, sem distinção de qualquer natureza", e evidencia que a questão da justiça social passa a ser central no texto constitucional.

Porém, é com a diagramação *da ordem econômica e financeira*, no *título VII* do texto constitucional, que a ideia de constituição econômica, como constituição político-jurídica da economia, vem à tona e configura instrumentalmente uma esfera pública capaz de levar ao fim e ao cabo o projeto previamente delineado nos artigos 1º e 3º. Assim, o art. 170, que dá início aos princípios gerais da atividade econômica, estabelece que a *ordem econômica, fundada na valorização do trabalho humano e na livre iniciativa, tem por fim assegurar a todos existência digna, conforme os ditames da justiça social*.

Nesse sentido, o valor do trabalho e da livre iniciativa reaparece, e a *justiça social* conjuga o peso da proposta, na medida em que o constituinte assume um compromisso com a aderência a essa determinada concepção de justiça, assim como o faz com uma determinada ordem de valores.[55]

Como se não bastasse, a Constituição econômica especifica, ainda, os princípios que determinam o horizonte das atividades econômicas no país, muitos já previamente expressos, seja no *título I* (Princípios Fundamentais), seja no *título II* (Direitos e Garantias Fundamentais), tais como a *função social*

---

[55] SARLET, Ingo Wolfgang. Os direitos fundamentais sociais na Constituição Federal de 1988: resistências à sua eficácia e efetividade. In: VIEIRA, José Ribas (Org.). *20 anos da Constituição Cidadã de 1988*: efetivação ou impasse institucional? Rio de Janeiro: Forense, 2008. v. 1, p. 291-318.

da propriedade e da *redução das desigualdades regionais e sociais*, evidenciando a preocupação com a questão social.

É justamente no âmbito da ordem econômica que residem as maiores divergências no que tange ao modelo político adotado pela Constituição Federal. Nesse ponto, há quem defenda que, ao consagrar a livre iniciativa, a livre concorrência e a propriedade privada, a Constituição Federal evidencia uma vinculação do liberalismo – na sua versão clássica – levando a um necessário afastamento do Estado do cenário econômico.[56] Nitidamente não há como prosperar tal defesa, e aí reside a ampla incompreensão filosófico-política do texto constitucional brasileiro, especificamente, e do liberalismo social, de modo amplo.

É inevitável relembrar que quando a Constituição Federal traz no art. 1º o valor social da livre inciativa como um dos fundamentos do Estado, e o repete no art. 170 a fim de estabelecer os princípios gerais da atividade econômica, ela determina, por um lado, uma liberdade jurídica, portanto limitada; por outro, ela faz questão de vincular a livre iniciativa a uma qualificação, ou seja, ao seu valor social, para além do mero individualismo. Para Bercovici, nesses termos, "a previsão do valor social da livre iniciativa como fundamento da ordem econômica constitucional significa que a livre iniciativa não é garantida em termos absolutos", mas como uma atividade que contribui para o progresso da sociedade.[57]

Dessa forma, ao incluir a expressão "valor social", afasta-se de uma perspectiva individualista e vincula-se a uma utilidade social, devendo satisfazer os interesses econômicos gerais, "com preferência aos setores tradicionalmente em desvantagem [...] nos confrontos econômicos com grupos mais privilegiados".[58]

Preocupado em propor uma leitura adequada da política econômica assumida pela Constituição Federal, Bercovici afirma que a Constituição brasileira consiste em "um plano de transformações sociais e do Estado, prevendo, em seu texto, as bases de um projeto nacional de desenvolvimento".[59] Do ponto de vista econômico, considera-se que a Constituição Federal institui uma ordenação da atividade econômica (prevendo limites à liberdade econômica, como a livre concorrência, a função social da propriedade e a defesa do consumidor), se preocupa com a satisfação das necessidades sociais e estabelece a direção do processo econômico geral ao tratar do desenvolvimento (art. 3º, II), do pleno emprego (art. 170, VIII) e da distribuição de renda (art. 3º, III).[60]

Nessa perspectiva, "o Estado não só pode como deve atuar na esfera econômica e social, legitimado por toda uma série de dispositivos constitucionais".[61]

---

[56] FERREIRA FILHO, Manoel Gonçalves. *Constituição e governabilidade*: ensaio sobre a (In)Governabilidade Brasileira. São Paulo: Saraiva, 1995.
[57] BERCOVICI, Gilberto. *Direito econômico do petróleo e dos recursos minerais*. São Paulo: Quartier Latin, 2011a. p. 263.
[58] *Ibidem*, p. 264.
[59] BERCOVICI, *op. cit.*, 2011b, p. 575.
[60] *Ibidem*.
[61] BERCOVICI, *op. cit.*, 2011a, p. 271.

Para concretizar os planos de transformação traçados pela Constituição Federal, faz-se necessária uma política deliberada de desenvolvimento, em que se garanta tanto o desenvolvimento econômico como o desenvolvimento social, dada sua interdependência. Dessa forma, a intervenção do Estado na economia não atenta contra o liberalismo, pelo contrário, tem como pressuposto a visão liberal da existência de um dualismo entre o Estado e a sociedade.[62]

Notas finais

Partindo da concepção de Estado de Direito proposta pelo liberalismo social – que além da clássica subordinação do governo dos homens ao governo das leis, consubstanciada no princípio da legalidade, exige a positivação de direitos "fundamentais", entre eles os direitos sociais –, os mecanismos constitucionais que impedem ou obstaculizam o abuso e o exercício arbitrário e ilegítimo do poder passam a ser indissociáveis do próprio Estado.

Dessa forma, é possível afirmar que há na Constituição Federal diversos postulados de origem liberal social que permitem vincular a ideologia presente no texto ao liberalismo social.

Assim, se por um lado a constitucionalização dos direitos sociais representa um compromisso com a questão da justiça social; por outro, é necessário elencar alguns elementos essenciais para a definição e para a adequação jurídica da proposta, como, por exemplo: o respeito material à lei, consubstanciado na igualdade produzida pela proteção à *diferença*; a separação de poderes e a divisão de funções, enraizados na constante preocupação com a limitação do poder estatal e dos poderes privados; a garantia dos direitos individuais e coletivos, considerando que a igualdade jurídico-material passa a ser condição para a liberdade, e daí a importância de assegurar direitos sociais; a existência de mecanismos de proteção dos direitos constitucionalmente estipulados, por meio de medidas garantistas, como, por exemplo, a jurisdição constitucional[63] e a intervenção da esfera pública no domínio econômico, a fim de concretizar a regulamentação da economia e cumprir seu fim social nos moldes do dirigismo constitucional.[64]

Nesse contexto, é de extrema relevância o papel determinado às instituições democráticas no conceito atual de constituição e, considerando a força normativa da Constituição Federal, não se pode mais aceitar a violação aos postulados trazidos pelas lutas sociais frente ao sistema constitucional de garantias.

---

[62] BERCOVICI, *op. cit.*, 2011b, p. 570.
[63] Sobre o papel da Jurisdição Constitucional ver: STRECK, Lenio Luiz. *Jurisdição constitucional e decisão jurídica*. São Paulo: RT, 2013, *passim*.
[64] BERCOVICI, Gilberto; MASSONETTO, Luis Fernando. Limites da regulação: esboço para uma crítica metodológica do novo "direito público da economia". In: *Revista de Direito Público da Economia*, ano 7, n. 25, 2009. Em especial nota n. 2.

Referências

ABBAGNANO, Nicola. *Dizionario di filosofia*. 3. ed. aggiornata e ampliata. Torino: UTET Libreria, 2008.

ALBINO DE SOUZA, Washington Peluso. *Teoria da constituição econômica*. Belo Horizonte: Del Rey, 2002.

BERCOVICI, Gilberto. A iniciativa econômica na Constituição brasileira de 1988. In: BOLZAN DE MORAIS, José Luis; COPETTI NETO, Alfredo. *Estado e constituição*: estado social e poder econômico face à crise global. Florianópolis: Empório do Direito, 2015.

BERCOVICI, Gilberto. Ainda faz sentido a constituição dirigente? *Revista do Instituto de Hermenêutica Jurídica VI*, Porto Alegre, 2008.

BERCOVICI, Gilberto. *Constituição econômica e desenvolvimento*: uma leitura a partir da Constituição de 1988. São Paulo: Malheiros, 2005.

BERCOVICI, Gilberto. Dilemas da concretização da Constituição de 1988. *Revista do Instituto de Hermenêutica Jurídica*, Porto Alegre, 2004.

BERCOVICI, Gilberto. *Direito econômico do petróleo e dos recursos minerais*. São Paulo: Quartier Latin, 2011a.

BERCOVICI, Gilberto. Política econômica e direito econômico. *Pensar*, Fortaleza, v. 16, n. 2, p. 562-588, jul./dez. 2011b.

BERCOVICI, Gilberto; MASSONETTO, Luis Fernando. Limites da regulação: esboço para uma crítica metodológica do novo "direito público da economia". *Revista de Direito Público da Economia*, ano 7, n. 25, 2009.

BOBBIO, Norberto; MATTEUCCI, Nicola; PASQUINO, Gianfranco. *Dicionário de Política*. 13. ed. Brasília: Editora Universidade de Brasília, 2010. v. 2.

BOBBIO, Norberto. *A era dos direitos*. Tradução Carlos Nelson Coutinho. Rio de Janeiro: Elsevier, 2004.

BOBBIO, Norberto. *Liberalismo e democracia*. São Paulo: Brasiliense, 2000.

BONAVIDES, Paulo. *Curso de direito constitucional*. 23. ed. rev. atual. São Paulo: Malheiros, 2008.

CABRAL DE MONCADA, Luis S. *Direito econômico*. 5. ed. Coimbra: Coimbra Editora, 2007.

CANOTILHO, José Joaquim Gomes. *Constituição dirigente e vinculação do legislador*: contributo para a compreensão das normas constitucionais programáticas. 2. ed. Coimbra: Coimbra Editora, 2001.

CANOTILHO, José Joaquim Gomes el al (Coords.). *Comentários à Constituição do Brasil*. São Paulo: Saraiva/Almedina, 2013.

CRISAFULLI, Vezio. *La Costituzione e le sue disposizioni di principio*. Milano: Giuffrè, 1952.

COPETTI NETO, Alfredo. *A democracia constitucional sob o olhar do garantismo jurídico*. No prelo.

COPETTI NETO, Alfredo. Pragmatismo em filosofia, realismo em direito e o duplo assalto à economia política clássica: as bases do First Law and Economics Movement na Progressive Era Americana (1880-1930). *Sequência*, Florianópolis. ISSNe 2177-7055.

COPETTI NETO, Alfredo. Uma perspectiva garantista do liberalismo e da democracia: marcos históricos e possibilidades contemporâneas edificados a partir de *Principia iuris*. In: VIANNA, Túlio; MACHADO, Felipe (Coords.). *Garantismo penal no Brasil*: estudos em homenagem a Luigi Ferrajoli. Belo Horizonte: Fórum, 2013.

COPETTI NETO, Alfredo; CATTONI DE OLIVEIRA, Marcelo. Entre direito, economia e política – as contribuições da ciência do estado alemã (Staatswissenschaft) para o surgimento no século XIX de uma nova ciência do direito. *Revista Novos Estudos Jurídicos*, v. 18, n. 1, 2013.

GRAU, Eros Roberto. *A ordem econômica na Constituição de 1988*. 13. ed. São Paulo: Malheiros, 2008.

FERRAJOLI, Luigi. *Direito e razão*: teoria do garantismo penal. São Paulo: Revista dos Tribunais, 2002.

FERRAJOLI, Luigi. *Principia iuris I*: teoria del diritto. Roma/ Bari: Laterza, 2007.

FERRAJOLI, Luigi. *Principia iuris II*: teoria della democracia. Roma/ Bari: Laterza, 2007.

FERRAJOLI, Luigi. *La democrazia attraverso i diritti*. Roma: Laterza, 2013.

FERREIRA FILHO, Manoel Gonçalves. *Constituição e governabilidade:* ensaio sobre a (in)governabilidade brasileira. São Paulo: Saraiva, 1995.

GREEN, Thomas H. *Lectures on the principles of political obligation.* Cambridge: Cambridge University Press, 1986.

HESSE, Konrad. *A força normativa da constituição.* Porto Alegre: Safe, 1991.

HOBHOUSE, Leonard. *Liberalism.* London: Oxford University Press, 2009.

LASSALLE, Ferdinand. *Que é uma Constituição?* São Paulo: Edições e publicações Brasil, 1933.

MERQUIOR, José Guilherme. *O liberalismo antigo e moderno.* Rio de Janeiro: Nova Fronteira, 1991.

MILL, Stuart. *Sobre la libertad.* Tradução Josefa Sainz Pulido. 3. ed. Buenos Aires: Aguilar Editor, 1962.

MOREIRA, Vital. *Economia e constituição.* Coimbra: Almedina, 2002.

MYDRAL, Gunnar. *Beyond the welfare state.* London: Duckwth. 1960.

SARLET, Ingo Wolfgang. Os direitos fundamentais sociais na Constituição Federal de 1988: resistências à sua eficácia e efetividade. In: VIEIRA, José Ribas (Org.). *20 Anos da Constituição Cidadã de 1988:* efetivação ou impasse institucional? Rio de Janeiro: Forense, 2008. v. 1, p. 291-318.

SEN, Amartya K. *La democrazia degli altri:* perché la libertà non è una invenzione dell'occidente. Milano: Mondadori, 2005.

SEN, Amartya K. *Scelta, benessere, equità.* Bologna: Mulino, 2006.

SILVA, José Afonso da. *A aplicabilidade das normas constitucionais.* São Paulo: Malheiros, 1999.

VENANCIO FILHO, Alberto. *A intervenção do Estado no domínio econômico.* Rio de Janeiro: FGV, 1968.

Informação bibliográfica deste texto, conforme a NBR 6023:2002 da Associação Brasileira de Normas Técnicas (ABNT):

COPETTI NETO, Alfredo; GARCIA, Mariana. A Constituição Brasileira de 1988 e seus postulados liberal-sociais: o fundamento da proteção do sistema de garantias. In: COPETTI NETO, Alfredo; LEITE, George Salomão; LEITE, Glauco Salomão. *Dilemas na Constituição.* Belo Horizonte: Fórum, 2017. p. 17-33. ISBN 978-85-450-0236-9.

NOTAS PROGRAMÁTICAS PARA UMA TEORIA CRÍTICO-RECONSTRUTIVA DA CONSTITUIÇÃO

Marcelo Andrade Cattoni de Oliveira

1 Introdução

Em "Teoria Tradicional e Teoria Crítica", de 1937, Max Horkheimer (2008, p. 223-271) sintetizou os marcos teóricos fundamentais para uma teoria crítica da sociedade, na tradição do que se convencionou chamar, mais tarde, de "frankfurtiana".

Do que se busca reter aqui, desse texto seminal, em contraponto àquilo que nele se poderia chamar de *teoria tradicional* – o(s) positivismo(s) em geral –, pode-se considerar, sobretudo, o legado de uma abordagem interdisciplinar, histórica, crítico-reconstrutiva e antidualista; assim como as amplas tarefas de uma teoria crítica da sociedade, da modernidade e da razão.

O que se procura, portanto, é agora reler a proposta de Horkheimer a partir do que Habermas escreve sobre a teoria crítica e seus desafios, ao final de sua *Teoria do agir comunicativo* (HABERMAS, 2001, v. II, p. 527-572); e, trazendo a questão para o campo do Direito, nos dois primeiros capítulos de *Facticidade e validade* (HABERMAS, 1998, p. 63-146), especialmente, a proposta de reconstrução da tensão entre facticidade e validade na própria realidade dos processos políticos e sociais. Mas também, para além de Habermas, a partir do que escreve Honneth sobre o legado da teoria crítica, por exemplo, nos textos reunidos em *Patologias da razão* (HONNETH, 2009, p. 19-53), marcando o compromisso com uma perspectiva "crítico-reconstrutiva com ressalvas genealógicas"; e, trazendo a questão para o campo das reflexões sobre a justiça para além do Direito, na introdução à obra *Direito da liberdade* (2014), "Uma teoria da justiça como análise da sociedade", a perspectiva de uma "reconstrução normativa" (HONNETH, 2014, p. 13-25).

Sobre esse pano de fundo, o que marca uma teoria tradicional da constituição e o que diferencia uma teoria crítica da constituição? Como reler a história do processo de constitucionalização brasileiro na perspectiva de uma teoria crítica da constituição?

Se duas questões centrais emergem do contexto de formação da Teoria da Constituição como disciplina autônoma, a da legitimidade e a da efetividade das ordens constitucionais, quando se procurou inicialmente repensar o próprio estatuto da legalidade constitucional em transformação, na virada do constitucionalismo liberal em crise para o constitucionalismo social, uma teoria tradicional da constituição é fortemente marcada, em sua perspectiva de abordagem, pelo dualismo entre *norma* e *realidade* ou entre *constituição formal* e *constituição material*; quaisquer que sejam as formas de reocupação ou de equivalência funcional da distinção: *constituição normativa* e *constituição nominal* (como em Karl Loewenstein) ou mesmo *constitucionalização simbólica* e *constitucionalização normativa* (como em Marcelo Neves), etc. Dualismo esse que não se supera buscando apenas suprimir um dos lados da distinção, nem estabelecer uma pseudodialética entre eles, na linha, por exemplo, de um *incerto* culturalismo jurídico (como em Miguel Reale ou em seus herdeiros, de *direita* ou de *esquerda*).

Aliás, antes do que uma teoria normativista da constituição, defende-se que a teoria tradicional da constituição, no Brasil, é de matriz culturalista e reflete, no direito, os pré-conceitos, dilemas e mitos típicos de determinadas leituras que na área foram e são feitas da chamada "tradição dos retratos e intérpretes do Brasil" (do *idealismo constitucional* de que falava Oliveira Vianna, passando pela *plasticidade* de Gilberto Freire, pela *cordialidade* de Sérgio Buarque de Holanda e, sobretudo, pelo *patrimonialismo* de Raimundo Faoro, assim como pelas "ideias fora do lugar" de Roberto Schwarz, até o que, por exemplo, Roberto da Mata considera "o que faz do Brasil, Brasil", etc.).

Como chama atenção Jessé Souza, ao menos desde *Modernização Seletiva* (SOUZA, 2000), essa tradição deixa entrever uma autointerpretação dominante dos brasileiros sobre si mesmos, seja do ponto de vista da teoria social e de sua reflexão metódica, seja na própria prática social e institucional, que consagra a ideia segundo a qual o Brasil seria um país singularmente marcado pelo atraso social, pelo subdesenvolvimento econômico, pelo personalismo e pelo patronato político como por resíduos e traços pré-modernos, cujos referenciais críticos, idealizados, seriam, sobretudo, os Estados Unidos da América ou a União Europeia. Compartilhada por parcela significativa da teoria jurídica brasileira, mesmo por uma doutrina constitucional que se considera crítica e progressista, essa verdadeira "sociologia da inautenticidade" (Jessé Souza) ritualiza um suposto "defeito cultural de origem" do Brasil e se desdobra na consequente visão segundo a qual a história jurídico-política brasileira deve ser compreendida como uma "trajetória de fracasso" na construção do Estado de Direito, da democracia e da justiça social.

Em contraposição a essa teoria *culturalista*, defende-se uma teoria crítica da constituição que se diferencie desse enfoque teórico tradicional, de tal modo a superar esse dualismo e a se apresentar como uma teoria "concretista" e "crítico-reconstrutiva", capaz de reconhecer as questões de legitimidade e de efetividade como "tensões constitutivas" (Menelick de Carvalho Netto) ou "conflitos concretos" (Friedrich Müller) da/na normatividade do Direito e do Direito Constitucional.

2 O sentido de uma teoria crítico-reconstrutiva da Constituição

A proposta de teoria crítico-reconstrutiva da Constituição, aqui apresentada, procura lidar com a tensão entre local e global, realidade particular e geral, bem como com a tarefa crítica da teoria do direito, partindo, em linhas gerais, dos seguintes pressupostos sociológicos e filosóficos: respectivamente, a noção de "modernização seletiva" (Jessé Souza), que afasta a ideia de que o Brasil seria atrasado ou tardiamente moderno, pois defende que a sociedade brasileira é seletivamente moderna. E a chamada perspectiva "reconstrutiva", embora com "ressalvas genealógicas" (Axel Honneth), que pretende fazer uma crítica social imanente do direito e da sociedade, com base nos princípios do constitucionalismo, posto que eles *já se encontram inscritos*, ainda que parcialmente, na própria realidade da sociedade, sem, todavia, reduzir o sentido normativo desses princípios ao horizonte hermenêutico da tradição; reconhecendo, portanto, seu caráter aberto, polêmico, insaturável e, por isso, irrenunciável, sobre o pano de fundo de disputas paradigmáticas e de lutas sociais e políticas, que permeiam o processo de constitucionalização como aprendizado social de longa duração.

Para isso, uma teoria crítica da constituição se propõe abrir para uma teoria da justificação normativa do constitucionalismo como aprendizado social de longo prazo e para uma teoria sociológico-política da tensão entre os princípios do constitucionalismo e dos processos sociais e políticos, todavia, no interior da própria realidade da sociedade (CATTONI DE OLIVEIRA, 2014).

Assim, uma teoria crítica da constituição pode se apresentar como "chave interpretativa" – compreensão da história institucional e reconstrução dos princípios que dão sentido a essa história – do Direito Constitucional democrático, ao mesmo tempo em que pode contribuir polemicamente para o aprimoramento desse direito (CATTONI DE OLIVEIRA, 2014).

Em última análise, para uma teoria crítico-reconstrutiva da constituição, uma constituição é legítima e efetiva não em função de uma correspondência ou concordância, em maior ou menor medida, entre os processos político-sociais e um suposto conteúdo dado, preestabelecido ou supostamente originário das normas constitucionais; ou mesmo em face de princípios do constitucionalismo universais que correm sempre o risco de serem criticados como "ideias fora do lugar", mas na medida em que o sentido *de* constituição e o sentido *da* constituição se traduzem numa disputa hermenêutica e crítica, política, na realidade efetiva da esfera pública.

Uma constituição é, portanto, legítima e efetiva enquanto tema ou base das controvérsias jurídicas e políticas. Enquanto assim mobilizar a esfera pública política em torno das interpretações paradigmáticas que concorrem, ao longo das lutas políticas e sociais por reconhecimento, para a compreensão e reconstrução dos princípios do Estado de Direito e dos direitos fundamentais.

Nesses termos, inclusive, é a pesquisa que tenho desenvolvido, nos últimos anos, que busca contribuir para uma *nova história e teoria do processo de constitucionalização brasileiro*, através da *reconstrução* do modo como o processo de constitucionalização brasileiro articula memória e projeto, experiência e expectativa – e, assim, deixa entrever as suas relações com o tempo histórico.

Parte-se da hipótese, no marco de uma *filosofia crítica da história*, segundo a qual a constitucionalização brasileira pode ser reconstruída como processo não linear e descontínuo, de lutas por reconhecimento e de aprendizagem social com o direito e com a política, que se realiza ao longo da história, todavia sujeito a interrupções e a tropeços, mas que também é capaz de se autocorrigir. As perspectivas e os marcos teóricos assumem, assim, a herança e os desafios atuais da tradição da teoria crítica da sociedade, no sentido de uma *nova história e teoria do processo de constitucionalização brasileiro*. Entrecruzados de forma *tensa* e *complexa*, tais perspectivas e marcos devem, pois, buscar *desconstruir e romper* com as visões teóricas, presentes na chamada "tradição dos retratos ou intérpretes do Brasil", da qual parcela significativa da doutrina constitucional brasileira faz parte. Essa teoria tradicional, culturalista, da constituição é marcada, em última análise, por uma leitura *teológico-política da falta de povo soberano*; por uma convergência, em maior ou menor medida, quanto à proposta de uma *modernização autoritária*, no quadro de uma *democracia possível* e de uma concepção dualista da chamada *brasilidade*; e, *por isso*, contribui performativamente para narrativas de *reificação* da história constitucional brasileira ao impedir ou a impossibilitar, com consequências deslegitimizantes, o reconhecimento de lutas da cidadania por direitos, que constituem internamente o processo político de aprendizado social com o direito, de *longa duração* (CATTONI DE OLIVEIRA, 2012; 2015).

3 A Teoria da Constituição como *chave interpretativa* do Direito Constitucional

A Teoria da Constituição cumpre um papel central, como *chave interpretativa* do Direito Constitucional Democrático e, por isso, de todo o Direito. O que significa dizer que ela contribui para a compreensão e para a reconstrução do Direito Constitucional:
   a) a Teoria da Constituição leva a sério o caráter histórico e institucional do Direito Constitucional no horizonte da tradição do constitucionalismo moderno e;
   b) a Teoria da Constituição procura reconstruir os princípios normativos que dão sentido à tradição do constitucionalismo moderno.
Assim, o Direito Constitucional é compreendido, duplamente, como:
   a) ciência do Direito: um discurso científico sobre o Direito Constitucional em seu caráter operacional, como estudo prático da dinâmica constitucional;
   b) dinâmica constitucional: um sistema de normas – princípios, regras, procedimentos – na sua dinâmica de produção e reprodução normativas.
E a Teoria da Constituição pode ser compreendida como:
   a) "dogmática geral do Direito Constitucional" (VERDÚ, 1974, p. 402): uma teoria da linguagem constitucional e da história dos conceitos constitucionais,

ou seja, da gramática constitutiva do Direito Constitucional; dos termos, expressões e usos desses termos e expressões;
b) teoria filosófico-política da justificação do constitucionalismo democrático, a envolver a questão da legitimidade normativa do constitucionalismo, em que a autonomia (pública e privada) se apresenta como princípio moderno de legitimidade jurídico-política;
c) teoria sociológico-política da relação entre os princípios do constitucionalismo democrático e os processos político-sociais, reconstruída como uma tensão (e não como um hiato ou contraste) no interior da própria realidade político-social. Assim, procura-se redefinir o tema da efetividade constitucional, rompendo-se com o dualismo metafísico real vs. ideal. Como veremos, nessa perspectiva, o Direito Constitucional pode ser visto como a expressão normativa e contrafactual dos processos políticos e sociais;
d) teoria com sentido político-constitucional. A Teoria da Constituição, por fim, se apresenta como uma contribuição para o aperfeiçoamento do Direito Constitucional, servindo de suporte tanto para a ciência quanto para a reconstrução e compreensão crítica da dinâmica constitucional.

4   Origens da Teoria da Constituição

O que marca o contexto de origem da Teoria da Constituição como disciplina autônoma?

O contexto de origem da Teoria da Constituição é o da virada do séc. XIX para o séc. XX. Esse é marcado:
a) pela passagem do constitucionalismo liberal para o constitucionalismo social;
b) pela crise do Estado e da sociedade liberal;
c) pela crise da Teoria Geral do Estado positivista legalista e;
d) pela construção de uma nova concepção de Direito e de Estado: o paradigma do Estado Social.

E, mais especificamente, a Teoria da Constituição surge como disciplina autônoma, em face do amplo campo da Teoria Geral do Direito Público e do Estado, na Alemanha da República de Weimar e da Constituição de 1919. O que caracterizava a Constituição de Weimar?
a) Ela adota a forma política de uma república parlamentarista e federativa;
b) Ela consagra um amplo catálogo de direitos fundamentais (individuais, coletivos, sociais e políticos), assim como a introdução de mecanismos de controle constitucional.

A Constituição foi fruto de um projeto redigido por uma comissão de grandes juristas (Naumann, Weber, Preuss), teve sua aprovação sustentada pelo Partido Social-Democrata, pelo Partido Democrático e pelo Centro Católico e foi promulgada em 11 de agosto de 1919.

Marca o processo constituinte de 1919 a assinatura do Tratado de Versalhes, que continha uma série de sanções de guerra impostas à Alemanha, que havia perdido a Primeira Guerra Mundial: perda de partes do seu território; pagamento de indenizações; proibição de forças armadas, etc.

Por fim, cabe considerar que a Constituição de 1919 foi tanto defendida quanto criticada por ser uma "Constituição-compromisso". Isso significava dizer que a Constituição teria adotado uma ideologia própria, nem puramente liberal ou socialista; ou ela implicava uma ausência de decisão sobre a forma da unidade do Estado?

Todas essas questões provocaram na chamada doutrina alemã um profundo debate sobre *as finalidades, os métodos e as tarefas* da Teoria do Direito e do Estado, com implicações no debate jurídico e político (STOLLEIS, 2004; JACOBSON, SCHLINK, 2002).

Desde o início, os temas da legitimidade e da efetividade do Direito e da Constituição, assim como a necessidade de superação dos enfoques tradicionais sobre eles, marcam a trajetória da Teoria da Constituição como disciplina autônoma.

Como forma de ilustrar esse debate, caberia resgatar pontos de vista extremamente importantes, tais como os de:

a) Kelsen. Para ele, a Constituição é um conjunto de normas fundamentais que estabelecem os processos por meio dos quais todas as demais normas do ordenamento são validamente produzidas. O controle de constitucionalidade seria, portanto, exercido pelo Tribunal Constitucional, que analisaria a validade das leis em face da Constituição (KELSEN, 2003, p. 130-138);

b) Schmitt. Ele reclamava a necessidade de um estudo sistemático sobre a Constituição e apresentava, em princípio, quatro conceitos de Constituição: a) Total – todo unitário; b) Relativo – conjunto de leis particulares; c) Ideal – em razão do conteúdo; d) Positivo (adotado por Schmitt) – decisão de conjunto sobre o modo e a forma da unidade política do Estado (SCHMITT, 1996, p. 29-62). Para Schmitt, diferentemente de Kelsen, o guardião da Constituição seria aquele que representa perante o povo a sua própria unidade: o Presidente do Reich, que, com base no famoso art. 48 da Constituição, poderia decretar o "estado de exceção" (SCHMITT, 1983, p. 213-251).

Nesse contexto, o que, afinal, estava em questão para a Teoria da Constituição?

Mais do que uma *mera* questão *quantitativa*, de extensão do campo das diversas disciplinas que estudam a relação entre o Direito e a Política, estava em jogo, no mínimo, a tentativa de se realizar uma alteração profunda de *perspectiva epistemológica*: o enfoque problematizante típico da Teoria da Constituição. Essa postura de ruptura, de superação do enfoque e dilemas da chamada Teoria Geral do Estado (e das demais teorias clássicas acerca da institucionalização jurídico-social do político), caracterizará o desenvolvimento da Teoria da Constituição como disciplina autônoma, mesmo em autores que, a partir do segundo pós-guerra e antes disso, tais como Karl Loewenstein, irão divergir das concepções teórico-políticas schmittianas.

5 Campo de estudo da Teoria da Constituição

Qual seria hoje, portanto, o campo problemático da Teoria da Constituição? O que, precisamente, a diferenciaria, p. ex., da *Teoria Geral do Direito Público*, das análises *francesas* das *Institutions Politiques* e da *Teoria do Estado*?

De início, cabe dizer que todas essas disciplinas possuem algo em comum: o estudo da relação entre Direito e Política ou o estudo do político da perspectiva de sua institucionalização jurídico-social.

5.1 Teoria Geral do Direito Público

Trata tal temática a partir de uma perspectiva *interna*, ou seja, desenvolve uma reflexão acerca de quais seriam os princípios jurídico-públicos reconhecidos pelas diversas ordens jurídicas e que estruturariam o assim chamado *Direito Público*. Pretende reconstruir conceitualmente os institutos constitucionais em suas características mais abstratas, genéricas e permanentes, abstraídas da rica diversidade do constitucionalismo histórico em que se densificam.

Todavia, a Teoria Geral do Direito Público assenta-se sempre numa certa distinção entre esfera pública e esfera privada, que, ao contrário de ser algo *natural*, embora por vezes *naturalizado*, é construção histórico-social, podendo ser interpretada e compreendida através de diversos olhares paradigmáticos.

5.2 Instituições políticas

Analisa a chamada institucionalização do poder político de modo *externo*, de uma perspectiva a partir da qual um observador sociológico ou cientista político poderia *descrever* ou *compreender* a conformação das forças político-sociais pelo Direito *Público*, principalmente pelo Direito Constitucional. A tentativa de superação da tensão entre um enfoque normativo e um enfoque empírico se faria, aqui, presente. É, contudo, temerário para o Direito Constitucional, devido ao risco sempre presente de se confundir, através desse enfoque, validade jurídico-normativa e facticidade social, legitimidade com mera legitimação.

5.3 Teoria Geral do Estado

Centra suas análises, acerca da institucionalização jurídico-social do poder político, no Estado. O Estado é compreendido como o núcleo de organização política da totalidade da sociedade. Assim, todas as relações sociais teriam, assim, uma referência à estrutura do Estado, visto como ponto de convergência da vida social e das atividades humanas.

Entretanto, do ponto de vista do Direito Constitucional e da teoria política contemporâneos:

1) Não é mais possível compreender o Estado como a corporificação e a instância única de estabilização de uma identidade ética, de uma dada forma de vida e de certos padrões de vida boa (concepção ainda presente em Schmitt e mesmo em Loewenstein);
2) Não há mais, pois, como restringir a esfera pública ao Estado, como atestam os chamados *direitos fundamentais de terceira geração*;
3) O público tem que ser visto hoje como uma dimensão bem mais complexa do que simplesmente a de um *locus* estatal, como dimensão discursiva de mobilização e expressão dos diversos fluxos comunicativos, políticos, artísticos, científicos, enfim, culturais; o que, inclusive, requereu a profunda revisão por que passa toda a teoria jurídico-processual;
4) A autoconsciência por parte de uma coassociação de cidadãos livres e iguais perante o Direito requer o reconhecimento do pluralismo social e cultural, o que é incompatível com a homogeneidade própria do Estado-Nação, ainda presente em diversos teóricos do Estado atuais;
5) Não há mais como recorrer à tradição liberal e compreender a sociedade em termos meramente dualistas, Estado, de um lado, sociedade civil, reduzida à esfera do mercado e da família, do outro. Com base numa teoria discursiva da democracia, há que se reconstruir, por um lado, tanto um conceito de esfera pública que não se reduza ao Estado quanto, por outro lado, um conceito de sociedade civil que não se reduza ao mercado e à família, em que os processos societários sejam encarados de modo mais amplo.

5.4 Teoria da Constituição

Como vimos, é sobre o pano de fundo da chamada *disputa sobre métodos, tarefas, finalidades e objetivos da teoria do direito e do Estado* que a Teoria da Constituição herda os desafios e problemas historicamente tratados pela Teoria Geral do Direito Público, pela Teoria das Instituições Políticas e pela Teoria Geral do Estado, e se contrapõe aos enfoques unilaterais das duas primeiras, ao mesmo tempo em que se afasta do enfoque da terceira ao buscar refletir sobre o político para além do Estado-Nação, procurando pensar o Direito Constitucional como expressão normativa e contrafactual dos processos políticos e sociais.

Desse modo, contemporaneamente, pode-se afirmar que a Constituição (moderna) ao mesmo tempo relaciona e distingue direito e política. Por meio da constituição o direito legitima a política e a política garante eficácia, no nível institucional, às decisões jurídicas. A Constituição é, ao mesmo tempo, fundamento de validade do direito e critério de legitimidade da política.

Assim, como irá dizer a Teoria dos Sistemas, a Constituição é um acoplamento estrutural entre os sistemas jurídico e político (Luhmann). E como irá dizer a Teoria Discursiva do Direito, as constituições democráticas devem ser reconstruídas como um processo político e social de aprendizagem de longo prazo com o direito, no curso do tempo histórico, sujeito a tropeços, mas capaz de corrigir a si mesmo (Habermas).

6 Teoria da Constituição e virada linguística

Na tradição da Teoria da Constituição, merece destaque a tentativa de Karl Loewenstein de enfrentar, em sua obra *Teoria da Constituição* (1976), o desafio de superar um enfoque formalista e jurídico-dogmático no Direito Público e de buscar compreender, sem desconsiderar a perspectiva normativa própria do Direito Constitucional, as constituições da perspectiva dos processos políticos.

Para isso, Loewenstein resgata o sentido constitucionalista das constituições modernas e, buscando superar as classificações tradicionais, sobre o pano de fundo das experiências políticas pré e pós Segunda Guerra, propõe uma "análise" ou "classificação" "ontológica" (ou do ser) das constituições em normativas, nominais e semânticas. Afinal, o que é a classificação ontológica?

Segundo Loewenstein (1976, p. 216-222), a classificação ontológica visa analisar a questão acerca da concordância ou correspondência entre *normas constitucionais e processos de poder*.

Todavia, tendo-se em vista o caráter linguístico das formas de vida e o caráter hermenêutico do direito, bem como a noção de paradigma jurídico como forma interna à sociedade de "mediação" entre normas e fatos, é necessário fazer a crítica a Loewenstein, especialmente, quanto:

  a) ao caráter dualista e metafísico do tratamento dos temas da legitimidade e da efetividade, como hiato ou contraste entre normas e fatos;
  b) ao *déficit* hermenêutico, presente também na sua teoria da mutação constitucional;
  c) à idealização do Direito e da realidade política, ao desconsiderar o caráter histórico, hermenêutico e construtivo da realidade social e política da qual o direito faz parte;
  d) ao risco da legitimação do criticado, ao desconsiderar as implicações políticas da crítica sociológica ao Direito.

Nesses termos, podemos resumir que a concepção a ser superada, tradicionalmente, considera os temas do Direito Constitucional, através da identificação de contrastes ou hiatos entre um Direito Constitucional que se pretende legítimo e realidades político-sociais e econômicas *recalcitrantes*, um *ideal* a ser buscado e uma *crua realidade*.

O problema desta visão tradicional é não conseguir perceber que o próprio modo com que colocam o problema da legitimidade e da efetividade constitucionais, o hiato entre ideal e real, contribui ainda mais para o agravamento daquilo que se pretende denunciar. Ou seja, ao idealizarem tanto a realidade político-social dos países meridionais e orientais na forma quase natural de um obstáculo intransponível, quanto ao sobrecarregarem os princípios constitucionais modernos, desconsideram exatamente o caráter vivido, ou melhor, o caráter hermenêutico das práticas jurídicas cotidianas.

Já para a concepção aqui proposta (CATTONI DE OLIVEIRA, 2014), o Direito é uma prática social, interpretativa e argumentativa, de tal modo que não há como compreendê-la da perspectiva de um observador externo que não leva a sério o ponto de vista normativo dos implicados, das pretensões jurídicas levantas pelos próprios participantes dessa prática.

A realidade social é uma construção dinâmica, hermenêutica, histórica, social, da qual o Direito faz parte. O Direito não está pairando estaticamente sobre uma sociedade estática.

Uma reconstrução paradigmática do Direito possibilita reconhecer a existência de um horizonte histórico de sentido, ainda que mutável, para a teoria do Direito e para a prática jurídica concreta, que pressupõe uma determinada "percepção" do contexto social do Direito, a fim de que se possa compreender em que perspectiva as questões jurídicas devem ser interpretadas, para que o Direito possa cumprir seu papel nos processos de integração social.

"Paradigmas do Direito" (HABERMAS, 1998) constituem internamente a prática e a teoria do Direito, orientando seus desdobramentos. O reconhecimento desses paradigmas exige a superação da forma tradicional de lidar com questões normativas, rompendo com a dicotomia real/ideal, assim como exige uma reflexão hermenêutica crítica em face de nós mesmos, que não pode desconsiderar as pretensões normativas concretamente articuladas pelos próprios envolvidos em questões jurídicas.

Esta nova perspectiva, portanto, tem por finalidade garantir que uma abordagem normativa não perca o seu contato com a realidade, nem uma abordagem objetiva exclua qualquer aspecto normativo, mas permaneçam em tensão, a perspectiva da Teoria do Direito e da Constituição que privilegia o aspecto normativo deverá passar por um *giro reconstrutivo*, se quiser levar a sério a tensão presente no Direito entre *facticidade* e *validade* (HABERMAS, 1998), assim como o papel desempenhado pelo Direito nos processos de integração da sociedade.

7 Dimensões da Teoria da Constituição

A renovação contemporânea da Teoria da Constituição como ciência crítico-reconstrutiva exige que esta se mantenha aberta, a um só tempo:

a) a uma sociologia jurídica reconstrutiva dos conteúdos ou exigências normativos inscritos, ainda que parcialmente, nos processos político-sociais – gramática "moral" das lutas por reconhecimento;

b) a uma filosofia jurídica pós-metafísica que visa esclarecer e problematizar as condições normativas no interior da sociedade moderna – os direitos fundamentais – para a formação/geração democrática do poder político.

Nesse sentido, a Teoria da Constituição deve assumir as seguintes dimensões ou perspectivas (CATTONI DE OLIVEIRA, 2014):

a) "Dogmática geral do Direito Constitucional": uma teoria da linguagem constitucional e da história dos conceitos constitucionais, ou seja, da gramática constitutiva do Direito Constitucional; dos termos, expressões e usos desses termos e expressões;

b) Teoria filosófico-política da justificação do constitucionalismo democrático, a envolver a questão da legitimidade normativa do constitucionalismo, em que a autonomia (pública e privada) se apresenta como princípio moderno de legitimidade jurídico-política;

c) Teoria sociológico-política da relação entre os princípios do constitucionalismo democrático e os processos político-sociais, reconstruída como uma tensão (e não como um hiato ou contraste) no interior da própria realidade político-social. Assim, procura-se redefinir o tema da efetividade constitucional, rompendo-se com o dualismo metafísico real vs. ideal. Como veremos, nessa perspectiva, o Direito Constitucional pode ser visto como a expressão normativa e contrafactual dos processos políticos e sociais;

d) Teoria com sentido político-constitucional. A Teoria da Constituição, por fim, se apresenta como uma contribuição para o aperfeiçoamento do Direito Constitucional, servindo de suporte tanto para a ciência quanto para a reconstrução e compreensão crítica da dinâmica constitucional.

Referências

CATTONI DE OLIVEIRA, Marcelo Andrade. *Nova história do processo de constitucionalização brasileira e teoria crítica*, 2012. Projeto de Pesquisa, CNPq. Disponível em: <http://www.academia.edu>.

CATTONI DE OLIVEIRA, Marcelo Andrade. *Contribuições para uma nova história e teoria do processo de constitucionalização brasileiro no marco da teoria crítica da constituição*, 2015. Projeto de Pesquisa, CNPq. Disponível em: <http://www.academia.edu>.

CATTONI DE OLIVEIRA, Marcelo Andrade. *Teoria da constituição*. Belo Horizonte: Initia Via, 2014.

HABERMAS, Jürgen. *Teoría de la acción comunicativa*. Madrid: Taurus, 2001. v. II.

HABERMAS, Jürgen. *Facticidad y validez*. Madrid: Trotta, 1998.

HONNETH, Axel. *Pathologies of Reason*: on the legacy of critical theory. New York: Columbia University, 2009.

HONNETH, Axel. *El derecho de la libertad*. Buenos Aires: Katz, 2014.

HORKHEIMER, Max. *Teoría crítica*. Buenos Aires: Amorrotu, 2008.

JACOBSON, Arthur; SCHLINK, Bernhard (Ed.) *Weimar*: a jurisprudence of crisis. Berkeley: University of California, 2002.

KELSEN, Hans. *Jurisdição constitucional*. São Paulo: Martins Fontes, 2003.

LOEWENSTEIN, Karl. *Teoría de la constitución*. 2. ed. Tradução Gallego Anabitarte. Barcelona: Ariel, 1976.

LUCAS VERDÚ, Pablo. *Curso de derecho político*. Madrid: Tecnos, 1974. v. 2.

SCHMITT, Carl. *La defensa de la constitución*. Madrid: Tecnos, 1983.

SCHMITT, Carl. *Teoría de la constitución*. Salamanca: Alianza, 1996.

SILVA, José Afonso da. *Aplicabilidade das normas constitucionais*. São Paulo: Malheiros, 1998.

SOUZA, Jessé. *Modernização seletiva*. Brasília: Unb, 2000.

STOLLEIS, Michael. *A history of public Law in Germany*, 1914-1945. Oxford: Oxford University, 2004.

Informação bibliográfica deste texto, conforme a NBR 6023:2002 da Associação Brasileira de Normas Técnicas (ABNT):

CATTONI DE OLIVEIRA, Marcelo Andrade. Notas programáticas para uma teoria crítico-reconstrutiva da Constituição. In: COPETTI NETO, Alfredo; LEITE, George Salomão; LEITE, Glauco Salomão. *Dilemas na Constituição*. Belo Horizonte: Fórum, 2017. p. 35-46. ISBN 978-85-450-0236-9.

OS DILEMAS DA JURISDIÇÃO CONSTITUCIONAL NA DEMOCRACIA: É POSSÍVEL ESTABELECER PERFIS DE JUÍZES?[1]

Lenio Luiz Streck

1 Introdução

Falar da responsabilidade política dos agentes públicos nunca foi uma tarefa fácil no Brasil. A predominância de posturas personalistas no domínio do Estado é um problema que ainda atinge o conjunto das instituições mesmo após a redemocratização. Clássicos do pensamento social já destacavam essa situação no momento de formação do Estado nacional, como foram os casos de Sérgio Buarque de Holanda, Raymundo Faoro, Florestan Fernandes, etc. e, atualmente, também é destacada por autores que buscam compreender as limitações da democracia brasileira, como é o caso do ensaio *Imobilismo em movimento*, publicado por Marcos Nobre. Guardadas as especificidades históricas dos períodos analisados por cada autor e os aspectos metodológicos de seus respectivos trabalhos, após a leitura de todos eles permanece a sensação de que o velho personalismo resiste duramente à ampliação da democracia. Ou por acaso o peemedebismo de Nobre[2] não se aproxima do domínio estamental analisado por Faoro, em *Os donos do poder*? A elite política que aparece nos dois ensaios padece do mesmo vício: o velho personalismo de quem se apropria do espaço público como dono da República, por mais contraditório que isso possa parecer.

Essa situação não é diferente no ambiente do Poder Judiciário. A sacralização da figura do magistrado e o culto à discricionariedade são duas faces de um mesmo fenômeno que insiste em se manifestar mesmo depois da Constituição de 1988, pois reforça a ideia de que os juízes estariam acima do próprio Direito. Todo o esforço da sociedade para que o Poder Judiciário conquistasse autonomia funcional não deveria ser compreendido como uma abertura para que os juízes exercessem uma "liberdade" interpretativa sobre a Constituição. Para isso é importante que os magistrados percebam sua condição de servidores que devem decidir sempre por princípio e nunca por livre escolha.

---

[1] Esse texto faz parte da produção desenvolvida pelo *Dasein* – Núcleo de Estudos Hermenêuticos. Em certa medida, parte dele foi publicado como coluna no ConJur (Senso Incomum).

[2] Conceito aplicado por Nobre para explicar o funcionamento atual do sistema político brasileiro. Apesar de o conceito fazer referência apenas ao PMDB, o autor destaca que o fenômeno do peemedebismo não se reduz somente a esta organização partidária, mas é utilizado em sua obra para explicar o funcionamento do sistema político brasileiro. Nesse sentido, ver: NOBRE, Marcos. *Imobilismo em movimento*: da abertura democrática ao governo Dilma. São Paulo: Companhia das Letras, 2013.

Isso é condição essencial para o bom funcionamento de uma democracia. O cientista político estadunidense Francis Fukuyama defende que uma democracia liberal moderna depende da combinação de três fatores: um Estado bem organizado; a limitação do poder político por meio de um Estado de Direito; e a necessidade de responsabilidade política dos agentes públicos.[3] A ausência de uma ordem pública causa instabilidade política. A ausência de um Estado de Direito produz um Estado autoritário. E a falta de responsabilidade política dos agentes públicos causa insegurança jurídica. Nesse sentido, é possível situar a discricionariedade judicial como um problema de Estado de Direito (debilidade da limitação constitucional na atuação do Poder Judiciário) e, ao mesmo tempo, como uma grave ausência de responsabilidade política dos magistrados, já que estes acabam assumindo a condição de donos do Poder Judiciário e não o papel de servidores da República.

Dessa forma, o presente artigo pretende analisar os desafios atuais dos juristas no enfrentamento da discricionariedade judicial, já que a recepção equivocada de trabalhos mais descritivos, que buscam apenas traçar os vários perfis de juízes, como é o caso da obra mais recente de Cass Sunstein, podem colaborar para encobrir ainda mais o fenômeno do ativismo judicial. Por isso, mais do que estabelecer perfis de como os juízes decidem, a teoria do direito deve enfrentar, de maneira urgente, o problema de como os juízes devem decidir. Em um país onde o domínio personalista das instituições públicas tem se mostrado tão forte ao longo da história, o problema da discricionariedade judicial corre o risco de cair no esquecimento caso os perfis organizados por Sunstein sejam recepcionados sem a real dimensão de suas próprias limitações enquanto pressupostos metodológicos para a compreensão da realidade brasileira.

2 Os perfis de juízes na obra de Cass Sunstein

Recentemente, os professores Mario Cesar Andrade (UFRRJ), Siddharta Legale (UFJF), Margarida Lacombe (UFRJ) e José Ribas Viera (UFRJ), de forma desprendida, demonstraram a função social da universidade pública, ao trazerem a lume a nova obra de Cass R. Sunstein.[4] Além de louvar o trabalho

---

[3] FUKUYAMA, Francis. *As origens da ordem política*: dos tempos pré-humanos até a Revolução Francesa. Rio de Janeiro: Rocco, 2013.

[4] Em recente coluna publicada em um site jurídico, os professores Mario Cesar, Siddharta Legale, Margarida Lacombe e Jose Ribas apresentaram o livro *Constitutional Personae*, do jurista estadunidense Cass Sunstein. A coluna fala dos quatro tipos ideais de juízes construídos por Sunstein: os juízes heróis, soldados, mudos e minimalistas. São categorias que não existem em absoluto na realidade cotidiana – no mesmo sentido dos tipos ideais de Max Weber –, mas têm a pretensão de melhor analisar as decisões prolatadas pelo Poder Judiciário a partir do comportamento predominante dos juízes. Para uma melhor análise da coluna, ver: *Juízes como heróis, soldados, mudos ou... minimalistas*. Disponível em: <http://jota.info/juizes-como-herois-soldados-mudos-ou-minimalistas>. Acesso em: 29 nov. 2015.

dos professores, gostaria de propor uma discussão a partir dos aportes teóricos da Crítica Hermenêutica do Direito (que venho defendendo há anos), levando mais adiante ainda a boa nova da nova obra do jusfilósofo norte-americano, *Constitutional Personae*.⁵

Na obra, Sunstein traça o perfil dos juízes da *US Supreme Court* a partir da posição que assumem nos julgamentos. Os perfis, que me permito chamar também de modelos, como já o fizera há tantos anos François Ost (Júpiter, Hermes e Hércules),⁶ claro que sob outra perspectiva, aliás criticada por mim a partir de dez pontos,⁷ são os seguintes: os heróis (*heroes*), os soldados (*soldiers*), os minimalistas (*minimalists*) e os mudos (*mutes*).

Para o autor, os heróis "can be considered 'activist' in the distinctive sense that they are willing to use the Constitution to strike down acts of Congress and of state legislatures".⁸ Ou seja, fazendo uma tradução literal "todos os Heróis podem ser considerados 'ativistas' no sentido peculiar de que eles estão dispostos a usar a Constituição para derrubar os atos do Congresso e das legislaturas estaduais". Eles pensam que podem direcionar a sociedade e seus anseios via decisões judiciais. Para eles, o Poder Judiciário pode ser a vanguarda (iluminista? – inserção minha) do país, corrigindo o marasmo ou inércia dos demais Poderes. Heróis e ativismo judicial passam a ser duas faces da mesma moeda, com licença poético-jurídica de minha parte. ⁹

Já os soldados caracterizam-se por maior deferência ao processo político, entendendo como seu dever promover a concretização das normas produzidas pelos poderes politicamente legitimados. Os juízes soldados querem concretizar a Constituição, leis e atos governamentais como quem dá

---

⁵ SUSTEIN, Cass. *Constitutional personae*. New York: Oxford University Press, 2015.
⁶ Uma discussão que atravessa os anos institucionalizou os modelos de juiz, como sendo Júpiter, Hércules, Hermes, a partir de um conhecido texto de François Ost, em que o professor belga propõe uma espécie de juiz pós-moderno-sistêmico (Hermes) que atuaria em rede e superaria, com grande vantagem, os "modelos anteriores". Com efeito, para Ost, basicamente a teoria do direito trabalha com dois modelos de juiz, que também simboliza(ria)m "modelos de direito" (Júpiter e Hércules). Consequentemente, simbolizaram também os modelos de jurisdição. O primeiro representaria o modelo liberal-legal, de feição piramidal-dedutivo, isto é, sempre dito a partir do alto, por algum "Monte Sinai"; esse direito adota a forma de lei e se expressa em forma de imperativo, vindo a ser representado pelas tábuas da lei ou códigos e Constituições modernas, sendo que dessa parametricidade é que são deduzidas as decisões particulares. Já o modelo herculeano está sustentado na figura do juiz, que seria a única fonte do direito válido. Trata-se de uma pirâmide invertida, no dizer de Ost. Como contraponto, Ost apresenta um *tertius genus*, o juiz Hermes, que adota a forma de rede; nem um polo, nem dois, isto é, nem a pirâmide e nem um funil, e tampouco a superposição dos dois, senão uma multiplicidade de pontos de inter-relação. Nesse sentido, ver: OST, François. Júpiter, Hércules, Hermes: tres modelos de juez. *Doxa, Cuadernos de Filosofia del Derecho*, Alicante, n. 14, 1993.
⁷ Na sequência, o conteúdo de minha crítica será explicitado. STRECK, Lenio Luiz. O (pós-)positivismo e os propalados modelos de juiz (Hércules, Júpiter e Hermes) – dois decálogos necessários. *Revista de Direitos e Garantias Fundamentais*, Vitória, n. 7, p. 15-45, jan./jun. 2010. Texto publicado em quatro línguas.
⁸ SUSTEIN, Cass. *Constitutional Personae*, op. cit. Chapter one, Heroes. Páginas não especificadas, pois o acesso à obra se deu via formato *epub*.
⁹ Aqui, permito-me remeter o leitor à minha obra *Verdade e consenso* (5. ed. São Paulo: Saraiva, 2014), na qual apresento o conceito de ativismo judicial a partir da Crítica Hermenêutica do Direito. No livro, faço uma distinção entre ativismo e judicialização da política, compreendendo o primeiro como um ato de vontade do julgador, como uma escolha pautada por critérios não jurídicos.

cumprimento a ordens superiores, entendendo não lhes competir a redefinição das valorações presentes em tais ordens.[10]

Quanto aos minimalistas, Sunstein afirma que esses assumem uma postura essencialmente cautelosa. Sob a alegação de um dever de prudência, eles procuram evitar intervenções intensas ou abrangentes, privilegiando as práticas e tradições socialmente sedimentadas. Nesse sentido, os minimalistas preferem atuações mais centradas nos casos sob julgamento, receando a produção de repercussões potencialmente perturbadoras do processo sociopolítico, cujo ritmo próprio de maturação deve ser respeitado.[11]

O quarto perfil é o dos mudos, que, como o nome diz, resignam-se e mantêm silêncio diante dos *hard cases* e das controvérsias que envolvam posicionamentos mais sensíveis. Repetem a jurisprudência já existente, evitando alterações na cadeia discursiva, por assim dizer.[12]

No terreno hermenêutico, uma decisão será produto do campo de batalha entre esses perfis. Por isso, os EUA possuem as diversas "Cortes", como a comandada por Warren, que é considerada na obra como uma Corte heroica: "Because of its effects in invalidating racial segregation, *Brown v. Board of Education* is the iconic heroic decision, and its author, Chief Justice Earl Warren, is the iconic heroic judge".[13]

Dentre os perfis apresentados, Sunstein afirma preferir o minimalista, conservador e respeitante das tradições, um *tipo-ideal-a-la-Edmund-Burke*. Entretanto, reconhece que tradições podem ser injustas (inautênticas, na minha leitura hermenêutica). Por isso, Sunstein considera a *personae* burkeana adequada para a decisão sobre temas institucionais, como separação de poderes e federalismo, mas devendo ser relativizada para casos envolvendo o direito de igualdade. O juiz minimalista não é nem um exegeta (convencionalista?) e nem um ativista. Fica entre os perfis de herói e de soldado.

Uma questão importante – ressalvada por Sunstein – é que os perfis não são estanques, variando de acordo com a matéria. Já eu me permitiria acrescentar que tais perfis não são ativados "por princípio" e, sim, ideológica e subjetivamente,

---

[10] No original: "At the opposite pole from Heroes are Soldiers, who argue in favor of following orders. The defining feature of judicial Soldier is a willingness to defer to the wills of his superiors, typically understood as the political branches of government". SUSTEIN, Cass. *Constitutional Personae, op. cit. Chapter one, Soldiers.*

[11] No original: "Some judges are neither Heroes nor Soldiers, but Minimalists, in the sense that they favor small, cautious steps, building incrementally on the decisions and practices of the past. Unlike Heroes, who celebrate ambitious accounts of liberty and equality or of the Constitution's structural provisions, those who adopt the minimalist Persona emphasize the limits of large-scale theories". SUSTEIN, Cass. *Constitutional Personae, op. cit. Chapter one, Minimalists.*

[12] No original: "While Minimalists favor narrow and unambitious rulings, Mutes prefer to say nothing at all. [...] For example, Mutes are drawn to the important and time-honored strategy of 'constitutional avoidance', by which justices resolve cases without deciding constitutional questions". SUSTEIN, Cass. *Constitutional personae, op. cit. Chapter one, Mutes.*

[13] Na tradução livre: "Devido aos efeitos da invalidação da segregação racial, *Brown v. Board of Education* é a típica decisão heroica, e seu autor, Juiz Earl Warren, é típico Juiz Herói". SUSTEIN, Cass. *Constitutional personae, op. cit. Chapter one, Heroes.*

seja em razão da matéria, seja em função do impacto da decisão a ser produzido. E é neste aspecto que começa a minha divergência com a "questão dos perfis". Todavia, é neste ponto que pode ocorrer, com os devidos cuidados, uma analogia com o que ocorre no Brasil, onde um dia um juiz é herói e no outro é soldado, sendo que, por vezes, atua como minimalista... Mas quando a matéria é muito conturbada e a temática entrar em uma zona gris, o magistrado opta pela *personae* muda. Aqui chegamos ao perigoso paradoxo de termos um perfil herói-mudo, em um mix por vezes inexplicável.

Por tudo isso, temo pela aplicação da tese de Sunstein por aqui. Como explicarei mais adiante, parece-me inadequada uma "transplantação" pelo risco que pode representar uma aplicação "estatística", gerando uma explicação distorcida da crise do direito brasileiro. Assim, à pergunta se a análise de Sunstein é boa para o nosso direito, diria que há duas respostas. Sim, se você se contenta com o modelo epistemológico que coloca como objeto a análise do que já passou e tem um olhar pessimista sobre as possibilidades de criar critérios que controlem as decisões; não, se compreende a necessidade de que, mediante critérios e uma teoria decisional, é possível influenciar e controlar antes as decisões, reforçando o papel da doutrina e não repristinando concepções realistas sobre o direito.

3 É possível fixar ou determinar perfis/modelos de juízes?

No ano de 2007, em resposta ao artigo já referido de François Ost, publiquei uma crítica aos modelos de juízes. Penso que, examinada à luz da hermenêutica filosófica, assim como a partir das diversas teorias do direito surgidas no século XX, a tese de Ost merece uma série de objeções, não tanto na parte em que propõe o Hermes como solução (que, a toda evidência, apresenta aspectos de grande relevância), mas, fundamentalmente, em relação às críticas ao "modelo herculeano".

Assim, em primeiro lugar, a objeção decorre do fato de haver um excessivo esforço em enquadrar o "modelo herculeano" no modelo de direito do Estado Social, colocando-o como uma antítese do juiz que caracterizaria o modelo de Estado Liberal (o modelo jupteriano), como se o modelo do "juiz do Estado Liberal" fosse o juiz do positivismo primitivo (fase exegética do positivismo) e o segundo fosse o do modelo que simplesmente supera esse modelo, ou seja, no primeiro o "juiz seria a boca da lei" e seu superador seria o "juiz que faz a lei"...! Como veremos, isso constitui um equívoco.

A objeção seguinte decorre do fato de Ost não levar em conta que o juiz Hércules é uma metáfora e que representa exatamente o contrário do que sua tese pretende denunciar, isto é, Hércules definitivamente não é a encarnação do "juiz/sujeito-solipsista", mas sim é a antítese do juiz discricionário, este sim refém da filosofia da consciência (essa discussão, lamentavelmente, não aparece no texto, talvez porque a atuação de Hermes "em rede" supere, na tese de Ost, o "sujeito da relação").

Como terceira objeção, a tese peca também porque tudo aquilo que Ost aponta como missões do Hércules "assistencialista", conciliar as economias familiares em crises; dirigir as empresas em dificuldades evitando, se possível, a quebra; julgar se corresponde ao interesse da criança ser reconhecido pelo seu pai natural, quando a mãe se opõe – art. 319.3 do Código Civil da Bélgica; apreciar se a interrupção voluntária da gravidez pode ser justificada pelo "estado de angústia" da mulher grávida – art. 348 e seguintes do Código Penal belga; intervir efetivamente em conflitos coletivos de trabalho e decidir, em procedimentos de urgência, se a greve dos pilotos da companhia de aviação nacional, prevista para o dia seguinte às seis horas, é lícita ou não; julgar se o aumento de capital decidido com o objetivo de opor-se a uma oferta pública de compra de uma holding, cuja carteira de ações representa um terço da economia do país, está em conformidade com a lei; ou, ainda, impor sanções a trabalhadores e empresas que ameaçam o equilíbrio ecológico" também pode ser feito sem que o juiz ou o tribunal pratique decisionismos ou arbitrariedades (ou assistencialismos), ou seja, Ost esquece que a coerência e a integridade – própria do modelo dworkiano – constituem-se em blindagem contra aquilo que acredita ser característica do modelo herculeano.

Na sequência, em quarto lugar, Ost não comenta os efeitos colaterais e as consequências para o próprio constitucionalismo de um "não intervencionismo" do Judiciário (ou justiça constitucional) para atender os pleitos sobre direitos fundamentais (e os exemplos tratam das mais variadas formas de violação de direitos).

Em quinto lugar, ao dizer que, "na gestão do juiz Hércules", a generalidade e a abstração da lei dão lugar à singularidade e à concretude do juízo, o professor belga passa a impressão de que, mesmo nesta quadra do tempo, ainda vivemos sob a égide do velho modelo de regras, como se não tivesse ocorrido a revolução copernicana do neoconstitucionalismo (ou, se houve alguma ruptura, essa fica, na opinião de Ost, reduzida ao modelo de direito do Estado Social). Ao que tudo indica, para ele, os princípios não são "os princípios" que institucionalizaram *stricto sensu* a moral no Direito (o ideal de vida boa, o "bom direito") a partir da produção democrática (Constituições compromissórias e dirigentes), não havendo sinais, na aludida tese, sobre o papel da moral no Estado Democrático de Direito. Ao contrário, as indicações da tese de Ost, no particular, são de que os princípios são aqueles "gerais do direito", que têm a função de otimizar a interpretação, fechando e abrindo, autopoieticamente, o sistema jurídico.

Isso leva à sexta objeção, representada pelo reducionismo que o autor pretende fazer dos modelos de direito e de juiz. Com efeito, o que fazer com o juiz "ponderador" de Alexy, que, nos "casos difíceis" – não solucionáveis por subsunção – apela para um sopesamento entre os princípios que estão em colisão? E os juízes analíticos, característicos de modelos metodológicos apresentados por Áurnio e MacCormick, para citar apenas estes? E qual o papel do juiz exsurgente da teoria do discurso desenvolvido por Habermas (1992)?

O sétimo ponto de discórdia diz com o fato de que a tese de Ost ignora (passa ao largo) (d)o paradigma do Estado Democrático de Direito, entendido como um *plus* normativo e qualitativo superador dos modelos de direito liberal e social, circunstância que faz com que não leve em conta o papel do constitucionalismo enquanto rompimento com o positivismo e o modelo de regras; prova disso é a observação que faz, baseado em texto de 1990, de André Jean Arnaud (1990) de que "filósofos, teóricos e sociólogos se esforçam atualmente para substituir o direito rígido, fundado sobre a toda poderosa lei, por um direito flexível que toma em conta o relativismo, o pluralismo e o pragmatismo característicos da época pós-moderna", como se a teoria do direito não tivesse avançado para (muito) além desse debate acerca da superação do "modelo do direito rígido fundado na toda poderosa lei" e a dicotomia "monismo-pluralismo". Veja-se que o próprio Ost diz que "ao monismo haver-se-ia de opor, não a dispersão, mas sim, o pluralismo, o absolutismo binário permissão-proibição, válido-não válido, haveria que substituir pelo relativismo e o gradualismo, que não se transforma, por isso, em ceticismo".

A oitava divergência se instaura porque a tese de Ost passa ao largo do enfrentamento entre positivismo e constitucionalismo e, consequentemente, da superação do modelo subsuntivo e da distinção (não lógico-estrutural, é claro) entre regra e princípio. E tal circunstância não pode escapar de qualquer discussão acerca do direito nesta quadra da história.

Nono, porque, ao propor o modelo de Hermes como um avanço em relação ao convencionalismo de Júpiter e ao "invencionismo" de Hércules, isto é, ao afirmar que o seu juiz Hermes respeita o caráter hermenêutico ou reflexivo do raciocínio jurídico, que, portanto, não se reduz nem à imposição e nem à simples determinação anterior, o Hermes de Ost acaba sendo, paradoxalmente, o Hércules de Dworkin (obviamente na leitura que Ost faz do Hércules dworkiano). Do mesmo modo, ao dizer que as fronteiras que separam o sistema e seu meio ambiente não deixam de ser móveis e paradoxais, como se os limites do direito e do não direito fossem reversíveis, Ost faz concessões ao Hércules que ele mesmo critica (afinal, como ele mesmo diz, um jogo, como o direito, é sempre, ao mesmo tempo, algo mais que ele mesmo, apesar dos esforços desenvolvidos para uniformizar seu funcionamento e pormenorizar seus dados).

Por fim, em décimo lugar, em relação à crítica de Ost de que, afora o fato de que tanto o modelo jupiteriano como o modelo herculeano estão em crise, "eles apenas oferecem representações empobrecidas da situação que pretendiam descrever em sua época", lembro que não se pode cair em idealizações ou idealismos, como se fosse possível ignorar que o paradigma do Estado Democrático de Direito e o tipo de constitucionalismo instituído em grande parte dos países após o segundo pós-guerra aumentaram sobremodo a demanda pela intervenção do Poder Judiciário (ou da justiça constitucional, na forma de Tribunais Constitucionais). Ora, isso apenas implica reconhecer que é inexorável que "alguém decida", até para não transformar a Constituição em uma "mera folha de papel".

Retornando a esse tema, agora sob a perspectiva de análise da obra de Cass Sunstein, não sei se a aplicação da tese dos quatro perfis de juízes resolveria problemas em um sistema fragmentado e ainda dependente da subjetividade, enfim, da posição pessoal-ideológica do juiz. Afinal, embora parcela da comunidade jurídica não goste de admitir, continuamos reféns do paradigma da subjetividade, facilmente constatável no instrumentalismo processual, pela ênfase ao protagonismo judicial e pela crença nos livres convencimentos.[14]

Uma das grandes questões que se coloca é: avançaríamos se disséssemos que a recente decisão do STF na ADPF 347,[15] admitindo a tese do Estado de Coisas Inconstitucional (ECI), é a perfectibilização do perfil persona herói? Ou seria apenas um "oportunismo" para legitimar posturas ativistas? Não podemos esquecer que, com o tempo, a simples evocação do ECI será motivo para que se reconheça qualquer tipo de demanda por inconstitucionalidade ao Judiciário. Dessa forma o STF corre o risco de se envolver num terreno pantanoso e arranhar a sua própria imagem. Isto porque, ao que se pode depreender da tese do ECI e da decisão do STF, fica-se em face de *uma espécie de substabelecimento auditado pelo Judiciário*. A questão é: por que a Teoria do Direito tem de girar em torno do ativismo? Para além de criar álibis para que o Judiciário atue de modo extrajurídico, por que não perguntar quais direitos e procedimentos jurídicos e políticos (bem demarcadas uma coisa e outra) a Constituição estabelece? Aparentemente, a solução sempre é buscada pela via judicial, mas fora do direito, *apelando em algum momento para a discricionariedade dos juízes e/ou o seu olhar político e moral sobre a sociedade*. Só que isso, paradoxalmente, fragiliza o direito em sua autonomia. É por isso que a decisão judicial não pode ser por escolha. Caso contrário, de nada adiantaria motivação, diálogo e procedimentalização se ela for tomada sempre de modo discricionário.[16]

Contudo, provavelmente alguém apareceria para dizer que esse julgamento se enquadra no perfil "herói". E aí cairíamos, antes de começar, no velho aguilhão semântico.[17] De minha parte, travo já de há muito uma batalha contra esse quadro

---

[14] Para tanto, vejam a crítica presente no meu *O que é isto: decido conforme minha consciência?* 5. ed. Porto Alegre: Livraria do Advogado, 2015. Nessa edição, já está presente a análise que faço no novo CPC.

[15] Em 2015 o PSOL ingressou com a ADPF no STF para que a Corte reconhecesse a precariedade do sistema penitenciário brasileiro, já que este constantemente tem violado preceitos fundamentais da Constituição Federal e, em especial, os direitos fundamentais dos presos. A ADPF requeria que a Corte determinasse à União e aos Estados que tomassem todas as medidas necessárias para o saneamento das constantes violações desses direitos. Na petição inicial, sustentou-se que o sistema penitenciário se encontra em "Estado de Coisas Inconstitucional". O STF recepcionou o instituto jurídico aplicado pela Corte colombiana e, portanto, assumiu uma postura ativista diante da omissão dos Poderes Executivo e Legislativo frente ao gravíssimo problema do sistema carcerário. Ou seja, se os Poderes Executivo e Legislativo não resolvem a situação, o Poder Judiciário se encarrega de enfrentá-la por meios voluntaristas. Uma atitude complicada quando se espera uma atuação judicial longe de qualquer tipo de discricionariedade.

[16] Nesse sentido, ver: *Estado de Coisas Inconstitucional é uma nova forma de ativismo*. Disponível em: <http://www.conjur.com.br/2015-out-24/observatorio-constitucional-estado-coisas-inconstitucional-forma-ativismo#_ftnref6>. Acesso em: 29 nov. 2015.

[17] Sobre a questão do aguilhão semântico: temos de ter cuidado com aquilo que Ronald Dworkin denomina de aguilhão semântico, questão que Francisco José Borges Motta vem trabalhando há algum tempo, a partir de uma imersão na obra de Dworkin. Quando se lida com o Direito, lida-se com conceitos interpretativos (cuja definição

ativista. E isso me preocupa. E muito. Mostrei, em diversas oportunidades,[18] o problema do ativismo e o atendimento de "demandas sociais" pela suprema Corte. Listei uma série de decisões que, no modelo de tipos ideais de Sunstein, podem ser enquadradas como "persona herói", como julgamentos políticos no sentido de que os resultados dos julgamentos por vezes atenderam reivindicações dos mais diversos setores da sociedade: nações indígenas, cotas raciais, uniões homoafetivas, causas feministas que foram buscar punitivismos no caso da Lei Maria da Penha, questões ligadas aos embriões e células-tronco, governadores envolvidos em guerra fiscal, reivindicações de prestação de saúde via judicialização, moralização das eleições (ficha limpa); até o parlamento saiu-se bem, pois conseguiu validar quase 500 medidas provisórias convertidas em lei em flagrante violação aos parágrafos 5º e 9º do artigo 62 da Constituição, graças a uma modulação de efeitos concedida pelo STF... E assim por diante.

As decisões estiveram teleologicamente corretas? Principiologicamente incorretas (algumas)? Aí é que está o problema. Julgamentos não devem ser teleológicos, como venho dizendo de há muito e não reprisarei os argumentos.[19] Veja-se, agora, a descriminalização das drogas, matéria legislativa e que o STF aceita decidir. Observe-se também a recentíssima decisão sobre o remédio não testado para o tratamento de câncer. E assim por diante (não importa, aqui, se esses "demais poderes" "mereceram" essa invasão ou não, em face de suas inércias). Talvez o grande problema esteja na distinção entre judicialização e ativismo, que poderia/deveria "segurar um pouco" a *personae* herói, dando-lhe boas pitadas da *personae* minimalista.

Como tipos ideais, admito que a ausência de regra para apreciação de *habeas corpus* (o utente tem de torcer para que o *writ* seja não conhecido e ser concedido de forma discricionária) pode estar denunciando a presença em demasia do perfil *personae* muda. Agora mesmo na decisão sobre a permissão da entrada em domicílios sob suspeita de crime permanente, há indícios fortes da persona soldado (sem qualquer trocadilho ou ironia). Já no caso Donadon (MS 32.326),[20] sobressaiu-se o

---

envolve valor e responsabilidade) e não meramente criteriais. Não se quer definir com quantos reais se faz um necessitado; mas, isto sim, reconstruir o sentido de necessitado de um modo coerente com as demais disposições constitucionais (que criam a Defensoria Pública, dotam-lhe de determinados poderes e missão etc.), observados os limites semânticos do texto. Sobre limites semânticos, ver STRECK, Lenio Luiz. *Jurisdição constitucional e decisão jurídica*. 5. ed. São Paulo: RT, 2014. em especial o 6º Capítulo.

[18] Para uma análise mais detalhada, ver: O Supremo, o contramajoritarismo e o "pomo de ouro". Disponível em: <http://www.conjur.com.br/2012-jul-12/senso-incomum-stf-contramajoritarismo-pomo-ouro>. Acesso em: 29 nov. 2015.

[19] Decidir por princípio significa não ser consequencialista nos moldes da análise econômica do direito (AED) ou da análise moralista do direito (AMD). Juízes devem decidir com responsabilidade política. Não para agradar alguém; não para aliviar a própria consciência; não para moralizar o direito. Juiz não constrói leis; segue padrões interpretativos. Doa a quem doer. Para isso é bem pago e tem garantias. Contra tudo e contra todos, se o direito do réu existe e está comprovado, deve conceder o *habeas corpus* ou absolver, mesmo que, internamente, pense que o acusado deva ser condenado. Nesse sentido, ver: *O que é decidir por princípios?* A diferença entre a vida e a morte. Disponível em: <http://www.conjur.com.br/2015-ago-06/senso-incomum-decidir-principios-diferenca-entre-vida-morte>. Acesso em: 29 nov. 2015.

[20] Nesse caso o STF primeiramente ratificou a prerrogativa do Congresso ter a última palavra na cassação (perda do mandato) de mandatos de parlamentares condenados à pena de prisão. Contudo, quando dias depois, a

perfil herói, que se manifestou – monocraticamente, é verdade – para contrariar a decisão anterior (tomada majoritariamente) a partir de uma postura (correta) que, ao meu ver, pode ser tida como soldado-minimalista, pela qual quem deve cassar mandatos é o Parlamento. Pois o perfil herói acabou puxando – de forma equivocada – para o STF a prerrogativa de cassação do mandato naquele caso. O *modus operandi* do juiz Sergio Moro é, esculpido em carrara, o *personae* herói (respondo uma pergunta que viria, a toda evidência).

Dá para acreditar em perfis? Ou isso enfraquece o papel da doutrina? Mas, perguntou-me um aluno, qual seria o melhor perfil ou aquele que se mostraria adequado para o direito de *terrae brasilis*? Minha resposta: nenhum deles. Sob a mira de uma arma, tendo que escolher à força, escolheria o minimalista. Não porque Sunstein ligasse o minimalista a Burke, todavia crítico dos avanços da Revolução Francesa, é claro. Mas não é disso que tratam minhas teses e meus livros.

Temo que os perfis formatados por Sunstein sejam utilizados para fazer estatísticas com números tirados dos sites dos tribunais, o que, muitas vezes, mais encobre do que revela. Penso que devemos recepcionar a tese com muito cuidado. Corre-se o risco de ser mais uma de tantas pesquisas de perfil realista, preocupada em descobrir como os juízes decidem depois que já decidiram e não como eles devem decidir. Sempre o fantasma do velho realismo a nos assombrar.

Há o sério risco de se deslocar as pesquisas para o vértice "decisão", dando ênfase a um agir estratégico, como, por exemplo, preocupar-se com o que os juízes vestem, comem, votam etc., e dali tirar um perfil da persona, como se isso importasse (ou melhor, como se isso fosse condição de possibilidade) para se compreender como um tribunal deve julgar os recursos que a ele são interpostos.

Lembro-me do julgamento do mensalão e professores falando até da alimentação dos ministros.[21] Se o direito é isso, ou seja, se acreditamos que o direito é, ao fim e ao cabo, o que os juízes dizem que é, então só nos resta torcer para que nossa causa caia na mão daquele cujo perfil não seja contrário à causa

---

Câmara, acreditando que pudesse de fato exercer essa faculdade, deixou de cassar um deputado condenado ao regime fechado, o mesmo STF decidiu que a Câmara não se houve bem. De acordo com a argumentação do ministro Barroso, o Congresso poderia até não cassar, mas, quando a pena inviabiliza o mandato, a moral da nação exige que se construa um argumento para evitar isso. Logo, criou, a partir de argumentos metajurídicos, uma hipótese nova no ordenamento. Ou seja: o STF, em nome de argumentos morais, legislou. Como superego (*Über-Ich*) da nação (utilizo a expressão de Ingeborg Maus), o ministro relator arvorou-se no direito de corrigir não somente a atitude do Congresso, mas, também, a própria Constituição. Reescreveu a Constituição, dizendo, em outras palavras, que toda a perda do mandato de um parlamentar condenado à prisão não é automática. Nesse sentido, ver: *O Supremo não é o guardião da moral da nação*. Disponível em: <http://www.conjur.com.br/2013-set-05/senso-incomum-supremo-nao-guardiao-moral-nacao>. Acesso em: 29 nov. 2015.

[21] Se o almoço, traumas, intuições ou ideologias são fatores decisivos na sentença, passemos a escrever livros sobre estratégias de convencimento ou sobre "como devem se alimentar os magistrados". Para ser mais claro: se a democracia depender de situações como alimentação e circunstâncias pessoais do julgador, então teremos que parar de estudar mesmo. Sim, porque estaremos confessando que somos reféns de um paradigma ultrapassado, como a filosofia da consciência (e/ou de suas inúmeras vulgatas voluntaristas). Ou os paradigmas filosóficos não servem para nada? Se o sentido da lei depender da subjetividade de alguém é porque é ela mesma, a lei, ao fim e ao cabo, dispensável, despicienda. Nesse sentido, ver: *Juiz com fome ou que almoçou mal deve julgar nossas causas?* Disponível em: <http://www.conjur.com.br/2014-jun-05/juiz-fome-ou-almocou-mal-julgar-nossas-causas>. Acesso em: 29 nov. 2015.

que defendemos. Ou seja, um fatalismo tipo "já que não conseguimos controlar epistemicamente os juízes, contentemo-nos em traçar boas estratégias"... Agir como um vidente do passado, o que é um problema por aqui, porque, em Pindorama, nem as previsões sobre o passado são confiáveis. Em outras palavras: corre-se o risco de apostar mais nas estratégias (jogo) do que na teoria, algo como "calculo, estatisticamente, como vêm decidindo e 'me enquadro'". Resultado da partida: goleada. Agir estratégico 10 x 0 teoria do direito.

Por isso, a variável "*personae* dos juízes" não deve assumir esse patamar dado por Sunstein e certa sociologia jurídica. Talvez seja por isso que Sunstein, equivocadamente, classifique Dworkin como um "juiz herói", pela leitura forçada que faz de outro suposto modelo, o juiz Hércules, quando este, na verdade, nada mais era do que a própria metáfora da exigência normativa de que as decisões judiciais sejam corretas, a partir da coerência e da integridade.

Vale dizer, Hércules funciona como um arquétipo para descrever de que modo é possível afirmar uma teoria dos direitos. A questão aqui passa por uma diferença entre o "que" e o "como", ou seja, mais do que simplesmente descrever de que modo os variados tipos de juízes se comportam quando exaram suas decisões, importa saber "como" devem se comportar quando examinam o direito com responsabilidade política. Esse "como" depende da observação de certos aspectos que vão além de um mero traço de personalidade ou inclinação subjetiva. Depende de uma concepção abrangente do direito que seja construída a partir do conjunto de princípios que incorporam a moralidade da comunidade política. Ou seja, há sempre algo "não empírico" que escapa dessa análise comportamental pretensamente "objetiva". E é justamente esse "algo mais" que faz toda a diferença.

De todo modo, registre-se que o próprio Sunstein alerta para o fato de que seus perfis devem ser analisados ao lado de outros componentes, como o modo como os juízes votam (modelo seriatim, como no Brasil) e/ou a exigência ou não de unanimidade, com discussão antes do veredicto. Entretanto – permito-me dizer – tudo isso parece torcer pela vitória de certo tipo de sociologia, que sempre corre o risco de ser por demais "profeta do que já passou" e por vezes até mesmo banal, ao pretender fazer com que a doutrina perca seu papel crítico próprio, que é o de também zelar pela racionalidade do direito, retroalimentando argumentativamente os debates jurídicos de uma "sociedade aberta de intérpretes da Constituição".

4 Considerações finais

Para quem quiser se empolgar com os perfis e sair por aí fazendo classificações, deixemos Sunstein falar: "We have seen that as a matter of principle, it makes no sense to adopt a particular Persona for all occasions, and indeed few people do so. The right persona is a product of a right theory of interpretation".[22] Isto é, em uma tradução livre: "por uma questão de princípio, não faz sentido adotar uma Persona particular para todas as ocasiões, e de fato poucas pessoas fazem isso. A Persona certa é um produto de uma teoria certa da interpretação".

No fundo, contra o perigo de "sociologizarmos" em demasia o direito, sobretudo, diante de uma realidade institucional e complexa, como a de um Estado Democrático de Direito, cujas exigências de princípio escapam a todo maniqueísmo, à doutrina nunca deverá restar apenas a tarefa de descrever, como um quadro comparativo, as decisões de cada um dos supostos tipos ou categorias de juízes, e de apostar, como em um jogo de cartas marcadas, o modo como esses mesmos juízes, pela própria teoria caricaturizados (alerto apenas para esse risco), uma vez incrivelmente descolados de toda uma história institucional mais complexa do que inutilmente a própria classificação seria capaz de abarcar, irão decidir daqui para frente.

O direito deve ter um grau de autonomia. Deve-se resguardar dos predadores endógenos e exógenos. A subjetividade descontrolada é um predador endógeno. A política e a moral são perigosos fatores exógenos. Se ficar dependente de posições pessoais ou de "encaixes em perfis" – que, por acaso, podem variar exatamente em face da subjetividade de seus protagonistas – o (direito do) país coloca em sério risco as suas possibilidades de construir teorias próprias ou teorias que sirvam para criar previsibilidade. Imaginemos o exemplo de uma ADI absolutamente impactante, em que o placar esteja em 5 x 5; o último a votar é visto (enquadrado) pela comunidade jurídica como minimalista, mas, como o caso trata de uma questão religiosa, ele se transmuda para o perfil "herói". Ou quando todos esperam um voto heroico e dali sai um voto mudo. De que adiantou a pesquisa empírica sobre os perfis, em um caso destes? Afinal, se um perfil se manifesta de forma *ad hoc*, é ele, ainda, um perfil?

Por isso, embora louvando a preocupação de juristas da cepa como Sunstein e de tantos outros aqui do Brasil preocupados com essa problemática do tipo "afinal, como os juízes decidem", prefiro continuar a apostar em um vetor de racionalidade estruturante, que vem antes de análises apofânticas e/ou sociológicas. Mas isso não quer dizer que as análises como as de Sunstein não sejam importantes. De novo, meus cumprimentos a todos os que se dedicam a essa tarefa de investigar o imaginário dos juízes. Com certeza, temos todos um bom combate pela frente contra um adversário comum: qualquer forma de não democracia e qualquer forma de arbítrio.

Não me agradaria ver o problema da decisão jurídica reduzida a um quadro, contendo números e perfis, algo como: "nos últimos 5 anos, o STF julgou 300 *habeas corpus*, dos quais 50 tiveram o perfil herói, 75, soldado etc.; ou 1.003 ADIs, cujo resultado foi 322 minimalistas, 188 mudas". Antes disso, preferiria que discutíssemos a teoria do direito, as razões pelas quais a teoria do direito ainda tem certa aversão a

---

[22] SUSTEIN, Cass. *Constitutional personae, op. cit.* Closing Words, Rules of Attraction.

admitir os influxos dos paradigmas filosóficos, as razões pelas quais há tanta paixão pela moralização do direito. Desmistificar coisas simples, como "quem inventou esse negócio de que princípios são valores", "o que é isto – o pamprincipiologismo", "por que, em pleno século XXI, o projeto do novo Código de Processo Penal insiste na livre apreciação da prova", "por que há tanta resistência ao NCPC", "por que nos queixamos das decisões e não reclamamos das posturas consequencialistas", "por que achamos a discricionariedade uma 'coisa natural'" etc.

Para finalizar e demonstrar os cuidados que se deve ter na Teoria do Direito, deixemos Sunstein falar de novo e nos confortar:

> I have argued on behalf of a general enthusiasm for the Minimalist, on the ground that minimalism is well suited to the institutional virtues and limits of the Judiciary. But minimalism is not a complete theory of interpretation, and it is hardly an approach for all times and all seasons.[23]

Referências

FUKUYAMA, Francis. *As origens da ordem política*: dos tempos pré-humanos até a Revolução Francesa. Rio de Janeiro: Rocco, 2013.

NOBRE, Marcos. *Imobilismo em movimento*: da abertura democrática ao governo Dilma. São Paulo: Companhia das Letras, 2013.

OST, François. Júpiter, Hércules, Hermes: tres modelos de juez. *Doxa, Cuadernos de Filosofía del Derecho*, Alicante, n. 14, 1993.

STRECK, Lenio Luiz. O (pós-)positivismo e os propalados modelos de juiz (Hércules, Júpiter e Hermes) – dois decálogos necessários. *Revista de Direitos e Garantias Fundamentais*, Vitória, n. 7, p. 15-45, jan./jun. 2010.

STRECK, Lenio Luiz. *Jurisdição constitucional e decisão jurídica*. 5. ed. São Paulo: RT, 2014.

STRECK, Lenio Luiz. *O que é isto*: decido conforme minha consciência? 5. ed. Porto Alegre: Livraria do Advogado, 2015.

STRECK, Lenio Luiz. *Verdade e consenso*. 5. ed. São Paulo: Saraiva, 2014.

SUSTEIN, Cass. *Constitutional personae*. New York: Oxford University Press, 2015.

Informação bibliográfica deste texto, conforme a NBR 6023:2002 da Associação Brasileira de Normas Técnicas (ABNT):

STRECK, Lenio Luiz. Os dilemas da jurisdição constitucional na democracia: é possível estabelecer perfis de juízes? In: COPETTI NETO, Alfredo; LEITE, George Salomão; LEITE, Glauco Salomão. *Dilemas na Constituição*. Belo Horizonte: Fórum, 2017. p. 47-59. ISBN 978-85-450-0236-9.

---

[23] Tradução livre: "Eu me posicionei em favor de um entusiasmo geral para o Minimalismo, no sentido de que o minimalismo é bem apropriado para as virtudes institucionais e limites do Judiciário. Mas o minimalismo não é uma teoria completa da interpretação, e dificilmente é uma abordagem para todos os tempos e todas as estações". SUSTEIN, Cass. *Constitutional personae, op. cit.* Closing Words, Rules of Attraction.

A CONSTITUIÇÃO DE 1988:
OS INCONVENIENTES DA OPÇÃO
PELO DETALHE[1]

Edilson Pereira Nobre Júnior

I   A Constituição de 1988 e o Estado constitucional (à guisa de introdução)

A Constituição promulgada em 5 de outubro de 1988 ostenta, dentro de nossa história, uma posição singular. Isso porque, visando à contenção do poder, político ou não, bem assim à tutela dos direitos fundamentais, assinala o ingresso do nosso sistema jurídico no paradigma do Estado constitucional de Direito.

Não que algumas de suas precedentes não contivessem, na sua roupagem escrita, dispositivos que, a partir da organização estatal, acrescida da previsão de direitos inatos aos cidadãos, limitassem o poder. Absolutamente. O que a diferencia, de forma decisiva, é o vivenciar de um clima político que favorece, no confronto texto *versus* realidade, uma expectativa de valoração dos postulados democráticos, o que até então não existia. Basta, para tanto, que se rememore a conjuntura preponderante, aqui quanto alhures, no decorrer da vigência das Constituições de 1824,[2] 1891, 1934 e 1946.

Isso sem contar que, noutros momentos, tais como em 1937 e em 1967-69, o clima ditatorial dissipou, integralmente, qualquer ponto de contato que pudesse associar o texto da organização política com o exigido pelo constitucionalismo. É que, em ambas as situações, a constituição formal então positivada carece de qualquer elemento que pudesse, ainda que indiciariamente, implicar uma intenção de garantia de direito e, portanto, de controle do poder. Vivia-se – é possível dizer – numa semântica constitucional, apenas e somente.

De sua parte, o Estado constitucional é alvo de referência pela doutrina como sendo o atual paradigma vivenciado pelo Estado de Direito. Dele se reporta

---

[1] O presente texto foi escrito para integrar o livro "Dilemas na Constituição brasileira", atendendo ao distinto convite formulado pelos professores Alfredo Copetti Neto, George Salomão Leite e Glauco Salomão Leite.

[2] Sobre a Carta Imperial de 1824, embora ainda mantendo traços de contemporaneidade com o modelo liberal clássico, tem-se que sofreu forte influência das constituições pactuadas, principalmente a Carta Constitucional francesa de junho de 1814, outorgada por Luís XVIII, ostentando um cariz autoritário em face da posição privilegiada do monarca dentro da organização política, à qual propiciava o poder moderador, sem contar que, porventura por isso, carecia de um modelo de controle de constitucionalidade, apto para assegurar a autoridade de seus dispositivos diante do legislador. Ademais, o clima político reinante – e que tinha seu substrato numa economia agrícola – não despertava na direção de um controle do poder, gravitando a essência dos direitos fundamentais em torno, principalmente, da garantia do direito de propriedade, visto sob a ótica individual.

Zagrebelsky[3] como sendo aquele que se constrói a partir do pluralismo social e de numerosas instâncias, ideais e materiais, que conduzem a uma síntese, mediante pacto no qual coexistem dois aspectos: o projeto de convivência comum e a garantia das posições particulares. É, no dizer do autor, o Estado das sociedades abertas.

Por isso é que, com insistência, alude-se à concepção de Constituição democrática, a qual deve conter a consagração de determinados elementos de cunho valorativo. Peter Häberle[4] aponta que, dentre esses elementares, estão: a) a dignidade da pessoa humana; b) o princípio da soberania popular; c) a existência de pacto que contenha a formulação de objetivos e valores de orientação, possíveis e necessários; d) o princípio da divisão de poderes; e) o Estado de Direito e o Estado social de Direito.

Portanto, para que se possa cogitar de Estado com o qualificativo de constitucional, não se afigura bastante a existência de um documento escrito, disciplinando as relações de poder. Absolutamente. É preciso, antes de tudo, que se cogite da presença – e observância – de um complexo valorativo de inspiração democrática.

O liame entre o pacto promulgado em 1988 com referido modelo é indiscutível. Uma primeira demonstração se centra na verificação de que o seu texto, longe de seu purismo retórico, avança como um propósito de transformação, e se encontra demonstrado pela sua estrutura topográfica. Invertendo prática iniciada – e ratificada – a partir de 1824, os representantes do povo brasileiro, reunidos em Assembleia Nacional Constituinte, assentaram como preocupação inicial o ser humano, razão pela qual fizeram que a consagração dos princípios e direitos fundamentais precedesse à disciplina da organização do Estado.

Nessa linha, o texto de 1988 incorporou, à saciedade, a previsão de direitos fundamentais, ultrapassando, em muito, a noção liberal clássica, o que resultou na regulação de novas categorias, tais como os direitos sociais, os direitos coletivos e, até mesmo, as recentes categorias.

A soberania popular foi prestigiada não somente pela eleição dos atores políticos, mas, acima de tudo, pela extensão do universo dos titulares do sufrágio. Os títulos I e II, principalmente diante da enfática redação dos arts. 1º, 3º e 4º, enunciam valores basilares e formulam objetivos para a construção de uma sociedade fraterna e pluralista, inclusive nas suas relações na órbita internacional.

A presença de uma organização política fundada numa divisão funcional do poder resulta delineada nos Títulos III (Da Organização do Estado) e IV (Da Organização dos Poderes), com a particularidade que, atualmente, passou a integrar o rol das cláusulas pétreas (art. 60, §4º, III).

Já a busca por um Estado que tencione se constituir num elemento de transformação coletiva em busca de uma sociedade livre, justa e solidária, encontra-se presente não somente nos Títulos I e II, porém igualmente nos Títulos VII (Da Ordem Econômica e Financeira) e VIII (Da Ordem Social).

---

[3] *La virtud de la duda:* una conversación sobre ética y derecho con Geminello Preterossi. Madrid: Trotta, 2012. p. 80-85. Versão para o espanhol por José Manuel Revuelta.

[4] *Teoría de la constitución como ciencia de la cultura.* Madrid: Editorial Tecnos, 2000. p. 33-34. Tradução Emilio Mikunda.

Num acréscimo, enfatize-se que, no intuito de assegurar a mantença e o respeito dessa ordem de valores, estruturou a Constituição vigente, com roupagem diversa daquela de suas antecessoras, modelo de jurisdição constitucional,[5] permitindo um maior acesso a esta aos cidadãos e à coletividade, com o fortalecimento da posição do Supremo Tribunal Federal, a partir da tendência à vinculação dos precedentes.

E não se ficou nisso. Não se pode omitir que o documento de 1988 veio a permitir, pela primeira vez entre nós, a formação – ainda que em estado embrionário – de uma cultura ou consciência constitucional.[6] Contrariamente às crises de um pretérito, perfeito e imperfeito, onde se buscava na via militar a solução para ocasiões de anormalidade,[7] esquecendo-se do texto sobranceiro, acorreu-se, no presente, ao processo de apuração de crimes de responsabilidade, para a decretação da perda do mandato do Presidente Fernando Collor, acusado da prática de corrupção.

Não obstante, isso não evitou que a experiência constitucional hoje vivenciada, e nem poderia, uma vez a indefectibilidade não habitar o plano do real – se incidisse nalguns dilemas ou imperfeições, sendo um deles a eleição pela riqueza de detalhes na construção de seu texto.

O tratamento dessa particularidade constituirá o alvo do presente escrito que, doravante, será desenvolvido sem pretensão de um maior aprofundamento.

II   O viés detalhista

É uma dualidade assente na teoria constitucional – chegando mesmo a ser comezinha – aquela que biparte a constituição sob dois qualificativos, o material e o formal.

---

[5]   Anota Cesar Saldanha (*Tribunal constitucional como poder:* uma nova teoria da divisão dos poderes. São Paulo: Memória Jurídica Editora, 2002. p. 109-110) que o tribunal constitucional foi uma instituição elaborada na centúria que recentemente se findou para atender aos desafios da nova fase do constitucionalismo, a partir do segundo pós-guerra, tendo em atenção justamente o exemplo da experiência frustrada de Weimar. Sendo assim, diz o autor que o tribunal constitucional é, simultaneamente, a causa e a consequência do diálogo entre o direito constitucional e os valores éticos do convívio político-social.

[6]   Dalmo Dallari (*Constituição e constituinte.* 4. ed. Saraiva: São Paulo, 2010. p. 65-66), em boa hora, alude às vantagens do desenvolvimento, pela sociedade, de uma consciência constitucional, a fim de incutir nas pessoas as vantagens práticas da aplicação da constituição. Daí alertar que onde tal existe a ordem constitucional é cada vez mais forte e menor espaço é destinado para a ação inconstitucional.

[7]   Basta conferir, durante a vigência da Constituição de 1891, o movimento tenentista e a própria Revolução de 1930. Passada a República Velha, foram marcantes o golpe de 1937 e a deposição do Presidente Vargas em 1945. Na vigência da Constituição de 1946, com a ausência de preparo para o enfrentamento de uma nova era – para o que contribuiu o clima da Guerra Fria – tivemos os episódios de 1954, 1955, 1961 até se culminar com nova quebra da ordem constitucional, em 1964. O fenômeno foi uma constante na América Latina, tanto que Múcio Vilar Ribeiro Dantas (O novo direito constitucional. *Revista da Procuradoria-Geral do Estado,* Rio Grande do Norte, ano 1, vol. 1, p. 15-16, 1º semestre 1977), após enfatizar que o direito constitucional não pode prescindir da realidade da sociedade política, bem como das forças que nela atuam, chamou atenção para a influência política e moderadora das forças armadas nos diversos países do mundo. A influência política do segmento dos militares mediante presidencialismo ditatorial na América Latina, a partir e durante a década de 1960, é apontada por Maurice J. C. Vile (SUANZES-CARPEGNA, Joaquín Varela. *Historia e historiografía constitucionales.* Madrid: Editorial Trotta, 2015. p. 81-82.), salientando que, na atualidade, mesmo com o retorno às democracias, não se tem conferido a necessária relevância aos partidos políticos, à sociedade, aos grupos de interesses e ao pluralismo.

Pelo primeiro, têm-se as normas destinadas à regência dos aspectos basilares da organização do Estado, incluindo-se os direitos fundamentais, haja vista o seu colorido de limitação do poder e de dirigente da vida em coletividade. Num lado oposto ao de constituição material ou substancial, tem-se o conjunto de normas que, por se encontrarem no texto constitucional, ostentam uma superioridade formal diante das demais integrantes do sistema jurídico, o que é uma resultante tanto do seu processo de elaboração quanto de modificação.

Disso se tem a possibilidade, nos diversos ordenamentos, de nos depararmos com normas que podem, justamente pelo seu conteúdo, não se qualificarem como materialmente constitucionais, uma vez não disporem sobre aspectos estruturantes da vida da sociedade política e que deveriam ser adequadamente disciplinados pelo legislador, de modo que a sua inclusão na Lei Máxima lhes atribui uma condição formal superior. Seria, a nosso ver, a hipótese da redação original do §5º do art. 40 da nossa Constituição, que, dispondo sobre servidores públicos, mencionava que as pensões deveriam ser remuneradas nos mesmos moldes dos vencimentos ou proventos percebidos pelo seu instituidor e que, na atualidade, tem nova versão, por força da EC nº 41/2003, no §7º. Até 5 de outubro de 1988, tal regulação constituía assunto entregue aos cuidados do legislador, conforme se vislumbrava dos estatutos funcionais.

O inverso também é suscetível de se verificar, ou seja, é possível a existência de regras constitucionais típicas e que se encontram fora da constituição escrita.

Observando-se a Constituição em vigor, é digno de constatação certo exagero de conteúdo. Vejamos. Descortina-se, pelo seu compulsar, duzentos e cinquenta artigos da Parte Permanente, sendo de notar que, atualmente, alguns deles já se encontram com a mesma numeração, acrescida de letras do alfabeto. A isso se somam cem artigos constantes do Ato das Disposições Constitucionais Transitórias.

Não desconheço que, no correr dos tempos, a matéria constitucional vem sofrendo notável alargamento, principalmente em face do surgimento de novas preocupações essenciais à comunidade. Novos direitos fundamentais foram sendo elaborados, com o ultrapassar da categoria dos direitos civis, destinados à tutela da liberdade e da propriedade, tão comum nas constituições do liberalismo clássico.[8] A disciplina das relações econômicas e familiares, bem como da educação e cultura, assomaram ao proscênio do constitucionalismo.

---

[8] Destacar que Pimenta Bueno (Direito público brasileiro e a análise da Constituição do Império. In: KUGELMAS, Eduardo (Org.). *Marquês de São Vicente*. São Paulo: Editora 34, 2002. p. 468-471) laborou, ao dividir e classificar os direitos em relação às pessoas, com três categorias, a saber: a) os direitos individuais, também denominados de naturais, primitivos, absolutos, primordiais ou ainda pessoais, consistiam em prerrogativas que a natureza – e não a lei positiva – conferiu ao homem, sendo criação de Deus e, portanto, inalienáveis e imprescritíveis; b) direitos civis, compreendendo tanto os direitos reconhecidos nas leis civis quanto os inerentes à nacionalidade; c) os direitos políticos, contidos nas leis e constituições políticas, resultando de conveniências destas e não como faculdades naturais. É possível se perceber, a partir de tal estrutura, uma restrição dos direitos resultantes da condição humana à primeira categoria, os quais gravitavam em torno da liberdade, da igualdade formal, da propriedade e da segurança pessoal.

No entanto, não é o fato de ter a Constituição de 1988 se voltado para abranger o disciplinamento de um complexo de matérias que se consubstancia como o motivo desse excesso de disposições. Antes, a forma com se manifestou a inserção de tais matérias.

É que, ao fazê-lo, a sua literalidade abusou em detalhes. Tal não se revela somente pelo número de seus artigos, pois muitos textos constitucionais, inclusive e principalmente alguns anteriores ao surgimento do Estado Social, incidiram nessa prática, mas com artigos desprovidos de parágrafos.[9]

A técnica legislativa que se privilegiou olvidou a advertência de que o teor das normas de uma constituição há de ser o mais genérico possível.

É de recordar, na pena de Gregorio Peces-Barba,[10] a propósito de semelhante crítica à Constituição espanhola de 1978, para cuja elaboração muito contribuíra o seu talento, o fato de que Dante Alighieri, na Divina Comédia, inseriu Justiniano no Paraíso, justamente por sua capacidade de emagrecimento das normas, de sorte a reduzir o Direito ao imprescindível, suprimindo o óbvio e o supérfluo.

Porventura uma forte desconfiança no legislador, aliada igualmente a uma escassa cultura acerca da eficácia das normas constitucionais,[11] fez com que aqui, contrariamente, se incidisse num detalhamento da matéria constitucional até então sem precedentes. É bastante que se note não somente o número de parágrafos dos artigos da redação promulgada em 1988, mas o seu incrível acréscimo em algumas situações, em face das sucessivas alterações do seu texto. Laborou-se muito além do simples traçar de diretrizes ao legislador (*guidelines*).

Assuntos como o dos regimes previdenciários, seja o do serviço público quanto o do regime geral, dos direitos trabalhistas, do sistema tributário, dentre outros, tiveram uma disciplina alargada exageradamente.

Por exemplo, observando-se, para fins de cotejo, os dispositivos que são, no Título III, Capítulo VII, destinados à Administração Pública, forçosamente há que se defrontar com seis longuíssimos artigos (37 a 42), especificando, na maioria das vezes, normas de natureza contingente e que, por isso, não teriam justificada a sua presença num documento constitucional.

Já outras constituições promulgadas durante a segunda metade da centúria passada, não obstante conferirem relevo – indiscutível, aliás – à inserção das

---

[9] A Constituição promulgada pelas Cortes de Cádiz de 19 de março de 1812, apesar dos seus trezentos e oitenta e quatro artigos, não continha nenhum dispositivo de dimensão alargada. O mesmo se vê da Constituição francesa de 4 de novembro de 1848, integrada por cento e dezesseis curtos artigos.

[10] *La Constitución y los derechos fundamentales*. Bogotá: Universidad Externado de Colombia, 2006. p. 96. As críticas do autor se voltam basicamente quanto ao Título Primeiro da Constituição de 1978.

[11] Um exemplo interessante é possível ser apontado no que concerne às relações familiares. Os arts. 226, §5º, e 227, §7º, seriam prescindíveis se a nossa doutrina e jurisprudência, não somente aferrada a um positivismo legalista, mas, igualmente, aos preconceitos de uma sociedade patriarcal, tivesse melhor despertado para o desenvolvimento tanto da normatividade da constituição quanto do princípio da isonomia, a despeito deste vigorar, nestas plagas, desde os diplomas de 1891 (art. 72, §2º), 1934 (art. 113, nº 1), 1937 (art. 122, nº 1), 1946 (art. 141, §1º) e de 1967-69 (art. 153, §1º). Eis um, dentre vários exemplos, que atestam o nosso não afeiçoamento pretérito com a relevância da constituição frente ao legislador, no sentido de condicionar a interpretação das leis.

linhas básicas da Administração Pública no âmbito sobranceiro, não se esqueceram de que tal dever-se-ia se limitar ao enunciado, em artigos concisos, dos seus princípios gerais.[12]

Da mesma forma, é possível constatar que a gigantesca organização constitucional do Poder Judiciário (arts. 92 a 126), acrescida com a promulgação da Emenda Constitucional nº 45/2004, poderia ter sido evitada caso grande parte das disposições ali contidas estivesse inserida num estatuto nacional da magistratura.

Por isso, parece até eufemismo, numa classificação das espécies de constituição, atribuir-se à Lei Maior de 1988 o qualificativo de analítica, ou mesmo analítica extensa, de modo que o mais adequado se nos apresenta como sendo a denominação prolixa, já constante de alguns manuais.[13]

Examinando a estrutura da Constituição vigente, Raul Machado Horta,[14] numa elegante ironia, chamou atenção para o fenômeno que denominou de imperfeições da constituição expansiva e ambiciosa, pois, no caso brasileiro, as inspirações estatizantes fizeram a ordem econômica e social ingressar na minúcia regulatória, de modo a se inserir na Lei Fundamental temas de legislação ordinária e, de conseguinte, fixando na rigidez constitucional assuntos que deveriam permanecer no domínio flexível do legislador ordinário. Esqueceu-se, assim, que o Poder Legislativo, estando em sua atividade permanente mais próximo das fontes da vontade popular, teria condições de refletir as tendências de mudança do eleitorado e da opinião pública. Na visão do autor, tais seriam falhas de concepção, suscetíveis de correção no futuro, mas, não foi o que ocorreu até agora, nas proximidades de perfazer o documento de 1988 três décadas de vigência.

Essa circunstância, qual seja o sobejar de minúcias, é hábil para acarretar inconvenientes, conforme relataremos nos tópicos que seguem.

III O embaraço ao livre desenvolvimento interpretativo

Um deles – e quiçá, o principal – está em que uma constituição escrita deve ser um diploma com vocação para perdurar, se não de maneira eterna, pelo menos com um grandíssimo grau de permanência.

---

[12] Ver, a esse propósito, a Constituição da República Italiana de 1947 (arts. 97 e 98), a Constituição da República Portuguesa de 1976 (arts. 266º a 272º), a Constituição da Espanha de 1978 (arts. 103 a 106) e a Constituição Política da Colômbia de 1991 (arts. 209 a 211). É certo que esta dedicou também dez artigos à função pública, mas não se pode desconhecer que se trata de preceitos de redação não elástica.

[13] Opondo as constituições prolixas às concisas, mas sem distingui-las das analíticas, Bonavides (*Curso de direito constitucional*. 4. ed. São Paulo: Malheiros, 1993. p. 73) afirma seriam aquelas, cada vez mais numerosas, que trazem matéria por sua natureza estranha ao direito constitucional, isto é, minúcias de regulamentação que melhor caberiam em leis complementares, tanto de regras como de preceitos até então reputados como pertencentes ao campo da legislação ordinária, o que aparenta significar algo mais que o analítico. Por sua vez, Gilmar Mendes, Inocêncio Mártires Coelho e Paulo Gonet Branco (*Curso de direito constitucional*. 2. ed. São Paulo: Saraiva, 2008. p. 16) reputam como sinônimas as constituições analíticas e as prolixas.

[14] *Estudos de direito constitucional*. Belo Horizonte: Del Rey, 1995. p. 240.

Para que tal venha a suceder, retorna-se à questão da inelutável luta de Sísifo, que faz que com a constituição, para conservar a sua normatividade, deva se ajustar, ao máximo possível, à experiência vivenciada na realidade.

Isso impõe, dentre outras coisas, que o texto constitucional, elaborado num determinado instante, venha a, perenemente, ser alvo de atualizações.

O exemplo norte-americano, mediante o qual a Constituição de 1787 subsiste com ingente força desde que os Estados Unidos se encontravam à luz de velas até atualmente, nos tempos da telemática, é indiscutível.[15]

A interpretação, para manter viva e atual a constituição, há de alcançar uma dinâmica, mediante uma perene adaptação das normas à vida coletiva, competindo aos intérpretes, muitas vezes, mudar o sentido do texto conforme as circunstâncias vivenciadas.

Tal adaptação – diz Guastini[16] – sucede, na maior parte dos casos, mediante a concretização dos princípios constitucionais, operação com que é possível a descoberta de outras normas, as quais se encontram implícitas.

Prosseguindo, remata o autor que uma norma genérica, ou seja, um princípio, representa uma norma que: a) por um lado, reclama a formulação de outras normas, destinadas a concretizá-la ou a lhe dar execução; b) de outro lado, permite a sua atualização, execução ou concretização em formas muito diferentes e alternativas.

Assemelhada observação vem, de forma categórica, em Zagrebelsky, para quem:

> O caráter criativo da jurisprudência, segundo este modo de ver, depende da natureza das normas que se encontram nos seus diversos "graus de desenvolvimento" do ordenamento jurídico: isto é, depende estruturalmente do próprio direito. Estrutura do direito e discricionariedade do juiz se realizam uma junto com a outra.[17]

Prossegue o autor, um pouco à frente, esclarecendo que tal potencialidade criativa está associada à textura aberta da norma interpretada.[18]

---

[15] Oportuna uma lembrança, por Robert Darton, da correspondência de Jefferson para Madison, de 6 de setembro de 1789, na qual o primeiro enfatizava: "A terra pertence sempre à geração contemporânea (...). Cada Constituição, portanto, e cada lei, expira (sic) naturalmente ao final de dezenove anos. Se forem levadas a durar mais, trata-se de um ato de força, e não de direito" (*Os dentes falsos de George Washington*. Tradução José Geraldo Couto São Paulo: Companhia das Letras, 2005. p. 9.).

[16] *Teoría e ideologia de la interpretación constitucional*. Tradução Miguel Carbonell e Pedro Salazar. 2. ed. Madrid: Trotta, 2010. p. 61, 77.

[17] "Il carattere creativo della giurisprudenza, secondo questo modo di vedere, dipende dalla natura delle norme che si riscontrano nei diversi "gradi di sviluppo" del l'ordinamento giuridico: dipende cio strutturalmente dal diritto stesso. Struttura del diritto e discrezionalità del giudice si tengono l'una con l'altra" (*Il giudice delle leggi artefice del diritto*. Napoli: Editoriale Scientifica, 2007. p. 17).

[18] Eis, por despertar interesse, a passagem que segue: "A raiz da discricionariedade estaria, por assim dizer, em 'razões comunicativas', conexas à natural *open texture* da linguagem, em geral, e da linguagem jurídica, em particular. Esta última linguagem, sendo constituída de noções de gênero, apresentaria, em torno de um núcleo linguístico rígido ao qual o juiz não pode se evadir, uma 'aura de incerteza em suas margens', onde a linguagem mostra uma elasticidade à disposição de quem a usa e de quem a recebe" (La radice della discrezionalità starebbe, per cosi dire, in "ragioni comum icative", connesse alla naturale *open texture* del linguaggio, in

O exemplo norte-americano é, mais uma vez, digno de evocação. Com efeito, é bastante notar a evolução jurisprudencial relacionada com o exercício da função legislativa que culminou, não obstante preceituar o artigo I do texto de 1787 pertencerem todos os poderes legislativos exclusivamente ao Congresso,[19] com a compreensão, a partir de uma ótica da divisão de poderes sob um pragmatismo funcionalista, que o Executivo poderia atuar nessa matéria mediante delegação do Legislativo, desde que se mantivesse nos limites desta e não transbordasse da razoabilidade.[20] A mesma energia transformadora sucedeu quanto ao paulatino reconhecimento da possibilidade do Estado criar restrições à atividade econômica, o que foi se solidificando com o aresto *Nebia v. New York* (1934), bem como quanto ao princípio da igualdade racial[21] e do voto.[22]

Outro aspecto – e que não se mostra de uma menor importância – reside na circunstância de que uma constituição prolixa, inflada de preceptivos, é capaz de embaraçar o exercício da atividade da jurisdição constitucional.

Além da possibilidade do detalhamento constitucional representar um forte obstáculo para a renovação da constituição diante do tempo, a que nos referimos há pouco, o extenso número de disposições faz com que as questões constitucionais – que podem muitas vezes envolver a aplicação de normas inseridas em disposições transitórias – provoquem a multiplicação de litígios em torno de questões constitucionais. O fato, incontestável diante das estatísticas do Poder Judiciário, sobrecarrega a jurisdição constitucional.

A isso se ajunte que o constituinte de 1988, a partir do simples acréscimo das disposições existentes nas suas antecessoras, perfilhou uma mescla confusa entre os modelos difuso e concentrado, de sorte que é possível se verificar uma lentidão na solução das questões constitucionais, cujo relevo é sempre transcendente das partes em litígio.

O mais grave é que, recentemente, no território nacional, a exemplo do que se passa alhures, vem se assistindo a uma profusão legislativa enorme, o que,

---

generale, e del linguaggio giuridico, in particolare. Quest'ultimo linguaggio, essendo costituito da nozioni di genere, presenterebbe, attorno a un nucleo linguistico rigido al quale il giudice non può sfuggire, un "alone di incertezza ai margini", dove il linguaggio mostra una sua elasticità a disposizione di chi lo usa e di chi lo riceve. *Il giudice delle leggi artefice del diritto*. Napolés: Editoriale Scientifica, 2007. p. 17).

[19] Eis a redação do preceito constitucional norte-americano: "Artigo I, Seção 1. Todos os poderes legislativos conferidos por esta Constituição serão confiados a um Congresso dos Estados Unidos composto de um Senado e de uma Câmara de Representantes" (Disponível em: <http://www.braziliantranslated.com>. Acesso em: 27 jan. 2016).

[20] O ponto de vista, que encontrou apoio em Madison nas páginas de O Federalista (Capítulo 47), teve a sua formulação iniciada com o *Waiman v. Southard*, 10 Wheat (1825), com desenvolvimento posterior em *Field v. Clark*, 143 U.S. 649 (1892), *Panama Refing Co. v. Ryan*, 293 U.S. 388 (1935) e *Fleming v. Mohawk Wrecking and Lumber Co.*, 331 U.S. 111 (1947).

[21] Brown v. Board of Education of Topeka (1954), 347 US 483.

[22] Baker v. Car (1962). Sobre o aresto, que acolheu a doutrina "um homem, um voto", modificando a forma de estabelecimento do número de vagas por distritos eleitorais, Karl Loewenstein (La función política del Tribunal Supremo de los Estados Unidos – comentario en torno al caso Baker V. Carr. Tradução Manuel Medina. *Revista de Estudios Políticos*, n. 133, p. 5-39, jan./fev. 1964) ressalta o forte impacto que a interpretação formulada pela Suprema Corte produziu no sistema eleitoral americano.

confrontado com os inumeráveis dispositivos magnos, faz com que se avolume o número de invocação de inconstitucionalidades.

O modelo de controle difuso em vigor, estruturado na prática em quatro instâncias, é sobremodo lento, sem contar que os tribunais ordinários muitas vezes se veem tolhidos a outorgar uma resposta pronta, uma vez a quase intransponível necessidade de se observar o procedimento delongado da reserva de plenário, reforçada há pouco pela edição da Súmula Vinculante 10.[23]

Ademais, uma pesquisa nos anais do Supremo Tribunal Federal evidencia, por exemplo, que numerosas questões constitucionais, formuladas em sede de repercussão geral, ou mediante ajuizamento das ações diretas de inconstitucionalidade, declaratórias de constitucionalidade e ADPF,[24] encontram-se pendentes de apreciação, a maioria das quais por longos anos. Na via difusa, muitas questões, inclusive e principalmente na seara tributária, obtêm o pronunciamento do Supremo Tribunal Federal entre doze e até dezoito anos.

A própria forma como modelada a competência do Pretório Excelso, abrangendo a matéria penal mediante *habeas corpus* sobre questões legais, bem assim o julgamento de mandados de segurança e ações penais originárias com relação a vários agentes públicos, vem dificultando uma rápida solução das questões constitucionais.

Ainda resta notar que, ao se inserir muitas matérias no âmbito constitucional, principalmente com a enunciação inesgotável de direitos fundamentais, cujo cumprimento se afigura difícil – ou até mesmo impossível – diante da realidade existente quando de sua promulgação, é hábil de conduzir a frustrações. Consequentemente, fragiliza a ordem constitucional.[25]

Assim, a menção a um rol excessivo de direitos sociais, forçando uma aparência e expectativa de uma sociedade ideal, nem sempre é a melhor técnica de defesa de tais direitos.[26]

---

[23] A lentidão do nosso sistema de justiça constitucional é alvo de crítica da doutrina. Manoel Gonçalves Ferreira Filho (*Estado de direito e Constituição*. 4. ed. São Paulo: Saraiva, 2007. p. 106), enfocando a questão da celeridade das decisões, sustenta a exclusão entre nós do controle difuso à americana, argumentando que este não somente delonga a incerteza sobre a constitucionalidade ou inconstitucionalidade de uma lei ou ato estatal, mas também enseja o surgimento de decisões que se multiplicam até que a questão seja definitivamente apreciada pela Suprema Corte. Antonio G. Moreira Maués e Fernando Facury Scaff (*Justiça constitucional e tributação*. São Paulo: Dialética, 2005. p. 71), por sua vez, diante da visão de nosso sistema de controle de constitucionalidade, propugnam pela necessidade de um esforço para que se busquem mecanismos que possibilitem uma melhor articulação entre o controle difuso e o concentrado no Brasil, tendo em vista os problemas de igualdade e de segurança jurídica decorrentes do exercício do controle difuso num sistema judicial complexo e diante de uma constituição detalhista como a de 1988.

[24] Com relação à ADPF, talvez o constituinte tenha olvidado de verificar a sua adequação ao Estado brasileiro, em virtude de sua destacada extensão territorial e em face de já existir, pela ação direta de inconstitucionalidade, mecanismo de ativação imediata do Supremo Tribunal Federal. A sua previsão pela Lei nº 9.882/99, tal qual uma ação direta de inconstitucionalidade ampliada, não foi das melhores saídas. Crítica, a esse particular, consta de trabalho de nossa autoria (NOBRE JR., Edilson Pereira. *Direitos fundamentais e arguição de descumprimento de preceito fundamental*. Porto Alegre: Sergio Antonio Fabris, 2004. p. 15-24).

[25] DALLARI, Dalmo. *Constituição e constituinte*. 4. ed. Saraiva: São Paulo, 2010. p. 63 deixa claro que a previsão constitucional, mesmo com o sentido de definição de objetivos ou de aspirações, há de guardar coerência com a realidade, para que estes venham a se tornar viáveis, pois, diversamente, terão o significado de simples afirmações, conduzindo à desmoralização da constituição.

[26] É de se notar, por exemplo, que a Lei Fundamental de Bonn de 1949 não contém uma enumeração de direitos ditos sociais, havendo o seu art. 20.1 afirmado solenemente que a República Federal da Alemanha é um Estado

IV Os prejuízos à rigidez e à coerência sistemática

No afã de se classificar os diversos tipos de constituições, tem-se por flexível aquela na qual inexiste, sob o prisma formal, qualquer distinção perante o direito ordinário. Daí se segue que, igualmente, inexiste processo especial para a sua alteração, a qual poderá suceder de forma idêntica à da lei.

Num sentido oposto, designa-se constituição rígida aquela que se diferencia formalmente da legislação ordinária, justamente para realçar a superioridade da norma constitucional sobre as demais fontes jurídicas. Essa distinção se materializa mediante o estabelecimento, no texto sobranceiro, de normas que disciplinam o processo de modificação de seu texto, distinto daquele especificado para a elaboração das leis e, necessariamente, sendo mais rigoroso e mais agravado do que este.[27] Aponta-se que se cuida de um qualificativo das constituições escritas e, por este motivo, é que se afigura frequente dizer que as constituições de base consuetudinárias são constituições flexíveis, sendo exemplo usualmente referido pela doutrina o da constituição britânica.[28]

A caracterização de uma constituição rígida vem manifestada mediante a presença, por força do seu texto, de limitações formais e materiais ao poder constituinte derivado.

Observando-se o texto promulgado em 1988, uma primeira vista de olhos denota a existência nada mais nada menos de uma constituição super-rígida. Basta notar que, ao contrário de seus antecedentes, são abundantes e variadas as limitações ao constituinte derivado. Nele há limites circunstanciais, havendo-se acrescido a intervenção federal, ao lado do estado de sítio e do estado de defesa (art. 60, §1º). Igualmente, foi expandido o campo das cláusulas pétreas, pois, a

---

federal, democrático e social, deixando evidente Ernesto Benda (El estado social de derecho. In: BENDA, Ernesto et al (Coord.). *Manual de derecho constitucional*. Tradução Antonio Lopes Pina. Madrid: Marcial Pons, 1996. p. 521.) que, embora ausente no particular um sistema de direitos fundamentais, tal preceito contém uma adesão ao Estado Social, de importância decisiva para a interpretação da lei fundamental. Essa circunstância não impediu que, na Alemanha, fosse praticado, com maior envergadura do que em outros países que mais se preocupam com o enunciado de determinados direitos, o respeito aos direitos sociais.

[27] Recordando lição tornada clássica por Oswaldo Aranha Bandeira de Mello, tem-se: "Portanto, no sistema das Constituições rígidas, a Constituição é a autoridade mais alta, e derivante de um poder superior à legislatura, o qual é o único poder competente par alterá-la. O poder legislativo, como os outros poderes, lhe são subalternos, tendo as suas fronteiras demarcadas por ele, e, por isso, não podem agir senão dentro destas normas" (...) "Restringe a atividade dos representantes, não os autorizando a tocar nas disposições constitucionais e subordinando-as a elas. Restringe-se a si própria, exigindo, para as revisões das Constituições, formalidades especiais e maiorias tão amplas que impossibilitem exprimir situações efêmeras, sem assento nos princípios da moralidade nacional e nas conquistas sociais da humanidade" (*A teoria das constituições rígidas*. 2. ed. São Paulo: José Bushatsky, 1980. p. 42).

[28] Ver, a propósito, Manuel Afonso Vaz (*Teoria da constituição*: o que é a constituição, hoje? Coimbra: Coimbra Editora, 2012. p. 53-54). Oswaldo Aranha Bandeira de Mello (*A teoria das constituições rígidas*. 2. ed. São Paulo: José Bushatsky, 1980. p. 51, 54) afirma que a Inglaterra preferiu manter-se no velho modelo costumeiro, mantendo algumas leis escritas, consideradas de altíssima importância, mas não faz distinção entre lei constitucional e lei ordinária, quer quanto à formação, quer quanto à sua validade, motivo pelo qual adota o modelo de constituição flexível. Exemplifica ainda com menção ao Estatuto Albertino de 1848 e à Constituição da extinta União das Repúblicas Socialistas Soviéticas.

despeito da aparente exclusão da república, que formava com a federação uma dualidade inexpugnável nos textos de 1946 e 1967-69,[29] inseriu-se o voto direto, secreto, universal e periódico, a separação de poderes e os direitos e garantias individuais (art. 60, §4º, I a IV). Da mesma forma, restaram previstas limitações procedimentais, seja quanto à iniciativa da proposta, seja quanto ao quórum de deliberação, não podendo a proposição rejeitada ou tida por prejudicada ser renovada na mesma sessão legislativa (art. 60, I a III, §§2º e 5º).

A escolha por uma técnica legislativa que abusasse de uma regulação minuciosa, casuística, incorporando na província do permanente o que deveria ser visto como sendo do reino do transitório e que, por isso, deveria ser confiado ao legislador, fez com que, nos vinte e sete anos de vigência da Constituição de 1988, o poder de reforma viesse a ser ativado por noventa e seis vezes. Foi promulgada em 18 de fevereiro de 2016 a EC nº 91,[30] à qual se acrescem as seis emendas aprovadas com a revisão constitucional de 1993.

As barreiras impostas pelo texto constitucional, principalmente aquelas inerentes ao quórum de aprovação, foram suplantadas, na maioria das vezes pela realidade do jogo político praticado. A concentração de poder, principalmente em torno da União, fez com que, nas últimas gestões presidenciais, uma numerosa parcela dos governadores e prefeitos, e dos partidos políticos, viesse a ocasionar o reforço – e até mesmo gigantismo – da base parlamentar do Executivo, permitindo-se superar, com facilidade, o quórum do art. 60, §2º, da Constituição Federal.

O reproduzir minucioso dos preceitos constitucionais – o qual, ao invés de ser remediado, tornou-se cada vez mais assíduo e abrangente – fez com que o modo natural de atualização do texto constitucional, qual seja o da interpretação pela jurisdição constitucional, fosse abandonado. O resultado vem sendo uma banalização de dispositivos erigidos à ribalta constitucional, o que contribui para o desprestígio da força normativa da Lei Básica. É suficiente conferir que muitos dos artigos da Constituição de 1988 foram alterados mais de uma vez, sem contar que incidiram algumas dessas modificações, de uma forma renovada, no teor do mesmo artigo ou parágrafo.

Cai qual uma luva, no nosso sistema constitucional, a crítica de Zagrebelsky,[31] quando, após ressaltar que a constituição viva está na experiência cotidiana das cortes constitucionais, assinala que uma constituição que sobrevive com incessantes

---

[29] SILVA, José Afonso da. *Curso de direito constitucional positivo*. 38. ed. São Paulo: Malheiros, 2014. p. 68-69 afirma que a Constituição de 1988 não inseriu a república como cláusula intangível porque previu um plebiscito para que o povo decidisse sobre a forma de governo (república ou monarquia). Considerando-se que o povo, em votação direta, escolheu, por maioria esmagadora, o modelo republicano, legitimou-o de uma vez por todas. Com isso, a república passou a integrar o rol das cláusulas pétreas, o que é reforçado pela circunstância de que a forma republicana está inscrita no Texto Magno (art. 34, VII, *a*) como princípio a ser observado e assegurado.
[30] Referida emenda, cujo conteúdo versa unicamente sobre a possibilidade dos detentores de mandato eletivo de mudarem de partido, no prazo de trinta dias a contar de sua promulgação, representa manifestação inequívoca de que o poder constituinte reformador ingressou no reino da banalidade.
[31] Jueces constitucionales. In: CARBONELL, Miguel (Coord.). *Teoría del neoconstitucionalismo*. Madrid: Trotta, 2007, p. 97-99.

modificações formais se degrada ao nível da lei ordinária, confundindo a matéria constitucional com a luta política de cada dia. Por isso, remata afirmando que a lei da boa vida das constituições está no desenvolvimento com a continuidade, sendo a jurisprudência o instrumento normal para se atingir esse fim, remanescendo a reforma como um instrumento excepcional.[32]

Muito embora a roupagem formal da Constituição de 1988 se incline para a rigidez, a realidade, inversamente, conspirou para que tal qualidade não ultrapassasse a barreira do rígido formal. Na essência, o histórico de mudanças formais do seu texto faz com que se deva cogitar, sob o aspecto real, de uma ordem constitucional substancial e verdadeiramente flexível.[33]

Outro ponto que não pode restar despercebido é o de que o detalhamento da disciplina constitucional, aguçado pela sobrevinda de reformas formais, envereda pela falta de coerência sistêmica.

Uma constituição, por se situar no ápice do sistema jurídico que institui, há que preservar uma indispensável coerência dentre o complexo de valores que consagra.

A infinidade de preceitos que o texto de 1988 contém propicia a que, com frequência, exista uma falta de relação lógica e harmônica entre aqueles, a qual não é afastada por critérios como o da especialidade ou da cronologia.

Alguns exemplos mostram tais incoerências. Um deles está no fato de que, a despeito do art. 1º, *caput*, da Lei Básica acentuar que o Estado brasileiro é uma República Federativa, a extensa disciplina da organização do Estado, nos arts. 18 a 43, bem assim outros preceitos, realça um agigantamento das competências da União e, ao mesmo tempo, inúmeras regras de aplicação obrigatórias à estruturação dos Estados-membros, acarreta um forte viés centralizador. Na essência, há algo muito parecido com um Estado unitário.

Noutro ponto, é sabido que o constituinte de 1988 se singularizou por uma notável preocupação com a publicidade dos atos estatais. Basta notar a referência ao princípio como padrão no processo judicial (art. 5º, LX), como princípio a balizar

---

[32] Essa opinião é corroborada por Bruce Ackerman, para quem são "as revoluções judiciais, não as emendas formais, as que servem como uma das grandes vias estabelecidas para as mudanças fundamentais da Constituição vigente" (las revoluciones judiciales, no las emmiendas formales, las que sirven como una de las grandes vías establecidas para los cambios fundamentales por la Constitución vigente" (*La Constitución viviente*. Madrid: Marcial Pons, 2011. p. 201). É certo que, no parágrafo seguinte, o autor expõe que a revolução não é a única senda para a transformação constitucional, assomando de especial importância as leis-parâmetros, responsáveis por desenvolver os princípios básicos do novo regime, tais como, nos Estados Unidos, o *Social Security Act* de 1935, o *Civil Rights Act* de 1968 e o *Voting Rights Act* de 1965. Isso não quer significar, de modo algum, que o autor defenda a pletora de emendas constitucionais versando assuntos de menor relevo, tal como se assiste entre nós e que a EC nº 91/2016 é um exemplo eloquente.

[33] Não menos importante avivar ser comum dentre os autores se apontar a Constituição do Reino Unido, formada por um conjunto de documentos, como sendo formalmente e didaticamente flexível, por ser possível sua modificação mediante a tramitação de lei ordinária. Na prática tal proceder é laborado com sensatez e moderadamente. É ainda de se notar – como o faz Enrique Alcaraz Varó (*El inglés jurídico: texto y documentos*. 6. ed. Barcelona: Ariel, 2007. p. 09-10) – que há limitações para tanto, extraídas do costume, de maneira que as mudanças de relevância constitucional somente podem suceder mediante referendo, ou mediante o mandato concedido a um partido político em virtude de eleições gerais, sempre e quando tal ponto tenha figurado no correspondente programa eleitoral.

a função administrativa (art. 37, *caput*) e, porventura numa repetição, novamente como imposição aos julgamentos e decisões administrativas do Poder Judiciário (art. 93, IX e X). Não se afigura coerente, então, que, no particular da escolha dos membros do Tribunal Superior Eleitoral e dos Tribunais Regionais Eleitorais, venha a se prever eleição por voto secreto, o que, principalmente pela importância de tal designação para o campo das disputas políticas e da democracia, vai de encontro com a baliza adotada como valor inerente à ordem constitucional.[34]

Esse cenário vem se aguçando com as manifestações do poder de reforma. Se, por um lado, é concebível afirmar terem as emendas constitucionais que alteraram a disciplina da ordem econômica, no ano de 1995, ensejado a instituição, entre nós, do modelo de regulação independente, numa inspiração com o direito americano, não é menos acertado que não se procedeu a uma adaptação da estrutura do nosso sistema jurídico para tanto. É suficiente notar a diversidade entre os ordenamentos paradigmas quanto ao exercício da função normativa pelo Poder Executivo e quanto à organização e competência do Poder Judiciário, bem como a realidade política quanto ao controle legislativo acerca das designações dos dirigentes de tais entidades, o que conspira contra a eficácia do novo modelo regulatório entre nós.

Outro exemplo ainda nos é fornecido pela EC nº 16/97, a qual aprovou a reeleição, do Presidente da República, dos governadores e prefeitos, sem necessidade de desincompatibilização, alterando o §5º do art. 14. Basta uma leitura rápida do §6º do art. 14 da Constituição, que prevê o afastamento dos mesmos agentes políticos quando envolvidos em disputas para outros cargos, para evidenciar uma incoerência diante do princípio que coíbe o abuso de poder político.

Numa situação mais grave, para fins de facilitar o abuso de poder político, é permitida a candidatura sem afastamento do candidato, enquanto, noutra, mais branda, exige-se que este previamente renuncie ao mandato. Só os mistérios de uma disciplina assistemática, decorrente do puro casuísmo, são suficientes para explicar.

V   Palavras finais

Ultimando a exposição, faz-se preciso explicitar que não se pretende aqui uma investida em detrimento da Constituição de 1988. Esta, conforme realçado, representou um passo avançado no nosso constitucionalismo, porventura sendo o primeiro texto sobranceiro a ensejar, entre nós, a formação de uma consciência de respeito à Constituição, como um instrumento para moldar a atuação do Estado e da sociedade brasileira.

---

[34] O mais interessante é que a própria inserção de tais dispositivos – decorrente, ao que parece, da só repetição das Constituições de 1946 (art. 110, I, e 112, I) e de 1967-69 (art. 131, I e art. 133, I) – já demonstra a falta de apuro sistemático na elaboração de texto como o da lei fundamental.

No entanto, não se pode desconhecer que – talvez por euforia, ou mesmo por desconfiança do legislador – a técnica empregada pelo constituinte incorporou ao conteúdo de sua obra uma regulação minuciosa dos temas constitucionais, de modo a enfraquecer a sua efetividade, seja no plano do seu desenvolvimento interpretativo, o qual é decisivo para a atuação permanente de uma constituição, seja porque as suas múltiplas e incessantes mudanças são capazes de desnaturar a sua rigidez, ou ainda em face de que o conjunto amplo de disposições que contém é, por si mesmo, uma via pela qual são capazes de se multiplicar as contradições em seu texto e, de conseguinte, abalar a essência do acervo de valor que consagra.

O que se pretende chamar a atenção é para que, no futuro, seja evitada a prática de fatiamento do texto constitucional, ou mesmo seja patrocinado um enxugamento de seu conteúdo, para o fim de permitir-lhe uma maior respeitabilidade e força normativa que se espera de uma Lei das Leis.

Referências

ACKERMAN, Bruce. *La Constitución vivente*. Madrid: Marcial Pons, 2011.

BANDEIRA DE MELLO, Oswaldo Aranha. *A teoria das constituições rígidas*. 2. ed. São Paulo: José Bushatsky, 1980.

BENDA, Ernesto. El Estado social de Derecho. In: BENDA, Ernesto et al (Coord.). *Manual de derecho constitucional*. Tradução Antonio Lopes Pina. Madrid: Marcial Pons, 1996.

BONAVIDES, Paulo. *Curso de direito constitucional*. 4. ed. São Paulo: Malheiros, 1993.

BUENO, Pimenta. Direito público brasileiro e a análise da Constituição do Império. In: KUGELMAS, Eduardo (Org.). *Marquês de São Vicente*. São Paulo: Editora 34, 2002.

DALLARI, Dalmo de Abreu. *Constituição e constituinte*. 4. ed. Saraiva: São Paulo, 2010.

DANTAS, Múcio Vilar Ribeiro. O novo direito constitucional. *Revista da Procuradoria-Geral do Estado*, Rio Grande do Norte, ano 1, v. 1, 1º semestre 1977.

DARTON, Robert. *Os dentes falsos de George Washington*. Tradução José Geraldo Couto. São Paulo: Companhia das Letras, 2005.

FERREIRA FILHO, Manoel Gonçalves. *Estado de Direito e constituição*. 4. ed. São Paulo: Saraiva, 2007.

GUASTINI, Ricardo. *Teoría e ideología de la interpretación constitucional*. Tradução de Miguel Carbonell e Pedro Salazar. 2. ed. Madrid: Trotta, 2010.

HÄRBELE, Peter. *Teoría de la Constitución como ciencia de la cultura*. Tradução Emilio Mikunda. Madrid: Tecnos, 2000.

HORTA, Raul Machado. *Estudos de direito constitucional*. Belo Horizonte: Del Rey, 1995.

LOEWENSTEIN, Karl. La función política del Tribunal Supremo de los Estados Unidos – comentario en torno al caso Baker V. Carr. Tradução Manuel Medina. *Revista de Estudios Políticos*, n. 133, jan./fev. de 1964.

MAUÉS, Antonio G. Moreira; SCAFF, Fernando Facury. *Justiça constitucional e tributação*. São Paulo: Dialética, 2005.

MENDES, Gilmar; COELHO, Inocêncio Mártires; GONET BRANCO, Paulo Gustavo. *Curso de direito constitucional*. 2. ed. São Paulo: Saraiva, 2008.

PECES-BARBA MARTÍNEZ, Gregório. *La Constitución y los derechos fundamentales*. Bogotá: Universidad Externado de Colombia, 2006.

SALDANHA, Cesar. *Tribunal constitucional como poder:* uma nova teoria da divisão dos poderes. São Paulo: Memória Jurídica, 2002.

SILVA, José Afonsa da. *Curso de direito constitucional positivo.* 38. ed. São Paulo: Malheiros, 2014.

VARÓ, Enrique Alcaraz. *El inglés jurídico.* 6. ed. Barcelona: Ariel, 2007.

VAZ, Manuel Afonso. *Teoria da constituição:* o que é a constituição, hoje? Coimbra: Coimbra Editora, 2012.

VILE, Maurice J. C. In: SUANZES-CARPEGNA, Joaquín Varela (Org.). *Historia e historiografía constitucionales.* Madrid: Trotta, 2015. p. 81-82.

ZAGREBELSKY, Gustavo. *La virtud de la duda:* una conversación sobre ética y derecho con Geminello Preterossi. Tradução José Manuel Revuelta. Madrid: Trotta, 2012.

ZAGREBELSKY, Gustavo. *Il giudice delle leggi artefice del diritto.* Napoli: Editoriale Scientifica, 2007.

ZAGREBELSKY, Gustavo. Jueces constitucionales. In: CARBONELL, Miguel (Coord.). *Teoría del neoconstitucionalismo.* Madrid: Trotta, 2007.

Informação bibliográfica deste texto, conforme a NBR 6023:2002 da Associação Brasileira de Normas Técnicas (ABNT):

NOBRE JÚNIOR, Edilson Pereira. A Constituição de 1988: os inconvenientes da opção pelo detalhe. In: COPETTI NETO, Alfredo; LEITE, George Salomão; LEITE, Glauco Salomão. *Dilemas na Constituição.* Belo Horizonte: Fórum, 2017. p. 61-75. ISBN 978-85-450-0236-9.

PARTE II

DILEMAS NA EFICÁCIA DOS DIREITOS FUNDAMENTAIS

NOTAS SOBRE O REGIME JURÍDICO-CONSTITUCIONAL DOS DIREITOS SOCIAIS NA CONDIÇÃO DE DIREITOS FUNDAMENTAIS, COM ÊNFASE NA "APLICABILIDADE IMEDIATA" DAS NORMAS DE DIREITOS FUNDAMENTAIS[1]

Ingo Wolfgang Sarlet

1   Os direitos sociais no Estado Constitucional contemporâneo: entre "mínimo existencial" e o ideal de sua progressiva e ótima realização – aproximação e delimitação do tema

Por mais que se possa questionar a efetividade, no sentido de sua eficácia social, dos assim chamados direitos sociais, econômicos, culturais (aos quais haverá de se agregar os direitos e deveres em matéria ambiental), o quadro que se apresenta no campo da sua consagração no plano jurídico-constitucional, pelo menos no que diz com a evolução em termos formais (textuais) e quantitativos, permite endossar a afirmação de Peter Häberle, no sentido de que os direitos sociais (aqui compreendidos em sentido amplo), especialmente em virtude de sua umbilical relação com a dignidade da pessoa humana e a própria democracia, constituem parte integrante de um autêntico Estado (Constitucional) Democrático de Direito.[2] Com efeito, ainda de acordo com Peter Häberle, ao mesmo tempo em que a dignidade da pessoa humana, na sua condição de "premissa antropológica" do Estado Constitucional e do Direito estatal, implica o dever do Estado de impedir que as pessoas sejam reduzidas à condição de mero objeto no âmbito social, econômico e cultural, o princípio democrático-pluralista, como consequência organizatória da própria dignidade da pessoa humana, assim como os direitos político-participativos que lhe são inerentes, exige um mínimo de direitos sociais, que viabilizem a efetiva participação do cidadão no processo democrático-deliberativo de uma autêntica sociedade aberta,[3] da mesma forma como – cabe acrescentar – não se pode mais conceber uma existência humana digna desacompanhada da garantia de um ambiente ecologicamente equilibrado e saudável, o que, por sua vez, implica investimentos numa compreensão inclusiva

---

[1]   O presente artigo corresponde, com ligeiras alterações, ao texto publicado em obra coletiva em homenagem aos 70 anos de José Joaquim Gomes Canotilho pela Coimbra Editora, Coimbra.
[2]   Cf. HÄBERLE, Peter. Dignità dell'uomo e diritti sociali nelle costituzioni degli stati di diritto. In: *Costituzione e diritti social*. Fribourg: Universitaires Fribourg Suisse, 1990. p. 99-100, 102.
[3]   Cf., novamente, HÄBERLE. In: *Costituzione e diritti social. Op. cit.*, p. 100-101.

da dignidade (da pessoa) humana, que, em certo sentido, ganha uma coloração ecológica,[4] sem prejuízo da controvérsia sobre a atribuição de uma *dignitas* à natureza não humana, questões que aqui não serão desenvolvidas.[5]

Por outro lado, considerando, dentre outras razões, que o ambiente (o ecológico) integra atualmente a constelação dos elementos que determinam a atual concepção de Estado,[6] já constitui voz corrente – em que pese a ausência de unanimidade a respeito de diversos aspectos –, na moderna doutrina constitucional, que o Estado Democrático de Direito é simultaneamente também um Estado ambiental ou ecológico[7] (ou mesmo socioambiental, de acordo com a opção por nós privilegiada),[8] compreendido como um Estado que tem por tarefa permanente a proteção e promoção – sustentável! – dos direitos fundamentais (com destaque, mas não com primazia absoluta, para a proteção ambiental) em todas as suas múltiplas dimensões.

Transitando, todavia, do plano textual (em boa medida projetando um modelo ideal) para o da realidade social, econômica e cultural, a ausência significativa de efetividade do projeto social constitucional para a maioria das populações dos países designados de periféricos ou em desenvolvimento, marcados por níveis importantes de desigualdade e exclusão social, segue sendo um elemento caracterizador de uma face comum negativa: a comunidade internacional dos estados constitucionais (ou pseudoconstitucionais),[9] que em sua maioria contemplam direitos sociais nos seus textos constitucionais, convive com uma maior ou menor, mas em geral significativa, falta de efetividade de tais direitos! Tal crise, no sentido de uma crise de efetividade, por sua vez, é comum – em maior ou menor escala – a todos os direitos fundamentais, não podendo ser considerada uma espécie de triste privilégio dos direitos sociais, precisamente pela conexão entre os direitos sociais e o gozo efetivo dos assim designados direitos civis e políticos. Por outro lado,

---

[4] Cf., por todos e na literatura brasileira, SARLET; FENSTERSEIFER. *Direito constitucional ambiental.* Op. cit., p. 57 et seq.
[5] A respeito de tal perspectiva, v., no Direito lusitano, ARAÚJO, Fernando. *A hora dos direitos dos animais.* Coimbra: Almedina, 2003; No Brasil, v., por todos, MOLINARO, Carlos Alberto et al. (Orgs.). *A dignidade da vida e os direitos fundamentais para além dos humanos:* uma discussão necessária. Belo Horizonte: Fórum, 2008.
[6] Cf. KLOEPFER, Michael. A caminho do estado ambiental? A transformação do sistema político e econômico da república federal da Alemanha através da proteção ambiental especialmente desde a perspectiva da ciência jurídica. In: SARLET, Ingo Wolfgang (Org.). *Estado socioambiental e direitos fundamentais.* Porto Alegre: Livraria do Advogado, 2010. p. 40 ("Na atual situação ambiental, a clássica teoria dos três elementos do Estado teria se tornado demasiado estreita? Um Estado apto a subsistir precisa hoje de mais do que um povo, um poder e um território estatal. Ele necessita de um meio ambiente no e em torno do seu território que não ponha em risco a continuidade de sua existência").
[7] Cf., por todos, CANOTILHO, José Joaquim Gomes. Estado constitucional ecológico e democracia sustentada. In: SARLET, Ingo Wolfgang (Org.). *Direitos fundamentais sociais*: estudos de direito constitucional, internacional e comparado. Rio de Janeiro: Renovar, 2003. p. 493 et seq.
[8] Cf. SARLET, Ingo Wolfgang; FENSTERSEIFER, Tiago. *Direito constitucional ambiental:* estudos sobre a constituição, os direitos fundamentais e a proteção do ambiente. São Paulo: Revista dos Tribunais, 2011. p. 42 et seq, 89 et seq.
[9] Aqui estamos a nos referir aos Estados que, no plano da constituição escrita, se assumem como Estados Democráticos de Direito, mas onde os déficits da democracia e a precariedade dos institutos que são essenciais ao Estado de Direito impedem que tais Estados possam ser efetivamente reconhecidos como autênticos (legítimos) Estados Constitucionais.

cada vez mais se verifica que a crise da falta de efetividade dos programas sociais das constituições, por mais que sejam formulados de modo aberto e tenham sido projetados e concretizados na esfera infraconstitucional, como é o caso de boa parte dos países europeus, de há muito não mais se restringe aos países chamados de periféricos, mas atinge níveis alarmantes também na Europa, Estados Unidos e outros países tidos como mais desenvolvidos, o que pode ser facilmente constatado quando se acessa as informações acerca dos níveis de desemprego, aumento da criminalidade, aumento expressivo dos dependentes dos programas de assistência social, crescimento do número de pessoas situadas na faixa da pobreza, dentre inúmeros outros indicadores que aqui não serão colacionados, visto que apenas se pretende consignar a notória circunstância de que direitos sociais efetivos seguem sendo (cada vez) um "bem escasso" no cenário mundial.

Tal cenário, de fragilização da força normativa dos princípios impositivos de tarefas estatais na esfera da ordem econômica e social e de esvaziamento prático, por falta de eficácia social, das normas definidoras de direitos fundamentais sociais, entra em evidente colisão com o dever de progressiva realização dos direitos sociais, econômicos, culturais (e agora também ambientais), tal qual estabelecido em cláusulas vinculativas de direito internacional, como é o caso, em especial, do pacto internacional de direitos sociais, econômicos e culturais, de 1966.[10] Por outro lado, no contexto de uma concepção de Estado Constitucional Socioambiental, tal progressividade (no sentido da ampliação do acesso aos bens sociais e da melhoria qualitativa no que diz com as prestações sociais disponibilizadas) articula-se, como amplamente reconhecido, com um dever de desenvolvimento sustentável, que, por sua vez – pelo menos esta a posição aqui adotada – haverá de conciliar os eixos do econômico, do social e do ambiental.[11]

De outra parte, independentemente de o quanto os deveres de progressividade (em matéria de direitos sociais) e desenvolvimento sustentável possam (ou mesmo devam) ocupar um lugar de destaque, segue sendo necessária uma preocupação permanente com a consolidação e manutenção pelo menos dos níveis de proteção social mínimos, onde e quando alcançados, nas várias esferas da segurança social e da tutela dos direitos sociais compreendidos em toda a sua amplitude, inclusive como condição para a funcionalidade da própria democracia e sobrevivência do Estado Constitucional. Não é à toa que J. J. Gomes Canotilho, enfatizando o vínculo entre a dignidade (da pessoa) humana e os direitos sociais, aponta para a

---

[10] Sobre a evolução da proteção internacional dos direitos humanos, abrangendo o sistema interamericano, v., por todos, no âmbito da produção monográfica brasileira, PIOVESAN, Flávia. *Direitos humanos e o direito constitucional internacional*. São Paulo: Saraiva, 2006, designadamente p. 107 *et seq* (parte I e II). Na literatura portuguesa, v., em especial, MACHADO, Jónatas E. M. *Direito internacional*: do paradigma clássico ao pós-11 de setembro. 3. ed. Coimbra: Coimbra Editora, 2006. p. 359 *et seq* (Capítulo VI).

[11] Sobre o desenvolvimento sustentável, com ênfase na dimensão ambiental, v., por todos, BOSSELMANN, Klaus. *The principle of sustainability*. New York: Ashgate, 2008, bem como – incorporando ensaios sobre a repercussão do princípio e dever de sustentabilidade em vários domínios – a representativa coletânea editada por KAHL, Wolfgang (Ed.). *Nachhaltigkeit als Verbundbegriff*. Tübingen: Mohr Siebeck, 2008.

circunstância de que "a democracia só é um procedimento justo de participação política se existir uma justiça distributiva no plano dos bens sociais. A juridicidade, a sociabilidade e a democracia pressupõem, assim, uma base jusfundamental incontornável que começa nos direitos fundamentais da pessoa e acaba nos direitos sociais".[12] É neste contexto que a noção de uma garantia social mínima, ou aquilo que muitos designam de um mínimo existencial, passou a ocupar um lugar de destaque não apenas no que diz com os direitos sociais na esfera estatal (constitucional), mas também no quadro normativo do direito internacional dos direitos humanos, notadamente, em matéria de direitos sociais, na esfera das assim chamadas "core obligations" e mediante o estabelecimento de *standards* mínimos a serem respeitados e alcançados, ainda que as assim chamadas obrigações de implementação imediata tenham como foco a proibição de discriminação no acesso aos bens sociais e, em geral, quando se cuida de obrigações "positivas", se situem mais na esfera de um mínimo vital do que de um mínimo para uma existência condigna, aspectos que, todavia, aqui não poderão ser desenvolvidos.[13] Por outro lado, embora o prestígio alcançado pela noção de que a todos devem ser asseguradas as condições mínimas para uma existência condigna, não faltam aspectos controversos a serem enfrentados e nem questões a serem desenvolvidas, especialmente no que diz respeito à posição da noção de um mínimo existencial (ou social) na ordem jurídico-constitucional, notadamente no tocante à sua relação com os direitos fundamentais sociais e os limites e possibilidades do princípio da socialidade no Estado Constitucional contemporâneo.

Dada a complexidade da matéria e o leque de possibilidades que se abrem para a discussão, impõe-se, desde logo, a identificação do foco da presente abordagem, no que se buscará estabelecer um diálogo especialmente (mas não exclusivamente) com o pensamento de José Joaquim Gomes Canotilho, dentre outros representantes significativos da doutrina constitucional nessa seara. Assim sendo, vejamos algumas das possíveis frentes que poderão ser exploradas, notadamente no que diz respeito ao vínculo entre os direitos fundamentais sociais e o direito (e garantia) ao mínimo existencial. Ponto de partida serão algumas reflexões e interrogações formuladas por Gomes Canotilho em texto já referido e recentemente publicado no Brasil em coletânea que também tivemos o privilégio de integrar.[14] Tais reflexões – importa colocar em relevo – revelam a preocupação do referido juspublicista em dialogar

---

[12] Cf. José Joaquim Gomes Canotilho, O direito constitucional como ciência de direcção – o núcleo essencial de prestações sociais ou a localização incerta da socialidade (contributo para a reabilitação da força normativa da "constituição social"), em CANOTILHO, José Joaquim Gomes; CORREIA, Marcus Orione Gonçalves; CORREIA, Érica Paula Barcha (Coord.). *Direitos fundamentais sociais*. São Paulo: Saraiva, [S.d]. p. 19.

[13] Sobre o critério do mínimo existencial e/ou de standards sociais mínimos na perspectiva do direito internacional, v., dentre tantos, Magdalena Sepúlveda, *The nature of the obligations under the International Covenant on Economic, Social and Cultural Rights*, Intersentia, 2002; Eibe Riedel, "Zur Durchsetzung wirtschaftlicher, sozialer und kultureller Rechte im Völkerrecht", em GIEGERICH, Thomas; ZIMMERMANN, Andreas (Ed.). *Wirtschaftliche, soziale und kulturelle Rechte im globalen Zeitalter*. Berlin: Duncker & Humblot, 2008. p. 71 et seq.

[14] Cf. CANOTILHO, José Joaquim Gomes. O direito constitucional como ciência de direção..., *op. cit.*, p. 11 et seq.

com as transformações que se processam na realidade vivida do mundo presente, repudiando uma dogmática jurídico-constitucional descolada do mundo circundante e que, nesta perspectiva, pouco contribui para o progresso do direito constitucional; pelo contrário, mediante uma abordagem centrada tão somente na eficácia jurídica, notadamente quando desvinculada de qualquer compromisso com a realidade, corre-se o risco não apenas de deslegitimar o discurso constitucional da eficácia e efetividade dos direitos sociais, mas também causar prejuízos no plano da democrática e isonômica realização da justiça social nos marcos – portanto, de acordo com as "regras do jogo" – do Estado Democrático de Direito.

Já por tal razão, constata-se que também as questões vinculadas aos direitos sociais e ao assim chamado mínimo existencial reclamam não apenas um tratamento constitucionalmente adequado, mas também, nos termos da lição de Peter Häberle, exigem o recurso a uma interpretação contextualizada, compreendida como uma interpretação sensível à realidade (*kontextbezogene Auslegung*) e não apenas (embora sempre também) afinada com as peculiaridades de uma determinada ordem constitucional positiva,[15] isto sem falar na evidente necessidade de uma interação com outros saberes e ambientes, com destaque para os mundos da política e da economia, conforme, aliás, lembrado também pelo homenageado.[16] Tal enfoque – diferenciado e contextualizado – assume feições ainda mais emergenciais quando nos damos conta que as constituições latino-americanas inserem-se num ambiente significativamente diverso, por exemplo, do experimentado pelo constitucionalismo europeu. Com efeito, além de as constituições latino-americanas, dentre as quais a Constituição Brasileira de 1988, embora em boa parte e de modo diferenciado entre si, revelarem um caráter marcadamente compromissário e dirigente, importa endossar as palavras de Lenio Streck no sentido de que as promessas da modernidade sequer foram minimamente cumpridas para a maioria dos habitantes da América Latina, de tal sorte que a concepção de um Estado Constitucional, que mereça a qualificação de um autêntico Estado Democrático (e social) de Direito, compreendido como um Estado da justiça material e que assegura uma igualdade de oportunidades não passa, no mais das vezes, de um simulacro.[17] Com efeito, se os países que integram o núcleo da União Europeia estão lutando para a

---

[15] Cf. HÄBERLE, Peter. Neue Horizonte und Herausforderungen des Konstitutionalismus. *EuGRZ*, 2006, p. 535

[16] Cf. CANOTILHO, José Joaquim Gomes. O direito constitucional como ciência de direção..., *op. cit.*, p. 12 *et seq*.

[17] Neste contexto insere-se a (entre nós) célebre discussão a respeito da "sobrevivência" do constitucionalismo dirigente, tal qual sustentado, originariamente, pelo homenageado na sua tese doutoral, *Constituição dirigente e vinculação do legislador*. Coimbra: Coimbra Editora, 1982, justamente em função da revisão crítica levada a efeito pelo próprio Gomes Canotilho em diversos trabalhos mais recentes, especialmente a contar da década de 1990, no que diz com as premissas basilares de sua antiga tese, bastando aqui remeter o leitor ao prefácio redigido para a segunda edição da obra ora citada. A respeito dessa temática, v., ainda, além do indispensável contributo de STRECK, Lenio Luiz. *Jurisdição constitucional e hermenêutica*. Porto Alegre: Livraria do Advogado, especialmente p. 106 *et seq*, também as lições de BERCOVICI, Gilberto. A problemática da constituição dirigente: algumas considerações sobre o caso brasileiro. *Revista de Informação Legislativa*, n. 142, p. 35-51, abr./jun. 1999, assim como a oportuna coletânea organizada por COUTINHO, Jacinto Nelson de Miranda. *Canotilho e a constituição dirigente*. Rio de Janeiro: Renovar, 2002, obra que reúne aportes de diversos autores nacionais e retrata uma discussão sobre o tema travada com o próprio Gomes Canotilho.

manutenção dos níveis de proteção social que em geral se revelam satisfatórios (e, portanto, compatíveis com os parâmetros de uma vida condigna), no caso de grande maioria da população dos países chamados de periféricos ou em desenvolvimento, sequer o mínimo existencial foi alcançado, de modo que mais do que proteger contra retrocessos, cuida-se, neste caso, de apostar no progresso e desenvolvimento. Por outro lado, para além de tais aspectos, ligados mais diretamente ao problema da efetividade das promessas constitucionais, há que lembrar que, embora cada vez mais marcado por zonas de convergência pelo menos parcial, o regime jurídico-constitucional dos direitos sociais, e mesmo o perfil da ordem constitucional social em termos gerais, se revela bastante diverso em vários lugares, o que, por sua vez, deverá ser igualmente levado em conta ao longo das reflexões que seguem.

Aliás, é precisamente na definição do regime jurídico-constitucional dos direitos sociais e de como a assim chamada garantia do mínimo existencial nele se enquadra (e com ele se articula) que podemos vislumbrar um dos aspectos que tem despertado a inquietação do homenageado, e que também aqui será objeto de enfrentamento, o que, por outro lado, nos levará a uma delimitação do objeto da análise. Um primeiro aspecto, que segue ocupando lugar de destaque na agenda dos constitucionalistas, diz com a indagação em torno do sentido (e dos limites) da assim afirmada aplicabilidade direta (ou imediata, como disposto no artigo 5º, §1º, da Constituição Federal Brasileira de 1988, doravante apenas CF), notadamente no que se refere à sua aplicação aos direitos sociais na condição de direitos a prestações. Em causa está a exigibilidade dos direitos sociais como direitos subjetivos diretamente oponíveis ao poder público, ou se tal exigibilidade se limita a postular, como sugere Gomes Canotilho, que neste ponto assume postura cética em relação às possibilidades de uma aplicabilidade direta das normas de direitos sociais –, uma realização gradual de tais direitos, que, todavia, não implica sua reversibilidade social, ainda que tal reversão no que diz com os níveis de proteção social venha a esbarrar com o impacto das políticas (e crises) econômicas em nível nacional e mundial.[18] Por outro lado, muito embora a concepção de que a todos deve ser assegurada pelo menos uma vida condigna e que as prestações materiais destinadas à satisfação de tal mínimo existencial (de acordo com a terminologia aqui também adotada) constituem, quando associadas à noção de um núcleo essencial dos direitos fundamentais, uma espécie de cláusula de barreira negativa e positiva no contexto da proteção e promoção dos direitos fundamentais sociais, questiona-se o processo de redução da proteção social e dos direitos sociais a mínimos sociais cada vez mais dúcteis, resultando, dentre outros aspectos problemáticos, numa perda de autonomia dos direitos sociais, econômicos e culturais, reduzidos a "refracções sociais da dignidade da pessoa humana aferidas pelos *standards* mínimos da existência".[19]

---

[18] Cf. CANOTILHO, José Joaquim Gomes. O direito constitucional como ciência de direção..., *op. cit.*, p. 12-13.

[19] Cf. CANOTILHO, José Joaquim Gomes. O direito constitucional como ciência de direção..., *op. cit.*, p. 14-15.

Por evidente que as inquietações em torno do papel e significado do princípio da socialidade, da eficácia e efetividade dos direitos sociais, bem como do sentido, alcance e mesmo utilidade da noção de um mínimo existencial (de um direito a uma vida com dignidade) não se reduzem aos pontos aventados. Todavia, é certo que já os aspectos ventilados revelam tal complexidade e tantos pontos de contato com outras dimensões, que aqui não se fará mais do que revisitar e, quem sabe, ousar algumas considerações adicionais, a respeito – num primeiro momento – do regime jurídico-constitucional dos direitos sociais na condição de direitos fundamentais, para, numa segunda etapa, recuperarmos a noção de mínimo existencial no contexto dos direitos sociais, em especial para efeitos de identificar e discutir alguns aspectos relativos à articulação do mínimo existencial com o regime jurídico-constitucional dos direitos sociais. Que a presente abordagem busca guardar sintonia com a ordem jurídico-constitucional brasileira, ainda que mediante recurso ao direito comparado, notadamente de matriz alemã e portuguesa, vai aqui consignado para, desde logo, espancar toda e qualquer dúvida em relação ao nosso propósito.

2 O regime jurídico-constitucional dos direitos sociais na condição de direitos fundamentais, com destaque para o dever de aplicação imediata das normas de direitos fundamentais

Embora não se possa aqui rastrear todas as nuances que dizem respeito ao modo de positivação (ou não) da questão social – com ênfase nos direitos sociais – na evolução constitucional desde o momento inaugural do assim chamado constitucionalismo moderno,[20] consideramos ser possível identificar alguns modelos que se destacam por sua representatividade no cenário atual, quais sejam: a) a exclusão deliberada de normas relativas à justiça social dos textos constitucionais, ainda que com isso não se esteja a afastar um sistema de segurança social na esfera da normativa infraconstitucional e mesmo se possa falar de uma espécie de compromissos constitucionais não formalizados;[21] b) a inclusão na constituição de cláusulas gerais de socialidade, como, por exemplo, ocorreu no caso da Lei Fundamental da Alemanha, de 1949, onde se consagrou a fórmula do Estado Social e Democrático de Direito, mas em geral desacompanhada de direitos sociais típicos em espécie e de outros objetivos estatais em matéria de

---

[20] Cf., por todos, RIDOLA, Paolo. *Diritto comparato e diritto costituzionale europeu*. Torino: G. Giappichelli, 2010. p. 1 et seq (ensaio intitulado "Profilo Storico del Costituzionalismo Moderno").
[21] Cf., por todos, SUNSTEIN, Cass. *The second bill of rights*. New York: [S.n.], 2004.

justiça social;[22] c) a previsão de uma cláusula geral, acompanhada de outros objetivos estatais, ou seja, de normas impositivas de programas, fins e tarefas de matriz econômica, social e cultural, mas que, de regra (ressalvada alguma exceção) não considera os direitos sociais como autênticos direitos fundamentais;[23] d) a positivação dos direitos sociais (sem prejuízo da previsão de disposições constitucionais contendo normas impositivas de deveres sociais) na condição de direitos fundamentais, caso precisamente da Constituição da República Portuguesa de 1976 e da Constituição da República Federativa do Brasil de 1988, dentre outras. Ainda que tal esquema não seja preciso, é possível afirmar que em geral ele corresponde aos principais modelos dos quais as diversas constituições constituem apenas variações. Por outro lado, resulta evidente que a forma de reconhecimento do social nas constituições não afasta maior ou menor desenvolvimento da proteção social no plano infraconstitucional e que a efetividade dos programas sociais constitucionalizados, ou não, encontra-se na dependência dos níveis de saúde econômica de uma sociedade. Outro aspecto a ser considerado diz respeito ao fato de que a ausência (maior ou menor) de direitos sociais, econômicos e culturais nas constituições tem sido em parte contornada pela influência crescente do sistema internacional de proteção dos direitos humanos, em virtude da relevância cada vez maior da normativa internacional, já que expressivo número de países ratificou, entre outros, o pacto internacional de direitos sociais, econômicos e culturais, isto sem falar, em especial no plano europeu, de todo um arcabouço normativo e jurisprudencial em matéria social a vincular os diversos Estados, provocando mesmo uma reinterpretação dos institutos jurídico-constitucionais internos também nesta matéria.[24]

Partindo-se da premissa (ainda que, no caso brasileiro, questionada por alguma doutrina)[25] de que para o direito constitucional positivo português e

---

[22] Cf., por todos, SARLET, Ingo Wolfgang. *Die Problematik der sozialen Grundrechte in der brasilianischen Verfassung und im deutschen Grundgesetz*. Frankfurt am Main: Peter Lang, 1997, especialmente p. 295 e ss.

[23] Este é o caso da Constituição Espanhola, de 1978, que, no seu artigo 1º enuncia que a Espanha é um Estado Social e Democrático de Direito, sendo que nos "princípios rectores de la política social y económica" estão previstos diversos deveres e tarefas em matéria de proteção social, como é o caso da proteção social, econômica e jurídica da família (artigo 39), o dever de promoção das condições para o progresso social (artigo 40), a manutenção de um regime público de seguridade social (artigo 41), a proteção da saúde (artigo 43), dentre outros. Dos poucos direitos sociais que se enquadram na concepção de direitos fundamentais, por serem objeto de proteção mediante recurso de amparo, menciona-se o direito à educação, o direito de greve e a liberdade sindical (respectivamente, artigos 27 e 28). Na literatura v., por todos, CALLEJÓN, Francisco Balaguer (Coord.). *Manual de derecho constitucional*, v. II, p. 54 *et seq* e 280 *et seq*. Para uma visão mais focada nos direitos sociais, mas explorando o tema na perspectiva de um regime jurídico-constitucional, v. BASTIDA, Francisco J. Son los derechos sociales derechos fundamentales? In: ALEXY, Robert et al. *Derechos sociales y ponderación*. 2. ed. Madrid: Fundación Coloquio Jurídico Europeo, 2009. p. 103 *et seq*.

[24] Cf., dentre muitos, explorando a via da proteção indireta, BREMS, Eva. Indirect protection of social rights by the European Court of Human Rights. In: BARAK-EREZ, Daphne; GROSS, Aeyal M (Ed.). *Exploring social rights: between theory and practice*. Oxford: Hart Publishing, 2007, p. 135 *et seq*.

[25] Cf., dentre outros, TORRES, Ricardo Lobo. *O direito ao mínimo existencial*. Rio de Janeiro: Renovar, 2008. p. 271 *et seq*, restringindo a noção de direitos fundamentais sociais (diversamente do critério terminológico e topográfico da Constituição Federal de 1988 e em especial sustentando uma força jurídica diferenciada) àqueles direitos vinculados à garantia e satisfação do mínimo existencial.

brasileiro os direitos sociais são direitos fundamentais, pelo menos naquilo em que expressamente como tais foram reconhecidos pelo constituinte, coloca-se o problema – aqui analisado com foco no direito brasileiro – de qual é, de fato, o regime jurídico de tais direitos, notadamente, se os direitos sociais partilham da mesma fundamentalidade – no sentido das mesmas garantias e do mesmo regime jurídico reforçado[26] – atribuído aos demais direitos fundamentais, ou se, pelo contrário, estão submetidos a um regime jurídico diferenciado, eventualmente até mesmo menos rigoroso. Ao passo que em Portugal a existência de um regime jurídico menos reforçado (em relação ao regime previsto para os direitos, liberdades e garantias) dos direitos fundamentais sociais, econômicos e culturais corresponde, não apenas ao direito constitucional positivo, mas, ao que tudo indica, segue tendo sustentação, ressalvadas exceções,[27] no seio da doutrina majoritária e da jurisprudência do Tribunal Constitucional, muito embora se possa registrar uma tendência à aproximação gradual entre as duas categorias de direitos,[28] no Brasil, já por força do texto constitucional, a situação é no mínimo em parte distinta.

De fato, diversamente do que ocorreu em Portugal, o constituinte brasileiro de 1988, ao incluir os direitos sociais e os direitos dos trabalhadores no mesmo Título (II) dos demais direitos fundamentais (direitos individuais e coletivos, nacionalidade, direitos políticos) e ao estabelecer o que no sistema constitucional brasileiro corresponde ao regime jurídico reforçado dos direitos fundamentais, ou seja, que as normas definidoras de direitos e garantias fundamentais têm aplicação imediata (artigo 5º, §1º), e que os direitos e garantias individuais

---

[26] Parte-se aqui da conhecida e acima de tudo constitucionalmente adequada noção de uma dupla dignidade material e formal dos direitos fundamentais, tal qual proposta por ALEXY, Robert. *Theorie der Grundrechte*. Frankfurt am Main: Suhrkamp, [S.d]. p. 473 *et seq*, recolhida e ajustada por CANOTILHO, José Joaquim Gomes. *Direito constitucional*. 5. ed. Coimbra: Almedina, 1992. p. 509. Para uma adaptação ao direito constitucional brasileiro, v. o nosso *A eficácia dos direitos fundamentais, op. cit.*, p. 74 *et seq*.

[27] O caso de Jorge Reis Novais, *Direitos sociais*: teoria jurídica dos direitos sociais enquanto direitos fundamentais. Coimbra: Coimbra Editora; Wolters Kluwer, 2010, especialmente p. 251 *et seq*, embora admitindo algumas peculiaridades dos direitos sociais, que, todavia, não afetam o regime jurídico-constitucional único.

[28] Cf., por todos, MIRANDA, Jorge. *Manual de direito constitucional*. 4. ed. v. IV, p. 231 *et seq*, diferenciando entre um regime comum (embora em parte diferenciado) a todos os direitos fundamentais, um regime específico dos direitos, liberdades e garantias e um regime específico dos direitos sociais, econômicos e culturais. Importa registrar, contudo, que, de acordo com o autor referido, os direitos sociais poderão ser enquadrados no âmbito dos limites implícitos ao poder de reforma constitucional, muito embora não tenham sido expressamente contemplados no elenco do artigo 288 da CRP (*op. cit.*, p. 363-65). Em sentido similar, José Joaquim Gomes Canotilho afirma que "seria profundamente errado partir de uma contraposição linear dos "direitos sociais" aos "direitos, liberdades e garantias" e supor que aqueles consistem exclusivamente em direitos positivos, em direitos dos cidadãos a prestações ou actividades do Estado" (CANOTILHO, José Joaquim Gomes; MOREIRA, Vital. Constituição da República Portuguesa anotada. 4. ed. Coimbra: Coimbra Editora, 2007. v. I, p. 314. Sustentando uma conexão entre as categorias, mas enfatizando algumas diferenças substanciais (aqui com destaque para uma prevalente dimensão jurídico-objetiva dos direitos sociais, que não atribuem, no plano originário e sem prévia regulamentação legal, direitos subjetivos), v., em especial, CORREIA, J. M. Sérvulo. Interrelação entre os regimes constitucionais dos direitos, liberdades e garantias e os direitos econômicos, sociais e culturais e o sistema constitucional de autonomia do legislador e de separação e interdependência de poderes: teses. In: A.A.V.V. *Estudos em homenagem ao prof. Doutor Armando M. Marques Guedes*. p. 969-70, bem como, ALEXANDRINO, José de Melo. *A estruturação do sistema de direitos, liberdades e garantias na constituição portuguesa*. Coimbra: Almedina, 2006. v. II, especialmente p. 200 *et seq*.

integram o rol das assim chamadas "cláusulas pétreas" (artigo 60, §4º, inciso IV), acabou não traçando, pelo menos não diretamente e de modo explícito, uma diferenciação entre os diversos tipos de direitos fundamentais, pelo menos não estritamente vinculada a eventuais diferenças entre os direitos civis e políticos e os direitos sociais.

É bem verdade que para alguns importantes representantes da doutrina brasileira a terminologia utilizada no texto constitucional, no caso dos limites materiais ao poder de reforma constitucional, onde, além do voto direto, secreto, universal e periódico (artigo 60, §4º, inciso II), constam *os direitos e garantias individuais* (inciso IV), propicia uma interpretação restritiva, mas ainda assim, mesmo os que refutam uma compreensão ampliada dos limites materiais, no sentido de que todos os direitos fundamentais, estejam, ou não, sediados no Título II, integram as "cláusulas pétreas", em geral admitem que pelo menos parte dos direitos fundamentais sociais, pela sua vinculação com a dignidade da pessoa humana e a garantia de um mínimo existencial, além de outras razoes que costumam ser invocadas, deverá fruir da especial proteção contra eventual supressão (ou afetação de seu conteúdo essencial) pela competência reformadora.[29] Por outro lado, ainda que o Supremo Tribunal Federal (STF) não tenha tomado posição conclusiva nesta seara, adotando uma ou outra linha de entendimento,[30] o fato é que o STF, além de reconhecer que mesmo direitos fundamentais dispersos no texto constitucional estão ao abrigo dos limites materiais,[31] também não excluiu os direitos sociais de tal elenco, já que existe até mesmo julgado isolado no qual o direito social foi considerado limite material à reforma.[32]

---

[29] Cf. para a defesa de uma interpretação extensiva dos limites materiais e uma apresentação das principais posições divergentes, SARLET, Ingo Wolfgang. *A eficácia dos direitos fundamentais*, op. cit., p. 412 *et seq*. Adotando um entendimento mais ou menos restritivo, v. especialmente, no âmbito da produção monográfica dedicada ao tema, VIEIRA, Oscar Vilhena. *A Constituição e sua reserva de justiça*: um ensaio sobre os limites materiais ao poder de reforma. São Paulo: Malheiros, 1999; BRANDÃO, Rodrigo. *Direitos fundamentais, democracia e cláusulas pétreas*. Rio de Janeiro: Renovar, 2008; NETTO, Luísa Cristina Pinto e. *Os direitos sociais como limites materiais à revisão constitucional*. Salvador: Juspodivm, 2009.

[30] Cf. Por último, a apreciação atualizada da jurisprudência do STF nesta matéria apresentada por BRANDÃO, Rodrigo. A proteção dos "direitos e garantias individuais" em face de EC à luz da jurisprudência do STF. In: SARMENTO, Daniel; SARLET, Ingo Wolfgang (Coords.), p. 207 *et seq*, colacionando os principais argumentos esgrimidos pelos Ministros do STF quanto a uma maior ou menor amplitude dos limites materiais. Tratando especificamente da proteção dos direitos sociais na condição de "cláusulas pétreas", v., por todos, no âmbito da produção monográfica, PINTO E NETTO, Luísa Cristina. *Os direitos sociais como limites materiais à revisão constitucional*, Salvador: Juspodivm, 2009 (registrando-se pontual e ligeira divergência em relação a alguns aspectos, mas que aqui não cabe desenvolver, remetendo-se, para tanto, ao nosso *A eficácia dos direitos fundamentais*, op. cit., p. 421 *et seq*).

[31] Cf. o paradigmático precedente da ADIn n. 939-DF, no bojo da qual o STF, pela primeira vez, não apenas declarou a inconstitucionalidade de disposição contida em emenda constitucional, mas também reconheceu que direito e garantia situado fora do Título II da CF – no caso, tratava-se da regra da anterioridade tributária (artigo 150, III, a, da CF) e das imunidades tributárias elencadas no artigo 150, VI, da CF – encontra-se blindado também contra o poder de reforma constitucional, integrando o rol dos limites materiais, as assim chamadas "cláusulas pétreas".

[32] Cf. julgamento da ADIn nº 1946/DF, julgada em 03.04.2003, relator Min. Sidney Sanches, onde estava em causa a proteção da licença à gestante, muito embora o STF não tenha declarado a inconstitucionalidade do ato normativo, mas realizado uma interpretação conforme a Constituição.

Outra razão importante a sustentar uma pelo menos tendencial uniformidade quanto ao regime jurídico-constitucional dos direitos fundamentais guarda relação com a amplitude das garantias constitucionais para a proteção de tais direitos. Ao contrário do que ocorre, por exemplo, na Espanha, onde o recurso de amparo está reservado à defesa dos direitos fundamentais em face da ação estatal, de tal sorte que a própria definição (pelo menos, em perspectiva formal) de direitos fundamentais parte, entre outros critérios, da possibilidade de se esgrimir o recurso de amparo,[33] no Brasil os diversos instrumentos de tutela, as chamadas ações constitucionais e os mecanismos de controle de constitucionalidade abrangem, sem qualquer distinção, todos os direitos fundamentais, ressalvadas, é claro (como ocorre em outros lugares) as ações de *habeas corpus*, o *habeas data* e a ação popular. Já o mandado de injunção (destinado a viabilizar, no caso de ausência de regulamentação, o exercício dos direitos, e que, de resto, já foi inclusive objeto da atenção de Gomes Canotilho) e a Arguição de Descumprimento de Preceito Fundamental,[34] são cabíveis seja qual for o direito fundamental em causa, o que, como já salientado, apenas reforça a tese de que no Brasil não é constitucionalmente adequado falar-se em duplicidade de regime jurídico-constitucional em matéria de direitos fundamentais.

Por mais que as considerações precedentes estejam a exigir maior desenvolvimento, o ponto nodal da controvérsia em torno da força jurídica dos direitos sociais na condição de direitos fundamentais e de até onde é possível, também quanto a este aspecto, afirmar uma unidade de regime, diz respeito ao mandamento da aplicabilidade imediata das normas de direitos fundamentais, consagrado pelo artigo 5º, §1º, da CF. Aliás, é a direta (imediata) aplicabilidade das normas de direitos sociais, especialmente – mas não exclusivamente – quando em causa a sua dimensão positiva (dos direitos sociais como direitos a prestações), o tópico que aqui será privilegiado.

Como já havíamos destacado em outro momento,[35] impossível desconsiderar a circunstância de que, ao afirmar a aplicabilidade direta (imediata) das normas de direitos fundamentais, o constituinte brasileiro de 1988 tenha utilizado a expressão genérica *direitos e garantias fundamentais* (Epígrafe do Título II da CF) e não feito referência a alguma categoria em especial dos direitos fundamentais, que, por sua vez, foram contemplados nos diversos capítulos do Título II, designadamente, os direitos e deveres individuais e coletivos (Capítulo I), os direitos sociais (Capítulo II), a nacionalidade (Capítulo III) e os direitos políticos (Capítulo IV). Com efeito, conforme dispõe literalmente o art. 5º, §1º, da CF, "As normas definidoras dos

---

[33] Cf., por todos, FREIJEDO, Francisco J. Bastida. Concepto y modelos históricos de los derechos fundamentales. In: FREIJEDO, Fransciso J. Bastida et al. *Teoría general de los derechos fundamentales en la Constitución Española de 1978*. Madrid: Tecnos, 2004. p. 40 *et seq.*

[34] Sobre o tema, v., por todos, MENDES, Gilmar Ferreira. *Arguição de descumprimento de preceito fundamental*. 2. ed. São Paulo: Saraiva, 2011.

[35] Cf. o nosso *A eficácia dos direitos fundamentais, op. cit.*, p. 261 e ss.

direitos e garantias fundamentais têm aplicação imediata". No que diz com a origem da norma, sabe-se que a sua previsão no título dos direitos fundamentais é atribuída à influência exercida por outras ordens constitucionais, destacando-se, neste contexto, o art. 18/1 da Constituição da República Portuguesa, o art. 332 da Constituição do Uruguai e o art. 1º, inc. III, da Lei Fundamental da Alemanha.[36] Ressalte-se, ainda, que já o anteprojeto elaborado pela "Comissão Afonso Arinos", no seu art. 10, continha preceito semelhante, formulado, aliás, em termos até mesmo mais genéricos do que o atual artigo 5º, §1º, da CF.[37]

Assim, em que pese a circunstância de que a situação topográfica do dispositivo poderia sugerir uma aplicação da norma contida no art. 5º, §1º, da CF apenas aos direitos individuais e coletivos, o fato é que este argumento não corresponde à expressão literal do dispositivo, que, consoante frisado, utiliza a formulação genérica "direitos e garantias fundamentais", revelando que, mesmo em se procedendo a uma interpretação meramente literal, não há como sustentar uma redução do âmbito de aplicação da norma a qualquer das categorias específicas de direitos, nem mesmo aos – como já visto, equivocadamente designados – direitos individuais e coletivos do art. 5º. Em sentido contrário, todavia, houve inclusive quem propusesse uma "nova exegese" da norma contida no art. 5º, §1º, CF, sustentando a sua necessária interpretação restritiva quanto ao alcance (embora extensiva quanto à eficácia), já que, segundo tal orientação, o Constituinte "disse mais do que o pretendido",[38] o que, contudo, sugere a adoção de uma interpretação baseada não apenas na questionada e questionável "vontade do Constituinte", mas num "originalismo" ancorado numa vontade presumidamente contrária ao próprio teor literal do dispositivo, o que, à evidência, não nos parece seja sustentável.

---

[36] De acordo com o disposto no artigo 18/1 da Constituição Portuguesa de 1976, "os preceitos constitucionais respeitantes aos direitos, liberdades e garantias são diretamente aplicáveis e vinculam as entidades públicas e privadas". Já o artigo 332 da Constituição do Uruguai, cujo âmbito de abrangência parece não estar restrito aos direitos e garantias fundamentais, além de consagrar – em caso de ausência de regulamentação, até mesmo o recurso à analogia, aos princípios gerais de direito e à doutrina –, dispõe que "los preceptos de la presente Constitución que reconocen derechos a los individuos, así como los que atribuyen facultades e imponen deberes a las autoridades públicas, no dejarán de aplicarse por falta de reglamentación respectiva, sino que esta será suplida recurriendo a los fundamentos de leyes análogas, a los principios generales de derecho y las doctrinas generalmente admitidas". Por derradeiro, embora cronologicamente anterior, cite-se o art. 1º, inc. III, da Lei Fundamental da Alemanha (de 1949), por vezes objeto de equivocada tradução para o vernáculo, de acordo com o qual "os direitos fundamentais a seguir enunciados vinculam o Legislador, o Poder Executivo e o Judiciário como direito diretamente vigente" ("Die nachfolgenden Grundrechte binden Gesetzgebung, vollziehende Gewalt und Rechtsprechung als unmittelbar geltendes Recht"). Além disso, independentemente de terem, ou não, influenciado o constituinte brasileiro de 1988, constata-se que diversas outras Constituições consagraram, ainda que não com a mesma formulação, o princípio da aplicabilidade imediata (ou direta) dos direitos fundamentais. Assim, por exemplo, pode citar-se o art. 45 da Constituição do Paraguai, que, além de consagrar a existência de direitos não expressamente positivados, dispõe que "la falta de ley reglamentaria no podrá ser invocada para negar ni para menoscabar algún derecho o garantía". A Constituição da Grécia, por sua vez, em seu art. 25, inc. I, estabeleceu a obrigação de todos os órgãos estatais de assegurarem a fruição dos direitos e garantias fundamentais. Já a Constituição Espanhola de 1978 dispõe, na primeira parte de seu art. 53.1, que "los derechos y libertades reconocidos en el Capítulo II del presente Título vinculan a todos los poderes públicos".

[37] De acordo com o citado preceito, "os direitos e garantias constantes desta Constituição têm aplicação imediata".

[38] Cf. a posição (e crítica) de GEBRAN NETO, João Pedro. *A aplicação imediata dos direitos e garantias individuais*. São Paulo: Revista dos Tribunais, 2002. p. 153 *et seq*.

Ademais, a ausência de vedação expressa no que diz com a aplicação, a todos os direitos fundamentais, do regime da aplicabilidade imediata, somada ao sentido e alcance atribuídos ao disposto no artigo 5º, §2º, da CF ("os direitos e garantias expressos nesta Constituição não excluem outros decorrentes do regime e dos princípios por ela adotados ou dos tratados internacionais em que a República Federativa do Brasil seja parte"), norma que dá amparo ao reconhecimento de direitos fora do catálogo, autoriza o ponto de vista de que todos os direitos fundamentais, ainda que localizados fora do texto da Constituição, estão assegurados por normas diretamente aplicáveis, de tal sorte que, ainda que se queira excluir alguns direitos fundamentais, pelo menos direitos como o direito (liberdade) de greve, a liberdade sindical, a liberdade de ensino e pesquisa, entre outros (que, em Portugal, como se sabe, são considerados integrantes do grupo dos direitos análogos aos direitos, liberdades e garantias),[39] deveriam ser dotados de aplicabilidade direta.[40]

De qualquer sorte, o problema maior, ainda mais para os efeitos limitados da presente contribuição ao debate, não é o de justificar a aplicação, aos direitos fundamentais em geral, do disposto no artigo 5º, §1º, da CF,[41] o que, de resto, corresponde à interpretação hegemônica no Brasil, seja na esfera doutrinária, seja em nível jurisprudencial, com destaque aqui para a jurisprudência do STF,[42] mas sim, o de verificar como tal comando normativo deve ser manejado, especialmente na esfera de sua aplicação pelos órgãos jurisdicionais, dada a diversidade e complexidade do subsistema constitucional dos direitos e garantias fundamentais. É nesta esfera, aliás, que se situa, pelo menos assim o compreendemos, o já referido e bem fundado ceticismo de Gomes Canotilho, questionando, entre outros aspectos, como a afirmada aplicabilidade direta, ainda mais no âmbito restrito do jurídico-constitucional, fortemente dependente de um contexto político e econômico, assegurar a fruição efetiva dos direitos sociais como direitos a prestações estatais.[43] Nesta perspectiva, segue controverso até que ponto a afirmação textual da aplicabilidade imediata realmente torna diretamente

---

[39] De acordo com o artigo 17 da Constituição da República Portuguesa, "o regime dos direitos, liberdades e garantias aplica-se aos enunciados no título II e aos direitos fundamentais de natureza análoga".

[40] Sobre o tópico, v., por todos, CANOTILHO, José Joaquim Gomes; MOREIRA, Vital. *Constituição da república portuguesa anotada*, op. cit., p. 370 *et seq.*

[41] Para maior desenvolvimento, inclusive para uma apresentação e discussão das principais posições, em especial das razões em prol de uma interpretação extensiva do âmbito de aplicação do artigo 5º, §1º, CF, tomamos a liberdade de remeter ao nosso *A eficácia dos direitos fundamentais*, op. cit., p. 261 *et seq*, de onde, aliás, extraímos algumas das ids e passagens aqui colacionadas.

[42] Neste sentido, v., por último, STEINMETZ, Wilson. O dever de aplicação imediata de direitos e garantias fundamentais na jurisprudência do STF e nas interpretações da literatura especializada. In: SARMENTO, Daniel; SARLET, Ingo Wolfgang (Coord.). *Direitos fundamentais no Supremo Tribunal Federal*: balanço e crítica. Rio de Janeiro: Lumen Juris, 2011. p. 124, o que evidentemente não significa a inexistência de posições divergentes, inclusive de julgados onde, em casos isolados, foi negada a auto-aplicabilidade (aqui no sentido de uma imediata aplicabilidade) de normas de direitos sociais.

[43] Cf., por último, revisitando o tópico, Cf., CANOTILHO, José Joaquim Gomes. *O direito constitucional como ciência de direção...*, op. cit., p. 11 *et seq.*

aplicáveis todas as normas de direitos fundamentais, em especial, até que ponto é possível, a partir tão somente de tal dicção constitucional, extrair posições subjetivas, ainda mais quando se trata de impor ao poder público, notadamente ao legislador e administrador, obrigações positivas, de natureza jurídica ou fática.

Quanto a tal problema, a controvérsia que se trava no seio da literatura jurídico-constitucional brasileira revela que, apesar da existência de uma posição prevalente, especialmente na atual quadra da evolução, as diferentes concepções oscilam entre os que, adotando posição extremamente tímida, sustentam, por exemplo, que a norma em exame não pode atentar contra a natureza das coisas, de tal sorte que boa parte dos direitos fundamentais alcança sua eficácia apenas nos termos e na medida da lei,[44] e os que, situados em outro extremo, advogam o ponto de vista segundo o qual até mesmo normas de cunho nitidamente programático (melhor formulado, normas impositivas de programas, tarefas e fins estatais)[45] podem ensejar, em virtude de sua imediata aplicabilidade, o gozo de direito subjetivo individual, independentemente de concretização legislativa.[46] A posição (também) aqui adotada e que, salvo melhor juízo e com alguma variação pontual, corresponde, é possível afirmar, ao ponto de vista atualmente predominante na doutrina brasileira já foi, neste contexto, batizada como sendo uma espécie de via intermediária.[47]

Sem que aqui se possa aprofundar o tema, apresentando e avaliando as diversas posições esgrimidas na literatura e jurisprudência, o que se busca, antes de avançar e discutir algumas questões vinculadas ao mínimo existencial e sua relação com a aplicabilidade imediata das normas de direitos sociais, é apresentar, ainda que de modo sumário, os principais argumentos e diretrizes a informar a exegese do disposto no artigo 5º, §1º, da CF, especialmente para o efeito de demonstrar que a aplicabilidade imediata de todas as normas de direitos fundamentais não se faz necessariamente em detrimento da coerência jurídico-constitucional, além de guardar sintonia com a heterogeneidade do catálogo de direitos fundamentais e – convém acrescer – de não comprometer a força normativa possível de tais normas, inclusive em matéria de direitos sociais. Por outro lado, não havendo como – em função do enfoque mais restrito da abordagem, mas especialmente em função da limitação de espaço – aprofundar o ponto, limitar-nos-emos a enunciar algumas diretrizes que arrancam de desenvolvimentos anteriores, mas que buscam fazer

---

[44] Esta a posição de FERREIRA FILHO, Manoel Gonçalves. A aplicação imediata das normas definidoras de direitos e garantias fundamentais. *RPGESP*, n. 29, p. 35 *et seq*, 1988 um dos mais conhecidos representantes desta corrente.

[45] Cf. a conhecida tipologia encontrada em CANOTILHO, José Joaquim Gomes. *Direito constitucional e teoria da constituição*, op. cit., p. 1176 *et seq*, que, no âmbito das normas programáticas, distingue entre "normas-fim e normas-tarefa".

[46] Neste sentido, v., por todos, GRAU, Eros Roberto. *A ordem econômica na Constituição de 1988*. 3. ed. São Paulo: Malheiros, 1997. p. 322 *et seq*.

[47] Cf. STEINMETZ, Wilson. O dever de aplicação imediata..., *op. cit.*, p. 121 *et seq*, identificando, ao todo, quatro orientações bem destacadas na literatura brasileira.

frente às principais objeções que costumam ser esgrimidas contra uma aplicação imediata das normas de direitos fundamentais, em especial quando em causa a sua dimensão positiva.

Neste contexto, verificar-se-á que até mesmo os defensores mais ardorosos de uma interpretação restritiva do sentido e alcance da norma contida no artigo 5º, §1º, da CF, reconhecem que o constituinte pretendeu, com sua expressa previsão no texto, evitar um esvaziamento dos direitos fundamentais, impedindo que "permaneçam letra morta no texto da Constituição",[48] de tal sorte que podemos considerar tal constatação como um dos esteios de nossa construção, tomando-a como ponto de partida para as considerações subsequentes. Ainda nesta perspectiva, resulta evidente que, numa primeira aproximação, a afirmação da aplicabilidade imediata das normas de direitos fundamentais se revela como sendo incompatível com a id de que direitos fundamentais possam ter sido consagrados em normas não auto-aplicáveis e de cunho, portanto, eminentemente (meramente) programático. Com isso, todavia, ainda não se logra responder de forma satisfatória o que significa, afinal, reconhecer às normas de direitos fundamentais a qualidade de serem diretamente aplicáveis.

Por outro lado, por mais que se refute a existência de normas meramente programáticas (compreendidas como sendo normas destituídas de qualquer eficácia e aplicabilidade, no sentido de uma eficácia diferida e integralmente dependente de uma *interpositio legislatoris*), é amplamente aceito que a CF de 1988 – em escala sem precedentes no constitucionalismo pretérito brasileiro – contém normas que, em virtude de sua forma de positivação e de sua função na arquitetura constitucional (cuida-se, em geral, das normas impositivas de tarefas, fins e programas), reclamam uma atuação concretizadora dos órgãos estatais, especialmente do legislador, sem que, à evidência, com isso se esteja a negar eficácia e aplicabilidade jurídica (inclusive – em certa medida – imediata) a tais normas.[49] Com efeito, não se deve desconsiderar a existência, no próprio catálogo dos direitos fundamentais, de preceitos que assumem a feição de normas que estabelecem fins e tarefas para os órgãos estatais, bem como ordens dirigidas ao legislador, do que dão conta, entre outros, o exemplo da proteção do consumidor, apenas para mencionar um dos casos mais evidentes.[50]

Se para as normas-fim e normas-tarefa é possível reconhecer, em certa medida, uma aplicabilidade direta, no sentido de que são passíveis de aplicação aos casos concretos pelos órgãos judiciais, no mínimo para o efeito de uma interpretação

---

[48] Assim, por exemplo, leciona FERREIRA FILHO, Manoel Gonçalves. A aplicação imediata das normas definidoras de direitos e garantias fundamentais, *op. cit.*, p. 38.

[49] A respeito do conceito, conteúdo e significado das normas programáticas no direito constitucional brasileiro, v., por todos, FERRARI, Regina M. M. Nery. *Normas constitucionais programáticas*: normatividade, operatividade e efetividade. São Paulo: Revista dos Tribunais, 2001.

[50] Com efeito, de acordo com o artigo 5º, XXXII, "o Estado promoverá, na forma da lei, a defesa do consumidor". A este respeito, v. também a posição e os exemplos de BARROSO, Luís Roberto *O direito constitucional e a efetividade de suas normas*. 3. ed. Rio de Janeiro: Renovar, 1996. p. 113 *et seq.*

conforme a constituição, ou mesmo de uma declaração de inconstitucionalidade de ato normativo ou do reconhecimento de um efeito "derrogatório" ou "invalidante", tal como admite o próprio Gomes Canotilho,[51] com ainda maior razão há de se reconhecer a eficácia direta das normas definidoras de direitos fundamentais, ainda que se cuide de direitos sociais e de normas que, portanto, em certa medida são similares, naquilo em que impõe deveres de cunho positivo ao poder público, às normas impositivas de fins e tarefas. O problema, mais uma vez se percebe, não é propriamente o de reconhecer uma aplicabilidade imediata das normas de direitos sociais, mas sim o de verificar qual o sentido e alcance de tal enunciado.

Neste contexto, sustentou-se acertadamente que a norma contida no art. 5º, §1º, da CF impõe aos órgãos estatais a tarefa de maximizar a eficácia dos direitos fundamentais.[52] Parte da doutrina ainda foi bem além, sustentando o ponto de vista segundo o qual a norma contida no art. 5º, §1º, da CF estabelece a vinculação de todos os órgãos públicos e particulares aos direitos fundamentais, no sentido de que os primeiros estão obrigados a aplicá-los e os particulares a cumpri-los, independentemente de qualquer ato legislativo ou administrativo. Da mesma forma, em face do dever de respeito e aplicação imediata dos direitos fundamentais em cada caso concreto, o Poder Judiciário encontra-se investido do poder-dever de aplicar imediatamente as normas definidoras de direitos e garantias fundamentais, assegurando-lhes sua plena eficácia.[53] A falta de uma interposição legislativa não poderá, de tal sorte, constituir obstáculo incontornável à aplicação imediata pelos juízes e tribunais, na medida em que o Judiciário – por força do disposto no art. 5º, §1º, da CF –, não apenas se encontra na obrigação de assegurar a plena eficácia dos direitos fundamentais, mas também está autorizado a remover eventual lacuna oriunda da falta de concretização.[54]

Assim, embora seja correta a afirmação de que o dever de atribuir máxima eficácia e efetividade às normas constitucionais não constitui "privilégio" das normas de direitos fundamentais, sendo, de resto, condição própria de todas as normas-princípio, de tal sorte que tal dever não se revestiria de significado autônomo,[55] também é certo que nada impede, pelo contrário, o artigo 5º, §1º, da CF

---

[51] Cf. CANOTILHO, José Joaquim Gomes. *Direito constitucional e teoria da constituição*, op. cit., p. 1180.

[52] Cf., por todos, PIOVESAN, Flávia. Concretização e transformação social: a eficácia das normas constitucionais programáticas e a concretização dos direitos e garantias fundamentais. *RPGESP*, n. 37, p. 73, 1992, aderindo à posição de José Joaquim Gomes Canotilho.

[53] Neste sentido, v. por todos, GRAU, Eros Roberto. *A ordem econômica na Constituição de 1988*. op. cit., p. 312 e ss.

[54] Assim, por exemplo, leciona RUSCHEL, Ruy Ruben. A eficácia dos direitos sociais. *Revista da AJURIS*, n. 58, p. 294 *et seq*, 1993. No mesmo sentido, v. GRAU, Eros Roberto. *Direito, conceitos e normas jurídicas*. São Paulo: RT, 1988. p. 128-9, e BARROSO, Luís Roberto. *O direito constitucional*, op. cit., p. 145-7.

[55] De acordo com MORO, Sergio. *Desenvolvimento e efetivação judicial das normas constitucionais*. São Paulo: Max Limonad, 2001. p 69 *et seq*, este *plus* que se busca conferir aos direitos fundamentais, na prática, significa nada ou muito pouco, já que "a propalada maior aplicabilidade imediata é, salvo melhor juízo, e na medida das possibilidades que o próprio texto oferece, atributo de todas as normas constitucionais, como resultado do princípio da máxima efetividade e da força normativa da Constituição". A posição que se sustenta, é bom frisar, não busca afastar (ou minimizar) a aplicabilidade imediata das normas constitucionais em geral, mas apontar para o sentido especial da afirmação da aplicabilidade imediata na seara das normas de direitos fundamentais, especialmente para o efeito de autorizar o Poder Judiciário, ainda que, na falta de previsão legal e regulamentação da norma constitucional, se reconheça o direito fundamental como direito subjetivo.

e a especial dignidade (fundamentalidade) das normas de direitos fundamentais que (também) dele decorre, assim o indica, que no âmbito das normas de direitos fundamentais tal dever assuma feições mais robustas. Por outro lado, a diversidade entre as normas de direitos fundamentais por si só já recomenda que também em matéria de eficácia e aplicabilidade de tais normas não se privilegie uma lógica do tipo "tudo ou nada", razão pela qual o seu alcance (isto é, o *quantum* em aplicabilidade e eficácia) dependerá do exame da hipótese em concreto, isto é, da norma de direito fundamental em pauta.[56]

Por tais razões e precisamente pelo fato de que o disposto no artigo 5º, §1º, da CF, não dispensa um "sentido próprio, que não pode ser esvaziado de seu conteúdo e muito menos identificado com os princípios constitucionais antes referidos",[57] no caso, os princípios da máxima eficácia e efetividade e da força normativa da Constituição e o princípio da constitucionalidade, é que seguimos convictos de que uma das consequências – se não a principal – do citado preceito é o de gerar em favor das normas de direitos fundamentais uma presunção de que a ausência de interposição legislativa não impede a sua aplicação imediata pelos órgãos judiciais, bem como não constitui obstáculo a que sejam, desde logo, extraídos efeitos da norma de direito fundamental.[58] Com isso, todavia, não se está a afirmar que a norma consagrada pelo artigo 5º, §1º, da CF tenha por consequência uma absoluta uniformidade no que diz com a natureza e alcance dos efeitos jurídicos extraídos das normas de direitos fundamentais, pois, embora se possa falar, em certo sentido (de acordo com terminologia amplamente difundida no meio jurídico brasileiro), de uma eficácia plena das normas de direitos fundamentais sociais, também é preciso lembrar que a noção de normas de eficácia plena, caso utilizada, não deve ensejar o equívoco de considerar afastada a possibilidade de limitação e restrição dos direitos fundamentais.[59] Nesta perspectiva, no quadro de uma posição

---

[56] Já em virtude de tal linha de entendimento, que corresponde – ainda que tenham ocorridos ajustes ao longo do tempo e das diversas reedições – ao nosso ponto de vista desde a primeira manifestação sobre o tema (em língua portuguesa, v. a primeira edição, de 1998, da obra *A eficácia dos direitos fundamentais*, aqui citada na sua décima edição, de 2009), estranhamos – pelo menos quanto a este ponto – a crítica formulada por STEINMETZ, Wilson. O dever de aplicação imediata, *op. cit.*, p. 121 *et seq*, quando sugere que não estabeleçamos distinção entre as normas e direitos fundamentais quanto à sua eficácia e aplicabilidade.

[57] Cf. GEBRAN NETO, João Pedro. *A aplicação imediata*, *op. cit.*, p. 155-6.

[58] Neste sentido, v. também, na literatura brasileira, o enfático posicionamento de COMPARATO, Fábio Konder. O Ministério Público na defesa dos direitos econômicos, sociais e culturais. In: GRAU; Eros Roberto; CUNHA, Sérgio Sérvulo da (Orgs.). *Estudos de direito constitucional em homenagem a José Afonso da Silva*. São Paulo: Malheiros, 2003. p. 252.

[59] Embora a noção de normas constitucionais de eficácia plena, no sentido de normas imediatamente aplicáveis e aptas a, desde logo, gerar seus principais efeitos, tal como recolhida e difundida no Brasil por SILVA, José Afonso da. *Aplicabilidade das normas constitucionais*. São Paulo: Malheiros, 2007, possa ser utilizada, desde que adequadamente compreendida (como não excluindo a existência de limites e restrições), é preciso levar em conta as importantes críticas formuladas na literatura brasileira à classificação das normas constitucionais sustentada por José Afonso da Silva, em especial quando apresenta a distinção entre normas de eficácia plena, normas de eficácia contida e normas de eficácia limitada, crítica esta que já tivemos a oportunidade de formular, na primeira edição do nosso *A eficácia dos direitos fundamentais*, *op. cit.*, p. 224 *et seq*, mais recentemente retomada e desenvolvida, mediante recurso a argumentos adicionais, notadamente a partir de uma perspectiva pautada pela distinção entre princípios e regras, por SILVA, Virgílio Afonso da. *Direitos fundamentais: conteúdo essencial, restrições e eficácia*. São Paulo: Malheiros, 2009, especialmente p. 218 *et seq*.

pelo menos tendencialmente privilegiada das normas de direitos fundamentais, assume-se como correta a premissa de que a aplicabilidade imediata referida no artigo 5º, §1º, da CF, implica a impossibilidade de reduzir a eficácia e aplicabilidade das normas de direitos fundamentais às consequências que já poderiam, sem recurso adicional, ser extraídas do princípio da constitucionalidade,[60] comum a todas as normas constitucionais.

Levando em conta, por outro lado, a dupla dimensão subjetiva e objetiva das normas de direitos fundamentais e considerando a posição preferencial (ainda que diferenciada, a depender dos direitos fundamentais em causa) da dimensão subjetiva, ou seja, de que em primeira linha os direitos fundamentais são direitos individuais e dotados de exigibilidade, o que se afirma é que por força do artigo 5º, §1º, da CF, no contexto de um regime jurídico reforçado unificado, também as normas de direitos sociais deverão ser imediatamente aplicadas e assegurar ao seu titular posições subjetivas, cuja natureza e alcance – convém frisar – não podem ser antecipadamente estabelecidos.

À vista do exposto, resulta evidente que as objeções a tal exegese do mandamento da aplicabilidade imediata, que, consoante já indiciado, assume a condição de um dever (que, por sua vez – pelo menos esta segue sendo a nossa impressão – não se revela incompatível com a noção da máxima eficácia e efetividade das normas de direitos fundamentais), que tem por destinatário precípuo os órgãos judiciais, não desaparecem, especialmente quando se trata de aplicar tal argumentação aos direitos sociais na sua condição de direitos subjetivos a prestações, num ambiente de escassez de recursos e onde o problema mais agudo é o da gestão dos recursos de acordo com os parâmetros do Estado Democrático de Direito, situação, aliás, que é justamente a que tem merecido, entre outros, também a justificada preocupação de Gomes Canotilho. Em outras palavras, é possível, a partir (também!) da afirmação da aplicabilidade imediata das normas de direitos fundamentais, justificar, no plano jurídico-constitucional, a possibilidade de órgãos judiciais, mesmo na falta de fundamento legal específico, imporem ao Estado (e à sociedade) obrigações sociais de caráter prestacional, na condição de um direito subjetivo a prestações materiais?

A nossa resposta, como os desenvolvimentos precedentes já sugerem, e, de resto, correspondem, pelo menos em termos gerais, ao entendimento dominante na doutrina e jurisprudência brasileiras, segue afirmativa, mas necessita ser revisitada e carece de uma justificação adicional e, quem sabe, reclama mesmo uma parcial reformulação. Nessa perspectiva, as considerações que seguem evidentemente não buscam exaurir o tema, além de demandarem (muito) maior desenvolvimento, o que, todavia, deverá ficar para outra oportunidade.

Em primeiro lugar, como já sinalado, a aplicabilidade imediata das normas de direitos sociais não implica (aliás, tal nunca foi sugerido, pelo menos, não de

---

[60] Cf., entre outros, PATTO, Pedro M. G. V. A vinculação das entidades públicas pelos direitos, liberdades e garantias. *Documentação e Direito Comparado, op. cit.*, p. 480.

nossa parte) o reconhecimento de um direito subjetivo a qualquer tipo de prestação estatal, apenas e tão somente por tal prestação integrar, em tese, o âmbito de proteção possível de um direito fundamental.

Em segundo lugar, a aplicabilidade direta, se, por um lado, gera uma presunção de que também no caso das normas definidoras de direitos sociais é preciso reconhecer, pelo menos em princípio, um mínimo em posições subjetivas, inclusive de cunho originário, isso não significa, necessariamente e de antemão, que não existam distinções entre a dimensão negativa (defensiva) e positiva (prestacional)[61] e que tais distinções não impliquem alguma diferença de tratamento, a depender do caso, de tal sorte que o reconhecimento de posições subjetivas negativas já poderá, de acordo com as circunstâncias, constituir uma consequência direta e constitucionalmente adequada da condição de direito fundamental e da aplicabilidade imediata prevista no artigo 5º, §1º, da CF.

Em terceiro lugar, no caso especialmente da dimensão positiva, ou seja, dos direitos sociais na condição de direitos a prestações materiais (fáticas), a aplicabilidade imediata significa, em regra, que por mais que se há de deferir (e não se questiona a correção de tal premissa) ao legislador a tarefa de, em primeira linha, concretizar o projeto constitucional e definir o quanto em prestações sociais, distribuídas entre os diversos direitos sociais, cada indivíduo poderá receber do Estado, que, na condição de direito subjetivo, um direito social será sempre (também) um direito originário a prestações, portanto, não poderá ser exclusivamente um "direito fundamental na medida da lei". Posto de outra forma, a consagração constitucional de um direito social como direito fundamental e o dever de aplicação imediata, conjugado com o dever de máxima eficácia e efetividade, se revela incompatível, pelo menos em regra, com uma absoluta redução do objeto dos direitos sociais, inclusive na condição de direitos subjetivos, àquilo que o legislador infraconstitucional decidir que deva ser o conteúdo do direito, pena de redução dos direitos sociais a direitos apenas e tão somente "na medida da lei", o que, à evidência, não guarda sintonia com o projeto constitucional brasileiro, pelo menos não de acordo com a compreensão (ainda) dominante. Assim, um direito fundamental social será, pelo menos em princípio e em alguma medida, um direito originário a prestações, apto a ser deduzido diretamente da constituição, orientação que, em termos gerais e ressalvadas as peculiaridades de determinados direitos fundamentais, especialmente quando se tratar de direitos a prestações normativas, encontra guarida também na esfera da jurisprudência do Supremo Tribunal Federal Brasileiro, com destaque para o caso do direito à saúde e do direito à educação,[62] muito embora a existência de considerável controvérsia,

---

[61] A convivência das duas dimensões (no sentido de que todos os direitos fundamentais apresentam uma dupla face negativa e positiva) não impede, apenas para destacar, que existam diferenças quando, no caso concreto, está em causa uma ou outra dimensão.

[62] Cf., a respeito do direito à educação na jurisprudência do STF, BARCELLOS, Ana Paula. O direito à educação e o STF. In: SARMENTO, Daniel; SARLET, Ingo Wolfgang (Coord.). *Direitos fundamentais no Supremo Tribunal Federal*: balanço e crítica. Rio de Janeiro: Lumen Juris, 2011. p. 609-634. Sobre o direito à saúde no STF v., por

no âmbito da literatura brasileira, em torno dos limites da intervenção jurisdicional, especialmente na perspectiva de uma assim chamada "judicialização da política" e do controle judicial das políticas públicas.[63]

Por derradeiro, mas sem a mínima pretensão de esgotar o tópico e de sair vencedor do debate que segue agitando a literatura constitucional, ainda mais que o intuito foi o de revisitar o ponto e retomar a discussão, não se deverá confundir a aplicabilidade imediata e o reconhecimento, em princípio, de um direito subjetivo (inclusive originário) a prestações sociais como uma de suas consequências com a existência de um sistema de limites e restrições aos direitos sociais, de tal sorte que atribuir também aos direitos sociais a condição de direitos subjetivos a prestações não implica, muito antes pelo contrário, reconhecer um direito a qualquer coisa. Não é à toa que se fala, por exemplo – e sem que aqui se firme posição conclusiva a respeito –, que também no caso dos direitos sociais não se poderá abrir mão de uma "reserva geral de ponderação", que incluiria até mesmo a assim chamada "reserva do possível",[64] e nem afasta, a depender das circunstâncias, uma "superação" da eficácia jurídica pela realidade, visto que em situações devidamente justificadas e justificáveis (como é o caso, por exemplo, de um estado de calamidade pública, onde a realocação provisória de recursos seja inevitável, ainda que com consequências gravosas sobre alguns direitos) a eficácia jurídica e aplicabilidade, ainda que preservadas neste plano, poderão esbarrar na ausência (maior ou menor) de exequibilidade.

À vista das considerações precedentes, pelo menos, esta a nossa intenção, já se vislumbra que não discordamos de Gomes Canotilho quando busca problematizar o valor, por vezes, demasiadamente elevado atribuído a uma dogmática jurídico-constitucional pautada pelo discurso da imediata aplicabilidade das normas de direitos fundamentais, especialmente quando se trata de, com base na norma de direito fundamental, reconhecer ao juiz a possibilidade de impor determinadas obrigações positivas aos demais órgãos estatais, sem consideração (ou, pelo, menos, sem considerar de modo adequado) das limitações fáticas e jurídicas e sem a necessária dose de autocontenção (*self restraint*).[65]

De outra parte – e aqui a conexão com o assim chamado mínimo existencial – segue tendo adeptos a posição de que na esfera das prestações fáticas indispensáveis à satisfação das condições mínimas para uma existência condigna, a liberdade de conformação dos órgãos legislativos e a discricionariedade do

---

último e dentre tantos, LEIVAS, Paulo Gilberto Cogo. O direito à saúde segundo o Supremo Tribunal Federal. In: SARMENTO, Daniel; SARLET, Ingo Wolfgang (Coord.). *Direitos fundamentais no Supremo Tribunal Federal*: balanço e crítica. Rio de Janeiro: Lumen Juris, 2011. p. 635-648.

[63] Cf., por exemplo e dentre tantos, na perspectiva brasileira, MENDES, Conrado Hübner. *Controle de constitucionalidade e democracia*. São Paulo: Elsevier, 2008.

[64] Cf. NOVAIS, Jorge Reis. *Direitos sociais, op. cit.*, p. 89 *et seq*.

[65] Cf., CANOTILHO, José Joaquim Gomes. *Estudos sobre direitos fundamentais*. Coimbra: Coimbra Editora, 2004. p. 97 *et seq*, onde já foram delineadas algumas das questões referidas, bem como, por último, "O direito constitucional como ciência de direcção...", *op. cit.*, p. 11 *et seq* (especialmente, sobre o papel do Poder Judiciário, p. 30 *et seq*).

administrador devem ceder, resultando um direito subjetivo definitivo, inclusive na condição de direito originário a prestações, tese, aliás, que, alinhando-se em boa medida à proposta de Robert Alexy,[66] chegou mesmo a ser – embora o afastamento (pelo menos parcial, se correta a nossa interpretação) posterior de tal entendimento – adotada, em termos gerais e destacado o toque original dos argumentos agregados – pelo homenageado.[67] Assim, o mínimo existencial, seja na perspectiva negativa (defensiva), seja na perspectiva positiva (prestacional), operaria como espécie de limites aos limites dos direitos fundamentais, constituindo critério material para o controle da legitimidade constitucional de excesso de intervenção em direito social e mesmo na dignidade da pessoa humana (em sendo este o fundamento do mínimo existencial), mas também critério material para um controle na perspectiva da eventual insuficiência de proteção.[68]

Com efeito, embora não se esteja aqui a discorrer sobre a proibição de retrocesso, calha lembrar que o Tribunal Constitucional de Portugal chegou a afirmar que a liberdade de conformação do legislador cessa onde começa o mínimo existencial,[69] ao passo que o Supremo Tribunal Federal do Brasil (chancelando decisões dos Tribunais ordinários), em diversas ocasiões, já se pronunciou no sentido de que no campo do mínimo existencial os princípios e regras conflitantes com o reconhecimento de um direito subjetivo a prestações devem, em regra, ceder.[70] Além disso, embora se trate mais propriamente de um *obiter dicta*, o Supremo Tribunal Federal também já reiterou que a omissão ou atuação insuficiente para assegurar o mínimo existencial implica violação dos deveres de proteção estatais e, de tal sorte, implica violação da proibição de proteção insuficiente.[71]

---

[66] Cf. ALEXY, Robert. *Theorie der Grundrechte, op. cit.*, p. 454 *et seq.*

[67] Cf. CANOTILHO, José Joaquim Gomes. Tomemos a sério os direitos econômicos, sociais e culturais. *Boletim da Faculdade de Direito de Coimbra – Estudos em Homenagem ao Prof. Doutor António de Arruda Ferrer Correia*, Coimbra, 1988 (posteriormente republicado na obra *Estudos sobre direitos fundamentais, op. cit.*, p. 35 *et seq*).

[68] Sobre o mínimo existencial e a dignidade da pessoa humana como limite dos limites aos direitos fundamentais v., além do nosso *Dignidade da pessoa humana e direitos fundamentais na Constituição Federal de 1988*. 9. ed. Porto Alegre: Livraria do Advogado, 2011. p. 141 *et seq*, as contribuições monográficas, no Direito brasileiro, BARCELLOS, Ana Paula de. *A eficácia jurídica dos princípios constitucionais: o princípio da dignidade da pessoa humana*. Rio de Janeiro: Renovar, 2002; TORRES, Ricardo Lobo. *O direito ao mínimo existencial*. Rio de Janeiro: Renovar, 2008, bem como, por último, BITENCOURT NETO, Eurico. *O direito ao mínimo para uma existência digna*. Porto Alegre: Livraria do Advogado, 2010, embora com variações importantes quanto ao significado do mínimo existencial neste contexto.

[69] Cf. o conhecido – mas controverso – Acórdão nº 509/202 do Tribunal Constitucional. Sobre a decisão, aliás, remetemos, dentre outros, aos comentários de ANDRADE, José Carlos Vieira de. O direito ao mínimo de existência condigna como direito fundamental a prestações estaduais positivas: uma decisão singular do tribunal constitucional – anotação ao acórdão do Tribunal Constitucional nº 509/02. *Jurisprudência Constitucional*, Lisboa, n. 1, p. 4-29, jan./mar. 2004; NOVAIS, Jorge Reis. *Os princípios constitucionais estruturantes da República Portuguesa*. Coimbra: Coimbra Editora, 2004. p. 63 e ss. e, posteriormente, do mesmo autor, *Direitos fundamentais: trunfos contra a maioria*. Coimbra: Coimbra Editora, 2006. p. 189 *et seq*, e por último, na sua obra *Direitos Sociais, op. cit.*, p. 190 *et seq*. A respeito da garantia do mínimo existencial v., ainda, na literatura portuguesa, LOUREIRO, João Carlos. *Adeus ao estado social?: a segurança social entre o crocodilo da economia e a medusa da ideologia dos "direitos adquiridos"*. Coimbra: Coimbra Editora, 2010, especialmente p. 241 *et seq*.

[70] Cf. v.g., a decisão proferida no julgamento da STA (Suspensão de Tutela Antecipada) nº 175, julgada em 17.03.2010.

[71] Cf. também destacado no julgamento da STA nº 175 (v. nota nº 70, supra).

Apesar das inúmeras vezes que tal linha de argumentação (conciliando a aplicabilidade imediata das normas de direitos sociais e o reconhecimento, mediante articulação com a noção do mínimo existencial, de direitos subjetivos a prestações mesmo sem expressa previsão em lei da obrigação estatal de fornecimento de tal prestação) já foi invocada e mesmo em face da relativa facilidade com que se utiliza tal fundamentação, não é possível pura e simplesmente escamotear todo o complexo de dúvidas que cercam a utilização, também neste contexto (da eficácia e aplicabilidade das normas de direitos fundamentais), da noção de mínimo existencial, ainda mais no contexto da ordem constitucional brasileira.

Uma primeira objeção consiste na alegação de que o mínimo existencial, a depender de sua definição e das condições econômicas da sociedade e do Estado de onde se o aplica, nem sempre implica impacto mínimo sobre o orçamento público, podendo mesmo ser extremamente custoso.[72] Assim, a necessidade de avaliar, também na esfera de um mínimo existencial, o impacto proporcional do reconhecimento de posições subjetivas em matéria de prestações sociais em relação a outras demandas com base em direitos fundamentais, não desaparece como num passe de mágica e deve, ainda assim, ser objeto de atenção quando da decisão no caso concreto, especialmente havendo dissenso sobre a própria extensão da noção de mínimo existencial e o comprometimento de outros direitos no que diz com o seu respectivo conteúdo essencial. Cuida-se, portanto, de aspecto a ser devidamente revisitado e desenvolvido, o que, todavia, não será o caso desta vez.

Por outro lado – e vinculado ao aspecto anterior – situa-se a conhecida objeção da dificuldade de se definir o conteúdo do mínimo existencial, especialmente no que diz com a determinação de quem, em primeira linha, detém a competência constitucional para tal definição. Neste sentido – pelo menos é o que se verifica na doutrina e jurisprudência constitucional portuguesa e alemã – também aqui é aos órgãos legislativos, democraticamente legitimados, a quem se atribui a prerrogativa de, em primeira linha, definir as obrigações concretas do Estado para com o cidadão, assegurando-se ao legislador, mesmo no campo do mínimo existencial, uma ampla margem de liberdade de conformação.[73] Ademais, ainda que na prática tal afirmação possa soar meramente retórica (ou, pelo menos, teórica!), segue sendo sublinhada, forte na dignidade da pessoa humana, especialmente em conjugação com o direito à vida, a existência de uma dimensão indisponível do mínimo existencial, portanto, de reconhecimento e aplicação (proteção e promoção) cogente, por parte dos órgãos estatais,[74] o mínimo existencial, como já referido

---

[72] Cf. já ALEXY, Robert. *Theorie der Grundrechte, op. cit.*, p. 466 ("Auch minimale soziale Grundrechte sind, gerade wenn sie von sehr vielen in Anspruch genommen werden, in erheblichen Masse finanzwirksam").

[73] Neste sentido, colaciona-se a importante decisão do Tribunal Constitucional Federal da Alemanha sobre a reforma da legislação social promovida no âmbito (designada de Lei "Hartz IV"), reafirmando a garantia do mínimo existencial como direito indisponível, mas enfatizando a ampla prerrogativa do legislador no que diz com a sua definição e delimitação, embora passível de controle jurisdicional (Cf. BVerfGE 125, p. 175 *et seq*, decisão de 09.02.10).

[74] Cf., novamente, a decisão do Tribunal Constitucional Federal da Alemanha, BVerfGE 175, p. 175 *et seq*, destacando-se, na parte dispositiva da decisão, a afirmação de que o direito ao mínimo existencial (no caso da decisão, fundado na cláusula da intangibilidade da dignidade humana e no princípio do Estado Social, assume

anteriormente, segue sendo manejado como uma espécie de "última barreira", por exemplo, no contexto da aplicação de uma proibição de retrocesso, ou como critério, ainda que excepcional, para o reconhecimento de direitos originários a prestações.[75]

Além dos aspectos ventilados, a noção de um mínimo existencial enseja outras preocupações. Uma delas, igualmente veiculada por Gomes Canotilho, diz com a articulação da noção de mínimo existencial com a garantia do núcleo essencial dos direitos fundamentais sociais. Sem prejuízo da querela sobre a correção da própria noção da garantia do núcleo essencial dos direitos fundamentais, que aqui não será abordada, o que se percebe, especialmente na seara da literatura e jurisprudência brasileiras, é uma preocupante identificação do mínimo existencial com a garantia do núcleo essencial, tributária, ao que tudo indica, da igualmente questionável identificação entre a dignidade da pessoa humana e o núcleo essencial dos direitos fundamentais no seu conjunto.[76] Aliás, o entendimento de acordo com o qual o que há de fundamental nos direitos é o seu conteúdo em dignidade, de modo a transformar a dignidade da pessoa humana no único fundamento dos direitos, bem como em exclusivo critério de sua fundamentalidade material, além de ensejar uma perigosa fragilização dos direitos fundamentais, especialmente, mas não exclusivamente, dos direitos sociais, ensejando a refutação (pelo menos para aqueles direitos previstos na Constituição que não teriam fundamento ou conteúdo em dignidade) de sua proteção privilegiada contra o poder de reforma constitucional ou mesmo a negação de sua imediata aplicabilidade, também não auxilia a resolver o problema da difícil definição deste conteúdo em dignidade e do alcance do mínimo existencial.

Além disso, aponta-se, com razão – como também o faz o nosso homenageado – para uma perda da autonomia dos direitos sociais como direitos fundamentais, tendo em conta a sua redução ao mínimo existencial.[77] Com efeito, ainda mais em ordens constitucionais, como é o caso da portuguesa e da brasileira, onde os direitos sociais foram objeto de ampla positivação, reconhecendo-se mesmo um direito à segurança social (no Brasil, decodificado nos direitos à saúde, previdência e assistência social), verifica-se a necessidade de se atentar para os problemas já colacionados, entre outros, o da corretamente questionada identificação do mínimo existencial com o conteúdo essencial dos direitos. Por outro lado, a circunstância de terem os direitos sociais sido

---

uma dimensão autônoma (portanto, não integralmente fungível em relação à dignidade da pessoa humana), sendo indisponível e de realização cogente, embora careça de concretização e atualização permanente pelo legislador.

[75] Mesmo na Alemanha, embora de forma isolada e em geral alvo de críticas (salvo exceções) na literatura, já se reconheceu um direito originário a prestações em matéria de saúde, como foi o caso da decisão do Tribunal Constitucional Federal de 06.12.05 (BVerfG, 1 BvR 347/98), onde foi assegurado o direito a reembolso em virtude de despesas com tratamento alternativo. Sobre a discussão na esfera da literatura especializada alemã, v., por todos, Ulrich Becker, "Das Recht auf Gesundheitsleistungen", In: G. Manssen/M. Jachmann/Ch. Gröpl (Ed.), Nach geltendem Verfassungsrecht, Festschrift für Udo Steiner zum 70. Geburtstag, 2009. p. 50-76.

[76] Sobre o tema, tomamos a liberdade de remeter ao nosso *Dignidade da pessoa humana e direitos fundamentais na Constituição Federal de 1988*, op. cit., p. 141 *et seq.*

[77] Cf., CANOTILHO, José Joaquim Gomes. O direito constitucional como ciência de direcção..., op. cit., p. 14-15, especialmente ao consignar o risco, em virtude de uma hipertrofia da dignidade humana, de uma dessubstanciação da autonomia jurídica dos direitos sociais.

amplamente positivados no texto constitucional brasileiro e lusitano – ao contrário do que ocorreu na Alemanha, onde a dedução de um direito (implícito) a um mínimo existencial a partir da cláusula da dignidade da pessoa humana, do direito geral de liberdade e do princípio do Estado Social encontrou, em geral, ampla acolhida –,[78] também dá ensejo a que se questione a própria razão de ser de um direito autônomo a um mínimo existencial, que, entre outros aspectos, estaria a comprometer a construção de uma dogmática consistente no que diz com a definição do âmbito de proteção dos direitos sociais, sem falar nos demais problemas já apontados.

Por derradeiro, visto não termos a pretensão de esgotar o leque de possibilidades que se oferecem quando da articulação da problemática do mínimo existencial com o regime jurídico-constitucional dos direitos sociais, não se deve olvidar a controvérsia em torno da cada vez maior tendência de se reduzir a proteção e promoção dos direitos sociais e do princípio da socialidade a uma garantia de mínimos sociais, que, como bem apontou Gomes Canotilho, acaba por reforçar indiretamente o retrocesso social.[79] Além disso, a depender da interpretação dada à noção de mínimo existencial, facilmente se poderia migrar de uma noção alargada de mínimo existencial (abrangendo a inserção social, política e cultural) para uma garantia da sobrevivência física, em outras palavras, àquilo que se costuma chamar de mínimo vital ou de um mínimo existencial fisiológico. Também nesta perspectiva, é de se levar a sério – embora o risco de soarmos panfletários – a circunstância de que a utilização da noção de um mínimo existencial pode servir de mecanismo para assegurar que os pobres sigam sendo pobres, e, a depender do conteúdo atribuído à garantia do mínimo existencial, que se tornem ainda mais pobres. Dito de outro modo e recorrendo aqui mais uma vez ao pensamento de Gomes Canotilho – referindo-se à já mencionada decisão do Tribunal Constitucional de Portugal sobre o rendimento social de inserção, o problema é que "sob a aparente solidez da dignidade da pessoa humana, acaba por proceder à redução eidética da socialidade, colocando entre parênteses os direitos econômicos, sociais e culturais".[80]

3   A título de encerramento, embora não propriamente em caráter de conclusão...

As considerações precedentes, assim o esperamos, revelam que, embora estejamos diante de problemas e categorias universais (exclusão social, maior

---

[78] Cf., para uma suficientemente abrangente e relativamente atualizada informação sobre o reconhecimento e proteção do mínimo existencial na Alemanha, v., por todos, ARNAULD, Andreas von. Das Existenzminimum. In: ARNAULD, Andreas von; MUSIL, Andreas (Ed.). *Strukturfragen des Sozialverfassungsrechts*. Tübingen: Mohr Siebeck, 2009. p. 252-308. Já considerando a decisão do Tribunal Constitucional Federal de 09.02.2009, v., mais recentemente, Christian Seiler, "Das Grundrecht auf ein menschenwürdiges Existenzminimum", in: *JZ* 2010, p. 500-505.

[79] Cf. CANOTILHO, José Joaquim Gomes. O direito constitucional como ciência de direcção..., *op. cit.*, p. 26.

[80] Cf. CANOTILHO, José Joaquim Gomes. O direito constitucional como ciência de direcção..., *op. cit.*, p. 15.

ou menor falta de efetividade do programa constitucional, dignidade da pessoa humana, direitos fundamentais, entre outras), as peculiaridades de uma determinada ordem jurídico-constitucional e o contexto social, econômico e político no qual se inserem apontam para pautas nem sempre tão similares em termos de problemas e possibilidades de solução, inclusive e de modo especial no campo da dogmática jurídico-constitucional. Por outro lado, verifica-se que a inquietude e o espírito sempre alerta ao câmbio dos textos e contextos são qualidades que propiciam um estado de saudável agitamento e exercício permanente da reflexão crítica, buscando especialmente evitar que mesmo a atraente dogmática dos direitos fundamentais, aqui mais voltada aos direitos sociais, seja encarada como autoevidente, dispensando maior reflexão crítica e desenvolvimento.

Consoante já indiciado, a obra de Gomes Canotilho, aqui representada de modo muito seletivo, apresenta uma riqueza ímpar também no que diz com o trato das questões do Estado social e da realização dos direitos sociais. Dentre outros aspectos que aqui poderiam ser recuperados e que dialogam com as considerações precedentes, vale sublinhar a circunstância de que, embora não se possa perder de vista que não cabe à metódica constitucional criar os pressupostos fáticos para o exercício dos direitos fundamentais, no âmbito da dogmática jurídico-constitucional a afirmação da aplicabilidade imediata das normas de direitos fundamentais, inclusive dos direitos sociais, segue assumindo um papel de destaque – especialmente como limite positivo e negativo aos órgãos estatais –, especialmente quando em causa o núcleo essencial de tais direitos, de tal sorte que não se poderá pura e simplesmente "desconvocar" juízes e tribunais quando se cuida da realização dos direitos sociais, mesmo na condição de direitos a prestações.[81] Por outro lado, mais uma vez correta a tese de Gomes Canotilho quando insiste na necessidade de não superestimar a noção de dignidade da pessoa humana (assim como a correlata noção de um mínimo existencial), especialmente quando mediante tal recurso se corre o risco de "dessubstantivar" todos os outros direitos e não apenas os direitos sociais,[82] o que certamente não fará bem nem aos direitos fundamentais e nem à própria dignidade da pessoa humana.

Que a problemática atinente ao regime jurídico-constitucional dos direitos sociais, notadamente a sua especial proteção contra as maiorias legislativas e a sua aplicabilidade imediata, traduzida, no plano subjetivo, pela possibilidade de os direitos sociais operarem como direitos exigíveis, segue sendo uma das pautas irrenunciáveis para a dogmática constitucional, mas também para a afirmação da força normativa da "constituição social", parece ter sido suficientemente enfatizado, correspondendo, ainda que nem sempre do mesmo modo, a um elemento comum ao pensamento de Gomes Canotilho e da maioria da doutrina e da jurisprudência constitucional brasileiras. Da mesma forma, contudo, cada vez

---

[81] Cf. CANOTILHO, José Joaquim Gomes. *O direito constitucional como ciência de direcção...*, op. cit., p. 29-31.
[82] CANOTILHO, José Joaquim Gomes. *O direito constitucional como ciência de direcção...*, op. cit., p. 31.

mais evidente a necessidade de se abandonar uma visão arrogante em relação às reais possibilidades (e limites) da dogmática constitucional, visto que esta apenas terá condições de sobrevivência "com dignidade" se guardar sinergia com o mundo da política e da economia, por ser nesses ambientes que se projeta e realiza, em primeira linha, a justiça social e ganham vida concreta os direitos sociais.

Informação bibliográfica deste texto, conforme a NBR 6023:2002 da Associação Brasileira de Normas Técnicas (ABNT):

SARLET, Ingo Wolfgang. Notas sobre o regime jurídico-constitucional dos direitos sociais na condição de direitos fundamentais, com ênfase na "aplicabilidade imediata" das normas de direitos fundamentais. In: COPETTI NETO, Alfredo; LEITE, George Salomão; LEITE, Glauco Salomão. *Dilemas na Constituição*. Belo Horizonte: Fórum, 2017. p. 79-104. ISBN 978-85-450-0236-9.

A ASSOCIAÇÃO EM JUÍZO NA DEFESA DAS PESSOAS COM DEFICIÊNCIA: NOVOS PARÂMETROS DECORRENTES DA CONVENÇÃO DA ONU

Luiz Alberto David Araujo
Flavia de Campos Pinheiro

1   Introdução

A partir da Convenção da ONU sobre os Direitos das Pessoas com Deficiência, internalizada pelo Decreto Legislativo nº 186, de 9 de julho de 2008, e pelo Decreto nº 6.694/2009, uma nova conceituação de pessoa com deficiência foi implementada no Brasil. Essa nova concepção, explicada adiante, cuidou de reformular o patamar da deficiência no país. A mudança foi significativa. No entanto, apesar da preocupação do Governo Federal com a divulgação, poucos atentaram para seus reflexos concretos. A legislação anterior era mais fácil de ser aplicada e disso não podemos discordar. O novo conceito traz elementos variados para a constatação da situação de pessoa com deficiência, exigindo, para sua análise, um exercício diferente, mais sofisticado e mais interdisciplinar. A falta de preparo para enfrentar esses novos problemas, decorrentes da nova configuração, vem impedindo que se aplique o texto de forma cabal. O presente artigo cuidará de demonstrar os cuidados que as associações que defendem esse grupo vulnerável, as pessoas com deficiência, deverão tomar quando pretenderem ingressar em juízo. Diante das multiplicidades de barreiras e da dificuldade de enquadramento, um conceito genérico de deficiência, em alguns casos, não poderá ser empregado, exigindo que fiquem esclarecidas determinadas situações fáticas que permitam o enquadramento da situação e do grupo. O patamar legislativo se alterou. É necessário que os agentes responsáveis pela tutela desses grupos estejam preparados para a discussão sob as novas luzes. O artigo pretende colaborar com a implementação desses direitos, apontando algumas mudanças, e advertir para determinados cuidados que devem ser tomados quando as associações pleiteiam em nome do grupo. Isso ajudará na continuidade da importantíssima tarefa de defesa desse grupo pelas associações.

2   A Constituição e a pessoa com deficiência

A Constituição de 1988 inaugura um novo cenário de respeito e de reconhecimento dos direitos fundamentais. Foi mais protetora, reconheceu grande número de direitos, garantiu instrumentos necessários à efetivação desses direitos. Preocupou-se com a primazia dos direitos fundamentais, desde as diversas formas de liberdade, passando pela igualdade, até o reconhecimento dos direitos sociais, da solidariedade como princípio fundamental. A mudança do modelo, impulsionada pela volta do regime democrático, permitiu que o texto trouxesse diversos novos direitos, especificasse outros tantos e desse instrumental para a sua efetividade.

Apresentou papel preponderante no reconhecimento e na proteção de diversos grupos de pessoas que se encontravam à margem da sociedade.

Desde seu preâmbulo, enunciam-se preocupações com o bem-estar, a igualdade, a justiça, como valores supremos de uma sociedade fraterna e pluralista. Todos esses valores se espraiam pelo texto na forma de princípios e regras.

No Título I, estampam-se a preocupação com a dignidade da pessoa humana como fundamento do Estado brasileiro, a construção de uma sociedade livre, justa e solidária e a promoção do bem de todos como objetivos a serem alcançados. Sociedade justa, preocupação com o bem de todos, tudo isso reforça a ideia de proteção de um direito fundamental: igualdade. Esse título ocupa-se da principiologia fundamental da Constituição, que traz a ideia de algo prioritário e básico para a formatação do Estado brasileiro. São os fundamentos, os objetivos, os princípios na ordem internacional. Objetivo é termo que aponta à frente, é ponto a ser alcançado com a prática de uma ação, ação que visa à promoção do bem de todos, à construção de uma sociedade livre, justa e solidária, por meio da prática de algumas ações.

O artigo 5º, *caput* e incisos, prevê expressamente o direito à igualdade.

O direito à igualdade apresenta dois sentidos: formal e material. A igualdade material provém da diferença, ou seja, é do reconhecimento que as pessoas são diferentes que nasce a necessidade de tratá-las de forma desigual para garantir-lhes a igualdade em sua plenitude.

Nesse aspecto, a Constituição caminhou bem: reconheceu os grupos desiguais, protegeu-os, garantindo, com isto, a concretização do princípio da isonomia. Foi além. Estabeleceu o princípio da dignidade da pessoa humana como fundamento do Estado brasileiro. E cuidou dos dois sentidos da igualdade, tanto o material como o formal. Reconheceu as diferenças e a necessidade de superá-las e, ao mesmo tempo, garantiu a regra formal da igualdade.

O Título VIII constitucionaliza a Ordem Social, incluindo a preocupação com assistência social, saúde, proteção à família e ao idoso, dentre outros assuntos não menos importantes. Mas a Constituição vai além, garantindo instrumentos de proteção desses direitos merecidamente reconhecidos.

Em outras palavras, a Constituição ampliou, em relação ao documento constitucional anterior, o rol de direitos e garantias e procurou garantir aos indivíduos o aparelhamento necessário à efetivação desses direitos. Proteger pessoas determinadas de forma a lhes garantir a igualdade perante todo o grupo é incluí-las na sociedade.

Houve, portanto, nítida preocupação com a inclusão como um direito fundamental.

Desse modo, o Texto Constitucional já apresentava feição garantista, progressiva, merecedora de méritos e esperanças.

Ao lado do texto constitucional, o sistema atual conta com a Convenção da ONU sobre os Direitos das Pessoas com Deficiência. Como será dito adiante, a Convenção foi internalizada em uma situação especialíssima e única (até o momento). E, assim, será apresentada a seguir.

3 A Convenção da ONU e sua hierarquia

Sob inspiração da ótica inclusiva, nasce, em 13 de dezembro de 2006, a Convenção sobre os Direitos das Pessoas com Deficiência da Organização das Nações Unidas. O propósito da Convenção é proteger e assegurar o pleno exercício dos direitos das pessoas com deficiência, demandando dos Estados-Partes medidas administrativas, legislativas e outras para a implementação dos direitos nela previstos.

O Brasil a ratificou em agosto de 2008. O processo de internalização da Convenção seguiu um rito especial, criado por meio da Emenda Constitucional nº 45/04.

Como regra, o processo de internalização de um tratado internacional passa pela aprovação de um decreto legislativo do Congresso Nacional, cujo quórum de aprovação segue a regra geral, prevista no art. 47 da Constituição: maioria simples.

Com a edição da EC nº 45/04, decidiu-se incluir um parágrafo no artigo quinto da Constituição. O parágrafo terceiro do referido artigo passou a permitir que os tratados de direitos humanos que fossem aprovados, em cada Casa do Congresso Nacional, em dois turnos, por três quintos dos votos dos respectivos membros, seriam equivalentes às emendas constitucionais.

Com isso, criou-se a possibilidade de aprovação de um tratado de direitos humanos por meio do decreto legislativo com procedimento especial: dois turnos de votação, pelo quórum de maioria qualificada de três quintos. Com a modificação trazida pela Emenda nº 45, estabelecem-se dois ritos de decretos legislativos: os regulares, aprovados pela maioria simples dos membros de cada Casa Legislativa, respeitado o quórum de instalação da sessão, e os especiais, nos termos do art. 5º, §3º, da Constituição.

Desse modo, a processo de internalização da referida Convenção seguiu o rito especial, tendo sido aprovado pelo Congresso Nacional, pelo Decreto Legislativo nº 186, de 9 de julho de 2008, em dois turnos de votação, pelo quórum de três quintos dos membros de Cada Casa Legislativa. Em razão da adoção do rito previsto no artigo 5º, §3º da Constituição, o documento internacional foi aprovado com força equivalente à de emenda constitucional.

Assim, a Convenção equivale às emendas constitucionais. Logo, o documento internacional ingressa no ordenamento jurídico brasileiro com *status* constitucional, trazendo algumas modificações no sistema legal vigente, impondo seus valores e suas regras. Houve absorção, pelo sistema constitucional, de uma Convenção de Direitos Humanos.

A Convenção foi promulgada pelo Decreto nº 6.949/09. A nosso ver, bastava o decreto legislativo (especial, no caso) para a Convenção produzir efeitos no âmbito interno. Assim, temos a Constituição e a Convenção.

A Convenção traz algumas inovações: foi o primeiro tratado de direitos humanos do século XXI e o mais rapidamente negociado. Apresenta uma definição inovadora de deficiência, trazendo uma alteração da percepção de deficiência, conforme será visto adiante. No âmbito brasileiro, foi o primeiro documento internacional de proteção dos direitos humanos que ingressou no ordenamento jurídico com força de norma constitucional.

Para esse grupo vulnerável, a Convenção da ONU representava bem mais que um catálogo de direitos. Representava a preocupação do Estado brasileiro com esse grupo. Era a primeira convenção recebida na forma do artigo quinto, parágrafo terceiro, da Constituição. Inaugurava-se um novo estágio na defesa dos direitos humanos.[1]

4 O novo conceito de pessoa com deficiência: não basta o fator médico. A inclusão do fator socioambiental

A Convenção trouxe significativa modificação no conceito de pessoa com deficiência. Se, outrora, a noção de deficiência ligava-se ao modelo médico, com a Convenção esse conceito deu um "giro inclusivo".

Quer-se, com isso, dizer que o modelo médico atribui o enfoque na deficiência, na incapacidade e, com isso, há necessidade de tratamento da pessoa para que ela se adapte aos padrões da sociedade. Ou seja, a deficiência é vista como um "problema" que existe exclusivamente na pessoa, é uma situação que foge ao padrão de normalidade. Esse modelo, portanto, sugere o esforço de inserir na sociedade apenas as pessoas com deficiência capacitadas a superar barreiras. Sob essa ótica, a integração se apresenta por meio do esforço unilateral da pessoa com deficiência, sem qualquer participação da sociedade nesse processo.

De acordo com Romeu Sassaki, "o modelo médico de deficiência tem sido o responsável, em grande parte, pela resistência da sociedade em aceitar

---

[1] ARAUJO, Luiz Alberto David; MAIA, Maurício. O novo conceito de pessoa com deficiência e a aplicação da Convenção da ONU sobre os direitos da pessoa com deficiência pelo Poder Judiciário no Brasil. *Revista Inclusiones*, v. 2, n. 3, p. 12, jul./set. 2015. Disponível em: <http://www.revistainclusiones.cl/articulos/vol-2---num-3---2015/oficial-articulo-2015-dr.-luiz-alberto-david-araujo-y-dr.-28c29-mauricio-maia.pdf>.

a necessidade de mudar suas estruturas e atitudes para incluir em seu seio as pessoas com deficiência (...)".[2]

Com o objetivo de redefinir a deficiência com vistas à inclusão social, começa a tomar força o modelo social da deficiência.

Segundo esse modelo, os "problemas" dantes apresentados não se encontram tanto na pessoa com deficiência, mas sim nas barreiras encontradas na sociedade. O modelo trabalha com a interação entre os impedimentos apresentados pela pessoa e as barreiras impostas na sociedade. Nesse passo, há uma mudança de enfoque e, consequentemente a necessidade de modificação na postura da sociedade.

Essa relação aparece no conceito trazido pela Convenção:

> Art. 1º. O propósito da presente Convenção é promover, proteger e assegurar o exercício pleno e equitativo de todos os direitos humanos e liberdades fundamentais por todas as pessoas com deficiência e promover o respeito pela sua dignidade inerente. Pessoas com deficiência são aquelas que têm impedimentos de longo prazo de natureza física, mental, intelectual ou sensorial, *os quais, em interação com diversas barreiras*, podem obstruir sua participação plena e efetiva na sociedade em igualdades de condições com as demais pessoas. (grifos nossos)

A Convenção, ao estabelecer a interação entre o impedimento e as barreiras sociais, rompe com o paradigma de que as pessoas com deficiência fogem dos padrões universais e, portanto, apresentam um problema que não diz respeito à coletividade.

No sentir de Ricardo Tadeu M. da Fonseca, os impedimentos de ordem física, mental, intelectual ou sensorial são atributos pessoais que, em interação com as barreiras sociais (aspectos culturais, tecnológicos, arquitetônicos, comunicacionais) podem excluir as pessoas da participação na vida em sociedade.

Nessa mesma linha de pensamento, Débora Diniz *et al.*: "Um corpo com impedimentos é o de alguém que vivencia impedimentos de ordem física, intelectual ou sensorial. Mas são as barreiras sociais que, ao ignorar os corpos com impedimentos, provocam a experiência da desigualdade".[3]

O conceito demonstra claramente a relação entre os impedimentos da pessoa e as barreiras da sociedade. A adoção do conceito social de pessoa com deficiência e de seus princípios foi fruto de reivindicação desse grupo de pessoas na elaboração do texto da Convenção.

Desse modo, a sociedade é chamada a participar do processo de inclusão, na medida em que ela também cria problemas para essas pessoas, causando-lhes incapacidades no desenvolvimento de seus papéis sociais.[4] As dificuldades encontradas

---

[2] SASSAKI, Romeu Kazumi. *Inclusão*: construindo uma sociedade para todos. 8. ed. Rio de Janeiro: WVA, 2010. p. 29.
[3] DINIZ, Débora; BARBOSA, Lívia; SANTOS, Wederson Rufino dos. Deficiência, direitos humanos e justiça. *SUR Revista Internacional de Direitos Humanos*, v. 6, n. 11, p. 67, jan. 2009.
[4] Nesse sentido, ver: SASSAKI, Romeu Kazumi. *Inclusão*: Construindo uma sociedade para todos, p. 28-51.

na sociedade⁵ decorrem dos ambientes restritivos, de políticas discriminatórias, de atitudes preconceituosas, de bens inacessíveis, dentre outras razões.⁶

De acordo com esse modelo, cabe à sociedade eliminar barreiras de diversas ordens, de modo a ajustar-se às necessidades especiais dessas pessoas, para que possam ter acesso a serviços, lugares e informações necessárias ao seu desenvolvimento. E a Convenção caminha nessa toada.

Nesse sentido, como bem lembra Ricardo Tadeu M. da Fonseca, os mecanismos criados pelas pessoas com deficiência para que possam se comunicar e, então, participar da vida social devem ser vistos como expressões legítimas de sua condição e absorvidos pela sociedade, afastando, deste modo, as barreiras por ela impostas.⁷

Ademais, cabe à sociedade criar instrumentos, a partir do conceito de "desenho universal" previsto na Convenção, que a capacitem a interagir de modo inclusivo com seus membros⁸ Os exemplos de inovação da Convenção são inúmeros, trazendo um novo enfoque e uma nova preocupação, quer em relação à saúde, ao trabalho, à não discriminação, à acessibilidade, dentre outros. Não vamos nos alongar aqui, porque, para o nosso trabalho, o conceito em si já será suficiente e será analisado para demonstrar nosso objetivo, qual seja, instrumentalizar as associações para que tenham mais consistência em suas demandas.

O modelo social da deficiência contribui para o processo social da inclusão. Isso porque para a efetiva inclusão das pessoas, a sociedade precisa ser modificada para que ela seja capaz de atender às necessidades de seus membros.

Portanto, a inclusão social é um processo que, com base em valores, como a aceitação das diferenças, convivência na diversidade, cooperação, contribui para o nascimento de uma nova forma de sociedade, por meio de transformações nos ambientes e na mentalidade das pessoas.

5   A tutela das pessoas com deficiência pelas associações

Vários são os atores que, por meio da tutela dos direitos das pessoas com deficiência, contribuem para o processo da inclusão: Administração Pública, Ministério Público, Defensoria e associações. E vários são os instrumentos

---

⁵ Verifica-se uma mudança no enfoque do problema. O enfoque desloca-se da pessoa à sociedade.
⁶ SASSAKI, *op. cit*, p. 44.
⁷ FONSECA, Ricardo Tadeu Marques da. O novo conceito constitucional de pessoa com deficiência: um ato de coragem, In: LEITE, George Salomão et al (Coords.). *Manual dos direitos da pessoa com deficiência*. São Paulo: Saraiva, 2012. p. 25.
⁸ O artigo 2º da Convenção traz algumas definições. Dentre elas, estabelece que "desenho universal significa a concepção de produtos, ambientes, programas e serviços a serem usados, na maior medida do possível, por todas as pessoas, sem necessidade de adaptação ou projeto específico". Esclarece, ainda, que "o desenho universal não excluirá as ajudas técnicas para grupos específicos de pessoas como deficiência, quando necessárias".

processuais de tutela: ações ordinárias, ação civil pública, mandado de segurança coletivo, ações no controle concentrado de constitucionalidade.

Analisar-se-á a ação civil pública, instrumento de tutela de direitos difusos, por excelência, e seu manejo por parte das associações.

A ação civil pública, disciplinada pela Lei nº 7.347/85, é o instrumento processual que tem por finalidade reprimir ou impedir danos ao meio ambiente, ao consumidor, a bens e direitos de valor estético, artístico, histórico, turístico, paisagístico e por infrações da ordem econômica, protegendo, dessa forma, os interesses difusos da sociedade. A Lei nº 7.853/89, diploma normativo que dispõe sobre a proteção à pessoa com deficiência, prevê a ação civil pública com a finalidade precípua de proteção desse grupo de pessoas.

A lei que disciplinou a ação civil pública constituiu um marco para grandes avanços e para um efetivo acesso à justiça, proporcionando a possibilidade de se postular em juízo a tutela dos interesses transindividuais.[9]

O objeto da ação civil pública, portanto, abrange um largo espectro de interesses e valores de grande importância social,[10] dentre eles, a proteção das pessoas com deficiência.

É importante lembrar que a ação civil pública tem múltiplas aptidões. Nesse sentido, atua na tutela preventiva de lesão aos bens transindividuais (no caso específico, direitos das pessoas com deficiência), bem como na reparação do interesse lesado.

Trata-se de ação para a defesa de tais interesses, proposta por diversos colegitimados ativos, entre os quais o Ministério Público, outros órgãos públicos e as associações privadas, objeto do presente estudo.

Com relação às associações, indaga-se de que forma ela é "autorizada" a agir em juízo no manejo dessas ações. Diz respeito à legitimação e interesse para agir. Legitimação não se confunde com interesse para agir.

O interesse para agir qualifica-se pelo trinômio necessidade-utilidade-adequação. Necessidade do recurso ao Judiciário para obter determinado bem da vida, adequação do provimento pretendido e utilidade da via processual eleita.

Legitimidade é um dos requisitos exigidos para postular em juízo. Ninguém está autorizado a levar a juízo qualquer pretensão relacionada a qualquer objeto litigioso. Deve haver relação entre o sujeito e o objeto litigioso. Essa relação atribui ao sujeito a legitimidade para atuar em juízo. Essa legitimação recebe a denominação de ordinária. É a maneira clássica de defender interesses em juízo.

Entretanto, essa relação não é a mesma nas ações de natureza coletiva. No processo coletivo normalmente o objeto é indivisível, portanto não é possível

---

[9] VIGLIAR, José Marcelo Menezes. *Ação civil pública*. 3. ed. São Paulo: Atlas, 1999. p. 21.
[10] MANCUSO, Rodolfo de Camargo. *Ação civil pública*: em defesa do meio ambiente, do patrimônio cultural dos consumidores. 10. ed. São Paulo: RT, 2007. p. 22.

encontrar o titular do direito. Fala-se, também, em indeterminação dos sujeitos. Por essas razões, não é possível aplicar as noções do processo individual à tutela coletiva. Neste, como o interesse é difuso, o autor comparece na condição de substituto processual. O legitimado extraordinário atua, em nome próprio, na defesa de interesse alheio.

Portanto, as associações podem defender as pessoas com deficiência por meio das ações civis públicas. São legitimadas para isso (legitimidade extraordinária).

Normalmente, o interesse de agir não é tão evidente, comportando verificação em cada caso. Exige-se pertinência temática desses legitimados.

Em princípio, o interesse de agir apresenta-se com a mesma intensidade em face de todos os colegitimados, ou seja, diante de um caso concreto, o juiz deve verificar se a ação é necessária, útil e adequada aos fins a que se destina, independentemente de quem se apresente como autor da ação. Em seguida, verifica-se a legitimação. Esta é, portanto, posterior ao interesse processual.

Para bem se aferir o interesse processual à propositura da ação civil pública, é preciso ter em mente que não se trata de uma demanda comum, com interesses subjetivos contrapostos. É instrumento idôneo ao exercício da cidadania, em busca da democracia participativa, ensejando ao Judiciário inserir-se no esforço comum dos entes exponenciais da sociedade (associações, Ministério Público, órgãos públicos, entes políticos). Compete ao Judiciário dar sua efetiva contribuição para a justa composição das controvérsias sociais.

Nesse novo panorama processual, não se fala mais em direito alheio a partir de uma visão individualista. A noção de direitos transindividuais rompe com a ideia de que o direito só pode ser próprio ou alheio. Se o interesse é da comunidade, não é possível falar em direito alheio.

A legitimação conferida à propositura de ações coletivas em prol de interesses metaindividuais pode ser vista no contexto mais geral da participação popular na boa gestão da coisa pública, sob a égide da democracia participativa, incentivada pela Constituição Federal.[11] Admite-se hoje que as ações coletivas, quando intentadas por uma associação, agem como um *longa manus* da coletividade interessada. Essa legitimação deve ser tida como ordinária, pois os interesses de seus associados são também seus próprios interesses, a pretexto do que dispõe o artigo 5º, XXI, da Constituição da República.

Em que pesem as divergências doutrinárias a respeito da legitimidade das associações (extraordinária, pois defendem interesses alheios, ou ordinária, pois agem como *longa manus* da coletividade interessada), a jurisprudência vem entendendo que as associações devem defender os interesses de seus associados, de acordo com seus fins institucionais. Ou seja, deve haver pertinência temática entre os fins institucionais das associações e a defesa de seus membros em juízo.

---

[11] BASTOS, Celso Ribeiro; MARTINS, Ives Gandra. *Comentários à Constituição do Brasil*, v. 2, p. 138-139, 1989.

Nesse caso, o interesse processual está diretamente ligado à coincidência entre seus fins institucionais, a teor do que dispõe a já referida lei (artigo 5º, II, Lei nº 7.347/85).[12] Verifica-se, portanto, que os pressupostos necessários à legitimação das associações estão expressamente previstos em lei.

Como os interesses objetivados são metaindividuais, é importante que sua judicialização não fique restrita a um só legitimado.[13] Os interesses difusos não devem ter sua tutela restrita somente à atuação do Ministério Público, nem a certos órgãos governamentais; eles exigem legitimação difusa. A legitimação ativa da ação civil pública embasa-se em uma diretriz pluralista e democrática. Infelizmente, na prática, verifica-se a inefetiva motivação dos setores da sociedade civil no ajuizamento de ações civis públicas, seja em razão da ausência de conhecimentos técnicos no manejo do instrumento, seja em razão da ausência de associativismo como fenômeno cultural.

6 Cuidados especiais na demonstração da legitimidade ativa

Conforme foi visto linhas atrás, as associações podem ser protagonistas no papel de defesa das pessoas com deficiência e um dos instrumentos de defesa é a ação civil pública. No exercício desse desiderato, possuem legitimidade extraordinária, ou seja, defendem, em nome próprio, interesses de seus membros.

Para a propositura da ação, a lei estabelece, ainda, a necessidade de demonstrar pertinência temática, isto é, devem demonstrar que, entre suas finalidades institucionais, encontram-se a proteção e a defesa dos interesses das pessoas com deficiência.

Com a mudança no conceito de pessoa com deficiência empreendida pela Convenção sobre os Direitos das Pessoas com Deficiência, que tem por objetivo um avanço no processo da inclusão, a atuação das associações em defesa desse grupo de pessoas há de seguir a mesma linha.

---

[12] "Lei nº 7.347/85, art. 5º. Têm legitimidade para propor a ação principal e a ação cautelar: (Redação dada pela Lei nº 11.448, de 2007).
[...]
V - a associação que, concomitantemente: (Incluído pela Lei nº 11.448, de 2007).
a) esteja constituída há pelo menos 1 (um) ano nos termos da lei civil; (Incluído pela Lei nº 11.448, de 2007).
b) inclua, entre suas finalidades institucionais, a proteção ao meio ambiente, ao consumidor, à ordem econômica, à livre concorrência ou ao patrimônio artístico, estético, histórico, turístico e paisagístico (Incluído pela Lei nº 11.448, de 2007).
§1º O Ministério Público, se não intervier no processo como parte, atuará obrigatoriamente como fiscal da lei.
§2º Fica facultado ao Poder Público e a outras associações legitimadas nos termos deste artigo habilitar-se como litisconsortes de qualquer das partes.
§3º Em caso de desistência infundada ou abandono da ação por associação legitimada, o Ministério Público ou outro legitimado assumirá a titularidade ativa (Redação dada pela Lei nº 8.078, de 1990).
§4º O requisito da pré-constituição poderá ser dispensado pelo juiz, quando haja manifesto interesse social evidenciado pela dimensão ou característica do dano, ou pela relevância do bem jurídico a ser protegido" (Incluído pela Lei nº 8.078, de 11.9.1990).
[13] BASTOS; MARTINS, *op. cit.*, p. 107.

Isso porque, conforme foi visto no início do trabalho, o enfoque da incapacidade altera-se da pessoa para a sociedade. O novo conceito trabalha com o modelo social da deficiência, portanto, ela se encontra, não tanto nos aspectos pessoais que poderiam caracterizar a deficiência, mas sim nas barreiras encontradas no espaço de convívio.

Portanto, as associações deverão demonstrar a incapacidade situada na sociedade que leva à dificuldade no desempenho de papéis sociais, o que configura a deficiência na pessoa.

São dois fatores: os fatores pessoais (de diversas ordens, como sensoriais, físicos, mentais) e os sociais (como ambientes restritivos, bens e objetos inacessíveis, políticas discriminatórias, atitudes preconceituosas, discutíveis padrões de normalidade, dentre outros fatores incapacitantes). A congruência desses dois fatores define a pessoa com deficiência.

Portanto, a associação passa a defender e proteger a pessoa com deficiência à luz desse novo conceito. Ao ingressar em juízo, deve demonstrar esses dois fatores. Não houve alteração no papel das associações. Elas, apenas, devem tomar o cuidado de, enquadrando as pessoas com deficiência nesse novo conceito, demonstrar isso em juízo. Ou seja, demonstram que, tendo em vista um novo conceito de pessoa com deficiência, de matiz inclusivo, os grupos que defendem enquadram-se nesse conceito, seja em razão do fator pessoal, seja em razão do social.

Numa primeira impressão, pode-se interpretar que houve um esvaziamento na função de defesa das associações. Entretanto, conforme disposto, essa impressão é tranquilamente desfeita.

Se, outrora, as associações defendiam as pessoas com deficiência e essa deficiência era imputada exclusivamente à pessoa, esses entes só se legitimavam se comprovada a incapacidade pessoal.

É importante ressaltar que antes da adoção do modelo social, o tema era disciplinado pelo Decreto Regulamentar nº 3.298, de 20 de dezembro de 1999 (posteriormente alterado pelo Decreto Regulamentar nº 5.296, de 2 de dezembro de 2004), que disciplinava quem era considerado pessoa com deficiência. O referido decreto cuidava de mensurar a situação de cada indivíduo (visão, audição, movimentos). Portanto, o decreto regulamentar dizia quem era e quem não era pessoa com deficiência, sem atentar às barreiras ambientais. Bastava atingir um nível de caracterização, que a pessoa era considerada com deficiência. Ou seja, atingido, por exemplo, o grau de audição determinado, ela poderia não ser considerada como pessoa com deficiência. Isso provocava, em alguns casos, distorções, já que apenas a deficiência não lhe causaria tantos problemas de inclusão social.[14]

Com a mudança no foco, muda-se a ideia de pessoa com deficiência e essa alteração dissolve as distorções dantes apresentadas.

---

[14] ARAUJO; MAIA; *op. cit.*, p. 13.

Com isso, as associações, que continuam legitimadas a proteger as pessoas com deficiência, devem, quando do ajuizamento das ações, demonstrar que seus associados cumprem os requisitos constantes do decreto regulamentar, mas também enfrentam barreiras que dificultam a sua inclusão social. Não basta que a associação tenha em seus objetivos sociais representar e defender determinado grupo. Será necessário esclarecer que tal grupo, além da questão médica, enfrentará barreiras sociais que impedirão ou dificultarão a sua inclusão social. Quer dizer, a demonstração deve ir além do mero anúncio do aspecto médico, como antes se fazia.

Hoje, a deficiência situa-se mais no meio social e, verificada essa situação, o Judiciário pode e deve intervir para garantir a efetividade dos direitos desse grupo de pessoas.

O processo da inclusão passa pela modificação na sociedade. Nas palavras de Romeu Kazumi Sassaki: "Para incluir todas as pessoas, a sociedade deve ser modificada a partir do entendimento de que ela é que precisa ser capaz de atender às necessidades de seus membros".[15]

As associações podem desempenhar papel importante nesse controle, mas devem estar cientes que, com a mudança do conceito, terão que demonstrar a existência, para o grupo, das barreiras sociais anunciadas no artigo primeiro da Convenção (e repetidos no artigo segundo, do Estatuto da Pessoa com Deficiência).

7 A presunção legal de barreira: a Lei de Proteção da Pessoa com Transtorno do Espectro Autista

Em 28 de dezembro de 2012, foi publicada a Lei nº 17.764, que institui a Política Nacional de Proteção dos Direitos da Pessoa com Transtorno do Espectro Autista.

De acordo com a referida lei, são consideradas pessoas com transtorno do espectro autista aquelas que apresentam deficiência persistente e clinicamente significativa da comunicação e da interação sociais, manifestada por deficiência na comunicação verbal e não verbal usada na interação social; ausência de reciprocidade social; falência em desenvolver e manter relações apropriadas ao seu nível de desenvolvimento (art. 1º, §1º, I da lei). Também se incluem as pessoas caracterizadas por padrões restritivos e repetitivos de comportamentos, interesses e atividades (manifestados por comportamentos estereotipados ou sensoriais incomuns), aderência a rotinas e comportamentos ritualizados, interesses restritos e fixos (art. 1º, §1º, II da lei).

A lei estabelece, ainda, no parágrafo segundo do artigo primeiro, que a pessoa com transtorno do espectro autista é considerada pessoa com deficiência, para todos os efeitos legais.

---

[15] *Op. cit.*, p. 40.

Isso significa que a lei estabeleceu uma presunção legal de barreira. Ou seja, nesse caso, incluindo-se em uma das situações previstas nos incisos I e II do artigo primeiro, considera-se pessoa com deficiência, para todos os efeitos legais, a receber ampla proteção, de modo a realizar-se sua inclusão social. Nesse caso, não há necessidade de comprovação da barreira social para sua inclusão dentre as pessoas com deficiência. Bastaria o enquadramento no fator médico, definido em lei, pois há reconhecimento implícito das barreiras. Uma associação que cuidasse da proteção de pessoas com transtorno do espectro autista não precisaria demonstrar a existência de barreiras. O reconhecimento da dificuldade é por força de lei. Isso não aconteceria, no entanto, com outras situações e outras deficiências. Será preciso demonstrar que o grupo encontra as referidas barreiras. No caso apresentado, a presunção é legal e dispensaria a exposição.

Poder-se-ia, no intuito de argumentar, perguntar se toda pessoa que tem espectro autista é considerada pessoa com deficiência. Há graus de intensidade? Ela é "obrigada" a se sentir pessoa com deficiência? Pode pedir o seu não enquadramento na lei? Vamos ficar, por enquanto, com as advertências às associações, que desempenham papel importantíssimo na tutela desse grupo vulnerável, para que estejam atentas no momento do ajuizamento das medidas judiciais, para que a comprovação da deficiência esteja clara e bem demonstrada, nos termos da Convenção (e não mais do decreto regulamentar).

8 Conclusões

À luz do exposto, sem a pretensão de aprofundar o tema, afloram-se algumas conclusões:

1. A Constituição de 1988 foi pródiga no tratamento dos direitos e garantias individuais, coletivos e sociais. Com um título destinado aos princípios fundamentais, apresenta nítida feição dirigente, no sentido de estabelecer diretrizes e caminhos a serem seguidos pelo Estado brasileiro. Nesse caminho, visualiza-se a preocupação com a inclusão social.

2. O novo conceito adota o modelo social de deficiência ao reconhecer que as dificuldades se encontram, principalmente, nas barreiras estabelecidas pela sociedade. Na conceituação, o novo modelo trabalha com a interação entre os impedimentos de ordem pessoal e as barreiras sociais. Desse modo, a sociedade é chamada a participar do processo da inclusão.

3. Há vários atores que contribuem para o processo; dentre eles, encontram-se as associações. Para o desempenho desse mister, as entidades associativas utilizam-se de diversos instrumentos processuais.

4. Com a mudança no conceito, surge a necessidade de adoção de um cuidado maior por parte das associações, na tutela dos direitos dessas pessoas. As barreiras sociais devem ser esclarecidas no momento do ingresso em juízo, de modo a permitir o enquadramento da situação e do grupo. Portanto, é necessário

que elas (associações) estejam preparadas para a discussão, à luz desse novo enfoque, de modo a garantir que continuem desempenhando esse importante papel na proteção e defesa das pessoas com deficiência.

Referências

ARAUJO, Luiz Alberto David; MAIA, Maurício. O novo conceito de pessoa com deficiência e a aplicação da Convenção da ONU sobre os direitos da pessoa com deficiência pelo Poder Judiciário no Brasil. *Revista Inclusiones*, v. 2, n. 3, p. 9-17, jul/set. 2015. Disponível em: <http://www.revistainclusiones.cl/articulos/vol-2---num-3---2015/oficial-articulo-2015-dr.-luiz-alberto-david-araujo-y-dr.-28c29-mauricio-maia.pdf>. Acesso em: 28 out. 2015.

BASTOS, Celso Ribeiro; MARTINS, Ives Gandra. *Comentários à Constituição do Brasil*, v. 2. São Paulo: Saraiva, 1989.

DINIZ, Débora; BARBOSA, Lívia; SANTOS, Wederson Rufino dos. Deficiência, direitos humanos e justiça. *SUR Revista Internacional de Direitos Humanos*, v. 6, n. 11, p. 65-77, jan. 2009. Disponível em: <http://www.conectas.org/pt/acoes/sur/edicao/11/1000106-deficiencia-direitos-humanos-e-justica>. Acesso em: 28 out. 2015.

LEITE, George Salomão et al (Coord.). *Manual dos direitos da pessoa com deficiência*. São Paulo: Saraiva, 2012.

MANCUSO, Rodolfo de Camargo. *Ação civil pública*: em defesa do meio ambiente, do patrimônio cultural dos consumidores. 10. ed. São Paulo: RT, 2007.

SASSAKI, Romeu Kazumi. *Inclusão*: construindo uma sociedade para todos. 8. ed. Rio de Janeiro: WVA, 2010.

VIGLIAR, José Marcelo Menezes. *Ação civil pública*. 3. ed. São Paulo: Atlas, 1999.

Informação bibliográfica deste texto, conforme a NBR 6023:2002 da Associação Brasileira de Normas Técnicas (ABNT):

ARAUJO, Luiz Alberto David; PINHEIRO, Flavia de Campos. A associação em juízo na defesa das pessoas com deficiência: novos parâmetros decorrentes da convenção da ONU. In: COPETTI NETO, Alfredo; LEITE, George Salomão; LEITE, Glauco Salomão. *Dilemas na Constituição*. Belo Horizonte: Fórum, 2017. p. 105-117. ISBN 978-85-450-0236-9.

OS CUSTOS DOS DIREITOS FUNDAMENTAIS JUSTIFICAM A NEGAÇÃO? PARA ALÉM DO DISCURSO A *LA POLLYANNA*

Alexandre Morais da Rosa
Jéssica Gonçalves

Introdução

O pós-positivismo que impôs a força normativa da Constituição e a máxima efetividade dos direitos fundamentais aumentou de maneira significativa o exercício da cidadania e a conscientização dos indivíduos em relação aos próprios direitos. Disso resultou, na maior parte dos países ocidentais, o avanço da justiça constitucional sobre as garantias primárias positivas, omitidas pelos Poderes encarregados democraticamente pelo voto popular na concretização da esfera política, quais sejam, o Legislativo e o Executivo.

Nessa tessitura, em decorrência do desgaste das instituições representativas tradicionais, paulatinamente o Poder Judiciário assume novo papel, como via possível de reconhecimento das subjetividades e integração dos cidadãos no processo político comunitário.

Partindo desse contexto histórico – atual, o presente artigo denuncia o dilema da Constituição: será que os custos dos direitos fundamentais justificam a sua negação? Para além do discurso à moda romântica de *la Pollyanna*, isto é, fora do jogo do contente, pretende-se articular a ideia paradoxal do sistema jurídico: de um lado, a Constituição dita cidadã preconiza os direitos sociais como mínimo ético legal e, de outro, a perspectiva orçamentária mantém-se apegada ao discurso liberal em prol do mercado. E no meio? O Poder Judiciário, instado a legitimar o direito do mais forte.

Para isso, desenvolve-se no primeiro capítulo a base dos direitos fundamentais sob a égide da doutrina garantista de Luigi Ferrajoli como maneira de demonstrar a revalorização da Constituição enquanto fonte dirigente da sociedade e *status* demarcador da rigidez absoluta da dimensão substancial dos direitos sociais no âmago da democracia.

No segundo, marcado pela visão interdisciplinar da análise econômica sob a perspectiva jurídica, apresenta-se o subterfúgio do método eficiente referente aos custos dos direitos, com vistas a conscientizar que, num cenário de recursos escassos como da Justiça Brasileira, a realocação de bens com o escopo de atender decisões judiciais ativistas prejudica outros programas concedidos à coletividade.

Por último, explica-se a transposição histórica da inércia liberal do Estado para a racionalidade social que determina inadequadamente ao Poder Judiciário, porque fora das suas funções, a postura proativa encontrada no *longa manus* dos juízes, na medida em que a decisão trágica referente aos custos dos direitos incumbe a outras instâncias governamentais.

Portanto, se se quer que o receituário dos custos reflexos dos direitos fundamentais oriente a lógica jurídica, pode-se adaptar também ao perfil do Juiz, dito mínimo, porquanto a omissão dos demais Poderes não autoriza, contudo, aos magistrados distribuírem compensações sociais.

1 Direitos fundamentais no discurso garantista de Luigi Ferrajoli

A mutação histórica ocorrida após a 2ª Guerra Mundial no Direito desde o modelo jurisprudencial (nomoestático), passando pelo legislativo (nomodinâmico), até chegar, atualmente, à matriz epistemológica do constitucionalismo (forma e conteúdo), colocou em xeque não apenas o paradigma então vigente do (*paleo*) positivismo de Kelsen mas também a própria noção de democracia formal, acrescentando-lhe a dimensão substancial da esfera do decidível e não decidível.[1]

O constitucionalismo pode ser examinado como modelo teórico, ao lado oposto de Luigi Ferrajoli, como a superação, tendencialmente jusnaturalista, do positivismo jurídico, denominado constitucionalismo principialista (argumentativo), segundo o qual os direitos fundamentais são princípios ético-políticos, estruturalmente diversos das regras, que conectam direito à moral objetiva e, em razão de se encontrarem virtualmente em conflito, são confiados "método do sopesamento",[2] sem que se caia em relativizações desprovidas de sentido.[3]

De outra forma, como complemento ao positivismo jurídico, tem-se o constitucionalismo garantista (normativo) de Ferrajoli, que sustenta a natureza dúplice dos direitos fundamentais como conteúdo de regras deônticas (limites e vínculos aos poderes públicos) e forma de princípios regulativos (expectativas positivas e negativas), que não dialogam a moral, já que esta, com base em Herbert Hart, é o "ponto de vista externo" ao direito, sendo, portanto, aplicados pela técnica da subsunção.

Nesse âmbito, considerando a teoria geral do garantismo, o discurso está baseado no respeito à dignidade humana e nos direitos fundamentais como

---

[1] Sem apelar à ditadura da maioria, a esfera do indecidível corresponde àquilo que nenhuma maioria pode decidir ou deixar de decidir, nos termos: "los derechos fundamentales se configuran como otros tantos vínculos sustanciales impuestos a la democracia política: vínculos negativos, generados por los derechos de libertad que ninguna mayoría puede violar; vínculos positivos, generados por los derechos que ninguna mayoría puede dejar de satisfacer". FERRAJOLI, Luigi. *Derechos y Garantías*: la ley del más débil. Tradução Perfecto Andres Ibanez. Madrid: Trotta, 1999. p. 23-24.
[2] DUARTE, Écio Oto Ramos; POZZOLO, Susanna. *Neoconstitucionalismo e positivismo jurídico*: as faces da teoria do direito em tempos de interpretação moral da constituição. 2. ed. São Paulo: Landy, 2010.
[3] FERRAJOLI, Luigi; STRECK, Lenio Luiz; TRINDADE, André Karam. *Garantismo jurídico e (neo)constitucionalismo*. Porto Alegre: Livraria do Advogado, 2012.

o conjunto de normas produzidas pela esfera conduzida democraticamente, independentemente de seu conteúdo e, portanto, da sua eventual (in)justiça (crítica externa),[4] os quais devem ser respeitados e efetivados sob pena de deslegitimação paulatina das instituições, desde um ponto de vista interno.[5]

Traduzido por vínculos normativamente impostos aos poderes da maioria mercadológica, o garantismo pressupõe colocar o "juízo de validade"[6] do Estado Democrático de Direito a salvo da falácia naturalista de Hume, servindo como limite de inalienabilidade e indisponibilidade a qualquer setor privado.

Isso porque a proposta reconhece as aporias do direito ilegítimo pelos vícios da antinomia e da lacuna, cuja supressão está condicionada à efetivação de garantias primárias positivas pela completude deôntica das instituições de governo e não pela bolha terminológica da ponderação judicial sobre as normas que, sob as vestes do ativismo judicial (inversão da hierarquia das fontes), causa câncer nos elementos estruturantes do Estado de Direito, correspondentes à separação dos poderes e à sujeição de todos à lei.

Disso resulta que, ao invés do mito do Tribunal Hércules,[7] que pondera aquilo que não se balanceia (lei), submetendo-se aos precedentes (direito vivente) e confundindo fato e norma, o garantismo atribui à caricatura do magistrado somente a operação interpretativa sistemática em cumprimento à lei (direito vigente).

A partir desta matriz epistemológica, Ferrajoli propõe quatro teses em relação aos direitos fundamentais: a) diferença na estrutura entre direitos fundamentais (vinculados a todas as classes de sujeitos) e patrimoniais (excluem os sujeitos não titulares);[8] b) balaústre das expectativas positivas e negativas que justificam a democracia substancial; c) o caráter interno no bojo das Constituições e universal perfectibilizados pelas declarações internacionais como restrições aos poderes públicos e privados; d) separação entre os direitos e as garantias, porque pode existir direito subjetivo sem que haja um programa político que o assegure e isto não retira a natureza do direito, embora sem este elemento garantidor o direito não passe de promessas românticas[9] do Estado.

---

[4] "Quer dizer, apenas, que o "direito", em um ordenamento nomodinâmico, é tudo aquilo que é posto como tal pelas autoridades juridicamente habilitadas a produzi-lo, quaisquer que seja – agrade ou não, seja isso considerado justo ou injusto – o seu conteúdo normativo; que, consequentemente, o direito é outra coisa em relação à moral, pois a positivação de uma norma, ainda que de caráter constitucional, não implica a sua justiça, sendo sempre possível que esta (por todos, por alguns ou ainda que por apenas um) seja julgada injusta ou imoral, enquanto a sua justiça, inversamente, não implica de maneira alguma, a sua existência jurídica positiva [...]." FERRAJOLI, Luigi. *A democracia através dos direitos*: o constitucionalismo garantista como modelo teórico e como projeto político. Tradução Alexander Araujo de Souza. São Paulo: Revista dos Tribunais, 2015. p. 108.

[5] MORAIS DA ROSA, Alexandre. *Garantismo jurídico e controle de constitucionalidade material*. Rio de Janeiro: Lumen Juris, 2011.

[6] SERRANO, José Luis. *Validez y vigencia*: la aportación garantista de la norma jurídica. Madrid: Trotta, 1999.

[7] Parafraseando o imaginário Juiz Hércules de capacidade e paciência sobre-humanas, presente na obra: DWORKIN, Ronald. *O império do direito*. Tradução de Jefferson Luiz Camargo. São Paulo: Martins Fontes, 2007. p. 213.

[8] As características polarizadas dos respectivos direitos fundamentais e patrimoniais restam configuradas pela linguagem: universais/singulares, inclusivos/exclusivos e indisponíveis/disponíveis.

[9] Em apologia ao que dissera Luis Alberto Warat: os direitos fundamentais sem garantias são como promessas de amor, aquelas que os amantes formulam quando sabem que não poderão cumprir. E para as sonegar surgem

Seguindo esta lógica, os direitos fundamentais representam a esfera do indecidível e são garantidos pela rigidez absoluta das cláusulas pétreas que impedem que eventuais maiorias os modifiquem,[10] indicando, por um lado, as limitações negativas da atuação estatal em privilégio à liberdade dos sujeitos e, por outro, as obrigações positivas do outrora Estado Social.

A sujeição dos direitos aos direitos dos homens nada mais é do que a retomada da eficácia operante do problema fundamental de hoje que não é tanto o de justificá-los, mas o de protegê-los,[11] embora, atualmente, o sentido prestacional dos direitos fundamentais reste profanado pela retórica dos custos por intermédio do desenvolvimento do movimento denominado Análise Econômica do Direito (AED).

2 Para além do Direito: a interdisciplinaridade com a análise econômica

A miscelânea entre os dois ramos, Direito e Economia, em que pese pareça polarizada como "diálogos entre estrangeiros",[12] especialmente porque a metodologia aplicada pelo sistema jurídico importa em ser "hermenêutica com aspiração na justiça",[13] ao passo que a econômica implica a "matemática com bases empíricas",[14] fato é que o estudo interdisciplinar apresenta-se como um diálogo importante e possível em *terrae basilis*.[15]

Tendo em vista que o desenvolvimento humano ocorre em meio à "dinâmica mercadológica"[16] e que a sobrevivência se faz por meio do uso de recursos sociais, ainda que escassos, o direito, não estando alheio a este cenário, objetiva regulamentar tais comportamentos, de modo que a dicotomia entre as disciplinas, como bem sugere Hayek,[17] é altamente destrutiva, porquanto a eliminação da interdisciplinaridade impede o exame das celeumas jurídicas para além da realidade abstrata da norma.

---

os discursos argumentativos de aplicabilidade de normas jurídicas absolutamente superados. WARAT, Luis Alberto. *O ofício do mediador*. Florianópolis: Habitus, 2001.

[10] OLIVEIRA NETO, Francisco José Rodrigues de. O poder judiciário na concretização do estado democrático de direito após 1988. In: SCAFF, Fernando Facury (Org.). *Constitucionalizando direitos*: 15 anos de constituição brasileira de 1988. Rio de Janeiro: Renovar, 2003. p. 73.

[11] BOBBIO, Norberto. *A era dos direitos*. 8. ed. Campus: Rio de Janeiro, 1992. p. 24.

[12] MORAIS DA ROSA, Alexandre; LINHARES, José Manuel Aroso. *Diálogos com a Law & Economics*. 2. ed. rev. Rio de Janeiro: Lumens Juris, 2011. p. 6.

[13] LOPES, José Reinaldo de Lima. *Direitos sociais*: teoria e prática. São Paulo: Método, 2006. p. 271.

[14] *Ibidem*, p. 271.

[15] Expressão retirada dos diversos escritos de Lenio Luiz Streck. Vide: STRECK, Lenio Luiz. As recepções teóricas inadequadas em terrae brasilis. *Revista de Direitos Fundamentais e Democracia*, Curitiba, v. 10, n. 10, p. 2-37, jul./dez. 2011.

[16] TROSTER, Roberto Luis. *Introdução à economia*. São Paulo: Makron Books, 2002. p. 7.

[17] HAYEK, Friedrich August von. *Direito, legislação e liberdade*: uma nova formulação dos princípios. São Paulo: Visão, 1985. v. 1, p. 4.

Desta forma, se a busca pela ordem social adequada perpassa por diversos ângulos, não se mostrando apropriado esgotar os estudos na eleição de "um único método",[18] o presente artigo afasta-se das críticas quanto à (suposta) violência simbólica[19] do apelo economicista na normatividade.

Isso porque o mencionado discurso serviria apenas para reduzir as categorias tradicionais do Direito à condição análoga de escravo das premissas econômicas e, ainda, distanciar o instrumental analítico e descritivo da realidade, sobretudo quanto aos "recursos limitados em relação às necessidades humanas".[20]

Dessa maneira, em linhas propedêuticas, se o convívio social ocorre na lógica da economia de mercado, tendo em vista que o homem sobrevive com os recursos da sociedade, ainda que escassos,[21] notável o caráter interdisciplinar entre a área jurídica e a econômica, razão pela qual, "o proceder das decisões deverá ser pautado na racionalidade lógico-formal que leve à eficiência e à maximização dos interesses".[22]

Em linhas propedêuticas, as relações interativas entre as duas ciências iniciaram-se no período histórico antigo com os estudiosos Cesar Beccaria e Jeremy Bentham, cujas obras introduziram, respectivamente, as noções de desincentivos comportamentais e de utilitarismo.

Todavia, a simbiose entre os dois ramos, traduzida pela terminologia Análise Econômica do Direito (AED), somente foi inaugurada pelo professor Ronald Coase na Universidade de Chicago, com a obra intitulada *"The Problem of social cost"*, ao tratar da aplicação da teoria do custo benefício na tomada das decisões jurídicas como forma de obter eficiência na solução dos conflitos, isto é, trouxe para o Direito a possibilidade de aplicação direta dos princípios da microeconomia.[23]

Contudo, a consolidação da AED como disciplina autônoma surgiu da obra do juiz americano Richard Posner, intitulada "Economic Analysis of Law", que teve o mérito de sistematizar e expandir a aplicação dos postulados econômicos aos vários ramos do Direito e examinar as celeumas jurídicas para além da realidade abstrata da norma.

Trata-se, segundo Everton das Neves Gonçalves e Joana Stelzer, de uma metodologia que permite a "escolha dentre as opções de política jurídica que se apresentem aos legisladores e aos operadores do direito, de forma a, eficientemente, ser obtido o melhor emprego dos escassos recursos e o bem-estar social".[24]

---

[18] FEYERABEND, Paul. *Contra o método*. 2. ed. São Paulo: UNESP, 2011. p. 92.
[19] Parafraseando: BOURDIEU, Pierre; PASSERON, Jean-Claude. *A reprodução*: elementos para uma teoria do sistema de ensino. Petrópolis: Vozes, 2008.
[20] POSNER, Richard. *Economic analysis of law*. 7. ed. Austin: Wolters Kluwer, 2007. p. 3.
[21] TROSTER, Roberto Luis. *Introdução à economia*. São Paulo: Makron Books, 2002. p. 07.
[22] GONÇALVES, Everton das Neves. Análise econômica do direito: uma inovadora teoria geral do direito. In: OLIVEIRA, Amanda Flávio de (Org.). *Direito econômico*: evolução e institutos. Rio de Janeiro: Forense, 2009. p. 4.
[23] MERCADO, Pacheco Pedro. *El analisis económico del derecho – una reconstrucción teórica*. Madrid: Centro de Estudios Constitucionales, 1994. p. 27.
[24] GONÇALVES, Everton das Neves; STELZER, Joana. *O direito e a ciência econômica*: a possibilidade interdisciplinar na contemporânea teoria geral do direito. Paper: Berkeley Program in Law & Economics Latin American and

O movimento introduz a reformulação do conceito jurídico à luz da ciência econômica, questionando os estudos e propondo "um nuevo vocabulario y aporta su peculiar estructura analítica para el examen de los problemas jurídicos aunque que estos no tengan el carácter de económico [...]".[25] Em outra linguagem, a proposta é a análise dos fatos jurídicos sob o prisma de seus custos x benefícios, aplicado ao método da análise da eficiência fornecido pela economia.[26]

No viés de que o Direito tem a capacidade e o objetivo de influenciar a conduta dos indivíduos e que essa influência tem caráter notadamente econômico, a AED se constitui num estudo capaz de proporcionar ao Direito a análise dos institutos jurídicos no contexto em que os recursos disponíveis mostram-se escassos e a escolha humana, necessariamente, uma renúncia, trazendo consequências aos demais indivíduos.

Partindo dessa premissa, enquanto os atores[27] do Direito adotam a sistemática do "passado"/*status quo ante* e pretendem alcançar o conceito polissêmico de justiça, os economistas voltam seus olhares para o futuro/prospectiva e visam alcançar a eficiência. Porém, tantos os economistas quanto os juristas estão preocupados em encontrar a solução para que o ser (mundo dos fatos; daquilo que é) se transforme no dever ser (naquilo que deve ser), embora a metodologia empregada pelas ciências seja diferenciada.

Definido dessa forma, numa perspectiva objetiva, enquanto o Direito é a técnica de regulamentar o comportamento humano, e a economia representa a ciência que estuda como o ser humano toma decisões e se comporta em um mundo de recursos escassos e suas consequências, a AED será o resgate dessa relação com o objetivo de auxiliar o legislador ou o juiz a fazerem escolhas eficientes (redução dos custos).[28]

A aplicação da economia às normas e instituições jurídicas visa "iluminar os problemas e apontar as implicações das diversas possíveis escolhas normativas"[29] e não engessar o arcabouço das normas, substituindo o estado de direito pelo império dos economistas.

Caribbean Law and Economics Association (ALACDE) Annual Papers (University of California, Berkeley), 2007. p. 2. Disponível em: <http://www.conpedi.org.br/manaus/arquivos/anais/recife/direito_intern_everton_goncalves_e_joana_stelzer.pdf>. Acesso em: 17 set. 2015

[25] MERCADO, 1994, p. 34-35.

[26] TOKARS, Fábio. *Por uma law and economics tupiniquim*. Curitiba: [S. n.], 13 jan. 2008. p. 16.

[27] Desde já se utiliza a expressão "atores jurídicos" para se referir àqueles que atuam na área do Direito (juízes, promotores, defensores, procuradores, delegados, advogados, professores e servidores da justiça) como seres capazes de protagonizar a transformação da realidade social, ao invés de "operadores do direito" em razão da crítica Waratiana de que o direito não deve ser "operado" como se fosse uma máquina (formalismo jurídico). WARAT, Luis Alberto. *Territórios desconhecidos*: a procura surrealista pelos lugares do abandono do sentido e da reconstrução da subjetividade. Florianópolis: Fundação Boieteux, 2004.

[28] Bruno Meyerhof Salama pondera: o ponto central da análise econômica do direito não é saber se a eficiência pode ser igualada à justiça; ela não pode. A questão é pensar como a busca da justiça pode se beneficiar do exame de prós e contras, dos custos e benefícios. SALAMA, Bruno Meyerhof. Discurso de abertura da II Conferência Anual da ABDE. De que forma a economia auxilia o profissional e o estudioso do direito? *Economic Analysis of Law Review*, v. 1, n. 1, p. 6, jan./jun. 2010.

[29] SALAMA, Bruno Meyerhof. *O que é Direito e Economia?* Disponível em: <http://works.bepress.com/cgi/viewcontent.cgi?article=1015&context=bruno_meyerhof_salama>. Acesso em: 17 set. 2015.

Há que se cuidar, todavia, para que o totalitarismo economicista não torne válidas as decisões fundamentadas somente sob a ótica do atendimento ao lema da maximização da riqueza, rebaixando a hierarquia das leis à submissão completa da lógica do custo e benefício·, como se tal critério garantisse a função democrática do direito.

Além disso, deve-se evitar que o apelo da AED reduza o direito à condição análoga à de escravo das consequências do mercado, equiparando os direitos fundamentais à categoria de direitos patrimoniais, sob a fusão de incluí-los sob a tutela do mesmo gênero, numa verdadeira subversão dos seus conceitos.

Portanto, exaltando os prós e contras, na pretensão de examinar questões que os atores do Direito não conseguem conectar com problemas concretos, fica claro que o que parece unir os praticantes da *Law and Economics*, em especial o Direito, não é a idolatria da eficiência ou da racionalidade maximizadora, mas, sim, o inconformismo com a visão de que uma análise jurídica presa a justificações formais abstratas e desatentas ao mundo real é suficiente ao enfrentamento das celeumas jurídicas.

3 O custo dos direitos: adeus, *Pollyanna*!

Partindo da teoria contratualista Hobbesiana[30] do surgimento do Estado, adentra-se nos diversos papéis (regime jurídico-político) desempenhados por este ente soberano ao longo da história na sociedade, iniciando-se pela estrutura hierárquica vertical do Estado de Direito Liberal.

Na doutrina liberal, o Estado de Direito significou não apenas a subordinação dos poderes públicos à lei, mas a postura passiva (negativa) do Estado em tão somente reconhecer alguns direitos fundamentais ao cidadão. Reconheceu-se, ainda que de forma mínima, a primeira dimensão[31] dos direitos individuais fundamentais (civis e políticos, vinculados à liberdade, à igualdade, à propriedade, à segurança e à resistência às diversas formas de opressão).[32]

No entanto, este modelo individualista de liberalismo, centrado na figura do Leviatã, porque restou descompromissado com o aspecto social e agravado

---

[30] Para Thomas Hobbes, os conflitos humanos ocorrem em função de o homem ser naturalmente egoísta e, por consequência, o que legitimaria o pacto (contrato social para construção artificial da sociedade civil) seria a troca da situação de guerra pela segurança. HOBBES, Thomas. *Leviatã ou matéria, forma e poder de um estado eclesiástico e civil*. Tradução João Paulo Monteiro e Maria Beatriz Nizza da Silva. 3. ed. São Paulo: Abril Cultural, 1983. p. 74.

[31] Emprega-se a locução "dimensão dos direitos" (da primeira até a quinta dimensão) ao invés de "geração de direitos", pois esta, conforme alerta Joaquim Herrara Flores, embora detenha o benefício pedagógico para o reconhecimento jurídico das lutas históricas em contextos diferentes, revela-se imprópria, porquanto induz (inadequadamente) a pensar que o ciclo atual dos direitos já deixou para trás e superou as fases anteriores. HERRERA FLORES, Joaquim. *A (re) invenção dos direitos humanos*. Florianópolis: Fundação Boiteux, 2008. p. 75-76.

[32] WOLKMER, Antonio Carlos. Introdução aos fundamentos de uma teoria geral dos "novos" direitos. In: WOLKMER, Antonio Carlos; LEITE, José Rubens Morato. *Os "novos" direitos no Brasil: natureza e perspectivas – uma visão básica das novas conflituosidades jurídicas*. 2. ed. São Paulo: Saraiva, 2012. p. 22.

pela submissão dos trabalhadores a condições desumanas e degradantes, revelou graves impasses que varreram a sociedade entre a segunda metade do século XIX e as primeiras décadas do século XX.

Desta nova realidade social, emergiu a crise do modelo liberal de Estado, impondo a revisão da outrora liberdade negativa para a postura positiva estatal em arbitrar novos contornos às relações entre o capital e o trabalho e culminando na passagem do Estado mínimo para o Estado de Bem-Estar Social ou *Welfare Sate*.[33]

Nesse âmbito, o Estado deixa de ser apenas soberano para, também, tornar-se o principal responsável pelo direito à vida, aplicando o princípio da igualdade material e realizando a justiça social concretizada por meio da segunda dimensão dos direitos que são os "sociais, econômicos e culturais, fundados nos princípios da igualdade e com alcance positivo, pois não são contra o Estado, mas ensejam sua garantia e concessão a todos os indivíduos por parte do poder público".[34]

Disso resultou, no atual Estado Democrático de Direito, a previsão constitucional, de um lado, dos chamados direitos individuais concernentes aos deveres negativos e, de outro, os ditos direitos sociais correspondentes aos deveres positivos. Evidente que entre estes direitos à estrutura apresenta-se de modo diverso: o segundo, os direitos sociais, não requerem uma abstenção, ao contrário, é necessário que sejam prestados pelo Estado e isto não deve ser tratado à *la Pollyanna*.[35]

Entre as obras publicadas acerca da justiciabilidade dos direitos sociais ou, em outros termos, sobre direito e políticas públicas, as mais referendas encontram-se na publicação nos Estados Unidos dos autores Stephen Holmes e Sunstein, Cass Sunstein[36] e na América Latina pela obra de Victor Abramovich e Christian Courtis.[37]

Em linhas gerais, o argumento dos autores é básico: a realização e a proteção de direitos sociais custam dinheiro e dependem de decisões que extrapolam o raciocínio jurídico-formal individualista.

---

[33] Segundo Manuel García-Pelayo, o Estado Social de Direito pode ser denominado como *Welfare State* (dimensão da política estatal que tem por finalidade o bem-estar social), Estado de Bem-Estar Social, Estado Social-Democrata, Estado de Partidos e também como Estado Social. GARCÍA-PELAYO, Manuel. *Las transformaciones del estado contemporáneo*. Madrid: Alianza Universidad, 1996. p. 13-14

[34] WOLKMER, Antonio Carlos. Introdução aos fundamentos de uma teoria geral dos "novos" direitos. In: WOLKMER, Antonio Carlos; LEITE, José Rubens Morato (Orgs.). *Os "novos" direitos no Brasil: natureza e perspectivas*: uma visão básica das novas conflituosidades jurídicas. 2. ed. São Paulo: Saraiva, 2012. p. 23.

[35] Clássico da literatura infantojuvenil, de Eleonor H. Porter, Pollyanna, expressa um modo de ver o mundo: "ver beleza em tudo". Tal expressão é aqui assumida para descrever a realidade e ressaltar a ingenuidade infértil e anacrônica que resiste a análises críticas e rigorosas daquilo que é objeto de investigação, assumindo uma posição otimista da vida (o que é bom), mas pouco contribuindo para a atividade acadêmica. PORTER, Eleonor H. *Pollyanna*. Adaptação Julio Emilio Braz. 2. ed. São Paulo: Scipione, 2008.

[36] HOLMES, Stephen; SUNSTEIN, Cass. *The cost of rights*: why liberty depends on taxes. New York/ London: W. M. Norton, 1999.

[37] ABRAMOVICH, Victor; COURTIS, Christian. *Los derechos sociales como derechos exigibles*. Madrid: Trotta, 2002.

Recuperando o movimento da AED que discorre sobre a existência de um cenário de recursos escassos x necessidades humanas ilimitadas, no qual não há dinheiro suficiente para adjudicar os direitos referentes à saúde, educação e moradia dos indivíduos, indispensável saber às claras as decisões sobre como os recursos públicos serão alocados.[38]

E nisso reside o verdadeiro Dilema dos Prisioneiros[39] que insta o juiz brasileiro: a ideia de que são eles, na personificação do Peter Pan, responsáveis ao complemento das políticas públicas prometidas (ou omitidas?) pelos governos, isto é (pseudo) auxiliando na prestação dos direitos sociais. Entretanto, considerando o viés garantista anteriormente apresentado, não é da legitimidade do magistrado, porque não detém a representatividade popular, a supressão das lacunas dos demais poderes: adeus, Pollyanna!

Dessa forma, são as instituições de governo que possuem capacidade gerencial na implementação de políticas públicas que realizam direitos sociais, sendo dever dos juízes apenas controlar essa execução, mas não complementá-la, sob pena da prática de ativismo judicial denunciado por Ferrajoli ou voluntarismo irracional.[40]

Além disso, atente-se, como recorda Virgílio Afonso da Silva,[41] que os juízes, ao tratarem os problemas dos direitos sociais como se fossem problemas semelhantes àqueles relacionados a direitos individuais, ignoram o caráter coletivo dos primeiros, que exigem políticas que são pensadas coletivamente.

Portanto, a realização dos direitos fundamentais na espécie sociais, porque depende da complementação de políticas públicas, é uma escolha trágica inerente, sobretudo, à postura dos legitimados democraticamente.

---

[38] COPETTI NETO, Alfredo. *Pragmatismo em filosofia, realismo em direito e o duplo assalto à economia política clássica*: as bases do First Law and Economics Movement na Progressive Era Americana (1880 – 1930). Disponível em: <http://emporiododireito.com.br/pragmatismo-em-filosofia-realismo-em-direito-e-o-duplo-assalto-a-economia-politica-classica-as-bases-do-first-law-and-economics-movement-na-progressive-era-americana-1880-1930-por-alfr/>. Acesso em: 20 out. 2015.

[39] Metáfora da teoria microeconômica conhecida como teoria dos jogos, que representa o esquema de jogo não cooperativo: dois suspeitos, A e B, são presos pela polícia. A polícia tem provas insuficientes para condená-los, mas, separando-os, oferece o mesmo acordo a ambos: se um dos prisioneiros, confessando, delatar o outro e, se esse outro, permanecer em silêncio, o que confessou livrar-se-á da prisão, enquanto o cúmplice silencioso cumprirá 10 anos de sentença. No entanto, se ambos ficarem em silêncio, a polícia só poderá condená-los a 1 ano. Mas, se ambos traírem o comparsa, cada um cumprirá 5 anos. Cada prisioneiro faz a sua decisão sem saber qual decisão o outro escolherá, e nenhum tem certeza da decisão do outro. A questão que o dilema propõe é: Como o prisioneiro vai reagir? Qual a melhor estratégia (trair ou cooperar)? A estratégia dominante (melhor resultado, independente da decisão do outro) seria trair. Entretanto, a escolha individual não será a melhor para todos. Para todos, o ideal seria a colaboração (ficar em silêncio), pois, cada um ficaria apenas um ano de prisão. Assim, o Dilema dos Prisioneiros demonstra situações em que a escolha individual conduz à traição mútua, enquanto que a colaboração proporcionaria melhores resultados. Para outros detalhes vide: VARIAN, Hal R. *Microeconomia*: conceitos básicos. 7. ed. Tradução Maria José José Cyhlar Monteiro e Ricardo Doninelli. Rio de Janeiro: Elsevier, 2006.

[40] LOPES, José Reinaldo de Lima. Direito subjetivo e direitos sociais. In: FARIA, José Eduardo (Org.). *Direitos humanos, direitos sociais e justiça*. São Paulo: Malheiros, 1994. p. 142.

[41] SILVA, Virgílio Afonso. O Judiciário e as políticas públicas: entre transformação social e obstáculo à realização dos direitos sociais. In: SOUZA NETO, Cláudio Pereira de; SARMENTO; Daniel. *Direitos sociais*: fundamentação, judicialização e direitos sociais em espécies. Rio de Janeiro: Lumen Juris, 2008. p. 587-599.

Conclusão

O desenvolvimento da sociedade cada vez mais complexa, a estrutura e organização do Estado na contemporaneidade passaram por transformações que determinaram ao Poder Judiciário, não apenas a função de estabilização dos conflitos, mas também de integridade das normas, no caso concreto, como forma de adaptar as políticas públicas determinadas pelo ente aos comandos constitucionais.

Nesse âmbito, a democracia contemporânea expandiu os horizontes dos Tribunais, conferindo-lhes outras atribuições jurisdicionais e institucionais antes inexistentes, sobretudo a revisão judicial de medidas adotadas pelos outros Poderes, cujo movimento se pauta na supremacia da Constituição.

Entretanto, os vínculos no Estado Democrático de Direito sob o perfil garantista implica estabelecer que as normas substanciais dos direitos fundamentais não podem ser tratadas com menor importância se comparadas às demais declarações de direitos. Desse modo, nem mesmo por maioria se pode violar os direitos fundamentais, neles incluídos os direitos sociais.

Partindo dessa premissa, a metodologia da Análise Econômica do Direito é importante para refletir sobre a escassez dos recursos na estrutura do Poder Judiciário e os custos na manutenção dos direitos fundamentais, porém a metodologia não é capaz de afastar a garantia dos direitos individuais, tampouco violar a esfera do indecidível.

Assim, a questão permeia perceber que os Tribunais ainda não são capazes de gerenciar de modo coletivo os direitos sociais e, nem devem fazê-lo, deixando tal tarefa a quem incumbe de direito; Poderes Legislativo e Executivo. Isso porque declarar a indispensabilidade da atuação do Judiciário na manutenção da higidez do sistema democrático não autoriza, contudo, assumir que o magistrado cumpra distribuir as intenções da Constituição, segundo um peculiar e subjetivo princípio de justiça ou avocando ao papel de Peter Pan como regente dos direitos omitidos dos cidadãos.

Portanto, o discurso referente aos custos dos direitos não justificam a sua negação, ainda que sob a retórica do predador externo da autonomia do Direito, isto é, da Análise Econômica, porém dentro do atual sistema democrático não se pode permanecer, inocentemente crendo que tal tarefa cumpra aos juízes. Mais uma vez, adeus, Pollyanna!

Referências

ABRAMOVICH, Victor; COURTIS, Christian. *Los derechos sociales como derechos exigibles*. Madrid: Trotta, 2002.

BOBBIO, Norberto. *A era dos direitos*. 8. ed. Campus: Rio de Janeiro, 1992.

BOURDIEU, Pierre; PASSERON, Jean-Claude. *A reprodução*: elementos para uma teoria do sistema de ensino. Petrópolis: Vozes, 2008.

CADEMARTORI, Sérgio. *Estado de direito e legitimidade*: uma abordagem garantista. Porto Alegre: Livraria do Advogado, 1999.

COPETTI NETO, Alfredo. *Pragmatismo em filosofia, realismo em direito e o duplo assalto à economia política clássica*: as bases do First Law and Economics Movement na Progressive Era Americana (1880-1930). Disponível em: <http://emporiododireito.com.br/pragmatismo-em-filosofia-realismo-em-direito-e-o-duplo-assalto-a-economia-politica-classica-as-bases-do-first-law-and-economics-movement-na-progressive-era-americana-1880-1930-por-alfr/>. Acesso em: 20 out. 2015.

DWORKIN, Ronald. *O império do direito*. Tradução Jefferson Luiz Camargo. São Paulo: Martins Fontes, 2007.

FERRAJOLI, Luigi. *Derechos y garantías:* la ley del más débil. Tradução Perfecto Andres Ibanez. Madrid: Trotta, 1999.

FERRAJOLI, Luigi; STRECK, Lenio Luiz; TRINDADE, André Karam. *Garantismo jurídico e (neo) constitucionalismo*. Porto Alegre: Livraria do Advogado, 2012.

FEYERABEND, Paul. *Contra o método*. 2. ed. São Paulo: UNESP, 2011.

FERRAJOLI, Luigi. *A democracia através dos direitos*: o constitucionalismo garantista como modelo teórico e como projeto político. Tradução Alexander Araujo de Souza. São Paulo: Revista dos Tribunais, 2015.

GARCÍA-PELAYO, Manuel. *Las transformaciones del estado contemporáneo*. Madrid: Alianza Universidad, 1996.

GONÇALVES, Everton das Neves. Análise econômica do direito: uma inovadora teoria geral do direito. In: OLIVEIRA, Amanda Flávio de (Org.). *Direito econômico*: evolução e institutos. Rio de Janeiro: Forense, 2009.

GONÇALVES, Everton das Neves; STELZER, Joana. *O direito e a ciência econômica*: a possibilidade interdisciplinar na contemporânea teoria geral do direito. Paper: Berkeley Program in Law & Economics Latin American and Caribbean Law and Economics Association (ALACDE) Annual Papers (University of California, Berkeley), 2007. Disponível em: <http://www.conpedi.org.br/manaus/arquivos/anais/recife/direito_intern_everton_goncalves_e_joana_stelzer.pdf>. Acesso em: 17 set. 2015.

HAYEK, Friedrich August von. *Direito, legislação e liberdade*: uma nova formulação dos princípios. São Paulo: Visão, 1985.

HERRERA FLORES, Joaquim. *A (re)invenção dos direitos humanos*. Florianópolis: Fundação Boiteux, 2008.

HOBBES, Thomas. *Leviatã ou matéria, forma e poder de um estado eclesiástico e civil*. Tradução João Paulo Monteiro e Maria Beatriz Nizza da Silva. 3. ed. São Paulo: Abril Cultural, 1983.

LOPES, José Reinaldo de Lima. *Direitos sociais*: teoria e prática. São Paulo: Método, 2006.

LOPES, José Reinaldo de Lima; LIMA, José Reinaldo de. Direito subjetivo e direitos sociais. In: FARIA, José Eduardo (Org.). *Direitos humanos, direitos sociais e justiça*. São Paulo: Malheiros, 1994.

MERCADO PACHECO, Pedro. *El análisis económico del derecho – una reconstrucción teórica*. Madrid: Centro de Estudios Constitucionales, 1994.

OLIVEIRA NETO, Francisco José Rodrigues de. O poder judiciário na concretização do estado democrático de direito após 1988. In: SCAFF, Fernando Facury (Org.). *Constitucionalizando direitos*: 15 anos de constituição brasileira de 1988. Rio de Janeiro: Renovar, 2003.

POSNER, Richard. *Economic analysis of law*. 7. ed. Austin: Wolters Kluwer, 2007.

PORTER, Eleonor H. *Pollyanna*. Adaptação Julio Emilio Braz. Editora: Scipione. 2. ed. 2008.

POZZOLO, Susanna. *Neoconstitucionalismo e positivismo jurídico*: as faces da teoria do direito em tempos de interpretação moral da constituição. 2. ed. São Paulo: Landy, 2010.

ROSA, Alexandre Morais da; LINHARES, José Manuel Aroso. *Diálogos com a Law & Economics*. 2. ed. rev. Rio de Janeiro: Lumens Juris.

MORAIS DA ROSA, Alexandre. *Garantismo jurídico e controle de constitucionalidade material*. Rio de Janeiro: Lumen Juris, 2011.

SALAMA, Bruno Meyerhof. Discurso de abertura da II Conferência Anual da ABDE. De que forma a economia auxilia o profissional e o estudioso do direito? *Economic Analysis of Law Review*, v. 1, n. 1, p. 4-6, jan./jun. 2010.

SALAMA, Bruno Meyerhof. *O que é direito e economia*? Disponível em: <http://works.bepress.com/cgi/viewcontent.cgi?article=1015&context=bruno_meyerhof_salama>. Acesso em: 17 set. 2015.

SERRANO, José Luis. *Validez y vigencia*: la aportación garantista de la norma jurídica. Madrid: Trotta, 1999.

SILVA, Virgílio Afonso. O judiciário e as políticas públicas: entre transformação social e obstáculo à realização dos direitos sociais. In: SOUZA NETO, Cláudio Pereira de; SARMENTO, Daniel. *Direitos sociais*: fundamentação, judicialização e direitos sociais em espécies. Rio de Janeiro: Lumen Juris, 2008.

STRECK, Lenio Luiz. As recepções teóricas inadequadas em *terrae brasilis*. *Revista de Direitos Fundamentais e Democracia*, Curitiba, v. 10, n. 10, p. 2-37, jul./dez. 2011.

TOKARS, Fábio. *Por uma law and economics tupiniquim*. Curitiba: [S. n], 13 jan. 2008.

TROSTER, Roberto Luis. *Introdução à economia*. São Paulo: Makron Books, 2002.

VARIAN, Hal R. *Microeconomia*: conceitos básicos. 7. ed. Tradução Maria José José Cyhlar Monteiro e Ricardo Doninelli. Rio de Janeiro: Elsevier, 2006.

WARAT, Luis Alberto. *O ofício do mediador*. Florianópolis: Habitus, 2001.

WARAT, Luis Alberto. *Territórios desconhecidos*: a procura surrealista pelos lugares do abandono do sentido e da reconstrução da subjetividade. Florianópolis: Fundação Boietux, 2004.

WOLKMER, Antonio Carlos. Introdução aos fundamentos de uma teoria geral dos "novos" direitos. In: WOLKMER, Antonio Carlos; LEITE, José Rubens Morato. *Os "novos" direitos no Brasil:* natureza e perspectivas – uma visão básica das novas conflituosidades jurídicas. 2. ed. São Paulo: Saraiva, 2012.

Informação bibliográfica deste texto, conforme a NBR 6023:2002 da Associação Brasileira de Normas Técnicas (ABNT):

MORAIS DA ROSA, Alexandre; GONÇALVES, Jéssica. Os custos dos direitos fundamentais justificam a negação? Para além do discurso a *la Pollyanna*. In: COPETTI NETO, Alfredo; LEITE, George Salomão; LEITE, Glauco Salomão. *Dilemas na Constituição*. Belo Horizonte: Fórum, 2017. p. 119-130. ISBN 978-85-450-0236-9.

DILEMAS NA EFICÁCIA DOS DIREITOS FUNDAMENTAIS

Clèmerson Merlin Clève
Bruno Meneses Lorenzetto

1 Introdução

O presente artigo sintetiza os elementos teóricos que compuseram o passado recente das discussões atinentes aos direitos fundamentais, mas, em igual medida, identifica os dilemas que estão a avivar os debates mais contemporâneos a respeito do tema. Para tanto, em um primeiro momento expõe as características centrais da chamada doutrina da efetividade,[1] conferindo ênfase aos direitos fundamentais sociais. Na sequência, discorre, brevemente, sobre as objeções ao ativismo judicial. Por fim, mapeia os novos horizontes da procura pela sempre maior eficácia dos direitos fundamentais.

2 Retomando *a doutrina da efetividade*

Entre nós, tornou-se rotineira a reconstrução de uma trajetória narrativa sobre os direitos fundamentais que toma como ponto de partida a vigente Constituição e seus momentos de formação e procura atravessar as décadas subsequentes como uma contínua sucessão de conquistas. Não há motivos para pensar, ao menos no plano jurídico, de modo diferente. Porém, tais conquistas não foram, necessariamente, lineares ou pacíficas. Ao contrário, em diversos momentos foram perpassadas por tensões e tentativas de redução do rol de garantias constitucionais.

Observando-se a evolução recente dos direitos fundamentais no Brasil, é possível dizer que os novos desafios apresentam ao menos duas dimensões. Primeiro, a continuidade da busca pela efetivação dos direitos fundamentais. Segundo, e em direta relação com o anterior, a compatibilização entre o desenho institucional estabelecido pela Constituição, em sentido amplo, e a definição das estruturas de poder e governo, com o rol de direitos fundamentais. Enquanto o desafio prático da primeira dimensão é permanente e (em princípio) inesgotável,

---

[1] A respeito do tema ver: CLÈVE, Clèmerson Merlin. *Para uma dogmática constitucional emancipatória*. Belo Horizonte: Fórum, 2012; BARROSO, Luís Roberto. *Interpretação e aplicação da Constituição*: fundamentos de uma dogmática constitucional transformadora. São Paulo: Saraiva, 2009.

os questionamentos teóricos da segunda demandam a conciliação da máquina de governo e seus procedimentos com os compromissos que dão substância para a própria Constituição, a sua reserva de justiça.

A doutrina da efetividade, que contribuiu para a construção da narrativa a respeito dos direitos fundamentais com o retorno da democracia, propunha o reconhecimento da força normativa das disposições constitucionais. A *doutrina brasileira da efetividade* procurou dar relevância especial para o lugar que a Constituição ocupa, do ponto de vista jurídico, na organização do sistema normativo nacional. A supremacia constitucional foi acompanhada pela demanda em torno da incidência direta e imediata das normas sobre direitos fundamentais. Para tanto, num primeiro momento, buscou-se privilegiar o papel do Judiciário na proteção dos direitos.[2]

Propugnava-se a adoção de uma estratégia interpretativa específica, qual seja, identificar os *direitos subjetivos*[3] inscritos na Constituição, os quais passaram a ser exigíveis, embora distintamente, tanto em face de particulares como diante do Poder Público, por meio do aprimoramento dos mecanismos jurisdicionais constitucionais e infraconstitucionais.[4] Um dos importantes avanços promovidos pelo constitucionalismo da efetividade foi a ênfase na compreensão de que a Constituição era um documento normativo que deveria ser levado a sério. Para além de uma mera proclamação política ou de conjunto discursivo de objetivos abstratos, dever-se-ia reconhecer a força normativa dos dispositivos constitucionais.[5]

Nesse sentido, afirma-se que:

> (...) sob a égide da Constituição Federal de 1988 o Estado, espaço político por excelência, haverá também de ser compreendido como uma espécie de ossatura institucional desenhada

---

[2] BARROSO, Luís Roberto. Da falta de efetividade à judicialização excessiva: direito à saúde, fornecimento gratuito de medicamentos e parâmetros para a atuação judicial. In: SOUZA NETO, Cláudio Pereira; SARMENTO, Daniel. *Direitos sociais*: fundamentos, judicialização e direitos sociais em espécie. Rio de Janeiro: Lumen Juris, 2008. p. 877.

[3] "Si se entiende a los derechos subjetivos como posiciones y relaciones jurídicas en el sentido presentado más arriba, es posible distinguir entre (a) razones para los derechos subjetivos, (b) derechos subjetivos como posiciones y relaciones jurídicas y (c) la imponibilidad jurídica de los derechos subjetivos" (ALEXY, Robert. *Teoría de los Derechos Fundamentales*. Madrid: Centro de Estudios Constitucionales, 1993. p. 178).

[4] A respeito do tema explicava Luís Roberto Barroso que: "A teoria da efetividade, decisiva para a afirmação científica do direito constitucional nos últimos dez anos, serve-se de um conceito tradicionalmente explorado no campo do direito privado, mas que, na verdade, integra a teoria geral do direito: o *direito subjetivo*. Por direito subjetivo, abreviando uma longa discussão, entende-se o poder de ação, assente no direito objetivo, e destinado à satisfação de um interesse. Mais relevante para os fins aqui visados é assinalar as características essenciais dos direitos subjetivos, a saber: a) a ele corresponde sempre um *dever jurídico* por parte de outrem; b) ele é *inviolável*, vale dizer, pode ocorrer que a parte que tinha o dever jurídico, que deveria entregar uma determinada prestação, não o faça; c) violado o dever jurídico, nasce para o seu titular uma *pretensão*, podendo ele servir-se dos mecanismos coercitivos e sancionatórios do Estado, notadamente por via de uma ação judicial" (BARROSO, Luís Roberto. *Temas de direito constitucional*. Rio de Janeiro: Renovar, 2001. p. 83-84).

[5] De acordo com Cláudio Pereira de Souza Neto e Daniel Sarmento: "Na atualidade, passa-se a compreender que o plano da efetividade e o plano da fundamentação devem ser não só complementares, como inter-relacionados. Tende-se, com isso, ao estabelecimento de critérios materiais – e não só formais, ligados ao texto – para a afirmação da efetividade da Constituição" (SOUZA NETO, Cláudio Pereira; SARMENTO, Daniel. *Direito constitucional*: história e métodos de trabalho. Belo Horizonte: Fórum, 2012. p. 200).

pelo Constituinte para satisfazer os princípios, objetivos e direitos fundamentais através da atualização do Legislativo, buscando a concretização das disposições constitucionais, inclusive daquelas veiculando os direitos prestacionais, através da atuação do Judiciário, que deverá manifestar-se com sustentação numa hermenêutica comprometida com a principiologia constitucional, e em virtude da ação do Executivo ao qual incumbe desenvolver as políticas públicas realizadoras de direitos e serviços públicos voltados a idêntica finalidade (saúde, educação, habitação, etc.).[6]

Para a satisfação do compromisso da efetividade, foi necessária a reconstrução da dogmática jurídica, com o estabelecimento de uma teoria adequada para resolver as eventuais tensões entre direitos, liberdades e garantias que emergem diante das finalidades substantivas estabelecidas pelo ordenamento jurídico. Nesse ponto, para além dos avanços doutrinários, procurou-se, também, afinar os aspectos cívicos do republicanismo e as exigências da democracia (fortalecendo a necessária participação política dos destinatários das leis), com a esfera de direitos da modernidade liberal.[7]

Cumpria, portanto, enfrentar os desafios na realização dos direitos sociais e das políticas públicas que lhes correspondessem, diante de inúmeros obstáculos políticos, econômicos e institucionais presentes no plano da faticidade. Por isso, outra característica significativa tratava da aproximação e correspondência entre as políticas e o Direito, com apostas na possibilidade de sua efetivação por práticas institucionais de governo. Tratava-se de mensurar os limites do discurso normativo constitucional, pois, se, no âmbito jurídico, a tese da constitucionalização de todos os ramos do Direito já começava a surtir efeitos, nas esferas social, econômica e cultural, ainda havia um *déficit* de correspondência entre os enunciados constitucionais e as práticas políticas.[8]

A alternativa encontrada foi a da transformação dos fundamentos do Estado de Direito. Não bastando a adoção formal de uma Carta de Direitos, os discursos nela estabelecidos precisavam ser transformados em realidade. Por isso, propugnava-se a inclusão dos cidadãos nos processos políticos decisórios do Estado, para além dos momentos pontuais de escolha eleitoral, seu direito a um conjunto de bens materiais elementares para uma vida digna e, no mesmo sentido, seu acesso à justiça em uma dimensão substantiva.

Isso significava, por um lado, a construção de condições instrumentais voltadas para a proteção de direitos, que puderam ser observadas, ao menos no âmbito

---

[6] CLÈVE, Clèmerson Merlin. *Para uma dogmática constitucional emancipatória*. p. 20.
[7] CANOTILHO, José Joaquim Gomes. *Estudos sobre direitos fundamentais*. São Paulo: RT; Coimbra: Coimbra Editora, 2008. p. 30-31.
[8] "Considerem-se os seguintes pontos de partida: (1) a aplicabilidade directa não significa que as normas garantidoras de direitos, liberdades e garantias configuram *direitos subjectivos*, num sentido clássico de direitos absolutos, mas, (2) de qualquer modo, elas conferem ao particular o *direito* de invocarem estas normas consagradoras de direitos e, neste sentido, se afirma que os direitos fundamentais transportam em regra direitos subjectivos; (3) a aplicabilidade directa não dispensa um grau suficiente de determinabilidade, ou seja, um conteúdo jurídico-constitucional, em que se defina o âmbito de proteção de um direito fundamental e os respectivos efeitos jurídicos e, ainda, as dimensões fundamentais das restrições necessárias à harmonização de direitos conflituantes" (CANOTILHO, José Joaquim Gomes. *Estudos sobre direitos fundamentais*. p. 146-147).

constitucional, com o aperfeiçoamento das técnicas de jurisdição constitucional. Mas, no mesmo sentido, almejava-se a produção das consequências previstas pelos dispositivos normativos.[9] Portanto, o *locus* ideal para isso era o Poder Judiciário. A demanda pela eficácia era apresentada como efetividade, a "eficácia social da norma",[10] sua atuação prática no mundo da vida, de forma que fosse possível reaproximar o conjunto de disposições abstratas do *dever ser* com o *ser* da realidade social.

Desvelada a capacidade multipotencial das normas e, em especial, dos princípios, estes poderiam autorizar modificações fáticas na vida em sociedade. A (re)descoberta da importância do Direito foi acompanhada pela aposta no Judiciário como espaço de concretização dos direitos fundamentais (em especial os sociais) e de modificação das relações de poder.[11] Se não no sentido de uma profunda redefinição das estruturas sociais, ao menos, com respeito ao reconhecimento de que o Direito seria um espaço não apenas estabilizador, mas, também, em sua dimensão política, de tensões e disputas democráticas.

3 O avanço na teorização dos direitos fundamentais

De modo concomitante com a doutrina da efetividade, manifestou-se uma renovação das discussões a respeito dos direitos fundamentais na sociedade brasileira, derivando daí um refinamento e um *aggiornamento* do discurso constitucional a propósito da matéria.

No plano do desenvolvimento das teorias, passou-se a reconhecer a dupla dimensão dos direitos fundamentais, subjetiva e objetiva. De um lado era identificado um direito subjetivo próprio de uma pessoa que poderia ser seu titular, por outro, em seu aspecto objetivo, eram ressaltadas as múltiplas funções que os direitos fundamentais exercem na ordem jurídica.

Também foi percebida a "multifuncionalidade dos direitos fundamentais".[12] O Estado Democrático de Direito, por outro lado, deveria permanecer aberto

---

[9] "A efetividade significa, portanto, a realização do Direito, o desempenho concreto de sua função social. Ela representa a materialização, no mundo dos fatos, dos preceitos legais e simboliza a aproximação, tão íntima quanto possível, entre o *dever-ser* normativo e o *ser* da realidade social" (BARROSO, Luís Roberto. *Interpretação e aplicação da Constituição*. p. 254-255).

[10] BARROSO, Luís Roberto. *Temas de direito constitucional*. Rio de Janeiro: Renovar, 2001. p. 83.

[11] "Os dados normativos da Constituição, não de qualquer Constituição, mas de uma Lei Fundamental como a republicana de 1988, devem ser potencializados por uma dogmática constitucional democrática e emancipatória. Se a Constituição condensa normativamente valores indispensáveis ao exercício da cidadania, nada mais importante do que a busca (política, sim, mas também) jurídica de sua afirmação (realização, concretização, aplicação). O *como* elaborar isso, juridicamente, é obra para uma nova dogmática constitucional, cujo desafio é tornar a Constituição um condensado de normatividade integral. Não se pode correr o risco de fazer dela uma *Constituição normativa* na parte que toca os interesses das classes hegemônicas e uma *Constituição nominal* na parte que toca os interesses das classes que buscam a emancipação" (CLÈVE, Clèmerson Merlin. *A fiscalização abstrata da constitucionalidade no direito brasileiro*. 2. ed. São Paulo: RT, 2000. p. 312).

[12] SARLET, Ingo Wolfgang; MARINONI, Luiz Guilherme; MITIDIERO, Daniel. *Curso de direito constitucional*. São Paulo: RT, 2012. p. 299. Em outros termos: "Os direitos fundamentais, enquanto direitos humanos positivados em uma determinada Constituição, são polimórficos, dotados de conteúdos nucleares prenhes de abertura e

para diferentes maneiras de compreensão dos direitos fundamentais, derivadas, certamente, dos distintos modos de compreender a vida boa.

Na esteira de tais desenvolvimentos, o regime jurídico específico dos direitos sociais ganhou relevo. Superada a concepção de que o Estado seria apenas um agente violador de direitos,[13] afloravam demandas no sentido de uma postura ativa por parte da entidade estatal com a finalidade de cumprir as promessas presentes no pacto constituinte. Uma vez integrados ao ordenamento jurídico, os direitos sociais precisavam ser acompanhados de procedimentos, políticas e instrumentais que pudessem de fato, trazer à luz do dia, o conjunto de promessas que a Constituição estava a proclamar.

Percebeu-se nessa altura a fragilidade de dispositivos que são criados sem relação estreita com o mundo da vida. Os direitos fundamentais haviam mudado de capítulo no Brasil, ingressando em um novo paradigma. Porém, ainda faltava sua adoção na esfera política, sem a qual os direitos sociais continuariam a constituir mera promessa. Afinal, sua maior ou menor realização[14] não estava a depender apenas daquilo que viesse a ser produzido no plano jurisdicional, mas, em maior medida, no plano fático por meio de políticas públicas.

Ora, os direitos sociais, como todos os fundamentais, ostentam dimensão prestacional e defensiva.[15] Daí a necessidade da formulação de políticas públicas, com definição de indicadores objetivos de mensuração da progressividade eficacial, tudo para a melhor e mais transparente verificação da realização da reserva de justiça definida pelo Constituinte.

Embora não seja possível defender a existência, entre nós, de regimes jurídicos distintos para as liberdades e os direitos sociais, como ocorre, por exemplo, em Portugal, não se pode negar as peculiaridades que acometem um tipo e outro de

---

variação, apenas revelados no caso concreto e nas interações entre si ou quando relacionados com outros valores plasmados no texto constitucional. É que as normas de direito fundamental são dotadas de considerável grau de abertura e dinamicidade ao se apresentarem para sua concretização social" (CLÈVE, Clèmerson Merlin. *Temas de direito constitucional*. 2. ed. Belo Horizonte: Fórum, 2014. p. 27).

[13] "Das duas vezes se mostrou que o *particular* está fundamental dependente de medidas, instituições, distribuições e redistribuições do Estado; que a sua liberdade tem condições sociais e estatais que ele próprio não consegue assegurar. Em vez da ficção do indivíduo autocrático da sociedade burguesa, surgiu a imagem de um indivíduo simultaneamente necessitado e responsável na comunidade social. A ideia de que o Estado de direito podia, como Estado liberal, intervir o mínimo possível na liberdade do particular foi complementada com a ideia de que, como Estado social, tinha em primeiro lugar de *criar e assegurar as condições de liberdade*" (PIEROTH, Bodo; SCHLINK, Bernhard. *Direitos fundamentais*. São Paulo: Saraiva, 2012. p. 68).

[14] SARLET, Ingo Wolfgang. Os direitos sociais como direitos fundamentais: seu conteúdo, eficácia e efetividade no atual marco jurídico-constitucional brasileiro. In: LEITE, George Salomão; SARLET, Ingo Wolfgang. *Direitos fundamentais e estado constitucional*: estudos em homenagem a J. J. Gomes Canotilho. São Paulo/ Coimbra: Revista dos Tribunais/ Coimbra Editora, 2009. p. 215.

[15] "(...) também os direitos sociais (sendo, ou não, tidos como fundamentais) abrangem tanto direitos prestacionais (positivos) quanto defensivos (negativos), partindo-se aqui do critério da natureza da posição jurídico-subjetiva reconhecida ao titular do direito, bem como da circunstância de que os direitos negativos (notadamente os direitos de não-intervenção na liberdade pessoal e nos bens fundamentais tutelados pela Constituição) apresentam uma dimensão "positiva" (já que sua efetivação reclama uma atuação positiva do Estado e da sociedade), ao passo que os direitos a prestações (positivos) fundamentam também posições subjetivas "negativas", notadamente quando se cuida de sua proteção contra ingerências indevidas por parte dos órgãos estatais, mas também por parte de organizações sociais e de particulares". SARLET, Ingo Wolfgang. Os direitos sociais como direitos fundamentais: seu conteúdo, eficácia e efetividade no atual marco jurídico-constitucional brasileiro. p. 218. *Op. cit.*

direito.¹⁶ Por mais que se defenda uma semelhança no ponto de partida, os fatores que podem servir de critério de distinção entre direitos de liberdade e direitos sociais estão postos de maneira mais nítida no plano da faticidade, pois, ao passo que as condições para a produção de efeitos dos direitos individuais possuem considerável vantagem, por encontrar maior respaldo histórico, argumentativo, institucional e normativo, os direitos sociais ainda encontram, aqui e ali, resistência e precariedade institucional no que tange à produção de seus efeitos.

E da compreensão renovada sobre as normas que compõem a ordem jurídica, que identifica o caráter não absoluto dos princípios, implicando impossibilidade de prevalência antecipada para situações concretas,¹⁷ também deriva o reconhecimento de que podem ser objeto de restrição.¹⁸ As normas constitucionais que tratam de direitos fundamentais estão, em geral, sujeitas a algum processo de especificação ou uma maior ou menor restrição, respeitado o núcleo essencial, por meio de formulações normativas. Disso se extrai a pouca utilidade da diferenciação de normas de direitos fundamentais que podem ou não ser restringidas.¹⁹

Outra faceta importante a ser considerada a respeito dos direitos fundamentais diz respeito ao seu custo. A identificação de normas com eficácia limitada, com a afirmação de que elas demandariam uma ação positiva do Estado implicando dispêndios, foi reformulada no sentido de que mesmo os direitos mais elementares, que são imaginados como de não intervenção estatal, demandam, ainda que de modo indireto, algum tipo de gasto público.²⁰

Com isso, ao invés de procurar reduzir o potencial de concretização dos direitos fundamentais, em especial dos direitos sociais, passou-se a mirar outros efeitos decorrentes desses direitos, como: a) os efeitos horizontais, que cuidam das relações entre particulares; b) os efeitos dos direitos de proteção, inscrevendo-se aqui remédios constitucionais para a garantia tanto de condutas destinadas a preservar a

---

[16] "De outra parte, o reconhecimento de um regime jurídico substancialmente uniforme (especialmente no concernente à abertura material, aplicabilidade direta e proteção) para a totalidade dos direitos fundamentais, revela que, entre nós, não há que falar de um tratamento diferenciado dos direitos sociais, no sentido de estarem sujeitos, de forma generalizada, a um regime jurídico distinto e menos robusto em relação aos demais direitos fundamentais, em particular os assim designados direitos civis e políticos" (SARLET, Ingo Wolfgang. Os direitos sociais como direitos fundamentais: seu conteúdo, eficácia e efetividade no atual marco jurídico-constitucional brasileiro. p. 232-233).

[17] HESSE, Konrad. *Elementos de direito constitucional da República Federal da Alemanha*. Porto Alegre: Sergio Antonio Fabris, 1998. p. 62.

[18] "Deveras, a interpretação apresenta-se na resolução dos conflitos entre direitos fundamentais, como um procedimento destinado a adjudicar sentido à elaboração de uma norma de decisão. Nessa situação, à ponderação é conferida a missa de propiciar o equilíbrio aos direitos que estão em estado de tensão. A atividade interpretativa principia por uma reconstrução e qualificação dos interesses contrapostos, atribuindo sentido à norma de decisão. Por outro lado, a ponderação promove a ordenação entre os fatos e a normativa, conferindo, dessa forma, critérios para a obtenção de uma decisão constitucionalmente adequada" (CLÈVE, Clèmerson Merlin. *Temas de direito constitucional*. p. 34).

[19] SILVA, Virgílio Afonso. *Direitos Fundamentais*: conteúdo essencial, restrições e eficácia. 2. ed. São Paulo: Malheiros, 2010. p. 223.

[20] "*Toda norma, a partir desse ponto de vista, tem eficácia limitada* – mas algumas delas, por razões extrínsecas, têm melhores condições de produzir efeitos" (SILVA, Virgílio Afonso. *Direitos fundamentais*, p. 232). Ver: HOLMES, Stephen; SUNSTEIN, Cass. *The cost of rights*: why liberty depends on taxes. New York: W. W. Norton & Company, 1999.

esfera das liberdades como, de igual modo, a possível correção a ser realizada a partir da dimensão da igualdade; c) os efeitos decorrentes dos direitos a procedimentos, afirmando-se o caráter necessário destes não apenas como instrumental próprio do constitucionalismo e meio de limitação do poder, mas também como garantia, uma vez reconhecida a impossibilidade da preservação de direitos fundamentais sem um conjunto de procedimentos que garantam, por exemplo, a própria democracia.[21]

4 Revisões e novos caminhos

Transcorrido o primeiro momento de afirmação de direitos e o reconhecimento da necessária constitucionalização de todas as disciplinas jurídicas, os dilemas passaram a versar não mais, apenas, sobre a efetividade, mas, já sobre os limites do Judiciário na concretização dos direitos fundamentais.

4.1 Judiciário entre deferência e intervenção

O novo momento da teoria da efetividade passou a envolver o questionamento dos seus fundamentos epistemológicos diante da manifestação de eventuais excessos decorrentes da atuação jurisdicional.[22] Ainda que seus alicerces principais, relacionados com o processo de concretização dos direitos fundamentais, não tivessem sido modificados, eles precisavam ser reexaminados à luz de novas coordenadas históricas e conceituais.

Talvez o Judiciário pudesse assumir um papel mais modesto, uma vez reconhecido o fato de que os direitos devem ser garantidos também pelos demais Poderes, às vezes mais próximos da realidade social e detentores de legitimação democrática. Cumpre reconhecer que, nos últimos tempos, multiplicaram-se as objeções quanto a possíveis excessos verificados em decisões judiciais.[23]

---

[21] "1 – O procedimento é um sistema de regras e/ou princípios; 2 – Estas regras e princípios visam a obtenção de um resultado determinado; 3 – A justa conformação do procedimento, no âmbito dos direitos fundamentais permite, pelo menos, a presunção de que o resultado obtido através da observância do *iter procedimental* é, com razoável probabilidade e em medida suficiente, adequado aos direitos fundamentais; 4 – O *direito ao procedimento* implica, fundamentalmente: (1) direito à criação, pelo legislador, de determinadas normas procedimentais ou processuais; (2) direito à interpretação e à aplicação concreta, pelo juiz, das normas e princípios procedimentais ou processuais" (CANOTILHO, José Joaquim Gomes. *Estudos sobre direitos fundamentais*. p. 75-76).

[22] "Daí que a eficácia das normas constitucionais exige um redimensionamento do papel do jurista e do Poder Judiciário (em especial da Justiça Constitucional) nesse complexo jogo de forças, na medida em que se coloca o seguinte paradoxo: *uma Constituição rica em direitos (individuais, coletivos e sociais) e uma prática jurídico-judiciária que, reiteradamente, (só)nega a aplicação de tais direitos*" (STRECK, Lenio Luiz. *Jurisdição constitucional e hermenêutica*. 2. ed. Rio de Janeiro: Forense, 2004. p. 15).

[23] "Em muitas situações envolvendo direitos sociais, (...), o Judiciário poderá e deverá intervir. Tal constatação, todavia, não torna tal intervenção imune a objeções diversas, sobretudo quando excessivamente invasiva da deliberação de outros Poderes" (BARROSO, Luís Roberto. *Da falta de efetividade à judicialização excessiva: direito à saúde, fornecimento gratuito de medicamentos e parâmetros para a atuação judicial*. p. 891).

Os diferentes e correlatos fenômenos da judicialização da política e do ativismo judicial passaram a ser constantes na articulação de críticas sobre a postura dos juízes na decisão de casos controvertidos. Cite-se, por exemplo, as importantes considerações tecidas por Oscar Vilhena Vieira, nas quais indicava como uma das razões da *Supremocracia*, a própria arquitetura constitucional brasileira que, de forma única, acabou por concentrar no Supremo Tribunal Federal amplos poderes de guardião constitucional, com o papel de tribunal constitucional, mas também, ao mesmo tempo, consubstanciando foro judicial especializado e tribunal de última instância recursal.[24]

Tais considerações, em paralelo com outras sobre a judicialização das políticas públicas,[25] levaram a um adensamento das reflexões pertinentes aos direitos fundamentais, em especial, as considerações voltadas ao estudo do desenho institucional estabelecido na Constituição Federal e os desafios nos processos destinados à concretização de tais direitos.

A judicialização da política em nossa realidade deve ser tratada, portanto, como um fenômeno histórico, derivado da estrutura institucional desenhada pelo Constituinte, que, por sua vez, possibilitou a canalização de demandas reprimidas na sociedade durante a ditadura para o texto constitucional.[26] Como resultado disso, encontra-se uma grande profusão de regras no texto constitucional brasileiro. Por sua vez, os princípios residem, em sua maioria, nos Títulos I e II, na parte da "reserva de justiça", que cuida dos direitos fundamentais.[27]

Se até o advento da Constituição Federal de 1988 a via mais comum de manifestação do controle de constitucionalidade brasileiro era a difusa, a partir de então se destacou a fiscalização concentrada. Isso pela previsão de novas ações que desencadeiam a fiscalização em tese, pelo aumento do rol de legitimados ativos e pela previsão de mecanismos que potencializam o controle abstrato.

Por isso, a jurisdição constitucional no Brasil precisa buscar um difícil equilíbrio no que diz respeito à separação de poderes e à necessidade do Supremo Tribunal Federal fazer cumprir a Constituição.[28] Esta, conforme já anotado,

---

[24] VIEIRA, Oscar Vilhena. Supremocracia. *Revista Direito GV*, São Paulo, v. 4, n. 2, p. 447, 2008.
[25] VALLE, Vanice Regina Lírio do. *Políticas públicas, direitos fundamentais e controle judicial*. Belo Horizonte: Fórum, 2009.
[26] "A primeira grande causa da judicialização foi a *redemocratização* do país, que teve como ponto culminante a promulgação da Constituição de 1988. Nas últimas décadas, com a recuperação das garantias da magistratura, o Judiciário deixou de ser um departamento técnico-especializado e se transformou em um verdadeiro poder político, capaz de fazer valer a Constituição e as leis, inclusive em confronto com os outros Poderes. (...) A segunda causa foi a *constitucionalização abrangente*, que trouxe para a Constituição inúmeras matérias que antes eram deixadas para o processo político majoritário e para a legislação ordinária. (...) A terceira e última causa da judicialização, a ser examinada aqui, é o *sistema brasileiro de controle de constitucionalidade*, um dos mais abrangentes do mundo" (BARROSO, Luís Roberto. Judicialização, ativismo judicial e legitimidade democrática. *Revista de Direito do Estado*, n. 13, p. 73-74, jan./mar. 2009).
[27] Um exemplo disso encontra-se na possível dicotomia que pode ser extraída do texto constitucional, tanto no sentido de perspectivas filosóficas heterônomas como outras que procurem garantir amplíssima autonomia para os indivíduos. Tais perspectivas filosóficas colidem em situações que envolvem casos difíceis (ou decisões trágicas).
[28] Para Conrado Mendes: "Na separação de poderes, a interação é inevitável. A interação deliberativa é um ganho; a interação puramente adversarial, se não chega a ser uma perda, desperdiça seu potencial epistêmico. (...) A revisão judicial não precisa ser vista apenas como um dique ou uma barreira de contenção, mas também como um mecanismo propulsor de melhores deliberações. Não serve somente para (tentar) nos proteger da política quando esta sucumbe ao pânico ou irracionalidade, mas para desafiá-la a superar-se em qualidade" (MENDES, Conrado Hübner. *Direitos fundamentais, separação de poderes e deliberação*. São Paulo: Saraiva, 2011. p. 211-212).

ostenta natureza expansiva, o que implica aumento do âmbito de atuação do "guardião constitucional".[29]

No Brasil, faz-se possível notar a aproximação paulatina entre o modelo americano, em que se privilegia o controle difuso de constitucionalidade,[30] e o modelo europeu,[31] no qual há a ênfase no controle concentrado; o Supremo Tribunal Federal, contemporaneamente, apesar de manifestações favoráveis nesse sentido, ainda não assumiu o papel de uma verdadeira instância limitada à "guarda da Constituição", ou de Corte Constitucional.[32]

Há manifesta convergência entre as formas de controle difuso-incidental e concentrado-principal, afinal, ambos se orientam no sentido da proteção de direitos substantivos referenciados nos direitos fundamentais dispostos na Constituição. Por isso, pode-se afirmar que, entre nós, o controle abstrato não está limitado à defesa da ordem constitucional objetiva.[33]

Não há dúvidas, portanto, do fortalecimento gradual do Judiciário e em especial do Supremo Tribunal Federal, após a estabilização democrática do Brasil. Tal constatação não procura desviar a atenção para o aspecto eminentemente agonista, adversarial que caracteriza a democracia.[34] Pelo contrário, com a estabilização e a constância de certo conjunto de processos elementares a garantir a democracia durante as duas últimas décadas, manifestou-se o aprofundamento das discussões políticas e a inclusão de novos problemas para deliberação na arena pública. Contudo, mesmo diante da aposta constitucional na democracia representativa e no protagonismo do Legislativo, a inércia deste em certas ocasiões acaba por deixar espaços de poder "vazios" que são preenchidos pelo Judiciário, tanto que algumas justificativas do ativismo judicial são tecidas em torno das omissões dos demais Poderes.[35]

---

[29] A crítica normativa ao papel de "guardião" do STF não modifica sua função estrutural, porém, é relevante por apontar para outras formas de interação institucional e procurar superar a traiçoeira questão da "última palavra": "O tipo deliberativo de interação é o ideal que permeia, portanto, esse exercício. Dá uma justificativa condicionada para o papel do STF, mas, ao mesmo tempo, tira-o do pedestal de 'guardião'. (...) Mas não recusa, ao mesmo tempo, a legitimidade de o STF praticar um acentuado ativismo em certas circunstâncias. Isso está em sintonia com a concepção de separação de poderes delineada no capítulo anterior, segundo a qual não há (e nem pode haver) receitas abstratas e prefixadas que esgotem a definição das funções" (MENDES, Conrado Hübner. *Direitos fundamentais, separação de poderes e deliberação*. p. 214).

[30] *Marbury v. Madison* (1803).

[31] KELSEN, H. *Jurisdição constitucional*. São Paulo: Martins Fontes, 2007.

[32] CLÈVE, Clèmerson Merlin. *A fiscalização abstrata de constitucionalidade no direito brasileiro*. p. 413.

[33] "As três dimensões anteriormente analisadas – juridicidade, constitucionalidade, direitos fundamentos – indiciam já que o princípio do estado de direito é informado por duas ids ordenadoras: (1) id de ordenação subjetiva, garantindo um status jurídico aos indivíduos essencialmente ancorado nos direitos fundamentais; (2) ideia de ordenação objetiva, assente no princípio da constitucionalidade, que, por sua vez, acolhe um princípio objetivamente estruturante o princípio da divisão de poderes. Essas duas dimensões não se divorciam uma da outra, mas o acento tônico caberá agora à ordenação funcional objetiva do Estado de direito". (CANOTILHO, José Joaquim Gomes. *Direito constitucional e teoria da constituição*. 7. ed. Coimbra: Almedina, 2003. p. 250).

[34] Chantal Mouffe lembra que a democracia é algo frágil, que precisa ser defendida constantemente: MOUFFE, Chantal. *El retorno de lo político*. Barcelona: Paidós, 1999. Ver também: BARROSO, Luís Roberto. A razão sem voto: o Supremo Tribunal Federal e o governo da maioria. *Revista Brasileira de Políticas Públicas*, v. 5, 2015.

[35] Sobre o ativismo Carlos Campos pontua acerca de sua multidimensionalidade: "Essas decisões apresentam diferentes dimensões, e não apenas forma única de manifestação, o que significa dizer que o ativismo judicial

Tal realidade, que encontra, nos últimos tempos, progressistas defendendo outros lugares de satisfação dos direitos para além da Corte, acaba por operar o retorno do problema sem fim que o controle de constitucionalidade apresenta. Diante da dificuldade contramajoritária[36] é mais produtivo defender apenas uma das várias formas de democracia e abandonar o constitucionalismo ou, alternativamente, enfrentar a tensão entre ambos e a necessidade de um compromisso?

Em nossa realidade, não é possível – diante do papel atribuído para o STF pela Constituição –, e nem seria desejável, uma pura deferência do Judiciário diante dos outros Poderes. Tal disposição reduziria o Judiciário a um papel formal e simbólico no *design* institucional do Brasil e traria implicações diretas na tutela dos direitos fundamentais. Por isso, a prática dos diálogos institucionais passou a ganhar repercussão como maneira de atenuar as tensões e formar espaços dialógicos para a solução de conflitos que, como se sabe, não podem ser limitados apenas a decisões de um Poder, em especial, diante da constatação do caráter multifacetário dos direitos fundamentais.[37]

Perante a complexidade institucional que a concretização dos direitos fundamentais apresenta, as novas correntes teóricas passaram a apontar outros caminhos que precisariam ser trilhados na busca pela efetivação dos axiomas fundamentais da República brasileira. Sem abandonar as orientações que antes haviam sido estabelecidas no sentido da garantia da força normativa aos dispositivos constitucionais, passou-se a diagnosticar os perigos da aposta exclusiva em um dos Poderes, tanto nos casos de atos comissivos violadores de direitos fundamentais como nos casos de atos omissivos com idêntica consequência.[38]

4.2 Estado de Coisas Inconstitucional?

A omissão estatal violadora de direitos fundamentais, em específico, ganhou novo destaque após a manifestação do Supremo Tribunal Federal na ADPF nº 347, que reconheceu, em decisão liminar, o "Estado de Coisas Inconstitucional"

---

consiste em práticas decisórias, em geral, multifacetadas e, portanto, insuscetíveis de redução a critérios singulares de identificação. Há múltiplos indicadores do ativismo judicial como a interpretação expansiva dos textos constitucionais, a falta de deferência institucional aos outros poderes de governo, a criação judicial de normas gerais e abstratas, etc." (CAMPOS, Carlos Alexandre de Azevedo. *Dimensões do ativismo judicial do Supremo Tribunal Federal*. Rio de Janeiro: Forense, 2014. p. 163).

[36] BICKEL, Alexander. *The least dangerous branch*: the Supreme Court at the Bar of Politics. New Haven: Yale University Press, 1986. p. 16.

[37] Sobre os diálogos institucionais ver: BRANDÃO, Rodrigo. *Supremacia judicial versus diálogos constitucionais*: a quem cabe a última palavra sobre o sentido da Constituição? Rio de Janeiro: Lumen Juris, 2012.

[38] "O fazer da Constituição uma *Fundamental Law* integral pressupõe a construção, pela dogmática constitucional, de categorias suficientes para dar conta não apenas da violação da Constituição por ato normativo, como também do seu descumprimento em virtude de ato omissivo. Cuidar-se-ia, então, de reconhecer como inconstitucionais quaisquer atos, comissivos ou omissivos, desde que ofensivos à normativa constitucional" (CLÈVE, Clèmerson Merlin. *A fiscalização abstrata de constitucionalidade no direito brasileiro*. p. 312).

(ECI) com base na sistêmica violação de direitos fundamentais que se manifesta no âmbito penitenciário brasileiro.[39] Nesta altura, cumpriria indagar se o ECI substanciaria uma continuação, com notáveis aprimoramentos técnicos, dos desenvolvimentos da doutrina da efetividade.

Em uma primeira mirada, o Estado de Coisas Inconstitucional guarda semelhança no que tange aos seus fundamentos com os pressupostos que já haviam sido defendidos pela doutrina da efetividade. De outra sorte, a sofisticação técnica, ou seja, o aprimoramento instrumental do ECI é louvável, porém, com as devidas precauções para não incorrer em excessos já denunciados a respeito do ativismo judicial.[40] Eis que, se o conjunto de procedimentos internos para a identificação das violações sistemáticas de direitos fundamentais e a busca por uma solução institucional demandam uma intrincada rede de posturas ativas e deferentes por parte do Judiciário, por outro lado, nada impediria que este viesse a ter sua medida exacerbada e passasse a ser utilizado como mecanismo de substituição dos demais órgãos constitucionais. Em tal cenário, o ECI se tornaria uma justificação para uma atuação paternalista do Judiciário diante de omissões dos outros Poderes.

Porém, deve-se ir além da preocupação com o risco da banalização do ECI. Uma mirada mais detida indica que ele não pode ser utilizado como mecanismo genérico para qualquer problema que venha a ser encontrado no meio social, demanda-se a constatação da violação massiva de direitos fundamentais, fruto de faltas estruturais.

No caso da Corte Constitucional da Colômbia, esta passou, pioneiramente, a reconhecer o "Estado de Coisas Inconstitucional", implicando a adoção de medidas estruturais para combater tais circunstâncias fáticas.[41] Com a finalidade

---

[39] STF. Plenário. ADPF 347 MC/DF, Rel. Min. Marco Aurélio, julgado em 09.09.2015, Informativo 798. A ADPF foi proposta pelo PSOL e teve seu julgamento encerrado em 9 de setembro de 2015. Dentre os oito pedidos formulados, dois foram julgados procedentes, para a realização de audiências de custódia e para descontingenciar as verbas do FUPEN (Fundo Penitenciário Nacional). Ademais, foi deferida medida cautelar *ex officio* apresentada pelo Ministro Luís Roberto Barroso, que determinou a realização de um diagnóstico, no prazo de um ano da situação para a realização do julgamento de mérito pelo STF.

[40] Em sentido contrário ao Estado de Coisas Inconstitucional, ver: STRECK, Lenio Luiz. O que é preciso para (não) se conseguir um *Habeas Corpus* no Brasil. *Conjur*, 24 set. 2015. Disponível em: <http://www.conjur.com.br/2015-set-24/senso-incomum-preciso-nao-obter-hc-brasil>. Acesso em: 17 out. 2015.

[41] CAMPOS, Carlos Alexandre de Azevedo. *Da inconstitucionalidade por omissão ao "Estado de coisas inconstitucional"*. Tese (Doutorado) – Faculdade de Direito da Universidade do Estado do Rio de Janeiro, Rio de Janeiro, 2015. O primeiro caso do ECI, na *Sentencia SU.559/97*, tratava da distribuição desigual de professores por regiões pela Administração. Por isso a Corte decidiu declarar que: "el *estado de cosas* que originó las acciones de tutela materia de esta revisión no se aviene a la Constitución Política, por las razones expuestas en esta providencia. Como, al parecer, la situación descrita se presenta en muchos municipios, se advierte a las autoridades competentes que tal *estado de cosas* deberá corregirse dentro del marco de las funciones que a ellas atribuye la ley, en un término que sea razonable". No ano seguinte, a Corte tratou de caso análogo ao julgado recentemente no Brasil, envolvendo a situação dos presídios, na *Sentencia T-153/98*; como fundamento para declarar o estado de coisas inconstitucional dos presídios da Colômbia a Corte afirmou que: "Esta Corporación ha hecho uso de la figura del estado de cosas inconstitucional con el fin de buscar remedio a situaciones de vulneración de los derechos fundamentales que tengan un carácter general – en tanto que afectan a multitud de personas –, y cuyas causas sean de naturaleza estructural – es decir que, por lo regular, no se originan de manera exclusiva en la autoridad demandada y, por lo tanto, su solución exige la acción mancomunada de distintas entidades. En estas condiciones, la Corte ha considerado que dado que miles de personas se encuentran en igual situación y que si todas acudieran a la tutela podrían congestionar

de superar as omissões estatais, como a produção insuficiente de políticas públicas, a Corte procurou fundamentar o uso de tal conceito na objetivação de valores constitucionais, com vistas a garantir o projeto constitucional: "A preocupação é com a efetividade dos direitos fundamentais, com a proteção deficiente de direitos independentemente de tipologias normativas dos dispositivos constitucionais envolvidos".[42] Trata-se, portanto, de medida que pode intensificar a judicialização da política.[43]

De toda maneira, não é o caso, aqui, de tergiversar, o ECI é conceito constituído em solo de recorrente ativismo (a Corte Constitucional colombiana)[44] e, diante do que os primeiros sinais indicam, passará a constar como mais um argumento para uma postura ativa do Supremo Tribunal Federal quando este compreender que a situação fática demanda intervenção judicial para a sua correção.

Além disso, apresenta-se em um campo ainda em desenvolvimento no Brasil, que é o das decisões estruturantes. Inspirado nas *structural injunctions*, formuladas nos Estados Unidos, as decisões estruturantes visam ir além da lógica binária, base do direito processual tradicional, e procuram solucionar questões coletivas,

---

de manera innecesaria la administración de justicia, lo más indicado es dictar órdenes a las instituciones oficiales competentes con el fin de que pongan en acción sus facultades para eliminar ese estado de cosas inconstitucional". Em 2004, julgou o caso das associações de pessoas "deslocadas", vítimas de deslocamento forçado dentro do país em razão da violência dos conflitos armados, na *Sentencia T-025/04* a Corte colombiana definiu o estado de coisas da seguinte maneira: "El concepto de estado de cosas inconstitucional ha evolucionado jurisprudencialmente desde 1997 cuando se declaró por primera vez. En las sentencias más recientes sobre este fenómeno, de conformidad con la doctrina de esta Corporación, se está ante un estado de cosas inconstitucional cuando '(1) *se presenta una repetida violación de derechos fundamentales de muchas personas – que pueden entonces recurrir a la acción de tutela para obtener la defensa de sus derechos y colmar así los despachos judiciales – y* (2) *cuando la causa de esa vulneración no es imputable únicamente a la autoridad demandada, sino que reposa en factores estructurales.*' Dentro de los factores valorados por la Corte para definir si existe un estado de cosas inconstitucional, cabe destacar los siguientes: (i) la vulneración masiva y generalizada de varios derechos constitucionales que afecta a un número significativo de personas; (ii) la prolongada omisión de las autoridades en el cumplimiento de sus obligaciones para garantizar los derechos; (ii) la adopción de prácticas inconstitucionales, como la incorporación de la acción de tutela como parte del procedimiento para garantizar el derecho conculcado; (iii) la no expedición de medidas legislativas, administrativas o presupuestales necesarias para evitar la vulneración de los derechos. (iv) la existencia de un problema social cuya solución compromete la intervención de varias entidades, requiere la adopción de un conjunto complejo y coordinado de acciones y exige un nivel de recursos que demanda un esfuerzo presupuestal adicional importante; (v) si todas las personas afectadas por el mismo problema acudieran a la acción de tutela para obtener la protección de sus derechos, se produciría una mayor congestión judicial".

[42] CAMPOS, Carlos Alexandre de Azevedo. *Da inconstitucionalidade por omissão ao "Estado de Coisas Inconstitucional"*, p. 209.

[43] "A Corte tem interferido em boa parte das decisões político-econômicas do governo, justificando a plena justiciabilidade dos direitos sociais, sobretudo, por sua 'doutrina da conexidade': o direito social deve ser protegido quando a violação implicar a inobservância de um direito fundamental e de aplicação imediata como, por exemplo, o direito à vida" (CAMPOS, Carlos Alexandre de Azevedo. *Dimensões do ativismo judicial do Supremo Tribunal Federal*. p. 125).

[44] "As principais investidas políticas contra a Corte foram as sucessivas propostas de emendar a Constituição para eliminar expressamente a possibilidade deste controverso controle judicial. Mas essas ameaças não se concretizaram e a Corte Constitucional tem renovado esta específica postura judicial ativista. (...) O segundo e mais importante aspecto do ativismo judicial da Corte Constitucional colombiana tem sido a prática de concretização dos direitos fundamentais, sociais e econômicos. A Corte tem tido participação fundamental no avanço da proteção e promoção de direitos no país, seja tutelando diretamente esses direitos, seja guiando a legislação e as decisões das instâncias judiciais inferiores" (CAMPOS, Carlos Alexandre de Azevedo. *Dimensões do ativismo judicial do Supremo Tribunal Federal*. p. 124).

com o emprego de respostas e medidas graduais, as quais procuram orientar um *estado de coisas* no futuro, ao diagnosticar que há um problema sistêmico para além do caso apresentado.[45]

Parte-se do entendimento, no âmbito do Direito Processual Infraconstitucional, por exemplo, de que uma multa pecuniária possui um espectro limitado para obstar a continuidade da violação dos direitos em questão. Isso ocorre, dentre outros motivos, pelo meio como o Estado internaliza seus custos, mas, em específico, pela maior capacidade de reparação institucional de ordens de fazer ou não fazer (*injunctive relief*) e provimentos estruturantes (*structural injunctions*).

Como explica Juliana Pondé Fonseca:

> As medidas estruturais (*structural injunctions*), por outro lado, realizam a reforma de uma instituição para impedir que ela siga violando os direitos dos cidadãos, constituindo, na verdade, uma série de decisões complexas que pode perdurar por muitos anos – décadas, inclusive (*Brown* foi encerrado em 1999). Existe, além da fase de emissão da medida, uma fase de implementação, em que o juiz verifica o cumprimento das ordens e as adapta se necessário. Uma medida estrutural é composta, portanto, de ciclos de ordens suplementares. A cada ciclo, as ordens se tornam mais específicas.[46]

O estabelecimento da reforma estrutural depende, muitas vezes, da instalação de um comitê *ad hoc*, constituído por grupos de pessoas que tiveram seus direitos violados, advogados das partes, agentes públicos envolvidos nas instituições que causam a violação de direitos, bem como por pessoas com conhecimento técnico específico sobre o assunto. Para tanto, são firmados acordos para a realização das reformas estruturais (*consent decrees*).[47]

Aspecto importante a ser observado nas reformas estruturais é que, apesar de não terem sido popularizadas, existem iniciativas – ainda que tímidas – anteriores ao ECI já adotadas no Brasil.[48] Em sede de ação civil pública, foram estabelecidas etapas para a correção das violações a direitos, nos moldes iniciais daquilo que, no caso do ECI, acaba por ser exponencializado.

---

[45] ARENHART, Sérgio Cruz. Decisões estruturais no direito processual civil brasileiro. *Revista de Processo*, v. 225, p. 7, 2013.

[46] FONSECA, Juliana Pondé. *O (des)controle do Estado no Judiciário brasileiro*. 2015. Tese (Doutorado) – Setor de Ciências Jurídicas da Universidade Federal do Paraná, Curitiba, 2015. p. 206.

[47] FONSECA, Juliana Pondé. *O (des)controle do Estado no Judiciário brasileiro*. p. 209.

[48] "Já existe reforma estrutural no Brasil. Um dos maiores exemplos é a ação civil pública do carvão, que versa sobre os danos ambientais gerados pela mineração de carvão em Santa Catarina entre 1972 e 1989. Ela foi ajuizada em 1993 e ainda está sendo executada – verifica-se a implementação de um plano detalhado para a recuperação da região elaborado em seis meses pelos réus. A decisão transitou em julgado em 2014, mas a longa execução (que pode ser dividida em quatro grandes fases) começou, seguindo os ditames da execução provisória, em 2000. Em 2002, uma ação civil pública foi ajuizada pelo Ministério Público do Estado do Rio de Janeiro buscando o fornecimento de medicamentos a hipossuficientes. A ação foi proposta em face do estado e do município e logo ao início foi realizada uma audiência que resultou num acordo para a criação de uma central de atendimento que organizasse a distribuição. Por fim, um último exemplo do ano de 2014: o Ministério Público Federal ajuizou também uma ação civil pública contra a União e o Estado do Paraná reivindicando um plano para o fim da manutenção de presos em condições degradantes na Delegacia da Polícia Federal de Londrina. Os réus foram ordenados a elaborar um plano para a solução do problema e cumpri-lo em oito meses" (FONSECA, Juliana Pondé. *O (des)controle do Estado no Judiciário brasileiro*. p. 213-214).

Não cabe confundir, de outra sorte, o "Estado de Coisas Inconstitucional" com as omissões inconstitucionais que podem ser combatidas por meio da Ação Direta de Inconstitucionalidade por omissão. A ADI por omissão é aforada nas circunstâncias de manifestação de omissões normativas, tanto por parte do Legislativo como do Administrador, substanciando remédio para a "(...) inércia dos poderes públicos no que toca com a edição de atos normativos e a implementação de medidas de cunho prevalentemente jurídico".[49]

No caso do ECI, o objetivo é muito mais ambicioso, envolvendo o reconhecimento fático de um determinado "estado de coisas" e a adoção de um conjunto de medidas, materiais e jurídicas, que possam vir a interromper a continuidade da violação dos direitos.[50] Daí porque, no âmbito do Supremo Tribunal Federal, o estado de coisas inconstitucional reclamará o aforamento de uma ADPF.

Cabe, aqui, a distinção em relação à Colômbia, de modo que, o ECI foi, ao que consta, desenhado pela jurisprudência da Corte para resolver o déficit processual coletivo no referido país. No Brasil, por outro lado, manifesta-se uma robusta tradição de defesa de direitos fundamentais, particularmente os difusos e coletivos, por meio das ações coletivas, particularmente a ação civil pública. De modo que, entre nós, o "Estado de Coisas Inconstitucional" no âmbito do Supremo Tribunal Federal assumirá configuração particular e, por isso, distinta daquela verificada na Colômbia.

Antes de uma providência paternalista ou autoritária, pouco deferente em relação aos demais Poderes, a atuação da Suprema Corte nos casos de reconhecimento de um Estado de Coisas Inconstitucional, deve orientar-se para a realização de diálogos institucionais. Aliás, a necessidade de diálogos parece ser um dos aspectos mais louváveis na orientação do conjunto de procedimentos que perfazem o Estado de Coisas Inconstitucional.[51] Eis que, aponta para a insuficiência de uma atuação heroica e solitária do Judiciário na reparação da violação de direitos fundamentais.[52]

---

[49] CLÈVE, Clèmerson Merlin. *A fiscalização abstrata de constitucionalidade no direito brasileiro*. p. 323.
[50] "A ADPF 347 vale-se da tese do 'estado de coisas inconstitucional', originalmente utilizada pelo Tribunal Constitucional Colombiano para proteção de direitos fundamentais em situações de violação estrutural. Em vez de o STF examinar a lei ou o ato normativo, ele é instado a se manifestar acerca da inconstitucionalidade de uma situação fática, originada por ações e/ou inações do poder público. O Judiciário é chamado a coordenar um diálogo entre os poderes para que a situação de fato seja corrigida. Trata-se de pensar a Constituição para além de suas normas escritas, a fim de compreendê-la em sua concretude" (MOREIRA, Egon Bockmann; CÂMARA, Heloísa. Quem pode dar cabo deste estado de coisas? *Gazeta do Povo*, 29 set. 2015. Disponível em: <http://www.gazetadopovo.com.br/opiniao/artigos/quem-pode-dar-cabo-deste-estado-de-coisas-2vz9g0a-4fd4hj1yjq4pswibpw>. Acesso em: 02 out. 2015).
[51] "O processo para o controle das políticas públicas exige um procedimento adequado com comandos abertos, sucessivos, concatenados e pautados no diálogo, porque, em síntese, procura resolver em coordenação com todos os envolvidos um problema de interesse público que exige uma solução estrutural e que se realiza ao longo do tempo" (GRINOVER, Ada Pellegrini; LUCON, Paulo Henrique dos Santos. ADPF 347 e o controle judicial de políticas públicas. *Folha de São Paulo*, 28 set. 2015. Disponível em: <http://www1.folha.uol.com.br/opiniao/2015/09/1686769-adpf-347-e-o-controle-judicial-de-politicas-publicas.shtml>. Acesso em: 19 out. 2015).
[52] No caso da Colômbia, adotou-se um "ativismo dialógico", em que a Corte buscou desbloquear os canais de deliberação e coordenar o planejamento e a execução de políticas públicas no caso dos *deplazados*. Ver: GRAVITO, César Rodríguez; FRANCO, Diana Rodriguez. *Cortes y cambio social*: como la Corte Constitucional transformó el desplazamiento forzado en Colombia. Bogotá: Centro de Estudios de Derecho, Justicia y Sociedad, 2010.

Pode-se perceber, em suma, que os dilemas no âmbito da eficácia dos direitos fundamentais vão, com o decorrer do tempo, assumindo complexidade sempre maior, sendo certo que o momento reclama não apenas o reconhecimento *do que deve ser feito*, mas, também, a definição *do como fazer*, supondo, respeitada a organização funcional do Estado e os postulados democráticos e republicanos, forma adequada de realização das promessas constitucionais, mormente nos casos difíceis, que envolvem diferentes e legítimas concepções de vida digna ou desafios reivindicando soluções estruturais.[53]

5   Considerações finais

Há, portanto, uma nítida passagem no transcorrer das últimas décadas no Brasil, da situação de inércia do Judiciário em relação ao seu importante papel na definição dos rumos institucionais do Estado para o de um ator fundamental que, possuindo o dever de proteger os direitos fundamentais, agora vê serem discutidos os limites da sua atuação.

Se, no passado, a fiscalização de constitucionalidade era pensada em termos limitados de controle da atuação normativa, comissiva ou omissiva, do Estado, não se pode negar a mudança de sentido das análises para incorporar questões fáticas reclamando decisões estruturantes.[54] Logo, duas facetas podem ser relacionadas ao ECI.

Por um lado, há um aspecto positivo, pois o STF, no caso do ECI, "chamou para si a responsabilidade" sobre os problemas fáticos. Por isso, se cabe, de fato, à Corte censurar a inércia do outros Poderes, particularmente no desenvolvimento de adequadas políticas públicas, monitorando, através de indicadores objetivos, suas ações e resultados, não pode a intervenção judicial procurar substituir os

---

[53] "A linha de ação segue o seguinte esquema: (a) identificação e prova do quadro de violações sistemática de direitos, por meio de inspeções, relatórios, perícias, testemunhas etc. ⦿ (b) declaração do Estado de Coisas Inconstitucional ⦿ (c) comunicação do ECI aos órgãos relevantes, sobretudo os de cúpula e aos responsáveis pela adoção de medidas administrativas e legislativas para a solução do problema ⦿ (d) estabelecimento de prazo para apresentação de um plano de solução a ser elaborado pelas instituições diretamente responsáveis ⦿ (e) apresentação do plano de solução com prazos e metas a serem cumpridas ⦿ (f) execução do plano de solução pelas entidades envolvidas ⦿ (g) monitoramento do cumprimento do plano por meio de entidades indicadas pelo Judiciário ⦿ (h) após o término do prazo concedido, análise do cumprimento das medidas e da superação do ECI ⦿ (i) em caso de não superação do ECI, novo diagnóstico, com imputação de responsabilidades em relação ao que não foi feito ⦿ (j) nova declaração de ECI e repetição do esquema, desta vez com atuação judicial mais intensa". (LIMA, George Marmelstein. O Estado de Coisas Inconstitucional – ECI: apenas uma nova onda do verão constitucional? *Direitos Fundamentais*, 02 out. 2015. Disponível em: <http://direitosfundamentais.net/2015/10/02/o-estado-de-coisas-inconstitucional-eci-apenas-uma-nova-onda-do-verao-constitucional/>. Acesso em: 05 out. 2015).

[54] "O atual cenário confirma o 'contra-diagnóstico' desse trabalho, que enfatiza que as cortes pouco podem fazer sozinhas e que o sucesso ou fracasso das tentativas de implementação de direitos pelo Judiciário dependem do contexto e da configuração de outros fatores políticos. Fato é que as reformas estruturais continuam movimentando as cortes e influenciando juristas em todo o mundo, inclusive na América Latina" (FONSECA, Juliana Pondé. *O (des)controle do estado no judiciário brasileiro*. p. 213).

outros Poderes na execução de tarefas. Neste ponto, os diálogos institucionais podem ser bastante úteis.

Entende-se que o ECI poderá – se sua utilização for bem dosada – assumir um caráter de instrumental excedente, de uso pontual para casos em que a violação dos direitos fundamentais seja sistêmica. É que o Brasil, ao contrário da Colômbia, onde nasceu o ECI, já dispõe de outros remédios no bojo dos quais podem ser desenvolvidas decisões estruturantes capazes de oferecer soluções adequadas fora do âmbito do Supremo Tribunal Federal. Por outro lado, há, na espreita, a possibilidade da adoção de medidas ativistas de difícil justificação no sentido de sua legitimação democrática.

É preciso reconhecer, todavia, que o primeiro caso levado ao Supremo Tribunal Federal, questionando o estado de coisas nas prisões brasileiras, em razão da sua excepcionalidade, pode recomendar medidas mais ativas por parte da Corte. Isso porque envolve tanto violações sistêmicas de direitos fundamentais proclamados no documento constitucional como recorrentes casos de simples, embora injustificável e grave, ilegalidade, derivada do recorrente desrespeito à legislação vigente sobre a execução da pena.

Como observou o relator do caso, Ministro Marco Aurélio, haveria uma falta de coordenação institucional em que a responsabilidade pelo Estado de Coisas Inconstitucional não poderia ser atribuída apenas a um Poder, no sentido da formulação e implementação de políticas públicas, mas também, de aplicação e interpretação da lei penal. As omissões estruturais podiam ser identificadas no Judiciário, com a custódia provisória de presos, e nos outros Poderes, no que tange a formulações administrativas, legislativas e orçamentárias eficazes. Isso acabava por implicar ofensa reiterada a direitos e o agravamento e perpetuação da situação do sistema prisional.

A questão que merece ser avaliada é que mesmo problemas do aparelho carcerário, como a superlotação, não parecem ter sua solução encaminhada apenas com o reconhecimento do ECI. Há um sério risco de que o Judiciário, caso venha a adotar o Estado de Coisas Inconstitucional de maneira menos cuidadosa, perca sua legitimidade para atuar como provocador dos outros Poderes, diante de uma constatação futura da ineficácia de suas medidas. A alternativa para isso precisa ser a continuação do monitoramento, o prolongamento e a avaliação periódica das medidas, além, por óbvio, da manutenção dos espaços de deliberação.[55]

As críticas destinadas ao ativismo vão também ser dirigidas ao ECI. Com isso, não se busca afastar a importância das *structural injunctions* no Brasil. Como

---

[55] "Não se pode supervalorizar o papel do judiciário na implementação de soluções de largo alcance. O poder judicial tem uma capacidade limitada de fazer valer os direitos fundamentais, sobretudo quando estamos diante de decisões de alta magnitude, como a que determina o fim das violações dos direitos dos presos ou a efetivação de direitos econômicos, sociais e culturais" (LIMA, George Marmelstein. *O Estado de Coisas Inconstitucional – ECI*: apenas uma nova onda do verão constitucional?).

já observado, as medidas estruturantes derivam da superação da lógica processual binária e da compreensão da insuficiência das decisões convencionais. A questão é saber o modo como as decisões estruturantes serão manejadas no âmbito do Judiciário e, particularmente, no Supremo Tribunal Federal, uma vez reconhecida uma situação sistêmica de violação de direitos fundamentais.

Pode-se perceber que a busca pela efetivação dos direitos fundamentais tem avançado. Com novos desafios e com o aprofundamento dos debates institucionais, pode-se dizer que há ainda muito a ser feito, em especial, no que tange ao ajuste dos papéis dos Poderes. De qualquer maneira, cabe a lembrança de que não se pode legar a responsabilidade pela efetivação dos direitos fundamentais a apenas um deles.

Referências

ALEXY, Robert. *Teoría de los derechos fundamentales*. Madrid: Centro de Estudios Constitucionales, 1993.

ARENHART, Sérgio Cruz. Decisões estruturais no direito processual civil brasileiro. *Revista de Processo*, v. 225, 2013.

BARROSO, Luís Roberto. Da falta de efetividade à judicialização excessiva: direito à saúde, fornecimento gratuito de medicamentos e parâmetros para a atuação judicial. In: SOUZA NETO, Cláudio Pereira; SARMENTO, Daniel. *Direitos Sociais*: fundamentos, judicialização e direitos sociais em espécie. Rio de Janeiro: Lumen Juris, 2008.

BARROSO, Luís Roberto. A razão sem voto: O Supremo Tribunal Federal e o governo da maioria. *Revista Brasileira de Políticas Públicas*, v. 5, 2015.

BARROSO, Luís Roberto. *Interpretação e aplicação da Constituição*: fundamentos de uma dogmática constitucional transformadora. São Paulo: Saraiva, 2009.

BARROSO, Luís Roberto. Judicialização, ativismo judicial e legitimidade democrática. *Revista de Direito Do Estado*, n. 13, jan./mar. 2009.

BARROSO, Luís Roberto. *Temas de direito constitucional*. Rio de Janeiro: Renovar, 2001.

BICKEL, Alexander. *The least dangerous branch*: the supreme court at the bar of politics. New Haven: Yale University Press, 1986.

BRANDÃO, Rodrigo. *Supremacia Judicial versus Diálogos Constitucionais*: a quem cabe a última palavra sobre o sentido da Constituição? Rio de Janeiro: Lumen Juris, 2012.

CAMPOS, Carlos Alexandre de Azevedo. *Da inconstitucionalidade por omissão ao "Estado de Coisas Inconstitucional"*. Tese (Doutorado) – Faculdade de Direito da Universidade do Estado do Rio de Janeiro, Rio de Janeiro, 2015.

CAMPOS, Carlos Alexandre de Azevedo. *Dimensões do ativismo judicial do Supremo Tribunal Federal*. Rio de Janeiro: Forense, 2014.

CANOTILHO, José Joaquim Gomes. *Direito Constitucional e teoria da constituição*. 7. ed. Coimbra: Almedina, 2003.

CANOTILHO, José Joaquim Gomes. *Estudos sobre direitos fundamentais*. São Paulo/ Coimbra: RT/ Coimbra Editora, 2008.

CLÈVE, Clèmerson Merlin. *A fiscalização abstrata da constitucionalidade no direito brasileiro*. 2. ed. São Paulo: RT, 2000.

CLÈVE, Clèmerson Merlin. *Para uma dogmática constitucional emancipatória*. Belo Horizonte: Fórum, 2012.

CLÈVE, Clèmerson Merlin. *Temas de direito constitucional*. 2. ed. Belo Horizonte: Fórum, 2014.

FONSECA, Juliana Pondé. *O (des)controle do estado no judiciário brasileiro*. 2015. Tese (Doutorado) – Setor de Ciências Jurídicas da Universidade Federal do Paraná, Curitiba, 2015.

GRAVITO, César Rodríguez; FRANCO, Diana Rodriguez. *Cortes y cambio social*: como la Corte Constitucional transformó el desplazamiento forzado en Colombia. Bogotá: Centro de Estudios de Derecho, Justicia y Sociedad, 2010.

GRINOVER, Ada Pellegrini; LUCON, Paulo Henrique dos Santos. ADPF 347 e o controle judicial de políticas públicas. *Folha de São Paulo*, 28 set. 2015. Disponível em: <http://www1.folha.uol.com.br/opiniao/2015/09/1686769-adpf-347-e-o-controle-judicial-de-politicas-publicas.shtml>. Acesso em: 19 out. 2015.

HESSE, Konrad. *Elementos de direito constitucional da República Federal da Alemanha*. Porto Alegre: Sergio Antonio Fabris. 1998.

HOLMES, Stephen; SUNSTEIN, Cass. *The cost of rights*: why liberty depends on taxes. New York: W. W. Norton & Company, 1999.

KELSEN, H. *Jurisdição constitucional*. São Paulo: Martins Fontes, 2007.

LIMA, George Marmelstein. O Estado de Coisas Inconstitucional – ECI: apenas uma nova onda do verão constitucional? *Direitos Fundamentais*, 02 out. 2015. Disponível em: <http://direitosfundamentais.net/2015/10/02/o-estado-de-coisas-inconstitucional-eci-apenas-uma-nova-onda-do-verao-constitucional/>. Acesso em: 05 out. 2015.

MENDES, Conrado Hübner. *Direitos fundamentais, separação de poderes e deliberação*. São Paulo: Saraiva, 2011.

MOREIRA, Egon Bockmann; CÂMARA, Heloísa. Quem pode dar cabo deste estado de coisas? *Gazeta do Povo*, 29 set. 2015. Disponível em: <http://www.gazetadopovo.com.br/opiniao/artigos/quem-pode-dar-cabo-deste-estado-de-coisas-2vz9g0a4fd4hj1yjq4pswibpw>. Acesso em: 02 out. 2015

MOUFFE, Chantal. *El retorno de lo político*. Barcelona: Paidós, 1999.

PIEROTH, Bodo; SCHLINK, Bernhard. *Direitos fundamentais*. São Paulo: Saraiva, 2012.

SARLET, Ingo Wolfgang. Os direitos sociais como direitos fundamentais: seu conteúdo, eficácia e efetividade no atual marco jurídico-constitucional brasileiro. In: LEITE, George Salomão; SARLET, Ingo Wolfgang. *Direitos fundamentais e Estado Constitucional*: estudos em homenagem a J. J. Gomes Canotilho. São Paulo/ Coimbra: Revista dos Tribunais/ Coimbra Editora, 2009.

SARLET, Ingo Wolfgang; MARINONI, Luiz Guilherme; MITIDIERO, Daniel. *Curso de Direito Constitucional*. São Paulo: RT, 2012.

SILVA, Virgílio Afonso. *Direitos fundamentais*: conteúdo essencial, restrições e eficácia. 2. ed. São Paulo: Malheiros, 2010.

SOUZA NETO, Cláudio Pereira; SARMENTO, Daniel. *Direito constitucional*: história e métodos de trabalho. Belo Horizonte: Fórum, 2012.

STRECK, Lenio Luiz. *Jurisdição constitucional e hermenêutica*. 2. ed. Rio de Janeiro: Forense, 2004.

STRECK, Lenio Luiz. O que é preciso para (não) se conseguir um *Habeas Corpus* no Brasil. *Conjur*, 24 set. 2015. Disponível em: <http://www.conjur.com.br/2015-set-24/senso-incomum-preciso-nao-obter-hc-brasil>. Acesso em: 17 out. 2015.

VALLE, Vanice Regina Lírio do. *Políticas públicas, direitos fundamentais e controle judicial*. Belo Horizonte: Fórum, 2009.

VIEIRA, Oscar Vilhena. Supremocracia. *Revista Direito GV*, São Paulo, v. 4, n. 2, 2008.

Informação bibliográfica deste texto, conforme a NBR 6023:2002 da Associação Brasileira de Normas Técnicas (ABNT):

CLÈVE, Clèmerson Merlin; LORENZETTO, Bruno Meneses. Dilemas na eficácia dos direitos fundamentais. In: COPETTI NETO, Alfredo; LEITE, George Salomão; LEITE, Glauco Salomão. *Dilemas na Constituição*. Belo Horizonte: Fórum, 2017. p. 131-148. ISBN 978-85-450-0236-9.

PARTE III

DILEMAS NO FEDERALISMO BRASILEIRO

DILEMAS DO FEDERALISMO BRASILEIRO: TERRITÓRIO E DIVERSIDADE NA CONSTRUÇÃO DE UMA DEMOCRACIA REAL

José Luiz Quadros de Magalhães

Vivemos um momento de crise da democracia representativa em quase todas as democracias constitucionais do mundo. Ocorre hoje o distanciamento entre representantes e representados; a perda da centralidade da política em detrimento da economia, realizada pelo mecanismo ideológico negativo de "matematização" ou "naturalização" do discurso econômico; o afastamento dos partidos políticos de suas propostas e ideologias e a busca de uma despolitização da vida com um individualismo exacerbado e hedonista, onde a ordem é curtir, aproveitar o momento vivido sem nenhum compromisso com o passado e o futuro. Como entender este fenômeno e quais são as saídas para ele? Começaremos este artigo com uma análise da construção do Estado moderno e o controle sobre o passado e o futuro do sujeito, passando pelo esvaziamento da política para finalizar com a alternativa do poder local fundado na diversidade e na construção do comum e a radicalização da democracia na cidade.

A modernidade

Como o Estado moderno, que viabiliza o capitalismo, controla as pessoas, ontem e hoje?

Vamos partir da construção da modernidade (Estado e Direito modernos) e os instrumentos e aparelhos criados para a invenção do indivíduo e de sua identidade nacional (do súdito ao cidadão), até a construção do "ser" contemporâneo, sem identidade fixa, múltiplo fragmentado, frágil, líquido. Podemos dialogar com alguns autores importantes para procurar entender este momento. A ideia de "presentismo" é desenvolvida por François Hartog,[1] e para pensarmos as mutações do presente o diálogo com Slavoj Zizek; Domenico Losurdo; Giorgio Agambem; Alain Badiou e Bauman é sempre importante. As reflexões aqui desenvolvi das partem da leitura destes e outros autores. Importante também o diálogo com os pensadores "decoloniais", dos quais, entre muitos, lembramos, Enrique Dussel, César Augusto Baldi; Fernando Dantas; Antônio Carlos Wolkmer; Augustin Grijalva; Boaventura de Souza Santos; Franz Fanon, entre outros autores importantes para pensar a superação da modernidade. É neste contexto de leituras e diálogos que desenvolvo as reflexões a seguir.[2]

---

[1] HARTOG, François. *Regimes de historicidade*: presentismo e experiências de tempo. Belo Horizonte: Autêntica, 2013.
[2] Uma referência de leitura: BALDI, César Augusto (Coord.). *Aprender desde o sul:* novas constitucionalidades, pluralismo jurídico e plurinacionalidade – aprendendo desde o sul. Belo Horizonte: Fórum, 2015.

A nascente economia burguesa (o capitalismo) empurra processos históricos que resultam em novas instituições que serão fundamentais para a sua expansão e domínio global. Hoje no mundo 62 pessoas têm mais riqueza que 3.500.000.000 (três bilhões quinhentos milhões de pessoas).[3] Esta história começa, entretanto, há centenas de anos. A afirmação da classe burguesa e de sua economia depende da transformação das estruturas de poder sobre os territórios e da reconstrução de suas justificativas, além da criação de novas instituições. Assim assistimos, a partir de 1492,[4] à gradual construção das estruturas, instituições e justificativas que ainda encontramos, com ajustes, até a contemporaneidade: a) a criação dos exércitos nacionais, que permite a invasão do mundo pelos europeus (começando pela invasão da América a partir de 1492); b) a criação da estrutura burocrática e centralizada do poder do Estado moderno e a necessária uniformização de valores e comportamentos necessários para o reconhecimento do poder central (a invenção da identidade nacional); c) a criação de uma polícia nacional, que permite o controle e a repressão dos excedentes de mão de obra e dos não adaptados à normalização imposta pelo Estado; d) a criação dos bancos nacionais e da moeda nacional, fundamental para o desenvolvimento da economia burguesa moderna (o capitalismo); e) a criação de justificativas para a violência das invasões, da exploração das riquezas (dos "recursos" naturais) e da exploração do trabalho de milhões de escravos e "trabalhadores livres".

Para entendermos a afirmação do poder do Estado burguês moderno e toda a sua violência, até os dias de hoje, é necessário compreender as justificativas ideológicas construídas para a sua possibilidade de sucesso. Como explicar os 20 milhões de mortos (pessoas, chamadas pelos invasores de índios – violência simbólica) na invasão europeia da América no século XVI?

Como explicar os sucessivos genocídios gerados pela economia moderna em suas guerras e na desigualdade, exploração e outras violências geradas por ela? Um dos primeiros dispositivos gerados pela modernidade, vigente e atuante nas explicações e justificativas do sistema moderno, é a lógica binária subalterna ou o dispositivo "nós versus eles". O "outro" é estranho, perigoso, atrasado, inferior, selvagem, infiel, bárbaro, incivilizado. O "outro" parece humano, mas não é. O outro não tem alma ou não evoluiu o suficiente. Enquanto "nós", o civilizado, branco e masculino, temos a missão de civilizar, de transformar os selvagens e torná-los um pouco mais parecidos com os civilizadores. O padrão é branco e masculino, e cumpre aos "outros" ("outras") se mirarem no seu exemplo e seguir suas orientações. A punição como mecanismo de normalização passa a ser justificada e aceita com facilidade

---

[3] Folha de São Paulo, 18 de janeiro de 2016: "62 bilionários têm patrimônio igual ao de 3,6 bilhões mais pobres, diz ONG".

[4] Data simbólica para o "início" da construção do Estado e do Direito modernos e da lógica colonial que marca o mundo moderno.

quando a estes "outros" é conferida uma condição de não humanos ou quase humanos. O olhar colonial sobre os colonizados inferiores, quando positivo, é de buscar transformá-los em algo próximo ao colonizador.

Um conceito importante desenvolvido pela literatura decolonial é o de "colonialidade do ser". Mesmo após as guerras de independência dos Estados que foram criados à imagem e semelhança dos Estados europeus, mesmo após a saída das tropas coloniais na América no decorrer dos séculos XVIII e XIX; na Ásia e na África no decorrer do século XX, a colonização permanece. Acaba o colonialismo, permanece a colonialidade do poder presente nas relações sociais, econômicas, políticas, e mais, permanece a colonialidade do ser, presente nos sentimentos, práticas e visões dos povos, e especialmente das elites colonizadas.[5] Como menciona Nelson Maldonado Torres, "a ideia de que as pessoas não conseguem sobreviver sem as conquistas teóricas ou culturais da Europa é um dos mais importantes princípios da modernidade".[6] A história é contada de forma linear, de maneira que as milhares de civilizações são dispostas em linha evolutiva, onde, no auge, encontra-se a civilização europeia, e desta, como mais evoluída, a civilização germânica: "Há séculos que esta lógica é aplicada ao mundo colonial. Heidegger retomou esta tradição, mas transformou-a de modo a, por meio do germanocentrismo, poder fazer ao resto da Europa o que a Europa tinha feito a uma grande parte do globo".[7] Este poderoso instrumento ideológico (no sentido negativo de encobrimento e distorção proposital) justifica e alimenta a subalternização do diferente, do não branco e masculino, em nível global.

Uma tarefa do Estado e do Direito modernos, para viabilizar a centralização do poder, foi o processo de uniformização em nível nacional (hoje dos consumidores em nível global), por meio de diversos mecanismos, dispositivos e aparelhos, criados pelo poder[8] (Estado e capital – estado burguês), com o objetivo de construir uma identidade nacional que permita um reconhecimento entre os nacionais e, logo, destes em relação ao poder do Estado. Esta identidade nacional se constrói sobre uma lógica narcísica onde o "nós" nacional afirma-se a partir da subalternização do outro, não nacional: "eles".[9]

---

[5] QUIJANO, Anibal. Colonialidade do poder e classificação social. In: SOUZA SANTO, Boaventura; MENEZES, Maria Paula (Org.). *Epistemologias do Sul*. São Paulo: Cortez. 2010. p. 84.

[6] MALDONADO-TORRES, Nelson. A topologia do ser e a geopolítica do conhecimento. Modernidade, império e colonialidade. In: SOUZA SANTO, Boaventura; MENEZES, Maria Paula (Orgs.). *Epistemologias do Sul*. São Paulo: Cortez, 2010. p. 403.

[7] MALDONADO-TORRES, Nelson. A topologia do ser e a geopolítica do conhecimento: modernidade, império e colonialidade. In: SOUZA SANTO, Boaventura; MENEZES, Maria Paula (Orgs.). Epistemologias do Sul. São Paulo: Cortez, 2010. p. 403.

[8] ALTHUSSER, Louis. Ideologia y aparatos ideológicos de Estado. In: ZIZEK, Slavoj (Compilador). Ideología, un mapa de la cuestión. Buenos Aires: Fondo de Cultura Económica, 2008. p. 115.

[9] Sobre a discussão do dispositivo nós versus eles, e o extermínio recomendo a leitura de dois livros: BADIOU, Alain. Circonstances, 3: Portées du mot "Juif". Paris: Lignes et Manifestes, 2005; e ainda, SEMELIN, Jacques, Purificar e destruir: usos políticos dos massacres e dos genocídios. Rio de Janeiro: Difel, 2009.

Construindo a identidade nacional: o sujeito enraizado moderno

Como ocorre o processo de construção deste sujeito nacional e suas tradições? Tomemos como exemplo o Estado espanhol, o segundo Estado moderno após Portugal. A Espanha é composta por diversos grupos étnicos distintos (galegos, castelhanos, valencianos, catalães, bascos, entre outros). Ocupada durante 781 anos pelos mouros muçulmanos (de 711 a 1492), as identidades preexistentes à invasão muçulmana apresentavam um poder fragmentado, unificado a partir da queda de Granada sob o comando dos reis católicos Isabel e Fernando (Castilha e Aragón). Para viabilizar o nascente Estado moderno espanhol, tornou-se fundamental a criação de uma identidade nacional, o que implicou a imposição de valores comuns e a adoção de símbolos comuns (bandeira, hino, mitos, heróis, história oficial), de um idioma comum (o castelhano e a sua primeira gramática normativa em 1492) e uma religião comum, com a conversão forçada de judeus e muçulmanos, a expulsão dos não convertidos e perseguição dos "hereges". O Estado moderno nasce unitário, centralizado e fortemente hierarquizado, logo uniformizador, negando sistematicamente a diversidade.

Qual equação pode explicar esta construção do sujeito nacional moderno?

a) O controle do passado: Invenção e fortalecimento de um passado comum, controle da história, seleção de fatos e pessoas elevadas à condição de heróis (exemplos de comportamento) e unificação dos símbolos e ritos que relembrem permanentemente a identidade nacional, o que permite a unidade. Criação de um sentimento de pertinência para o bom nacional (o que implica segurança) e punição e exclusão radical para o não adaptado, ou seja, para os que rejeitam o processo de normalização.

b) Controle do presente: Controla-se o presente, não apenas com o controle do passado, mas também com o controle de falar, escrever e, logo, pensar. A obrigatoriedade de um idioma comum. Foi no Reino de Castilha e Aragón, em 1492, mesmo ano da expulsão do "outro infiel", muçulmano e judeu e no mesmo ano do início da invasão da América e extermínio sistemático do "outro selvagem", que é adotada a primeira gramática normativa do castelhano. Agora, o nascente Estado espanhol, para controlar os seus súditos, controla a linguagem e dirá qual o sentido das palavras, como devem ser construídas as frases, qual a forma correta de falar e, logo, de pensar.

c) A obrigatoriedade de uma religião comum também é um poderoso instrumento de controle do presente, de controle do comportamento. A existência de um "deus" que tudo vê, ouve, percebe, presente em todos os lugares, mesmo quando este sujeito nacional moderno se encontra só, permite entrar na cabeça, controlar de dentro o comportamento nos espaços privados, longe dos olhos dos outros "nós" nacionais. Eficiente, neste sentido, será a Inquisição. Os olhos dos nacionais observam cada nacional e cada comportamento, o que se come, como se come, o que se fala, como se fala, será revelador da fidelidade ao Estado nacional unitário. Mas, mesmo longe dos olhos dos outros nacionais, um "deus" onipresente e onisciente se encarregará de vigiar onde os olhos humanos ainda não podiam ver. A autopunição será seguida pelo cárcere dentro da cabeça.

d) O controle do futuro pelo controle do passado no presente. O projeto nacional centralizado é também um projeto narcísico, como dito anteriormente. Sou nacional por que não sou o "outro" inferior, o que significava naquele tempo, dizer, sou nacional por que não sou infiel, bárbaro, selvagem, muçulmano, judeu, índio, etc. Mas controlar o passado significa controlar a construção de um "eu ideal" para cada nacional, em uma sociedade que começava a inventar o indivíduo. Não só o Estado dirá, como o grande pai que pune e protege, qual o "ideal de ego", como também, a partir da construção de exemplos, heróis nacionais, condicionará as construções de um "eu ideal". Este sujeito tradicional moderno se construirá sobre um passado idealizado e projetado comum e, nos constantes exemplos oferecidos pelos seus líderes e suas famílias, seguirá o "ideal de ego" nacional e construirá mesmo um "eu ideal" a partir destes exemplos. Ao controlar o passado e fiscalizar o presente, o Estado burguês moderno controla o futuro. A eterna repetição de um projeto de família ideal, de um súdito que se transformará em um cidadão ideal.

Mas e agora? Quando o capital, que se alimentou do Estado e usufruiu da proteção deste, não mais necessita ou acredita não necessitar do seu tutor, o Estado moderno? O que será deste sujeito, que de súdito ideal tornou-se cidadão ideal e agora só lhe resta ser o consumidor ideal em uma ordem de "curtir" permanentemente a vida, sem passado e sem futuro. A "jouissance" de que nos fala Zizek. A ordem é "enjoy", aproveite, curta. A identidade se torna fluida, em permanente processo de mudança e adaptação segundo as ordens do poderoso "mercado".

Construindo o presente contínuo: a identidade múltipla e mutante

Quais são as mutações contemporâneas que adaptam e que podem significar transformações radicais nos princípios da modernidade, do Estado e do Direito modernos?

A tentativa de congelamento do ser por meio do controle do passado, presente e futuro, mencionado anteriormente, não é mais interessante ao poder. Qual poder? O poder real do capital, que usufruiu (e ajudou a construir o Estado moderno com suas instituições: exército, polícia, controle, burocracia, etc.) e que agora acredita não mais precisar do Estado e do Direito estatal. Qual é a "pessoa" necessária ao "poder" hoje? As pessoas (sujeito, indivíduo, ser) que podem ser moldadas permanentemente pelo poder. Subjetivação e ressubjetivação permanente, sem vinculação a uma tradição ou "ideal de ego" estáveis. Alguma coisa como a ideia de Agambem de sacralização e ressacralização.

Bem, vamos por partes. Por onde começamos?

Vamos começar dialogando com Viveiros de Castro. O antropólogo escreveu um texto sob o título "O mármore e a murta: sobre a inconstância da alma selvagem".[10] Neste excelente texto o autor aborda a inconstância da alma "selvagem" utilizando a imagem de estátuas (esculturas) de mármore e esculturas de murta.

Após o início da invasão da América com a chegada de europeus começa o processo de ocupação e extermínio de milhões de pessoas e diversas civilizações distintas. O passo seguinte é o processo de aculturamento e imposição de uma nova identidade a partir da imposição de uma religião, um idioma e formas de organização social e econômica padronizadas.

Viveiros de Castro menciona a preocupação dos missionários europeus na "catequização" dos habitantes originários do Brasil, chamados pelos invasores, em uma clara violência simbólica uniformizadora, de índios. De forma diferente do processo de conversão de outros povos europeus, como os vikings, por exemplo, os indígenas aceitavam facilmente as ideias e práticas trazidas pelos padres europeus. Experimentavam a fé, seguiam os rituais e, depois, facilmente os abandonavam. Daí vem a ideia de uma escultura em murta, uma planta. Depois de feita a escultura, de determinada a forma pelo escultor, a planta continuava a mudar, a crescer e logo a forma dada pelo escultor estava modificada. Assim se mostravam aquelas pessoas, habitantes da floresta, que não tinham apego, não tinham propriedade privada (e nem conheciam este conceito, ainda bem). Eles mudavam permanentemente como parte da natureza, como natureza. Como menciona Viveiros de Castro, a ideia de uma natureza inconstante da alma selvagem parece ter surgido nos anos iniciais de proselitismo missionário entre os Tupi.[11] Nas palavras do antropólogo, "o problema dos índios, decidiram os padres, não residia no entendimento, aliás ágil e agudo, mas nas outras duas potências da alma: a memória e a vontade, fracas, remissas".[12] O jesuíta Manoel da Nobrega diria: "É gente de muy fraca memória para as coisas de Deus".[13]

Ora, claro que não se trata de problema de memória, mas de outra forma de ver, sentir e perceber o mundo, de uma forma processual, em permanente mudança, assim como a natureza (na qual são integrados, da qual fazem parte).

De forma diferente, mencionam os padres a conversão de outros povos como sendo uma escultura em mármore. Muito mais difícil de esculpir do que a murta. O mármore é duro, resiste, mas uma vez esculpido, está imutável (quase morto), não muda com facilidade. Como uma cultura que constrói muitas estátuas

---

[10] VIVEIROS DE CASTRO, Eduardo. *A inconstância da alma selvagem*. São Paulo: Cosac Naify, 2002. p. 183.
[11] VIVEIROS DE CASTRO, Eduardo. *A inconstância da alma selvagem*. São Paulo: Cosac Naify, 2002. p. 188.
[12] VIVEIROS DE CASTRO, Eduardo. *A inconstância da alma selvagem*. São Paulo: Cosac Naify, 2002. p. 183.
[13] VIVEIROS DE CASTRO, Eduardo. *A inconstância da alma selvagem*. São Paulo: Cosac Naify, 2002. p. 183.

e prédios belíssimos, resistentes e que cultuam o estático, como uma exaltação da morte, nas inúmeras figuras de mármore dos cemitérios. Esta cultura se confronta com uma cultura onde, ao contrário da modernidade, as pessoas são natureza, uma cultura do culto à vida, em permanente processo de mudança, e onde passado, presente e futuro de entrelaçam.

Bem, momento de explicar por que mencionar Viveiros de Castro e os povos originários destas terras, chamada pelos invasores de América. O conceito de presente contínuo não tem nada a ver com isso. Alguns habitantes originários do Brasil aceitaram, abriram-se ao conhecimento do outro, mas continuaram sendo o que eram e são: mutação permanente, onde o futuro e o presente se entrelaçam com o passado em um aprendizado permanente.

De forma diferente dos povos que, como o mármore, resistiam, ao máximo, às mudanças, mas uma vez esculpidos assumiam a nova identidade, os indígenas, no território que passou a se chamar Brasil, se adaptavam, aprendiam e de novo resistiam, retornando à mutabilidade natural, à inconstância da natureza. Isto não implica ser mais ou menos, melhor ou pior, mas apenas diferente, o que os invasores não tinham sensibilidade e conhecimento suficiente para perceber.

A modernidade colonial, uniformizadora, normalizadora, binária e hegemônica, construiu-se sobre um projeto de mármore. Controlar o passado para controlar o presente, controlar o presente e o passado para controlar o futuro. Este modelo parece se esgotar. Hoje não temos mármore nem murta. O que é então este ser moderno, múltiplo, confuso, sem passado e sem futuro permanentes? Quem é esta juventude inventada pelo capitalismo de alto consumo que vive um presente desesperado em busca de algo que muda em uma velocidade imensa?

O que seria este viver em um eterno presente em mutação permanente?

Ao contrário dos povos originários do Brasil, não se trata de uma abertura ao outro mantendo sua característica de mudança segundo o ambiente natural do qual fazemos parte. Trata-se da submissão absoluta: o outro determina permanente e diariamente o que deve ser curtido. A ordem é: aproveite, curta, "enjoy". Vivemos como que uma reinvenção do superego: este não mais proíbe, mas ordena o gozo, não é uma curtição proibida, ao contrário, a ordem é "curta", aproveite, você é obrigado a aproveitar a "curtição" do momento. A "jouissance" é a ordem. Não um prazer na rejeição, na proibição, no desafio à ordem: a ordem se torna o "proibido" permitido. Um monte de permissões de "jouissance" para permitir a proibição em outro campo.

Este sujeito desesperado não tem mais passado fixo (moderno) que condiciona um "ideal de ego" determinado e útil ao poder. O sujeito moderno com passado (tradição), presente (controlado) e futuro (ideal de ego) não é mais necessário. A ordem da sociedade de alto consumo (que quer dispensar o Estado e o Direito) agora é um "presentismo" onde passado, presente e futuro se mesclam permanentemente em ordens de consumo e gozo. O pacote completo (passado, presente e futuro: presente contínuo) é oferecido diariamente, de maneira que este sujeito desesperado, a cada dia, poderá ter um passado que fundamente seu futuro e determine o que realmente existe para "ele(a)", um desesperado presente de "curtição". É a total anulação da pessoa como possibilidade de construir alguma liberdade a partir do conhecimento de sua história. Esta história (estória) não mais existe. Não mais pertence a este sujeito.

Giorgio Agambem no seu texto "Profanações"[14] traz uma importante reflexão sobre o processo de sacralização, ou de retirada do livre uso das pessoas, objetos, ideias e palavras. O autor começa por analisar o sentido de religião e a partir daí sacralização e profanação. Religião (religio) é em geral tratada como uma palavra que decorre da ideia de "religare", ou seja, como aquilo que liga o humano e o divino. Agambem nos leva a pensar sobre um outro sentido para a palavra "religião", derivada de "relegere", ou uma atitude de escrúpulo, de atenção especial que deve caracterizar a relação com os deuses. Logo "religio não é o que une homens e deuses, mas aquilo que cuida para que se mantenham distintos".[15] Assim, decorrente desta ideia, a sacralização de algo é um processo que une um rito a um significado sem o qual este perde sentido: o mito. O rito, sustentado por um mito, tem a força de transformar um objeto, pessoa, palavra em algo sagrado.

A partir desses conceitos, Agambem traz o importante conceito de profanação. Profanar significa então uma atitude de negligência, uma atitude livre e distraída que, ao ignorar o mito, liberta o rito de seu sentido. Assim é possível, sem se opor diretamente, libertar as palavras, pessoas e coisas do seu sentido congelado, distante, sacralizado. A profanação é um importante mecanismo para a construção de um outro mundo, com sentidos livres, com a possibilidade de novos usos, novos sentidos para as palavras, coisas e pessoas. Mas Agambem vai trazer a reflexão sobre a sociedade do ultraconsumo, onde há um permanente processo de sacralização e ressacralização, subjetivação e ressubjetivação. Este conjunto de reflexões de Agambem pode ajudar a entender o processo que estamos chamando de presente contínuo. De forma diferente do livre uso, da transformação permanente e livre do sujeito habitante originário destas terras (alguns indígenas no Brasil), o sentido das coisas é determinado pelo poder e não pelo sujeito, livremente. A propaganda, a mídia, todo o sistema de hiperconsumo da sociedade capitalista, subjetiva, sacraliza, profana, ressubjetiva e ressacraliza, todo o tempo. Trata-se de um pacote onde este presente contínuo vem acompanhado do seu passado e futuro para logo depois dar origem a um outro pacote. Não há uma tradição fixa no passado nem um ideal de ego estável para o futuro.

Alternativas: federalismo e busca do diálogo intercultural

Efetivamente, a solução para o sujeito fluido, líquido, sem passado fixo e futuro estável, permanentemente ressubjetivado pelo poder econômico, não

---

[14] AGAMBEM, Giorgio. *Profanações*. São Paulo: Boitempo, 2007.
[15] AGAMBEM, Giorgio. *Profanações*. São Paulo: Boitempo, 2007. p. 66.

é o retorno às tradições fixas inventadas que vinculam um futuro imaginado e condicionam o agir no presente. A comunicação global, a luta contra o colonialismo e as colonialidades, assim como a impossibilidade da sociedade de consumo cumprir com sua promessa para milhões de pessoas, permite que comecemos a enxergar o que estava oculto. Não é fácil. Os movimentos contemporâneos são múltiplos, contraditórios e confusos. A uniformização cultural e a hegemonia da técnica, sobre a dúvida da filosofia, fazem com que as soluções impossíveis sejam mostradas como o único caminho acertado, como a única possibilidade de futuro.

Este processo de desocultamento, entretanto, tem revelado a possibilidade de outros mundos, de um pluriverso, onde diversas perspectivas, compreensões e formas de viver foram ocultadas e agora insistem em permanecer, insistem em se revelar, insistem em se apresentar, desconstruindo o mundo monocromático, falsamente plural, construído pela hegemonia de uma "Europa" e sua economia uniformizadora, competitiva e predatória ou de um federalismo monocultural dos pais fundadores, homens, brancos e proprietários dos Estados Unidos da América, representado no Brasil por um federalismo nominal, centralizado e monocultural, incapaz, portanto, de promover sequer a descentralização deste direito monocultural hegemônico que nos Estado Unidos ocorre. Como exemplo, podemos citar que, enquanto nos EUA são possíveis 50 variações sobre o mesmo Direito Penal, aqui não é possível nenhuma.

Os conceitos de multiculturalismo, interculturalismo e transculturalismo são diversos. Explicaremos de que maneira utilizamos estes conceitos neste texto para então concluirmos com a busca do transculturalismo como libertação do aprisionamento representado pelo "presente contínuo", assim como deste "sujeito moderno" de "tradição fixa", controlada pelo poder do Estado e da empresa, determinante de um "ideal de ego" estável que condiciona o comportamento normalizado no presente.

As sociedades liberais "democráticas" contemporâneas têm desenvolvido o conceito de multiculturalismo. Podemos dizer que este é o primeiro passo para a tentativa de construir um saber transcultural. Não que a perspectiva multicultural tenha como pretensão o interculturalismo, e este tenha o transculturalismo, mas precisamos reconhecer que é o primeiro passo. A admissão da existência de culturas distintas, ainda que em uma perspectiva individualista, é um primeiro passo. O Estado moderno, uniformizador, quando adota um constitucionalismo liberal, passa a admitir, gradualmente, a existência de um direito individual à igualdade perante a lei. Admitindo a existência de diferenças, sempre em uma perspectiva individual, passa o Direito Constitucional moderno a aceitar formas diversas de pensar do ponto de vista político, econômico, cultural, religioso, entre outras coisas. O direito à igualdade, mesmo assim, passa a ser ampliado para outros grupos inicialmente excluídos, desde que estes indivíduos, pertencentes a minorias, se enquadrem na lei. Em outras palavras, o direito à igualdade é garantido para aqueles, em boa medida, igualados, ou normalizados, e parte de uma pretensão deste grupo de pertencer, de ser aceito dentro do sistema legal.

Assim, nestes Estados com constituições liberais, em medidas diferentes, desde que o considerado diferente adira às regras e princípios de convivência social e econômica, ele passa a ser aceito no sistema.

Um segundo passo diz respeito ao direito à diferença. Um passo a mais. Agora aquele diferente é aceito com sua diferença, ainda em uma perspectiva individual, embora ele não se enquadre no padrão, desde que ele respeite as regras e princípios de convivência social e econômica, ele é aceito com sua diferença. Entretanto, o padrão hegemônico continua existindo. Este segundo passo permite a convivência crescente de formas de pensar, ser, viver, conviver, distintas, espiritualidades, religiões, e até mesmo formas de organização social e econômica diferentes, ou seja, o direito à diferença como direito coletivo começa a ser reconhecido pelo Estado, sempre com enorme dificuldade. Este é o momento de um fortalecimento de um multiculturalismo. Comunidades com tradições e normas de convivência distintas começam a compartilhar o mesmo espaço de um Estado nacional. O passo seguinte virá com o direito à diversidade, a partir de experiências com o novo constitucionalismo latino-americano especialmente no Equador (2008) e Bolívia (2009). Com estas Constituições surge um conceito novo para a Teoria do Estado: a ideia do Estado Plurinacional. Nestes Estados, a ideia de um Direito e uma Constituição uniformizadores perde espaço para a ideia de um espaço territorial soberano e uma Constituição onde distintas formas de organização social, econômica e familiar convivem de forma não hierárquica. Na ideia de diversidade desaparece (ou deve desaparecer) a ideia de uniformização, ou seja, direitos iguais para os igualados e de direito à diferença, onde os diferentes são aceitos em certa medida, mas o padrão do bom, do ideal, continua sendo ditado pela Constituição e, logo, pelo Estado.

Com o Estado Plurinacional, a ideia de diversidade deve permitir que as mais diversas formas de organização social, familiar e econômica coexistam e dialoguem. São duas novidades importantes: primeiro, não há um direito hegemônico, não há um grupo hegemônico (não deve haver); segundo, os distintos grupos devem dialogar para construir algo comum, a partir de uma ideia de consensos provisórios que se sucedem permanentemente. Isto implica interculturalidade. Agora, as culturas não simplesmente convivem em uma ordem socioeconômica que não é a delas, onde o direito à diferença é garantido como direito individual apenas. Tampouco as diversas culturas e suas distintas formas de ver, sentir e compreender estão limitadas a coexistirem em uma ordem que não é a delas, com limites a sua forma de organização social, familiar e econômica. A ideia do direito à diversidade no Estado Plurinacional é fundada na complementaridade e na não hierarquização cultural, social ou econômica. As diversas culturas coexistem, dialogam e buscam construir algo comum, por meio de um diálogo não hegemônico e de consensos interculturais provisórios.

E desta busca de um diálogo intercultural, cuja condição primeira é a inexistência de qualquer hierarquia (o que presume um consenso linguístico), pode surgir um conhecimento transcultural. O transculturalismo é a resultante de um diálogo intercultural não hegemônico e representa a possibilidade de construção de algo completamente novo e inesperado. No lugar da ideia de competição entre argumentos, entre culturas e pessoas, temos a ideia de complementaridade. O outro, que na perspectiva moderna uniformizadora e competitiva representa o perigo, o desconhecido, o inferior, o que deve ser civilizado, aparece nos espaços de diversidade não hegemônicos como aquele que tem algo que só ele pode oferecer. Cada um detém experiências que são únicas e logo podem ser complementares. O outro não será mais aquele que precisa ser uniformizado ou que representa um perigo, o outro será uma oportunidade única de conhecer o que só aquele "outro" tem, tanto do ponto de vista individual como coletivo.

Isto, entretanto, exige uma outra postura de diálogo e não de competição, de respeito e não de arrogância. No Brasil, o aprofundamento, ou radicalização de um federalismo multicultural, pode ser a solução para o respeito à diversidade, o aprofundamento da democracia e a possibilidade de controle da sociedade sobre os recursos e espaços públicos.

A solução federal multicultural

A seguir, procuraremos demonstrar a importante relação entre as alternativas democráticas e o poder local. Para isso vamos analisar a experiência brasileira, conhecendo primeiro a organização territorial do Estado brasileiro para, depois, estudarmos as experiências locais de democracia participativa, especialmente o orçamento participativo, mecanismo de democracia que permite a superação da velha dicotomia liberal entre Estado e sociedade civil, mediante a criação de mecanismos de participação que permitam a permeabilidade ou porosidade do poder do Estado, o que só é possível ocorrer, de maneira efetiva e eficaz, em âmbito local, onde está o menor espaço territorial.

Há várias formas de Estados federais no mundo contemporâneo. O federalismo não é hoje a única forma descentralizada de organização territorial, sendo que, a partir da década de 1970, assistimos a um grande movimento em direção a uma acentuada descentralização, com inspirações políticas e econômicas diferenciadas, mas que marcam um caminho trilhado pelos Estados com democracias constitucionais representativas majoritárias, sendo que as formas meramente desconcentradas, com poder centralizado, subsistem hoje praticamente em Estados autoritários, nas suas variadas formas ainda encontradas.

O federalismo clássico formou-se a partir da experiência histórica norte-americana, formado por duas esferas de poder, a União e os Estados (federalismo de dois níveis), e da progressão histórica centrípeta, o que significa que surgiu historicamente da efetiva união de Estados anteriormente soberanos, que abdicaram de sua soberania (ou de parcelas de sua soberania) para formar novas entidades territoriais de Direito Público, ou seja: o Estado federal (pessoa jurídica de Direito Público internacional) e a União (pessoa jurídica de Direito

Público interno). A União constitui uma das esferas de poder, ao lado dos Estados-Membros, diante dos quais não se coloca em posição hierarquizada. O federalismo norte-americano, o Estado e a Constituição foram construídos por homens brancos e proprietários. A diversidade de Constituições e legislações dos Estados-Membros marca a possibilidade de construções constitucionais democráticas representativas e majoritárias dentro de uma mesma matriz teórica de origem europeia. Não há no projeto de Estado descentralizado norte-americano espaço para construções jurídicas de outras matrizes culturais, sejam indígenas, africanas ou quaisquer outras.

Importante ressaltar, neste ponto, alguns aspectos importantes a respeito das formas descentralizadas de Estado em relação ao federalismo. O federalismo clássico de dois níveis diferencia-se de outros Estados descentralizados, como o Estado autonômico, regional ou unitário descentralizado, pelo fato de ser o único cujos entes territoriais autônomos detêm competência legislativa constitucional ou, em outras palavras, um poder constituinte decorrente.

No Estado federal, os entes descentralizados detêm, além de competências administrativas e legislativas ordinárias, também competências legislativas constitucionais, o que significa que os Estados-Membros elaboram suas Constituições e as promulgam sem que seja possível ou necessária a intervenção do parlamento nacional para aprovar esta Constituição estadual (como é necessário em relação aos estatutos das regiões autônomas no Estado regional e no Estado autonômico). Essa Constituição dos Estados-Membros sofrerá apenas um controle de constitucionalidade *a posteriori*, o que é um controle técnico que não caracteriza, juridicamente, hierarquia entre os Estados-Membros e a União.

O grau de descentralização ou o número de competências legislativas e administrativas transferidas aos entes descentralizados também não é hoje mais elemento diferenciador entre o Estado federal e as outras formas descentralizadas de Estado, uma vez que existem Estados federais centrífugos, em que o número de competências legislativas e administrativas dos Estados-Membros é inferior ao das regiões autônomas, na Espanha, por exemplo. O nosso federalismo é um dos menos descentralizados, bastando, para confirmar essa afirmativa, ler a distribuição de competências legislativas e administrativas nos arts. 21 a 24 da Constituição Federal de 1988.

O federalismo centrípeto dirige-se ao centro, pois historicamente originário de Estados soberanos que formaram, no caso norte-americano, uma confederação (1777) e, posteriormente, uma federação (1787). A história norte-americana mostra que, nos mais de duzentos anos de existência da federação, a União vem gradualmente centralizando competências, incorporando competências dos Estados-Membros lentamente e de maneira não constante todos esses anos. Entretanto, ao contrário do que uma leitura apressada possa sugerir, o federalismo centrípeto, justamente por tais motivos, é o mais descentralizado, pois tem origem histórica a partir da união de Estados soberanos que abdicaram de parcelas de sua soberania. Por esse motivo, os Estados-Membros mantêm um grande número de competências administrativas, legislativas ordinárias e legislativas constitucionais. Essa terminologia, com frequência, causa confusão e, por vezes, é empregada de maneira equivocada.

Dessa forma, o grau de descentralização é muito grande, representado pelo grande número de competências administrativas, legislativas e jurisdicionais dos Estados-Membros, que ainda transferem diversas competências para os municípios ou para outros entes territoriais menores assemelhados. Embora caminhem em direção ao centro, esse movimento não é uniforme, uma vez que em momentos de crise há um fortalecimento do centro, enquanto nos momentos de crescimento e estabilidade há fortalecimento dos Estados-Membros.

O federalismo brasileiro, ao contrário do norte-americano, é centrífugo (movimento constitucional em tensão com um movimento político e cultural centrípeto em nossa história independente até os dias de hoje) e inovador ao estabelecer um federalismo de três níveis, incluindo o município como ente federado, e, portanto, com um poder constituinte decorrente. A partir da Constituição de 1988, os municípios brasileiros não só mantêm sua autonomia como conquistam a posição de ente federado, podendo, portanto, elaborar suas Constituições municipais (chamadas pela Constituição Federal de leis orgânicas), auto-organizando os seus poderes Executivo e Legislativo e promulgando sua Constituição sem que seja possível ou permitida a intervenção do Legislativo estadual ou federal para a respectiva aprovação. O que ocorrerá com as Constituições municipais será apenas o controle *a posteriori* de constitucionalidade, o mesmo que ocorre com os Estados-Membros.

Quanto ao aspecto centrífugo do nosso federalismo, ele é extremamente importante para a interpretação da Constituição e rejeição de aspectos inconstitucionais presentes em recentes medidas provisórias, leis, atos de governo e até emendas inconstitucionais que tendem a abolir o federalismo ao centralizar competências, movimento contrário à lógica federal constitucional centrífuga de busca de descentralização, caminho para o aperfeiçoamento do nosso modelo federal.

A visão de nosso federalismo como centrífugo explica a nossa federação extremamente centralizada, que, para aperfeiçoar-se, deve buscar constantemente a descentralização. Somos um Estado federal que surgiu a partir de um Estado unitário, o que explica a tradição centralizadora e autoritária que devemos procurar abandonar para construir uma federação mais democrática.

Após analisar a organização territorial do Estado brasileiro, é importante discutir a experiência de construção da democracia participativa no Brasil para, então, verificar a importância de continuar em direção à descentralização coordenada e concertada que contemple, finalmente, a diversidade étnica e cultural e permita que cada comunidade, cada cidade, construa com liberdade e grande autonomia seu sistema social, político e econômico: em outras palavras, em busca da construção de um federalismo, diverso, plural e multicultural.

O Brasil viveu experiência muito importante de democracia participativa, que se iniciou com o primeiro orçamento participativo municipal em Pelotas,

Rio Grande do Sul, sendo depois levada para a Administração de Porto Alegre. É importante lembrar que a organização da sociedade civil que permite o avanço do poder local democrático participativo encontra suas bases nos movimentos de resistência à ditadura civil-militar de direita (1962-1985), no movimento de formação das comunidades eclesiais de base e no movimento sindical no final da década de 1970. É importante ressaltar que não basta descentralizar, é fundamental que o processo de descentralização leve em consideração a democracia participativa local e busque um desenvolvimento territorial equilibrado, reduzindo as desigualdades sociais e regionais. Para que isso ocorra, é necessária a correta distribuição de competências entre as diversas esferas de poder no território, desde a União, passando pelos Estados-Membros, chegando aos municípios. As esferas de coordenação de políticas macro de desenvolvimento equilibrado têm de permanecer com os entes territoriais maiores, que poderão, dessa forma, produzir o equilíbrio por meio de políticas de compensações tributárias para as diferentes realidades regionais e municipais.

Importante notar que os movimentos sociais se organizam, hoje, em nível local e global e se comunicam, agindo local e globalmente, procurando resistir ao desmonte dos direitos sociais, buscando um sistema social, econômico e político onde todos participem de sua construção e usufruam de seus direitos.

A crise da democracia representativa tem demonstrado como é possível a utilização de mecanismos que foram criados para a democracia em favor da perpetuação do poder. As constantes reconstruções conceituais históricas da ideia de democracia e a manipulação da opinião pública por meio da propaganda e da criação de sentimentos comuns, com o fortalecimento da emoção sobre a razão, não são temas novos.

A crise da democracia representativa se agrava com a influência cada vez maior do poder econômico nas campanhas eleitorais, e a resistência a que assistimos vem com a força dos fóruns populares dialógicos e democráticos, nos quais, a partir de organizações que surgem em torno de questões locais, ganham a perspectiva da indissociabilidade dos níveis territoriais das soluções. A construção de uma consciência comum que perceba a precariedade do materialismo, do consumismo e do desenvolvimentismo capitalista diante das necessidades ambientais, ecológicas e espirituais é fundamental, e isto passa pelas microrrevoluções diárias, possíveis nos espaços dialógicos locais, funcionando em rede.

A alternativa para o enorme poder global do capital ocorre, hoje, em dois espaços: a rede global e a comunidade local, duas faces de uma mesma moeda. O cidadão é, hoje, global e local. A sociedade de comunicação deve fincar suas bases em um território, núcleo de organização social e de criação de modelos econômicos e sociais alternativos capazes de gerar novos valores alternativos ao materialismo da sociedade de consumo e à lógica perversa da concorrência. O núcleo local é o principal espaço na transformação de valores e de realização de justiça social e econômica. Simultaneamente, esse núcleo local deve estar em comunicação permanente com outros núcleos (movimentos sociais, municípios, comunidades de bairro, rádios, jornais e televisões comunitárias, etc.) de todo o mundo. A inserção desses núcleos na comunicação global garante seu arejamento e evolução constante, afastando o perigo ultranacionalista, a exclusão étnica, racial, religiosa e cultural.

O contato com o diferente, com valores e fórmulas de busca da felicidade diferentes, ou seja, o pluralismo e a diversidade cultural, nos permite transformar e resistir à massificação das empresas globais, onde em qualquer parte do globo se come o mesmo sanduíche, a mesma pizza ou o mesmo frango frito.

A pergunta que se segue é a seguinte: Como criar uma sociedade reflexiva no Brasil? Essa pergunta pode ganhar diversas formas com o mesmo sentido, mudando, entretanto, o referencial teórico. Como construir uma democracia dialógica? Como construir uma democracia radical? Enfim, qual caminho devemos seguir para efetivar, no Brasil, a democracia participativa efetiva?

Conclusão: poder local e federalismo multicultural

A construção de uma democracia dialógica, radical e participativa no Brasil passa por uma reformulação da distribuição territorial do poder, e, especialmente no nosso caso, pela discussão do pacto federativo. Só em nível local conseguiremos criar o poder popular efetivo, onde todos participem livremente da construção da cidade e, a partir daí, de um outro mundo.

O povo sabe o que quer e, aos poucos, está aprendendo a diferenciar o discurso da prática política. Todos os discursos podem ser iguais, mas poucos têm um projeto e uma prática de libertação política e de libertação da miséria. Se a discussão teórica a respeito do neoliberalismo e do complexo poder global nos parece distante, ao trazermos esta discussão para a concretude do município, ela fica clara para todos, e a solução passa a estar ao nosso alcance.

A descentralização de nada adianta sem a mudança das bases de poder no município, criando mecanismos de participação popular, como os conselhos municipais ou o orçamento participativo.

Mudanças que afastem os problemas da democracia representativa no Brasil são necessárias para facilitar o processo de transformação social e econômico e o fortalecimento dos movimentos e organizações locais, permitindo a construção de um caminho que permita a superação da dicotomia Estado e comunidade.

No espaço local, outras formas de democracia podem ser vivenciadas de forma efetiva, como a democracia participativa, formas de democracia deliberativa, formas consensuais e experiências, como o sorteio de cidadãos, entre outras. Tivemos experiências importantes de orçamento participativo, momento em que este mecanismo de democracia participativa e deliberativa atuou de forma complementar à democracia representativa. O orçamento participativo não substituiu a democracia representativa, há o prefeito, os legisladores, a aplicação de recursos públicos por meio da proposta de uma lei orçamentária por parte do Executivo que deverá ser aprovada pelo Legislativo, ou seja, a democracia participativa não substitui a democracia representativa, mas contribui para o seu aperfeiçoamento. Em outras palavras, a democracia participativa garante que a democracia representativa seja mais democrática.

A democracia representativa poderá ser, também em nível local, transformada. Todos devem estar representados: mulheres, pessoas de todos os gêneros, cores, etnias, grupos sociais diversos deverão estar representados no governo e no parlamento. A adoção de outros sistemas de governo, como o diretorial, poderá ajudar a superar o enorme déficit democrático que vivemos hoje.

A democracia participativa tem de se inserir nas reflexões sobre a resistência ao poder econômico global, uma vez que o grande capital, as grandes corporações globais detêm um enorme poder de propaganda; eles detêm os grandes meios de comunicação. A alternativa é local, participativa e fundada na diversidade, e para nós passa pela construção de um federalismo municipalista pluricultural.

Informação bibliográfica deste texto, conforme a NBR 6023:2002 da Associação Brasileira de Normas Técnicas (ABNT):

MAGALHÃES, José Luiz Quadros de. Dilemas do federalismo brasileiro: território e diversidade na construção de uma democracia real. In: COPETTI NETO, Alfredo; LEITE, George Salomão; LEITE, Glauco Salomão. *Dilemas na Constituição*. Belo Horizonte: Fórum, 2017. p. 151-166. ISBN 978-85-450-0236-9.

OS LIMITES DA TRANSIÇÃO POLÍTICA E (ALGUNS) OS DILEMAS DO FEDERALISMO BRASILEIRO. UM OLHAR RETROSPECTIVO!

Jose Luis Bolzan de Morais
Roberta Camineiro Baggio

> *A República Federativa do Brasil, formada pela união indissolúvel dos Estados e Municípios e do Distrito Federal constitui-se em Estado Democrático de Direito...*
>
> Excerto do art. 1º da CF/88

1 Introdução

O processo de transição brasileiro da ditadura civil-militar para a democracia constitucional – com todas as suas idiossincrasias – implicou uma tentativa de reconfiguração da estrutura estatal, no particular naquilo que respeita à forma de organização territorial do poder político, tratada pela Teoria do Estado sob o título de "formas de Estado".

Ainda que controlada pelos militares e pelas "velhas forças políticas", a transição política também foi fruto da organização de grupos da sociedade civil que reivindicavam o retorno do Estado de Direito e que estavam dispostos a participar ativamente desse processo de reconstrução democrática – de uma democracia sempre instável e, de regra, até então, transitória.

A mobilização do movimento pelas Diretas-já é o exemplo mais claro sobre a disposição que havia por parte da população para participar ativamente da reconstrução de um regime democrático.

A defesa da forma federativa de organização do Estado, nesse contexto, poderia significar a garantia de condições prévias para o exercício de uma democracia mais aberta à participação popular, porém, esse desejo – e, ao final confirmou-se não conseguir ser mais do que um desejo – esbarrou na própria tradição histórica de uma federação que sempre foi parte de um projeto institucional conservador que a tornou um instrumento de manutenção de uma estrutura social hierarquizada e dirigida por uma elite política em pouco, ou nada, comprometida com uma efetiva descentralização democratizadora do poder político.

Apesar de algumas configurações inovadoras, os desafios colocados ao modelo federativo da Constituição Federal de 1988 – CF/88 – passariam – e esbarrariam – pelo e no enfrentamento desse projeto conservador que ronda o arcabouço institucional do Estado brasileiro desde os seus primórdios. Colocava-se, então, a necessária superação da tendência centralizadora herdada dos períodos ditatoriais, assim como, na contramão, o ímpeto das elites regionais em manter, por meio da estrutura federativa, influência nas definições do poder central, como também outrora ocorreu em períodos como o da República Velha.

Com tal cenário indicativo e sumariamente apresentado, o que este artigo busca debater são exatamente os reflexos da presença desse projeto, sustentado por um contexto transicional limitado a uma abertura política sem enfrentamento dos legados autoritários, naquilo que impactou a construção do novo formato para a federação brasileira que pudesse responder não apenas à transição política em pauta naquele momento, como também apontasse para uma possibilidade de rearranjo das estruturas de poder político fazendo dialogar a descentralização com formas democráticas de poder local, considerando-se, em especial, a fórmula trial de poder federativo adotada no País historicamente.

2 A federação no contexto da transição política brasileira

A derrocada do regime autoritário civil-militar teve como um de seus fatores principais a quebra da aliança entre as elites que sustentavam o pacto pelo poder. A discussão central, no que tange ao rompimento deste pacto, diz respeito, primeiramente, à insustentabilidade política das graves violações aos direitos que ocorriam há mais de uma década e cada vez mais eram denunciadas interna e, sobretudo, externamente, com uma crescente mobilização popular que passou a pedir a abertura política do regime.[1]

Esse fato somado ao próprio esgotamento do projeto de Estado nacional-desenvolvimentista, que, diante da crise econômica vivida pelo país, não conseguiu mais aglutinar os diversos interesses emergentes na época e a incapacidade dos militares em contornar a situação por suas próprias divergências internas, resultou em um agravamento da crise política, o que foi decisivo para o início do processo de abertura política.[2]

No entanto, a quebra de hegemonia das bases que davam sustentação ao regime não significou a retirada das elites dominantes do cenário político do país.

---

[1] A mobilização decisiva para a abertura política se deu em torno da questão da aprovação de uma lei de anistia por meio do movimento de luta pela anistia ampla, geral e irrestrita impulsionado pelos Comitês de Base da Anistia (CBAs), que tiveram papel decisivo nesse contexto, bem como a greve de fome dos presos políticos. Cf. RODEGHERO, Carla. Simone; DIENSTMANN, Gabriel; TRINDADE, Tatiana. *Anistia ampla, geral e irrestrita*: história de uma luta inconclusa. Santa Cruz do Sul: Editora da Unisc, 2011. E também VIANA, Gilney A; CIPRIANO, Perly. *Fome de liberdade*: relatos dos presos políticos. Vitória: Fundação Ceciliano Abel de Almeida, 1992.

[2] Na realidade, a iniciativa dos próprios militares em iniciar o processo de abertura política foi uma forma de tentar contornar a crise e recuperar as rédeas do comando político do país. Entretanto, nem mesmo essa estratégia era consenso entre a cúpula dos militares, que há alguns anos divergia em questões profundas acerca dos rumos políticos e econômicos do país. Cf. FROTA, Sylvio. *Ideais traídos*. Rio de Janeiro: Jorge Zahar, 2006.

Ao contrário, uma das grandes marcas da transição política brasileira – controlada pelas forças do "ancien régime" – foi a ampla aliança formada em torno do nome de Tancredo Neves para disputar, nas eleições indiretas, a Presidência da República. Esta aliança, nada mais foi do que uma (re)pactuação das elites político-econômicas, escudadas no risco de retrocesso sempre esgrimido pelas "forças da ordem", para a manutenção do poder, que levou à caracterização de um movimento meramente "mudancista" que não significou nenhum confronto com o regime, mas que conseguiu criar uma aparência de que, finalmente, alcançaríamos o *status* de uma república liberal democrática.[3]

Diversamente do que poderia se pensar, num primeiro momento, as elites, tanto oligárquicas como industriais, não diminuíram seu poder ou influência política com a queda do regime ditatorial civil-militar, mas sim trataram de permanecer no poder através de um novo pacto representado pela candidatura de Tancredo Neves.

De qualquer modo, o período da redemocratização foi extremamente relevante para a reconstrução da estrutura federalista destruída no regime militar, bem como para demarcar suas características e delimitar suas potencialidades.

Para demonstrar isso, serão destacadas, em especial, duas questões que marcaram as possibilidades de reconstrução do federalismo brasileiro e o alçaram a uma categoria política de matéria altamente estratégica para qualquer um dos projetos políticos disputados no período transicional, são elas: (1) as eleições para as instâncias subnacionais, sobretudo para os estados, e (2) os debates políticos acerca da descentralização do poder político e administrativo que influenciaram na construção e promulgação da Constituição Federal de 1988 (CF/88).

De um lado, a eleição para os governos estaduais foi decisiva, principalmente porque redefiniu de forma contundente as relações intergovernamentais da federação. Após um longo período autoritário e de grande centralização das decisões na esfera federal, a eleição para os governos estaduais significou a recuperação do poder político dos governadores, que passaram a desempenhar um papel definitivo no processo de abertura do regime. Dos 22 Estados brasileiros, os partidos de oposição aos militares venceram em 10, sendo que os três Estados mais importantes e populosos estavam incluídos neste rol.

Isto representou a insatisfação popular em relação ao regime ditatorial, impactando as bases de sustentação do regime e dando ampla legitimidade à atuação política dos governadores, que passaram a usar todo o aparato da máquina estatal para recuperarem sua autonomia política, financeira e administrativa.

Assim, os governadores não só apoiaram a campanha das Diretas-já como articularam e contribuíram financeiramente com o movimento.

---

[3] SALLUM JR., Brasílio. Transição política e crise de Estado. *Revista Lua Nova*, São Paulo, n. 32, p. 157-169, abr./jun. 1994.

Da mesma forma, na eleição do Congresso[4] que elaboraria a nova Constituição em 1988, os governadores empenharam-se para colocar representantes que defendessem seus interesses "federativos", principalmente os ligados à distribuição financeira das rendas nacionais, o que traria, na perspectiva dos governos estaduais e das contas públicas destes entes federados, a possibilidade de recuperação da autonomia dos Estados brasileiros.

Aos poucos, este embate foi redefinindo a nova federação, que, como afirmou Abrucio, passaria a ter um forte componente estadual, ou, de forma mais precisa, seria um "federalismo estadualista".[5]

No entanto, este processo não contou só com o apoio dos novos governadores, a organização popular também teve um papel essencial e definitivo na derrocada do regime civil-militar e no retorno da democracia ao país. A saída do povo às ruas durante as Diretas-já e a reorganização dos movimentos sociais deram um novo fôlego à construção de um projeto de democracia para o Brasil, que apostava na descentralização como um caminho necessário e essencial ao fomento de práticas democráticas.

O reflexo da organização dos movimentos sociais repercutiu na elaboração da Constituição Federal de 1988, principalmente no título dos direitos sociais. De acordo com Maria da Glória Ghon, os chamados Novos Movimentos Sociais, categoria que caracterizou a atuação dos movimentos no período da redemocratização, contribuíram de forma essencial na construção de espaços de cidadania e no estabelecimento da nova Constituição Federal,[6] podendo-se dizer até mesmo que deste impulso produziu-se uma Carta Política bastante distinta daquilo que seria o projeto inaugurado pela redemocratização lenta, gradual e restrita pretendida pelos atores que dominavam a cena política da ditadura brasileira.

Este foi um período de aprofundamento das discussões políticas no País, seja nos meios institucionais ocupados pelos opositores ao regime civil-militar, seja na própria sociedade civil, organizada no intuito de participar na reconstrução democrática do país.

E, é nesse contexto que se destaca uma das principais discussões permeadoras dos debates acerca da retomada da democracia no Brasil: o tema da descentralização político-administrativa do Estado ou, em outros termos, mais pontuais, a questão da repactuação da federação.

Aos poucos e por motivos diversos foi-se construindo um consenso, explicitado nos debates da constituinte,[7] de que a grande solução para a construção de uma verdadeira democracia no Brasil seria a descentralização do poder político.

---

[4] Há que se relembrar que tivemos uma Assembleia Nacional Constituinte não exclusiva, o que, também, dá indicativos das dificuldades históricas e atuais experimentadas pelo processo de redemocratização e pela implementação do novo projeto constitucional, inaugurado em outubro de 1988.

[5] Cf. ABRUCIO, Fernando Luiz; COSTA, Valeriano Mendes. *Reforma do Estado e o contexto federativo brasileiro*. São Paulo: K. Adenauer, 1998.

[6] GOHN, Maria da Glória. *Teoria dos movimentos sociais*: paradigmas clássicos e contemporâneos. São Paulo: Loyola, 2000. p. 287.

[7] O deputado José Richa, relator da Comissão da Organização do Estado, em uma passagem em que tenta sistematizar os debates acerca da autonomia dos municípios, sintetiza a existência de tal consenso em uma de suas intervenções:

Por um lado, os movimentos sociais propunham uma descentralização que abarcasse não só as instâncias institucionais, mas também as populares, como, por exemplo, as propostas de formação de conselhos municipais, compostos com pessoas das comunidades, que fariam a interlocução entre Estado e sociedade, numa típica concatenação entre descentralização territorial do poder e fórmulas democráticas de participação na tomada de decisões.

Por outro, as elites regionais viam na descentralização a possibilidade de recuperação do poder de dominação político, econômico e administrativo, perdidos com a excessiva centralização do regime civil-militar.

Foi sob este clima de discussão, dominado pelo tema da descentralização – sob esses dois enfoques estratégicos e contraditórios (descentralização com democratização vs. descentralização com dominação) –, vista quase como uma panaceia democrática, que nasce a CF/88, tida como um avanço em relação às demais Constituições do país, não só pela quantidade de garantias e direitos nunca antes contemplados – experimentou-se um alargamento exponencial do catálogo de direitos –, mas também, e principalmente, pela participação da sociedade nas discussões dos temas nela consagrados.

Especificamente quanto à forma federativa, a CF/88 consagrou tendências inovadoras, que foram além de sua estrutura clássica, como a autonomia dada aos Municípios, o que poderia estar a indicar uma conquista pela democratização do poder baseada na clássica fórmula do poder próximo como poder mais controlável/lado, visível e com maior possibilidade de influência e participação na tomada de decisões.

Foram contempladas, também, questões que já vinham sendo discutidas e desenvolvidas antes do golpe civil-militar de 1964, como, por exemplo, a retomada do desenvolvimento das regiões pouco desenvolvidas no país, até mesmo com princípio instalado no texto constitucional como indicativo das políticas públicas para a "redução das desigualdades sociais e... regionais".

Dentre outras coisas, a atual Constituição brasileira redefiniu os papéis desempenhados pelos entes federados, distribuindo e descentralizando questões de ordem política, administrativa e, principalmente, financeira, que ficaram centralizadas durante a ditadura civil-militar.

Foram instituídas, também, possibilidades de desenvolvimento de um modelo cooperativo de federação, cujo foco principal definiu-se por meio da repartição constitucional de competências, matéria de extrema importância para a federação, uma vez que é a partir dela que se delineia o modelo de federalismo adotado, pois define o grau de descentralização, de direitos e de deveres de cada esfera da federação, sendo, desta forma, a espinha dorsal dos sistemas federalistas ou ainda, como define Raul Machado Horta, o "centro de gravidade do poder federal",[8] dando conta de responder às demandas de reestruturação territorial

---

"Todos nós, já pude aferir – e, por isso, em algumas questões já me antecipei na análise do mérito, porque sinto que há unanimidade – somos a favor da descentralização". Diário da Assembleia Nacional (Suplemento), p. 26.

[8] HORTA, Raul Machado. As novas tendências do Federalismo e seus reflexos na Constituição Brasileira. *Revista do Legislativo*, Belo Horizonte, n. 25, p. 15, jan./mar. 1999.

do poder político e, ao mesmo tempo, indicar um reforço das possibilidades democráticas de gestão dos espaços públicos.

Assim, além da forma clássica, a CF/88 contempla outras três formas de dividir a competência entre os entes federados.

O modelo clássico, utilizado pela federação norte-americana, vem contemplado no art. 21 da CF. Nele se elenca a competência da União em matérias de caráter administrativo, deixando as competências remanescentes ao encargo dos Estados-membros, como disposto no §1º do art. 25.

A segunda forma é a chamada delegativa, com a qual a União possui a prerrogativa de delegar aos Estados-membros, por meio de lei complementar, o rol de suas competências privativas estabelecidas no art. 22 da CF.

Já, a terceira forma, a das competências comuns, delineada pelo art. 23, possibilita o estabelecimento de uma relação de cooperação na federação, no sentido de que existem áreas comuns em matérias também de caráter administrativo, sendo previstas atuações paralelas da União, Estados-membros e Municípios.

Por fim, no art. 24 estão previstas as competências concorrentes, ou seja, aquelas que cabem tanto à União como aos Estados-membros e, sendo de ordem legislativa, a União encarrega-se da elaboração das normas gerais. Já, os parágrafos 2º e 3º deste artigo determinam que os Estados poderão legislar de forma suplementar, a partir das normas gerais estabelecidas pela União, e de forma plena na falta destas.

A competência dos Municípios é elencada pelo art. 30 da CF/88 e estes só poderão legislar de forma a suplementar às legislações federal e estadual, naquilo que for de seu interesse local – e esta parece ter sido a grande "chave" definidora do papel destes entes na estrutura federativa brasileira pós-88.

O resultado é que o legado da transição política brasileira cria uma aparente federação inovadora com a agregação de um modelo cooperativo de repartição de competências e a consagração da autonomia dos municípios que alçaram a categoria de entes federativos, mas que acolhe e reúne todos os vícios das práticas políticas anteriores, as clientelistas da República Velha e as centralistas dos regimes autoritários.

No debate da transição, apesar de todos os esforços, ao final parece que as velhas fórmulas subsistiram, como se pode ver na sequência.

3 Os limites políticos das configurações constitucionais do federalismo brasileiro

Ao longo da trajetória histórica do Brasil, deparamo-nos com um "federalismo artificial", ou melhor, um "federalismo de conveniência", a serviço da distribuição de fatias de poder entre as elites.

Por óbvio, ainda que o País tenha passado por transformações durante a redemocratização, as práticas acordistas de manutenção do *status quo* não desapareceram do cenário nacional, ao contrário, sob a égide de uma transição que convenientemente impôs um esquecimento sobre o passado sem enfrentá-lo, encontraram as condições políticas para a sua reprodução e perpetuação.

Poderíamos pensar que, com o advento da CF/88, seria possível uma reformulação do pacto federativo, no intuito de modificar as antigas práticas.

No entanto, leis e decretos não mudam – parece que, no caso brasileiro, em especial, não foram capazes de mudar – a realidade de práticas tão enraizadas em uma cultura política; o processo é inverso, tais práticas é que costumam influenciar na atuação das instituições. Desta forma, nossa Constituição contemplou uma série de "avanços" em relação ao sistema federativo brasileiro, sem livrar-se de antigos "vícios institucionais" que a tornam portadora de diversas contradições.

É possível considerar que os problemas atuais da República Federativa do Brasil são fruto da herança histórica de um poder que ficou concentrado, em diversos momentos políticos, na esfera federal, embora sustentado pelas oligarquias regionais.

Ou seja, vivemos de forma intensa a dicotomia do central/local, sem que isso tenha significado a realização de perspectivas próprias de um pacto federativo, tal como uma descentralização comprometida com o exercício da democracia e a diminuição das desigualdades sociais e regionais.

Essa dicotomia nos remete, assim, à grande contradição dos alicerces do federalismo brasileiro: um pacto calcado no poder das elites dominantes, que priorizou a satisfação de seus interesses econômicos, negligenciando a resolução dos problemas sociais e das desigualdades regionais.

A existência desse pacto permaneceu tão enraizada nas práticas políticas brasileiras que, no final da década de 1980, o cientista político Sérgio Abranches cunhou a expressão "presidencialismo de coalizão" – que, nestes dias atuais, voltou à cena em torno às crises de governabilidade experimentadas pelo segundo governo Dilma Roussef e ao "processo" de *impeachment* a que se submete –, em um artigo que se tornou célebre,[9] para caracterizar que a sustentabilidade do Presidente da República, no Brasil, estava mais vinculada à sua capacidade de fazer alianças com as elites políticas regionais e locais do que com os partidos, na formação das coligações que formalmente enfrentam a disputa eleitoral.

Ainda que Abranches tenha escrito esse texto antes da promulgação da CF/88 e que muitas das críticas feitas a esse debate sejam absolutamente relevantes para demonstrar outros fatores institucionais que passaram a vigorar no sistema político depois da Carta Política, dita Cidadã, com condições muito mais objetivas de explicar as fontes da estabilidade do presidencialismo brasileiro, como é o caso do importante artigo escrito por Fernando Limongi,[10]

---

[9] ABRANCHES, Sérgio Henrique. O presidencialismo de coalizão: o dilema institucional brasileiro. *Dados*, n. 31, v. 1, p. 5-33, abr. 1988.

[10] LIMONGI, Fernando. A democracia no Brasil: presidencialismo, coalizão partidária e processo decisório. *Novos Estudos – CEBRAP*, n. 76, p. 17-41, nov. 2006.

é impossível negar que ainda temos resquícios significativos do quanto as disputas políticas locais são determinantes no cenário institucional brasileiro. Para tanto, basta pensarmos nas dificuldades de inserir no sistema político do País a exigência de verticalização das coligações.[11]

Como se vê, a CF/88 nasceu envolvida por todas essas circunstâncias históricas.

Até mesmo a autonomia constitucional dada aos municípios – apresentada por muitos como um fator de democratização do poder político –, por exemplo, não foi algo que surgiu repentinamente, sendo fruto de uma construção com raízes no Brasil colônia. A forma de implementar uma ordem jurídica, política e administrativa que permitisse o controle da Coroa sobre a Colônia ocorreu por meio do desenvolvimento de estruturas locais de manutenção do poder que permitiram a arrecadação de tributos e rendas, além de terem sido um excelente instrumento para abafar as tentativas de insurreição.

Assim, o nascimento das primeiras vilas brasileiras não foi resultado de um movimento propriamente espontâneo, ao contrário, como retratou Raymundo Faoro, "o município, em regra, se constituía por ato da autoridade régia, diretamente ou revalidativo das decisões dos governadores e capitães-mores".[12]

Assim, o domínio pelo poder local – como poder municipal – que esteve à serviço da Coroa portuguesa no processo de colonização e, mais tarde, na República, subordinado ao coronelismo, foi peça central da manutenção das elites oligárquicas no poder.

O movimento inverso ao da descentralização, por outro lado, foi sempre marcado pelos regimes autoritários vividos ao longo da história brasileira, seja na era Vargas ou na ditadura civil-militar pós-64.

Não é de admirar-se, portanto, que a retomada de um movimento de descentralização, diante de uma transição política pactuada pelas elites e que não enfrentou o legado autoritário histórico, fosse desembocar na repetição de instituições incapazes de cumprir as promessas constitucionais que foram consideradas um avanço.

Sem instituições pensadas para a promoção da liberdade, igualdade social e democracia torna-se impossível realizar as garantias constitucionais de direitos ou de participação democrática.

Essa prática constitucional de expandir direitos e maquiar a chegada de instituições inovadoras respaldadas por promessas de uma nova etapa mais democrática ou inclusiva não é, contudo, uma exclusividade brasileira.

---

[11] A verticalização das coligações é o mecanismo que obriga que as mesmas coligações definidas no âmbito nacional sejam repetidas no âmbito regional e local. Aquilo que, *a priori*, parecia uma simples questão de manutenção da coerência ideológica dos partidos, tornou-se um enorme campo de batalha quando o Tribunal Superior Eleitoral (TSE) editou, em 2002, a Resolução 20.993, que tornou a verticalização obrigatória e pouquíssimo tempo depois o Congresso Nacional alçava ao *status* de norma constitucional, por meio da Emenda Constitucional nº 52/06, a não "obrigatoriedade de vinculação entre as candidaturas em âmbito nacional, estadual, distrital ou municipal", que passou a integrar o §1º do art. 17 da CF/88.

[12] FAORO, Raimundo. *Os donos do poder*: formação do patronato político brasileiro. São Paulo: Globo, 2000. v. 1, p. 168.

Em uma análise sobre a história do constitucionalismo latino-americano no século XIX, Roberto Gargarella sistematiza três projetos constitucionais que teriam disputado a institucionalidade política dos países da América Latina, quais sejam: o conservador, o liberal e o radical.[13]

Em tempos distintos e por situações diversas, os projetos conservador e liberal se uniram em uma tentativa de enfrentamento do projeto radical, fato esse que se tornou decisivo na história do continente, uma vez que as Cartas constitucionais passaram a resguardar direitos e até mesmo instituições liberais que sempre sucumbiram diante dos fortes traços de elitismo político e perfeccionismo moral do projeto conservador.

No caso do Brasil, tal união ocorreu ainda no Império e se manteve como um projeto político ao logo da história republicana, o que ajuda a explicar por que uma instituição tão cara ao modelo liberal norte-americano, como a federação, possa ter servido para a manutenção de um projeto social com fortes hierarquias e comandado pelas oligarquias políticas.[14]

A grande questão colocada pelo autor é justamente o paradoxo de até hoje mantermos Constituições que consagram direitos fundamentais e que expandiram esses direitos no século XX, assim como outras promessas próprias de sociedades liberais democráticas, sem que também tivessem sido contempladas instituições aptas a tirá-las do papel.

E é, sobretudo, sob esse aspecto que precisamos identificar os paradoxos da federação brasileira.

3.1 O mito da descentralização e a federação simétrica

O traço mais marcante na existência da federação brasileira se tornou seu maior limite em termos de projeto político: ser invocada na medida de certas conveniências como parte de um projeto institucional que objetivava a manutenção de uma sociedade hierarquizada com participação política restrita.

A análise de Marta Arretche sobre os limites da descentralização brasileira é muito pertinente nesse sentido, já que a autora afirma que não basta a mera declaração normativa da descentralização, é "necessário que se construam instituições cuja natureza e cujas formas específicas de funcionamento sejam compatíveis com os princípios democráticos que norteiam os resultados que se espera produzir".[15]

---

[13] GARGARELLA, Roberto. *La sala de máquinas de la Constitución*: dos siglos de constitucionalismo en América latina (1810-2010). Buenos Aires: Katz, 2014. p. 22.
[14] *Ibidem*, p. 42-48.
[15] ARRETCHE, Marta. Mitos da descentralização: mais democracia e eficiência nas políticas públicas? *Revista Brasileira de Ciências Sociais*, São Paulo, v. 11, n. 31, p. 48, jun. 1996.

De fato, a aposta feita na descentralização como um instrumento garantidor de uma estrutura democrática torna-se um mito se considerado o contexto e as condições históricas de construção da federação brasileira. As relações intergovernamentais foram (re)definidas durante a redemocratização do País, o que tornou, à primeira vista, o processo de descentralização identificado com a retomada da democracia, assim como a descentralização, por meio da distribuição para os governos subnacionais de finanças até então concentradas na esfera federal, e também gerou a expectativa de um aumento das políticas de combate às desigualdades sociais e regionais, para pôr em prática um dos "fundamentos" do Estado Democrático de Direito consagrada, também ele, no texto constitucional de 1988.

Contudo, é necessário desmistificar a vinculação estabelecida a partir da ideia de que Estados federados são necessariamente mais democráticos porque possuem uma estrutura descentralizada.

Primeiramente, a descentralização não é uma característica única dos sistemas federalistas. A partir dos anos 70 diversos países do mundo começaram a optar pela descentralização do poder e nem todos eram países federalistas, como no caso da França, de Portugal e até mesmo do Reino Unido. Esse fenômeno deve-se, principalmente, às transformações políticas e econômicas ocorridas no mundo, cujas tendências dominantes propugnam maior "flexibilidade" administrativa e funcional ao Estado-nação.

Portanto, a implementação de uma estrutura estatal mais descentralizada pode ocorrer em países que adotam outro sistema que não o federativo, sem que isso signifique objetivamente uma identificação com um processo democrático.

No caso específico do Brasil, por exemplo, vivemos em um sistema federativo apenas formal, cuja principal característica, a descentralização, ou foi negligenciada ou não esteve a serviço de uma autonomia capaz de gerar o aprofundamento democrático por meio da promoção de mecanismos de inclusão política da população e de efetiva participação e controle do poder político e definição dos rumos da política local.

Grande parte da existência de nossa federação ou ocorreu sob a centralização do poder político ou para garantir a sustentabilidade de algumas elites no poder, como foi o caso da República Velha, o que nos faz crer que o sistema federativo brasileiro nunca foi um pacto de equilíbrio entre os entes federados.

Tais circunstâncias dificultaram a distribuição do poder, para que se pudesse fortalecer a democracia no Brasil. Em contrapartida, estimulou-se a dominação do poder local, como demonstram os fartos exemplos do coronelismo em todo o país, como forma de dominação política "desde de baixo".

Dalmo Dallari, ainda antes de 1988, ao comentar a relação entre democracia, federação e alianças oligárquicas, afirma que a organização federativa pode ser a garantia de um sistema democrático, na medida em que cria a necessidade de uma pluralidade de centros de poder político. E foi essa ideia, inclusive, que tornou a federação um tema estratégico da transição política brasileira.

Porém, a aliança de oligarquias, como no caso brasileiro, pode representar um risco a essa possibilidade, na medida em que cria a ilusão de democracia e se apoia rigorosamente nos princípios e na mecânica do federalismo. Há uma grande quantidade de grupos e famílias que exercem a dominação política, econômica e social no interior dos Estados-membros e que cumprem as formalidades democráticas, como eleições com sufrágio universal e voto secreto. Entretanto, todos estes protocolos ocorrem sob o controle de pequenos grupos que dominam a política local.[16]

Essa situação não implica afirmar que o federalismo seja inconveniente para a democracia, ou que sirva apenas para acobertar oligarquias. Na realidade, a forma federativa pode ser um instrumento importante na construção e manutenção de uma estrutura democrática e, apenas pelo fato de ser incompatível com regimes autoritários, já faz do federalismo um sistema recomendável.[17]

Nessa linha de raciocínio, Márcia Miranda Soares atribui a ausência de democracia no Brasil como o grande fator impossibilitador da consolidação de nosso sistema federalista. Segundo a autora, a federação não foi uma constante na história do Brasil República porque a democracia também foi vacilante. As experiências autoritárias do Estado Novo e da ditadura civil-militar de 1964 evidenciaram o grau de centralização do autoritarismo, tornando-se incompatível com o sistema federal, que só se concretiza mediante uma real descentralização do poder.[18]

Assim, existem muitos outros requisitos necessários para que um processo de descentralização alcance resultados como os esperados após a CF/88.

Ao discutirmos a descentralização em um país como o Brasil, é preciso considerar a diversidade de aspectos existentes no mesmo território. De acordo com Celina Souza, as desigualdades sociais, advindas de um longo processo histórico, "se refletem em profundas diferenças nas condições financeiras, políticas e administrativas das entidades subnacionais e, consequentemente, na sua capacidade de resposta às necessidades e demandas da população".[19] Isto significa, primordialmente, que, diante de tal realidade, não seria recomendável realizar uma descentralização uniformizada, sem considerar a realidade de cada região.

Nesse mesmo sentido, a aposta na autonomia municipal como principal mecanismo de descentralização e instrumento de aprofundamento democrático sem ferramentas reais de exercício dessa autonomia gerou um efeito perverso que, por um lado, fragmentou o território com a corrida pela criação de novos

---

[16] Cf. DALLARI, Dalmo de Abreu. *O Estado federal*. São Paulo: Ática, 1986.
[17] *Ibidem*, p. 75.
[18] SOARES, Márcia Miranda. Federalismo, democracia e instituições políticas. *Revista Lua Nova*, São Paulo, n. 44, p. 161, jan./jul. 1997.
[19] SOUZA, Celina; CARVALHO, Inaiá M. M. Reforma do estado, descentralização e desigualdades. *Revista Lua Nova*, São Paulo, n. 48, p. 201, jan./jul. 1999.

municípios como uma estratégia de reforçar ainda mais a dominação das estruturas do poder local e, por outro lado, tornou esses municípios dependentes do poder central a ponto de simplesmente "servirem" como uma estrutura de descentralização do poder central para a realização de algumas políticas públicas por meio de convênios, sem que isso representasse uma efetiva participação dos municípios e dos munícipes nessas decisões, mas que se submetem a ela como única forma de manter alguma operatividade para a manutenção do espaço político institucional, até mesmo por questões financeiras.

O fato é que a autonomia municipal, consagrada pela CF/88, incentivou o processo de emancipação de muitos distritos e a criação de um alto número de municípios.[20]

Esta foi, na realidade, mais uma estratégia dos fortalecidos governadores, que vislumbraram o surgimento de novos municípios como mais uma possibilidade de expandir suas máquinas eleitorais e satisfazer os aliados locais, com o prestígio da total autonomia municipal.

A estrutura constitucional permite, além do desmembramento, a fusão entre municípios. Entretanto, esta última não é um mecanismo utilizado. Estudo realizado por Celina Souza e Inaiá Carvalho concluiu que, após alguns anos da promulgação da CF/88, a quantidade de municípios que dispunha

> [...] efetivamente de condições financeiras, institucionais, políticas e técnico-administrativas para assumir esse papel, inovando, ampliando a eficácia, a participação e a democratização das políticas públicas, [era] relativamente pequena. Na maioria dos casos e notadamente nas regiões e áreas menos desenvolvidas, o que predomina são municípios de reduzido porte, com economias de base agrícola pouco diversificada, estagnadas ou em crise, sendo por isso mesmo desprovidos de condições mínimas de sustentação e necessitando da solidariedade dos governos estaduais e federal.[21]

Nestes termos, é preciso concordar com a observação de José Sabino Fleury, ao dizer que a (re)definição da federação na CF/88 baseia-se em um "mito da igualdade", justamente porque os membros da federação são tratados de forma absolutamente simétrica, sem a menor referência às suas diferenças. O autor utiliza um exemplo da década de 1990 – o que, guardada a perspectiva histórica, mantém-se até hoje – em que o menor município de Minas Gerais, Serra da Saudade, com uma população, em 1996, de 834 habitantes, arrecadava em todo o ano R$15,57

---

[20] Quanto a este assunto, Abrucio e Costa analisaram tal questão como um dos problemas centrais para a Federação Brasileira, já que o aumento desmesurado dos municípios no Brasil, ao invés de fortalecê-los, enfraquece-os. Segundo os autores, "Desde 1988 vem crescendo o número de emancipações de distritos no Brasil. O principal motivo é a busca, por parte do distrito emancipado, de recursos do Fundo de Participação dos Municípios (FPM). O problema é que o antigo 'município-mãe' perde parcela de seus recursos. Numa luta desenfreada pela manutenção ou pela conquista de novas fontes de renda, as elites locais estão num jogo em que não há cooperação". ABRUCIO; COSTA, op. cit., p. 38. O que tem acontecido é que ambos os municípios, tanto o distrito como o município-mãe, acabam enfraquecidos financeiramente e dependentes dos Estados ao qual pertencem.

[21] SOUZA; CARVALHO, op. cit., p. 203.

mil, e recebia o mesmo tratamento constitucional da capital Belo Horizonte, com uma população de 2.091.770 habitantes e que, no mesmo ano, arrecadou R$1,61 bilhão.[22] Como é possível tornar eficiente a descentralização de políticas públicas diante de tantas diferenças?

Em um estudo acerca dos fatores determinantes da descentralização no Brasil, Arretche analisa esse processo para os governos locais, a partir de cinco variáveis, quais sejam: o nível de riqueza econômica, a participação política, a capacidade fiscal dos governos, a ação política e a ação dos governos estaduais. A conclusão é que, de certa forma, todas essas variáveis influem na descentralização, mas somente são definitivas para o seu sucesso aquelas diretamente "ligadas aos atributos estruturais dos governos locais e requisitos institucionais das políticas, tornando-se possível afirmar que quanto mais elevados forem os custos implicados na gestão de uma dada política e mais reduzidos os benefícios dela derivados, menor será a propensão dos governos locais a assumirem competências na área social".[23]

Há, ainda, que se considerar que embora o fortalecimento dos governadores tenha forçado uma descentralização das rendas, dando mais autonomia às esferas subnacionais, tal movimentação também se deu a partir de uma lógica da herança centralista, que vê o nível local sempre como o articulador e garantidor das políticas do poder central. Por isso, a conclusão de José Sabino Fleury é de que "a União é de todos os entes federados o mais capaz, ou talvez o único capaz, para a promoção de ações efetivas de intervenção no processo de desenvolvimento, na moralização do serviço público ou na emissão de leis que regulamentam, de forma substantiva, a vida dos cidadãos",[24] o que nos leva ao paradoxo da repartição de competências (sem) capacidade financeira.

3.2 Os paradoxos da repartição de competências e o modelo predatório de sustentação econômica

O mito da crença em uma descentralização que pudesse aumentar os níveis de participação democrática no país, e que ficou simbolizada na CF/88 pela consagração da autonomia dos municípios, também gera reflexos na divisão das competências federativas, que, naturalmente, padecem do mal de repetir as fórmulas institucionais dos períodos mais centralizados já vividos no país.

---

[22] FLEURY, José Sabino Fortes. O pacto federativo e a realidade atual. *Revista do Legislativo*, Belo Horizonte, p. 12, n. 25, jan./mar. 1999.

[23] ARRETCHE, Marta. *Estado federativo e políticas sociais*: determinantes da descentralização. Rio de Janeiro: Revan, 2000. p. 73. Cf. também ensaio da mesma autora acerca deste tema: ARRETCHE, Marta. Políticas sociais no Brasil: descentralização em um Estado federativo. *Revista Brasileira de Ciências Sociais*, São Paulo, v. 14, n. 40, p. 111-141, jun. 1999.

[24] FLEURY, *op. cit.*, p. 11.

O rol das competências da União, elencado pela Constituição Federal, abarca situações que poderiam e deveriam ser resolvidas pelos Estados-membros e até mesmo pelos municípios, como a questão da desapropriação — envolvendo uma série de fatores regionais que precisam ser levados em consideração – ou até mesmo a questão das concessões sobre radiodifusão.

No que diz respeito às competências concorrentes, podem ser consideradas um avanço, sob o ponto de vista da consagração de uma fórmula cooperativa, mas dentro da mesma lógica descrita resguardaram a tutela do governo central em matérias eminentemente de caráter estadual ou municipal.

Por um lado, essa "tutela" pode ser explicada, em grande parte, pelo conjunto de leis produzidas nos períodos de centralização autoritária e que foram "recepcionadas" ou simplesmente aplicadas na nova ordem constitucional como normas gerais, repetindo o padrão da ausência total de enfrentamento sobre os seus efeitos em uma nova ordem que se pretendia democrática e descentralizada, deixando muito pouco espaço de suplementação às outras esferas. Por outro lado, o próprio texto constitucional criou paradoxos para a execução tanto das competências comuns como concorrentes, na medida em que o rol descrito tanto no art. 23 quanto no art. 24 é de uma generalidade tão espantosa que em quase todas as situações em que se aplica uma competência comum ou se verifica o poder de legislar concorrente pode ser suscitado um conflito com as competências da União. Vários são os exemplos, nesse sentido, que têm chegado ao Supremo Tribunal Federal e, dentre eles, se destaca o caso do amianto.[25]

Quanto às competências delegativas do art. 22, é curioso observar que nesse tipo de determinação de competência a regra de ouro da federação, consubstanciada pelo princípio da subsidiariedade, torna-se uma exceção. Ou seja, as competências são da União e podem ser delegadas aos Estados mediante a aprovação de uma lei complementar, que exige um procedimento qualificado nos trâmites do processo legislativo e que tem como maior prova da sua excepcionalidade o fato de que apenas por uma única vez foi utilizada como mecanismo de descentralização, quando da aprovação da Lei Complementar nº 103/00, que autorizou os Estados e o Distrito Federal a instituírem piso salarial regional.

Do mesmo modo, a tão almejada autonomia municipal não foi incluída no rol do art. 24, ao lado dos demais entes federativos, para figurar no art. 30, inc. I e II com a prerrogativa de legislar sobre os assuntos de interesse local, que ainda são compreendidos com obscuridade nas situações em que, não raras vezes, conflitam com os demais entes da federação.[26]

De outro lado, genericamente falando, os impasses gerados a partir da descentralização fiscal da CF/88 permitem uma série de distorções não só na relação vertical dos entes federados, mas também no âmbito das relações inter-

---

[25] Cf. ADIs 903, 403, 1278, 1980-5 e o caso do amianto: ADI 3937 e ADPF 234.
[26] Cf. Conferir o RE 586224, julgado pelo STF, que declarou a inconstitucionalidade da Lei nº 1.952/1995, do Município de Paulínia (SP), que proibia a queima da palha de cana-de-açúcar em seu território.

governamentais horizontais, ou seja, nas relações estabelecidas entre os entes da federação que se encontram no mesmo nível.

Tais impasses e conflitos caracterizam o modelo de federação em prática no Brasil, que tem na chamada "guerra fiscal" entre os Estados uma de suas grandes expressões.

Como já vimos em outras oportunidades, o fortalecimento dos governadores garantiu a representatividade de seus interesses no processo de descentralização fiscal da CF/88, responsável pelo redesenho da esfera federal e pelo aumento da autonomia dos Estados-membros e municípios.

Não restam dúvidas de que a conquista da autonomia pelas instâncias subnacionais deu um novo fôlego à federação brasileira, possibilitando um tendencial (re)equilíbrio das relações intergovernamentais.

A priori, o fortalecimento dos governos estaduais, como referido antes, foi relevante, já que possibilitou o rompimento com a política centralista do governo civil-militar. Entretanto, o crescimento desenfreado do poder dos governadores acabou gerando uma série de abusos que têm como principal consequência a inviabilidade de sustentação econômica da autonomia conquistada na CF/88, trazendo à situação experimentada contemporaneamente, onde vivencia-se uma profunda crise dos entes federados, com Estados-membros em disputa com a União em torno das suas dívidas públicas, levando ao aprofundamento da oferta e manutenção de serviços públicos e ao parcelamento ou atraso no pagamento das folhas de servidores públicos.

Tudo isso parece caracterizar o modelo de federalismo brasileiro como predatório,[27] já que o ônus nunca é assumido pela esfera que optou por correr os riscos.

---

[27] Abrucio e Costa discutem as possibilidades de modelos de federação. Segundo os autores, o ponto de partida para o exercício do jogo federativo é a Constituição Federal, que contém a divisão dos poderes dos entes federados e que determinará qual é a ênfase dada ao binômio cooperação-competição. Todo jogo federativo, necessariamente, se sustenta em mecanismos cooperativos e competitivos de atuação, o que muda é o grau de preferência dado a um ou a outro. O modelo que dá ênfase à competição parte do pressuposto que a existência desta entre os entes da Federação aumenta o controle sobre o poder e melhora a prestação dos serviços públicos. De acordo com os autores, seu principal estudioso é o americano Thomas Dye, que acredita que o problema do abuso do poder central só pode ser resolvido com o modelo competitivo, tendo-se em vista que "para que o modelo funcione a contento, é necessário que os governos subnacionais não sejam dependentes do governo Federal nem politicamente nem financeiramente". Entretanto, isto não significa que as relações de competição possam ser predatórias, já que "o estabelecimento de relações predatórias entre os níveis de governo, ou seja, quando os governos subnacionais atuam de forma independente às custas do repasse de seus problemas ao Governo Federal. Tal situação é incompatível com o modelo de competição entre os entes federativos proposto por Dye", este é particularmente o caso brasileiro. A grande crítica, admitida inclusive por Dye, é que se todos os entes optarem pela competitividade não sobrará lugar à cooperatividade, o que não proporcionaria o desenvolvimento equitativo entre os entes federados. O modelo de cooperação não é só de cooperação, é um modelo que tenta integrar cooperação e competição e é defendido por aqueles que advogam uma ação mais positiva por parte do governo Federal. Aqui, diferentemente do modelo anterior, há uma necessidade em compatibilizar as diferentes tarefas dos entes federados através de uma adequação entre os mecanismos de competição e cooperação. Desta forma, há uma valorização da autonomia e do autogoverno dos entes federados, como no modelo competitivo, mas através de mecanismos de cooperação que tenham como valores a parceria, a tolerância, o compromisso, etc. De forma geral, este modelo "procura potencializar o sentimento de autogoverno e a esperança de simetria entre os participantes, assim como ressaltar o caráter benéfico, para cada jogador, da parceria e da existência de um Governo Federal, o que pode ser contraposto à situação de insegurança no momento pré-contrato federativo". ABRUCIO; COSTA, *op. cit.*, pp. 27-30.

4 Considerações finais

Tomando emprestado este olhar retrospectivo, a frustração das expectativas geradas em torno das possibilidades de descentralização advindas com a CF/88 são fruto desta falta de realização de uma real estrutura descentralizada durante nossa história.

Por todos esses motivos é prudente levarmos em consideração que, em países como o Brasil, com forte tradição de regimes autoritários, a descentralização pode não ser a garantia do surgimento de práticas democráticas comprometidas com a população, mas pode proporcionar o surgimento de tais práticas. Sendo o federalismo um sistema que tem na descentralização uma de suas maiores características, não restam dúvidas de que é o mais adequado para a situação política brasileira.

De fato, regimes autoritários só conseguem manter-se no poder e governar por meio de uma forte centralização. Assim, tanto em sistemas unitários como em federalistas, se o regime político estabelecido estiver calcado em bases autoritárias, não haverá nem democracia e tampouco descentralização.

Isto importa dizer que os pressupostos da democracia encontram-se muito mais nas práticas políticas democráticas, exercidas pelos grupos que ocupam os cargos políticos-administrativos em um país – quer seja na esfera federal, estadual ou municipal – do que na definição teórica da forma de Estado adotada.

Por fim, é preciso dizer que as interrogações aqui trazidas não significam uma descrença na efetividade do processo de descentralização, mas sim que, da forma como vem ocorrendo no Brasil, a descentralização enceta diversas contradições que não podem ser públicas diminuidoras das desigualdades sociais e regionais.

Tais críticas não nos impedem de concordar com Souza e Carvalho, ao dizerem que

> (...) é indiscutível que a descentralização político-administrativa e financeira, associada à redemocratização e às disposições da Constituição de 1988, aumentou a autonomia das instâncias subnacionais de poder, favoreceu a ampliação dos espaços de participação e a emergência de experiências inovadoras em programas sociais e nos próprios modelos de gestão.[28]

Entretanto, tais avanços não ocorreram em todas as regiões do País e muito menos foram obtidos em todos os programas sociais. Esses descompassos nos desafiam a (re)pensar o processo de descentralização, para que se possa ampliar o rol de benefícios das políticas públicas a toda a população, por meio do envolvimento dos três entes da federação, inclusive o governo central.

---

[28] SOUZA; CARVALHO, *op. cit.*, p. 206.

O que esteve em jogo durante o processo transicional e, mais especificamente, durante a constituinte foi a possibilidade de construir uma ruptura institucional com o projeto institucional conservador.

De lá para cá, os erros e acertos são responsabilidades de todas as práticas que fomos (in)capazes de pôr em prática neste período e que nos confrontam com o futuro próximo.

Referências

ABRANCHES, Sérgio Henrique. O presidencialismo de coalizão: o dilema institucional brasileiro. *Dados*, n. 31, v. 1, p. 5-33, abr. 1988.

ABRUCIO, Fernando Luiz; COSTA, Valeriano Mendes. *Reforma do Estado e o contexto federativo brasileiro*. São Paulo: K. Adenauer, 1998.

ALMEIDA, Fernanda Dias Menezes de. Federação. In: CANOTILHO, José Joaquim Gomes et al. *Comentários à Constituição do Brasil*. São Paulo: Saraiva/Almedina. 2013. p. 109-12

ARRETCHE, Marta. Mitos da descentralização: mais democracia e eficiência nas políticas públicas? *Revista Brasileira de Ciências Sociais*, São Paulo, v. 11, n. 31, p. 48, jun. 1996.

ARRETCHE, Marta. Políticas sociais no Brasil: descentralização em um Estado federativo. *Revista Brasileira de Ciências Sociais*, São Paulo, v. 14, n. 40, p. 111-141, jun. 1999.

ARRETCHE, Marta. *Estado federativo e políticas sociais*: determinantes da descentralização. Rio de Janeiro: Revan, 2000. p. 73.

DALLARI, Dalmo de Abreu. *O Estado federal*. São Paulo: Ática, 1986.

FAORO, Raimundo. *Os donos do poder*: formação do patronato político brasileiro. São Paulo: Globo, 2000. v. 1, p. 168.

FLEURY, José Sabino Fortes. O pacto federativo e a realidade atual. *Revista do Legislativo*, Belo Horizonte, p. 12, n. 25, jan./mar. 1999.

FROTA, Sylvio. *Ideais traídos*. Rio de Janeiro: Jorge Zahar, 2006.

GARGARELLA, Roberto. *La sala de máquinas de la Constitución*: dos siglos de constitucionalismo en América latina (1810-2010). Buenos Aires: Katz, 2014. p. 22.

GOHN, Maria da Glória. *Teoria dos movimentos sociais*: paradigmas clássicos e contemporâneos. São Paulo: Loyola, 2000. p. 287.

HORTA, Raul Machado. As novas tendências do Federalismo e seus reflexos na Constituição Brasileira. *Revista do Legislativo*, Belo Horizonte, n. 25, p. 15, jan./mar. 1999.

LIMONGI, Fernando. A democracia no Brasil: presidencialismo, coalizão partidária e processo decisório. *Novos Estudos – CEBRAP*, n. 76, p. 17-41, nov. 2006.

RODEGHERO, Carla. S.; DIENSTMANN, Gabriel; TRINDADE, Tatiana. *Anistia ampla, geral e irrestrita*: história de uma luta inconclusa. Santa Cruz do Sul: Editora da Unisc, 2011.

SALLUM JR., Brasílio. Transição política e crise de Estado. *Revista Lua Nova*, São Paulo, n. 32, p. 162, abr./jun. 1994.

SOARES, Márcia Miranda. Federalismo, democracia e instituições políticas. *Revista Lua Nova*, São Paulo, n. 44, p. 161, jan./jul. 1997.

SOUZA, Celina; CARVALHO, Inaiá M. M. Reforma do estado, descentralização e desigualdades. *Revista Lua Nova*, São Paulo, n. 48, p. 201, jan./jul. 1999.

VIANA, Gilney A; CIPRIANO, Perly. *Fome de Liberdade*: relatos dos presos políticos. Vitória: Fundação Ceciliano Abel de Almeida, 1992.

Informação bibliográfica deste texto, conforme a NBR 6023:2002 da Associação Brasileira de Normas Técnicas (ABNT):

BOLZAN DE MORAIS, Jose Luis; BAGGIO, Roberta Camineiro. Os limites da transição política e (alguns) os dilemas do federalismo brasileiro. Um olhar retrospectivo! In: COPETTI NETO, Alfredo; LEITE, George Salomão; LEITE, Glauco Salomão. *Dilemas na Constituição*. Belo Horizonte: Fórum, 2017. p. 167-184. ISBN 978-85-450-0236-9.

NORMAS GERAIS NO FEDERALISMO BRASILEIRO: EXPLICANDO E CONTEXTUALIZANDO O PAPEL DA UNIÃO NA REPARTIÇÃO DE COMPETÊNCIAS LEGISLATIVAS CONCORRENTES

Marcelo Labanca Corrêa de Araújo

1 Colocação do tema: combinando unidade com diversidade no federalismo brasileiro

Um dos principais desafios do federalismo na contemporaneidade é o de encontrar uma forma de compor interesses divergentes em um único espaço de convivência. Partindo do pressuposto de que a ideia federal busca compatibilizar duas tendências contraditórias (a tendência à centralização e a tendência à descentralização), a composição de diversidades em uma unidade deve ser um esforço contínuo da engrenagem política do federalismo.

De fato, quando elementos políticos individualmente considerados (e diferentes entre si) se unem em direção a um processo de unificação e formação de um todo, tem-se um pacto, uma aliança, uma junção, uma união, que é justamente o sentido do *foedus*.[1] Essa fórmula de colocar ingredientes e elementos diferentes em um só caldeirão para, a partir daí, construir algo novo e uno tem a característica de promover um sabor especial ao todo, mantendo, todavia, a marca individual, a essência característica de cada elemento que se une à receita. Com isso, se cada ingrediente dá um pouco do que é seu ao todo, recebe igualmente os influxos da mistura que, ao final, dará o paladar da receita geral.

Em uma outra perspectiva, se é verdade que os ingredientes perdem um pouco das suas características originais quando são unidos aos outros, é igualmente verdade que guardam, também, as suas respectivas essências. Saber até qual ponto é possível preservar um sabor próprio de cada ingrediente que se mistura ao todo, e saber até qual ponto é possível uniformizar o paladar para que a receita se apresente como "uma coisa só", é uma preocupação que faz sentido em qualquer processo onde se unem elementos sob um mesmo regime. E é assim também com a formação de um Estado Federal, onde as unidades federativas são os ingredientes que, unidos, fazem a receita da federação

---

[1] ARAÚJO, Marcelo Labanca Corrêa de; LEITE, Glauco Salomão. Poder legislativo e dinâmica constitucional: um estudo à luz do princípio federativo. *Revista de Informação Legislativa*, v. 52, n. 207, p. 290, jul./set. 2015.

cozinhar sob a pressão das disputas políticas que tensionam a uniformidade com a diversidade.

As consequências do "todos juntos" para a mistura e para cada elemento individualmente considerado são muitas. É notório que o Estado Federal é classicamente considerado um "Estado composto". Composto porque dele fazem parte outros Estados, os chamados "Estados-membros". Assim, o Brasil, Estado composto, é composto de diversos Estados-membros (Pernambuco, Paraná, Rio de Janeiro etc.). São os "Estados Unidos do Brasil", para utilizar o primeiro nome federalista do nosso país.

O grande desafio dessa união de Estados é justamente criar um regime jurídico que não abafe as possibilidades de surgimento de diversidades entre os elementos que compõem o todo. Os Estados-membros, enquanto partes de um todo, devem manter algum grau de competências para que exercitem suas respectivas autonomias. Mas, por outro lado, devem se submeter a um regime uniforme que possa gerar entre as partes o clima de pertencimento a algo maior e comum.

Nesse contexto, torna-se de extrema importância o exame do papel desempenhado pelas chamadas "normas gerais" na repartição de competências legislativas, pois tais normas jogam um tempero de uniformização às diversidades legislativas dos Estados-membros.

De fato, cada Estado-membro possui o seu Poder Legislativo estadual, competente para elaborar leis. Mas, se o tema legislado se situar no plano da repartição de competências concorrentes (onde União e Estados-membros podem legislar sobre temas em comum), aqueles Estados-membros devem elaborar suas respectivas legislações dentro de um padrão normativo comum da legislação de normas gerais da União. Há uma multiplicidade de normas de esferas distintas, perfazendo um verdadeiro federalismo legislativo.

Nesse sentido, caberá à norma geral da União combinar unidade e diversidade. Com a finalidade de promover a unidade, não poderá exaurir as possibilidades legislativas dos Estados-membros, sufocando a diversidade normativa no Estado Federal.

2 Competência legislativa concorrente e o papel desempenhado pela norma geral

A Constituição Federal de 1988, quando distribuiu competências legislativas entre as entidades da federação, o fez de maneira privativa e concorrente.

A competência privativa é aquela que deve ser desenvolvida por apenas um ente. Como exemplo, vê-se, no artigo 22, a competência privativa da União para elaborar leis sobre Direito Penal. Nessas hipóteses, cabe delegação legislativa, de acordo com o parágrafo único do mencionado artigo 22.

Além da União, o Estado-membro também pode elaborar leis sobre temas de competência legislativa privativa. Ou seja, também há matérias que apenas podem ser legisladas pelos Estados-membros, e não pela União. Veja-se, por exemplo, que a regra determinada pelo artigo 25, §1º, da Constituição de 1988, é bastante clara ao dizer que "são reservadas aos Estados as competências que não lhes sejam vedadas por esta Constituição". Ou seja, o que não tiver sido atribuído expressamente pelo constituinte para a União e para o Município é, pelo critério remanescente, do Estado-membro. E se é do Estado-membro, é seu de maneira privativa.[2] Portanto, é correto afirmar que a chamada "competência remanescente" é, em si, uma competência privativa.

No plano das competências privativas, cada um desenvolve a legislação que entender melhor, cabendo apenas a sua conformação à Constituição. Todavia, a mesma coisa não pode ser dita em relação às chamadas competências concorrentes.

No contexto da competência legislativa concorrente, a Constituição Federal separou alguns temas e determinou que, em relação a eles, caberia a legislação dos Estados-membros, mas também a legislação da União. Nesse aspecto, a legislação dos Estados-membros não é elaborada livremente (como na competência privativa), pois deve se amoldar à legislação da União sobre normas gerais.[3] É aquilo que Raul Machado Horta chamou de "condomínio legislativo",[4] e que poderia também ser chamado de "federalismo legislativo".

Essa competência concorrente está disciplinada no art. 24, incisos e parágrafos. Nesse ponto, a Constituição disciplinou quatro regras básicas que são, em verdade, uma espécie de regime jurídico do condomínio legislativo: a primeira delas é que à União caberá editar normas gerais; a segunda delas é a afirmação de que a existência de legislação de normas gerais não elimina a competência *suplementar* dos Estados-membros (essa legislação suplementar se subdivide entre *supletiva* e *complementar* à legislação da União: *supletiva*, quando a legislação de normas gerais for inexistente e o Estado-membro tiver que *suprir* a lacuna. *Complementar*, quando a tal legislação de normas gerais existir e o Estado-membro a complementar com a sua própria legislação estadual). A terceira regra menciona que, uma vez constatada a ausência de norma geral da União, o Estado-membro poderia suprir a omissão, elaborando sua própria

---

[2] Aqui não se faz distinções entre a expressão "privatividade" ou "exclusividade" sob o critério da possibilidade ou da impossibilidade de delegação. Semanticamente, as expressões possuem a mesma função. Não procede, em nosso sentir, querer atribuir à expressão "privatividade" um sentido de "delegabilidade". Ora, o que faz com que uma competência seja delegável ou não é a previsão expressa, no texto constitucional, da possibilidade de delegação, e não o nome da competência em si (ARAÚJO, Marcelo Labanca Corrêa de. *Teoria da repartição de competências legislativas concorrentes*. Recife: Fasa, 2011. p. 80).

[3] De acordo com o §1º do art. 24 da Constituição de 1988, "no âmbito da legislação concorrente, a competência da União limitar-se-á a estabelecer normas gerais".

[4] Segundo Horta, "as Constituições federais passaram a explorar, com maior amplitude, a repartição vertical de competências, que realiza a distribuição de idêntica matéria legislativa entre a União Federal e os Estados-membros, estabelecendo verdadeiro *condomínio legislativo*, consoante regras constitucionais de convivência" (HORTA, Raul Machado. *Direito constitucional*, p. 321 – sem grifo no original).

norma (regra esta que já pode ser subentendida da regra antecedente). Ou seja, exercerá a competência supletiva, já mencionada na segunda regra anterior e referenciada pelo texto constitucional como *competência legislativa plena*. Já a quarta e última regra menciona que, quando ausente a norma geral e o Estado-membro desenvolver a sua legislação supletiva (ou competência legislativa plena), eventual futura produção, por parte da União, da lei de normas gerais terá o condão de suspender a eficácia da legislação estadual, mas apenas na parte em que houver uma colisão entre ambas. Daí a expressão constitucional: suspender a eficácia da norma estadual "no que lhe for contrário".

Essas são as regras que servem para traçar um regime jurídico mínimo para o desenvolvimento das competências legislativas concorrentes. Em resumo, disse o constituinte que (a) a norma geral é editada pela União; (b) o Estado-membro complementa, com sua legislação estadual, a norma geral da União (competência legislativa complementar); (c) quando ainda inexistente a norma geral da União, o Estado-membro desenvolve a sua competência legislativa supletiva, suprindo o vácuo legislativo e não tendo que esperar a atividade legislativa da União para, apenas depois disso, começar a legislar sobre aquele tema; (d) sobrevindo a lei da União sobre normas gerais, tudo o que lhe for contrário fica com eficácia suspensa.

Como se vê, a ideia que norteou o constituinte de 1988 foi a de gerar, sobre certas matérias (as do art. 24, mas não apenas),[5] um mínimo de tratamento uniforme em todo o país, mas, ainda assim, deixando uma margem de espaço para que o tema fosse tratado de maneira diversa entre os Estados-membros.

Quisesse o constituinte que tal ou qual assunto obtivesse um tratamento verdadeiramente uniforme, teria ele previsto apenas legislação privativa da União. Nesse quesito, os temas do art. 22 possuirão, decerto, a mesma uniformidade de tratamento em absolutamente todos os Estados-membros, pois a legislação será nacional e longe da disponibilidade das Assembleias Legislativas. Mas, ao criar o artigo 24, entendeu o constituinte que alguns

---

[5] Além das competências concorrentes do art. 24, onde a União elabora normas gerais, pode-se observar, pelo texto constitucional, outros artigos que atribuem uma competência legislativa concorrente para a União e Estados-membros. É o caso alguns incisos do art. 22, quando estabelecem limite à atuação legislativa da União, mencionando que ela, União, teria a responsabilidade em elaborar "normas gerais". Esse seria o exemplo do tema "licitações". Na verdade, o inciso XXVII do art. 22 determina ser de competência da União a edição de normas gerais de licitação e contratação. Consequentemente, se a União elabora normas gerais, então os Estados-membros irão elaborar a legislação específica sobre o tema. Portanto, o tema de licitações, apesar de se situar no bojo do artigo 22 da Constituição Federal (artigo este que nominalmente atribui competências assim chamadas de "privativas"), é um tema de competência legislativa concorrente situado fora do artigo 24 da Constituição de 1988. Nesse sentido, "É inquestionável que a Constituição reservou competência legislativa específica para cada esfera política disciplinar licitação e contratação administrativa. A competência legislativa sobre o tema não é privativa da União" (JUSTEN FILHO, Marçal. *Comentários à lei de licitações e contratos administrativos*, p. 18). Ainda nesse ponto, enuncia José Afonso da Silva que, "nos termos do §2º do art. 24, a competência da União para legislar sobre normas gerais não exclui (na verdade, até pressupõe) a competência suplementar dos Estados (e também do Distrito Federal, embora não se diga aí), e isso abrange não apenas as normas gerais referidas no §1º desse mesmo artigo no tocante à matéria neste relacionada, mas também as normas gerais indicadas em outros dispositivos constitucionais, porque justamente a característica da legislação principiológica (normas gerais, diretrizes, bases), na repartição de competências federativas, consiste em sua correlação com competência suplementar (complementar e supletiva) dos Estados" (SILVA, José Afonso da. *Curso de direito constitucional positivo*, p. 506).

temas a serem legislados mereceriam um tratamento de equilíbrio, um mínimo de uniformidade, mas com espaços para os Estados-membros manifestarem, cada qual, a sua própria autonomia legislativa. Esse mínimo de uniformidade será conseguido pela introdução das normas gerais no contexto da repartição de competências concorrentes. Ou seja, o papel desempenhado pelas normas gerais é justamente o de combinar a uniformização sem, contudo, aniquilar a possibilidade de existirem legislações criativas diferentes oriundas dos vinte e seis Estados-membros e, também, do Distrito Federal.[6]

Enfim, o desafio, como dito alhures, é impedir que a pretensão de uniformidade de tratamento da União seja refletida indevidamente no exaurimento de todo o tema a ser legislado, não deixando margem para a livre apreciação por parte dos Poderes Legislativos estaduais.

3 A caracterização das normas gerais

Uma análise superficial do texto constitucional pode gerar a falsa percepção de que, no tema das competências concorrentes, a União ficará limitada ao estabelecimento de normas gerais. Afinal, essa é a dicção do §1º do artigo 24: "no âmbito da legislação concorrente, a competência da União limitar-se-á a estabelecer normas gerais".

Todavia, imagine se, dentre os temas ali inseridos no artigo 24, a União não pudesse também legislar especificamente, mas apenas de forma geral? Colha-se o exemplo da matéria tributária, contemplada no artigo 24 como um assunto de competência concorrente. A interpretação literal da competência da União para legislar apenas sobre normas gerais iria fatalmente impedir que ela própria pudesse elaborar legislação específica sobre o tema de Direito Tributário.

---

[6] Nesse sentido se posicionou o Supremo Tribunal Federal, para quem o ambiente das competências concorrentes e das normas gerais não pode tolher a liberdade criadora dos Estados-membros. O caso examinado era de uma lei catarinense que estipulava uma quantidade máxima de alunos por cada sala nos colégios do Estado. Veja-se o trecho do julgado, na parte que interessa para o presente estudo: AÇÃO DIRETA DE INCONSTITUCIONALIDADE. DIREITO CONSTITUCIONAL. PARTILHA DE COMPETÊNCIA LEGISLATIVA CONCORRENTE EM MATÉRIA DE EDUCAÇÃO (CRFB, ART. 24, IX). LEI ESTADUAL DE SANTA CATARINA QUE FIXA NÚMERO MÁXIMO DE ALUNOS EM SALA DE AULA. QUESTÃO PRELIMINAR REJEITADA. IMPUGNAÇÃO FUNDADA EM OFENSA DIRETA À CONSTITUIÇÃO. CONHECIMENTO DO PEDIDO. AUSÊNCIA DE USURPAÇÃO DE COMPETÊNCIA DA UNIÃO EM MATÉRIA DE NORMAS GERAIS. COMPREENSÃO AXIOLÓGICA E PLURALISTA DO FEDERALISMO BRASILEIRO (CRFB, ART. 1º, V). NECESSIDADE DE PRESTIGIAR INICIATIVAS NORMATIVAS REGIONAIS E LOCAIS SEMPRE QUE NÃO HOUVER EXPRESSA E CATEGÓRICA INTERDIÇÃO CONSTITUCIONAL. EXERCÍCIO REGULAR DA COMPETÊNCIA LEGISLATIVA PELO ESTADO DE SANTA CATARINA AO DETALHAR A PREVISÃO CONTIDA NO ARTIGO 25 DA LEI Nº 9.394/94 (LEI DE DIRETRIZES E BASES DA EDUCAÇÃO NACIONAL). PEDIDO JULGADO IMPROCEDENTE.
1. O princípio federativo brasileiro reclama, na sua ótica contemporânea, o abandono de qualquer leitura excessivamente inflacionada das competências normativas da União (sejam privativas, sejam concorrentes), bem como a descoberta de novas searas normativas que possam ser trilhadas pelos Estados, Municípios e pelo Distrito Federal, tudo isso em conformidade com o pluralismo político, um dos fundamentos da República Federativa do Brasil (...) (julgamento da ADI 4060. Disponível em: <http://www.stf.jus.br>).

Não é essa a melhor exegese. A alusão a normas gerais do art. 24 apenas pode ser entendida como uma função coordenadora da União em um campo de atuação conjunta com os Estados-membros. Vejamos.

Quando a Constituição de 1988 estabelece que à União caberá a elaboração de normas gerais, não está a impedir que ela própria possa, também, elaborar uma legislação específica que lhe seja aplicável. Se assim não fosse, e para novamente colher o exemplo da matéria tributária, teríamos apenas uma norma geral "Código Tributário", mas a União ficaria impossibilitada de legislar especificamente sobre os seus próprios tributos. Não é essa a melhor interpretação, pois, de fato, a norma geral da União não dispensa a sua legislação específica sobre matéria de sua competência legislativa. Todavia, essa legislação específica da União sobre temas concorrentes não será aplicável aos Estados-membros, pois estes apenas devem obediência às normas gerais.

Essa possibilidade de a União elaborar norma geral e específica sobre um dado tema faz surgir outro problema: o da identificação da natureza da norma legislada, se geral ou específica. Esse problema é relevante no âmbito da repartição de competências legislativas, pois, se a norma é geral, deve ser obedecida pelos Estados-membros. Se for específica, repita-se, não precisa ser obedecida pelos Estados-membros.

E, para piorar o problema, essas normas gerais e específicas podem estar todas juntas em um único diploma legal. Ou seja, podem-se observar, em uma lei, determinados artigos que são de norma geral (e, portanto, aplicáveis aos Estados-membros para conquistar a mencionada uniformidade no condomínio legislativo), mas podem, também, haver artigos que se inserem na legislação específica da União. Esse problema antigo já era mencionado por Geraldo Ataliba nos seguintes termos: "o Congresso Nacional, no nosso sistema, é concomitante órgão do Estado Federal Brasileiro e da União. O produto de sua atividade legiferante, porém, será lei nacional ou simplesmente federal, conforme ele atue nesta ou naquela qualidade".[7] Assim, sendo o Congresso Nacional o Poder Legislativo não apenas da União, mas também de toda a Federação, dele surgirão normas que (i) podem ser aplicáveis apenas no âmbito da União (para seus servidores, bens e serviços, como, por exemplo, a Lei nº 8.112, de 1989), e (ii) podem ser aplicadas e obedecidas por toda a Federação (por exemplo, a Lei nº 8.666, de 1993, de observância obrigatória por Estados-membros).

Nesse caso, saber quais são as características da norma geral irá facilitar a identificação dos artigos que são de aplicação obrigatória para os Estados-membros (aqueles gerais), diferenciando-os daqueloutros que, embora presentes no diploma normativo federal, são apenas uma densificação da legislação específica da União sobre a matéria.

---

[7] ATALIBA, Geraldo. Leis nacionais e leis federais no regime constitucional brasileiro ("normas gerais", 'diretrizes e bases' no nosso sistema federal). In: SOUZA, Jose Américo de (Org.). *Estudos jurídicos em homenagem a Vicente Ráo*. São Paulo: Resenha Universitária, 1976. p. 136.

Deve-se assinalar, todavia, que não há concordância doutrinária sobre a conceituação das normas gerais e não é tarefa simples apontar quando uma norma deixa de ser geral e passa a ser específica, ou vice-versa. Tércio Sampaio Ferraz Júnior foca o tema em análise elegendo o critério dos destinatários (quando a norma é aplicável a uma universalidade, e não a uma categoria específica) e o critério do conteúdo, quando então a norma teria a natureza "geral" na medida em que "se reporta a toda e qualquer ocorrência da espécie (*facti species*, fato gerador, hipótese de incidência). *Particular*, quando a matéria assinala apenas um grupo ou parte da espécie. Individual, ou melhor, singular, quando sua matéria delimita um único caso".[8]

Chamar uma norma de "geral" não deixa de ser, em si, uma redundância, pois a lei, ao contrário do ato administrativo e da sentença (que são atos concretos), é, em si, uma norma geral. Mas a questão é identificar o nível de "generalidade" da lei e a gradação dessa generalidade, pois os Estados-membros também possuirão a competência para legislar sobre esse assunto, mas de maneira específica (não no nível de especificidade de uma sentença ou ato administrativo).

Diogo de Figueiredo Moreira Neto menciona a existência de três graus de generalização normativa: um generalíssimo, das normas-princípio; um geral, das normas gerais e, por fim, um subgeral, das normas particularizantes.

No que diz respeito às normas gerais, o autor tenta agrupar características comuns entre os diversos autores. Uma espécie de consenso doutrinário sobre o tema, destacando as seguintes características: (i) estabelecem princípios, diretrizes e regras jurídicas gerais; (ii) não entram em pormenores e detalhes, não esgotando o assunto legislado; (iii) devem possuir abrangência nacional, aplicando-se igualmente a todas as entidades federadas; (iv) devem ser regras uniformes para situações homogêneas; (v) cabem em áreas de conflito (entre entidades federadas); (vi) referem-se a questões fundamentais; (vii) não podem desrespeitar a autonomia das outras entidades federadas.[9] Já André Luiz Borges Netto, por sua vez, diz que as normas gerais são "preceitos jurídicos editados pela União Federal, no âmbito de sua competência legislativa concorrente, restritos ao estabelecimento de diretrizes nacionais e uniformes sobre determinados assuntos, sem descer a pormenores ou detalhes".[10]

As normas gerais também podem ser apreendidas não por aquilo que elas são, mas por aquilo que elas não são. Nesse caso, examina-se mais sob uma perspectiva negativa (o que *não* é norma geral) do que propriamente a partir de

---

[8] FERRAZ JÚNIOR, Tércio Sampaio. Normas gerais e competência concorrente: uma exegese do art. 24 da Constituição Federal. *Revista da Faculdade de Direito da Universidade de São Paulo*, São Paulo, v. 90, p. 248, 1995. Apesar desses critérios eleitos, de destinatários e conteúdo, o próprio autor admite que "sempre restarão dúvidas, no caso concreto, para aplicar o critério estritamente lógico-formal. Deste modo, para o intérprete, a necessidade de analisar o conteúdo num contexto finalístico se impõe" (p. 249).
[9] MOREIRA NETO, Diogo de Figueiredo. *Competência concorrente limitada*: o problema da conceituação das normas gerais. p. 149-150.
[10] BORGES NETTO, André Luiz. *Competências legislativas dos Estados-membros*. p. 135-136.

uma perspectiva positiva (o que é norma geral). Assim, toda vez que se estiver diante de uma identificação de características específicas, elas não poderiam ser configuradas como normas gerais. A legislação sobre normas gerais, quando não presente a necessidade de legislação específica da União para seus próprios bens, servidores ou serviços, não pode descer a detalhes, sob pena de violação ao sentido do comando constitucional que quis dar à União o papel de uniformizador não exauriente de uma legislação nacional.[11] Veja-se, a propósito, o que o Supremo Tribunal Federal já decidiu, *verbis*:

> essas normas gerais devem apresentar generalidade maior do que apresentam, de regra, as leis. Penso que 'norma geral', tal como posto na Constituição, tem o sentido de diretriz, de princípio geral. A norma geral federal, melhor será dizer nacional, seria a moldura do quadro a ser pintado pelos Estados e Municípios no âmbito de suas competências.[12]

Portanto, uma norma geral traz em si diretrizes e normas não exaurientes de observância obrigatória por parte dos Estados-membros, no exercício de sua competência legislativa suplementar.

É forçoso reconhecer a dificuldade e a imprecisão na definição do que seja uma norma geral sem analisá-la em confronto com casos concretos. Elival da Silva Ramos chega a reconhecer que "o conceito de normas gerais e, correlatamente, também o de normas específicas, é daqueles que contêm uma considerável zona de indeterminação, aclarável apenas pelo aplicador da Lei, no deslinde do caso concreto".[13]

Justamente nesse sentido, de identificação das fronteiras da norma geral diante do tema a ser versado, elegemos a seguir um estudo de caso sobre como a norma geral pode ser desempenhada. Trata-se do caso da lei sobre vagas reservadas de concurso público para pessoas com deficiência. Com isso, pinçamos um caso típico de competência legislativa concorrente onde o papel da União é o de moldura, de norma quadro. E o dos Estados-membros, o papel da complementação, da pintura do quadro. Vejamos.

---

[11] Assim como a norma geral da União não pode descer a detalhes, a legislação suplementar dos Estados-membros também não pode ser generalista. Sobre isso, já decidiu o Supremo Tribunal Federal, na representação 1.242-3-PE, pela "inconstitucionalidade da definição de agrotóxicos e outros biocidas por lei estadual; ou da fixação de normas gerais e parâmetros para a classificação toxicológica". O Excelso Pretório reconheceu presente, *in concreto*, o caráter de norma geral da lei estadual, entendendo que a tal norma teria invadido a competência da lei federal que regulamentava a espécie. Invadido a competência para legislar sobre normas gerais. Nesse exemplo, temos um movimento em sentido inverso: a norma estadual com pretensões de estabelecer normas gerais sobre um assunto é tão inconstitucional quanto uma norma geral federal exauriente, que visa disciplinar *in totum* e com detalhes o tema a ser legislado, anulando os espaços da legislação criativa dos Estados-membros no plano da competência legislativa concorrente.

[12] Decisão liminar na Ação Direta de Inconstitucionalidade nº 927-3. Disponível em: <http://www.stf.jus.br>.

[13] RAMOS, Elival da Silva. Federação. Competência legislativa (normas gerais de competência da União e competência supletiva dos Estados: a questão dos agrotóxicos). *Revista de Direito Público*, São Paulo, ano XIX, n. 77, p. 128, jan./mar. 1986.

4 Contextualizando normas gerais no condomínio legislativo: estudo do caso da legislação sobre reserva de vagas em concursos para proteção e integração social das pessoas com deficiência

Não se pode olvidar que é de competência da União Federal estabelecer normas gerais sobre a proteção e integração social das pessoas com deficiência, competência esta situada no bojo do artigo 24 da Constituição Federal.

Nas competências legislativas concorrentes, a tarefa da União é estabelecer normas gerais. Portanto, a partir de uma leitura da Constituição como um sistema, veremos que o artigo 37, inciso VIII, ao estabelecer que a lei definirá o percentual da reserva de vagas, deve ser interpretado dentro do contexto do chamado "condomínio legislativo", que é justamente aquele espaço onde convivem legislações estaduais, municipais e, também, as da União sobre normas gerais.

Então, diante do que foi mencionado, sobre o papel das normas gerais no contexto da repartição de competências legislativas, pergunta-se: um Estado-membro poderia, interpretando apenas isoladamente o artigo 37, inciso VIII, elaborar sua própria lei e definir o seu próprio percentual de reserva de vagas, independentemente de qualquer legislação quadro da União? Esse percentual deve ser disciplinado em legislação nacional ou pode ser determinado por legislações estaduais e municipais também? Em quais limites de percentuais?

Vejamos o contexto do tema no plano constitucional: (i) o inciso II do art. 23 diz que é competência comum da União, Estados, Municípios e Distrito Federal "cuidar da saúde e assistência pública, da proteção e garantia das pessoas portadoras de deficiência;" (ii) mais à frente, nas competências legislativas concorrentes do art. 24, o inciso XIV determina que é de competência da União, Estados e Distrito Federal a "proteção e integração social das pessoas portadoras de deficiência"; (iii) o artigo 37, inciso VIII, diz que "a lei reservará percentual dos cargos e empregos públicos para as pessoas portadoras de deficiência e definirá os critérios de sua admissão".[14]

Observe-se que não há, no artigo 37, inciso VIII, definição do percentual que deve, em cada concurso, ser destinado às pessoas com deficiência. A Constituição se utilizou da técnica do "recurso de adiamento de agenda", que ocorre quando o constituinte não exaure a matéria a ser legislada no texto constitucional, adiando-

---

[14] Apesar do uso da expressão "pessoas portadoras de deficiência", a CDPD (Convenção dos Direitos das Pessoas com Deficiência, também chamada de Convenção de Nova Iorque), internalizada no Brasil pelo Decreto Legislativo nº 186, de 9.7.2008, de mesmo nível das emendas constitucionais (procedimento do disposto no §3º do art. 5º da Constituição Federal), retira a expressão "portadores", na crença de que o ser humano com deficiência não "porta" e não "carrega" a deficiência, que é dele parte. Por isso, neste trabalho, será utilizada apenas a expressão "pessoa com deficiência", que é a expressão atualmente correta, inclusive sob a perspectiva normativa.

se a agenda política da criação da norma para um momento futuro e para o plano da infraconstitucionalidade.

Assim, pelas normas indicadas, vê-se que o tema da proteção das pessoas com deficiência se situa, no federalismo brasileiro, no campo das competências compartilhadas, não exclusivas, tanto em relação às competências materiais (administrativas) quanto em relação às competências formais (legislativas): leis serão editadas estabelecendo ações para a proteção e a integração social das pessoas com deficiência.

Nesse contexto, o artigo 37, inciso VIII, determinou especificamente que deve haver um percentual para que os cargos e os empregos públicos sejam ocupados por pessoas com deficiência. Todavia, o percentual foi deixado para ser definido em lei. E essa lei (ou essas leis) deve ser compreendida no sistema constitucional da repartição de competências legislativas concorrentes, o chamado "condomínio legislativo".

Nesse passo, à União cabe elaborar normas gerais sobre o tema das pessoas com deficiência, à luz do §1º do art. 24, disciplinando, para todos, as regras mínimas de observância por parte dos Estados-membros. E, se isso ocorre em diversos temas, ocorre também em relação à proteção e integração das pessoas com deficiência, onde se insere a questão da reserva de vagas para cargos e empregos públicos.

Nesse sentido, foi editada a Lei nº 7.853, de 1989, dispondo sobre o apoio às pessoas portadoras de deficiência e sua integração social. Muito embora a referida lei não tenha, em nenhum momento, dito qual era o percentual de vagas em cargos e empregos públicos destinados às pessoas com deficiência, sobreveio o Decreto Regulamentar nº 3.298, de 20 de dezembro de 1999, dispondo sobre a Política Nacional para a Integração da Pessoa Portadora de Deficiência e consolidando as normas de proteção.

Tanto a Lei nº 7.853, de 1989, quanto o Decreto nº 3.298, de 1999, se situam no contexto do condomínio legislativo na qualidade de "normas gerais", para fins do contido no art. 24, §1º, da Constituição de 1988.

No referido Decreto nº 3.298, artigo 37, §1º, tem-se que "o candidato portador de deficiência, em razão da necessária igualdade de condições, concorrerá a todas as vagas, sendo reservado no mínimo o percentual de cinco por cento em face da classificação obtida".

Mediante o decreto, fica-se posto que o cálculo para determinação da quantidade de vagas se dá pela fração elevada ao primeiro número subsequente da divisão entre as vagas oferecidas e o percentual reservado.

Não há indicativo, tanto na lei quanto no decreto, de percentual máximo, mas apenas do mínimo.

O percentual máximo pode ser encontrado na Lei nº 8.112, de 1990, artigo 5º, *verbis*:

> §2º Às pessoas portadoras de deficiência é assegurado o direito de se inscrever em concurso público para provimento de cargo cujas atribuições sejam compatíveis com a deficiência

de que são portadoras; para tais pessoas serão reservadas até 20% (vinte por cento) das vagas oferecidas no concurso.

Ocorre que há uma distinção básica entre a Lei nº 8.112, de 1990, e os demais diplomas normativos infraconstitucionais aqui citados: aquela é destinada aos servidores públicos federais, não se aplicando, via de regra, aos servidores públicos estaduais e municipais, sob pena de violação do princípio federativo (capacidade de autolegislação e autoadministração).

Daí, repisa-se a diferença entre lei federal e lei nacional. A primeira aplicada apenas à União. A segunda aplicada a toda a nação, incluindo Estados e Municípios. Isso existe porque, como já mencionado, o Congresso Nacional é, ao mesmo tempo, Poder Legislativo da União, pessoa jurídica de direito público e político, mas também é o Poder Legislativo do Brasil inteiro.

Muito embora a Lei nº 8.112, de 1990, seja considerada uma "lei federal", e não uma lei "nacional", não se pode desconsiderar que a capacidade normativa de um diploma legal não pode ser analisada de maneira linear. Assim, uma "lei" contém várias normas em seu interior, que podem possuir natureza e aplicação distintas.

Casos da espécie são comuns. Por exemplo, pode-se identificar, dentro de uma lei complementar, um artigo ou inciso, enfim, uma norma que seja de jaez ordinário, e não complementar (materialmente ordinária e formalmente complementar). Assim também como é possível identificar um artigo, ou inciso, ou alínea, enfim, uma norma dentro de uma lei "federal", mas que seja, na verdade, uma norma "nacional", rompendo, portanto, as fronteiras da pessoa jurídica "União" para regrar toda a nação. Deve-se ter em mente que a chamada "lei federal" pode não ser propriamente federal em todos os seus artigos, já que pode comportar artigos que sejam "nacionais", e não apenas "federais". Tudo vai depender do assunto que estiver sendo normatizado.

Este parece ser o caso do §2º de seu art. 5º da Lei nº 8.112, de 1990, que, muito embora esteja dentro de uma "lei federal", aplicável apenas à União, é, na verdade, "norma nacional", aplicando-se a toda a federação, na parte tocante à definição do percentual de vagas reservadas às pessoas com deficiência. Essa exegese pode ser buscada em uma simples cadeia de ideias:

> (a) se o artigo 24 estabelece à União o poder de elaborar norma geral sobre proteção e integração de pessoas com deficiência e
>
> (b) se o artigo 37, inciso VIII, estabelece que o percentual de reserva de vagas será estabelecido em lei, então
>
> (c) cabe à União estabelecer o percentual mínimo e máximo de reserva de vagas (norma geral),
>
> (d) cabendo aos Estados-membros definirem, dentro do máximo e mínimo estabelecido, o percentual que melhor lhes aprouver;

Essa é justamente uma das funções da norma geral: estabelecer uma moldura, uma legislação quadro. Com esse argumento, tem-se que à União cabe estabelecer as regras gerais, inclusive o percentual, para ocupação de cargos e empregos públicos por pessoas com deficiência. Percentual mínimo e máximo. Esse assunto é, realmente, um tema de norma geral dentro do condomínio legislativo.

O problema das normas gerais, foco deste trabalho, é ainda maior quando se depara com normas que não são necessariamente "legais". Apenas para rememorar, veja-se o que diz o já multicitado §1º do art. 24: "no âmbito da legislação concorrente, a competência da União limitar-se-á a estabelecer normas gerais". Indaga-se, portanto, se essas "normas gerais" devem ser, necessariamente, normas legislativas, ou seja, leis formais elaboradas pelo Poder Legislativo, ou se, ao contrário, poder-se-ia considerar como "normas gerais" outras espécies de normas que não as legislativas, como, por exemplo, um decreto regulamentar do Presidente da República?

A indagação é relevante para o estudo do caso escolhido. É que não há lei da União estabelecendo percentual mínimo. Como visto, houve a definição do percentual máximo. Não há lei, mas há o Decreto nº 3.298, de 1999, que, em seu artigo 37, §1º, reservou ao candidato com deficiência o mínimo percentual de cinco por cento.

O mínimo está definido pelo decreto. O máximo está definido pela Lei nº 8.112, de 1989. Esta lei possui, é verdade, diversos artigos que se aplicam apenas no âmbito federal (aos servidores federais). Porém, não se pode tratar, da mesma forma, os artigos ali contidos que definem os direitos e deveres dos servidores públicos federais (aplicável apenas no âmbito da União), daqueloutros que, para além da esfera federal, podem receber uma interpretação compatível com a sua aplicação a outras esferas, como a estadual e a municipal. Esse parece ser o caso do artigo 5º, §2º, ao estabelecer o percentual máximo de reserva de vagas em concursos públicos. Nesse caso, os Estados-membros poderão complementar a legislação federal estabelecendo seus percentuais nos concursos estaduais, mas sempre respeitada a legislação-moldura no âmbito federal.

Tendo isso como parâmetro de referência, forçoso é concluir que, no interior do condomínio legislativo, o conceito de norma geral não se prende apenas à lei em sentido formal, mas sim à legislação, de onde podem surgir decretos regulamentares que, disciplinando norma geral legislativa da União, também passem a ter a mesma natureza de "norma geral" da lei regulada.

Assim, seria inválida qualquer legislação estadual que desatenda ao critério mínimo. Ou também ao máximo. Em sentido inverso, seria apenas válida a legislação estadual que, ao reservar vagas, atenda aos dois critérios, concomitantemente: respeite o mínimo (5%) e o máximo (20%) do percentual estabelecido para reserva de vagas às pessoas com deficiência.

A norma geral, atendendo à sua função de legislação quadro, deve viabilizar a atividade criativa do legislador estadual no âmbito do condomínio legislativo. E assim se posicionam os diversos Estados-membros, estabelecendo percentuais diferentes nesta matéria. Veja-se.

As Constituições dos Estados do Acre (art. 27, IX), Alagoas (art. 46, III), Amapá (art. 42, VIII), Bahia (art. 285, V), Ceará (art. 154, XXIII), Espírito Santo (art. 36), Goiás (art. 92, IX), Maranhão (art. 19, VIII), Mato Grosso do Sul (art. 27, VIII), Minas Gerais (art. 28), Paraíba (art. 30, XII) e Piauí (art. 54, XIII) reproduzem basicamente a mesma regra do texto constitucional federal, outorgando à lei o papel de definir o percentual. Nesse sentido, a lei estadual que disciplinar o tema para os concursos estaduais deverá respeitar a legislação quadro (mínimo de 5% e máximo de 20%), não podendo dispor fora da moldura do condomínio legislativo.

Outros Estados-membros, adotando posturas diferentes, já disciplinaram, em suas próprias Constituições, percentuais específicos, como, por exemplo, Mato Grosso (art. 129, V), ao determinar que "a lei ordinária reservará um percentual não inferior a um por cento dos cargos e empregos públicos para as pessoas portadoras de deficiência de qualquer natureza", e o Estado de Pernambuco (art. 97, VI, a), que determina a reserva do percentual de "três por cento e o mínimo de uma vaga, para provimento por pessoa portadora de deficiência".

Nesses casos, eventuais previsões que se situem fora do mínimo de 5% e máximo de 20% não poderão subsistir, pois, como visto, as normas gerais desempenham um papel importante no plano das competências legislativas concorrentes, determinando um padrão médio de comportamento legislativo para todo o País.

5 Considerações finais

De tudo o que foi exposto, verifica-se que o federalismo brasileiro se desdobra também por meio de um federalismo legislativo, na medida em que haverá diversas normas de várias esferas convivendo, concorrendo e repartindo atribuições. Os Poderes Legislativos dos Estados-membros poderão tanto elaborar leis no plano das suas competências legislativas privativas quanto também poderão elaborar leis no plano da legislação compartilhada (repartição de competências concorrentes).

No caso específico da repartição de competências concorrentes, a legislação da União indicará o grau de espaço livre para a verificação da existência, ou não, de diversidades normativas no Estado Federal. Considerando que o federalismo deve combinar diversidade com unidade, uma atriz forte nesse filme é justamente a chamada "norma geral", realçando-se que o conceito de norma geral não alcança apenas as leis em sentido formal (enquanto produto da atividade do Poder Legislativo), mas também pode ser aderente a decretos regulamentares que articulam bem a função de uma norma geral no condomínio legislativo, no âmbito da repartição de competências concorrentes. E mais: a norma geral pode ser extraída de leis que, em princípio, foram construídas apenas para serem aplicadas ao patrimônio, serviços ou bens da União. Com isso, aparentemente de aplicação apenas à esfera federal, um artigo, ou inciso, ou alínea de uma "lei federal" pode se tornar "lei nacional", fonte de normas gerais.

A norma geral pressupõe um objetivo: garantir um mínimo de uniformidade legislativa. Mas, ao mesmo tempo, não deve ser exauriente a ponto de abafar as diversidades regionais e estaduais, impedindo a formação de legislações diferentes para cuidar de realidades não coincidentes.[15] Na verdade, a legislação dos Estados-membros, atendendo às suas peculiaridades, deve respeitar um mínimo de uniformização legislativa que terá seus lindes traçados por norma da União, uma legislação moldura ou quadro.

Desta feita, quando o constituinte relacionou determinadas matérias como integrantes de uma *competência legislativa concorrente*, é porque sentiu a necessidade de um mínimo de uniformização, sem que isso significasse castrar a fertilidade legislativa dos Estados-membros na criação de soluções jurídicas para cada realidade concreta de cada Estado. O grande dilema das normas gerais no condomínio legislativo é justamente a busca do equilíbrio entre a uniformidade e a diversidade legislativa.

Com isso, não se pode admitir uma norma geral que não seja efetivamente geral. As suas características de generalidade quanto aos destinatários, à abrangência, à normatividade de diretrizes e o não exaurimento da matéria a ser legislada devem ser o norte para cada caso onde se confrontem uma legislação estadual e uma federal sobre o mesmo tema.

Não há, propriamente, uma fórmula capaz de ser aplicada a todos os conflitos federativos de normas no plano do condomínio legislativo das competências concorrentes. Para cada tema a ser legislado, deve-se observar se a norma geral assume, ou não, o seu papel de legislação quadro, não exauriente. Para comprovar a tese, escolheu-se, neste trabalho, o exame da legislação concorrente de proteção e integração social das pessoas com deficiência, examinando a moldura da norma geral, notadamente em relação à definição de vagas em concursos. Sabe-se que a disciplina de percentual de vagas em concursos públicos para pessoas com deficiências é um mecanismo imprescindível para tentar diminuir as desigualdades sociais de oportunidades. Seja para concursos referentes ao âmbito nacional e estadual, a Constituição resguarda os direitos dessas pessoas em seu artigo 37, VIII, além de outros mecanismos que preveem sua proteção.

O tema se situa no âmbito da competência legislativa concorrente, de proteção e integração social da pessoa com deficiência, competência normativa estabelecida pelo artigo 24 da Constituição de 1988, aplicável à União, Estados e Distrito Federal e, por força do art. 30, inciso II, também aos Municípios.

No âmbito da competência legislativa concorrente, cabe à União estabelecer normas gerais. E a norma geral que define o percentual mínimo para reserva de

---

[15] Veja-se, por oportuno, o precedente do Supremo Tribunal Federal, quando decidiu que a lei do Distrito Federal que autoriza a venda de produtos de conveniência em farmácias não viola a norma geral da União sobre matéria de saúde (ADI 4423/DF. Disponível em: <http://www.stf.jus.br>).

vagas em concursos para cargos e empregos públicos é o Decreto nº 3.298/99. Já a norma que define o máximo é o art. 5º da Lei nº 8.112, de 1989. Por sua vez, a Lei nº 8.112, de 1989, em que pese ser uma lei aplicável apenas no âmbito federal (para os servidores da União), possui regramentos que extrapolam essa função, quando interpretados em conjunto com a competência concorrente.

Assim, uma interpretação sistêmica do artigo 5º, §2º, da Lei nº 8.112, de 1989, combinado com os artigos 24, inciso XIV, §1º, e 37, inciso VIII, todos da Constituição Federal, leva-nos a crer que o mencionado §2º do artigo 5º da Lei nº 8.112, de 1989, é, na verdade, uma verdadeira "norma geral", pelo tema ali normatizado.

Quer-se dizer que o teor, o assunto, o tema, a matéria contida naquela norma é justamente derivada do quadro constitucional normativo de conjuntura que afirma a competência da União para legislar sobre norma geral de proteção e integração da pessoa com deficiência. E, no plano da União, a ela compete elaborar norma geral sobre o assunto, que deve ser aplicada aos Estados-membros (e, por conclusão lógica, também aos concursos municipais).

A partir desse exemplo, pode-se perceber que o regime jurídico das normas gerais não é cartesiano. A norma geral pode ser extraída do sistema, compondo normas diferentes ou até mesmo sendo extraída de leis ordinárias que possuíam apenas objetivo de regrar assuntos para a União, e não para os Estados-membros (como a Lei nº 8.112, de 1990). É justamente esse "quadro" normativo das normas geais que vai fazer com que tenhamos cidadãos com iguais direitos, independentemente de onde se situem, sejam cariocas ou pernambucanos, sobre temas que a própria Constituição de 1988 entendeu que necessitariam de um tratamento uniforme, mas não completamente uniforme que impedisse a participação da legislação dos Estados-membros. A norma geral da União, portanto, em determinados assuntos, termina por consagrar, em certa medida, o próprio princípio da isonomia, criando mecanismos que tentem diminuir as desigualdades das legislações dos diversos Estados-membros.

O grande dilema do federalismo brasileiro, no que diz respeito à repartição de competências legislativas concorrentes, é, na verdade, criar um regime de normas gerais que seja temperado com o necessário equilíbrio entre unidade e diversidade.

A busca desse ponto de equilíbrio é um dos grandes desafios que devem ser articulados na formação de um espaço compartilhado de competências, onde irão atuar o legislador da União, mas também todos os outros legisladores dos Estados-membros. E esse desafio apenas pode ser vencido com uma compreensão adequada do federalismo enquanto princípio constitucional que combina a ideia da diversidade com a da unidade.

Referências

ARAÚJO, Marcelo Labanca Corrêa de. *Teoria da repartição de competências legislativas concorrentes*. Recife: Fasa, 2011.

ARAÚJO, Marcelo Labanca Corrêa de; LEITE, Glauco Salomão. Poder Legislativo e dinâmica constitucional: um estudo à luz do princípio federativo. *Revista de Informação Legislativa*, n. 207, p. 290, 2015.

ATALIBA, Geraldo. *Leis nacionais e leis federais no regime constitucional brasileiro* ("normas gerais", "diretrizes e bases" no nosso sistema federal). Estudos jurídicos em homenagem a Vicente Ráo. São Paulo: Resenha Universitária, 1976.

BORGES NETTO, André Luiz. *Competências legislativas dos Estados-membros*. São Paulo: Revista dos Tribunais, 1999.

FERRAZ JÚNIOR, Tércio Sampaio. Normas gerais e competência concorrente: uma exegese do art. 24 da Constituição Federal. *Revista da Faculdade de Direito da Universidade de São Paulo*, São Paulo, v. 90, 1995.

HORTA, Raul Machado. *Direito constitucional*. Belo Horizonte: Del Rey, 1999.

JUSTEN FILHO, Marçal. *Comentários à lei de licitações e contratos administrativos*. São Paulo: Dialética, 2000.

MOREIRA NETO, Diogo de Figueiredo. Competência concorrente limitada: o problema da conceituação das normas gerais. *Revista de Informação Legislativa*, Brasília, ano 25, n. 100, out./dez. 1988.

RAMOS, Elival da Silva. Federação: competência legislativa (normas gerais de competência da União e competência supletiva dos Estados: a questão dos agrotóxicos). *Revista de Direito Público*, São Paulo, ano XIX, n. 77, jan./mar. 1986.

SILVA, José Afonso da. *Curso de direito constitucional positivo*. São Paulo: Malheiros, 2000.

Informação bibliográfica deste texto, conforme a NBR 6023:2002 da Associação Brasileira de Normas Técnicas (ABNT):

ARAÚJO, Marcelo Labanca Corrêa de. Normas gerais no federalismo brasileiro: explicando e contextualizando o papel da União na repartição de competências legislativas concorrentes. In: COPETTI NETO, Alfredo; LEITE, George Salomão; LEITE, Glauco Salomão. *Dilemas na Constituição*. Belo Horizonte: Fórum, 2017. p. 185-200. ISBN 978-85-450-0236-9.

O FEDERALISMO COOPERATIVO DE *EXECUÇÃO* COMO MODELO PARA O ESTADO SOCIAL BRASILEIRO

Andreas J. Krell

1 Introdução

Há tempo, consta da pauta política do Governo brasileiro a Reforma Federativa como uma das suas maiores prioridades; igualmente, os governos estaduais e o movimento municipalista reivindicam uma reformulação do próprio Pacto Federativo que estabeleça um novo sistema de distribuição de encargos e recursos entre os entes da Federação. A discussão jurídica sobre o assunto, contudo, normalmente está concentrada em aspectos financeiros, sem que tenha sido efetuada, até agora, uma subdivisão mais racional das tarefas públicas e das responsabilidades por sua concreta realização.

Muitas leis federais formulam *políticas nacionais* para determinados setores administrativos e preveem uma integração dos Estados e municípios em *sistemas nacionais*,[1] os quais, porém, são meras molduras institucionais, que precisam ser preenchidas mediante consórcios públicos, convênios de cooperação e outros acordos,[2] a serem livremente negociados e celebrados entre os entes federados, conforme art. 241 CF.

Por falta de obrigatoriedade legal da participação ativa dos entes federativos inferiores nesses sistemas, estes funcionam somente mediante a oferta de ajuda material por programas e fundos, sob a condição de que os governos interessados tomem as providências administrativas concebidas nas leis superiores. Esta participação *induzida*, no entanto, não possui caráter juridicamente vinculativo, podendo os integrantes abandonar os sistemas a qualquer momento, o que contribui para a sua instabilidade.

Por isso, o tema do federalismo brasileiro na atualidade deve ser analisado menos pelo ponto de vista da discussão sobre a divisão das competências legislativas e mais a partir dos aspectos da *execução* das normas legais produzidas pelos diferentes níveis governamentais. Para tanto, será abordado o fenômeno

---

[1] Por exemplo, nas áreas da Saúde (SUS: art. 200 CF; Lei nº 8.080/90), do Meio Ambiente (SISNAMA: Lei nº 6.938/81; Decreto nº 99.274/90), do Gerenciamento dos Recursos Hídricos (Lei nº 9.433/97), do Trânsito (Lei nº 9.503/97; Decreto nº 4.711/03), de Segurança Alimentar e Nutricional (SISAN: Lei nº 11.346/06), das Armas (SINARM: Lei nº 9.437/97; Decreto nº 2.222/97), da Vigilância Sanitária (Lei nº 9.782/99).

[2] Sobre o tema, *vide* KRELL, Andreas J. *Leis de normas gerais, regulamentação do Poder Executivo e cooperação intergovernamental em tempos de Reforma Federativa*. Belo Horizonte: Fórum, 2008. p. 57 *et seq.*

universal da crescente interligação das competências federativas, que obriga os órgãos estatais a manterem uma vasta gama de instrumentos de articulação e negociação entre si para possibilitar uma atuação conjunta.

No entanto, o conceito do federalismo *cooperativo* – modelo que foi adotado pela Constituição brasileira – em outros países já tem perdido muito do seu encanto original em virtude da sua tendência para levar a um exagerado "entrelaçamento" das políticas dos diversos entes governamentais. Essas experiências alheias, porém, por partirem de situações políticas, históricas e socioeconômicas bastante diferentes, não devem ser interpretadas como argumentos contra uma progressiva implantação de estruturas de cooperação e colaboração intergovernamental no Brasil.

Para Bercovici, é equivocada a ideia de um Estado brasileiro "demasiadamente forte, contrastando com uma sociedade fragilizada", já que o poder estatal neste país nunca conseguiu fazer respeitar boa parte das suas determinações. Por isso, "a Administração Pública brasileira está bem longe das exigências do desenvolvimento", visto que ela não está voltada "para a implementação dos princípios e políticas consagrados na Constituição", faltando coordenação entre vários setores da Administração Pública. Por isso, a sua necessária reestruturação, ao lado dos evidentes aspectos gerenciais, somente poderá ser bem-sucedida se houver consideração das questões eminentemente políticas.[3]

2 O modelo da Federação na atualidade: convivência da coordenação central com o princípio da subsidiariedade

O Estado federal encontra a sua base numa síntese dinâmica dos elementos da coesão e do particularismo, que variam de acordo com os fatores históricos, políticos, socioeconômicos e culturais de cada país.[4] Cada Estado federativo deve buscar o equilíbrio entre a imprescindível homogeneidade e uma "pluralidade otimizada".[5] Assim, o federalismo exige a "unidade dentro de uma multiplicidade dinâmica", dependendo do equilíbrio entre aspectos de centralização e descentralização em relação a tarefas, atribuições e meios de controle. Essa relação balanceada não pode ser reduzida a um modelo prévio e fixo.[6]

Na maioria dos países com estrutura federativa, a produção de políticas públicas bem-sucedidas depende cada vez mais da coordenação das ações de

---

[3] BERCOVICI, Gilberto. Planejamento e políticas públicas: por uma nova compreensão do papel do Estado. In: BUCCI, M. P. Dallari. *Políticas públicas*: reflexões sobre o conceito jurídico. São Paulo: Saraiva, 2006. p. 147, 155 *et seq.*

[4] Cf. TORRES, Silvia F. *O princípio da subsidiariedade no Direito Público contemporâneo*. Rio de Janeiro: Renovar, 2001. p. 216 *et seq.*

[5] HÄBERLE, Peter. Rechtsvergleichung im Dienste der Verfassungsentwicklung – an Beispielen des Föderalismus/Regionalismus bzw. von Zweikammersystemen. In: PITSCHAS, R.; UHLE, A. (Eds.). *Wege gelebter Verfassung in Recht um Politik*. Berlin: Duncker & Humblot, 2007. p. 588.

[6] KARPEN, Ulrich. Das Grundgesetz als "Exportartikel". In: PITSCHAS, R.; UHLE, A. *Op. cit.*, p. 623.

níveis de diferentes governos autônomos (*shared decision making*). Isso torna mais complexa a montagem de um verdadeiro *welfare state*, "envolvendo jogos de cooperação e competição, acordos, vetos e decisões conjuntas entre os níveis de governo". O modelo do Estado federado não é uma "tábua de salvação", mas um mecanismo dependente de uma série de condições para ser bem-sucedido.[7]

No mundo inteiro, o modelo do Estado federativo conjuga o critério *funcional* com o *espacial*, dividindo o poder estatal entre entidades territoriais políticas, o que multiplica as combinações possíveis entre ambos os critérios e os problemas delas decorrentes.[8] O Estado federal expressa uma "divisão *vertical* de poderes";[9] os seus princípios e o da divisão dos poderes são complementares, buscando o equilíbrio das forças sociais e a diversidade funcional da atividade do Estado.[10]

Inicialmente idealizado para proteger a liberdade do cidadão contra abusos do poder monárquico, o clássico postulado da separação dos poderes tem assumido progressivamente a função adicional de um meio procedimental para aumentar a capacidade estatal de prestar serviços públicos de boa qualidade.[11] O federalismo representa uma forma de distribuição de poderes de decisão que, em princípio, possui natureza político-jurídica, mas é condicionada pelos outros âmbitos sociais, em relação aos quais sempre está aberta.[12] Desde a II Guerra, o principal motivo do aumento das competências federais tem sido a necessidade de planejar, organizar e financiar determinados serviços públicos em âmbito nacional.[13]

Política pública, neste contexto, deve ser entendida como programa de ação governamental, um conjunto de medidas articuladas cujo escopo é dar impulso à realização de algum objetivo de ordem pública ou à concretização de direitos, valendo-se precipuamente de normas jurídicas para plasmar as diretrizes e os meios da atividade estatal dirigida, bem como para moldar a própria execução dos fins estabelecidos.[14]

São basicamente três tipos de competências referentes às tarefas públicas a serem cumpridas pelos governos de diferentes entes que integram uma Federação: a competência *decisória*, que envolve o planejamento das medidas, a elaboração das respectivas normas jurídicas e o controle da sua execução;

---

[7] ABRUCIO, Fernando; SOARES, Márcia. *Redes federativas no Brasil*. São Paulo: KAS, 2001. p. 32 *et seq.*

[8] MOREIRA NETO, Diogo de F. Competência concorrente limitada: o problema da conceituação das normas gerais. *Revista de Informação Legislativa*, Brasília, n. 100, p. 128, Senado Federal, 1988.

[9] HESSE, Konrad. *Elementos de direito constitucional da República Federal da Alemanha*. Porto Alegre: Sergio Fabris, 1998. p. 187 *et seq.*

[10] ZIMMERMANN, Augusto. *Teoria geral do federalismo democrático*. 2. ed. Rio: Lumen Juris, 2005. p. 87.

[11] HOFFMANN-RIEM, Wolfgang. Gewaltengliederung und Verantwortungsteilung als Ordnungsprinzip. In: HUFEN, F. (Ed.). *Verfassungen – Zwischen Recht und Politik*. Baden-Baden: Nomos, 2008. p. 183 *et seq.*

[12] NEVES, Marcelo. *Grenzen der demokratischen Rechtsstaatlichkeit und des Föderalismus in Brasilien*. Basel: Helbing & Lichtenhahn, 2000. p. 4 *et seq.*

[13] GARCÍA-PELAYO, Manoel. *Derecho constitucional comparado*. Madrid: Alianza, 1999. p. 245.

[14] BUCCI, M. Paula Dallari. O conceito de política pública em direito. In: BUCCI, M. P. D. (Org.). *Políticas públicas*: reflexões sobre o conceito jurídico. São Paulo: Saraiva, 2006. p. 14; MASSA-ARZABE, Patrícia H. Dimensão política das políticas públicas. In: BUCCI, M. P. D. (Org.). *Políticas públicas, op. cit.*, p. 67.

a competência *executória*, que consiste no direito e no dever de um nível governamental de executar uma função pública; e, por fim, a competência de *financiamento*, que corresponde ao dever de uma esfera de governo de arcar com as despesas ligadas diretamente ao cumprimento da função. A influência de fatores históricos, políticos e sociais que atuam na determinação dessa divisão de competências normalmente não permite uma "distribuição ótima" entre os diferentes entes federativos de um país.[15]

O principal motivo do aumento das competências federais tem sido a necessidade de planejar, organizar e financiar determinados serviços públicos e sua prestação em âmbito nacional.[16] Neste caminho, o federalismo sofreu modificações substanciais, da inicial ampliação das competências da União, em direção a um "federalismo integrado", onde as leis e processos legislativos dos diferentes entes estatais tendem a se completar, em favor da comunidade federativa global.[17]

Esta integração não permite mais encarar a distribuição de competências como "instrumento de disputas entre o autoritarismo centralizador e as autonomias locais", mas se transforma em "um compromisso de solidariedade e de união de esforços para realizar do modo mais adequado possível o bem-estar da coletividade".[18] Expressão desta tendência é o próprio art. 19, III, da Carta de 1988, que veda aos entes federativos "criar distinções entre brasileiros ou preferências entre si".

Hoje, o modelo do federalismo está diretamente ligado ao importante princípio da *subsidiariedade*, para promover a diversidade regional e a descentralização das instâncias de decisão. Ao mesmo tempo, o sistema visa a garantir a *homogeneidade* – porém, não necessariamente a *uniformidade* – das estruturas político-administrativas da União e dos Estados.[19] Apesar de os entes estatais inferiores serem, sem dúvida, mais próximos aos indivíduos, "a mais importante ação do ente maior em relação aos menores é a ação estimuladora para criar condições de *coordenação*, por *cooperação* ou por *colaboração*".[20]

O princípio da subsidiariedade obriga o poder estatal a promover, mediante prestações, as ações das entidades menores em prol do bem comum, para compensar as suas falhas e omissões. Como há uma forte ligação ao critério da *eficiência*, ele pode ser invocado tanto para justificar a descentralização de tarefas quanto a sua centralização. O seu verdadeiro sentido, contudo, jaz no postulado de que as decisões político-administrativas devem ser tomadas no mais baixo nível

---

[15] *Op. cit.* p. 101.
[16] Cf. GARCÍA-PELAYO, *op. cit.*, p. 245.
[17] BARACHO, José Alfredo de O. *Teoria geral do federalismo*. Rio de Janeiro: Forense, 1986. p. 71 *et seq.*
[18] GRECO, Leonardo. Competências constitucionais em matéria ambiental. *Revista de Informação Legislativa*, Brasília, n. 116, p. 139, 1992.
[19] Cf. VOGEL, Hans-Jochen. In: BENDA, E. et al. *Manual de derecho constitucional*. Madrid: Marcial Pons, 1996. p. 621 *et seq.*
[20] MOREIRA NETO, Diogo de F. *Mutações do direito administrativo*. Rio de Janeiro: Renovar, 2000. p. 21.

de governo *possível*, onde se encontram as estruturas decisórias mais propícias para garantir a satisfação das necessidades da coletividade.²¹

Por um lado, o fortalecimento dos governos subnacionais constitui um processo que fortalece a democracia brasileira e leva a uma maior eficiência administrativa. Porém, não pode ser olvidado que os municípios, em várias regiões do país, até hoje, são locais preferenciais do clientelismo, da corrupção e da ineficiência, podendo a sua crescente "autonomização" também ser contraproducente em relação aos esforços de estabilização e responsabilidade fiscal. Igualmente, a notória "guerra fiscal" entre os Estados é exemplo ilustrativo da *falta de coordenação* em favor de um efetivo desenvolvimento nacional.²²

Nessa linha, Neves mostra que a grande maioria dos entes locais do Brasil "convive estruturalmente à margem da Constituição não só no que diz respeito à generalização de inconstitucionalidades e ilegalidades da administração e política patrimonial, financeiro e de pessoal, mas também pela falta do mínimo de infraestrutura para seu funcionamento conforme à Constituição". Por isso, a intensificação de controles externos do município não levaria a uma "redução de sua autonomia, antes seria condição de sua possibilidade", já que tais mecanismos contribuiriam para imunizá-lo contra as "injunções dos interesses particularistas (políticos, econômicos, familiares, corporativos, de boas relações etc.)", as quais tornariam o discurso municipalista preponderantemente *simbólico*.²³

O direito da União de regular e supervisionar os entes subnacionais é bastante arraigado no processo da construção do estado-nação brasileiro. A Constituição de 1988 não rompeu com essa tradição, pois, ao passo que previu a descentralização (e delegação) da *execução* das políticas públicas, concedeu ao governo federal o poder de iniciar legislação em praticamente todas as áreas. Os artigos 21 (25 incisos) e 22 (29 incisos) estabelecem uma nítida prevalência da competência federal para regulamentar as diversas políticas públicas. O art. 24 (16 incisos) permite legislação estadual apenas no âmbito que vai além das "normas gerais" federais, um conceito que, no passado, sempre foi interpretado de forma extensiva, abrindo à União espaços abrangentes de normatização das políticas públicas em áreas como saúde, educação, urbanismo, meio ambiente etc.²⁴

Entretanto, esta extensão do poder central de normatizar determinadas matérias que não comportam um regime diferenciado "não destrói nem infirma, em absoluto, o ideal federativo e as vantagens políticas e administrativas da

---

[21] Cf. OTERO, Paulo. *Legalidade e administração pública*: o sentido da vinculação administrativa à juridicidade. Coimbra: Almedina, 2007. p. 866 *et seq.*
[22] CARVALHO, André Regis de. Reengenharia federativa: a questão dos consórcios intermunicipais. In: FIGUEIREDO, C. M.; NÓBREGA, M. (Orgs.). *Administração pública*: direito administrativo, financeiro e gestão pública – prática, inovações, polêmicas. São Paulo: RT, 2002. p. 86.
[23] NEVES, Marcelo. Concretização constitucional "versus" controle dos atos municipais. In: CUNHA, S.; GRAU, E. (Orgs.). *Estudos de direito constitucional*. São Paulo: Malheiros, 2002. p. 577, 583 *et seq.*
[24] ARRETCHE, Marta. *Democracia, federalismo e centralização no Brasil*. Rio: FGV/Fiocruz, 2012. p. 16, 20 *et seq.*

forma federativa de governo".²⁵ No Brasil de hoje, é, sobretudo, o Governo federal que dirige e coordena a implementação das políticas nacionais descentralizadas;²⁶ entretanto, deve ser impedida "uma hegemonia do poder federal que desnature o sistema".²⁷

No Estado federativo, deve haver um equilíbrio entre as correntes de *cooperação* e de *competição*, já que a prática mostrou que em qualquer federação há uma inevitável interdependência e sobreposição das funções dos diferentes governos, os quais não podem operar de forma isolada. As diferentes formas de cooperação entre órgãos estatais geralmente estão sendo defendidas para aumentar a *eficiência* no cumprimento das tarefas públicas e realizar medidas de modernização administrativa ou de reformas mais amplas do sistema, as quais necessitam de consensos entre as esferas políticas envolvidas.

O aperfeiçoamento das formas de colaboração intergovernamental numa federação visa a alcançar uma maior coesão institucional interna, que expressa o funcionamento ordenado dos órgãos públicos nos diferentes níveis, com o fim de garantir a realização dos fins e das tarefas constitucionalmente consagrados.²⁸ Nesse sentido, na área das ciências políticas, a corrente do "novo institucionalismo" analisa as condições institucionais governamentais sob o aspecto de seus efeitos recíprocos em relação aos fatores sociais de influência, que expressam interesses e reivindicações racionais individuais e coletivos. A atuação estatal, destarte, é percebida como delimitada e norteada mediante agregação e articulação das formas e regras institucionais e, ao mesmo tempo, pela existência e/ou necessidade concreta de políticas públicas nos diversos setores.²⁹

3 Bases teóricas do modelo do federalismo *cooperativo*

O próprio conceito do federalismo *cooperativo* foi cunhado, nos anos 60 do século XX, na área das ciências políticas por Grodzins, para descrever – em contraposição ao modelo do federalismo *dual* – o sistema governamental dos EUA após a época do *New Deal*, no qual se tornava cada vez mais difícil distinguir as tarefas dos três níveis federativos (federal, estadual e local), visto que estes, para aumentar o bem-estar coletivo, exercem inúmeras funções compartilhadas e interdependentes. Para ilustrar esta situação, ele usou a figura do "bolo de

---

[25] TEIXEIRA, J. H. Meirelles. *Curso de direito constitucional*. Rio: Forense Universitária, 1991. p. 657 *et seq*.
[26] Cf. ARRETCHE, Marta. Mitos da descentralização: mais democracia e eficiência nas políticas públicas? *Revista Brasileira de Ciências Sociais*, n. 31, p. 51, 56 *et seq*, jun. 1996.
[27] ALMEIDA, Fernanda D. M. de. *As competências na Constituição de 1988*. 2. ed. São Paulo: Atlas, 2000. p. 91.
[28] Cf. SILVEIRA, Alessandra. *Cooperação e compromisso constitucional nos Estados compostos*. Coimbra: Almedina, 2007. p. 381.
[29] Cf. WINDHOFF-HÉRITIER, Adrienne. Die Veränderung von Staatsaufgaben aus politikwissenschaftlich-institutioneller Sicht. In: GRIMM, D. (Ed.). *Staatsaufgaben*. Frankfurt a.M.: Suhrkamp, 1996. p. 76 *et seq*.

mármore" (*marble cake*), cujos ingredientes multicoloridos se misturam de forma inseparável. Na visão do autor, só o fortalecimento central do Poder Público seria capaz de criar um contrapoder aos agentes econômicos privados, muitas vezes grandes empresas com monopólios de mercado, as quais, na prática, facilmente conseguiam aliciar os representantes políticos dos governos subnacionais.[30]

Em geral, pode-se afirmar que, nos Estados federativos modernos, o federalismo cooperativo, durante muito tempo, foi visto como uma tendência progressiva e benéfica aos cidadãos; a crescente unificação das condições de vida jurídicas, econômicas e sociais e a elevada racionalidade de um planejamento em comum justificaram a adoção deste modelo. Todavia, a realidade de alguns sistemas federativos fortemente *entrelaçados* (EUA, Alemanha) e, mais ainda, as formas de colaboração entre os governos e órgãos administrativos no âmbito da União Europeia revelaram também uma série de efeitos indesejados para o sistema constitucional de diversos países, que devem ser sopesados com as inegáveis vantagens do cumprimento coordenado de tarefas no Estado federado.

Assim, são alvo de crítica as seguintes deficiências funcionais como consequência do excessivo "entrelaçamento" de Política e Administração num sistema federativo: exagerada demora dos processos de decisão conjunta; crescente dependência em relação a planejamentos e financiamentos centrais; camuflagem das responsabilidades financeiras pelos encargos e serviços públicos; restrição dos espaços para soluções inovadoras de problemas; e, finalmente, o fortalecimento de tendências *unitárias* mediante o avanço dos governos em detrimento dos parlamentos, especialmente dos estaduais. Em geral, as tarefas estaduais e municipais são reduzidas a atividades "dependentes" (implementação e administração), enquanto as funções estatais "criativas" (legislação, planejamento e programação de políticas) são exercidas quase exclusivamente pelo governo central.[31]

Isso significa que, quando as medidas para fomentar a *cooperação* intergovernamental são levadas ao extremo, há perigo de que sejam asfixiadas a autonomia, a liberdade de atuação e de iniciativa dos entes federativos, fenômeno que foi chamado de "armadilha de entrelaçamento político" (*Politik-Verflechtungsfalle*).[32]

Ao contrário, o modelo do federalismo *concorrente* (ou "de competição") permite uma disputa entre União e Estados e destes entre si, já que cada ente político pode cumprir as suas tarefas de forma mais autônoma, o que fortalece

---

[30] GRODZINS, Morton. Centralization and decentralization in the American federal system. In: GOLDWIN, R. (Ed.). *A nation of states*. Chicago: Rand McNally, 1961; *The american system*: a new view of government in the United States. Chicago: Rand McNally, 1966.

[31] Cf. PERNTHALER, Peter. *Allgemeine Staatslehre und Verfassungslehre*. Wien: Springer, 1996. p. 299 *et seq*.

[32] SCHARPF, Fritz. Die Politik-Verflechtungsfalle: Europäische Integration und deutscher Föderalismus im Vergleich. *Politische Vierteljahresschrift*, n. 26, p. 323 *et seq*; Föderale Politikverflechtung: Was muß man ertragen – was kann man ändern? Max-Planck-Institut für Gesellschaftsforschung (MPIfG) – Working Paper 99/3, 1999. Disponível em: <http://www.mpi-fg-koeln.mpg.de/pu/workpap/wp99-3/wp99-3.html>. Acesso em: ago. 2014.

as verdadeiras vantagens do sistema federativo: sua mobilidade, eficiência, mecanismos de incentivo e proximidade ao cidadão. Todavia, este modelo normalmente produz conflitos entre os governos e tem um forte impacto divisor em relação aos processos político-administrativos que existem numa federação[33] e pode levar ao gradual abandono do princípio da *solidariedade* e do objetivo de alcançar condições de vida equivalentes em todas as partes da Federação.

Silveira, criticando a concepção de federalismo competitivo idealizado por Breton, chama atenção para a provável "distorção das escolhas políticas contra os grupos de baixa renda, potencializando assimetrias periféricas" que este modelo poderia causar no Brasil, já que ele ignoraria que "o processo de elaboração e implementação das políticas públicas constitui a síntese das interações entre uma multiplicidade de atores com interesses e estratégias diferenciados".[34]

De qualquer forma, o federalismo *cooperativo* representa, até hoje, um tipo ideal de relações intergovernamentais, baseadas na busca de se "compartilhar tarefas de forma que há uma mistura entre as atividades dos níveis de governo"; nele, tornam-se necessários mecanismos que viabilizem ações conjuntas nas políticas, com representação e participação de todos os atores federativos.[35] Depois de ter sofrido as referidas críticas, o modelo passou por um reexame, para servir ao intercâmbio entre os entes federativos e otimizar as relações intergovernamentais, com o declarado fim de melhorar a prestação complexa dos serviços públicos nas sociedades modernas. Nessa visão, ele assume a forma de uma cooperação *subsidiária* entre os entes federativos, para fornecer "uma ajuda ao ente menor quanto às tarefas que ele não consegue realizar por si com eficácia".[36]

Hesse, citado por alguns como pretenso adversário do federalismo cooperativo, que, em 1962, caracterizava a República Federal da Alemanha como Estado federal *unitário*, constatou, ao mesmo tempo, que a "ampla unitarização material" tenha levado a uma *autocoordenação* entre União e Estados, mediante práticas jurídico-administrativas uniformes. Ele observou que uma colaboração coordenada claramente *melhora* o exercício das tarefas do Estado Social moderno e que a unitarização de modernas sociedades complexas não conduzia, necessariamente, a sua centralização. Para o autor, a autonomia dos Estados-membros no exercício das suas competências tinha importância meramente secundária, porque as suas perdas de ação criativa própria eram compensadas pela participação nas decisões dos órgãos superiores. Prioridade seriam os efeitos da ordem federativa em relação à vida da coletividade toda que garante aos cidadãos

---

[33] Cf. WATTS, Ronald L. Basic issues of the federal State: competitive federalism versus co-operative federalism. In: BAUS, Ralf T. et al (Eds.). *Competition versus cooperation*: German federalism in need of reform – a comparative perspective. Baden-Baden: Nomos, 2007. p. 85 *et seq*.

[34] SILVEIRA, Alessandra. *Cooperação e compromisso constitucional nos Estados compostos*. Coimbra: Almedina, 2007. p. 222 *et seq*, 225.

[35] ABRUCIO, Fernando; SOARES, Márcia. *Redes federativas no Brasil*. São Paulo: KAS, 2001. p. 42.

[36] TORRES, Silvia F. *O princípio da subsidiariedade no direito público contemporâneo*. Rio: Renovar, 2001. p. 220 *et seq*.

um padrão mínimo de direitos, sendo inaceitável haver maiores disparidades na posição jurídica e nas reais condições de vida das pessoas que vivem em diferentes partes de uma federação.[37]

4 Bases normativas do federalismo cooperativo no Brasil: artigos 23 e 241 da CF

Em relação ao Brasil, Bercovici enfatiza que a adoção do federalismo cooperativo num Estado Social intervencionista e voltado para a implementação de políticas públicas é coerente porque as esferas subnacionais não têm mais como analisar e decidir sobre vários assuntos ligados à atuação estatal, que precisam ser tratados de maneira uniforme em nível nacional.[38]

Para o autor, as inúmeras divisões internas da Administração Pública brasileira – com cada órgão representante de interesses e forças políticas distintos a cada momento – impedem o sucesso das políticas de desenvolvimento em todas as áreas. Ele afirma que "a direção do Estado brasileiro é impulsionada não pela burocracia, mas pela Presidência da República", órgão central que "supera, minimamente, a fragmentação interna da máquina administrativa, mobilizando-se, ao seu redor, setores técnicos e burocráticos capazes de dar um sentido à atuação estatal", que se dá "pela hierarquização dos interesses sociais, definidos e articulados em suas políticas ou omissões".[39]

Pernthaler mostra que nos EUA o conceito do federalismo cooperativo, até hoje, considerado como "alternativa moderna" ao clássico *dual government*, teve um importante papel na prática estatal para unificar as políticas nas áreas social, econômica, cultural, educacional, de saúde e de trânsito, nas quais o governo federal norte-americano possui poucas competências próprias. Para o autor, a sua característica principal é a função contrária ao princípio federativo da separação das esferas governamentais; entretanto, o conceito não serve para denominar toda e qualquer forma de coordenação ou arranjo de funções públicas num Estado federativo, o que acabaria esvaziando o seu significado. Nessa visão, o federalismo cooperativo assinala todas as formas de colaboração de entidades territoriais (União, Estados, entes locais), baseadas na autonomia e na igualdade formal destas.[40]

No Brasil, o art. 23, parágrafo único, da Carta de 1988 e a inserção do art. 241, dez anos depois, introduziram o modelo do federalismo cooperativo. A

---

[37] HESSE, Konrad. *Grundzüge des Verfassungsrechts der Bundesrepublik Deutschland*. 20. ed. Heidelberg: C. F. Müller, 1995. p. 97 et seq; *Der unitarische Bundesstaat*. Karlsruhe: C. F. Müller, 1962.
[38] BERCOVICI, Gilberto. *Dilemas do estado federal brasileiro*. Porto Alegre: Livraria do Advogado, 2004. p. 56 *et seq*.
[39] BERCOVICI, Gilberto. Planejamento e políticas públicas: por uma nova compreensão do papel do Estado. In: BUCCI, M. P. Dallari. *Políticas públicas*. São Paulo: Saraiva, 2006. p. 154ss.
[40] PERNTHALER, Peter. *Allgemeine Staatslehre und Verfassungslehre*. Wien: Springer, 1996. p. 304.

falta de efetividade social das políticas públicas sempre foi causada também pela falta de clareza sobre as competências de cada nível de governo, que levou à superposição de comandos e de recursos e à falta de responsabilização das entidades governamentais. A Carta de 1988 não delimitou mais precisamente essas tarefas, estabelecendo, no art. 23, mais do que trinta funções concorrentes entre os diferentes níveis de governo, intituladas de *competências comuns*. Porém, não definiu uma hierarquia no exercício desta cooperação, o que causa, até hoje, esforços duplicados (ou até triplicados) do Poder Público, aumentando sobremaneira os custos dos respectivos serviços públicos, sem que houvesse um aumento de sua eficiência.[41]

O parágrafo único do art. 23 deixa para *leis complementares*[42] a fixação de normas para a cooperação entre os três níveis estatais, a qual deve ter "em vista o equilíbrio do desenvolvimento e do bem-estar em âmbito nacional". Até hoje, foi promulgada apenas a LC nº 140, de 2011, que fixa normas para a cooperação dos entes federativos nas ações administrativas decorrentes do exercício da competência comum relativas à proteção do meio ambiente.

Na verdade, o próprio conceito de uma competência *comum* implica a possível superposição das atribuições, com o objetivo de garantir o seu exercício por, pelo menos, um dos entes federados, caso os outros se omitam, para que seja preservado o interesse público subjacente.[43] Assim, o art. 23 não define o ente estatal titular do serviço, mas possibilita a ação de qualquer um deles para garantir o melhor resultado na matéria, com o nítido fim da cooperação produtiva em vez de uma superposição inútil e dispendiosa.[44] Além disso, o art. 30 CF atribui vários serviços às prefeituras, o que ainda aumenta a necessidade de uma distribuição racional dos encargos, já que parte das competências administrativas locais é materialmente sobreposta às do art. 23.

Não há dúvida de que o Brasil, no futuro, deverá organizar de maneira mais realista estes encargos constitucionais e os respectivos deveres jurídico-administrativos, bem como os recursos necessários para a prestação efetiva dos serviços públicos correspondentes. Além disso, será imprescindível definir melhor as formas e os meios de uma atuação em conjunto, o nível federativo "ótimo" de intervenção etc.

Para alcançar tal objetivo, foi de suma importância a edição da Lei dos Consórcios Públicos (nº 11.107/05) e do seu respectivo Decreto (nº 6.017/07). Hoje, já existem inúmeros consórcios de cooperação intergovernamental nas diferentes

---

[41] ABRUCIO, Fernando L. et al. Descentralização: pacto federativo. *Cadernos da Escola Nacional de Administração Pública*, v. 1, n. 1, p. 22 *et seq*, 1993.
[42] Em 19.12.2006, a Emenda Constitucional nº 53 alterou a expressão original "lei complementar" para o plural, com o fim de facilitar a edição da respectiva regulamentação por áreas setoriais.
[43] Vide a Justificativa da PLP nº 145/2000, da autoria do Deputado Ricardo Ferraço. Disponível em: <www.camara.gov.br/Internet/sileg/prop_pesquisa.asp>. Acesso em: nov. 2014.
[44] BARROSO, Luís Roberto. *Temas de direito constitucional*. Rio de Janeiro: Renovar, 2003. t II, p. 128.

áreas da administração pública, que incluem elevado número de municípios brasileiros, mormente nas regiões Sudoeste e Sul do país.[45]

No caso das regiões metropolitanas, microrregiões e aglomerações urbanas, que podem ser criadas por leis complementares estaduais (art. 25, §3º, CF), o Supremo Tribunal Federal, em 2013,[46] entendeu que o *interesse comum* não atinge apenas os municípios envolvidos, mas também o respectivo Estado. Além disso, julgou compulsória a participação dos municípios nestes agrupamentos urbanos, uma vez que tais aspectos da integração urbana não seriam incompatíveis com o núcleo essencial da autonomia local.

O recente *Estatuto da Metrópole* (Lei Federal nº 13.089, de 12.1.2015) estabelece diretrizes gerais para o planejamento, a gestão e a execução das funções públicas de interesse comum em regiões metropolitanas e em aglomerações urbanas instituídas pelos Estados. Ele determina que todas essas regiões devam possuir um "plano de desenvolvimento urbano integrado", a ser aprovado mediante lei estadual. Além disso, poderão ser formulados "planos setoriais interfederativos" para determinadas políticas públicas (art. 10). Conceito central da Lei e a *governança interfederativa*, definida pelo art. 2º, IV, como o "compartilhamento de responsabilidades e ações entre entes da Federação em termos de organização, planejamento e execução de funções públicas de interesse comum".

No entanto, a realização dos fins do federalismo cooperativo também exige respeitar o princípio da *solidariedade funcional* entre as diferentes esferas, além de abandonar a concepção de uma rígida partilha de competências entre os entes governamentais.[47]

5 A tendência da interpenetração das competências federativas no Estado intervencionista

A tradição brasileira de indefinição das competências (tanto legislativas quanto administrativas) e a decorrente falta de responsabilização por parte da população evitaram também o progresso da cooperação entre os entes federativos, porque "cada qual não sabia ao certo o que lhe competia fazer e até onde". Nesse clima de insegurança, não foram estabelecidas "relações de franca confiança, mas de dissimulada cordialidade", tendo-se em vista que a condição de uma progressiva diluição da subdivisão rígida das atribuições entre as esferas políticas

---

[45] Sobre o tema, *vide* a coletânea PIRES, M. Coeli Simões; BARBOSA, M. Elisa Braz (Coords.). *Consórcios públicos*: instrumento do federalismo cooperativo. Belo Horizonte: Fórum, 2008.
[46] STF – ADI 1842/RJ, Trib. Pleno, Rel. Min. Luiz Fux, j. 28.02.2013, fl. 168, 181.
[47] BERCOVICI, Gilberto. *Constituição e superação das desigualdades regionais*. São Paulo: Max Limonad, 2001. p. 77.

em favor de uma maior flexibilidade na cooperação intergovernamental seria uma noção prévia sobre a exata abrangência das competências de cada um.[48]

Todavia, as experiências das últimas décadas indicam que, no Brasil – ao contrário da situação de outros países, que seguem "um sistema de competência imóvel e fechado" (como a Alemanha)[49] –, é praticamente inviável a tentativa de uma *descrição nítida* das condições sob as quais a responsabilidade de execução de determinado serviço passa a ser exclusivamente do município, do Estado ou da União. Um Estado intervencionista como o brasileiro, que tem a sua base numa Constituição dirigente e deve atender às complexas exigências da sociedade, "atenua as fronteiras entre as competências dos órgãos estatais". Isso leva à "formação de áreas comuns de atuação", especialmente no âmbito da função normativa, onde a Administração preenche cada vez mais espaços, em virtude da complexidade de regulamentação técnica, da necessidade de celeridade e da hegemonia política do Poder Executivo.[50]

A crescente complexidade das atividades desempenhadas pela Administração Pública como um todo é caracterizada por uma diferenciada divisão do trabalho (pessoal qualificado, planejamento sofisticado etc.). Como consequência, não se procura mais uma distinção conceitual rígida entre assuntos locais, regionais e nacionais, já que se torna cada vez mais difícil delimitar os "assuntos próprios" de cada esfera, que são atribuídos a diferentes níveis de governo, podendo-se falar até de uma "promiscuidade de competências"[51] e de uma "miscigenação de interesses".[52]

Com o aumento dessa interdependência, os entes federativos só podem atuar na base da coordenação e do equilíbrio de interesses. Cresce também a "contratualização" das tarefas públicas, mediante o uso de procedimentos convencionais para o seu cumprimento, o que torna superada a tradicional concepção das autonomias locais e regionais como "blocos de competências". Assim, transformam-se os efeitos da autonomia: a execução própria dos serviços pelo ente local ou regional é compensada por sua *participação* na tomada das decisões sobre a implementação das respectivas políticas em nível superior.[53]

Para Otero, a prática institucional do moderno Estado de Bem-Estar deslocou o centro da definição dos conteúdos legais em direção ao Poder Executivo central, que assume a função do "motor dinamizador" de todo o sistema político: são os órgãos executivos os verdadeiros autores e realizadores das grandes políticas nacionais. Nesse caminho, os *contratos*, *convênios* e *acordos* se tornam as formas

---

[48] SILVEIRA, Alessandra. *Cooperação e compromisso constitucional nos estados compostos*. Coimbra: Almedina, 2007. p. 109, 455 *et seq*.

[49] OTERO, Paulo. *Legalidade e administração pública*. Coimbra: Almedina, 2007. p. 876.

[50] ROTHENBURG, Walter Claudius. *Inconstitucionalidade por omissão e troca de sujeito*: a perda de competência como sanção à inconstitucionalidade por omissão. São Paulo: RT, 2005. p. 31, 128.

[51] OLIVEIRA, Antônio C. de. *Direito das autarquias locais*. Coimbra: Coimbra Editora, 1993. p. 134 *et seq*, 139.

[52] Cf. OTERO, *op. cit.*, p. 444 *et seq*.

[53] OLIVEIRA, *op. cit.*, 129 *et seq*, 137, 151 *et seq*.

típicas de atuação da Administração Pública, visto que são expressões da própria formação de um *Estado cooperativo*, que confere a "centralidade negocial" aos órgãos executivos, em detrimento da influência dos parlamentos. Nos Estados federativos, existem, hoje, os órgãos executivos de várias entidades públicas internas, dotadas de autonomia político-administrativa, o que gera uma multiplicidade de relações intra-administrativas de natureza intersubjetiva, fenômeno que alguns chamam de "federalismo administrativo".[54]

Os Estados federativos em que cada nível de governo geralmente é responsável pela execução de suas próprias leis (Brasil, EUA, Canadá, Austrália) diferem bastante das federações nas quais a administração das leis federais, em princípio, cabe aos Estados-membros (Alemanha, Áustria, Suíça), já que estes sistemas exigem para o seu funcionamento uma avançada coordenação intergovernamental.[55] É evidente, contudo, que o tipo do federalismo *executivo* que prevalece nos referidos países europeus não reflete o modelo federal "clássico".[56]

Por outro lado, a prática constitucional das federações de origem anglo-saxônica mostra que a maior parte dos programas e políticas nacionais é implementada por intermédio dos entes das esferas inferiores, mediante celebração de convênios administrativos de cooperação e por invocação da cláusula da *supremacia federal* que permite que o governo central encarregue os órgãos subnacionais da execução de leis federais.[57]

6 Chances para o avanço do "federalismo de *execução*" no Brasil

Em relação à Federação brasileira, é coerente a afirmação de Silveira no sentido de que a Carta de 1988 estabeleceu um "compromisso de cooperação" entre as esferas governamentais, baseado no princípio da *lealdade federal*, que cria deveres de fidelidade ao conjunto, recíproca consideração, de conduta respeitosa e amigável, boa-fé, e da "correta ponderação entre exigências opostas entre as partes", servindo como referência expressiva o exemplo alemão.[58]

---

[54] OTERO, *op. cit.*, p. 140 *et seq*, 149 *et seq*, 163 *et seq*.
[55] Cf. WATTS, Ronald L. Basic issues of the federal State: competitive federalism versus co-operative federalism. In: BAUS, Ralf T. et al (Eds.). *Competition versus cooperation*. Baden-Baden: Nomos, 2007. p. 88.
[56] ÖHLINGER, Theo. Legislative and/or executive federalism. In: BAUS, Ralf T. et al (Eds.). *Op. cit.*, p. 99 *et seq.*
[57] Cf. SILVEIRA, *op. cit.*, p. 370.
[58] Na Alemanha, o princípio da "lealdade federativa" (*Bundestreue*), desenvolvido pela Corte Constitucional (BVerfGE 1/315s.; 4/140; 12/254ss.; 42/117s.; 43/348s.; 73/197; 81/337; 95/266; 104/269ss.), obriga os entes estatais a exercerem as suas competências de forma respeitosa em relação aos interesses dos outros, incluindo deveres de cooperação, consideração, apoio, informação, sintonização, participação, exercício correto de competências, negociação leal, entre outros; em caso de não atendimento a este princípio, o Estado-membro poder ser sujeito à "coerção federal" (*Bundeszwang* – art. 37 LF); cf. VOGEL, Hans-Jochen. In: BENDA, Ernesto et al. *Manual de derecho constitucional*. Madrid: Marcial Pons, 1996. p. 634; HÖMIG, Dieter (Ed.). *Grundgesetz für die Bundesrepublik Deutschland*. 8. ed. Baden-Baden: Nomos, 2007. p. 237.

Segundo a autora, este compromisso de solidariedade e corresponsabilidade dos entes estatais pela sorte do conjunto, na sua *dimensão ativa*, obriga-os, atores políticos, a tomar as medidas *concertadas* necessárias para a boa gestão de interesses e competências comuns, como a instituição de órgãos mistos para a prestação de serviços, a criação de mecanismos participativos para reduzir a conflituosidade e a solução pactuada de confrontos de atribuições superpostas. A dimensão *passiva* deste dever, por sua vez, exige dos diferentes níveis de governo uma moderação recíproca, a abstenção do exercício de poderes formalmente atribuídos quando ficariam prejudicados os interesses das outras partes ou do sistema inteiro e a vedação de omitir auxílio. Entretanto, especialmente a realização da dimensão ativa deste compromisso de cooperação – que possui caráter *vinculante*, não voluntário – depende muito mais de fatores políticos do que jurídicos, gerando certas dificuldades da sua imposição em juízo.[59]

A construção do federalismo brasileiro em direção a um federalismo *de execução* não traria prejuízos para as estruturas estatais e, consequentemente, à sociedade. Pelo contrário: o sistema do federalismo cooperativo, idealizado pela Lei Maior, teria a chance de se desenvolver melhor se houvesse uma maior focalização nos aspectos executivos da atuação do Poder Público. O efetivo funcionamento deste modelo cooperativo depende, querendo ou não, dos arranjos, pactos e acordos negociados pelos diversos órgãos da Administração Pública. Não são as "boas leis" que faltam no Brasil. Na grande maioria dos setores administrativos (saúde, educação, assistência social, proteção ambiental e urbanística etc.), os textos legais já contêm os dispositivos que permitiriam a satisfação das principais necessidades da coletividade, se fossem corretamente aplicados.

As respectivas políticas públicas de todas as esferas federativas costumam falhar devido a disfunções dos corpos administrativos, que padecem de estruturas viciadas, reinando, até hoje, a falta de articulação entre os governos, a falta de planejamento em conjunto, a ausência de um efetivo controle social, a corrupção, a descontinuidade, entre outros males. Muitas vezes, os argumentos ligados a pretensas falhas no arranjo federativo do País ou à "predominância asfixiadora" da União servem simplesmente para camuflar os verdadeiros problemas ou para desviar a responsabilidade pelas deficiências no desempenho diário dos governos regionais ou locais. O governo central, por sua vez, costuma reclamar dos entes subnacionais e usa a sua pretensa (ou verdadeira) despreparação na gestão administrativa para não precisar abrir mão da tomada centralizada das decisões sobre as políticas públicas mais importantes, em vez de fazer as outras esferas mudarem as suas estruturas e estabelecer um desenho institucional mais articulador e participativo.

---

[59] SILVEIRA, *op. cit.*, 2007, p. 25 *et seq*, 68 *et seq*, 97, 277 *et seq*, 338 *et seq*, 446 *et seq*, 451 *et seq*. A autora analisa a jurisprudência suprema da Alemanha, Itália, Espanha, União Europeia e dos EUA sobre o assunto. Em relação à história da Federação brasileira, ela observa que "impressiona a displicência dos responsáveis pela ordem constitucional para com tal obrigação da lealdade" (*op. cit.*, p. 80).

Certamente, o federalismo brasileiro deve ser considerado *incompleto* por não ter conseguido até hoje "definir acordos e programas credíveis/factíveis para a atuação do seu próprio modelo de autonomia", visto que ainda não se desenvolveu uma verdadeira *cultura* de interação dos governos; vigora, em geral, "um isolacionismo contraproducente e alguma concorrência desleal". Outro motivo pela deficiência do projeto federal brasileiro é o fato de que "o sistema político-jurídico ainda não soube (ou não quis) concretizar a Constituição cooperativa", faltando – apesar da recente legislação sobre consórcios públicos – pelo menos uma "parte do instrumentário jurídico capaz de institucionalizar e funcionalizar as sugestões constitucionais"; as áreas setoriais mais avançadas nesse ponto são a saúde e a educação.

Além disso, são também os municípios que terão que formar um conjunto de pequenas interações cooperativas, que poderá criar e manter um equilíbrio federativo mais estável. O sistema federativo do Brasil, justamente por incluir os entes locais no Pacto Federativo (art. 18 CF) e estabelecer a única federação formalmente *trimembre* do mundo, corre sempre o risco de uma excessiva fragmentação do poder e por isso "tem de ser cooperativamente articulado, isto é, informado por uma lógica de lealdade que impeça cada componente de frustrar os interesses alheios e minar a prossecução do interesse geral".[60]

Dentro da referenciada teoria da "dependência de caminho", é coerente afirmar que a Federação brasileira, desde a sua criação, foi caracterizada, decisivamente, pelas negociações entre a União, os Estados e os municípios, em virtude da forte autonomia formal que as Constituições sempre atribuíram aos entes subnacionais. Todavia, essas "pactuações", cujo melhor exemplo é a transferência de recursos, dificilmente seguiram critérios objetivos e foram, na grande maioria dos casos, desvirtuadas como formas de dominação política e econômica, especialmente por parte da própria União. Nesse contexto, os regimes autoritários do século XX marcaram fortemente as formas de raciocínio e atuação das estruturas burocráticas em todos os níveis de governo e as relações entre estes, colocando-os limites e assim impregnaram a própria *cultura cívica* do País.[61] Entretanto, deve ser reconhecido que os tempos mudaram: desde a Carta de 1988, o Brasil avançou consideravelmente em direção de um modelo de Administração Pública mais descentralizada e eficiente.

Os efeitos positivos da subsidiariedade e descentralização na prestação dos serviços públicos são notórios; entretanto, essas potenciais vantagens não existem, igualmente, em todas as áreas das tarefas estatais. Justamente as políticas de cunho distributivo necessitam, cada vez mais, de uma formatação e programação central e homogênea, que não deve ser alterada, necessariamente, pelos Estados e municípios, visto que nem sempre há "peculiaridades" regionais e locais que justifiquem tal divergência.

---

[60] SILVEIRA, *op. cit.*, p. 35 *et seq*, 42, 86, 96, 109.
[61] Cf. KÖNIG, Klaus. Zur Typologie öffentlicher Verwaltung. In: EBERLE, C. E.; IBLER, M.; LORENZ, D. (Eds.). *Der Wandel des Staates vor den Herausforderungen der Gegenwart*. München: C. H. Beck, 2002. p. 695.

Os entes subnacionais fariam melhor caso tomassem as medidas adequadas para aumentar a sua participação construtiva na implementação das crescentes políticas nacionais, através da criação de grêmios de coordenação, comissões interministeriais ou de conselhos de cooperação e colaboração intergovernamental, tanto vertical quanto horizontal, para sintonizar e articular as suas atuações, evitando desperdício dos parcos recursos.

Como vimos, o federalismo *de execução* é um fenômeno essencialmente germânico, que põe na mão dos Estados a execução da grande maioria das leis federais. Este sistema é inconcebível para a realidade brasileira, que parte de bases históricas, socioeconômicas e políticas completamente diferentes. Todavia, chama atenção a importância diminuta que muitos representantes políticos (e até doutrinadores jurídicos) atribuem a questões ligadas à execução das leis e às medidas concretas de implementação de políticas públicas. O que normalmente interessa a eles são as *leis*, não a sua aplicação e efetividade social.

O Brasil não precisa, portanto, de um federalismo propriamente "de execução", mas de um *federalismo mais focalizado na execução* das leis, sejam elas federais, estaduais ou municipais. Vale lembrar, neste ponto, que o Governo brasileiro esperava como resultado da Reforma Administrativa de 1998 "viabilizar o *federalismo administrativo*, o que se traduz na introdução de novos formatos institucionais para a gestão em regime de cooperação dos serviços públicos".[62]

7 Crescimento do papel dos municípios na execução das políticas sociais do governo federal; aspectos jurídicos, financeiros e políticos

Desde os anos 1990, aumentou consideravelmente a importância do papel dos municípios brasileiros na gestão das políticas públicas que compõem a agenda prioritária do governo federal na área social.[63] Os governos municipais tornaram-se os principais provedores das políticas que diretamente atingem o bem-estar da população, como saúde básica, educação fundamental, coleta de lixo, transporte público e infraestrutura urbana. Hoje, em média, cerca de 70% das receitas dos entes locais são alocadas nas funções de educação, saúde e saneamento, assistência e previdência. Ao mesmo tempo, a maior parte dos recursos gastos nessas áreas é oriunda de transferências federais *voluntárias* e vinculadas.[64]

Ao mesmo tempo, há quem critique a concentração da autoridade decisória sobre as políticas públicas (*policy decision making*) na esfera da União, que teria

---

[62] Mensagem Presidencial nº 886, de 23.8.1995, *apud* SILVEIRA, *op. cit.*, p. 117 (destaque nosso).
[63] REZENDE, Fernando. A crise do federalismo brasileiro: evidências, causas e consequências. In: REZENDE, Fernando (Org.). *O federalismo brasileiro em seu labirinto*: crise e necessidade de reformas. Rio de Janeiro: FGV, 2013. p. 40.
[64] ARRETCHE, Marta. *Democracia, federalismo e centralização no Brasil*. Rio: FGV/Fiocruz, 2012. p. 20, 160.

deixado aos governos subnacionais apenas a tarefa de realizar o que foi decidido (*policy making*) e reduzido bastante a sua autonomia para a elaboração de políticas públicas. Da mesma forma, a regulação federal afeta decisivamente o modo como as políticas descentralizadas são executadas, com os ministérios federais regulamentando e supervisionando os respectivos atos dos municípios e Estados.[65]

Ainda que a Constituição de 1988 tenha idealizado a descentralização federativa de receitas e de serviços públicos, houve, de certa forma, um processo de reversão desses objetivos iniciais. O Plano Real (1994), com o fim de sanear as contas públicas e estabilizar a economia, provocou uma nova centralização financeira no âmbito federal. A União reteve 20% de toda sua arrecadação para formar o Fundo Social de Emergência e, depois, o Fundo de Estabilização Fiscal; em seguida, foram criadas a Contribuição Permanente sobre Movimentação Financeira (CPMF, que vigeu até 2007), a Contribuição Social sobre o Lucro Líquido (CSLL) e a Contribuição de Intervenção no Domínio Econômico (Cide), justamente porque a arrecadação desses tributos não precisa ser repartida com os governos subnacionais.[66]

Além disso, a redução, e até a isenção de tributos (IPI, IOF, Cide, PIS/Cofins, Simples) para determinados setores produtivos, efetuada pela União desde 2008 para combater os efeitos da crise financeira mundial, impactou sobre as transferências constitucionais do FPE e do FPM, além de reduzir os recursos dos fundos de desenvolvimento regional (Norte, Nordeste e Centro-Oeste).[67]

A Lei de Responsabilidade Fiscal (LRF) inviabilizou a expansão de gastos e o endividamento dos governos subnacionais. A partir de 2000, o processo de centralização ainda se acentuou devido à necessidade de a União estabelecer um sistema administrativo de bem-estar social. Para cumprir esta pauta, o governo central passou a operar com um padrão de relações intergovernamentais caracterizado por uma crescente descentralização da execução das políticas públicas sociais (educação, saúde e transferências de renda). Tal modelo, porém, deixou pouco espaço para que os governos subnacionais elaborassem e executassem as suas próprias políticas públicas.[68]

A própria Carta de 1988 estabeleceu uma autonomia abrangente dos entes subnacionais em relação à prestação de serviços públicos, fixando uma vinculação de receitas apenas na área da educação (art. 212). A partir de 1995, contudo, foram aprovadas várias emendas constitucionais que estabeleceram a vinculação percentual de receitas para efetuar gastos significativos nas áreas do ensino básico (EC nº 14/1996: Fundef; EC nº 53/2006: Fundeb), da saúde (EC nº 29/2000) e da erradicação da pobreza (EC nº 31/2000); também foram limitados

---

[65] *Op. cit.*, p. 9, 15, 20 *et seq*, 159 *et seq*.
[66] MONTEIRO NETO, Aristides. *Federalismo sem pactuação*: governos estaduais na antessala da federação. Brasília: IPEA, 2014. p. 8.
[67] *Op. cit.*
[68] *Op. cit.*

os gastos com pessoal (ativo e inativo), as câmaras municipais (EC nº 25/2000) e com os precatórios judiciais (EC nº 30/2000).

Além disso, houve emendas constitucionais (EC nº 19/1998: Reforma Administrativa; EC nº 20/1998 41/2003: Reforma Previdenciária), leis complementares (nº 101/2000: Lei da Responsabilidade Fiscal) e ordinárias (nº 9.394/1996: Lei das Diretrizes e Bases da Educação; nº 8.987/95: Lei das Concessões; nº 10.257/01: Estatuto da Cidade) que influenciaram fortemente a gestão administrativa e financeira de Estados e municípios, referente às formas de implementação de políticas públicas em diversas áreas. É evidente que essa legislação teve forte impacto na definição das formas e maneiras "como os governos subnacionais arrecadam seus impostos exclusivos, implementam as políticas sob sua responsabilidade e gastam seus próprios recursos". O principal objetivo deste sistema foi "retirar da esfera das negociações políticas particularistas os recursos necessários à provisão de serviços públicos essenciais".[69]

Hoje, os dois tipos de transferência de recursos utilizados na Federação brasileira são as *constitucionais* e as *voluntárias*: as primeiras são fixadas por lei e transferidas para Estados e municípios, servindo para redistribuição regional de recursos; as segundas são repassadas sob a condição de sua utilização para fins definidos pela União, em geral, por meio da celebração de convênios. Para estabilizar a economia (nos anos 1990) e ampliar a política social (na década de 2000), o governo federal, através da criação de contribuições sociais federais, que não precisam ser partilhadas com governos subnacionais, diminuiu o volume das transferências constitucionais. Assim, a União, após ter elevado as próprias receitas, aumentou as transferências voluntárias, estimulando um ciclo de políticas públicas centralmente coordenadas. Os Estados e municípios, para poder receber estes recursos, tiveram de se adequar às proposições de políticas delineadas pelo governo federal.[70]

Entre os arranjos institucionais voltados a aprimorar as relações federativas estão as "políticas nacionais", que definem parâmetros comuns (objetivos, público-alvo, tipo de ações envolvidas, regras de transparência e controle), os mecanismos de incentivo financeiro, além da criação de sistemas de indicadores municipais e de processos sistemáticos de avaliação.[71]

Nas áreas em que os Estados e municípios não são obrigados pela Constituição a executar políticas públicas, o governo federal precisa formular "desenhos de política" que as tornem atraentes para prefeitos e governadores. Para obter a sua adesão voluntária para uma política nacional (através dos referidos "sistemas nacionais"), o governo federal é obrigado a formular estratégias que levem em consideração as suas demandas. Para tornar a implementação dessas políticas mais

---

[69] ARRETCHE, Marta. *Democracia, federalismo e centralização no Brasil*. Rio: FGV/Fiocruz, 2012. p. 22, 48, 103.
[70] MONTEIRO NETO, Aristides. *Federalismo sem pactuação*: governos estaduais na antessala da federação. Brasília: IPEA, 2014. p. 14 *et seq*. Disponível em: <http://www.ipea.gov.br/portal/images/stories/PDFs/TDs/td_1961.pdf>. Acesso: mar. 2016.
[71] LINHARES, Paulo de T. F.; MENDES, Constantino C.; LASSANCE, Antônio (Orgs.). *Federalismo à brasileira*: questões para discussão. Brasília: IPEA, 2012. p. 19 *et seq*.

efetiva, o governo federal precisa do apoio político dos governadores e prefeitos que serão responsáveis por sua execução; as preferências destes podem afetar o desempenho das políticas, uma vez que eles "podem acrescentar novas ações aos padrões estabelecidos pelo governo federal".[72]

8 Conclusão

Vimos que ao lado das competências conferidas aos municípios pela Constituição de 1988 estão as suas novas atribuições em decorrência da crescente descentralização da maior parte das políticas nacionais. No entanto, persiste frágil o modelo de coordenação e controle dos mecanismos de cooperação federativa no Brasil.[73]

Em vez de uma verdadeira *descentralização*, que consiste na transferência intergovernamental de poder decisório financeiro, administrativo e programático, pode-se constatar uma crescente *delegação* de políticas públicas federais, isto é, um repasse negociado e voluntário de encargos e tarefas para órgãos administrativos ou políticos subnacionais.[74]

Ainda que o atual sistema de repartição de recursos entre os entes federativos seja insuficiente para garantir uma efetiva gestão descentralizada das políticas públicas, não parece ser adequado concentrar o debate tão só nos aspectos financeiros e tributários da questão, visto que a geração e distribuição de recursos por parte do Estado sempre devem ser consideradas *meio*, nunca fim em si.

A mera canalização de verbas para determinados setores da Administração Pública não equivale a um efetivo aumento da abrangência e da qualidade dos serviços; prova disso são as sempre invocadas áreas da educação e da saúde, onde a falta de organização, programação e, sobretudo, de controle da aplicação dos recursos continua a causar desperdícios escandalosos.

Por fim, resta assinalar que um dos maiores problemas do federalismo brasileiro ainda foi pouco trabalhado e analisado, especialmente na área do Direito: a formação e o funcionamento das estruturas administrativas das três esferas governamentais através dos quais o poder estatal presta os diversos serviços públicos à população.

Nessa perspectiva, o desenvolvimento em favor de um "federalismo de execução", no Brasil, ao contrário da situação dos países centrais, não constitui uma ameaça, antes um fim a ser alcançado, porquanto levaria a uma maior atenção dos políticos e cientistas em relação aos instrumentos de cooperação e à colaboração administrativa entre União, Estados e municípios.

---

[72] ARRETCHE, Marta. *Democracia, federalismo e centralização no Brasil*. Rio: FGV/Fiocruz, 2012. p. 23 *et seq*.
[73] LINHARES, Paulo de T. Frazão; MENDES, Constantino C.; LASSANCE, Antônio (Orgs.). *Federalismo à brasileira*: questões para discussão. Brasília: Ipea, 2012. p. 19 *et seq*.
[74] MELO, Marcos André. Crise federativa, guerra fiscal e "hobbesianismo" municipal: efeitos perversos da descentralização? São Paulo: Fundação Seade, 1996. p. 13.

Informação bibliográfica deste texto, conforme a NBR 6023:2002 da Associação Brasileira de Normas Técnicas (ABNT):

KRELL, Andreas J. O federalismo cooperativo de *execução* como modelo para o Estado Social brasileiro. In: COPETTI NETO, Alfredo; LEITE, George Salomão; LEITE, Glauco Salomão. *Dilemas na Constituição*. Belo Horizonte: Fórum, 2017. p. 201-220. ISBN 978-85-450-0236-9.

PARTE IV

DILEMAS NA ORGANIZAÇÃO DOS PODERES

DESESTATIZAÇÃO E DECRETOS AUTÔNOMOS: LIMITES DO PODER REGULAMENTAR NO ESTADO BRASILEIRO

Frederico Antonio Lima de Oliveira
George Salomão Leite

1 Introdução

O poder regulamentar da Administração Pública passa por dois aspectos muito ligados ao princípio da legalidade. Trata-se da vinculação da atividade administrativa à lei e às competências formalmente destinadas (*ex vi* art. 5º, II da CF/88). Portanto, em termos práticos, o que temos é a limitação das possibilidades de delegação de atribuições regulamentares pelo Executivo (entenda-se, Administração Pública), fora das competências já estabelecidas no texto constitucional originário. Dessa maneira, em síntese, expomos mais uma questão intrincada no processo regulatório brasileiro, dentre outros aspectos de relevo, que diz respeito à possibilidade de exercício de atos administrativos normativos por meio de regulamentos do Executivo e das agências reguladoras que transferem a função legislativa do Legislativo, implementando políticas de governo. O que nos parece importante ressaltar é que a visível *função normativa* que vem sendo desempenhada pelo Executivo não deve substituir as manifestações legislativas propriamente ditas na definição das *normas-programa* que disciplinam políticas públicas.

2 Descentralização administrativa e regulação

A perspectiva de independência das agências reguladoras,[1] em particular, o que se refere aos aspectos próprios do exercício de atividades legislativas, vem

---

[1] É interessante a seguinte síntese histórica das agências reguladoras: "(...) As Agências Reguladoras surgiram originalmente na Inglaterra, a partir da criação pelo Parlamento, em 1834, de diversos órgãos autônomos com a finalidade de aplicação e concretização dos textos legais. A expressão agência (*agency*), no entanto, surgiu nos Estados Unidos. O desenvolvimento da regulação setorial teve início com a criação, em 1887, da Interstate Commerce Comission, órgão destinado a regular o transporte ferroviários interestadual. Nos Estados Unidos as atividades econômicas sempre permaneceram em mãos de particulares. No entanto, a partir da crise econômica de 29 e da depressão econômica que se seguiu, percebeu-se que a id de preponderância do mercado e da consagração da propriedade privada dos meios de produção não autorizava a omissão estatal na área econômica. Com a política do *New Deal*, liderada pelo Presidente Roosevelt, as agências administrativas passaram a intervir fortemente na economia, suprimindo os princípios básicos do liberalismo. Foram criadas inúmeras agências federais para atuar nos mais variados e diversos setores da vida econômica norte-americana, através de leis esparsas, cada qual com seus procedimentos decisórios. Diante disso, surgiu a necessidade de padronização desse sistema, e, em 1946 foi editado o Federal Administrative Procedure Act – APA – Lei de Procedimento Administrativo, que trouxe

provocando um acirrado debate. Com intenção ilustrativa, destacamos duas das inúmeras posições que vêm sendo firmadas sobre a referida independência na realidade brasileira:

> (...) Injustos são aqueles que pensam que os dirigentes do governo Lula não têm vontade ou capacidade para produzir mudanças. É verdade que, tanto na política econômica, na qual só aprofundaram a tão repudiada ortodoxia, quanto nas políticas sociais, em que tentam, sem sucesso, inventar políticas de inclusão sob novas denominações, não têm obtido maiores resultados. Mas estão à procura de deixar a sua marca para justificar a que vieram. E os bodes expiatórios são as agências reguladoras. As agências foram criadas por lei, uma a uma, após exaustivas discussões no Congresso Nacional, das quais participaram amplamente os diversos segmentos da sociedade. Foram concebidas, é verdade, com variações de uma para outra, à medida que a discussão ia se aprofundando e a experiência legislativa ia se aperfeiçoando, como agentes do Estado, não como uma repartição governamental. A sua característica principal, dessa forma, passou a ser a sua independência administrativa e financeira, dentro dos limites constitucionais possíveis, e a sua autonomia decisória para implementar as políticas do Executivo e do Legislativo, essas sim competência do presidente e dos parlamentares eleitos. Subordinação somente às leis e aos tribunais. A criação das agências não foi um ato isolado, mas fez parte da nova concepção do Estado brasileiro. Vale dizer, da redefinição do papel dos entes estatais, do seu gerenciamento, de suas responsabilidades e de sua relação com o setor privado da economia. E o resultado desse novo modelo é altamente positivo, ainda que revisões possam e devam ser feitas. Os avanços nos setores de telecomunicações e petrolífero são exemplos claros de sucesso -e os insucessos no setor elétrico se deram menos em função da agência e mais em função das indefinições políticas do governo. Com a criação das agências e a definição de novas responsabilidades para o setor privado, dezenas de empresas estatais deixaram de ter o preenchimento de seus cargos de direção determinados pelo tradicional fisiologismo da política nacional. Eis aí algo que os novos "companheiros" no poder não engolem. Afinal, a "companheira" Dilma Roussef comanda o "companheiro" José Eduardo Dutra, presidente da Petrobrás, e o "companheiro" Jorge Miguel Samek, presidente de Itaipu, mas não comanda a Agência Nacional de Petróleo nem a Agência Nacional de Energia Elétrica; e o Senado se deu ao desplante de exercer seu poder recusando uma indicação política para aquela. No setor de telecomunicações, as empresas são privadas e a agência é autônoma, só sobrando ao ministro Miro Teixeira a indicação dos "companheiros" dos Correios. Infelizmente não se deram conta – à exceção da ministra Dilma – de que o papel mais nobre e importante que têm, e que a lei lhes determina, é o de construir as políticas de cada setor, cabendo às agências implementá-las. Agora o governo trabalha na reformulação do papel das agências, através de um projeto de lei a ser encaminhado ao Congresso. Menos mal do que vem fazendo, que é a desqualificação e a sabotagem delas. Se o objetivo for caracterizar melhor o que significa "definição de políticas", tudo bem, será um aperfeiçoamento da legislação. No entanto, a valerem as informações, que vazam – ou são vazadas –, de que perderão sua independência e sua autonomia, de que terão de obedecer a um "contrato de gestão" com cumprimento de metas (que metas seriam, se elas, agências, não são agentes da produção, não operam

---

uma uniformidade no processo de tomada de decisões pelas agências, conferindo-lhes maior legitimidade. No Brasil, o modelo de agência foi idealizado a partir do modelo norte-americano. No entanto deve-se observar que o Direito Administrativo brasileiro teve forte e decisiva influência francesa e, consequentemente, incorporou as ids de centralização administrativa e forte hierarquia (...)". (MAURANO, Adriana. A redefinição do papel do Estado e a introdução de novas figuras jurídicas no direito brasileiro. *Jus Navigandi*, Teresina, ano 9, n. 531, 20 dez. 2004. Disponível em: <http://www1.jus.com.br>. Acesso em: 11 abr. 2005.

empresas?), de que não serão responsáveis pelos contratos de concessão dos serviços públicos e de que os mandatos de seus dirigentes serão coincidentes com os do presidente da República (os mandatos não são coincidentes justamente para que haja continuidade na gestão da agência), de que vale a sua existência? Mais honesto seria propor sua extinção e voltar ao modelo nacional/estatista/fisiológico do passado. O que se fez nos últimos anos foi criar instrumentos menos sensíveis a interesses políticos conjunturais, uma regulação que não sofresse de falta de continuidade com a mudança de governos, visto que se trata da relação do poder concedente com concessionários, privados ou estatais, que deve ter estabilidade em face dos longos prazos que caracterizam as concessões de serviços públicos. Vale dizer, objetiva-se dar segurança a investimentos que, inevitavelmente, são de retorno a médio e longo prazo, dentro de condições estipuladas que devem atender tanto às empresas, quanto aos usuários. Afinal, são investimentos que viabilizam a produção, o atendimento às necessidades dos serviços públicos, o crescimento econômico e a geração de empregos. Sem eles, o "espetáculo do crescimento" vai virar um deprimente espetáculo de recessão (...).[2]

O Governo Federal brasileiro vem propondo novas regras para o funcionamento das agências reguladoras. Dentre outros objetivos, parece-nos buscar a prática de tarifas menores, o aumento dos investimentos privados e a retomada do processo de desenvolvimento. Dentre outros aspectos a serem realçados, merecem destaque um maior controle social das atividades descentralizadas e uma melhor definição no papel do Executivo e das agências no tracejo das políticas públicas.[3]

---

[2] Disse o Deputado Federal Alberto Goldman, deputado federal pelo PSDB-SP, vice-presidente da Executiva Nacional do partido. Ex-ministro dos Transportes (governo Itamar Franco) e secretário da Administração do Estado de São Paulo (governo Quércia), aos 19.07.2003, à Folha de São Paulo.

[3] Leia-se o projeto de lei da Presidência da República que dispõe sobre a gestão, a organização e o controle social das agências reguladoras. Em síntese, propõe o Governo Federal em tópicos, que: "(...) *Poder Concedente* – O poder volta a ser conferido aos ministérios, garantindo-se às agências as atividades de regulação e fiscalização, a operacionalização dos procedimentos licitatórios e as atividades relativas às autorizações de exploração de serviços em regime privado. Com isso será restabelecida, com clareza, a linha demarcatória entre as decisões políticas, de natureza estratégica, e as decisões de natureza técnica, derivadas do exercício imediato do papel regulador do Estado; *Mandato dos dirigentes das Agências* – Mantém-se a estabilidade dos dirigentes das agências reguladoras durante o exercício de seus mandatos – que passarão a ser, uniformemente, de quatro anos, não coincidentes entre si, no âmbito de cada agência. Os presidentes e diretores-gerais de agência terão, também, mandatos fixos de quatro anos. Eles deverão ser sabatinados pelo Senado Federal. Depois de aprovados pelo Senado e nomeados pelo Presidente, somente perderão os cargos em virtude de renúncia, condenação judicial ou processo administrativo. Os Presidentes das Agências somente poderão ser substituídos nos primeiros seis meses do segundo ano de mandato do presidente da República; *Articulação entre os órgãos de defesa da concorrência e Agências Reguladoras* – Os órgãos de defesa da concorrência terão que apresentar pareceres às agências sobre fusões e aquisições de empresas reguladas que possam resultar em prejuízos ao consumidor. As agências terão que apresentar pareceres aos órgãos da concorrência se estiverem julgando negócios entre empresas de setores regulados. O objetivo é aumentar o controle do Estado sobre atos potencialmente lesivos à concorrência e ao consumidor; *Contrato de Gestão* – O contrato de gestão deverá ser firmado por todas as Agências com os seus ministérios, e terá vigência mínima de um ano, podendo ser periodicamente revisto. É um instrumento de acompanhamento da gestão e aperfeiçoamento da cooperação entre agências e ministérios. Além das quatro agências que já têm sua gestão vinculada à assinatura de contratos, todas as demais passarão a ter que firmá-los, fixando metas e definindo critérios de avaliação, bem como produzir relatórios semestrais, garantindo a transparência à gestão da agência e a compatibilidade de suas metas e prioridades com as políticas setoriais; *Metas de fiscalização* – Serão estipuladas no contrato de gestão que deverá ser assinado pelas agências. O objetivo do contrato é dar transparência ao funcionamento das agências e assegurar a compatibilidade entre meios e fins na sua atuação administrativa, garantindo também maior eficiência e transparência; *Ouvidorias* – As agências terão ouvidores, indicados pelos chefes dos Executivos para mandato de dois anos, admitida uma recondução, com o objetivo de apurar denúncias contra agentes econômicos e contra a própria agência em que trabalham. O objetivo é aumentar a eficiência dos serviços administrativos das agências

Nesse contexto, não se pode deixar de fazer referência à Lei nº 11.079, de 30 de dezembro de 2004, que institui normas gerais para a licitação e contratação de parcerias público-privadas. As PPPs permitirão o financiamento dos investimentos públicos, podendo os investidores privados receber receita das tarifas cobradas dos usuários dos serviços prestados, enquanto firmadas na modalidade de licitação. Por outro lado, quando firmadas como concessões administrativas, os investidores privados executarão obras e receberão sua contrapartida financeira pelo Poder Público. Segundo o site oficial do Governo Federal, a iniciativa legal foi amplamente debatida com a sociedade civil, entretanto, ressaltamos a enorme necessidade de controle constitucional dos interesses sociais envolvidos nas parcerias a serem firmadas, em particular, ante o grande volume de investimentos e de obras a serem executadas.

Mais uma vez se anuncia um forte argumento para a reestruturação veloz do STF e do sistema de controle de constitucionalidade brasileiro para cumprir essa árdua tarefa.[4]

3 Poder regulamentar e o uso do decreto autônomo

A pretensão de legislar por *regulamentos* pelo Executivo e pelos entes administrativos autônomos se confronta com a dicção do art. 84 e incisos da CF/88, donde se extrai que *decretos* e *regulamentos* expedidos no exercício da atividade administrativa do Estado necessitam estar ancorados por lei infraconstitucional, dada a reserva de lei disposta na Constituição. A possibilidade conferida mais especificamente pelo inciso IV do art. 84, já referido, diz respeito à gestão de um conjunto de atividades próprias do órgão executivo gestor, mas, em momento algum, a outras que fujam ao

---

e reforçar a fiscalização sobre os serviços concedidos a particulares". O projeto de lei referido e os demais dados ora apontados se encontram em: República Federativa do Brasil. Disponível em: <www.brasil.gov.br/emquestão/eq176.htm>. Acesso em: 10 maio 2002.

[4] Leiam-se o texto integral da Lei nº 11.079/2004 e um resumo dos primeiros projetos a serem concebidos em parceria público-privada pelo Governo Federal no site: <http://www.brasil.gov.br/emquestão/eq269.htm>. Acesso em: 10 maio 2002. A crítica possível aos novos mecanismos advindos com as PPPs se refere mais precisamente à necessidade de serem evitadas as falhas ocorridas no mercado brasileiro, estimulando a concorrência e criando um ambiente regulatório saudável. Há necessidade de ser estabelecido um *marco regulatório* mais preciso, a fim de que o chamado "risco-Brasil" venha a ser reduzido, dando maior segurança ao investimento do setor privado nacional, e, fundamentalmente, estrangeiro. Não podemos esquecer que os setores escolhidos para a realização das parcerias público-privadas são setores estratégicos ligados ao interesse público e social, como as atividades de construção de rodovias, ferrovias, portos e irrigação. Parece-nos que os contratos de parceria a serem firmados entre o Estado e os entes privados necessitam estar sujeitos em suas *questões políticas*, a um controle de constitucionalidade abstrato e específico, moderando-se a aplicabilidade de suas cláusulas em face do interesse público e social envolvido. Vai-se mais longe, e nos parece interessante que esse controle se dirija também ao sentido e ao momento de aplicação de tais preceitos pactuados na ordem jurídica brasileira. Assim nos parece que os interesses econômicos e de estabilidade política do Estado brasileiro poderão estar sendo resguardados, em equilíbrio com as necessidades sociais, reduzindo as dificuldades hoje encontradas na opção tomada por vezes pela jurisdição constitucional em favor da governabilidade, e em detrimento de direitos dotados do atributo da fundamentalidade. Nesse sentido, consulte-se BONELLI, Cláudia Elena; IAZZETTA, Rodnei. PPP e o marco regulatório das diversas atividades passíveis de implementação sob o regime de PP. Disponível em: <http://www.mundojuridico.adv.br>. Acesso em: 06 maio 2005.

juízo de oportunidade e conveniência da Administração Pública, a saber, a contratação de servidores, aquisição de bens e contratação de serviços, etc.[5]

Sobre a posição do STF quanto ao exercício do poder normativo nas atividades públicas privatizadas, leem-se os interessantes arestos:

> A jurisprudência do Supremo Tribunal Federal (RTJ 138/436), em tema de fiscalização concentrada de constitucionalidade, firmou-se no sentido de que a instauração desse controle somente tem pertinência, se o ato estatal questionado assumir a qualificação de espécie normativa, cujas notas tipológicas derivam da conjugação de diversos elementos inerentes e essenciais à sua própria compreensão: (a) coeficiente de generalidade abstrata, (b) autonomia jurídica, (c) impessoalidade e (d) eficácia vinculante das prescrições dele constantes (STF – ADIMC 2195 – TP – Rel. Min. CELSO DE MELLO – DJU 09.02.2001 – p. 00018).

> Se a interpretação administrativa da lei divergir do sentido e do conteúdo da norma legal que o Decreto impugnado pretendeu regulamentar, quer porque se tenha projetado ultra legem, quer porque tenha permanecido citra legem, quer porque tenha investido contra legem, a questão posta em análise caracterizará típica crise de legalidade, e não de inconstitucionalidade, a inviabilizar a utilização do mecanismo processual de fiscalização normativa abstrata (STF – ADIMC 561 – TP – Rel. Min. CELSO DE MELLO – DJU 23.03.2001 – p. 00084).

> AÇÃO DIRETA DE INCONSTITUCIONALIDADE – ATO NORMATIVO – DECRETO FEDERAL Nº 1990, DE 29.08.1996 – ATO ADMINISTRATIVO – IMPOSSIBILIDADE JURÍDICA DA AÇÃO
>
> 1. A Lei nº 8.031, de 12.04.1990, criou o Programa Nacional de Desestatização e deu outras providências.
>
> 2. E o Decreto nº 1.990, de 29.08.1996, baixado pela Presidência da República, "no uso da atribuição que lhe confere o artigo 84, inciso IV, da Constituição e tendo em vista o disposto" naquela Lei, visou a executá-la.
>
> 3. Trata-se, pois, de ato administrativo de mera execução da Lei. Não propriamente normativo. Insuscetível, assim, de controle concentrado de constitucionalidade, "in abstrato", mediante Ação Direta de Inconstitucionalidade perante o Supremo Tribunal Federal, pois esta só é admitida pela CF, quando impugna "ato normativo" (art. 102, I, "a").
>
> 4. Se o Decreto, eventualmente, tiver excedido os limites da Lei nº 8.031, de 12.04.1990, ou mesmo do Decreto nº 1.204, de 29.07.1994, que a regulamentou, conforme se alegou na inicial, então poderá ser acoimado de ilegal, nas instâncias próprias, que realizam o controle difuso, "in concreto", de legalidade dos atos administrativos.
>
> 5. Aliás, o próprio controle jurisdicional de constitucionalidade de ato meramente administrativo, de execução de lei, pode, igualmente, ser feito nas instâncias ordinárias do Poder Judiciário. Não, assim, diretamente perante esta Corte.

---

[5] "(...) Essa considerações não desconhecem a possibilidade de superação da discussão mediante a constatação de previsão constitucional de dois dos atuais órgãos reguladores – Anatel e ANP. Previstos na Constituição Federal de 1988, resultariam exceções aos dispositivos de competência reservada ao chefe do Executivo (art. 84, II e IV, da CF/88). Esse ponto de vista revela dois problemas: a) somente duas das atuais agências reguladoras seriam *regulares* e estariam aptas a cumprir suas funções *regulamentares*; b) mesmo essas duas agências poderiam ter sua autonomia questionada por violação da separação de poderes por via transversa ao implementarem exceção a incisos do art. 84, que opera como divisor de águas entre o Legislativo e o Executivo (...)". (ARANHA, Márcio Iório. Privatização no Brasil e o novo exercício de funções públicas por particulares. Serviço público à brasileira? *Revista de Direito Administrativo*, Rio de Janeiro, n. 230, p. 152, out./dez. 2002).

6. Tudo conforme precedentes referidos nas informações.

7. ADI não conhecida, prejudicado o requerimento de medida cautelar (STF – ADI 1.544-3 – TP – Rel. Min. SYDNEY SANCHES – DJU 05.09.1997).

AÇÃO DIRETA DE INCONSTITUCIONALIDADE – DECRETO LEGISLATIVO 170/1992 E RESOLUÇÃO ADMINISTRATIVA 186/1992, ASSEMBLEIA LEGISLATIVA DO ESTADO DO MARANHÃO – REMUNERAÇÃO DOS DEPUTADOS ESTADUAIS – REVOGAÇÃO DA VINCULAÇÃO DO REAJUSTE DOS SEUS VENCIMENTOS A DATA E AO PERCENTUAL DO REAJUSTAMENTO DOS SALÁRIOS DOS SERVIDORES DO ESTADO – IDONEIDADE DO ATO DERROGATÓRIO PARA IMPUGNAÇÃO PELA VIA DO CONTROLE ABSTRATO DE CONSTITUCIONALIDADE – IMPOSSIBILIDADE DA FISCALIZAÇÃO ABSTRATA DE ATO DE EFEITOS CONCRETOS – AÇÃO DIRETA CONHECIDA EM PARTE – AUSÊNCIA DE PLAUSIBILIDADE JURÍDICA DO PEDIDO – MEDIDA CAUTELAR INDEFERIDA – Os atos estatais de conteúdo meramente derrogatório, desde que incidam sobre atos de caráter normativo, revelam-se objeto idôneo para a instauração do controle concentrado de constitucionalidade perante o Supremo Tribunal Federal. A deliberação estatal que veicula a revogação de uma regra de direito incorpora, necessariamente – ainda que em sentido inverso –, a carga de normatividade inerente ao ato que lhe constitui o objeto. A ação direta de inconstitucionalidade não constitui sucedâneo da ação popular constitucional, destinada, esta sim, a preservar, em função de seu amplo espectro de atuação jurídico-processual, a intangibilidade do patrimônio público e a integridade do princípio da moralidade administrativa (CF, art. 5º, LXXIII). A jurisprudência do Supremo Tribunal Federal tem ressaltado que atos estatais de efeitos concretos não se expõem, em sede de ação direta, a jurisdição constitucional abstrata da corte. A ausência de densidade normativa no conteúdo do preceito estatal impugnado desqualifica-o – enquanto objeto juridicamente inidôneo – para o controle normativo abstrato (STF – ADIMC 769 – MA – T.P. – Rel. Min. CELSO DE MELLO – DJU 08.04.1994).

AÇÃO DIRETA DE INCONSTITUCIONALIDADE – DECRETO LEGISLATIVO ESTADUAL QUE SUSTOU CONCORRÊNCIA INSTAURADA PELO PODER PÚBLICO – ATO MATERIALMENTE ADMINISTRATIVO – INVIABILIDADE DE SEU EXAME EM SEDE DE CONTROLE NORMATIVO ABSTRATO – NÃO-CONHECIMENTO DA AÇÃO DIRETA QUANTO AO ARTIGO 1º DO DECRETO LEGISLATIVO Nº 2.841/1992 – ATO IMPUGNADO QUE TAMBÉM DEFINE CRIME DE RESPONSABILIDADE – PLAUSIBILIDADE JURÍDICA RECONHECIDA – JUÍZO POSITIVO DE CONVENIÊNCIA – SUSPENSÃO DE EFICÁCIA DO ART. 2º DO DECRETO LEGISLATIVO Nº 2.841/1992 DO ESTADO DE MATO GROSSO – PEDIDO PARCIALMENTE CONHECIDO – Decreto legislativo que susta a realização de licitação pública convocada pelo Estado não se impregna de essência normativa. Ainda que incorporado a texto de espécie jurídica formalmente legislativa, esse ato – precisamente porque seu conteúdo veicula determinação materialmente administrativa – não se expõe a jurisdição constitucional de controle in abstracto do Supremo Tribunal Federal. Decreto legislativo, ainda que emanado da União Federal, não se qualifica como instrumento juridicamente idôneo a tipificação de crimes de responsabilidade. O tratamento normativo dos crimes de responsabilidade ou infrações político-administrativas exige, impõe e reclama, para efeito de sua definição típica, a edição de lei especial. Trata-se de matéria que se submete, sem quaisquer exceções, ao princípio constitucional da reserva absoluta de lei formal. A suspensão cautelar da eficácia de preceito normativo pode ter por fundamento razões de conveniência ditadas pela necessidade de preservar a incolumidade da ordem política local e de manter, no plano jurídico-institucional, a harmonia e a independência entre os Poderes Executivo e Legislativo do Estado-membro (STF – ADIMC 834 – MT – T.P. – Rel. Min. CELSO DE MELLO – DJU 02.04.1993).

É importante destacar, ainda, no possível exercício da função legislativa pelo Executivo ou por agências independentes, dois pontos que merecem destaque neste estudo, na medida em que influenciam ou podem vir a influenciar, sobremaneira, as liberdades públicas individuais em face dos poderes do Estado. Trata-se do novo conceito de *serviço público*[6] e o uso das *autorizações administrativas*[7] para os efeitos

---

[6] São inúmeras as concepções sobre o que seria serviço público. No Direito Comparado, aponta-se o professor José Maria Souvirón Morenilla, que, citando Gaston Jêze e Maurice Hauriou, diz estar o serviço público atrelado à concepção do interesse geral da sociedade, associando o Direito Administrativo ao próprio Direito Público como sendo o direito dos serviços públicos. Morenilla vai buscar em Santi Romano a id de que serviço público se refere ao complexo de fins sociais que os entes administrativos se propõem, dando lugar a institutos e relações jurídicas diversas. Citando Alessi, diz ainda Morenilla que a noção de serviço público se circunscreve às atividades estatais dirigidas a propiciar utilidade aos particulares, sejam de ordem jurídica (por exemplo, o serviço de inscrição de hipotecas), sejam de ordem econômica ou social (serviços de transporte, etc...). (SOUVIRÓN MORENILLA, José Maria. *La actividad de la administración y el servicio público*. Granada: Comares, 1998. p. 111-149). Outro aspecto de diferenciação importante é o que é feito entre *funções públicas* e *serviços públicos*, sendo os segundos aqueles ligados ao poder de império do Estado, como deveres que lhes são inerentes. As *funções públicas* que apesar de serem instrumentalizadas em serviços considerados de natureza pública podem ser delegadas aos particulares. Assim, ancorando-se na doutrina italiana, Morenilla distingue o serviço público do que denominou como serviço público impróprio. Os serviços públicos próprios seriam aqueles onde se decide uma atividade de interesse geral dirigida ao público e realizada por um ente público. Já se o forem por particulares, mediante autorização, tratar-se-á de um serviço público impróprio (p. ex. educação, farmácia, bancos, transportes, etc...). (*Idem. Ibidem*, mesmas páginas). No direito pátrio, exemplificam-se as lições de Celso Antônio Bandeira de Mello, que conceitua os serviços públicos como as atividades fundadas na prestação de utilidade e comodidade material para a coletividade em geral, e que em determinadas situações de tempo e lugar, em face desse mesmo entendimento, não convém ao Estado conferir tais atividades à iniciativa privada. Assim, parece-nos que o critério utilizado pelo autor para definir os serviços públicos se ancora na relevância que estes possuem para a coletividade, não sendo socialmente interessante que tais serviços sejam apenas sujeitos à fiscalização que o Estado exerce sobre a generalidade dos serviços privados. Diz o professor Celso Antônio Bandeira de Mello que o "substrato material" das atividades consideradas de serviço público se dá nos serviços essenciais e prestados *uti singuli*, salvo as exceções dispostas pela CF/88, tais como a previdência social, educação e assistência social, e, por outro lado, como "traço formal", que o regramento de tais serviços se dê por regras de direito público, sujeitando-se aos princípios típicos do direito administrativo e seus mecanismos de controle interno e externo (BANDEIRA DE MELLO, Celso Antônio. *Curso de direito administrativo* 15. ed. São Paulo: Malheiros, 2003. p. 612-642). Distingue-se *serviço público* e *serviço de utilidade pública*, sendo o segundo aquele em que o interesse geral é configurado e delimitado na própria lei, e onde o critério diferenciador mais específico diz respeito às atividades que envolvam interesses gerais da coletividade, e a estrita necessidade na prestação do serviço, havendo então um *conteúdo mínimo de essencialidade do serviço público* a ser aferida, e que vem sendo tratado na doutrina como a *utilidade pública* do serviço a ser prestado. Nesse sentido, leiam-se, com pequenas distinções: SILVA, José Afonso da. *Curso de direito constitucional positivo*. 20. ed. São Paulo: Malheiros, 2002. p. 761-787; BANDEIRA DE MELLO, Celso Antônio. *Curso de direito administrativo*. 14. ed. São Paulo: Malheiros, 2002. p. 599-692; MUKAI, Toshio. *Concessões, permissões e privatizações de serviços públicos*. 3. ed. São Paulo: Saraiva, 1998; AMARAL, Antônio Calors Cintra do. *Concessão de serviço público*. São Paulo: Malheiros, 1996; MEIRELLES, Hely Lopes. *Direito administrativo brasileiro*. 27. ed. São Paulo: Malheiros, 2002. p. 315-385; MOOR, Fernanda Stracke. *Regime de delegação da prestação de serviços públicos*. Porto Alegre: Livraria do Advogado, 2002; DI PIETRO, Maria Sylvia Zanella. *Parcerias na administração pública*. 3. ed. São Paulo: Atlas, 1999. p. 67-116; MEDAUAR, Odete. *Direito administrativo moderno*. 6. ed. São Paulo: Revista dos Tribunais, 2002. p. 381-400; BASTOS, Celso Ribeiro. *Curso de direito administrativo*. São Paulo: Celso Bastos, 2002. p. 253-286; MOREIRA NETO, Diogo de Figueiredo. *Curso de direito administrativo*. 12. ed. Rio de Janeiro: Forense, 2002. p. 415-440.

[7] O parâmetro da *autorização* como um ato administrativo unilateral, precário e discricionário da Administração Pública vem sendo estudado com afinco, na busca de uma nova definição para seu uso como mecanismo de exercício das funções unilaterais de governo, em particular, no exercício do controle e fiscalização oriundos do poder de polícia. Distanciam-se os conceitos de *autorização*, *concessão* e *permissão* de serviços públicos, sendo as duas últimas modalidades de um grau maior de intervenção na atividade econômica, e, ao mesmo tempo, dotadas de um caráter constitutivo ou não precário de direitos, porém, em sede regulatória, dado aos diferentes regramentos setoriais os sentidos e os efeitos das *autorizações* passaram a ter uma conotação diferenciada. Ocorre que as dimensões da cidadania, em particular, a segurança jurídica e o bem-estar de todos constituem elementos importantíssimos para os novos questionamentos sobre a utilização indiscriminada de *autorizações*

de exercício do poder de polícia da Administração Pública brasileira. Sob pena de possíveis inconstitucionalidades, e, via de regra, de ineficácia da normativa pública, é imperioso discernir sobre os limites de exercício do poder de polícia entre as esferas pública e privada brasileiras.[8]

4 O conceito de serviço público e o poder de polícia

A nova concepção dos serviços públicos como é vista pelo Direito Administrativo contemporâneo é bem descrita por Almiro do Couto e Silva:

> (...) Ao tratar do tema "Privatização no Brasil e o Novo Exercício de Funções Públicas por Particulares" o primeiro ponto a ser esclarecido é o de que funções públicas estamos falando. Dentro de nossa tradição jurídica, "exercício de função pública por particulares" significa o desempenho de atividade de interesse geral pelos indivíduos ou por pessoas

---

no exercício do poder discricionário do Estado, ao invés de *concessões* e, em última análise, de *permissões*, onde o grau de intervenção na atividade econômica é maior, porém, vê-se, também, nesse contexto, um nível mais alto de estabilidade para as operações realizadas pela Administração Pública. Em síntese, há de se rediscutir a possibilidade de uso abrangente do poder normativo delegado do Estado, por particulares ou agências regulatórias, com o uso de *autorizações*, e dessa feita, sem a previsão legal específica para tanto. Há de se lembrar que os limites de exercício do poder normativo das agências regulatórias estão alinhados na legislação federal que dispõem sobre o processo de desestatização nacional (*ex vi* Lei nº 9.491/97), e as competências destinadas ao CADE (Cf. SANTAMARÍA PASTOR, Juan Alfonso. *Principios de derecho administrativo*. 2. ed. Madrid: Centro de Estudios Ramón Areces, 2009. v. 2, p. 253-295; e GARCÍA DE ENTERRÍA, Eduardo; FERNÁNDEZ, Tomás-Ramón. *Curso de derecho administrativo*. 4. ed. Madrid: Civitas, 1997. v. 2, p. 134-162. É interessante ainda extrair da lição de Juan Alfonso Santamaría Pastor uma síntese das diferenças entre as *autorizações* e *concessões*: "(...) As concepções de autorização e concessão se consagram no Direito Público a partir de nortes opostos como duas vertentes das técnicas de acondicionamento, apontadas pelo autor como técnicas de ordenação mais intensas, onde a Administração autoriza o exercício de determinada atividade sob sua fiscalização e após o cumprimento de determinados requisitos, donde se extraia que, a primeira destinava-se a autorização de um direito pré-existente, onde se operaria uma mera declaração do conteúdo do direito e de sua compatibilidade com interesse da Administração. Já a concessão vem a criar no patrimônio do particular uma faculdade antes inexistente, referindo a direitos e atividades tidos como próprios da Administração, e cujo exercício não prescinde das atividades de fiscalização da Administração. Entretanto, a utilidade inicial dessa distinção, como diz o autor, perdeu-se no tempo, considerando que a evolução legislativa, a falta de rigor técnico das normas e as necessidades políticas fizeram com que tal distinção fosse perdendo o sentido. Hoje, como aponta o autor, as diferenças entre autorizações e concessões são meramente convencionais, utilizando o legislador uma ou outra técnica quando pretende diferençar o grau de intervenção do Estado" (*Idem, loc. cit.*).

[8] Numa perspectiva formal, temos que o inciso XI, do art. 21 da Constituição Federal foi alterado pela Emenda Constitucional nº 8, de 15.08.95, passando a conferir competência à União para autorizar, conceder ou permitir atividades ou serviços de telecomunicações (inciso XI), de radiodifusão sonora, e de sons e imagens (inciso, XII, a), os serviços e instalações de energia elétrica e o aproveitamento energético dos cursos de água (inciso XII, c), os serviços de transporte ferroviário entre os portos brasileiros (inciso, XII, d), os serviços de transporte rodoviário, marítimos fluviais e lacustres (incisos, XII, e, XII, f). O debate prossegue em relação a serem tais hipóteses *numerus clausus* ou em circunstâncias específicas; poderá a União delegar outros serviços considerados públicos por excelência, (regidos pelo disposto no art. 175 da CF/88) ou públicos impróprios, oriundos de atividade econômica de interesse coletivo, regidos pelo art. 173 da CF/88). Em todo caso, a extensão do conceito de *serviço público* haverá de ser observada caso a caso com cuidado, dados os avanços, inclusive, tecnológicos que advieram à realidade brasileira. Leia em Almiro do Couto e Silva: "(...) dever-se-á levar em conta que, especialmente em razão dos avanços tecnológicos verificados em certos setores, as atividades econômicas agrupadas em cada um dos distintos serviços referidos nos itens XI e XII do art. 21 da Constituição não mais compõem sempre um bloco uniforme, de maneira que sua prestação mais eficiente pudesse também sempre ser realizada dentro de fôrmas idênticas, nos moldes tradicionais de execução direta pelo Poder Público, ou da delegação mediante concessão ou permissão, no velho regime de monopólio (...)". (*Passim*, p. 59).

jurídicas de direito privado, mediante delegação do poder público, sob regime jurídico especial. Consiste, portanto, geralmente, em prestação de serviço público. O conceito de serviço público, no Brasil, segue, em suas grandes linhas, a noção clássica francesa, designando, por consequência, aquele serviço que é prestado por órgão estatal, visando fim de utilidade pública, ou executado por particular, mas, neste caso, sempre por delegação do Estado. Em outras palavras, para qualificação de um serviço como público, a par do interesse geral a que se destina a satisfazer, é indispensável a existência de um vínculo orgânico entre ele e o Estado. Este é o *titular* do serviço, muito embora sua *gestão* possa ser transferida a particulares. Nesse contexto, seria inaceitável falar-se em exercício de função pública por particulares sem existir qualquer ato jurídico de direito público, mesmo implícito, que importe delegação do desempenho daquela função, o que equivale a dizer que a atividade privada, por mais relevante ou útil que seja para toda a sociedade, não caracteriza, por si só, via de regra, serviço público. Por certo, há tipos ou espécies de atividades de interesse geral que são desempenhadas tanto pelo Estado como pelos indivíduos. O Estado não se apresenta, nesses casos, como o titular exclusivo dos serviços. É o que acontece, entre muitas outras hipóteses, com as atividades relacionadas com o ensino ou com a saúde. Quando prestadas pelo Estado ou executadas por delegação estatal elas se inserem no âmbito do conceito de serviço público. Se ausente qualquer laço com o Estado, elas são geralmente tidas e consideradas como atividades ou serviços puramente privados. *Resumindo tudo: o direito brasileiro, em linha de princípio, não conhece função pública ou serviço público, como sucede com os serviços administrativos ou é, em se tratando de serviços de natureza comercial ou industrial, um regime híbrido, predominantemente de direito privado, mas mesclado com normas de direito público. De outra parte, o regime jurídico a que se submete a prestação de serviço público ou é inteiramente de direito público, como sucede com os serviços administrativos ou é, em se tratando de serviços de natureza comercial ou industrial, um regime híbrido, predominantemente de direito privado, mas mesclado com normas de direito público (...)*.[9]

A polêmica levantada por Almiro do Couto e Silva em relação ao conceito de *serviço público* é utilíssima para as pretensões deste estudo, na medida em que a constitucionalidade do exercício do poder de polícia pelo Executivo ou pelas agências reguladoras, através de regulamentos com função legislativa, e fora das balizas formais da legislação geral disciplinadora do setor econômico em cada caso, merece ser observada, sobretudo, pela avaliação das atividades consideradas *serviços públicos de utilidade pública*, e assim regidas pelas regras de direito público, e aquelas em que a atividade, apesar da natureza pública, constituem atividades econômicas sujeitas à intervenção do Estado, e, dessa forma, sob certas circunstâncias, sujeitas à delegação aos particulares.

O ponto de referência nesta análise é talvez, como afirma Couto e Silva, o regime jurídico (vínculo orgânico) ao qual se submete a atividade em análise. A nova visão rompe com a concepção de que se a atividade se submete ao regime de direito público, o serviço será público. Referindo-se às atividades comerciais e industriais, num contraponto aos serviços eminentemente administrativos, indaga Couto e Silva: "(...) Tais serviços, embora presente o vínculo orgânico com o Estado e conquanto prestados no interesse geral, não seriam serviços públicos. Mas que natureza teriam?

---

[9] *Op. cit.*, p. 45-46.

Seriam atividade puramente econômica do Estado, em tudo igual à que os indivíduos desempenham? Como explicar as regras constitucionais que os tratam como serviços públicos (p.ex., os incisos XI e XII, do art. 21)? (...)".[10] Citando Maurice Hauriou, arremata Couto e Silva: "(...) E o que se viu durante quase todo o século XX foi essa 'mudança de Estado' temida por Hauriou, em que o Poder Público passou a exercer, em muitos países, entre eles o Brasil, atividade econômica sob a forma de serviços públicos industriais e comerciais, em regime predominantemente de direito privado, ao lado do estrito papel que o liberalismo lhe reservava, no desempenho de serviços públicos administrativos, submetidos ao direito público (...)".[11]

É interessante o comentário de Paulo Modesto:

> (...) É sabido que o Estado atualmente não tem condições de monopolizar a prestação direta, executiva, de todos os serviços sociais de interesse coletivo. Estes podem ser executados por outros sujeitos, como associações de usuários, fundações ou organizações não governamentais sem fins lucrativos, sob acompanhamento e financiamento do Estado. Não prover diretamente o serviço não quer dizer tornar-se irresponsável perante essas necessidades sociais básicas. Não se trata de reduzir o Estado a mero ente regulador. O Estado apenas regulador é o Estado Mínimo, utopia conservadora insustentável ante as desigualdades das sociedades atuais. Não é este o Estado que se espera resulte das reformas em curso em todo mundo. O Estado deve ser regulador e promotor dos serviços sociais básicos e econômicos estratégicos. Precisa garantir a prestação de serviços de saúde de forma universal, mas não deter o domínio de todos os hospitais necessários; precisa assegurar o oferecimento de ensino de qualidade aos cidadãos, mas não estatizar todo o ensino. Os serviços sociais devem ser fortemente financiados pelo Estado, assegurados de forma imparcial pelo Estado, mas não necessariamente realizados pelo aparato do Estado (...).[12]

Dois mais são os estudos recentes que nos parecem interessantes a serem ressaltados aqui. Trata-se de análises, a primeira realizada por Mônica Spezia Justen sobre o conceito de serviço público do Direito europeu, e a segunda operada pela professora Dinorá Adelaide Musetti Grotti, acerca do conceito de serviço público na Constituição Federal de 1988.[13] A primeira jurista perpassa as realidades europeias com clássicos como Jèze, Hauriou, Vedel, Duguit, Rivero e Laubadère para tecer algumas das conclusões, com as quais não só concordamos, mas também as entendemos como de importância relevante para o enfoque que ora propomos.[14] São elas, destacadas em trechos:

---

[10] *Op. cit.*, p. 47.
[11] *Idem, loc. cit.*
[12] MODESTO, Paulo. Reforma do marco legal do terceiro setor no Brasil. *Interesse Público*, v. 1, p. 35, 1999.
[13] GROTTI, Dinorá Adelaide Musetti. *O serviço público e a Constituição brasileira de 1988*. São Paulo: Malheiros, 2003. p. 19-78.
[14] Sobre a doutrina comparada, e as diversas posições acerca da noção de serviço público, resta-nos dizer que esta não é uma das propostas desta pesquisa, até mesmo porque tal ambição redundaria, necessariamente, num novo trabalho específico; em todo caso, para os efeitos de aprofundamento bibliográfico, entendemos importantes as leituras das seguintes obras: RIVERO, Jean. *Droit administratif*. 13. ed. Paris: Dalloz, 1990; VEDEL, Georges. *Droit administratif*. 5. ed. Paris: Puf, 1973; CASSAGNE, Juan Carlos. *Derecho administrativo*. 6. ed. atual. Buenos Aires: Abeledo-Perrot, 2001. v. 1, 2; CAMPOS, Francisco. *Direito administrativo*. Rio de Janeiro: Imprensa Nacional, 1943; FORSTHOFF, Ernest. *Tratado de derecho administrativo*. Madrid: Instituto de Estudios Políticos, 1958; CAETANO,

(...) A noção de serviço público é caracteristicamente ambígua, eis que é utilizada tanto para denotar um organismo, quanto uma atividade e que, ao menos parcialmente, impõe um regime jurídico especial (...). Apesar desse cenário aparentemente avesso à preservação da id de serviço público, surge uma nova abordagem do tema que recupera um aspecto de sua relevância para a construção de uma solidariedade social e de uma coesão social. Essa nova forma de se compreender os serviços públicos implica a recondução desse instituto tipicamente de direito administrativo ao plano mais nobre em que o instituto jurídico pode existir: o plano do direito constitucional. Essa ponderação se faz em face da constatação de que os serviços públicos estão umbilicalmente unidos aos princípios emanados constitucionalmente. Dentre esses princípios está o da dignidade humana que, já se disse entre nós, "é o princípio fundamental, de que todos os demais princípios derivam e que norteia todas as regras" (...). Derivam desse princípio fundamental, e dele são indissociáveis, os princípios da liberdade, da igualdade e da solidariedade. Todos esses princípios estão também vinculados em certa medida ao conceito de serviço público (como decorrência dos postulados revolucionários) e ao novo conceito de serviço de interesse geral de origem comunitária. O princípio da liberdade tem uma acepção bastante de empresa, que impõe a busca dos objetivos de interesse geral pela via do livre jogo de mercado. A igualdade como postulado geral, a garantia da igualdade de acesso a esses serviços bem como a igualdade de tratamento perante os seus gestores (...). *Infere-se daí que a relação entre o serviço público, o interesse público, os direitos fundamentais e o princípio da dignidade humana deve ser sopesada cada vez que o tema de serviço público for objeto de transformações de ordem política ou econômica. Isso porque a lógica da concorrência, com todo o seu valor e eficiência, não pode prevalecer sobre a lógica da proteção ao ser humano* (...).[15] (grifo nosso).

Num contraponto a doutrina pró-regulação. Acostamos a posição do professor José Luiz Quadros de Magalhães da PUC Minas e UFMG:

(...) As agências reguladoras, mecanismo copiado de uma tradição administrativa norte-americana que nada tem em comum com nossa história administrativa, se inserem no raciocínio realizado no parágrafo anterior, e daí sua inconstitucionalidade, além de sua absoluta inadequação a nossa cultura. Sérios problemas para um governo democraticamente eleito surgem com a adoção deste sistema, que se insere dentro de uma lógica administrativa adequada ao modelo neoconservador (chamado neoliberal), que privatizou serviços públicos de telefonia, transporte, água, energia elétrica, encarecendo o sistema que obviamente expandiu procurando mais lucros. Hoje muito mais pessoas têm acesso a uma linha de telefone, por exemplo, que por serem muito mais caros, não tem possibilidade de pagá-los. Mas a questão não é esta, pois poderíamos citar muitos outros exemplos como o desastre no setor de geração e distribuição de energia após a privatização. A questão que nos interessa é que, para regular estes serviços públicos privatizados, e portanto sujeitos aos interesses privados que se impõem na prática aos interesses do público, criou-se agências reguladores,

---

Marcello. *Princípios fundamentais do direito administrativo*. Rio de Janeiro: Forense, 1977; Idem. *Manual de direito administrativo*. Coimbra: Almedina, 1982. v. 1; GARCÍA DE ENTERRÍA, Eduardo; FERNÁNDEZ, Tomás-Ramón. *Principi di diritto amministrativo*. Milano: Giuffrè, 1983; GARCÍA DE ENTERRÍA, Eduardo; FERNÁNDEZ, Tomás Ramón. *Curso de derecho administrativo*. Madrid: Civitas, 1974. t. 1; FIORINI, Bartolome. A. *Derecho administrativo*. Buenos Aires: Abeledo-Perrot, 1976. v. 1, 2; DROMI, Roberto. *Derecho administrativo*. 5. ed. Buenos Aires: Ciudad Argentina, 1996; JÉZE, Gaston. *Los principios generales del derecho administrativo*. Madrid: Réus, 1928; GIANNINI, Massimo Severo. *Istituzioni di diritto amministrativo*. Milano: Giuffrè, 1981.

[15] JUSTEN, Mônica Spezia. *A noção de serviço público no direito europeu*. São Paulo: Dialética, 2003. p. 225-233.

que passaram a assumir competências de escolhas e definições de políticas públicas destes setores, claramente usurpando funções de governo, e portanto, usurpando funções democráticas, o que não tem amparo constitucional (...).[16]

É interessante o panorama sobre o conceito de serviço público no Direito francês e inglês traçado por Tony Prosser, professor da Duke Law University:

(...) In France, the concept of public service has its roots in the Constitution. The Preamble to the 1946 Constitution includes a provision to the effect that "ll property and enterprises of which the running has, or acquires, the character of a national public service or a *de facto* monopoly are to become public property". There has been some doubt about the meaning of this provision, and it has been interpreted broadly by the *Conseil Constitutionnel*. Notably, it does not apply to local public services such as water, which has for some time largely been supplied by private companies operating under concession. The concept of *service public* is much more fully developed in French administrative law than in British law. It can be summarized as follows: "In French public law, public service is an activity in the general interest, provided by a public or private actor and subject to a special legal regime requiring equality of treatment, adaptation to changing needs and security of supply, etc.". The principle of public service has been implemented in two ways: through public ownership and through the granting of public service concessions for private concerns. Indeed, concessions also have been used to set out a framework for the operation of public enterprises. In much of the rhetoric concerning public service, an intrinsic interdependence of three elements has been assumed: public service defined in law; public ownership; and a public monopoly to enable the distinctive tasks of public service to be achieved. It is important to point out, however, that in legal terms at least, *service public* is not synonymous with public ownership, or even with the granting of monopoly rights. *Service public* may also be a means of incorporating certain social principles into the operation of private enterprises in the market place; this is likely to be its most important role in the future. It is also important to note that *service public* is essentially non-economic and distributive in nature: "It is the essence of *service public*, as a means of consolidation of the social contract and of social solidarity, that it contributes to some types of redistribution and of transfers between social groups". What are the actual requirements of a regime of *service public*? The basic requirement is that of equality, ensuring equal access to services and equal treatment of consumers unless there is good reason not to do so. This may result in a rule prohibiting arbitrary pricing distinctions or restrictive access conditions. Other principles of equality include continuity of public service, which has most often concerned the extent of a right to strike on the part of public sector workers. Equality may also require security of supply, a key issue in energy liberalization. *Service public* also requires political neutrality in the provision of services. Echoing concerns in Anglo-Saxon utilities regulation, the participation of consumers in the administration, or at least in the regulation of services, as well as transparency of administration also have become part of the requirements of a *service public* regime. These basic requirements are central principles of French administrative law but are implemented and supplemented by extensive statutory and regulatory requirements (...).[17]

---

[16] MAGALHÃES, José Luiz Quadros de. A teoria da separação de poderes. *Jus Navigandi*, Teresina, ano 9, n. 489, 08 nov. 2004. Disponível em: <http://www1.jus.com.br/doutrina/texto.asp?id=5896>. Acesso em: 11 abr. 2005.

[17] PROSSER, Tony. Public service law privatizations unexpected offspring. Disponível em: <http://www.law.duke.edu/journals/63L CPProsser>.

Em meio a esse novo contexto não pacífico quanto ao exercício das funções do Estado e prestação de seus serviços, vê-se, sob qualquer ótica, a transição do que se entenderia como um "Estado Executor" que atuava na ordem econômica, via pessoas jurídicas, passando a ser um "Estado regulador",[18] que fixa regras disciplinadoras para a ordem econômica, exercendo inclusive um papel de fiscalização (*ex vi* art. 174, CF/88).[19]

Nesse aspecto, merece também destaque o papel desempenhado pelas organizações sociais civis no processo de *descentralização administrativa*. No caso brasileiro, incumbe a essas entidades e solidariamente ao Estado a promoção dos interesses coletivos comuns, dos objetivos e dos fundamentos da República. Tais entidades poderão fazer observar o *princípio da boa governança*, sempre ressaltado nos momentos de *crise de governabilidade*, como a que enfrentamos no Brasil de hoje.[20]

Retornando ao contexto das agências reguladoras, vemos os limites tênues que lhes foram traçados pela teoria contemporânea do Estado. O fenômeno, já secular nos Estados Unidos, possuiu gêneses diferentes ao redor do mundo, porém, como no caso brasileiro, as polêmicas se acirram quanto ao poder normativo de tais entidades, o *déficit* de legitimidade em suas composições e um possível autoritarismo nas decisões que primam pela técnica e defesa dos interesses

---

[18] Marcelo Figueiredo bem sintetiza a evolução do chamado "Estado Regulador": "(...) O fenômeno deu-se com o recuo do Estado produtor que passou das nacionalizações às privatizações. Nas décadas de 1970 e de 1980, em quase toda a Europa ocorreram essas modificações, algumas inclusive constitucionais. Até aquele primeiro período, o setor empresarial do Estado ou o setor público produtivo, tinha *importante peso econômico político e social*, constituído por empresas públicas controladas direta ou indiretamente pelo Estado. Em alguns Estados, inclusive, havia proibições explícitas de acesso ao capital privado nos setores básicos da economia. Seguiu-se um período de privatizações diretas ou indiretas inclusive de gestão de serviços públicos. Com isso, o setor público empresarial viu-se bastante abalado e diminuído. Como resultado desse processo de privatização e de liberalização da economia (do Estado aos particulares), muito embora ainda se mantenham em alguns países alguns monopólios, passou-se a procurar uma forma de o Estado regular esses setores e as atividades privatizadas. Cunhou-se a expressão "Estado regulador". Obviamente que o Estado sempre foi "regulador" no sentido de ter o poder de expedir normas jurídicas para "regular", "regulamentar" atividades (inclusive econômicas) na sociedade. Assim, quando se alude a "Estado regulador", quer-se referir a esse modelo dominante daqueles tempos a esta parte. O modelo que prega em larga medida a regulação, a regulamentação, o estabelecimento de regras jurídicas nesse processo de abertura econômica. Trata-se, ao que parece, de um novo paradigma de *intervenção do Estado* na economia, que retrata uma significativa perda de importância do setor empresarial do Estado na atividade econômica direta ou produtiva (...)". (FIGUEIREDO, Marcelo. *As agências reguladoras*. São Paulo: Malheiros, 2005. p. 200).

[19] A pretensão de delegação dos serviços públicos à iniciativa privada, com o fito de se otimizar as atividades públicas, fez com que novas figuras administrativas fossem concebidas para o desempenho de funções administrativas de interesse geral. Destaca-se a reforma administrativa brasileira, onde se desenvolveu um Plano Diretor da Reforma do Aparelho do Estado para a criação de um setor público não estatal (Decreto-lei nº 200/67). Foram criadas as Organizações Sociais introduzidas no Direito brasileiro pela Medida Provisória nº 1.591, de 09 de outubro de 1997, sucessivamente reeditada, até o advento da Lei Federal nº 9.637, de 15 de maio de 1998; as Organizações da Sociedade Civil de Interesse Público – OSCIPs foram instituídas pela Lei nº 9.790/99 e regulamentadas pelo Decreto nº 3.100/99; as agências executivas são autarquias de regime jurídico especial, previstas nos arts. 51 e 52 da Lei nº 9.649, de 27.05.98, que dispôs sobre a organização da Presidência da República e dos Ministérios. Leia-se a interessante obra a respeito, ROCHA, Sílvio Luís Ferreira da. *Terceiro setor*. São Paulo: Malheiros, 2003. p. 61-77.

[20] Sobre o *princípio da boa governança* é interessante a leitura, dentre outros, do seguinte texto: BARALDI, Camila Bibiana de Freitas; DRI, Clarissa Franzoi. *Sociedade civil participativa*: democracia através da boa governança ou negligência estatal? Disponível em: <http://www.ufsm.br/direito/artigos/constitucional/sociedade-participativa.htm>.

secundários do Estado (no exercício do poder normativo secundário do Estado), estabelecendo para alguns um *novo poder administrativo*.

O contexto da descentralização, típico do processo regulatório, e marcado por opções técnicas, muitas vezes afasta a tão necessária participação popular em seus processos decisórios. A desregulamentação também vem sendo conhecida através dos conceitos de *desregulamentação, desburocratização* e *delegificação de fato*. A ausência de meios mais específicos de manifestação da legitimidade popular nas decisões administrativas formuladas pelas agências dá ensejo a uma visível fragilidade no controle político e no exercício da soberania popular essencial ao Estado Democrático de Direito.

Dos conceitos indicadores de uma descentralização administrativa, ou seja, do exercício do poder (força e coação) do Estado, interessa-nos, e merece menção particular o último que indicamos logo atrás. Trata-se de tecermos algumas necessárias considerações sobre o que se entende por *delegificação de fato*. Em sentido mais estrito, Giuseppe de Vergottini assim conceitua o fenômeno: "(...) Compreendida num significado mais estrito ou *intermediário* a locução delegificação indica, no entanto, fenômenos de transferência da disciplina de determinadas atividades da sede legislativa estatal para aqueles entes com autonomia constitucional garantida, ou melhor, aqueles de autonomia sindical. Neste caso deve-se falar, mais propriamente, na *descentralização normativa*. A função desta técnica de produção jurídica não é, como no caso da delegificação em sentido *lato*, a diminuição do âmbito do que é normativamente disciplinado, mas sim numa melhoria de qualidade do sistema normativo (...)".[21]

Giuseppe Vergottini, referindo-se à realidade italiana, reafirma a existência de limites constitucionais explícitos para a delegação da atividade legislativa primária do Estado, baseando-se, por assim dizer, na reserva legal constitucional, na primazia do texto constitucional e na própria unidade da Constituição. Estabelece uma condição de paridade apenas entre as leis, os decretos-leis e os decretos legislativos, seguindo as hipóteses constitucionais de delegação legislativa. Distingue deste patamar o professor italiano os regulamentos governamentais, concebendo-os como hipótese de exercício da atividade normativa secundária do Estado, em nível normativo essencialmente administrativo e subordinados à lei.

Um dos vetores da discussão fomentada por Vergottini é o uso do princípio da reserva legal na forma absoluta e relativa, o que nos remete à existência de matérias sujeitas intrinsecamente ao regime jurídico público (de supremacia geral, no dizer de Celso Antônio Bandeira de Mello), já outras, mostram-se passíveis

---

[21] A delegificação e a sua incidência no sistema de fontes do direito. In: BARROS, Sérgio Resende de; ZILVETI, Fernando Aurélio. *Direito constitucional*: estudos em homenagem a Manoel Gonçalves Ferreira Filho. São Paulo: Dialética, 1999. p. 166. O contexto que nos é apresentado pelo professor de Direito Constitucional da Universidade de Bolonha (Itália) diz respeito à predominância do papel do Parlamento no ordenamento constitucional italiano. O jurista discute o excesso legislativo no movimento para redimensionar o uso das fontes legislativas, em particular por entidades não estatais. Conferir também o estudo VERGOTTINI, *op. cit.*, p. 283, 593-606.

de sujeição ativa a pessoas jurídicas do ramo privado do direito (de supremacia especial, também em Celso Antônio Bandeira de Mello). Assim arremata o professor italiano, dizendo que as delegações legislativas não se encontram passíveis de uso nas hipóteses fáticas afetas à reserva legal absoluta.[22]

O instituto da *delegificação* ou *deslegalização* se operacionaliza através de normas constitucionais de eficácia limitada, que, em não havendo reserva constitucional absoluta sobre a matéria, delega a função legislativa complementar da norma para a esfera administrativa, e, em sede regulatória, para os próprios entes reguladores. Não se trata de aventar quanto ao poder regulamentar dos entes reguladores, dentro dos limites impostos pela legislação atributiva, ou ainda, da existência nesse sentido dos próprios *regulamentos autônomos*. Na *delegificação* ou *deslegalização* opera-se uma verdadeira transferência de função legislativa típica do Poder Legislativo, o que, num regime constitucional rígido, implicaria uma possível derrogação infraconstitucional das competências fixadas na Constituição.[23] Essa realidade, em todo caso, não se amolda à realidade brasileira, em que pese a existência de algumas sólidas opiniões doutrinárias favoráveis.[24]

Vai ao encontro do que ora apontamos, a lição de Guido Zanobini, professor da Universidade de Roma: "(...) In tema di facoltà regolamentare, um punto, rispetto al quale regna in dottrina e i giurisprudenza l'accordo più perfetta, è quello relativo al carattere obbligatorio che le norme contenute nei regolamenti avrebbero per le stesse autorità, dalle quali rispettivamente i regolamenti vengono emanati. Quando in dottrina si considera la facoltà regolamentare dal punto di vista politico, il motivo, si può dire único, sul quale si basa qualunque dimostrazione della opportunità e dei vantaggi del regolamento, si riassume in questo concetto: che l'esistenza di um regolamento costituisce una limitazione giuridica al potere discrezionale della autorità amministrativa (...)".[25]

Na realidade brasileira, as agências reguladoras foram constituídas no Brasil como autarquias de regime especial da administração indireta, a fim de regular e fiscalizar a prestação de serviços públicos por concessionários, permissionários e autorizatários. Alguns atributos de autonomia lhes foram concedidos, facultando-se lhes independência administrativa, mandato fixo e estabilidade para seus dirigentes.[26]

---

[22] *Idem. Ibidem*, p. 164. Voltaremos ao tema de forma mais exaustiva no item 2.1.1. do trabalho.

[23] Particularmente, a nós parece que o instituto da *delegificação* ou *deslegalização* não se ajusta ao modelo de legislação atributiva ou de delegação legislativa formulado no processo regulatório brasileiro.

[24] Cf. ARAGÃO, Alexandre Santos de. *As agências reguladoras independentes e a separação de poderes*. Disponível em: <http://www.mundojuridico.com.br/>. Acesso em: 02 jun. 2005.

[25] ZANOBINI, Guido. *Scritti vari di diritto pubblico*. Milano: Giuffrè, 1955. p. 3.

[26] A natureza jurídica dada às agências reguladoras pelo Direito brasileiro foi imprecisa desde o início. A imprecisão quanto à natureza jurídica pública ou privada das agências brasileiras parece-nos influenciar em muito o grau de independência de tais entes reguladores e, na mesma medida, a possibilidade de exercício de seus poderes normativos, pois, se consideradas como autarquias, inserem-se na Administração Pública Indireta e, como tal, pelo menos em tese, não poderiam exercer poderes normativos autônomos, bem como não poderiam, igualmente, estarem sujeitas à interferência dos interesses privados. Essa questão se resolve pela opção formal destinada por lei às agências, portanto, dependendo de uma escolha do Poder Legislativo. Ora, tal constatação nos remete, ao que nos parece, para o ponto de partida dos tormentosos problemas que mais à

Entende o Ministro do Supremo Tribunal Federal Joaquim B. Barbosa Gomes que:

> (...) as agências brasileiras nada mais são, pois, do que as velhas e conhecidas autarquias, pessoas jurídicas de direito público, agora com nova roupagem e dotadas de um grau maior de independência em relação ao poder central, daí a qualificação de «especial» que lhes é conferida pela lei (...) trata-se de pessoas jurídicas de direito público, espécie do gênero autarquia, às quais são conferidas as funções de regulamentação, fiscalização e decisão em caráter descentralizado no âmbito de determinado setor da atividade econômica e social de grande interesse público. Por serem autarquias, devem ser criadas por lei, como determina o art. 37, XIX da Constituição Federal. Em razão do princípio da simetria, sua extinção também só pode se dar através de lei específica e por motivos de interesse público (...).[27]

---

frente comentaremos, sobre o poder normativo de tais agências e um necessário controle da constitucionalidade dos valores democráticos possivelmente lesados no exercício de suas funções. Admite-se a posição das agências como autarquias especiais, inseridas na Administração Pública Indireta, e não como agências executivas (*executive agency* ou *administrative agency* no direito norte-americano), mais propriamente ligadas ao Poder Executivo, ou ainda, como agências independentes (*independent regulatory commision*), tal como na realidade americana, com autonomia acentuada, grande descentralização, estrutura colegiada e mandato fixo de seus membros. A escolha brasileira, de independência e autonomia relativas, mas com poderes normativos setoriais, se mostra amordaçada pelos rigores de sua destinação como entidades da Administração Pública Indireta, levando-nos, fatalmente, a concluir que as funções normativas de tais entes reguladores se encontram resumidas à normatização ou regulamentação quase que exclusivamente interna, através de atos administrativos normativos (regulamentos, resoluções, portarias, etc.). É claro que tal situação não atende às pretensões do modelo brasileiro de agências, sensivelmente confuso, impedindo uma possível atividade normativa setorial de tais entidades, ainda que de acordo com diretrizes, padrões, atribuições ou *standards* prefixados em lei. É interessante referir que o fenômeno das agências de regulação estatal faz parte de um movimento global de descentralização administrativa e de intervenção econômica nos mercados não apenas válido para a realidade norte-americana, que serviu de berçário para o modelo regulador hoje debatido, mas, sobretudo, também se verifica a emergência das agências reguladoras por toda a Europa. O modelo independente prevaleceu entre os europeus, assim como havia acontecido na realidade americana, entretanto, percebemos que em ambos os continentes, apesar das dificuldades enfrentadas serem semelhantes entre si e assemelhadas também às enfrentadas no Brasil, alguns fatores de diferenciação são muito importantes, dentre eles destacamos a constituição independente e isenta dos órgãos reguladores na forma colegiada e fora da estrutura política propriamente dita da Administração Pública; de outra parte, identificamos na maioria dos países europeus (por ex. França e Espanha) e nos Estados Unidos a existência de uma "Justiça Administrativa", o que não ocorre no Brasil, sedimenta o controle dos atos e decisões das agências, sem conferir-lhes poderes jurisdicionais ou legislativos gerais.

[27] Das considerações sobre a natureza jurídica das agências reguladoras brasileiras, podemos extrair alguns dos enfoques úteis a nos auxiliar em decifrar algumas de suas polêmicas mais gritantes, como é o caso de seu poder normativo e de sanção. O Ministro Barbosa Gomes colaciona várias das posições conflitantes sobre a natureza jurídica de tais entidades reguladoras, sendo possível observar a existência de duas possíveis grandes vertentes. Uma primeira composta pela corrente que considera as agências reguladoras como autarquias de natureza especial, sendo-lhes exigíveis todas as demais obrigações inerentes às demais autarquias já existentes, diferindo, somente, naquilo que diz respeito ao grau de independência das outras autarquias já existentes, representando esta corrente, ilustres doutrinadores como Maria Sylvia Di Pietro e Celso Antônio Bandeira de Melo. Por outro lado, posicionam-se outros juristas, como Arnold Wald e Marcus Augusto Perez, que consideram as agências reguladoras como organismos independentes e autônomos em relação aos poderes do Estado, exercendo funções legislativas, judiciais e executivas, e, dessa forma, no que tange ao ponto polêmico por nós ressaltado, qual seja, o seu poder normativo, prega a segunda corrente que a necessidade de prévia legislação autorizadora dos limites a serem observados por tais órgãos de regulação para sua atividade normativa no setor de seu exercício seria desnecessária, indo na mesma direção o exercício de seus poderes de sanção, haja vista que ambas as atividades estariam previstas pela própria Constituição (Cf. GOMES, Joaquim B. Barbosa. Agências reguladoras: a metamorfose do Estado e da democracia: uma reflexão de direito constitucional e comparado. *Revista de Direito Constitucional e Internacional*, São Paulo, ano 13, p. 39-74, jan./mar. 2005). Os problemas enfrentados pelas agências reguladoras no Brasil não dizem respeito, segundo Barbosa Gomes, à opção feita pelo modelo das agências independentes (*independent agency*), ao invés do modelo das agências executivas (*executive agency*), ambos oriundos da realidade americana, mas sim a alguns aspectos relativos à frágil especificação de suas funções, entre outros pontos. Leia-se a posição de Barbosa Gomes: "(...) Nossas agências configuram, portanto, uma importação de um conceito, de um formato e de um modo específico de estruturação do

O ponto de real interesse para as pretensões deste trabalho no contexto das agências reguladoras se mostra no debate sobre os poderes normativos e de sanção das agências reguladoras e diz respeito aos estritos limites da atividade legislativa a ser exercida de forma delegada pelos entes privados delegados e a possibilidade de controle pela jurisdição constitucional dos limites de tais delegações como formas em atenção ao Estado Democrático de Direito.[28] Voltando-nos mais uma vez a Joaquim B. Barbosa Gomes, para reconhecermos a necessidade de uma revisão dos padrões oitocentistas destinados às atividades reguladoras da Administração Pública, falaríamos sobre a necessidade ou não de que as leis atributivas de competências e funções pormenorizem as possibilidades de exercício da atividade normativa a ser exercida em caráter delegado. Barbosa Gomes se alia à posição de Carlos Ari Sundfeld,[29] preconizando a possibilidade mais ampla de exercício da atividade legislativa pelas agências, cuja delegação se dá por lei atributiva que estabeleça padrões (*standards*) a serem observados na atuação de tais entes privados enquanto no exercício da atividade legislativa delegada.

As articulações feitas por Joaquim B. Barbosa Gomes e Carlos Ari Sundfeld são muito interessantes. Como analisa Barbosa Gomes sobre a realidade americana, a flexibilização das funções estatais, em particular, da função legislativa (que delimita classicamente o exercício do poder/coação do Estado), vem se tornando uma realidade na jurisprudência da Corte Suprema norte-americana, considerando-se que a delegação de tais funções legislativas poderá ser feita também para entidades híbridas, ou seja, aquelas que apesar de possuírem natureza privada atuam com interesses públicos e sociais.

Defendem os juristas citados que a distribuição das funções do Estado necessita apenas estar precedida de padrões e limites bem definidos na

---

Estado. Faltam-lhes, contudo, e isso poderá lhes ser fatal no curso do seu amadurecimento institucional, um maior rigor na delimitação de seus poderes e na compatibilização destes com os princípios constitucionais; um controle efetivo pelo Senado do processo de designação dos seus dirigentes; um controle mais eficaz de suas atuações pelo Judiciário e pelos órgãos especializados do Congresso; e, por fim, uma maior preocupação com o estabelecimento, em seu benefício, de um mínimo lastro democrático, de sorte a evitar que elas se convertam em instrumento de dominação de uma determinada tendência político-ideológica. Sobre este último ponto, aliás, a vigilância há de ser redobrada, haja vista as fragilidades intrínsecas da nossa vida institucional" (*Idem. Ibidem*, p. 44-45).

[28] Esse nos parece o ponto de real interesse para nossas pretensões nesta pesquisa, pois, como veremos mais à frente, o ponto de contato entre a natureza jurídica dos entes reguladores (pública ou privada) e o tipo de interesse envolvido na matéria a ser regulada nos levará, sem paradas, a conclusões perceptíveis, como veremos, acerca dos valores constitucionais envolvidos nesse processo, em particular, concretizados, dada a natureza do serviço que é prestado, haja vista que, se é pública, consideraremos a prestação contínua, eficiente e universal de tais serviços como direitos fundamentais prestacionais/positivos (p. ex. saúde, educação, transporte, previdência social, cultura, etc.), passíveis de controle jurisdicional quanto às omissões ou deficiência na prestação de tais serviços, consideradas assim como inconstitucionalidades negativas conformadas na ausência da prestação devida pelo Estado (vale tal raciocínio para todo um leque de políticas públicas e direitos fundamentais expressos e extensíveis via seus conteúdos sociais). É bom frisar que a nossa preocupação nesta pesquisa diz respeito à atividade regulatória que se sujeita ou que necessita de um controle de constitucionalidade mais efetivo. Fogem, a nosso ver, aos objetivos desta pesquisa, os interesses do Direito Administrativo, quanto à organização das agências reguladoras, à nomeação de seus dirigentes e suas legitimidades, à participação dos setores sociais nas decisões regulatórias e à observância de um devido processo administrativo para a tomada de suas decisões, entre outros pontos de interesse.

[29] SUNDFELD, Carlos Ari (Coord.). *Direito administrativo econômico*. São Paulo: Malheiros, 2002. p. 27-28.

legislação atributiva de tais funções (entendam-se executivas e legislativas). Diz Barbosa Gomes, em analisando a realidade americana comparada ao Direito brasileiro:

> (...) Para o comparatista familiarizado com o direito público brasileiro, resta a constatação surpreendente de que no caso acima comentado a Suprema Corte dos EUA convalidou uma lei federal de profundas implicações no funcionamento e no arranjo tradicional das funções estatais. Em «Mistretta», com efeito, decidiu a Corte que não apenas a função executiva do Estado pode ser objeto de delegação, mas também a função legislativa, podendo essa delegação recair até mesmo em um organismo de natureza «híbrida». Portanto, é constitucionalmente viável a delegação da função legislativa, desde que sejam fixadas regras e limites claros dentro dos quais o ente delegatário deverá atuar. Decidiu também que a doutrina de separação dos poderes não impede o Legislativo de «buscar assistência» nos outros dois poderes. Porém, mais interessante e ainda mais surpreendente, tendo causado estupefação até mesmo em alguns juristas americanos, é o fato de que, pela primeira vez na história, a Corte Suprema, de maneira inequívoca, impôs ao Judiciário uma clara limitação ao exercício de suas atividades constitucionais, em prol de um organismo administrativo. Noutras palavras, uma típica «camisa de força» hermenêutica (...).[30]

Com a intenção de obter uma singela comparação, podemos verificar que, na realidade americana, são detectáveis três grandes vertentes jurídicas estruturais – *structural methods* – onde se baseia o modelo legislativo americano. Diz assim o professor John Ferejohn, da Duke Law University:

> (...) *The first model is republican:* The production of legislative statutes is controlled principally by the fact that legislators are held accountable to their constituents through elections. Additionally, the participation of the executive is typically required for legislative action and enforcement. *The second model* is of more recent vintage: Administrative rule-making is controlled by the agency's dependence on the legislature for funding and authority, by the agency's dependence on the executive for staffing and direction, and by procedural requirements on rule-making. So, administrative legislation is controlled indirectly by the fact that administrators are responsible to elected officials. *The third model* illustrates that the control of judicial legislation is largely managed by limits on courts' jurisdiction. U.S. federal courts, for example, may only decide cases or controversies between actual parties who are in genuine conflict with one another. Moreover, whatever general norms are formulated in order to frame and settle a particular dispute are to have legal effect only on those future cases that are sufficiently similar to the original dispute. In addition, courts, like agencies, are dependent on the legislature for funds and authority, and on the executive for enforcing judicial orders (...).[31]

---

[30] GOMES, Joaquim B. Barbosa. Agências reguladoras: a metamorfose do Estado, *op. cit.*, p. 70-71. Na mesma linha de opção pelas agências reguladoras independentes com poderes de normatização e fiscalização de áreas da atividade econômica com importante interesse público, seguem os países do continente europeu, reafirmando assim a escolha brasileira (*Idem. Ibidem*, p. 71). É recomendável a leitura em francês da obra de GOMES, Joaquim B. Barbosa. *La cour suprême dans le système politique brésilien*. Paris: L.G.D.J., 1994. p. 81-95.

[31] FEREJOHN, John. Judicializing politics, politicizing law. Disponível em: <http:www.law.duke.edu/journals/65LCPFerejohn>. Acesso em: 02 jun. 2005.

Para nós, como parâmetro de comparação, vê-se que, dos modelos americanos referidos, aquele ao qual o legislativo brasileiro mais se amolda é o republicano e, por outro lado, não se mostra preparado para conviver, harmonicamente, sob a perspectiva da Constituição de 1988, com os dois outros modelos apresentados pelo professor John Ferejohn. Assim, apesar da opção brasileira por um controle de constitucionalidade híbrido (difuso/americano e concentrado/europeu), o fato é que as escolhas de uma produção legislativa controlada por agências reguladoras – *administrative rule-making* – ou ainda, com a produção de decisões judiciais com caráter legislativo – *judicial legislation* – que dá ensejo a uma jurisdição ativa, necessitam ser ajustadas aos padrões brasileiros de constitucionalidade.

Marcelo Figueiredo realiza uma precisa comparação dos modelos americano e brasileiro nesse sentido:

> (...) Poder-se-ia contraditar a assertiva, trazendo à colação a experiência norte-americana, paradigma de *presidencialismo* e de modelo de federação bem-sucedida, a qual, inclusive inspirou nossa República e nossas instituições políticas, ao menos nesses dois aspectos para, paradoxalmente, constatar que, naquela Nação, proliferaram as *agências reguladoras*, as delegações legislativas diretas ou indiretas, enfim as "produções normativas independentes", a despeito da Constituição. O exemplo nada tem de contraditório. É que nos Estados Unidos da América, como já anotamos anteriormente, a delegação (*lato sensu*) foi realizada *sem* previsão constitucional específica. O alargamento da atividade normativa do Executivo deu-se de fato ao longo dos anos, de tal maneira que não houvesse riscos desmesurados e indevidas restrições à liberdade. (...) A questão nos Estados Unidos da América do Norte é bem mais intrincada, não é o momento de dissecá-la. Apenas registramos que os motivos e circunstâncias pelos quais o Poder Legislativo compartilha o exercício de suas funções com os *demais poderes* e órgãos criados para "auxiliá-lo" são de cunho político e *nem sempre encontram fundamento de validade no direito constitucional positivo deste ou daquele Estado*. (...).[32]

---

[32] FIGUEIREDO, Marcelo. *As agências reguladoras*, op. cit., p. 118. Dentre os fatores de influência histórica à distinção do sistema americano, diz com propriedade Marcelo Figueiredo: "(...) Quem examinar a Constituição norte-americana não encontrará em seu sintético texto indicações precisas do que efetivamente ocorre naquele País. A Constituição distribui os poderes e funções de forma horizontal e vertical. A dispersão da autoridade é um produto não só da separação entre o governo nacional e os governos estaduais, como, também, entre os poderes e funções legislativas, executiva e judiciária. Não há na Constituição americana uma *rígida* separação de poderes entre Legislativo, Executivo e Judiciário. A preocupação original estava, sobretudo no controle e monitoramento que um poder deveria realizar sobre o outro (*one branch can monitor and check the others*), o que inclusive autoriza o Presidente a participar do processo legislativo através do veto; o Senado ao analisar as indicações do Presidente e do Congresso, pode, igualmente, impor políticas e limites à ação do Presidente. *A análise da história americana da distribuição de poderes demonstra, inicialmente, a busca de dois propósitos. O primeiro seria o da eficiência governamental. Neste sentido, a divisão de tarefas, de atribuições de trabalho entre os vários poderes, supunha-se, daria maior eficiência ao governo, especialmente por intermédio da figura do Presidente da República, coordenador de todas as políticas públicas nacionais. O segundo propósito original consistia em que o desenho constitucional possibilitasse a prevenção da tirania. A distribuição difusa do poder governamental diminuiria a possibilidade de que quem tivesse poderes pudesse usá-los contra o cidadão norte-americano. Entretanto, o gigantismo do Estado e o forte pragmatismo da cultura americana levaram a uma leitura dinâmica da separação de poderes que pouco tem a ver com a nossa concepção e recepção do aludido princípio.* (...)". (Idem. Ibidem, p. 157-158). (grifos nossos). Um paralelo interessante a esse momento, é o que se coloca frente ao contraste entre as concepções americanas e brasileiras, bem evidenciados na descrição feita por Sérgio Varella Bruna, acerca da concepção de Peter Strauss. Diz o jurista: "(...) Analisando a questão da colocação das agências reguladoras no sistema político norte-americano, Peter Strauss sustenta que se deve abandonar a concepção da teoria da separação dos poderes como mera compartimentalização das funções governamentais, em favor de uma

Na mesma esteira de nosso entendimento, parece-nos relevante ainda a observação feita pelo professor Marcelo Figueiredo quanto aos tipos de processo legislativo consoante as opções de organização do Estado. Apoiamo-nos no magistério de Nelson de Souza Sampaio, que diz existirem quatro tipos de processo legislativo: a) autocrático; b) direto; c) indireto ou representativo; d) semidireto. A nós interessa referir o sistema representativo, que nos parece o sistema mais adotado no mundo, assim como formata também o Estado brasileiro. Ocorre, entretanto, que o desprestígio e a descrença no Parlamento, infelizmente muito presentes em nosso País, em contraste com o aumento da complexidade social, constituem fatores de fomento para o deslocamento da *mens legis* do espaço social da vontade popular para o espaço técnico da governabilidade e dos interesses da Administração Pública.[33]

A nosso ver, a *descentralização administrativa* que vem se operando no Brasil, sobretudo no período pós-reforma administrativa (*ex vi* Lei nº 9.637/98), como assim foi denominada a criação das *autarquias sob regime especial*, das *agências executivas* e das *agências reguladoras*, não conferiu tamanha independência às agências reguladoras, a ponto de caracterizar, realmente, uma possível *delegação da função legislativa* por meio de legislação atributiva formulada com *standards*, permitindo assim uma *quase* autonomia legislativa aos entes reguladores, observados os limites dispostos nas legislações atributivas. Vejamos que assim ocorre na realidade americana, o que, pelo que observamos, afasta o melhor uso desse raciocínio na realidade brasileira. Note-se o que se entende por – *normative standards* – no Direito americano:

> (...) When conditions are favorable for courts to exercise legislative powers, they are free to do so across the board, whether or not the specific policy decisions are best

---

renovada análise do problema, de forma a favorecer a "separação de funções" e o estabelecimento de "freios e contrapesos". Com efeito, Strauss afirma que grande parte da importância dada ao tema da "colocação" das agências no âmbito do governo é devida ao ideal de "equanimidade" (*fairness*), que visa a evitar a existência de um governo tirânico, ou seja, um governo que tenha fugido ao controle de seu poder. Para esse autor, a noção da *separação de poderes* seria adequada para designar as relações entre as três macroestruturas do Estado (Legislativo, Executivo e Judiciário), enquanto o ideal de *separação de funções* deveria ser encarado de forma mais atomística, dizendo respeito aos desdobramentos dessas macroestruturas. Por isso, independentemente de qual o "Poder" em que estiverem funcionalmente localizadas as agências, o ideal de separação de funções imporia a necessidade do estabelecimento de freios e contrapesos às suas atividades, exigindo a instituição de mecanismos de controle como, por exemplo, a divisão de atribuições, a imparcialidade das autoridades julgadoras, a publicidade dos procedimentos, entre outras (...)". (BRUNA, Sérgio Varella. *Agências reguladoras*: poder normativo, consulta pública, revisão judicial. São Paulo: Revista dos Tribunais, 2003. p. 79). Na mesma esteira do Direito americano, Eros Roberto Grau diz que a função normativa não se esgota na atividade legislativa, podendo-se então conceber a edição de atos normativos provindos do Executivo. Tal possibilidade se circunscreve, segundo o jurista, ao fato de que a atribuição do poder normativo não advém do poder discricionário da Administração Pública, e sim, de uma atribuição de *potestade* normativa material do Legislativo e do Executivo, não se constituindo uma delegação de função legislativa. Outro ponto de destaque formulado pelo professor Eros Grau, refere-se à classificação da chamada *reserva de norma*, que, excetuadas as hipóteses exigíveis de *reserva absoluta de lei*, exista a possibilidade de autorização implícita ou explícita, por ato legislativo, do Executivo exercer função normativa com a formulação de obrigações aos particulares (Cf. GRAU, Eros Roberto. *O direito posto e o direito pressuposto, op. cit.*

[33] *Idem. Ibidem*, p. 178-179.

made in legal settings. There is a mismatch between the positive conditions that permit judicialization and the normative justification of judge-made law. This is politically dangerous in various ways. It has the effect of politicizing courts – making judicial decisions appear to be politically motivated and making appointments to the bench matters of partisan contention – of reducing the legitimate abilities of the people or their representatives to legislate, and, less often, of provoking crude and heavy-handed electoral responses. There is a need, therefore, for courts to take care when they relocate specific legislative issues to legal settings, and taking such care requires the formulation of normative standards to guide the allocation of legislative authority. *What might such normative standards look like? I suggest that different kinds of legislation are appropriately made in different institutional settings. Courts are well suited to make certain kinds of legislative rules – rules that need to be developed in light of repeated experience in use, and that should answer to concerns about equality, due process, and justice. This is not to say that the legislature should not participate in making policy in these areas; I only argue that courts have an important and continuing role in regulating legislative activities in these areas. Similar considerations should govern when administrative agencies should legislate rules. Rules that need, for whatever reason, to be responsive to technical issues are often best formulated in settings where expertise is available and professional norms can shape the policy discourse.* (...)".[34] (grifos nossos)

Dessa forma, parece-nos que o modelo legislativo republicano, utilizado nos moldes brasileiros, não consegue conviver, a nosso ver, sem importantes lesões constitucionais, com o regime legislativo de agências independentes – *administrative rule-making* – e, por esse prisma, a técnica dos *standards legais* não nos parece suficiente para justificar ou dar vazão a um maior poder legislativo aos entes reguladores para além das relações individuais entre a Administração e os administrados, ou seja, aquelas que se encontrem insertas no contexto da *supremacia especial* da Administração.[35]

As relações entre a Administração e os administrados que exijam *sujeição especial* ao objeto administrativo permitem que, dados vários fatores, em particular, os aspectos técnicos envolvidos, o Poder Público ou os sujeitos delegados venham a regular de forma específica a determinada relação em foco, o que, enfatize-se, não quer dizer regrar de forma setorial atividades ou condutas a serem seguidas,

---

[34] FEREJOHN, *op. cit.*

[35] Celso Antônio Bandeira de Mello, a partir da concepção de poder de polícia administrativa, assim se posiciona: "(...) O poder expressável através da atividade de polícia administrativa é o que resulta de sua qualidade de executora das leis administrativas. É a contraface de seu *dever ser* de dar execução a estas leis. Para cumpri-lo não pode se passar de exercer autoridade – nos termos destas mesmas leis – *indistintamente sobre todos os cidadãos que estejam sujeitos ao império destas leis*. Daí a "supremacia geral" que lhe cabe. O poder, pois, que a Administração exerce ao desempenhar seus cargos de polícia administrativa *repousa nesta, assim chamada*, *"supremacia geral"*, que, no fundo, não é senão a própria supremacia das leis em geral, concretizadas através de atos da Administração. Os doutrinadores italianos distinguem – com proveitosos resultados – esta "supremacia geral" da "supremacia especial", que só estará em causa quando existam vínculos *específicos* travados entre o Poder Público e determinados sujeitos. Bem por isso, não se confundem com a polícia administrativa as manifestações impositivas da Administração que, embora limitadoras da liberdade, promanam de vínculos ou relações *específicas* firmadas entre o Poder Público e o destinatário de sua ação. Desta última espécie são as limitações que se originam em um título jurídico especial, relacionador da Administração com terceiro. Assim, estão *fora do campo da polícia administrativa* os atos que atingem os usuários de um serviço público, a ele *admitidos*, quando concernentes àquele especial relacionamento (...)". (BANDEIRA DE MELLO, Celso Antônio. *Curso de direito administrativo, op. cit.*, p. 710). Na mesma linha, temos a conhecida diferença dos interesses públicos estabelecida pelo jurista italiano Renato Alessi, em interesses públicos primários e secundários.

e, muito menos ainda, estabelecer quaisquer penalidades, sem que haja expressa autorização legal para tanto. Este raciocínio é válido para todas as relações de *permissão, concessão* e *autorização* de serviços públicos, com arrimo nos prévios limites legais impostos pela Lei nº 8.666/93.

Portanto, parece-nos que, se considerarmos possível a produção legislativa delegada dos entes reguladores, dentro dos esquadros dispostos na legislação atributiva, apenas com a sua melhor especificação, sem qualquer reparo, estaríamos também admitindo a possibilidade de uma produção legislativa delegada pelas agências reguladoras que também possa invadir o espaço reservado à *supremacia geral* da Administração, exigindo-lhe o uso do *poder de polícia* ou do *poder de autoridade* conferido politicamente apenas ao Estado.[36] Daí resulta, a nosso ver, um dos principais vetores da polêmica sobre o poder normativo dos entes reguladores, considerando-se que, apesar de inexistir um conceito específico de serviço público na Constituição de 1988, o vínculo de tal serviço com sua natureza pública nos parece evidente, pois tais serviços são, em sua esmagadora maioria, prestados de forma *uti universe*, e exigíveis como direitos fundamentais, o que já afirmamos anteriormente.[37]

Os aspectos levantados levam-nos mais uma vez a questionar a possibilidade de exercício de atividade legislativa delegada pelos entes reguladores fora das situações de *sujeição específica* previstas em lei. Nossa resposta é negativa, ainda que consideremos que a legislação reguladora (atributiva) brasileira tenha deixado vários espaços abertos para um possível regramento pelas agências reguladoras, sem fazer maiores especificações quanto à finalidade dessas delegações. Então, para nós, é exatamente neste aspecto que residem as maiores preocupações, pois constatamos um *déficit* real de direito administrativo substantivo nesse sentido, haja vista inexistir uma maior especificação dos limites e finalidade dos poderes regulatórios delegados, mas, por outro lado, menor não é a preocupação quanto à quase inexistência de controles próprios à fiscalização das atividades regulatórias delegadas. Veja-se que a Constituição não destaca expressamente os mecanismos para operacionalizar os possíveis controles e, ao seu turno, também não verificamos

---

[36] Diz-se que às agências reguladoras cabe apenas o exercício de *competências* conformadas por lei, e não, como alguns setores doutrinários pretendem, o exercício de uma singular *função normativa delegada*. Nesse sentido, parece-nos, mesmo verificando posições de envergadura como a do ex-Ministro do Supremo Tribunal Federal, Eros Roberto Grau, que o melhor entendimento deverá restringir o exercício de tais atribuições regulamentares das agências aos esquadros da lei atributiva, como *atribuições de poder regulatório vinculado*.

[37] Não é nosso propósito entrar na polêmica existente ente os defensores do chamado Direito Econômico e os cultores do Direito Administrativo clássico. Sob a ótica do Direito Econômico, por exemplo, a regulação assume um sentido muito mais amplo, como leciona Conrado Hubner Mendes: "(...) Regulação, por sua vez, parece que assume sentido mais amplo do que se deu à administração ordenadora e ao poder de polícia. A doutrina de Direito Econômico faz uso desse termo para falar da mecânica estatal de ordenação das atividades econômicas em geral, incluindo, portanto, os serviços públicos e as atividades econômicas em sentido estrito. Sendo assim, o Estado desempenha a regulação tanto quando tem um vínculo genérico com o administrado (livre-iniciativa da atividade econômica em sentido estrito) quanto no caso de possuir um vínculo específico (serviços públicos prestados mediante concessão ou permissão) (...)". (Reforma do Estado e as agências reguladoras. In: SUNDFELD, Carlos Ari (Coord.). *op. cit.*, p. 116).

a definição no ordenamento infraconstitucional de procedimentos administrativos que garantam a participação popular, legitimem as decisões dos entes reguladores e, por fim, edifiquem caminhos aptos a aplicar as sanções administrativas às pessoas jurídicas que exerçam o poder delegado, em observância aos princípios constitucionais, em particular, a ampla defesa, o contraditório e a igualdade formal entre as pessoas especialmente sujeitas aos serviços públicos delegáveis.[38]

É inovadora e precisa a análise feita pelo professor Marcelo Figueiredo acerca do papel político da função legislativa, que não pode subsistir apenas com critérios técnicos, olvidando-se do conteúdo histórico, dialético e de vontade popular que lhe dão o necessário lastro de validade e legitimidade para existência. Reconhece-se um espaço determinado, em regra secundário, para o exercício da atividade normativa da Administração Pública. Hodiernamente, mesmo em se concebendo o exercício das funções administrativas dentro dos limites mais amplos de *ordenação* do Estado (referimo-nos ao conceito de *administração ordenadora* já tratado em momento anterior), o fato é que, segundo aponta o professor Marcelo Figueiredo, em qualquer hipótese, o ordenamento jurídico é o último limite para qualquer "poder normativo". Diz o professor Figueiredo:

> (...) Desse modo, evidentemente que o próprio ordenamento jurídico é o primeiro e último limite a qualquer "poder normativo". Qualquer ato que pretenda o qualificativo "jurídico" deve encontrar o seu apoio e fundamento *na* ordem jurídica a que pertença. Não há de ser diversa a situação relativa às agências ou órgãos reguladores. A nosso juízo, esses entes emitem atos jurídicos de categoria secundária, vinculados às finalidades para os quais foram dirigidos, e são controlados por todos os Poderes da República, Executivo, Legislativo e Judiciário. Nessa medida, não há negar que *poderes* (*ou competências*) *administrativos* lhe são reconhecidos, ainda que não haja sido rigorosamente previsto em lei, *em todos os casos*, de forma analítica, o modo de agir. A própria *discricionariedade* administrativa é a prova mais eloquente dessa assertiva. Portanto, a Administração Pública (inclusive as agências, um de seus braços) poderá fazer tudo o que a lei lhe autorize em maior ou menor detalhamento ou amplitude. E é exatamente aqui que o tema da *supremacia geral* e da *supremacia especial* ganha destaque ainda hoje (...).[39]

E mais,

> (...) A *função política legislativa* desenvolve-se em quase todos os países, segundo suas Constituições, com maior ou menor colaboração dos Poderes Executivo ou Legislativo, que são, sem exceção, expressão da vontade do povo, da soberania popular por meio das forças políticas organizadas no seio do Estado. Não vislumbramos uma substituição do povo pela *técnica*, como parece pretender essa doutrina, que advoga o fortalecimento das agências ou organismos independentes sem maiores cautelas; o que levará inexoravelmente ao enfraquecimento das instituições políticas, da soberania popular, da representação política, dos partidos políticos, em síntese, da democracia, enquanto processo vital para

---

[38] No item 2.1.1, abordaremos os mecanismos de controle das atividades regulatórias delegadas, em particular, a possibilidade de uso do processo administrativo com essa finalidade.
[39] FIGUEIREDO, Marcelo. *As agências reguladoras, op. cit.*, p. 292-293.

uma sociedade e seu povo. Quem estabelece a política geral do Estado em última análise é o povo, não fosse por outras razões de cunho sociológico, por força do princípio inserido no art. 1º parágrafo único, da Constituição brasileira. Em nome de uma pretensa *imparcialidade ou neutralidade técnica*, almeja-se solapar a política, essência do direito constitucional e de suas normas derivadas da vontade popular (...).[40]

Em todo caso, a possibilidade de um *controle constitucional substantivo* das funções decisórias das agências regulatórias sobre os particulares ou empresas de cada setor regulado já se mostra como tema de grande relevância, e como uma das preocupações deste estudo, tendo em vista que, fora de qualquer polêmica doutrinária, o modelo *standartizado* de influência americana já foi tratado pelo STF, como logo a seguir veremos, e, por esse aspecto, necessitamos indagar sobre as técnicas para realizar um possível controle constitucional a respeito.[41] Pergunta-se, então, qual o espaço existente na ordem constitucional brasileira para o exercício de tal controle hoje? Bem responde à questão Diogo de Figueiredo Moreira Neto, que diz:

> (...) Como se sabe, o sistema brasileiro é o da jurisdição una, vale dizer, vige o princípio da inafastabilidade do acesso ao Poder Judiciário (art. 5º XXXV, CF). A princípio, portanto, não é possível impedir que as decisões das agências reguladoras sejam submetidas à apreciação judicial. De outra parte, o controle judicial do ato administrativo, consoante doutrina tradicional, seria limitado aos aspectos de legalidade, não alcançando o mérito da decisão administrativa. Cabe revisitar essas ids. *O conhecimento convencional no sentido de não ser possível exercer controle de mérito sobre os atos administrativos tem cedido passo a algumas exceções qualitativamente importantes, geradas no âmbito do pós-positivismo e da normatividade dos princípios. Nesta nova realidade, destacam-se princípios com reflexos importantes no direito administrativo, dentre os quais o da razoabilidade, da moralidade e da eficiência. À luz desses novos elementos, já não é mais possível afirmar, de modo peremptório, que o mérito do ato administrativo não é passível de exame. Isso porque verificar se alguma coisa é por exemplo, razoável – ou seja, se há adequação entre meio e fim, necessidade e proporcionalidade – constitui, evidentemente, um exame de mérito* (...).[42]

O controle constitucional dos padrões[43] (*standards*) de delegação normativa às agências reguladoras, a nosso ver, necessita ser indagado, em face dos limites impostos

---

[40] *Idem. Ibidem*, p. 300-301.
[41] Dada a sua pertinência para o enfoque em tela, referimos a lição do professor Tercio Sampaio Ferraz Júnior, reproduzida por Sérgio Varella Bruna, que diz: "A lei traça as políticas setoriais decidindo sobre as macroalternativas, indica os meios gerais (função de resguardo) e, para o detalhamento de fins e meios, exige a atividade delegada (função programática). A questão é saber como se dá a função de bloqueio" (FERRAZ JÚNIOR, Tercio Sampaio. Agências reguladoras: legalidade e constitucionalidade *apud*: VARELLA, Sérgio Bruna. *op. cit.*, p. 116).
[42] MOREIRA NETO, Diogo de Figueiredo. *Direito regulatório*. Rio de Janeiro: Renovar, 2003. p. 55.
[43] Sobre a independência das agências reguladoras e a utilização de padrões legais – *standards* – para lhes dar maior dinamismo, tem-se a precisa observação de Marcelo Figueiredo: "(...) Os aludidos órgãos reguladores não podem ser vistos como núcleos jurídicos *independentes*, dotados de uma verdadeira *reserva de competência normativa* incondicionada, 'imunes' à intervenção do legislador constitucional ou infraconstitucional. Nada disso. Autonomia sim; independência não. Se examinarmos o direito comparado, verificaremos que a matéria não é nova (como aliás, já exposta nos capítulos anteriores) e que vários caminhos e experiências foram trilhados para obviar e diminuir os desvios da pretendida "independência". Um deles é certamente a instituição de algo similar (não idêntico) às "leis-quadro". Algumas ids e institutos do direito europeu seriam um possível caminho para o encaminhamento de algumas soluções para enfrentarmos essa realidade. O legislador por meio de uma lei, reconhecendo a necessidade de conferir autonomia e maior agilidade a determinado órgão, agência (ou qualquer outro nome que lhe seja dado,

pelas reservas legais *absolutas* dispostas na Constituição em cada caso.[44] Novos objetivos, valores e princípios devem ser considerados para o exercício de tal controle de constitucionalidade por uma verdadeira Corte Constitucional. Daí emergem as preocupações com valores como a segurança jurídica, a dignidade humana e os valores sociais de conteúdo indeterminado que permeiam a Constituição brasileira em vigor e que, pela própria natureza abstrata de seus conteúdos, necessitam de fiscalização e efetivação através de uma atividade hermenêutica que lhes dê concreção.[45]

Da lição de Diogo de Figueiredo Moreira Neto, compartilhamos o entendimento sobre o controle constitucional substantivo, a ser efetivado sobre as decisões delegadas das agências reguladoras. Pelo que percebemos, a necessidade de tal controle é evidente, feitas as nossas constantes ressalvas quanto a nossa contínua carência de uma Corte Constitucional legitimada a realizar o que o professor Diogo de Figueiredo Moreira Neto nomeia como *testes constitucionalmente qualificados*, valendo-se dos princípios de interpretação constitucional (proporcionalidade, razoabilidade, igualdade formal, etc.), em face dos limites *standartizados* nas legislações atributivas, sempre "pendulando" entre o *ativismo judicial* quando necessário e a *autocontenção*, a fim de não malograr a técnica que é intrínseca às decisões regulatórias com arroubos subjetivos extremamente prejudiciais. Apesar das nossas restrições ao entendimento doutrinário desse modelo *descentralizado* brasileiro com forte influência norte-americana,[46] essa é a realidade jurídica em que vivemos, e como tal precisa ser ajustada e fiscalizada.

---

pouco importa), enunciaria de forma clara e objetiva suas competências e atribuições, dotando-o de maior ou menor autonomia vinculada a objetivos claramente delineados na norma de habilitação [*diz o professor Figueiredo que a metódica de um poder regulamentar independente como na França, não se amolda à realidade brasileira*]. O grande problema – reconheça-se – é exatamente identificar e precisar o grau de autonomia, o espaço jurídico possível para delimitá-la. Será preciso criatividade e objetividade para defini-la (...)". (grifos nossos). (*op. cit.*, p. 277-278).

[44] É interessante a observação feita pelo professor Marcelo Figueiredo quanto às possíveis distinções doutrinárias observáveis quanto ao *princípio da reserva da lei*: "(...) O alcance da reserva da lei, como expressão do princípio da legalidade, ultrapassa a distribuição orgânico-funcional do Poder Legislativo e pretende questionar as relações da lei perante outros atos normativos não legislativos. Trata-se não tanto de organizar uma função estatal, mas de delimitar as funções estatais. A doutrina portuguesa, entretanto, parece distinguir, em geral, três planos da reserva da lei: reserva do Parlamento, reserva de função legislativa e reserva do direito (...)". (*op. cit.*, p. 275).

[45] O controle dos conceitos indeterminados, assim como dos chamados *standards* constitucionais mencionados por Carlos Ari Sundfeld se defronta com as deficiências do Judiciário, e, nesse passo, fomenta uma crescente flexibilização do exercício clássico da jurisdição para foros não judiciais (administrativos), advindo daí inúmeros processos de mediação e solução negociada de conflitos de interesses. Parece-nos que a crítica posta por Carlos Ari Sundfeld vai por um caminho a nosso ver acertado, reconhecendo, com o que concordamos, as dificuldades do Judiciário, donde destacamos aquelas próprias ao STF, em lidar com os novos valores sociais que emergem no Brasil de hoje. Leia-se a crítica de Carlos Ari Sundfeld: "(...) O Judiciário, com estrutura que lhe foi dada no século passado, não é capaz de conhecer todos os conflitos decorrentes da vida moderna e das normas editadas para transformar em valores jurídicos os novos valores que foram sendo incorporados pela sociedade. Mesmo assim resistimos à id de que outros órgãos ou entes possam ter um papel que de algum modo corresponda, ou se assemelhe, no novo tempo, àquilo que o Judiciário fez no passado em caráter de exclusividade. Evidentemente, o surgimento de novos foros de solução de conflitos não implica que o Judiciário tenha diminuída a sua importância. Mas também não se pode imaginar que o Estado deva voltar atrás na proteção de valores que foram paulatinamente conquistados pela sociedade, e dos quais ele foi transformado em garantidor, simplesmente porque a estrutura do Poder Judiciário não foi concebida para a solução desses novos conflitos e das dificuldades que, para o Estado, decorrem da obrigação de cuidar de novos valores (...)". (*op. cit.*, p 31).

[46] Parece-nos, nesse sentido, acertada e feliz a posição doutrinária adotada por Marcelo Figueiredo quanto ao *déficit de representação política* das agências reguladoras, que, preocupadas apenas com a visão técnica, ressentem-se da vontade

A possibilidade de um *controle substantivo da legalidade* como valor constitucional nas decisões produzidas pelas agências reguladoras não nos parece, com as devidas adaptações que pregamos, uma realidade muito distante, pelo contrário, mesmo em se considerando, insista-se, as nossas recusas ao modelo brasileiro que, a nosso ver, não se amolda com justeza à realidade americana, o fato é que o STF já vem trabalhando com os chamados *standards* constitucionais para a delegação de atividade normativa às agências reguladoras. Da obra de Diogo de Figueiredo Moreira Neto,[47] extraímos o aresto citado:

> (...) Proventos: revisão para assegurar paridade com a remuneração dos servidores em atividade, aumentada por força de vantagem genericamente outorgada à categoria posteriormente à aposentada: pressupostos do direito à revisão. 1. O tratamento menos favorável dado aos aposentados anteriormente à vigência do decreto que disciplinou o cálculo de gratificação discutida – concedida genericamente à categoria, tanto que não condicionada ao efetivo exercício da função -, ofende em tese a garantia de paridade do primitivo art. 40, §4º, da Constituição (hoje reproduzido, no que interessa, no art. 40, §8º, cf. EC 19/98). 2. No entanto, o direito à revisão pressupõe a constitucionalidade da norma que haja instituído a vantagem cuja extensão aos proventos se reivindica, o que não ocorre no caso. II. Servidores públicos: aumento de vencimentos: reserva de lei e delegação ao Executivo. Submetida a concessão de aumento da remuneração dos servidores públicos à reserva de lei formal (CF, art. 61, §1º, II, a), a essa não é dado cingir-se à instituição e denominação de uma vantagem e delegar ao Poder Executivo – livre de quaisquer parâmetros legais – a definição de todos os demais aspectos de sua disciplina, incluídos aspectos essenciais à sua quantificação. III. Controle de constitucionalidade: possibilidade de declaração de ofício, no julgamento do mérito de RE, da inconstitucionalidade de ato normativo que o Tribunal teria de aplicar para decidir a causa, posto não prequestionada a sua invalidez. 1. A incidência do art. 40, §4º (redação original) da Constituição pressupõe a validade da lei instituidora da vantagem para os servidores em atividade, que, em razão da regra constitucional de paridade, se teria de aplicar por extensão aos inativos.

---

popular, e, via de consequência, da parcela de soberania necessária para a legitimidade de suas decisões. Apesar do modelo descentralizado de Estado ser um fenômeno mundial, o fato é que, no constitucionalismo brasileiro, a independência das agências reguladoras precisa ser aferida "com cautelas". Diferente é a realidade alemã, com a transferência de parcela do *poder normativo do Parlamento* a um pequeno grupo de legitimados, através de processo específico de habilitação (*op. cit.*, p. 275). Esse *poder regulamentar* já foi considerado como "temperado", na dicção do que doutrina Leila Cuéllar [veja-se *As agências reguladoras e seu poder normativo*. São Paulo: Dialética, 2001], não podendo inovar ou contrariar a lei de forma absoluta. Conquanto a possibilidade de serem elaborados regramentos pelas agências reguladoras de forma setorial, aproximando-se o conceito de *serviço público* à noção que é pregada no Direito Econômico, não nos parece o caminho mais adequado, haja vista que tais entes reguladores exercem atividades afetas ao *regime de direito público*, e, como tal, dentro dos domínios da Administração Pública. É exatamente por isso que, a nós parece, como já afirmado nos itens 2.2., 2.2.1., 2.2.2., tratar-se de uma questão mais afeta ao *modelo jurídico* do que à *técnica jurídica*. Além das possíveis reformas de Estado, visando a melhor repartição e democratização do poder, é fato que vários outros mecanismos legais poderão ser introduzidos a fim de dinamizar as relações entre a Administração e os administrados, que não impliquem em transferência de *função política legislativa*. (*op. cit.*, p. 300-305). Sentencia Marcelo Figueiredo: "(...) Desse modo, os órgãos reguladores no Brasil somente podem editar normas jurídicas delimitadas pelo espaço entre a Constituição e a lei. Dizendo de outra forma: entendido que aludidos órgãos desempenham *poderes administrativos* (*função administrativa*) somente podem gerar normatividade secundária, complementar, o que, em essência, amolda-se à noção corrente de capacidade *regulamentar*. Superada a divergência doutrinária – pouco elucidativa no momento – em saber se o exercício da função regulamentar pelo Executivo decorre ou não de uma delegação de função legislativa -, é certo que as agências ou órgãos reguladores somente podem produzir *normas jurídicas* (direito) normatividade no exercício de função administrativa, tal como compreendida na doutrina tradicional (...)" (*op. cit.*, p. 273).

[47] *Op. cit.*, p. 59.

2. Em hipóteses que tais, até ao STJ, na instância do recurso especial, seria dado declarar incidentemente, e de ofício, a inconstitucionalidade da lei ordinária que, se válida, teria de aplicar: seria paradoxal que, em situação similar, não o pudesse fazer o Supremo Tribunal, "guarda da Constituição", porque não prequestionada a sua invalidade (...). (RE 264289 / CE – CEARÁ. RECURSO EXTRAORDINÁRIO Relator(a): Min. SEPÚLVEDA PERTENCE. Rel. Acórdão. Julgamento: 03/10/2001. Órgão Julgador: Tribunal Pleno. Publicação: DJ DATA-14-12-2001 PP-00087 EMENT VOL-02053-12 PP-02494).

Quanto à possibilidade das agências disporem em seus procedimentos de particular sujeição a terceiros, conduta diversa daquelas previstas na legislação geral atributiva, tem-se como exemplo o caso da Lei da ANATEL *versus* a Lei Geral de Licitações (Lei nº 8.666/93), apontado por Diogo de Figueiredo Moreira Neto.[48] Leia-se o seguinte aresto e as observações lançadas a seu respeito:

(...) COMUNICAÇÕES – LEI GERAL Nº 9.472/97 – CONTROLE CONCENTRADO. Admissibilidade parcial da ação direta de inconstitucionalidade e deferimento em parte da liminar ante fundamentos retratados nos votos que compõem o acórdão. (ADI 1668 MC / DF – DISTRITO FEDERAL – MEDIDA CAUTELAR NA AÇÃO DIRETA DE INCONSTITUCIONALIDADE. Relator(a): Min. MARCO AURÉLIO. Julgamento: 20/08/1998. Órgão Julgador: Tribunal Pleno. Publicação: DJ DATA-16-04-2004 PP-00052 EMENT VOL-02147-01 PP-00127).

E as observações de interesse:

(...) Votação e resultado: O Tribunal, por votação unânime, não conheceu da ação direta, quanto aos arts. 8º e 9º, da Lei nº 9.472, de 16/07/1997. Prosseguindo no julgamento, o Tribunal, apreciando normas inscritas na Lei nº 9.472, de 16/07/1997, resolveu: 1) deferir, por votação unânime, o pedido de medida cautelar, para suspender, até a decisão final da ação, a execução e aplicabilidade das expressões "simplificado" e "nos termos por ela regulados", constantes do art. 119; 2) deferir, por maioria de votos, o pedido de medida cautelar, para suspender, até a decisão final da ação, a execução e aplicabilidade do art. 19, inciso XV, vencidos os Mins. Nelson Jobim, Ilmar Galvão, Octávio Gallotti, Sydney Sanches e Moreira Alves, que o indeferiam; 3) deferir, em parte, o pedido de medida cautelar, para: a) quanto aos incisos IV e X, do art. 19, sem redução de texto, dar-lhes interpretação conforme à Constituição Federal, com o objetivo de fixar exegese segundo a qual a competência da Agência Nacional de Telecomunicações para expedir normas subordina-se aos preceitos legais e regulamentares que regem outorga, prestação e fruição dos serviços de telecomunicações no regime público e no regime privado, vencido o Min. Moreira Alves, que o indeferia; b) quanto ao inciso II do art. 22, sem redução de texto, dar-lhe interpretação conforme à Constituição, com o objetivo de fixar a exegese segundo a qual a competência do Conselho Diretor fica submetida às normas gerais e específicas de licitação e contratação previstas nas respectivas leis de regência, vencido o Min. Moreira Alves, que o indeferia; c) quanto ao art. 59, sem redução de texto, dar-lhe interpretação conforme à Constituição, com o objetivo de fixar a exegese segundo a qual a contratação há de reger-se pela Lei nº 8.666, de 21/06/1993, ou seja, considerando-se, como regra a ser observada, o processo licitatório, vencidos os Mins. Carlos Velloso,

---

[48] Idem. Ibidem, p. 60.

Octávio Gallotti, Sydney Sanches e Moreira Alves, que o indeferiam; 4) indeferir, por votação unânime, o pedido de medida cautelar, quanto aos incisos II e III, do art. 18; 5) indeferir, por votação majoritária, o pedido de medida cautelar, quanto: a) ao inciso I, do art. 18, vencidos os Mins. Sepúlveda Pertence, Néri da Silveira e Celso de Mello, que o deferiam; b) ao parágrafo único do art. 54 ao art. 55, ao art. 56, ao art. 57 e ao art. 58, vencidos os Mins. Marco Aurélio (Relator), Maurício Corrêa, Sepúlveda Pertence, Néri da Silveira e Celso de Mello, que o deferiam; c) ao inciso III do art. 65, ao §1º do art. 65, à expressão "ou concomitância", constante do §2º do art. 65, e ao art. 66, vencido o Min. Marco Aurélio, qu o deferia; d) ao art. 69, vencidos os Mins Marco Aurélio e Sepúlveda Pertence, que o deferiam; e) à expressão "as disposições desta lei e, especialmente", constante do caput do art. 89 e aos incisos I a X, desse mesmo artigo 89, vencidos os Mins. Marco Aurélio, Maurício Corrêa, Sepúlveda Pertence, Néri da Silveira e Celso de Mello, que o deferiam; f) ao art. 91, caput, e aos seus §§1º, 2º e 3º, vencido o Min. Marco Aurélio, que o deferia; g) à expressão "ressalvados os casos de inexigibilidade previstos no art. 91", constante do art. 119, vencido o Min. Marco Aurélio, que o deferia. o Tribunal, por votação majoritária, indeferiu o pedido de suspensão cautelar de eficácia do art. 210 da Lei nº 9.472, de 16/07/1997, vencido o Min. Marco Aurélio que o deferia. Acórdãos citados: ADI-927 (RTJ-157/51), ADI-1491 (...).

Ressalta-se que o exercício de um poder legislativo geral e autônomo pelos órgãos reguladores, através de possíveis *regulamentos autônomos*, mostra-se impossível, e essa conclusão é pacífica em toda a doutrina administrativa de hoje, mesmo nas posições mais vanguardeiras. Vale a transcrição da síntese bem-feita por Sérgio Varella Bruna acerca do tratamento dos *regulamentos autônomos* no Direito brasileiro:

(...) Os regulamentos autônomos ou independentes são atos normativos editados pelo Poder Executivo com base em competências normativas próprias, estabelecidas na Constituição, para as quais não se prevê a interferência do Poder Legislativo. Criam direito novo, independentemente da existência de lei a respeito. O exemplo mais eloquente dos regulamentos autônomos, citado pela doutrina, é o da Constituição francesa de 1958, que discrimina as matérias sujeitas ao "domínio da lei", cuja disciplina cabe ao Poder Legislativo, relegando todas as demais matérias não enumeradas ao domínio do poder regulamentar do Presidente da República. Vale ainda notar que, com relação a certas matérias, cabe ao Legislativo tão-somente fixar os princípios gerais e, ao Executivo, particularizar as diretrizes gerais fixadas pelo Poder Legislativo, mediante a edição de *regulamentos de complementação*. A disciplina das matérias estranhas ao rol submetido pelo constituinte francês ao domínio da lei é integralmente confiada ao Presidente da República, por meio de regulamentos autônomos, vedando-se qualquer ingerência do Poder Legislativo quanto aos regulamentos assim editados, pois qualquer invasão de competência é tida como inconstitucional, podendo assim ser declarada pelo Conselho Constitucional. Nesse Campo, podem tais regulamentos revogar leis editadas anteriormente à Constituição e que ainda estejam em vigor, para disciplinar matérias estranhas ao "domínio da lei". No Brasil, sob a égide da Emenda Constitucional 1/69, a doutrina era unânime em afirmar a possibilidade da edição de regulamentos autônomos, com base na disposição contida no inciso V do art. 81 daquela Carta, que atribuía ao Presidente da República a competência para "dispor sobre a estruturação, atribuições e funcionamento dos órgãos da administração", regulamentos esses que poderiam, pois, ser editados independentemente de lei preexistente. Com a edição da Constituição de 1988, porém, o reconhecimento da existência dessa espécie de regulamento em nosso Direito passou a ser rejeitado, já que a competência para "dispor sobre a organização e o funcionamento da administração federal", na redação original do texto constitucional, deveria ser desempenhada "na forma da lei", conforme o preceituado, até muito recentemente, pelo inciso VI do art. 84 da CF (...).[49]

O que se pretende é estabelecer possíveis limites ao exercício das funções legislativas delegadas a tais órgãos reguladores quando tratam de matérias que envolvem interesses públicos gerais ou sociais, pois, a nosso ver, como já apontado, o modelo brasileiro vem trabalhando com padrões – *standards* – em sua legislação atributiva em semelhança com o modelo americano, o que é, pelo que já apontamos, de difícil consecução, sem que se inscrevam no tecido constitucional as alterações para a adoção de tal modelo com a necessária independência e sem que isso venha a representar uma afronta ao princípio republicano da separação dos poderes.

Para uma grande e respeitada parte da doutrina administrativa brasileira, o exercício de tais atividades se dará apenas através de *atos administrativos normativos em relações de sujeição específica* e, portanto, no exercício de *atividade normativa secundária*, sob pena de se lesionar, em caso contrário, a separação dos poderes realizada pelo poder constituinte originário, destinada ao Poder Legislativo,[50] e,

---

[49] *Op. cit.*, p. 88-89. É também interessante a observação feita por Varella quanto à EC nº 32/2001: "(...) Recentemente, no entanto, a Emenda Constitucional 32/2001 alterou a redação do inciso VI do art. 84 da Lei Maior, conferindo privativamente ao Presidente da República competência para dispor, mediante decreto, sobre: 'a) organização e funcionamento da administração federal, quando não implicar aumento de despesa nem criação ou extinção de órgãos públicos;' e 'b) extinção de funções e cargos públicos, quando vagos', exceto quando se tratar de Ministérios ou órgãos da administração pública, cuja extinção e criação deve ser dada "na forma da lei", consoante o disposto no art. 88 do texto constitucional, na redação que lhe foi dada pela referida emenda 32. Em tais hipóteses – e apenas em relação a elas – parece ter sido reinstituída, no Brasil, a possibilidade da edição de regulamentos autônomos, já que as competências normativas do Presidente da República para dispor sobre a organização e funcionamento da Administração federal, quando não implicar aumento de despesa, criação, extinção de órgãos públicos ou Ministérios, pode ser exercida pelo Presidente da República, de forma independente e sem a participação do Poder Legislativo (...)". (*Idem. Ibidem*, p. 91). É importante a leitura de CLÈVE, Clèmerson Merlin. *Atividade legislativa do poder executivo no Estado contemporâneo e na Constituição de 1988*. São Paulo: Revista dos Tribunais, 1993. p. 93-139.

[50] Nesse sentido é interessante verificar algumas linhas doutrinárias relevantes. Em Celso Antônio Bandeira de Mello temos que o serviço público é submisso ao regime administrativo, razão pela qual a sua exploração por particulares não o transforma em mera atividade econômica (Cf. BANDEIRA DE MELLO, Celso Antônio. Privatização e serviços públicos. *Revista Trimestral de Direito Público*, São Paulo, n. 22, 1998). Em Maria Silvia Zanella Di Pietro temos que o serviço público pode vir a ser exercido pelo Estado ou por seus delegados, em regime jurídico total ou parcialmente público (Cf. DI PIETRO, Maria Silvia Zanella. *Direito administrativo*. 12. ed. São Paulo: Atlas, 2000. p. 98). Lúcia Valle Figueiredo admite a delegação do serviço público, exigindo que deva ser exercido em regime prevalente de Direito Público (Cf. FIGUEIREDO, Lúcia Valle. *Curso de direito administrativo*. São Paulo: Malheiros, 1994. p. 54-55). Em sentido contrário, lê-se a antítese de Carlos Ari Sundfeld: "(...) A tudo isso se soma o processo de convergência dos modelos econômicos de exploração dos serviços de titularidade estatal – agora entregues à iniciativa privada, e abertos à competição – com os das demais atividades econômicas. Evidentemente, isso tende a aproximar também os respectivos modelos jurídicos, retirando da noção de serviço público uma de suas funções, que era a de afirmar a especificidade do regime jurídico. A propósito, está em curso no Brasil um debate, um tanto surdo, quanto à possibilidade de a exploração de serviço de titularidade estatal, como os de telecomunicações e energia elétrica, ser feita em *regime privado*, o que foi previsto nas leis de reestruturação, com o intuito de introduzir a desregulação parcial desses setores (por meio de mecanismos como a liberalização do acesso dos exploradores ao mercado, a flexibilização dos preços, a ausência de garantia de rentabilidade, etc.). Alguns de meus colegas consideram que isso seria contrário à Constituição, pois dela decorreria o caráter necessariamente público da exploração, por particulares, das atividades reservadas ao Estado. Esse argumento baseia-se na crença de que existiria, implícito nas dobras constitucionais, um regime jurídico único para a exploração de serviços estatais (que mereceria o qualificativo de "público"). Quanto a mim, não consigo, ao examinar a Constituição, localizar onde estaria a definição desse regime único; o que encontro, em sucessivas passagens, é a previsão de que cabe às *leis* disciplinarem os direitos e deveres de prestadores, de usuários e do Poder Público. Sendo bastante honesto, penso que essa crítica

em última análise, o próprio direito fundamental ao serviço prestado de forma adequada pelo Estado. Já para uma corrente em veloz crescimento, o exercício de tal atividade legislativa seria plenamente possível, restando apenas que a legislação geral estabeleça padrões e diretrizes mais específicas de comportamento para os órgãos reguladores, a fim de se evitar o arbítrio.[51]

A síntese formulada por Marcelo Figueiredo merece destaque nesse contexto:

> (...) Parece que entre as alternativas possíveis, e que prestigie a fórmula do Estado Democrático de Direito, está a de se admitir a *delegação (legal) de poderes normativos* a favor dessas agências ou "autarquias especiais", vendo-as não como órgãos que estariam a receber parcela de função legislativa, mas como órgãos verdadeiramente administrativos, em tudo e *por tudo subordinados à direção e coordenação dos poderes e funções da República Federativa do Brasil*. Entendemos, em síntese, que a posição que melhor atende ao Estado Democrático de Direito é aquela que não nega a possibilidade de as agências reguladoras editarem normas jurídicas secundárias, de possuírem, enfim, capacidade normativa secundária recebida da autoridade titulada e competente para estabelecer direitos, deveres e obrigações *previamente* estabelecidos em lei. Será esta lei, em sentido amplo, que determinará os padrões e limites para esse *atuar*, para esse agir desses novos entes administrativos (...).[52]

Para nós, restam algumas questões que não se calam. Vejamos algumas delas. Todos os serviços prestados pelo Estado devem ser considerados públicos? Ou apenas aqueles que estejam afetos à órbita do Direito Público devem sê-lo? Existe apenas um regime para os serviços públicos? Existem serviços passíveis de prestação simultânea pelo Estado e por particulares? Existiriam serviços prestados pelo Estado que não se encontram estritamente afetos à órbita do Direito Público, não constituindo uma obrigação prestacional do Estado prestá-los em obediência estrita aos princípios inerentes às atividades desenvolvidas pela Administração

---

doutrinária tem pouco de jurídica e muito de política, pois, de um lado, inspira-se no desejo de ver preservado o modelo estatal e monopolista de exploração e, de outro, traduz grande desconfiança quanto à idoneidade do atual legislador brasileiro para disciplinar os serviços (donde a pretensão de esses juristas concorrerem para o estabelecimento de rígidos limites ao poder de legislar sobre "serviços públicos" por via de uma interpretação muito pessoal da Constituição)". (*op. cit.*, p. 33-34).

[51] Essa é uma concepção ao que nos parece tecnologicamente mais avançada e assim assemelha o conteúdo das diretrizes alinhadas na legislação que disciplina o setor regulado ao modelo dos chamados *mandados de otimização* como dispostos na doutrina alemã de Robert Alexy. Essa nova concepção vanguardeira, progressivamente, vem questionando a subordinação do ato administrativo à lei e das atividades executivas ao Poder Legislativo, devendo ser observados os dogmas, princípios e vetores de atuação do Estado, no exercício das funções públicas delegadas aos órgãos reguladores. Trata-se, portanto, de uma preocupação com a finalidade pública a ser alcançada, e não com a natureza do direito envolvido. No atual contexto, o que se percebe, em nossa ótica, é que vários empecilhos, ainda que não definitivos, se impõem a esse raciocínio tão avançado. Destacamos três de nossas preocupações, que, em parte, são vivenciadas pela melhor doutrina administrativa. Dizem respeito tais preocupações a uma visível fragilidade na legislação própria ao direito regulatório brasileiro, dotada de um grau de abstração indesejável, a falta de especificação de quais interesses públicos se encontram envolvidos nas matérias delegadas aos órgãos reguladores, e, ainda, dentre os propósitos desta pesquisa, o despreparo do Poder Judiciário brasileiro, em particular, dos órgãos judiciais de controle de constitucionalidade que não se encontram aptos a exercer um controle satisfatório dos valores constitucionais com o implemento de uma tecnologia de normas com densidade normativa baixa e conteúdos jurídicos mínimos, muito abstratos e dotados de fluidez assemelhada aos *mandados de otimização* da doutrina constitucional alemã.

[52] *Op. cit.*, p. 279-280.

Pública (*ex vi* art. 37 da CF/88) e, como tal, considerados por parte da doutrina como direitos fundamentais, concretizados de forma prevalente sobre a égide do princípio norteador da dignidade da pessoa humana?[53]

O significado dado aos "interesses públicos" atendidos na prestação direta ou por delegação dos serviços originariamente estatais constitui-se num elemento da decisão quanto à prevalência de que tipo de interesse deverá prevalecer nos casos concretos, se públicos *lato sensu* – ligados diretamente às necessidades da Administração – ou aqueles *stricto sensu* – ligados aos interesses da sociedade como um todo e considerados como sociais ou ainda o eventual interesse privado, que, no caso específico, refira-se a um ou a alguns direito(s) considerado(s) fundamental(ais). Essa é uma decisão ligada eminentemente aos valores envolvidos em cada contenda e, por conseguinte, dá determinação aos conteúdos abertos das normas jurídicas que façam referência ao interesse público. Daí se ressalta a imprescindível atividade exegeta do Judiciário, que haverá de definir qual o sentido deve prevalecer na compreensão do conceito de "interesse público" nos casos levados a sua análise. Na maioria das vezes, as situações litigiosas que envolvem a Administração Pública se ligam a múltiplos interesses que necessitam coexistir. Esse debate, além de atualíssimo, tem, pelo que percebemos, estreita ligação com um controle substantivo de valor a ser efetivado pelo Judiciário em geral, em sede de controle difuso, mas, sobretudo, em caráter concentrado ou abstrato pelo STF.

Percebe-se que, dada a indeterminação e a própria natureza aberta de muitas das normas jurídicas que afetam o interesse da Administração Pública, o sentido do interesse público envolvido e sua eventual prevalência necessitam ser aferidos pelo Judiciário, em particular pelo STF, tendo esse Poder de optar por uma linha ideológica para preencher o conteúdo das normas jurídicas incidentes, levando-o, quase que em regra, à tomada de duas posturas. Quais sejam: – a opção pela *governabilidade* com uma decisão proferida em prol da estabilidade política do Estado, considerando que a *segurança jurídica* será obtida por meio da manutenção de sua ordem política; ou – a opção pelos interesses sociais, ligados à dignidade humana, podendo ser até mesmo privados, se ancorados por direitos fundamentais, considerando que a *segurança jurídica* será obtida pela resposta que é dada pelo Judiciário aos cidadãos, promovendo assim a *segurança jurídica* a partir da crença do povo na eficiência de seu ordenamento jurídico.

A nós, parece que a segunda opção é a mais adequada, pois o Estado brasileiro é composto por uma engenharia constitucional fundada numa base

---

[53] Várias das indagações que não nos propomos nessa pesquisa, mas que consideramos fundamentais para o debate sobre as agências reguladoras na órbita do Direito Administrativo, são respondidas ou propostas por Dinorá Adelaide Musetti Grotti em seu artigo Teoria dos serviços públicos e sua transformação. In: SUNDFELD, *op. cit.*, p. 39-65. Em particular, interessa-nos a análise de Dinorá Musetti quanto aos princípios constitucionais intrínsecos à atividade administrativa que necessitam ser observados (continuidade, regularidade, igualdade ou uniformidade, neutralidade, generalidade ou universalidade, etc.), enquanto tenham como móvel os serviços públicos propriamente ligados à órbita do Direito Público (*Idem. Ibidem*, p. 48-61).

democrática social, que erige a dignidade humana como cláusula fundamental, norteadora, a nosso ver, em última análise, da própria interpretação constitucional. Portanto, em síntese, poderíamos assim sentenciar que o interesse público deve ser entendido a partir de uma visão humanística, a fim de se obter a segurança jurídica pretendida (crença popular na eficácia do ordenamento jurídico) e com isso uma maior estabilidade de toda a nossa estrutura constitucional. Sobre as agências reguladoras o controle dos valores constitucionais envolvidos em suas atividades, ainda que se aponte a resistência do STF em não controlar diretamente os atos administrativos, parece-nos que ganhará um espaço cada vez maior em nosso constitucionalismo, na medida em que tais agências irão tratar com uma multiplicidade de interesses convivendo harmonicamente.[54]

O raciocínio já vem sendo articulado por boa parte da doutrina do Direito Administrativo brasileiro, dando-nos conta da constituição do conceito atual de interesse público, a partir de um conteúdo mínimo a ser identificado pelo hermeneuta do Direito, ante os diferentes graus de indeterminação desse conceito em cada uma das legislações atributivas que vêm a disciplinar a atividade regulatória de cada setor econômico regulado. Por essa ótica, vê-se a capacidade dos serviços públicos ligados efetivamente ao Direito Público em efetivar os valores fundamentais e democráticos, sendo impossível em tais casos tentar-se "despublicizar" tais serviços, pois sua prestação foi garantida constitucionalmente como meios de concretizar a dignidade humana.[55]

---

[54] Alerta nesse sentido Conrado Hübner Mendes: "(...) As agências reguladoras atendem a qual dos "interesses públicos"? Do Estado, das empresas multinacionais ou dos usuários (considerando, por ficção simplificadora que exista apenas um tipo de usuário)? Estes três segmentos sociais têm canal de representação dentro da agência? Quando criamos a coragem de abandonar a existência de um único interesse público, de um bem comum, passamos a identificar, na verdade, uma multiplicidade de interesses públicos na esfera decisória estatal. A prevalência de um sobre o outro depende de onde se localiza o poder dentro da relação (leia-se "poder econômico", que é, dentre os diversos tipos possíveis de poder, aquele que na sociedade contemporânea prevalece sobre todos os demais). Não se atentar para a coexistência de múltiplos interesses públicos é curvar-se mais uma vez à retórica do intangível "bem comum". Aqui não há qualquer crítica ou defesa deste ou daquele interesse público. Apenas alertamos para a necessidade de que estes estejam explícitos, de molde a possibilitar um debate democrático transparente, que explicite as opções de escolha. Nem sempre é assim que o processo decisório funciona; ou, melhor, considerando-se um certo interesse público como a verdade, como um dado da Natureza, fecham-se as portas para o debate. Para se criticar uma decisão estatal fundada num certo interesse público deve-se questionar a prevalência daquele escolhido sobre outros interesses públicos, e não propor um novo interesse público que supostamente seja o verdadeiro. Estes são aparentemente apenas jogos de palavras, mas que determinam nossa forma de pensar, e, consequentemente, de agir (...)" (MENDES, Conrado Hübner. Reforma do Estado e agências reguladoras: estabelecendo os parâmetros de discussão. In: SUNDFELD, *op. cit.*, p. 139). Percebe-se, insista-se e renove-se, que a insistência, para nós já transitória, do exercício do controle de constitucionalidade sobre os atos administrativos possui, desde já, uma passagem bem efetiva para que os valores constitucionais e democráticos sejam respeitados, em particular, nos processos de regulação. Trata-se, como veremos mais à frente, do uso do procedimento administrativo como um mecanismo sistêmico de fomento da legitimidade de tais processos.

[55] Nota-se que o art. 175, inciso IV, da CF/88 garante o direito fundamental ao serviço público adequado como um direito prestacional do Estado. Leia-se BACELLAR FILHO, Romeu Felipe. O poder normativo dos entes reguladores e a participação dos cidadãos nesta atividade: serviços públicos e direitos fundamentais – os desafios da regulação na experiência brasileira. Disponível em: <http://www.mundojuridico.adv.br>. Acesso em: 11 maio 2005. No mesmo sentido, leia-se AMARO, Fernanda Pereira. O serviço público sob a perspectiva da garantia constitucional de direitos humanos fundamentais. *Revista de Direito Constitucional e Internacional*, São Paulo, ano 13, p. 115-139, jan./mar. 2005, e JUSTEN FILHO, Marçal. Conceito de interesse público e a "personalização" do direito administrativo. *Revista Trimestral de Direito Público*, São Paulo, n. 26, 1999.

Não nos parece que apenas a identificação dos direitos como pertencentes à esfera pública ou privada, ou ainda à ciência das espécies de interesses em jogo (públicos *lato* e *stricto sensu*), seja elemento suficiente para determinar quais atividades públicas devem ser de exercício exclusivo da Administração e, por conseguinte, a possibilidade de exercício da atividade legislativa pelos órgãos que recebam delegação para tanto. O que se mostra importante, a nosso ver nesse contexto, é a possibilidade de serem identificadas as naturezas dos diferentes serviços prestados pelo Estado em caráter geral e, de outro lado, de forma individualizada, num vínculo visível com o administrado. Senão vejamos.

A identificação de dois estágios ou de duas esferas na prestação dos serviços púbicos parece representar, aí sim, a passagem para chegarmos a uma terceira via, aceitável doutrinariamente, que opere a junção entre a possibilidade de delegação legislativa do Poder Legislativo à esfera Executiva (nela representados os seus órgãos de execução diretos e indiretos) e a preservação dos serviços previstos de forma geral, com observância da estrita legalidade, e prestados pelo Estado como adimplemento de direitos fundamentais dos cidadãos brasileiros. Trata-se das esferas geral, dita por Celso Antônio Bandeira de Mello como *supremacia geral*, e específica, dita por Celso Antônio Bandeira de Mello como *supremacia específica*. Esses estágios têm, a nosso ver, relevância capital para a formulação de um possível controle substantivo dos valores constitucionais envolvidos nas possíveis delegações legislativas à esfera privada.

Para nós, o fator essencial é a forma de exercício do poder do Estado[56] via órgãos integrantes de sua administração direta e indireta ou, ainda, se no exercício de mera atividade econômica regulável, via pessoas jurídicas de direito privado. O exercício da autoridade estatal (seu poder de polícia) vem ganhando um novo formato que já é chamado no Direito alemão de *administração ordenadora*,[57] encarregada de condicionar, em caráter geral, a liberdade dos indivíduos e, na outra ponta, uma administração considerada prestacional, incumbida de prestar serviços com um vínculo mais específico entre a Administração e os administrados.

A diferença entre o vínculo geral (*supremacia geral*) e o específico (*supremacia especial*) é o móvel que nos leva a entender sob que temas e quais os limites impostos à efetivação das delegações legislativas.[58] Excetuadas as matérias sujeitas

---

[56] Sobre o exercício do poder e os elementos intrínsecos ao seu uso, tem-se a luminar colaboração de Diogo de Figueiredo Moreira Neto.

[57] Cf. SUNDFELD, Carlos Ari. *Direito administrativo ordenador, cit.*, p. 20-26.

[58] Nesse sentido é a posição esclarecedora do professor Marcelo Figueiredo: "(...) De fato o poder que a Administração exerce ao desempenhar o que a doutrina tradicional denomina de "polícia administrativa" repousa na chamada "supremacia geral", que, no fundo, segundo Celso Antônio, não é senão a própria supremacia das leis em geral, concretizadas através dos atos da Administração. A distinção entre aquela e a supremacia especial dá-se quando existam vínculos *específicos* travados entre o Poder Público e determinados sujeitos. O desenvolvimento dessa vetusta distinção pode ser, cremos, inteiramente aproveitada para a explicação do papel das *agências* no direito brasileiro. A sua absorção tem a vantagem inegável de não só explicar o fenômeno das agências "reguladoras", como *desmistificá-las* em seu aspecto essencial – sua compostura jurídica, seu poder (ou competência) jurídico, sua quintessência (...)". (*Op. cit.*, p. 286).

à reserva legal constitucional, a nossa preocupação se dá, seguindo os interesses deste estudo, tanto no nível geral (*supremacia geral*), onde o poder de polícia do Estado se volta a limitar as liberdades públicas genericamente constituídas, e age em estrita observância das regras e princípios constitucionais, como no nível específico (*supremacia especial*), onde se faculta à Administração, nas lacunas da lei, regrar as situações de fato em suas relações específicas com os administrados. Parece-nos ser, esse sim, nosso nicho de interesse na discussão dos limites das delegações legislativas na prestação dos serviços públicos estatais. Nosso interesse se dá ante o fato de que, tanto na forma como se dão as referidas delegações ou sob que matérias elas são formuladas, urge que possamos estabelecer um controle de substância dos valores constitucionais envolvidos em tais operações desestatizantes. Como veremos mais adiante neste estudo, tal controle não se encontra previsto no texto constitucional e desperta muitas discussões quanto a sua operacionalidade, mas, em todo caso, parece-nos que estaria muito próximo do que hoje já é pregado como *controle de conformidade constitucional, controle de moralidade ou de legalidade substantiva*. Considerado para muitos como inviável, mas, para nós, como veremos, um caminho a ser seguido e consolidado.[59]

Retornando à realidade brasileira, temos que apenas duas agências tiveram sua criação prevista na Constituição Federal (ECs nºs 8 e 9 de 1995). Previu-se a criação de um órgão regulador para o setor de telecomunicações (CF, art. 21, XI) e outro para o setor de petróleo (CF, art. 177, §2º, III), organizados pelas Leis nº 9.472/97 (Lei Geral de Telecomunicações – LGT) e nº 9.478/97, que deram origem à Agência Nacional de Telecomunicações – ANATEL e à Agência Nacional do Petróleo – ANP, respectivamente. É importante frisar que a Agência Nacional de Energia Elétrica – ANEEL, instituída pela Lei nº 9.427/96, foi a primeira agência criada no Brasil e teve iniciativa infraconstitucional.[60]

---

[59] É imprescindível a leitura de FRANCO SOBRINHO, *op. cit.*, p. 161-179.

[60] Devem ser referidos os vários órgãos de regulação criados desde então, todos por legislação infraconstitucional. Têm-se os exemplos da Agência Nacional de Vigilância Sanitária – ANVISA (Medida Provisória nº 1791/98 e convertida na Lei nº 9.782/99), da Agência Nacional de Saúde Suplementar – ANS e da Agência Nacional de Águas – ANA (Lei nº 9.961/2000) e ainda da Agência Nacional de Transportes Terrestres – ANTT e da Agência Nacional de Transportes Aquáticos – ANTAQ (Lei nº 10.233). As características dessas agências reguladoras não dizem respeito aos objetivos deste estudo, entretanto, remetemos nesse sentido ao interessante artigo de MAURANO, *op. cit.* Leia-se a bibliografia complementar a respeito das agências regulatórias e sua estrutura: ATHAYDE, José Gustavo. As agências reguladoras: independência e poder normativo em face da Constituição Federal de 1988. *Fórum administrativo*, Belo Horizonte, v. 26, p. 2136-2148, abr. 2003; CHACON, Paulo Eduardo de Figueiredo. O papel das agências reguladoras. *Datavenia.Net*. Disponível em: <http://www.datavenia.net.Agencias Reguladoras.htm>. Acesso em: jun. 2003; COIMBRA, Márcio. O direito regulatório brasileiro, histórico do direito da regulação e as agências reguladoras. *Âmbito Jurídico*, maio 2001. Disponível em: <http://www.ambitojuridico.com.br>. Acesso em: jun. 2003; FERRAZ JUNIOR, Tercio Sampaio. Agências reguladoras: legalidade e constitucionalidade. *Revista Tributária e de Finanças Públicas*, São Paulo, v. 8, n. 35, p. 143-158, nov./dez. 2000; GARCIA, Maria. Que é administração pública? A questão das agências reguladoras. *Boletim de Direito Administrativo*, p. 169-182, mar. 2002; GUERRA, Glauco Martins. Apontamentos sobre o terceiro setor no Brasil: breve análise jurídica. *Fórum Administrativo*, Belo Horizonte, v. 23, p. 1723-1746, jan. 2003; JUSTEN FILHO, Marçal. *O direito das agências reguladoras independentes*. São Paulo: Dialética, 2002; MARQUES NETO, Floriano de Azevedo. *Regulação estatal e interesses públicos*. São Paulo: Malheiros, 2002; MARQUES NETO, Floriano de Azevedo. Interdependência e autonomia da agência nacional de telecomunicações: imperativo legal e constitucional. *Revista de Direito Constitucional e Internacional*, n. 3, p. 211-221, 2000; MENEZELLO, Maria D'Assunção Costa. *Agências reguladoras e o direito brasileiro*. São Paulo: Atlas,

A necessidade de uma grande mudança no parâmetro de análise dos serviços, se públicos ou privados, é fundamental, pois, ainda que alvo de um galopante processo de *desestatização*, e *autorizados* por delegação a particulares, necessitam compatibilizar os interesses dos proprietários com o interesse geral, e, no que diz respeito a esse estudo, com a preservação do *valor democrático da igualdade*, tão caro em nosso Estado Democrático de Direito. É essencial a aferição do que vem a ser *serviço público* e *atividade econômica de interesse coletivo* e fundamental, pois os vínculos e exigências administrativas inerentes aos *serviços públicos* necessitam também ser impostos aos particulares que exerçam atividades econômicas de interesse geral, não podendo estar sujeitas a uma *discricionariedade irrestrita do Executivo*.[61]

O papel da jurisdição constitucional na preservação dos valores democráticos como o da igualdade, em sede dos processos setoriais brasileiros de regulação, é importantíssimo a nosso ver, na proporção em que a fragmentação das formas de *serviços públicos*, e, fundamentalmente, a textura aberta dos conceitos referentes à *autorização*, *permissão* e *concessão* dos serviços de interesse geral, dão espaço para o uso necessário da hermenêutica constitucional para dar o sentido mais adequado e legítimo para tais termos nos casos concretos. Uma das questões aptas a exemplificar as nossas observações é a da utilização do termo *autorização* pela própria Constituição, tanto como um ato precário quanto um ato vinculado e não discricionário, assemelhando-o à *licença administrativa*.

5 À guisa de conclusão

O raciocínio já posto nos leva a entender que, apesar dos progressos introduzidos pela CF/88, percebemos que a polêmica sobre os limites do poder normativo das agências reguladoras persiste. Vê-se que, independentemente

---

2002; MODESTO, Paulo. Reforma do marco legal do terceiro setor no Brasil, *op. cit.*, p. 31-46; MODESTO, Paulo. Convênio entre entidades públicas executado por fundação de apoio – serviço de saúde – conceito de serviço público e serviço e relevância pública. *Revista Trimestral de Direito Público*, n. 28, p. 109-128, 2002; MODESTO, Paulo. Agências executivas: a organização administrativa entre o casuísmo e a padronização. *Interesse Público*, v. 13, p. 124-141, 2002; MORAES, Alexandre de. *Reforma administrativa*. 3. ed. São Paulo: Atlas, 1999; MORAES, Alexandre de. Agências reguladoras. *Jornal da Tarde*, São Paulo, 05 abr. 2003; MOREIRA NETO, Diogo de Figueiredo. *Mutações do direito administrativo*. 2. ed. Rio de Janeiro: Renovar, 2001; MOTTA, Paulo Roberto Ferreira. *Agências reguladoras*. São Paulo: Manole, 2003; TÁCITO, Caio. Agências reguladoras na administração. *Revista de Direito Administrativo*, Rio de Janeiro, v. 221, p. 1, jul./set. 2000.

[61] "(...) Ora, é inadmissível que no atual estágio de compreensão do Estado Democrático de Direito, possa entender-se como legítima a outorga da prestação de serviço público por particulares mediante ato discricionário, sem qualquer consideração pelo princípio da igualdade, mormente quando em outros casos, também de delegação a produtores independentes, a Administração Pública lança mão do instituto da concessão, a qual, como diz a Constituição, é sempre precedida de licitação. Também aqui torno a insistir que a única forma de compatibilizar o emprego da autorização, no caso de delegação a produtor independente, com a norma constitucional da igualdade, seria atribuir-lhe a natureza de ato vinculado, como admitido na Lei Geral de Telecomunicações, ficando a concessão, caso o Poder Público não se decidisse desde logo por essa forma de delegação, para aquelas hipóteses em que não fosse possível, por razões objetivas, atender a todos os pedidos de autorização (...)". (*Passim*, p. 64).

da natureza do serviço a ser prestado, delegável ou não, o fato é que a matriz constitucional persistiu em considerar necessária a preordenação infraconstitucional dos termos dos serviços a serem prestados, reduzindo, inclusive, o âmbito de discricionariedade do Estado para a delegação de tais serviços, e seu exercício pelas agências de regulação. O argumento é mais verdadeiro quando verificamos a ampliação do rol de possibilidades genéricas de *contratação administrativa* pelo Estado, com a inserção, inclusive, de atos administrativos precários, como é o caso da *autorização* que ganhou contornos muito mais estáveis, aproximando-se assim das concessões administrativas. Tal constatação dificulta em muito a aceitação da tese de constitucionalidade dos *regulamentos autônomos* expedidos pelas agências reguladoras, no exercício de seu pressuposto poder regulamentar, quer por aquelas criadas pela própria Constituição ou ainda pelas demais e que hoje são, a grande maioria, criadas por legislação infraconstitucional.

O poder normativo das agências reguladoras é tema de enorme complexidade, ao tempo em que, por vezes, remete-nos a possíveis lesões a princípios constitucionais fundamentais, como a separação de poderes, a estrita legalidade e a igualdade. O exercício eventualmente abusivo do poder normativo pelas agências reguladoras pode ser observado em algumas hipóteses formais onde tais entes privados vêm criar direitos e deveres às pessoas envolvidas sem nenhum tipo de respaldo em lei. Essa perspectiva, dentre os princípios já possivelmente afetados, também poderá ferir a reserva legal destinada a certas matérias pela Constituição. A exigência de processo legislativo certo e específico para o exercício da atividade normativa e, da mesma forma, as hipóteses de competência legislativa especificamente destinada pela Constituição são condições afetas a reserva de lei própria. Percebe-se que vários artigos da Constituição vedam a possibilidade de estipulação de delitos, sanções ou tributos por meio de *regulamentos* (*vide* arts. 5º, XXXIX, 149, 150, I, e 195), assim como determinado grupo de pessoas seja beneficiado em determinado de outro ou, ainda, que as agências reguladoras se furtem de motivar suas decisões, sendo em todo caso controlados pela jurisdição constitucional, quer na via concentrada ou difusa.[62]

---

[62] Não descartamos, num futuro breve, a possibilidade de instituição de fórmulas mais rígidas de participação popular na fiscalização das atividades descentralizadas brasileiras. Como se dá na realidade italiana, onde conselhos participativos, não meramente consultivos, analisam e suspendem, incidentalmente, a execução de provimentos administrativos, num momento intermediário que antecede o possível recurso administrativo (Cf. LOIODICE, Aldo. Il processo amministrativo in funzione partecipativa. In: PIZZORUSSO, Alessandro; VARANO, Vincenzo. *L'influenza dei valori costituzionali sui sistemi giuridici contemporanei.* Milano: Giuffrè, 1985. t. 1 e 2, p. 982). Sobre a possibilidade de uso da interpretação constitucional na verificação dos conceitos e peso das normas de direito público do processo regulatório, insista-se, pelo seu cabimento, mais uma vez, na lição de Almiro do Couto e Silva: "(...) Os serviços públicos fragmentam-se, assumindo diversas formas, muitas das quais reclamam tratamento jurídico especial, ora mais severo, ora mais brando, ora com um peso maior de normas de direito público, ora com um peso maior de normas de direito privado. Existem modalidades desses serviços cujo modo de prestação ideal é a que resulta da livre concorrência num mercado que é, um princípio aberto, mas que pode e deve sofrer, sempre que necessário ou conveniente, intervenções do Estado, para afeiçoá-lo ao interesse público. Mas é certo, igualmente, que existem outras modalidades de atividade, aquelas exercidas em "rede", (p.ex. telecomunicações, energia elétrica, gás, ferrovias) em que o regime do monopólio é praticamente inevitável, comportando, por vezes combinações com o da concorrência (...)". *Passim,* p. 60.

A posição do STF quanto ao controle dos chamados *regulamentos autônomos* é ainda díspar da pretensão daqueles que os defendem com arrimo na autorização constitucional destinada às agências reguladoras criadas diretamente pela Constituição Federal de 1988. Traz-se à baila como contraste um aresto do STF, onde se vê um entendimento já esboçado por aquela Corte, em decisão plenária acerca do tema.[63]

Referências

AMARO, Fernanda Pereira. O serviço público sob a perspectiva da garantia constitucional de direitos humanos fundamentais. *Revista de Direito Constitucional e Internacional*, São Paulo, ano 13, p. 115-139, jan./mar. 2005.

ARANHA, Márcio Iório. Privatização no Brasil e o novo exercício de funções públicas por particulares. Serviço público à brasileira? *Revista de Direito Administrativo*, Rio de Janeiro, n. 230, p. 152, out./dez. 2002.

ATHAYDE, José Gustavo. As agências reguladoras: independência e poder normativo em face da Constituição Federal de 1988. *Fórum Administrativo*, Belo Horizonte, v. 26, p. 2136-2148, abr. 2003.

BACELLAR FILHO, Romeu Felipe. *O poder normativo dos entes reguladores e a participação dos cidadãos nesta atividade*: serviços públicos e direitos fundamentais – os desafios da regulação na experiência brasileira. Disponível em: <http://www.mundojuridico.adv.br>. Acesso em: 11 maio 2005.

BONELLI, Cláudia Elena; IAZZETTA, Rodnei. PPP e o marco regulatório das diversas atividades passíveis de implementação sob o regime de PP. Disponível em: <http://www.mundojuridico.adv.br>. Acesso em: 6 maio 2005.

CHACON, Paulo Eduardo de Figueiredo. O papel das agências reguladoras. *Datavenia Net*. Disponível em: <http://www.datavenia.net.Agencias Reguladoras.htm>. Acesso em: jun. 2003.

CLÈVE, Clèmerson Merlin. Atividade legislativa do poder executivo no Estado contemporâneo e na Constituição de 1988. São Paulo: Revista dos Tribunais, 1993. p. 93-139.

COIMBRA, Márcio. O direito regulatório brasileiro, histórico do direito da regulação e as agências reguladoras. *Âmbito Jurídico*, maio 2001. Disponível em: <http://www.ambitojuridico.com.br>. Acesso em: jun. 2003.

DI PIETRO, Maria Silvia Zanella. *Direito administrativo*. 12. ed. São Paulo: Atlas, 2000. p. 98.

FERRAZ JUNIOR, Tercio Sampaio. Agências reguladoras: legalidade e constitucionalidade. *Revista Tributária e de Finanças Públicas*, São Paulo, v. 8, n. 35, p. 143-158, nov./dez. 2000.

GARCIA, Maria. Que é administração pública? A questão das agências reguladoras. *Boletim de Direito Administrativo*, p. 169-182, mar. 2002.

GUERRA, Glauco Martins. Apontamentos sobre o terceiro setor no Brasil: breve análise jurídica. *Fórum Administrativo*, Belo Horizonte, v. 23, p. 1723-1746, jan. 2003.

JUSTEN FILHO, Marçal. Conceito de interesse público e a "personalização" do direito administrativo. *Revista Trimestral de Direito Público*, São Paulo, n. 26, 1999.

---

[63] EMENTA: Ação direta de inconstitucionalidade. Dispositivos do Provimento nº 07, de 02 de outubro de 1997, do Corregedor-Geral da Justiça e do Ato PGJ nº 093, de 02 de outubro de 1997, do Procurador-Geral de Justiça, ambos do Estado de Pernambuco. – Provimentos que não são regulamentos autônomos de textos constitucionais para disciplinar, ainda que parcialmente, o controle externo da atividade policial, pois os dispositivos impugnados não dão ao Ministério Público esse controle. – Ademais, esse controle é regulado em leis federais e estadual, e se os textos atacados ultrapassarem o nelas estabelecido ou com elas entrarem em choque, estar-se-á diante de hipótese de ilegalidade, o que escapa do contrato de constitucionalidade dos atos normativos. – O mesmo se dá se os dispositivos impugnados atentarem contra quaisquer normas de processo penal. Ação direta que, preliminarmente, não é conhecida. ADI 1968 / PE – PERNAMBUCO. AÇÃO DIRETA DE INCONSTITUCIONALIDADE. Relator(a): Min. MOREIRA ALVES. Julgamento: 01.02.2000. Órgão Julgador: Tribunal Pleno. Publicação: DJ DATA-04-05-2001 PP-00002 EMENT VOL-02029-01 PP-00175.

JUSTEN FILHO, Marçal. *O direito das agências reguladoras independentes*. São Paulo: Dialética, 2002.

MARQUES NETO, Floriano de Azevedo. *Regulação estatal e interesses públicos*. São Paulo: Malheiros, 2002.

LOIODICE, Aldo. Il processo amministrativo in funzione partecipativa. In: PIZZORUSSO, Alessandro; VARANO, Vincenzo. *L'influenza dei valori costituzionali sui sistemi giuridici contemporanei*. Milano: Giuffrè, 1985. t. 1, 2, p. 982.

MARQUES NETO, Floriano de Azevedo. Interdependência e autonomia da Agência Nacional de Telecomunicações: imperativo legal e constitucional. *Revista de Direito Constitucional e Internacional*, n. 3, p. 211-221, 2000.

MAURANO, Adriana. A redefinição do papel do Estado e a introdução de novas figuras jurídicas no Direito brasileiro. *Jus Navigandi*, Teresina, ano 9, n. 531, 20 dez. 2004. Disponível em: <http://www1.jus.com.br>. Acesso em: 11 abr. 2005.

MENEZELLO, Maria D'Assunção Costa. *Agências reguladoras e o direito brasileiro*. São Paulo: Atlas, 2002.

MODESTO, Paulo. Agências executivas: a organização administrativa entre o casuísmo e a padronização. *Interesse Público*, v. 13, p. 124-141, 2002.

MODESTO, Paulo. Convênio entre entidades públicas executado por fundação de apoio – serviço de saúde – conceito de serviço público e serviço e relevância pública. *Revista Trimestral de Direito Público*, n. 28, p. 109-128, 2002.

MODESTO, Paulo. Reforma do marco legal do terceiro setor no Brasil. *Interesse Público*, v. 1, n. 1, p. 31-46, jan./mar. 1999.

MORAES, Alexandre de. Agências reguladoras. *Jornal da Tarde*, São Paulo, 5 abr. 2003.

MORAES, Alexandre de. *Reforma administrativa*. 3. ed. São Paulo: Atlas, 1999.

MOREIRA NETO, Diogo de Figueiredo. *Mutações do direito administrativo*. 2. ed. Rio de Janeiro: Renovar, 2001.

MOTTA, Paulo Roberto Ferreira. *Agências reguladoras*. São Paulo: Manole, 2003.

SOUVIRÓN MORENILLA, José Maria. *La actividad de la administración y el servicio público*. Granada: Comares, 1998.

TÁCITO, Caio. Agências reguladoras na administração. *Revista de Direito Administrativo*, Rio de Janeiro, v. 221, p. 1, jul./set. 2000.

Informação bibliográfica deste texto, conforme a NBR 6023:2002 da Associação Brasileira de Normas Técnicas (ABNT):

OLIVEIRA, Frederico Antonio Lima de; LEITE, George Salomão. Desestatização e decretos autônomos: limites do poder regulamentar no Estado brasileiro. In: COPETTI NETO, Alfredo; LEITE, George Salomão; LEITE, Glauco Salomão. *Dilemas na Constituição*. Belo Horizonte: Fórum, 2017. p. 223-260. ISBN 978-85-450-0236-9.

A SEPARAÇÃO DOS PODERES E O ESTADO DE COISAS INCONSTITUCIONAL RECONHECIDO NA ADPF Nº 347

Bernardo Gonçalves Fernandes

Inicialmente é importante ressaltar que "o Estado de Coisas Inconstitucional" é uma categoria que foi desenvolvida e aplicada pela Corte Constitucional colombiana. No Brasil vem sendo trabalhado pelo professor da UERJ Carlos Alexandre de Azevedo Campos e foi objeto de recente debate na Arguição de Descumprimento de Preceito Fundamental nº 347, enfrentada em sede cautelar pelo Supremo Tribunal Federal. O objetivo deste ensaio será o de descrever esse fenômeno explicitado no Brasil, tendo como parâmetro a ADPF nº 347, bem como o de trabalhar algumas críticas desenvolvidas aos seus fundamentos, sobretudo à luz da separação dos poderes, da transposição de institutos de outros países para a realidade brasileira, bem como à luz do giro hermenêutico-pragmático.

A tese central ora trabalhada seria a de que o Poder Judiciário teria a possibilidade de declarar um "estado de coisas" como inconstitucional, indo, portanto, além de sua competência tradicional de invalidar lei ou ato normativo pela via da inconstitucionalidade.

Certo é que o Estado de Coisas Inconstitucional pode ser observado quando se verifica a existência de um quadro de violação generalizada e sistêmica de direitos fundamentais, causado pela inércia ou incapacidade reiterada e persistente das autoridades públicas em modificar determinadas conjunturas, de modo que apenas *transformações estruturais* da atuação do Poder Público bem como a atuação de uma pluralidade de autoridades podem modificar a situação inconstitucional.

Segundo Carlos Alexandre de Azevedo Campos, quando se declara o Estado de Coisas Inconstitucional, a Corte Constitucional afirma existir quadro insuportável de violação massiva de direitos fundamentais, decorrente de atos comissivos e omissivos praticados por diferentes autoridades públicas, agravado pela inércia continuada dessas mesmas autoridades, de modo que, como já dito, apenas transformações estruturais da atuação do Poder Público podem modificar a situação inconstitucional. Ante a gravidade excepcional do quadro, a Corte se afirma legitimada a interferir na formulação e implementação de políticas públicas e em alocações de recursos orçamentários e a coordenar as medidas concretas necessárias para superação do estado de inconstitucionalidades.[1]

Nesse sentido, a Corte Constitucional, segundo o autor, se encontra diante da figura do "litígio estrutural", que é caracterizado pelo alcance a número amplo

---

[1] AZEVEDO CAMPOS, Carlos Alexandre. O estado de coisas inconstitucional e o litígio estrutural. *Conjur*, 01 set. 2015.

de pessoas, a várias entidades e por implicar ordens de execução complexa. E para enfrentar litígio dessa magnitude, juízes constitucionais devem fixar "remédios estruturais", voltados ao redimensionamento dos ciclos de formulação e execução de políticas públicas, o que não seria possível por meio de decisões mais ortodoxas (tradicionais). Assim sendo, ao adotar tais remédios, cortes cumprem dois objetivos principais: superar bloqueios políticos e institucionais e aumentar a deliberação e o diálogo sobre causas e soluções do Estado de Coisas Inconstitucional.[2]

Mas quais são os pressupostos do Estado de Coisas Inconstitucional? Segundo o professor da UERJ, seguindo os parâmetros desenvolvidos pela Corte Constitucional Colombiana, seriam:

> a) Plano dos Fatos: a constatação de um quadro não simplesmente de proteção deficiente, e sim de violação massiva, generalizada e sistemática de direitos fundamentais, que afeta a um número amplo de pessoas (grave, massiva e sistemática violação aos direitos humanos);
>
> b) Plano dos Fatores: a falta de coordenação entre medidas legislativas, administrativas, orçamentárias e até judiciais, explicitando uma verdadeira "falha estatal estrutural", que gera tanto a violação sistemática dos direitos, quanto a perpetuação e agravamento da situação (*falhas estruturais* em virtude de ações e omissões estatais sistêmicas que se perpetuam e agravam a violação de direitos);
>
> c) Plano dos Remédios: a superação dessas violações de direitos exige a expedição de remédios e ordens dirigidas não apenas a um órgão, e sim a uma pluralidade destes, sendo necessárias *mudanças estruturais*, novas políticas públicas ou o ajuste das existentes, alocação de recursos e etc.[3]

Nesses termos, as Cortes se engajam em uma espécie de *ativismo judicial estrutural*, justificado pela presença de bloqueios políticos e institucionais. O Estado de Coisas Inconstitucional, no entendimento do autor, *é sempre o resultado de situações concretas de paralisia parlamentar ou administrativa sobre determinadas matérias. Nesse cenário de falhas estruturais e omissões legislativas e administrativas, a atuação ativista das cortes acaba sendo o único meio, ainda que longe do ideal em uma democracia, para superar os desacordos políticos e institucionais*, a falta de coordenação entre órgãos públicos, temores de custos políticos, *legislative blindspots*, sub-representação de grupos sociais minoritários ou marginalizados.[4]

É interessante salientar que, em maio de 2015, o Partido Socialista e Liberdade (PSOL) ajuizou Arguição de Descumprimento de Preceito Fundamental (ADPF) pedindo que o STF declarasse que a situação atual do sistema penitenciário brasileiro violava preceitos fundamentais da Constituição Federal e, em especial, direitos fundamentais dos presos. Em virtude disso, foi requerido ao STF que determinasse à União e aos Estados (a ação foi proposta, portanto, contra a União

---

[2] AZEVEDO CAMPOS, Carlos Alexandre. O estado de coisas inconstitucional e o litígio estrutural. *Conjur*, 01 set. 2015.
[3] AZEVEDO CAMPOS, Carlos Alexandre. O estado de coisas inconstitucional e o litígio estrutural. *Conjur*, 01 set. 2015; Devemos temer o estado de coisas inconstitucional? *Conjur*, 15 out. 2015.
[4] AZEVEDO CAMPOS, Carlos Alexandre. O estado de coisas inconstitucional e o litígio estrutural. *Conjur*, 01 set. 2015.

e os Estados) que tomassem uma série de providências com o objetivo de sanar as lesões aos direitos dos presos.

Na petição inicial, foi alegado que o sistema penitenciário brasileiro vive um verdadeiro "Estado de Coisas Inconstitucional". A petição inclusive apontou os pressupostos (já citados) que caracterizariam o fenômeno: a) violação generalizada e sistêmica de direitos fundamentais; b) inércia ou incapacidade reiterada e persistente das autoridades públicas em modificar a conjuntura; c) situação que exige a atuação não apenas de um órgão, mas sim de uma pluralidade de autoridades para resolver o problema.

A petição inicial da ADPF 347 postulava o deferimento de liminar para que fosse determinado aos juízes e tribunais: a) que lançassem, em casos de decretação ou manutenção de prisão provisória, a motivação expressa pela qual não se aplicam medidas cautelares alternativas à privação de liberdade, estabelecidas no art. 319 do CPP; b) que, observados os artigos 9.3 do Pacto dos Direitos Civis e Políticos e 7.5 da Convenção Interamericana de Direitos Humanos, realizassem, em até 90 dias, audiências de custódia, viabilizando o comparecimento do preso perante a autoridade judiciária no prazo máximo de 24 horas, contadas do momento da prisão; c) que considerassem, fundamentalmente, o quadro dramático do sistema penitenciário brasileiro no momento de implemento de cautelares penais, na aplicação da pena e durante o processo de execução penal; d) que estabelecessem, quando possível, penas alternativas à prisão, ante a circunstância de a reclusão ser sistematicamente cumprida em condições muito mais severas do que as admitidas pelo arcabouço normativo; e) que viessem a abrandar os requisitos temporais para a fruição de benefícios e direitos dos presos, como a progressão de regime, o livramento condicional e a suspensão condicional da pena, quando reveladas as condições de cumprimento da pena mais severas do que as previstas na ordem jurídica em razão do quadro do sistema carcerário, preservando-se, assim, a proporcionalidade da sanção; e f) que se abatesse da pena o tempo de prisão, se constatado que as condições de efetivo cumprimento são significativamente mais severas do que as previstas na ordem jurídica, de forma a compensar o ilícito estatal. Requeria-se, finalmente, que fosse determinado: g) ao CNJ que coordenasse mutirão carcerário a fim de revisar todos os processos de execução penal, em curso no País, que envolvessem a aplicação de pena privativa de liberdade, visando a adequá-los às medidas pleiteadas nas alíneas "e" e "f"; e h) à União que liberasse as verbas do Fundo Penitenciário Nacional – FUNPEN, abstendo-se de realizar novos contingenciamentos.

O STF decidiu conceder, parcialmente, a medida liminar e deferiu apenas os pedidos "b" (audiência de custódia) e "h" (liberação das verbas do FUNPEN).[5]

---

[5] O FUNPEN foi criado Lei Complementar nº 79/1994, e regulamentado pelo Decreto nº 1.093/1994. A sua finalidade é a de proporcionar recursos e meios para financiar e apoiar as atividades e programas de modernização e aprimoramento do Sistema Penitenciário Brasileiro, sendo que a gestão de seus recursos é atribuição do Departamento Penitenciário Nacional – DEPEN, órgão vinculado ao Ministério da Justiça. Na ADPF ajuizada

Conforme o informativo 798, que explicita a decisão cautelar da ADPF nº 347, o Plenário do STF reconheceu que no sistema prisional brasileiro realmente há uma violação generalizada de direitos fundamentais dos presos. As penas privativas de liberdade aplicadas nos presídios acabam sendo penas cruéis e desumanas. Diante disso, o STF declarou que diversos dispositivos constitucionais, documentos internacionais (o Pacto Internacional dos Direitos Civis e Políticos, a Convenção contra a Tortura e outros Tratamentos e Penas Cruéis, Desumanos e Degradantes e a Convenção Americana de Direitos Humanos) e normas infraconstitucionais estão sendo desrespeitados. Afirmou ainda que os cárceres brasileiros, além de não servirem à ressocialização dos presos, fomentam o aumento da criminalidade, pois transformam pequenos delinquentes em "monstros do crime". Nesse sentido, a prova da ineficiência do sistema como política de segurança pública está nas altas taxas de reincidência. E o reincidente passa a cometer crimes ainda mais graves.[6]

Afirmou ainda o STF que a responsabilidade por essa situação deve ser atribuída aos três Poderes (Legislativo, Executivo e Judiciário), tanto da União como dos Estados-Membros e do Distrito Federal. Nesses termos, entendeu o STF, na esteira da tese do *Estado de Coisas Inconstitucional* que a ausência de medidas legislativas, administrativas e orçamentárias eficazes representa uma verdadeira "falha estrutural" que gera ofensa aos direitos dos presos, além da perpetuação e do agravamento da situação. Por isso mesmo, caberia ao STF o papel de retirar os demais poderes da inércia, coordenar ações visando a resolver o problema e monitorar os resultados alcançados. Com isso, a intervenção judicial é necessária diante da incapacidade demonstrada pelas instituições legislativas e administrativas.[7]

Porém, aqui, é bom que se diga que o plenário do STF entendeu que o STF não pode substituir o papel do Legislativo e do Executivo na consecução de suas tarefas próprias. Assim sendo, o Judiciário deverá superar bloqueios políticos e

---

pelo PSOL é afirmado que a maior parte dos recursos disponíveis do FUNPEN não é efetivamente gasta, sendo que, segundo informações do DEPEN, *o saldo contábil do fundo corresponderia a cerca de R$ 2,2 bilhões*. Um dos entraves apontados para o uso destes recursos seria o contingenciamento orçamentário realizado pelo governo federal, sendo alegado que menos de 20% dos gastos orçamentariamente autorizados do referido fundo foram efetivamente realizados. Outro entrave seria o excesso de rigidez e de burocracia da União para liberação de recursos aos demais entes federativos, para que desenvolvam medidas voltadas à melhoria do sistema carcerário.

[6] ADPF 347 MC, Pleno do STF, julg. em 09.09.2015, rel. Min. Marco Aurélio. (Informativo 798 do STF).

[7] Conforme o Informativo 798 do STF: "Registrou que a responsabilidade por essa situação não poderia ser atribuída a um único e exclusivo poder, mas aos três – Legislativo, Executivo e Judiciário –, e não só os da União, como também os dos Estados-Membros e do Distrito Federal. Ponderou que haveria problemas tanto de formulação e implementação de políticas públicas, quanto de interpretação e aplicação da lei penal. Além disso, faltaria coordenação institucional. A ausência de medidas legislativas, administrativas e orçamentárias eficazes representaria falha estrutural a gerar tanto a ofensa reiterada dos direitos, quanto a perpetuação e o agravamento da situação. O Poder Judiciário também seria responsável, já que aproximadamente 41% dos presos estariam sob custódia provisória e pesquisas demonstrariam que, quando julgados, a maioria alcançaria a absolvição ou a condenação a penas alternativas. Ademais, a manutenção de elevado número de presos para além do tempo de pena fixado evidenciaria a inadequada assistência judiciária. A violação de direitos fundamentais alcançaria a transgressão à dignidade da pessoa humana e ao próprio mínimo existencial e justificaria a atuação mais assertiva do STF. Assim, caberia à Corte o papel de retirar os demais poderes da inércia, catalisar os debates e novas políticas públicas, coordenar as ações e monitorar os resultados. A intervenção judicial seria reclamada ante a incapacidade demonstrada pelas instituições legislativas e administrativas". ADPF 347 MC, Pleno do STF, julg. em 09.09.2015, rel. Min. Marco Aurélio.

institucionais sem afastar os outros poderes (Legislativo e Executivo) dos processos de formulação e implementação das soluções necessárias. Nesse sentido, deveria agir em diálogo com os outros poderes e com a sociedade. Portanto, não incumbe ao Judiciário definir o conteúdo próprio dessas políticas, os detalhes dos meios a serem empregados. Aqui em vez de desprezar as capacidades institucionais dos outros poderes, deveria o STF coordená-las, a fim de afastar o estado de inércia e deficiência estatal permanente. Como já salientado, não se trataria de substituição aos demais poderes e sim de oferecimento de incentivos, parâmetros e objetivos indispensáveis à atuação de cada qual, deixando-lhes o estabelecimento das minúcias para se alcançar o equilíbrio entre respostas efetivas às violações de direitos e as limitações institucionais reveladas. Com base nessas considerações, foram indeferidos os pedidos "e" e "f".[8]

Já em relação aos pedidos "a", "c" e "d", o STF entendeu que seria desnecessário ordenar aos juízes e Tribunais que os realizassem porque já são deveres impostos a todos os magistrados pela CR/88 e pelas leis infraconstitucionais. Logo, não havia sentido em o STF declará-los obrigatórios, o que seria apenas um reforço.[9]

Por último, é importante desenvolvermos algumas reflexões críticas sobre o reconhecimento pelo plenário do STF, ainda que em sede cautelar, e ainda que de forma tímida, da tese do "Estado de Coisas Inconstitucional".

Inicialmente, em termos críticos e reflexivos, a crítica inicial envolveria o próprio controle de constitucionalidade, pois o objeto do controle de constitucionalidade seriam normas jurídicas, e não a realidade empírica – vista de forma cindida – sob a qual as normas jurídicas incidem.[10] Conforme leciona Lenio Streck, "o Estado de Coisas Inconstitucional pressupõe uma leitura dualista da tensão entre fatos e normas, desconsiderando que o problema da eficácia do direito, sobretudo após o giro linguístico, não pode ser mais tratado como um problema de dicotomia entre norma e realidade". Nesses termos, sustenta o autor que não se pode declarar a inconstitucionalidade de coisas mesmo que as chamemos de "estado de ou das coisas". E nem se tem como definir o que é um "estado dessas coisas" que sejam inconstitucionais no entremeio de milhares de outras situações ou coisas inconstitucionais. Do contrário, poder-se-ia declarar inconstitucional o estado de coisas da desigualdade social e assim por diante.[11] É

---

[8] ADPF 347 MC, Pleno do STF, julg. em 09.09.2015, rel. Min. Marco Aurélio. (Informativo 798 do STF).

[9] ADPF 347 MC, Pleno do STF, julg. em 09.09.2015, rel. Min. Marco Aurélio. (Informativo 798 do STF). Reta agora aguardar o *julgamento de mérito* da ADPF 347.

[10] Conforme Lenio Streck: minha discordância é com o modo como a noção de ECI foi construída. Receio pela banalização que ela pode provocar. Tenho receio de um retorno a uma espécie de jusnaturalismo ou uma ontologia (clássica) que permita ao Judiciário aceder a uma espécie de "essência" daquilo que é inconstitucional pela sua própria natureza-em-um-país-periférico. Uma espécie de realismo moral. O estado de coisas inconstitucional é uma nova forma de ativismo. *Conjur*, 24 out. 2015.

[11] O ECI estabelece um paradoxo, como bem detectado por Di Giorgi, Campilongo e Faria, *verbis*: "Invocar o ECI pode causar mais dificuldades à eficácia da Constituição do que se imagina. Basta fazer um exercício lógico, empregando o conceito de ECI a ele mesmo. Se assim estão as "coisas" – e, por isso, a ordem jurídica é ineficaz e o acesso à Justiça não se concretiza –, por que não decretar a inconstitucionalidade da Constituição e determinar o fechamento dos tribunais?". Ademais, embora a simpatia intrínseca pela tese (afinal, há algo mais contra a CF

preciso lembrar que como nos diz Habermas em "facticidade e validade" não há uma dicotomia (hiato) entre o real e o ideal, ou entre normas e fatos, ou mesmo entre Constituição e a realidade, afinal a realidade já é plena de idealidades que nós mesmos construímos.

Além disso, mais duas questões contrárias (objeções) à tese do reconhecimento do Estado de Coisas Inconstitucional devem ser enfrentadas (foram inclusive motivo de sustentação oral no STF contra o *ECI*), quais sejam:

> a) que o STF não possui legitimidade democrática e institucional para adotar as medidas pleiteadas, sendo sua atuação indevida (desrespeito ao *princípio da separação dos poderes*); e
>
> b) que se revela equivocada a importação do Estado de Coisas Inconstitucional para o caso brasileiro, tendo em vista que nem mesmo na Colômbia o seu uso se mostrou útil para remediar o problema do sistema carcerário daquele país.[12]

Sobre a primeira objeção, a defesa seria a de que o reconhecimento do Estado de Coisas Inconstitucional é uma técnica que não está expressamente prevista na Constituição ou em qualquer outro instrumento normativo e, considerando que confere ao Tribunal uma ampla latitude de poderes, tem-se entendido que a técnica

---

do que os presídios?), parece evidente que o ECI ameaça o princípio da separação dos poderes, (...) que colocam alguns pontos de difícil resposta por parte de quem apoia o ECI, como se, por exemplo, 51% dos deputados forem acusados de corrupção, o STF declarará o ECI, ordenando o fechamento do Congresso ou atribuirá a política a outros órgãos?; qual a competência de uma Corte Suprema para "compensar a incompetência" do sistema político? Quem controlaria a correção jurídica do decreto (político) de ECI?; o reconhecimento de um ECI é jurídico ou político? Que sanção prevê? Persistindo a inércia, o que faz a Corte? E permito-me acrescentar: O STF corre o risco de se meter em um terreno pantanoso e arranhar a sua imagem. Isto porque, ao que se pode depreender da tese do ECI e da decisão do STF, fica-se em face de *uma espécie de substabelecimento auditado pelo Judiciário*. A questão é: por que a Teoria do Direito tem de girar em torno do ativismo? Para além de criar álibis extrajurídicos para que o Judiciário atue de modo extrajurídico, porque não perguntar quais direitos e procedimentos jurídicos e políticos (bem demarcadas uma coisa e outra) a Constituição estabelece? Aparentemente, a solução sempre é buscada pela via judicial, mas fora do direito, *apelando em algum momento para a discricionariedade dos juízes e/ou o seu olhar político e moral sobre a sociedade*. Só que isso, paradoxalmente, fragiliza o direito em sua autonomia. Mais do que isso, a decisão judicial não é escolha, e de nada adianta motivação, diálogo e procedimentalização se forem feitas de modo *ad hoc*". O estado de coisas inconstitucional é uma nova forma de ativismo, *Conjur*, 24 out. 2015.

[12] AZEVEDO CAMPOS, Carlos Alexandre. O estado de coisas inconstitucional e o litígio estrutural. *Conjur*, 01 set. 2015. Sobre as críticas, temos também as objeções de STRECK, Lenio Luiz. O que é preciso para (não) se conseguir um Habeas Corpus no Brasil. *Conjur*, 24 set. 2015; O estado de coisas inconstitucional e uma nova forma de ativismo. *Conjur*, 24 out. 2015; DE GIORGI, Raffaele; FARIA, José Eduardo; CAMPILONGO, Celso. Opinião: estado de coisas inconstitucional. *Estadão*, São Paulo, 19 set. 2015. Lenio nos seus textos afirma que: "(...) Pergunto: o que não é "coisa inconstitucional" neste país periférico que está à beira do abismo? Poderíamos aproveitar para fazer o mesmo com os juros sobre as operações de crédito, a situação do transporte público em terrae brasiliense, crise da segurança pública (o RS está um caos, o Rio nem se fala) crise na educação, dos hospitais (pessoas morrendo nas filas, tomando soro em pé...) etc. E, a partir de uma inconstitucionalidade por arrastamento, declarar a inconstitucionalidade do estado de coisas proporcionadas pelas operadoras de telefonia. Peço que me desculpem. Não é implicância minha. Mas por que judicializar tudo? A pergunta que fica não respondida é: e a legitimidade constitucional para obrigar o Executivo a tomar essas medidas? É do Judiciário? Assim, sem mais nem menos? O que sobrou para a democracia? E se os juízes em suas comarcas começarem a declarar, em controle difuso, o estado de coisas inconstitucional das "coisas" do município? Tem município que não fornece nem merenda escolar. E não subestimemos o poder dos Tribunais dos Estados Federados (...)". "(...) Dito de outro modo, não se pode declarar a inconstitucionalidade de coisas, mesmo que as chamemos de estado de ou das coisas. E nem se tem como definir o que é um "estado dessas coisas" que sejam inconstitucionais no entremeio de milhares de outras situações ou coisas inconstitucionais. Do contrário, poder-se-ia declarar inconstitucional o estado de coisas da desigualdade social e assim por diante".

só deve ser manejada em *hipóteses excepcionais*, em que, além da séria e generalizada afronta aos direitos humanos, haja também a constatação de que a intervenção da Corte é essencial para a solução do gravíssimo quadro enfrentado. São casos, conforme a petição da ADPF nº 347, em que se identifica um "bloqueio institucional" para a garantia dos direitos, o que leva a Corte a assumir um papel *atípico* (e, por óbvio, excepcional), sob a perspectiva do princípio da separação de poderes, que envolve uma intervenção mais ampla sobre o campo das políticas públicas.[13]

Já sobre a segunda objeção aponta Carlos Alexandre de Azevedo Campos ser uma meia verdade, tendo em vista que é verdade que o reconhecimento do Estado de Coisas Inconstitucional fracassou no enfrentamento do sistema carcerário colombiano; contudo, afirma o autor ser enganoso e totalmente equivocado afirmar que o instrumento não é capaz de servir ao propósito de solucionar *litígios de caráter estrutural*.[14]

Segundo o professor, o problema não estaria no reconhecimento do *Estado de Coisas Inconstitucional*, mas sim na sua forma (manejo) de aplicação, ou seja, na concretização da decisão (na prática) a partir da constatação do Estado de Coisas Inconstitucional. Nesses termos, "o erro da Corte Colombiana no caso do *sistema carcerário* foi o de proferir ordens sem qualquer acompanhamento ou diálogo na fase de implementação". Já em caso posterior, o paradigmático problema da "população deslocada em razão da violência urbana" (fenômeno típico de países mergulhados em violência em que as pessoas são forçadas a migrar dentro do território, obrigadas a abandonar seus lares e suas atividades econômicas porque ações violentas de grupos ameaçam suas vidas e a integridade física das famílias), a Corte Colombiana, tendo aprendido com os próprios erros, passou a adotar a prática de proferir "ordens flexíveis sujeitas à jurisdição supervisória". As novas medidas resultaram no sucesso da atuação da Corte e do instrumento de Estado de Coisas Inconstitucional.[15]

Assim sendo, no primeiro caso (*do sistema carcerário*), a Corte adotou posição de "supremacia judicial" e fracassou.[16] No segundo (*do deslocamento forçado de*

---

[13] "(...) As críticas quanto à violação da separação de poderes encerram, com a devida vênia, dois equívocos sucessivos. Primeiramente, partem de uma concepção estática do princípio, de poderes não só separados, como distantes e incomunicáveis. As pretensões transformativa e inclusiva da Carta de 1988 requerem, ao contrário, um modelo dinâmico, cooperativo de poderes que, cada qual com as ferramentas próprias, devem compartilhar autoridade e responsabilidade em favor da efetividade da Constituição. Em segundo lugar, ainda que se reconhecesse como plenamente vigente esse modelo estático de poderes que se excluem funcionalmente, circunstâncias próprias do ECI – violação massiva de direitos fundamentais e bloqueios políticos e institucionais – configuram motivos suficientes à flexibilização, nos casos concretos e sob o ângulo de princípios de moralidade política, razões de separação ortodoxa de poderes. Pensar de modo diverso equivale a tolerar situações de somatório de inércias, de paralisia dos três poderes em desfavor da realização efetiva de direitos fundamentais". Devemos temer o Estado de Coisas Inconstitucional? *Conjur*, 15 out. 2015.

[14] AZEVEDO CAMPOS, Carlos Alexandre. O estado de coisas inconstitucional e o litígio estrutural. *Conjur*, 01 set. 2015.

[15] AZEVEDO CAMPOS, Carlos Alexandre. O estado de coisas inconstitucional e o litígio estrutural. *Conjur*, 01 set. 2015.

[16] Nesses termos: "Em uma de suas mais importantes decisões, a Corte Constitucional da Colômbia declarou o Estado de Coisas Inconstitucional relativo ao quadro de superlotação das penitenciárias do país. Na *Sentencia de Tutela* (T) 153, de 1998, discutiram-se, tal como ocorre na ADPF 347, o problema da superlotação e as condições desumanas das Penitenciárias Nacionais de Bogotá e de Bellavista de Medellín. A corte, apoiada em dados e estudos empíricos, constatou que o quadro de violação de direitos era generalizado na Colômbia, presente nas demais instituições carcerárias do país. Os juízes enfatizaram que a superlotação e o império da violência no

pessoas), porque partiu para o diálogo institucional, acabou promovendo vantagens democráticas e ganhos de efetividade prática de suas decisões, contribuindo realmente para a melhoria da situação. A conclusão é a de que o Estado de Coisas Inconstitucional declarado pela Corte Constitucional colombiana não surtiu o efeito desejado no caso do sistema carcerário, mas, em caso posterior, a Corte identificou o insucesso, diagnosticou os erros e avançou para uma nova posição (postura), menos arrogante, mais dialógica e, portanto, mais factível ao sucesso.[17]

---

sistema carcerário eram problemas nacionais, de responsabilidade de um conjunto de autoridades. A corte acusou a violação massiva dos direitos dos presos à dignidade humana e a um amplo conjunto de direitos fundamentais, o que chamou de '*tragédia diária dos cárceres*'. Ante a mais absoluta ausência de políticas públicas voltadas, ao menos, a minimizar a situação, a corte: declarou o Estado de Coisas Inconstitucional; *ordenou a elaboração de um plano de construção e reparação das unidades carcerárias; determinou que o governo nacional providenciasse os recursos orçamentários necessários; exigiu aos governadores que criassem e mantivessem presídios próprios; e requereu ao presidente da República medidas necessárias para assegurar o respeito dos direitos dos internos nos presídios do país. A execução dessas ordens não alcançou, todavia, grande sucesso. Os principais defeitos acusados foram a pouca flexibilidade das ordens, especialmente, em face dos "departamentos" locais, e a falta de monitoramento, pela própria corte, da fase de implementação da decisão. O erro da corte foi acreditar que sua autoridade contida nas decisões, por si só, seria suficiente para que os órgãos públicos cumprissem efetivamente com as medidas ordenadas. A corte pouco se preocupou com a real impossibilidade de as autoridades públicas cumprirem as ordens. Faltou diálogo em torno de como melhor realizar as decisões, não tendo sido retida jurisdição sobre a execução das medidas. A corte não voltaria a cometer esses erros no caso igualmente relevante do deslocamento forçado de pessoas em razão da violência urbana do país*". AZEVEDO CAMPOS, Carlos Alexandre. O estado de coisas inconstitucional e o litígio estrutural. *Conjur*, 01 set. 2015.

[17] Nesses termos: "Na *Sentencia* T-025, de 2004, a corte examinou, de uma vez, 108 pedidos de tutelas formulados por 1.150 núcleos familiares deslocados. A maior parte dessa população era composta por mulheres cabeças de família, menores, minorias étnicas e idosos. Essas pessoas não gozavam dos direitos de moradia, saúde, educação e trabalho. A corte conclui *estarem presentes os principais fatores que caracterizam o Estado de Coisas Inconstitucional e formulou remédios não só em favor dos que pleitearam as tutelas, mas também das outras pessoas que se encontravam na mesma situação. Acusando a precária capacidade institucional dos outros poderes para o desenvolvimento, implementação e coordenação das políticas públicas necessárias, e sem exercer diretamente as competências desses poderes, a Corte Constitucional: declarou o Estado de Coisas Inconstitucional; exigiu atenção orçamentária especial ao problema; determinou que fossem formuladas novas políticas públicas, leis e um marco regulatório eficiente para proteger, para além dos direitos individuais dos demandantes, a dimensão objetiva dos direitos envolvidos. As ordens foram flexíveis e dirigidas a um número elevado de autoridades públicas e, dessa vez, surtiram bons efeitos práticos porque a corte dialogou com os outros poderes e a sociedade sobre a adequação das medidas durante a fase de implementação. A manutenção da jurisdição sobre o caso fez toda a diferença, comparado ao caso do sistema carcerário. A corte buscou harmonizar o ativismo judicial revelado na intervenção sobre as políticas públicas com a proposta de diálogos institucionais. Como afirmam Paul Rouleau e Linsey Sherman, são preferíveis* "ordens flexíveis sujeitas à jurisdição supervisória" a "ordens detalhadas sujeitas à execução se desrespeitada". *Com ordens flexíveis e diálogo sobre a implementação de medidas, cortes apontam a omissão estatal inconstitucional e a consequente violação massiva de direitos, fixam parâmetros e até prazos para a superação desse estado, mas deixam as escolhas técnicas de meios para os outros poderes. O acompanhamento permite aos juízes, uma vez devidamente informados, tomarem medidas capazes de assegurar a implementação das ordens, o que contribui para soluções superiores comparadas a eventuais decisões unilaterais. O monitoramento, envolvido em audiências públicas e com a participação ampla da sociedade civil, permite aos juízes saber se as instituições democráticas estão progredindo ou se os bloqueios se mantiveram. Atuando assim, em vez de supremacia judicial, as cortes, por meio de remédios estruturais flexíveis e sob supervisão, promovem o diálogo amplo entre as instituições e a sociedade. Ordens flexíveis acompanhadas de monitoramento podem, portanto, ser superiores às ordens detalhadas e rígidas não apenas sob as óticas democrática e política, mas também quanto aos resultados desejados. Daí por que comportamento judicial da espécie possuir tanto virtudes democráticas como vantagens pragmáticas. Essa posição foi a chave do sucesso no caso do deslocamento forçado. A corte interveio na confecção de políticas públicas, dirigindo ordens à ampla estrutura de poderes e órgãos envolvidos, sem, contudo, fixar os detalhes do plano de ação. A corte versou os procedimentos e as autoridades competentes para atuar em favor da superação do estado de coisas inconstitucional, nada dispondo sobre o conteúdo das políticas, mas vindo a acompanhar durante seis anos a realização concreta dessas. A corte convocou audiências públicas periódicas, com a participação de atores estatais e sociais, para discutir a elaboração e a implementação das novas políticas públicas, criando "espaços de deliberação e formas alternativas, inovadoras e potencialmente democratizantes, de aplicação judicial dos direitos constitucionais". A Colômbia ainda possui o maior número de pessoas deslocadas do mundo, haja vista o contexto de violência urbana ainda não ter sido superado pelo Poder Executivo nacional. Contudo, desde a adoção das medidas determinadas pela Corte Constitucional, a população deslocada, ao menos a maioria, não mais está entregue a toda sorte de violação de direitos fundamentais.*

Voltando ao debate brasileiro, entende Carlos Alexandre ser possível o reconhecimento do *Estado de Coisas Inconstitucional* e a adoção de práticas frente a ele, mas não mediante uma postura autoritária e arrogante (*estado de arrogância institucional*) da Corte, em que decisões são tomadas sem um mínimo inclusive de possibilidade de serem cumpridas. Nesses termos, a saída seria através de ordens mais flexíveis seguidas de monitoramento na execução das medidas (fomentando um diálogo entre as instituições). Assim sendo, em casos que apresentam quadro acentuado e reiterado de violações de direitos fundamentais, mas que, ao mesmo tempo, exigem soluções extremamente complexas, espera-se que a Corte Constitucional não seja inerte, mas que também não tente resolver tudo sozinha. Nesse sentido, sustenta o autor que, além de excepcional, o Estado de Coisas Inconstitucional não favorece unilateralismos judiciais, pois nada pode ser resolvido pelo Judiciário isoladamente. Ao contrário, é próprio do ECI que a solução seja perseguida a partir de medidas a serem tomadas por uma pluralidade de órgãos. Por meio de ordens flexíveis, nas quais não consta a formulação direta das políticas públicas necessárias, o tribunal visa catalisar essas medidas, buscar a superação dos bloqueios políticos e institucionais que perpetuam e agravam as violações de direitos. O *ECI* funciona como a "senha de acesso" da Corte Constitucional à tutela estrutural. Advoga então que, reconhecido o Estado de Coisas Inconstitucional, a Corte não desenhará as políticas públicas e sim afirmará a necessidade urgente que o Congresso e Executivo estabeleçam essas políticas, inclusive de natureza orçamentária. Depois de formuladas e implementadas as medidas pelos poderes políticos, a Corte deverá monitorar e avaliar os resultados, mantendo um "colóquio contínuo" sobre as práticas adotadas, por meio, principalmente, de audiências públicas, com a participação dos órgãos estatais envolvidos e parcelas interessadas da sociedade civil.

Não se trata, segundo o professor da UERJ, de "corrigir a incompetência dos outros poderes", mas de promover *diálogos democráticos entre os poderes* e a *sociedade* em torno das melhores soluções. As sentenças estruturais, próprias do Estado de Coisas Inconstitucional, por conterem ordens flexíveis e sujeitas a monitoramento, buscam promover a colaboração harmônica e deliberativa entre os poderes em torno de um objetivo comum: *superar o quadro de inconstitucionalidades*. Portanto, contra os críticos, afirma-se que não há supremacia, subjetivismo ou arbítrio judiciais, mas sim diálogos e cooperação institucionais.[18]

Antes totalmente ignorado, sem qualquer atenção estatal e da própria sociedade, o problema da falta de direitos básicos da população, quando deslocada forçadamente, é hoje um mal combatido. Como anotaram César Rodríguez Gravito e Diana Rodríguez Franco, foram, entre outros aspectos, "a ambição e duração do processo de implementação das ordens da decisão", com o acompanhamento contínuo da corte, que asseguraram a efetividade da, por eles denominada, *macrosentença*". AZEVEDO CAMPOS, Carlos Alexandre. O estado de coisas inconstitucional e o litígio estrutural. *Conjur*, 01 set. 2015.

[18] "Com ordens flexíveis da espécie, cortes respeitam as credenciais democráticas e as capacidades institucionais dos outros poderes, mantêm de pé as fronteiras entre Direito e Política e minimizam riscos de não cumprimento das decisões. Em vez de servir ao "fechamento do Congresso", o ECI pode contribuir à sua atuação ao chamar atenção para direitos de grupos vulneráveis e minorias sub-representadas, cujos interesses acabam caindo em

Nesses termos, para parte da doutrina, parece ser este um momento importante para repensar a própria fórmula tradicional da especialização de funções e da necessária reconfiguração das relações entre os "poderes" especializados da República e seus compromissos com a realização de um projeto de reconfiguração dos direitos fundamentais e da efetivação do Estado Democrático de Direito, tendo em vista a busca por uma sociedade mais livre, justa e solidária.[19]

Referências

AZEVEDO CAMPOS, Carlos Alexandre. O estado de coisas inconstitucional e o litígio estrutural. *Conjur*, 01 set. 2015.

AZEVEDO CAMPOS, Carlos Alexandre. Devemos temer o estado de coisas inconstitucional? *Conjur*, 15 out. 2015.

BOLZAN DE MORAIS, José Luiz; COPETTI NETO, Alfredo. *Unindo forças contra o estado de coisas inconstitucional –* notas à ADPF 347, *Empório do Direito*, 19 set. 2015.

DE GIORGI, Raffaele; FARIA, José Eduardo; CAMPILONGO, Celso. Opinião: estado de coisas inconstitucional. *Estadão*, São Paulo, 19 set. 2015.

FERNANDES, Bernardo Gonçalves. *Curso de direito constitucional.* 8. ed. Salvador: Juspodivm, 2016.

HABERMAS, Jürgen. *Facticidad y validez*: sobre el derecho y el Estado democrático de derecho en términos de teoría del discurso. Tradução Manuel Jiménez Redondo. Madrid: Trotta, 1998.

STRECK, Lenio Luiz. O estado de coisas inconstitucional é uma nova forma de ativismo. *Conjur*, 24 out. 2015.

Informação bibliográfica deste texto, conforme a NBR 6023:2002 da Associação Brasileira de Normas Técnicas (ABNT):

FERNANDES, Bernardo Gonçalves. A separação dos poderes e o Estado de Coisas Inconstitucional reconhecido na ADPF nº 347. In: COPETTI NETO, Alfredo; LEITE, George Salomão; LEITE, Glauco Salomão. *Dilemas na Constituição.* Belo Horizonte: Fórum, 2017. p. 261-270. ISBN 978-85-450-0236-9.

"pontos-cegos legislativos". Em vez de ir contra a Constituição e os direitos fundamentais, *o ECI pode servir para diminuir a distância entre o garantismo textual e a realidade desigual e desumana em diferentes quadras. Em vez de oportunizar a declaração de "inconstitucionalidade do Brasil", o ECI pode contribuir a torná-lo um país mais inclusivo e atento à dignidade humana como bem intrínseco de todo e qualquer indivíduo".* AZEVEDO CAMPOS, Carlos Alexandre. Devemos temer o estado de coisas inconstitucional? *Conjur*, 15 out. 2015.

[19] BOLZAN DE MORAIS, José Luiz; COPETTI NETO, Alfredo. Unindo forças contra o estado de coisas inconstitucional – notas à ADPF 347. *Empório do Direito*, 19 set. 2015.

A NOVA DIVISÃO DE PODERES E A PROATIVIDADE DA CULTURA DE CONTROLE

Vânia Siciliano Aieta

No Estado Democrático de Direito "todo o poder emana do povo, que o exerce por meio de representantes eleitos ou diretamente, nos termos desta Constituição" (Constituição brasileira de 1988, artigo 1º, parágrafo único).

As revoluções liberais, ícones da primeira fase da história do constitucionalismo, fortaleceram a democracia indireta, o denominado "sistema representativo", o qual substituiu o direito divino dos reis pela soberania popular. Entre a impossibilidade da democracia direta e o horror ao absolutismo monárquico, os revolucionários pretenderam criar um governo livre e natural,[1] baseado na *separação dos poderes* e no assentamento de um *rol de direitos individuais*, paradigmas dessa fase inicial do constitucionalismo clássico ou formal.

Os poderes constituídos do Estado exercem cada qual uma parcela do poder político. O Poder Judiciário, no desempenho da jurisdição, exerce sua parte. Contudo, observa-se que o controle crescente da Justiça sobre a vida coletiva é um dos maiores fatos políticos contemporâneos. Os juízes são chamados a se manifestarem em número cada vez mais extenso de setores da vida social.[2] Mas essa intensa demanda e o evidente crescimento por mecanismos de "controle" e "punição" no universo político, capitaneados pelo Poder Judiciário, sob a égide do *ativismo judicial*, com o argumento de combater desvios ético-normativos dos agentes políticos, têm demonstrado, na realidade, a chamada "judicialização da política", postura proativa do supracitado poder no desempenho de suas funções, interferindo de maneira irregular e significativa nas eleições assim como nas ações políticas dos demais poderes.

Tal realidade repercute negativamente na atividade jurisdicional ao criar a perigosa possibilidade de *politização da função judicante*, tão bem vislumbrada pelo professor português *Boaventura de Souza Santos* ao asseverar que "a judicialização da política conduz à politização da justiça".

Derivação desta forma de agir, e influindo permanente e sobremaneira no período pré-eleitoral, é aquilo que podemos chamar de "judicialização do processo eleitoral", revelada na excessiva intromissão do Poder Judiciário na atividade política.

Com isso, deflagra-se um indesejável *estado de controle político* permanente por parte da Justiça Eleitoral, que não pode se pretender protagonista do processo eleitoral, intrometendo-se, por vezes indevidamente, no jogo democrático.

---

[1] AZAMBUJA, Darcy. *Introdução à ciência política*. 4. ed. [S. l; S. n]. p. 242-243.
[2] GARAPON, Antoine. *O juiz e a democracia*: o guardião das promessas. São Paulo: Malheiros, 1999. p. 24

Ao revés, cabe a ela assegurar a legalidade e a serenidade dos conflitos políticos acentuados do processo eleitoral, pois devemos lembrar que a atividade política durante as eleições não deve ser cerceada, mas tão somente modulada, na medida em que o *eidos* caracterizador do processo eleitoral reside na liberdade de expressão política.

Tal realidade é agravada pelos fatores psicológicos inconscientes, que fazem parte da personalidade de qualquer pessoa e que influem na formação do juízo crítico, notadamente na capacidade de julgar. Quando esses fatores prevalecem, a isenção do juiz fica comprometida, independentemente da sua vontade. Nesse sentido, o conhecimento dos fatores psicológicos do inconsciente do magistrado é indispensável para que o julgador possa controlá-los e, com isso, conseguir o máximo de imparcialidade na hora de julgar.

Observa-se ainda com atenta preocupação a *policização intensa da natural conflitividade política* das relações humanas. A Justiça Eleitoral, além de protagonizar a qualquer preço, inclusive cometendo inconstitucionalidades gravosas, a posição de principal agente do processo eleitoral, tem conduzido sua atuação maculada por manifestações midiáticas alicerçadas pelos sentimentos de comoção popular e pela necessidade de dar satisfação aos anseios de uma sociedade controlada pelos ditames dos meios de comunicação, porta-vozes das elites, com o objetivo de expurgar da vida pública aquelas pessoas tidas como indesejáveis e indignas do mandato popular.

Nesse sentido, vale ressaltar a lembrança preciosa do magistério acadêmico de *Loïc Wacquant* ao advertir-nos que: "a desqualificação da Política, principalmente no registro paroxístico que poderíamos caracterizar como antipolítica, encontrou na criminalização o mais poderoso dos instrumentos, na dependência contudo da publicidade espetaculosa dos procedimentos concretos".... "os patíbulos operísticos do antigo regime foram substituídos pelo pelourinho virtual, atado ao qual o padecente já não vê desfilar diante de sua vergonha os curiosos da praça, mas é sua própria imagem que desfila, angustiada e impotente, por dezenas de milhares de lares".[3]

O presente artigo busca demonstrar que, mesmo diante da legitimidade da indignação da sociedade, não cabe ao Poder Judiciário agir na esteira do que considera indignante, mas sim prestar a jurisdição, atento às leis e, principalmente, ao arcabouço constitucional vigente. O fenômeno "judicialização", pois, consiste na decisão pelo Judiciário de questões relevantes do ponto de vista político, social ou moral. Trata-se, como intuitivo, de uma transferência de poder das instâncias tradicionais, que são o Executivo e o Legislativo, para juízes e tribunais, para parafrasearmos o Ministro do STF, Professor Luís Roberto Barroso.[4]

---

[3] BATISTA, Vera Malaguti (Org.). Loïc Wacquant e a questão penal no capitalismo neoliberal. In: BATISTA, Nilo. *Merci, Loïc*. 2. ed. Rio de Janeiro: Revan, 2012. p. 226.

[4] BARROSO, Luís Roberto. *Direito e política*: a tênue fronteira. [S. l; S. n]. 2012.

Em nosso país, a supracitada "judicialização" da vida social foi incrementada em ritmo assustador após a redemocratização e a promulgação da Constituição de 1988, de modo que todos os problemas passaram a ser resolvidos judicialmente, esvaziando-se o diálogo político, tão necessário à concretização da democracia. No universo do Direito Eleitoral, é cediço que as eleições somente são resolvidas depois do chamado "terceiro turno" perante a Justiça Eleitoral, sendo raros os pleitos que não são objeto de demandas processuais, com fins de uma possível e deplorável impugnação, lesando-se a vontade popular.

Depois das eleições, não satisfeitos com as constantes intervenções na seara eleitoral no âmbito das eleições, partem para um "segundo turno" das violações ao princípio da separação dos poderes. Empossados os políticos, agentes públicos despidos da representatividade popular intentam "governar" os destinos da coletividade, posando de vestais para impor aos políticos legitimamente sufragados modos de agir e governar.

Para tal intento, "abusam" dos meios de comunicação no intuito de propagarem unilateralmente seu discurso "ético" e arregimentarem hordas de cidadãos desinformados e com insatisfações pulverizadas através de ações coletivas em defesa da tão aclamada "moralidade administrativa". Assim, em nome do princípio democrático do acesso à Justiça, busca-se impor a governantes, legisladores, empresários e cidadãos, de modo unilateral e autoritário, um vetor predeterminado de opção de políticas públicas, sem sopesar os ônus decorrentes para os cofres públicos dessas demandas eivadas de devaneios.[5]

Em pleno século XXI, ainda existe a tentativa de se implementar uma "sociedade punitiva", fruto de um projeto político transnacional, que recorre à legislação coercitiva e às táticas policialescas para dispersar ou reprimir toda e qualquer forma de oposição ao *poder das corporações*, reprimindo o dissenso político com fins de solidificar o projeto neoliberal. O fascismo que emerge hoje não é político, mas sim social e coexiste com uma democracia de baixíssima intensidade, para parafrasearmos *Boaventura de Souza Santos*.

Nesse sentido, é de superlativa relevância traçarmos relações entre a realidade hodierna de *criminalização dos políticos*, representantes do povo, eleitos pelo voto popular, com importantes contribuições trazidas por autores que percebem, nos efeitos do punitivismo neoliberal imperante, um *progressivo desamparo nos direitos fundamentais*, notadamente observado nas constantes e assustadoras *flexibilizações*

---

[5] Algumas práticas não dialógicas de imposição de políticas públicas por agentes não eleitos são os chamados Termos de Ajustamento de Conduta, previstos pelo parágrafo 6º do artigo 5º da Lei nº 7.347/85 (Lei da Ação Civil Pública): "Os órgãos públicos legitimados poderão tomar dos interessados compromisso de ajustamento de sua conduta às exigências legais, mediante cominações, que terá eficácia de título executivo extrajudicial". Trata-se de um mecanismo de solução extrajudicial de conflitos promovida por órgãos públicos – inclusive pelo Ministério Público – para ajustar determinadas condutas de agentes, públicos ou privados, que lesem o patrimônio público, o meio ambiente, as relações de consumo, os direitos sociais, etc. No entanto, muitos Termos de Ajustamento de Conduta têm sido arbitrariamente impostos a governos ou entes privados para lhes impingir obrigações onerosas e, não raro, despropositadas.

dos direitos constitucionais, como no caso da *supressão dos direitos políticos*, que são subespécie dos direitos humanos, além do *esvaziamento dos direitos fundamentais assecuratórios da proteção dos cidadãos na processualística penal*.

Os efeitos do *punitivismo neoliberal* sobre a legislação eleitoral, se valendo de alicerces teóricos preocupantes, são hoje bastante evidentes. A expansão reinante da criminalização dos políticos apresenta-se, na maior parte das vezes, de forma velada, como se não estivéssemos tratando verdadeiramente de problemática penal, mas tão somente de "condições de elegibilidade", como se a inelegibilidade não fosse uma pena, mas sim um "prêmio".

Loïc Wacquant, a partir de um emblemático artigo publicado no *Le Monde Diplomatique*: "Esse vento punitivo que sopra da América", traçou os alicerces teóricos dessas evidências. Ainda com esteio nos trabalhos científicos de *Wacquant*, encontramos em sua obra *Onda Punitiva* a id que o retorno à prisão perfaz-se como uma resposta à insegurança social e não à insegurança criminal. Além disso, a referência do autor acerca da responsabilidade individual é deveras oportuna. Ao empreendimento neoliberal no campo do Direito Penal, assim como no Direito Eleitoral, *não interessa a discussão das causas, das situações que ensejam os problemas*, mas apenas as responsabilidades individuais.

Existe evidentemente um movimento pujante, ascendente, de uma política penal, inclusive no universo eleitoral, voltada para a prisão, punição e extirpação de direitos constitucionais através de *flexibilizações interpretativas* advindas do fenômeno da *pré-compreensão do intérprete*, para nos reportarmos aos ensinamentos de cabal importância para a Hermenêutica Constitucional de *Konrad Hesse*, em sua obra *Escritos de Derecho Constitucional*.

Nesse sentido, vale aduzir o brilhante excerto do eminente professor *Nilo Batista*, em seu artigo *Merci, Loïc*,[6] ao comentar o problema: "Não se discutirão jamais as práticas do capitalismo financeiro – mas pode existir um banqueiro desonesto, como aquele czar do NASDAC hoje encarcerado. Não se discutirão jamais as opressões do latifúndio – mas pode haver um fazendeiro que mande matar a missionária que está organizando a resistência dos camponeses. Não se discutirão jamais as feridas abertas em Pachamama – mas poderemos acompanhar pela televisão o processo contra o diretor da fábrica na qual ocorreu o último vazamento".

Do mesmo modo, não se discutirão no *habitat* da classe política, no universo eleitoral, em especial em se tratando de chefes do Poder Executivo, *as causas ensejadoras dos atos cometidos*. Ao revés, esse novo movimento do capital predador que institui o "Estado Penal" em substituição do desmantelamento do *welfare state* e seu "Estado Previdenciário" opta pelo encarceramento e em especial pela punição mais cruel aos representantes eleitos pelas classes menos favorecidas, que é a *inelegibilidade*,

---

[6] BATISTA, Vera Malaguti (Org.). Loïc Wacquant e a questão penal no capitalismo neoliberal. In: BATISTA, Nilo. *Merci, Loïc, op. cit.*, p. 226-227.

um verdadeiro "banimento do mundo político".[7] Vale ressaltar que *o sistema penal do capitalismo, já nos seus primórdios, tinha a inelegibilidade como um de seus alicerces*.[8]

O fato é que o empreendimento neoliberal precisa de um *poder punitivo onipresente e capilarizado* para o controle penal dos políticos que ele mesmo marginaliza. E encontra a almejada "onipresença punitiva" nas perversas vinculações entre mídia – sistema penal, pois o *novo credo criminológico da mídia* acredita ser a *PENA* a solução de todos os conflitos a serem enfrentados[9] e para tal contribuem em punir o ser humano antes mesmo que ele possa se defender pelos meios que a sociedade oferece.

Neste sentido, é importe salientar que toda e qualquer reflexão que deslegitime o credo criminológico do discurso midiático é ignorada ou escondida do grande público, dos telespectadores.[10]

Foucault, em *Vigiar e Punir*, nos ensina que a penalidade é uma força versátil à qual deve ser atribuído um lugar de destaque no estudo do poder contemporâneo. Por essa razão, a ideia da consolidação da vigilância e da punição se encontra em várias entidades estatais, inclusive na motivação dos membros do Poder Judiciário que abraçam a "judicialização da política".

Fazemos aqui uma paródia entre o "vigiar e punir" foucaultiano e o "julgar e punir", crítica da atuação do Poder Judiciário na administração da "máquina punitiva estatal", ressaltando-se, na obra de *Foucault*, o lugar da prisão na sociedade disciplinar de vigilância e controle.

É deveras importante a distinção entre *ativismo judicial* e *judicialização da política*. A interpretação constitucional vem paulatinamente propiciando maior espaço, não só no Brasil, mas também em outros países, para o ativismo judicial e consequentemente para interpretações mais extensivas da Constituição, conforme assevera *Pier Paolo Portinaro*.[11]

Essa conjuntura de maior engajamento dos juízes através do ativismo judicial deflagra consequências no *papel constitucional da divisão de poderes* e na concretização do *princípio da segurança jurídica*, suscitando preocupações quanto ao balizamento dos processos hermenêuticos.

O objetivo não está em criticar o ativismo judicial, mas buscar fronteiras objetivas, limites na atuação do Poder Judiciário, pois afinal "quem controlará os controladores"[12] se essa dimensão permanecer sem parâmetro apropriado?

---

[7] Lembrar que a Lei Complementar nº 135/2010, que alterou o Estatuto das Inelegibilidades, a Lei Complementar nº 64/1990, instituiu 8 anos de inelegibilidade aos apenados, o que podemos considerar, na maior parte dos casos, como uma MORTE na política.

[8] Sobre o assunto, oportuna é a lembrança do excerto do artigo de Nilo Batista em *"Merci, Loïc"* ao asseverar: "O sistema penal do capitalismo industrial ostentava cruel simplicidade: a fábrica, a penitenciária (invariavelmente *less elegibility*) e o exército de reserva, tudo sob o controle da criminalização da greve e da vadiagem. Simples, silencioso e lucrativo".

[9] BATISTA, Nilo. *Mídia e sistema penal*. p. 3

[10] *Op. cit.*, p. 6.

[11] Em seu texto "Para além do Estado de Direito: tirania dos juízes ou anarquia dos advogados", em COSTA, Pietro; ZOLO, Daniel (Orgs.). *O estado de direito, história, teoria, crítica*. São Paulo: Martins Fontes, 2006. p. 465-488.

[12] Clássica pergunta ressaltada pelo Professor Celso Lafer ao tratar da matéria, fazendo referência à obra DELMAS-MARTY, Mireille. *La refondation des pouvoirs*. Paris: Seuil, 2007, em especial, p. 38, 41-43, 67.

Busca-se uma análise crítica do *ativismo judicial* e sua distorção, que é a *judicialização da política*, em matéria constitucional. Nesse sentido, importante se faz compreender a dicotomia atualmente observada entre um *positivismo político moderado*, no esteio de *Norberto Bobbio*, e os levantes pós-positivistas da atualidade, que, mais do que se apresentarem como pós-positivistas, revelam-se na realidade como *antipositivistas*. Na linha de defesa do positivismo moderado de *Bobbio*, alicerçada na moderna teoria da interpretação, encontramos *Emilio Betti* e *Hans-Georg Gadamer*, que metodologicamente permitem a interação entre princípios e regras.

É importante salientar que a análise dessa problemática implica a divisão constitucional dos poderes, como já asseverado, e a necessária identificação entre o *momento da legislação* e o *momento da jurisdição*, afastando-se as teses defensoras de um ativismo judicial que confere ao magistrado-intérprete uma competência elástica e subjetivizada com o fito de esclarecer a *mens legis* das normatividades insertas na Constituição Brasileira, alargando o balizamento da interpretação para ir até mesmo além do que a Constituição estabeleceu e, por vezes, manifestando-se contrariamente ao que dita a Carta Magna brasileira.[13]

Ao revés, ressaltamos o valor do *garantismo jurídico*, expressão do princípio da legalidade, em matéria de interpretação constitucional, pois esse está isolado dos juízos políticos de valor, manifestos nas interpretações maculadas pela ideologia e pelo legado axiológico do magistrado no momento de proferir a decisão.

Não podemos olvidar de empenhar esforços na análise dos fatores psicológicos inconscientes e na necessária observância do legado axiológico pessoal do magistrado na construção da decisão judicial.

Para tal desafio, a utilização, como paradigma doutrinário, da obra de *Konrad Hesse*, no que se refere à pré-compreensão do intérprete, se faz mister. Além disso, relevante é o papel da análise transacional que explora a *Teoria da Personalidade do Intérprete* (quem é o juiz?).

Objetivamos sustentar a inexistência de interpretações "assépticas", que não sejam influenciadas por elementos axiológicos e psicológicos, sendo a ideologia política provavelmente um dos mais fortes elementos para o comprometimento da interpretação.

Não há norma jurídica, por mais clara e evidente, que não demande uma interpretação. O legislador apresenta uma "linguagem seca". Por isso, o juiz e o aplicador do Direito têm a tarefa de dar vida à norma. Na análise da problemática da Hermenêutica Constitucional, três alicerces irão se constituir como fundamentais à boa e correta compreensão da norma. São eles *o texto em si* (*corpus* da norma), *o intérprete* (e consequentemente seu legado pessoal) e *a interpretação*.

Deve-se considerar também que a interpretação constitucional apresenta um perfil peculiar, pois contém em seu bojo um *conteúdo ideológico*. Assim sendo, a

---

[13] BOBBIO, Norberto. Formalismo jurídico e formalismo ético. In: BOBBIO, Norberto. *Contribución a la teoría de derecho*. Valencia: Fernando Torres, 1980. p. 105-117.

atividade central da aplicação da norma reside na *interpretação*, sendo o intérprete responsável pelo *conteúdo real da norma*.

Considerando-se que a problemática constitucional é uma questão essencialmente de *ordem política*, pois correlaciona o alcance das mudanças e asseguramentos de direitos ao universo da Política, faz-se necessário limitar e coordenar o exercício deste *poder político*, sendo isto, atualmente, a fundamental razão de ser dos diplomas constitucionais.[14] Meirelles Teixeira nos ensina ser curial que "a Constituição seja conhecida não apenas em sua letra, mas também em seu espírito".[15]

Nesse sentido, a importância de interpretar a Constituição é fundamental, dado o caráter aberto, vago e plurissignificante de muitas de suas normas.[16] Além disso, através da interpretação, torna-se possível o conhecimento dos "íntimos significados de uma Constituição".[17]

Interpretar, no esteio do magistério de Celso Ribeiro Bastos, significa "extrair o significado do texto", sendo a interpretação indispensável, quer no texto constitucional, quer nas leis em geral.[18]

Por fim, não se pode deixar de considerar a natural instabilidade do Direito Público, sujeito às transformações fugazes e complexas do universo da Política. Dessa forma, os vocábulos apresentarão sentidos e conteúdos variados em razão da instabilidade e da incerteza decorrentes das variações políticas. Com isso, urge a necessidade de interpretar politicamente a Constituição, ou seja:

> descobrir o pleno e adequado sentido de suas normas, ao aplicá-las à multiplicidade e à complexidade dos casos e das situações históricas.[19]

No que se refere à hermenêutica constitucional, a doutrina americana costuma distinguir interpretação de construção.

Para o Direito Constitucional, sob este passo, a importância da interpretação é deveras fundamental, tendo em vista especialmente o caráter plurissignificante de muitas de suas normas.[20] Sobre a matéria, Ferrara entende que a missão do intérprete é a busca do real conteúdo da norma, afirmando que "a lei não contém palavras desnecessárias".

Nesse sentido, pode-se sustentar que o objeto da interpretação é a vontade da lei, autônoma, e não a vontade do legislador. Esta análise permite um campo de liberdade para a interpretação do juiz, não obstante ele esteja impedido de

---

[14] BASTOS, Celso R. *Interpretação e aplicabilidade das normas constitucionais*, p. 16.
[15] TEIXEIRA, J. H. Meirelles. *Curso de direito constitucional*, p. 266.
[16] SCHIER, Paulo Ricardo. *Filtragem constitucional*: construindo uma nova dogmática jurídica, p. 113.
[17] TEIXEIRA, J. H. Meirelles. *Curso de direito constitucional*, p. 266.
[18] BASTOS, Celso Ribeiro. *Revista de Informação Legislativa de Brasília*, n. 96/87, p. 53. Separata.
[19] *Op. cit.*, p. 268.
[20] SCHIER, Paulo Ricardo. *Filtragem constitucional*: construindo uma nova dogmática jurídica, p. 113.

inventar normas, substituindo o legislador. Kelsen aduz, por sua vez, que o juiz não pode criar norma, criando apenas direitos.

Também, em vários países europeus foi possível, nos últimos tempos, observar a trajetória das jurisdições constitucionais, notadamente nas controvérsias produzidas pelas chamadas "sentenças interpretativas".[21]

Nesse sentido, a contribuição de Konrad Hesse, a partir da formulação de sua famosa tese *A Força Normativa da Constituição*. O autor, renomado professor e juiz do Tribunal Constitucional Federal de Kalrsruhe, discípulo de Smend, demonstrou sua intenção em lograr êxito na tentativa acadêmica de oferecer um equilíbrio capaz de evitar o sacrifício da dimensão normativa da Constituição em face das contingências da realidade.

Hesse destaca, entre as condições que possibilitam o equilíbrio que preserva a dimensão normativa, a vontade de Constituição, significando uma alternativa em face da mera vontade de Poder ou de normatividade formal e abstrata despida do elemento volitivo. Ressalta que a chamada vontade de Constituição se fundamenta numa tríplice id: na convicção da necessidade de um ordenamento jurídico, objetivo e estável, como garantia em face da arbitrariedade e dos excessos do Poder em geral e também na crença de que se trata de uma ordem cujo valor normativo não depende exclusivamente de sua racionalidade, mas também dos atos da vontade humana dirigidos à realização da Constituição.[22]

As contribuições hessenianas ajudam bastante na tarefa de se alcançar um enfoque correto acerca da interpretação constitucional. Malgrado tal processo careça de condições concretas e objetivas da conjuntura histórica que delimita o contexto de legitimidade no qual a legalidade constitucional opera; ou seja, a Hermenêutica Constitucional, longe de se esgotar na mera subsunção lógica ou na elaboração conceitual, impõe a firme vontade do intérprete com a finalidade de realizar os objetivos da Carta Magna.[23]

Hans-Georg Gadamer e Emilio Betti dedicaram-se a detectar, especificamente, este universo comum, o da interseção. Buscavam alcançar o sentido da projeção dos principais fatores que conotam os distintos processos interpretativos no universo constitucional bem como as devidas consequências das principais teorias hermenêuticas que se dispuseram a esta tarefa.

Hoje, a hermenêutica da interpretação é entendida como um processo de compreensão de sentido, comportando a compreensão do texto com o papel desempenhado pelo intérprete e seu legado pessoal na composição e construção da interpretação.[24] Há de se invocar, na compreensão do significado das palavras que integram o texto, o contexto no qual elas se inserem. Além da

---

[21] Seriam as sentenças que determinam ou manifestam, dependendo do sentido em que são empregadas, constitucionalidades ou inconstitucionalidades.
[22] *Ibidem*.
[23] *Op. cit.*, p. 254.
[24] Maria Garcia, lições de classe.

questão de se analisar o contexto, a moderna hermenêutica trata, também, da problemática da pré-compreensão do intérprete, o que Gadamer denomina como "os preconceitos do intérprete".[25]

Para Gadamer, a compreensão de um texto se assemelha a um diálogo que só pode ser travado entre pessoas que falem a mesma linguagem, ou seja, que conheçam os signos da linguagem em questão.[26]

Nesse sentido, Pérez Luño reforça a importância da tradição que reside no seio da comunidade sobre a experiência vivida por cada pessoa na composição da linguagem comum, permitindo a intersubjetividade comunicativa na comunidade em diálogo.[27]

No universo da metodologia constitucional, a hermenêutica tem significado uma nova atenção à estrutura pré-compreensiva que reveste a interpretação do Direito acrescida de seu condicionamento histórico.[28] Assim, o jurista não pode deixar de interpretar a norma sem ter a consciência da situação concreta na qual está inserida. Desta forma, o intérprete da Constituição atua como mediador entre o texto normativo promulgado e as demandas da situação presente, realizando uma atividade prático-normativa que estabelece uma continuidade entre o momento passado da promulgação da norma constitucional e o momento hodierno da sua aplicação.[29]

Com isso, pode-se com rigor concluir que a concretização da norma constitucional não pode estar despida da análise da pré-compreensão do intérprete, fulcrada em suas experiências, conhecimentos e preconceitos resultantes da conjuntura histórica. Da mesma forma, a tarefa de concretização e compreensão da norma constitucional é impossível quando feita sem se considerar os problemas concretos.[30]

A pureza científica também exigia a exclusão de qualquer questionamento acerca da legitimidade e da justiça das leis.[31] Por outro lado, o Direito é ideológico na medida em que oculta o sentido das relações estruturais estabelecidas entre os sujeitos, com a finalidade de reproduzir os mecanismos de hegemonia social.[32]

Assim, Luís Roberto Barroso argumenta ser "falsa a crença de que o Direito seja um domínio politicamente neutro e cientificamente puro", pois os juristas conseguem elaborar um "discurso de ocultamento das funções e do funcionamento do Direito na sociedade". Assim, a chamada Teoria Crítica do Direito busca

---

[25] PÉREZ LUÑO, Antonio E. *Derechos humanos, estado de derecho y constitución*, p. 264.
[26] *Ibidem*.
[27] A compreensão de um texto não é possível se não se partir dessa conexão histórica que ocorre entre o sujeito e o objeto da interpretação.
[28] PÉREZ LUÑO, Antonio E. *Derechos humanos, estado de derecho y constitución*, p. 264.
[29] *Op. cit.*, p. 265.
[30] *Ibidem*.
[31] André Franco Montoro costumava citar Del Vecchio para afirmar que "a noção do justo é a pedra angular do edifício jurídico". Desta forma, inexiste *Direito* despido da noção de justiça.
[32] WARAT, Luís Alberto. *A produção crítica do saber jurídico, passim*.

"rever o conceito tradicional da Ciência do Direito, demonstrando como a partir de um discurso organizado em nome da verdade e da objetividade desvirtuam-se os conflitos sociopolíticos, que se apresentam como relações individuais harmonizáveis pelo Direito".[33]

Joseph William Singer, dissertando sobre a versão norte-americana do movimento Critical Legal Studies, afirma sobre a Teoria Crítica:

> o Direito não é apolítico e objetivo: advogados, juízes e juristas, em geral, fazem opções altamente discutíveis, mas se utilizam do discurso jurídico para fazer com que as instituições pareçam naturais e as regras neutras.[34]

Se a interpretação jurídica é uma atividade prática que busca a realização de determinadas metas e objetivos, o *horizonte ideológico* aparece como um elemento consubstancial a qualquer processo hermenêutico de forma consciente ou não.[35] A problemática em questão não é recente. A *função ideológica da interpretação e suas consequências* têm sido objeto de constantes reflexões sobre o tema.

A denúncia que pretendemos desenvolver de *politização do Judiciário* apresenta como efeitos a aplicação de um dito "direito burguês" em favor das classes dominantes e vice-versa.

Mas o que o presente artigo pretende demonstrar nesse ponto é que *o uso alternativo do Direito não implica necessariamente uma postura jurídica progressista.*

Vale ressaltar, nesse sentido, que os antecedentes da Escola do Direito Livre revelaram que *as primeiras tentativas de se interpretar alternativamente a Constituição estiveram associadas à ideologia jurídica do nazismo*. Foi exatamente *Carl Schmitt* quem, por ocasião da primeira reunião de jurispublicistas alemães, celebrada em 1924, apresentou, em oposição à interpretação jurídica dominante do artigo 48,2 da Constituição de Weimar,[36] uma nova interpretação de cunho político-decisionista, que, ao interpretar a relação de direitos em sentido puramente indicativo e não restritivo (como opunha uma interpretação correta do preceito normativo), esvaziava de conteúdo uma das mais importantes garantias constitucionais à liberdade.[37]

---

[33] *Ibidem*. Luís Roberto Barroso assevera, neste sentido, *in verbis*: "A teoria crítica do direito reveste-se de cunho eminentemente interdisciplinar. Ela se realiza através de um discurso de interseção, para o qual concorrem múltiplos saberes: os que o pensamento jurídico acumulou ao longo dos séculos como próprios e os que vêm de outras procedências, como a Linguística, a Sociologia, a Economia Política, a Psicologia Social, a Antropologia, a História e a Psicanálise. Numa perspectiva ainda mais filosófica e aprofundada, exibe a influência de filósofos da chamada escola neomarxista de Frankfurt, que inclui Max Horkheimer, Herbert Marcuse e Theodor Adorno. Também refletiram sobre o movimento os trabalhos sobre hermenêutica desenvolvidos por Jürgen Habermas, Hans-Georg Gadamer e Paul Ricoeur, cuidando do papel do intérprete e da indeterminação dos textos".

[34] BARROSO, Luís Roberto. *Interpretação e aplicação da Constituição*, p. 268, apud SINGER, Joseph William. The player and the cards: nihilism and legal theory. *Yale Law Journal*, passim.

[35] Segundo Antonio E. Pérez Luño, este tema foi objeto de congresso realizado em Catania, em maio de 1972, sobre "o uso alternativo do Direito".

[36] Tal artigo concedia ao Presidente da República a faculdade de tomar medidas em casos excepcionais de estados de sítio, tais como a suspensão de determinados direitos fundamentais *tipificados* especificamente na dita norma.

[37] PÉREZ LUÑO, Antonio E. *Derechos humanos, estado de derecho y Constitución*, p. 267.

Ao tratar da problemática, Guido *Fassó* entende *que as tentativas de politizar em demasia a interpretação jurídica perfazem-se como reais ataques ao princípio da legalidade*, postulado do Estado Democrático de Direito.[38] Desse modo, advoga:

> Há de se tomar cuidado para que o dito uso alternativo do direito constitucional não se transforme em *abuso alterativo da Constituição*.[39] (grifo nosso)

A Constituição, como exposto por *Hesse*, é expressão de ser (*Sein*), mas também é expressão do dever ser (*Sollen*), à medida que "procura imprimir ordem e conformação à realidade política e social".[40] Destarte, a *atividade de interpretação*, para Hesse, consiste em falar o resultado constitucionalmente correto, através de um procedimento racional e controlável, igualmente fundamentado de modo racional e controlável, que possibilita a criação uma relativa certeza e previsibilidade jurídica.[41]

Campeia no mundo jurídico, com esteio no credo liberal e conservador, a tentação de buscar alicerce, *no âmbito penal*, nas instituições policiais e penitenciárias e, *no âmbito eleitoral*, nas condenações às *penas de inelegibilidade*, através da defesa do encarceramento e, em especial, conforme já asseverado, pela punição mais cruel aos representantes eleitos pelas classes menos favorecidas que é a *inelegibilidade*, um verdadeiro "banimento do mundo político", condenando-se tais representantes à *invisibilidade política*.

É possível observar que parte significativa dos meios de comunicação vem paulatinamente apresentando "fontes" pouco confiáveis e, o pior, se prestando a interesses pouco nobres, pois sabe muito bem os prejuízos que eleitoralmente pode causar aos candidatos através de veiculações que faltam com a verdade dos fatos.

Essas notícias falaciosas, vale dizer, divorciadas e distintas do direito constitucional à liberdade de expressão, tornam-se agravadas quando o momento da ofensa se dá no período eleitoral, trazendo prejuízos acentuados ao candidato, ao macular sua imagem com uma notícia mentirosa, perante seus eleitores.

Não se trata de sustentar limitação à liberdade de informação, tampouco ao direito constitucional de crítica. Os políticos experientes que sabem e são cônscios das regras do jogo democrático suportam com resignação e autocontrole pessoal os dissabores advindos da vida pública e das disputas eleitorais. Mas o presente artigo se foca nos casos em que não estamos diante de subjetividades e de exercício democrático de liberdade de expressão e direito constitucional de crítica.

---

[38] *Ibidem*.
[39] *Op. cit.*, p. 268.
[40] *Ibidem*.
[41] SCHIER, Paulo Ricardo. *Filtragem constitucional*: construindo uma nova dogmática jurídica, p. 113, *apud* HESSE, Konrad. *Escritos de derecho constitucional*, p. 104.

São incidentes, cada vez mais presentes em nossa sociedade, que podem ser configurados como um dos casos em que pode se limitar a liberdade de informação, pois revelam a veiculação de notícia *inverídica*.

A imprensa moderna tem alcançado uma autonomia muito grande na sociedade contemporânea, passando a exercer um verdadeiro poder social, muitas vezes fazendo do cidadão não um destinatário, mas um refém da informação, *tornando necessário defender não só a liberdade da imprensa, mas também a liberdade face à imprensa*.

O chamado "quarto poder", para parafrasear *Norberto Bobbio*, em sua obra *Dicionário de política*, é constituído pelos meios de informação que desempenham uma função determinante para a *politização da opinião pública* e, nas democracias constitucionais, têm capacidade de exercer um controle crítico sobre os órgãos dos três poderes, Legislativo, Executivo e Judiciário.

Assim, quando um cidadão aciona o Poder Judiciário pela veiculação de uma notícia mentirosa, *não se instalará uma demanda envolvendo a liberdade de imprensa e sim a jurisdição dos direitos civis*.

De um lado, a sociedade sente a necessidade de ter uma imprensa digna, precisa, honesta, clara e objetiva e, de outro lado, é possível constatar alguns "donos da imprensa" preocupados apenas em *auferir lucros* e *causar sensacionalismo*, no caso *sensacionalismo eleitoral*, confundindo a *liberdade de imprensa*, protegida constitucionalmente, com a "liberdade de impressão", isto é, a possibilidade de publicar tudo aquilo que é interessante para eles, seja no aspecto político, *mas principalmente no aspecto econômico*.

A liberdade de imprensa não pode se sobrepor ao *direito à informação verídica*, pois há limitação clara e expressa no próprio texto constitucional e *insistir na afirmação de que a imprensa é plenamente livre, sem exceções, seria uma violência ao próprio Estado de Direito*, que concebe de forma clara as liberdades.

Para averiguarmos se a liberdade de imprensa é exercida de forma abusiva ou não, convém analisar alguns critérios paradigmáticos, como os estabelecidos em diversos votos da lavra da Exma. Ministra *Nancy Andrighi*:

> A liberdade de informação deve estar atenta ao dever de veracidade, pois a falsidade dos dados divulgados manipula em vez de formar a opinião pública.

Vital Moreira, em obra monográfica,[42] expõe as diversas concepções que buscam justificar, doutrinária e dogmaticamente, o direito de resposta, advertindo, no entanto, sobre a insuficiência de uma "explicação unifuncional", por vislumbrar, no direito de resposta, uma pluralidade de funções, por ele assim identificadas: (a) o direito de resposta como "defesa dos direitos de personalidade", (b) o direito de resposta como "direito individual de expressão e de opinião", (c) o direito de

---

[42] MOREIRA, Vital. *O direito de resposta na comunicação social*. Coimbra: Coimbra Editora, 1994. p. 24-32, item n. 2.6.

resposta como "instrumento de pluralismo informativo", (d) *o direito de resposta como* "dever de verdade da imprensa" e, finalmente, (e) *o direito de resposta como* "uma forma de sanção 'sui generis', ou de indenização em espécie".

O Pacto de São José da Costa Rica, em seu artigo 14, perfaz-se como um instrumento que reconhece, a qualquer pessoa que se considere afetada *por meio de informação inexata* ou ofensiva veiculada pela imprensa, o direito de resposta e de retificação:[43]

Mas, ao revés, os meios de comunicação, em sua significativa parcela, não concedem espaço isonômico, *mas sim criam e destroem carreiras públicas de pessoas que participam do universo político*, falseando, omitindo, distorcendo informações.

Nesse sentido, vale a lembrança da figura do *Homo Sacer*, desenvolvido na obra de *Giorgio Agamben*, uma enigmática figura trazida do direito criminal romano arcaico que era *um ser humano que podia ser morto por qualquer um impunemente, mas que não devia ser sacrificado segundo as normas prescritas pelo rito*.

Traçando correlações de tal figura com os párias da Política, chegamos à conclusão que os desafetos dos meios de comunicação podem, na sociedade atual, ser destruídos tanto moral como politicamente, achincalhados pela imprensa e pela televisão, sem possibilidade de defesa equânime e adequada e, por fim, julgados além dos limites do "estado de exceção", conforme a tese enunciada por *Günther Jakobs*, doutrinador alemão que a sustenta com base em políticas públicas de combate à criminalidade interna e/ou internacional. Alinhamo-nos com a *crítica* a essa teoria, hoje muito presenciada no comportamento de vários membros do Poder Judiciário brasileiro, com esteio nas teses de *Raúl Zaffaroni*, no sentido de que a *admissão jurídica do conceito de inimigo no Direito sempre foi lógica e historicamente o primeiro sintoma de destruição autoritária do Estado de Direito*.

Nesse contexto, deve-se exigir do magistrado, sobretudo o penal e o eleitoral, extrema cautela no exame das questões relacionadas à "judicialização da política". O povo elege o governante e o governante governa. Se governa mal, o povo, em eleições democráticas periódicas, removerá (ou não) o governante que lhe desagrade. Trata-se de paulatino processo de educação política.

Aos magistrados apenas se reserva, quando provocados, o papel de fazer cumprir a Constituição e as leis, respeitando os postulados da governança democrática, e, se necessário, aplicar sanções aos que violarem os princípios da boa administração pública, pois o Poder Judiciário não pode servir de instrumento para o exercício arbitrário e ilegítimo do poder político por quem não foi eleito.

---

[43] "Artigo 14 – Direito de retificação ou resposta:
1. Toda pessoa atingida por informações inexatas ou ofensivas emitidas em seu prejuízo por meios de difusão legalmente regulamentados e que se dirijam ao público em geral tem direito a fazer, pelo mesmo órgão de difusão, sua retificação ou resposta, nas condições que estabeleça a lei.
2. Em nenhum caso a retificação ou a resposta eximirão das outras responsabilidades legais em que se houver incorrido.
3. Para a efetiva proteção da honra e da reputação, toda publicação ou empresa jornalística, cinematográfica, de rádio ou televisão, deve ter uma pessoa responsável que não seja protegida por imunidades nem goze de foro especial".

Informação bibliográfica deste texto, conforme a NBR 6023:2002 da Associação Brasileira de Normas Técnicas (ABNT):

AIETA, Vânia Siciliano. A nova divisão de poderes e a proatividade da cultura de controle. In: COPETTI NETO, Alfredo; LEITE, George Salomão; LEITE, Glauco Salomão. *Dilemas na Constituição*. Belo Horizonte: Fórum, 2017. p. 271-284. ISBN 978-85-450-0236-9.

PODER JUDICIÁRIO E ARENA PÚBLICA

Maria Tereza Aina Sadek

> *A regra da igualdade não consiste senão em quinhoar desigualmente aos desiguais, na medida em que se desigualam. Nesta desigualdade social, proporcionada à desigualdade natural, é que se acha a verdadeira lei da igualdade. O mais são desvarios da inveja, do orgulho, ou da loucura. Tratar com desigualdade a iguais, ou a desiguais com igualdade, seria desigualdade flagrante, e não igualdade real.*
> Rui Barbosa

Introdução

O reconhecimento dos direitos sociais foi acompanhado de inúmeras mudanças na arquitetura dos Estados Democráticos. Políticas públicas voltadas a consolidar e a efetivar novas demandas exigiam uma nova configuração do poder público. O Estado de formato liberal não possuía estrutura nem desenvoltura suficientes para atender a essa nova realidade. Direitos sociais requerem políticas públicas, reclamam prestações positivas por parte dos poderes políticos.

O Judiciário não ficou imune a tais alterações. Em todos os sistemas políticos democráticos seu poder foi fortalecido, com a ampliação de suas competências. Este fenômeno foi ainda mais acentuado nas democracias presidencialistas, especialmente naquelas regidas por uma constituição dirigista.

Com efeito, esse tipo de constituição, além de incorporar o controle da constitucionalidade de leis e atos normativos, apresenta uma ampla constitucionalização de direitos individuais e supraindividuais, estreitando a margem de discricionariedade dos agentes políticos. Desta forma, diferentemente do que ocorre no constitucionalismo de tipo liberal norte-americano, o Poder Judiciário passa a ser chamado a apreciar um rol muito maior de áreas e temas.

O juiz "boca da lei" de Montesquieu é impelido a ceder espaço para um magistrado mais ativo, um juiz ator político. Nesse novo modelo, as questões primordiais deixam de ser a aplicação estrita da lei e a limitação dos poderes do Estado. Sua legitimidade advém de uma atuação em defesa de princípios constitucionais voltados aos direitos sociais e, em decorrência, às políticas públicas criadas para atender a essas exigências.

Desta forma, são consideravelmente ampliados os limites das atribuições do Judiciário, redundando na intervenção de juízes e tribunais na arena pública. Assim, o debate passa a se pautar em relação a um rol significativamente mais complexo de indagações, tais como: até onde deve ir a interferência de magistrados; competiria a juízes imiscuir-se em políticas governamentais; quais as fronteiras entre Direito e política; que fatores influenciam as decisões judiciais; qual o impacto do Judiciário no desenvolvimento?

A partir da consideração desse cenário – característico das democracias desde a segunda metade do século XX – o principal objetivo deste texto é apresentar uma reflexão sobre o papel do Judiciário brasileiro após a aprovação da Constituição de 1988. Trata-se, mais propriamente, de uma sistematização de argumentos, que embasam o processo de construção de uma nova identidade do Poder Judiciário decorrente do texto constitucional que estruturou a democracia brasileira atual.

1   O desenho institucional democrático

Arquiteturas institucionais produzem consequências. Diferentes escolhas de arranjos institucionais provocam efeitos nas condições de governabilidade, no maior ou menor relacionamento e competição entre as instituições, na identidade e na margem de protagonismo das instituições, no maior ou menor grau de participação popular.

O texto constitucional de 1988 e sua revisão em 1993 expressam uma clara opção pelo sistema presidencialista de governo. Tal modelo institucional determina os mecanismos de distribuição do poder e o modo como se articulam os poderes de Estado. Dessa forma, estabelece os parâmetros no interior dos quais se desenvolvem tanto a atuação judicial como os limites de discricionariedade das demais instituições estatais de poder. Esse sistema de governo delimita, pois, a identidade e o âmbito de atuação do Poder Judiciário, assim como dos poderes Executivo e Legislativo.

O modelo presidencialista, nascido nos Estados Unidos da América do Norte, representa a primeira experiência de uma organização política estatal projetada em oposição à monarquia absoluta de tipo europeu. O objetivo central dos "pais fundadores" da república norte-americana era buscar anteparos ao poder em si mesmo, visto como potencialmente abusivo. Daí a criação de uma série de mecanismos capazes de enfraquecer o poder ou de construir barreiras à sua livre expansão. Essa arquitetura institucional seria avaliada a partir dos efeitos dessas proteções. Os resultados seriam tanto melhores, ou potencialmente mais eficientes, quanto mais vigorosos se mostrassem os impedimentos e mais efetivos os entraves à expansão dos poderes.[1]

---

[1] Essa preocupação é expressa, com todas as letras, nos escritos de Madison, que advertia que o poder concentrado é necessariamente um poder forte e, em consequência, a personificação do arbítrio, do desmando. Ver a contribuição de Madison em *Os Federalistas* (1993).

Os debates que antecederam a proclamação da Constituição dos Estados Unidos de 1787 podem ser resumidos no receio ao abuso de poder e à necessidade de seu enfraquecimento. Nesse sentido, a teoria da Montesquieu, centrada na exigência de *checks and balances*, adequava-se perfeitamente aos objetivos ali almejados. No lugar da concentração do poder, a sua dispersão. Ao invés da total independência e autonomia dos postos de mando, controles mútuos. Cada poder deveria, além de exercer suas próprias atribuições, funcionar como anteparo e freio aos demais poderes, concorrendo, assim, para a concretização de um sistema de pesos e contrapesos.

Diversos dispositivos foram concebidos com a finalidade de impedir o livre desenvolvimento ou a expansão do poder. Com efeito, as unidades federativas seriam instituídas como contrapeso ao Governo Federal, e vice-versa; o Legislativo criado como contrapeso ao Executivo e ao Judiciário; o Executivo como contrapeso ao Legislativo e ao Judiciário; o Judiciário como contrapeso ao Executivo e ao Legislativo; o Senado contrabalançando o chefe do Executivo Federal nas atribuições de nomear e assinar tratados; eleições regulares e periódicas garantindo o fortalecimento e o controle dos representantes por parte dos representados.

É notório – e absolutamente inovador – o fato de o Judiciário ter sido concebido e erigido como uma instituição estatal de poder, com peso equivalente ao conferido ao Executivo e ao Legislativo – a real tripartição do poder.

O principal recurso de poder conferido ao Judiciário encontra-se em sua possibilidade de exercer o controle da constitucionalidade de leis e atos normativos, quer originários do poder Executivo, quer do poder Legislativo. Trata-se de uma concepção institucional fundada em preceitos contramajoritários, sem precedentes nos sistemas de governo desenvolvidos tanto na Inglaterra como no continente europeu.

Naqueles sistemas, as garantias de estabilidade e de defesa contra o arbítrio foram alicerçadas a partir da transferência do poder das mãos do monarca para um órgão coletivo, de representação popular, o Parlamento.[2] O Legislativo passou a ser a sede central do poder, com a incumbência de eleger o chefe do Executivo. O governo (o Executivo) nasce, pois, do Parlamento. A maioria legislativa tem força para estabelecer as diretrizes governamentais. Em decorrência, cabe exclusivamente ao Parlamento, à maioria e ao governo o poder de criar e modificar qualquer lei ou norma.

Na arquitetura institucional parlamentarista, baseada na unificação e na estreita dependência entre as funções legislativa e executiva, não cabe ao Judiciário ou a qualquer outra autoridade externa se contrapor ou invalidar as decisões da

---

[2] Historicamente, o processo que culminou no modelo parlamentarista teve início na Revolução Gloriosa (1688), com a Declaração de Direitos, o reconhecimento do Parlamento como órgão não apenas de consulta, mas de governo, e com a proibição de demissão de juízes. Esse modelo institucional adquiriu sua face mais acabada só no século XIX.

maioria. O Judiciário não é, portanto, configurado como um poder estatal. Isso não significa dizer que não seja uma instituição essencial ao funcionamento da democracia, ao Estado de Direito e à concretização dos preceitos igualitários. Cabe ao Judiciário a garantia de direitos e a resolução de conflitos, mas suas atribuições não lhe conferem o estatuto de poder estatal.

2 A inclusão de direitos

Além do desenho institucional, o grau de inclusão e de detalhes da Constituição, sobretudo no que se refere aos direitos formalmente admitidos, constitui variáveis de extrema importância na definição do alcance e da presença pública do Judiciário. Textos constitucionais genéricos ou detalhistas produzem diferentes efeitos nas atribuições e no protagonismo do Judiciário e de seus integrantes. De forma simplificada, é possível afirmar que, quanto mais altos forem os graus de especificidades constantes de uma Constituição, maiores serão as possibilidades de ocorrência de uma significativa atuação judicial e de crescimento de sua presença na arena pública.

Ainda que se argumente que todas as Constituições mais recentes, elaboradas a partir dos anos 1970, oficializando a passagem do autoritarismo para a democracia, são detalhistas, nem todas têm a mesma extensão e nem todas consagram a mesma gama de direitos.

A formalização dos direitos ou a admissão da igualdade perante a lei representa o reconhecimento de uma área de contestação da desigualdade e de oposição a privilégios. Prerrogativas são deslegitimadas, gerando espaço para a legalização e a concretização de direitos. Esses direitos constituem e delimitam a cidadania.[3]

O processo de incorporação de direitos estabelece o conjunto de componentes que definirão a igualdade, produzindo consequências nas atribuições estatais e nas relações sociais. Um dos mais importantes efeitos da admissão de direitos é a redução das distâncias entre indivíduos e grupos, tornando socialmente insustentáveis determinadas desigualdades.

O reconhecimento e a efetivação dos direitos sociais exigem que à noção de liberdades negativas seja combinada a noção de liberdades positivas. Não se trata, a partir da incorporação dos direitos sociais, apenas de liberdades "de" – para as quais é importante que o poder público não atrapalhe ou que as forças privadas

---

[3] Para a discussão do impacto dos direitos no âmbito do Estado e da sociedade ver especialmente o estudo clássico de Marshall (1967), *Cidadania, Classe Social e Status*. O autor tomando como referência empírica o mundo europeu ou mais precisamente a Inglaterra aponta a existência de três conjuntos distintos de direitos e, portanto, de diferentes significados da igualdade: os direitos civis; os direitos políticos e os direitos sociais. No caso inglês, estes direitos foram progressivamente conquistados, sendo possível estabelecer um período correspondente a cada um deles – os civis no século XVIII, os políticos no XIX e os sociais no XX. A consagração em lei de cada um desses conjuntos de direitos provocou mudanças no *status quo*, que se traduziram na definição e na aceitação de uma área de igualdade.

não exerçam nenhum tipo de constrangimento – mas igualmente de liberdades vistas como positivas. Em outras palavras, a efetivação das liberdades "para" depende precipuamente de ações afirmativas, de intervenções deliberadas, de políticas elaboradas com tal finalidade.

Os direitos civis e políticos têm por base o indivíduo, exigindo para a sua concretização a limitação ou a contenção do poder público – um Estado mínimo. Os direitos sociais ou direitos de segunda geração, diferentemente, requerem políticas públicas que, ao reconhecerem a exclusão, objetivem uma justiça distributiva. Para a consecução desses direitos é imprescindível um poder público atuante, que garanta a efetivação dos direitos à saúde, ao trabalho, à educação, à moradia, à aposentadoria etc. O Estado do Bem-Estar Social modifica inteiramente as atribuições do Executivo, do Legislativo e também da justiça estatal. Em outras palavras, exige intervenções nas situações sociais e econômicas, com o objetivo de construir um patamar mínimo de civilidade, de igualdade no compartilhamento dos bens coletivos.

Nas últimas décadas o rol de direitos foi ampliado: aos direitos civis, políticos e sociais foram acrescidos os chamados direitos de terceira geração, referidos não mais a indivíduos, mas a grupos e a coletividades. São os direitos difusos, como, por exemplo, os direitos do consumidor, de crianças, de idosos, de minorias, de deficientes, o direito a um meio ambiente ecologicamente equilibrado, etc.

A concretização de todos os direitos, sejam eles individuais ou supraindividuais, depende estritamente do acesso à justiça. Nesse sentido, o Judiciário, constituinte do Estado do Bem-Estar Social, tem o seu caráter modificado, travestindo-se de uma força de emancipação. É configurado como a instituição pública encarregada de afiançar que os preceitos da igualdade estabelecidos formalmente prevaleçam na realidade concreta. Nesse sentido, passa a dividir responsabilidades no que se refere às intervenções visando à diminuição das desigualdades.

O impacto das mudanças ocorridas nos últimos anos, além de impulsionar alterações nas instituições de justiça, tornou menores as diferenças entre os Judiciários dos distintos sistemas de governo e de distintos sistemas jurídico. A presença pública dessas instituições foi significativamente alargada. O Judiciário teve ampliada sua margem de atuação, respondendo a crescentes atribuições, tornando-se coparticipante das ações afirmativas. Nesse sentido, as diferenças entre os Judiciários dos sistemas presidencialistas e parlamentaristas, ainda que permaneçam expressivas, tornaram-se menores do que as existentes no passado. Da mesma forma, ocorreu uma aproximação entre os sistemas de lei baseados na *civil law* e na *common law*.[4] Essas aproximações, tanto dos

---

[4] A distinção básica entre os sistemas jurídicos está no fato de que os países que adotam a *common law* são regidos pela jurisprudência dos tribunais, por usos e costumes, enquanto os de *statute law* ou *civil law* orientam-se predominantemente por leis escritas.

Judiciários como dos sistemas de lei, contribuíram para reforçar a presença pública das instituições judiciais.

No que se refere à inclusão de direitos e garantias, a Constituição Federal de 1988 apresenta uma extensa constitucionalização de direitos individuais e supraindividuais, além de ampliar o rol de matérias que não pode ser objeto de decisão político-partidária. O texto constitucional reconhece, além dos direitos individuais, os denominados direitos sociais, como o direito à moradia, à saúde, à educação, à Previdência Social, e os direitos de terceira geração, isto é, os direitos difusos. Ademais, fortaleceu os mecanismos de tutela desse catálogo de direitos.

O elenco e o conteúdo das formulações relativas ao reconhecimento dos direitos e sua extensão modelam atores políticos e especialmente atores judiciais. Nessa medida caberia afirmar que a Constituição Federal de 1988 reservou ao Poder Judiciário um papel de proeminência na arena pública, com impactos nas demais instâncias de poder e na sociedade.

3 Poder Judiciário: protagonismo

O modelo institucional presidencialista, a gama de direitos individuais e supraindividuais e o detalhismo que singularizam a Constituição Federal de 1988 conferem ao Poder Judiciário um alto potencial de participação na arena pública.

A aprovação de Emenda Constitucional nº 45 ampliou tais condições.[5] Essa alteração constitucional impôs mudanças significativas no sistema de justiça, assegurando a todos, no âmbito judicial e administrativo, a razoável duração do processo e os meios que garantam a celeridade de sua tramitação. Os mecanismos processuais e jurisdicionais introduzidos por essa emenda têm operado claramente na direção de fortalecer a tendência de maior centralização formal do poder nas posições superiores da estrutura do Judiciário.

A esses traços deve ser acrescentado o potencial de atuação do Ministério Público. Cabe à instituição um papel de destaque como agente de ativação do Judiciário. O texto constitucional de 1988 conferiu autonomia ao MP, além de ampliar expressivamente suas atribuições. A instituição é definida como "essencial à função jurisdicional do Estado, incumbindo-lhe a defesa da ordem jurídica, do regime democrático e dos interesses sociais e individuais indisponíveis" (CF, art. 127).[6] Tais prerrogativas contribuem sobremaneira para um desempenho em questões relacionadas aos direitos sociais e de terceira geração.

---

[5] Para um exame minucioso das inovações contidas na Emenda Constitucional nº 45 e seus impactos no Poder Judiciário e nas demais instituições do sistema de justiça, ver RENAULT, 2005.

[6] Embora não seja tema do presente texto, deve ser acentuada a extraordinária relevância do Ministério Público e a singularidade da instituição brasileira pós-Constituição de 1988 quando contrastada com organizações similares, quer no continente europeu, quer nos EUA e na América Latina. Ver especialmente ARANTES, 2002; SADEK, 2003.

A confluência dessas características permite sustentar que, em tese, não há questão ou decisão, quer tenha sido proferida pelo Executivo, quer aprovada pelo Legislativo, que não seja passível de apreciação judicial.

A amplitude do protagonismo judicial é, contudo, uma variável dependente. O grau de intervenção judicial variará de acordo com a força relativa dos agentes político-partidários, das políticas implantadas, dos interesses em disputa, dos embates corporativos e também de características específicas de magistrados.

Como se sabe, o Judiciário é um poder reativo. Para poder agir, depende de ser acionado por outros atores. Assim, uma questão relevante que se impõe em análises sobre o protagonismo judicial é: quais são os agentes que mais acionam a justiça estatal e com qual propósito? A busca de respostas é facilitada quando se parte da distinção entre as duas faces do Judiciário. Uma delas é caracterizada pela função política e a outra face é desenhada a partir de suas atribuições voltadas à prestação de serviços, garantindo direitos e solucionando conflitos. Para o exercício da função política o Poder Judiciário possui um precioso recurso de poder sustentando a sua atuação: o controle da constitucionalidade.

Um exame, ainda que rápido, do desempenho do Poder Judiciário no transcurso dos anos a partir da promulgação da Constituição de 1988, indica que, de fato, a instituição e seus integrantes se transformaram em atores políticos de expressão, tornando concretas as virtualidades contidas na arquitetura institucional, na carta de direitos e no detalhismo do texto constitucional.

Com efeito, a participação de juízes, desembargadores e ministros nas principais questões que marcaram o período parece incontestável. Esse fenômeno pode ser observado, de forma privilegiada, colocando-se em destaque o órgão de cúpula do Poder Judiciário. O Supremo Tribunal Federal se converteu, de fato, em palco de disputas político-partidárias, em uma arena de discussão e aprovação de temas que afetam os órgãos estatais e as relações sociais.

Esse desempenho poderia ser ilustrado, por exemplo, a partir do número de Ações Diretas de Inconstitucionalidade que ingressou no Supremo Tribunal Federal. De 1988 a setembro de 2015, este instrumento de "controle concentrado de constitucionalidade" totalizou 4.874 ações, segundo informações disponíveis na página do STF (stf.jus.br). Esta soma, por si só, já indica a extraordinária utilização da Corte como arena de resolução de questões políticas e de temas atinentes a grupos sociais e à sociedade.

Uma primeira justificativa altamente provável para tal quantidade de ações está no fato de a Constituição Federal de 1988 ter ampliado o rol de atores com acesso direto ao STF, sem a imposição de custos a esse acesso. Com efeito, antes da vigência da Constituição Federal de 1988, apenas o Procurador-Geral da República podia questionar a constitucionalidade de uma norma perante a mais alta Corte. A partir da vigência da Constituição Federal de 1988 a relação de legitimados com direito a questionar a constitucionalidade de leis federais e estaduais passou a incluir: nove pessoas ou entidades: o presidente da República, as Mesas do Senado Federal, da Câmara dos Deputados e das Assembleias Legislativas (incluída a do Distrito Federal), os governadores de Estado e do Distrito Federal, o Conselho Federal da OAB, partidos políticos com representação no Congresso e confederações sindicais ou entidades de classe, desde que de âmbito nacional.

Essa democratização no número de legitimados implica um aumento das possibilidades de judicialização e das oportunidades do Poder Judiciário de exercer sua jurisdição, seja para arbitrar conflitos entre o Executivo e o Legislativo; seja entre os entes da federação; seja ainda entre o Estado e a sociedade civil. Ademais, crescem as condições de atuações contramajoritárias.

O recurso a ADIns é uma forma de os atores políticos partidários, mais especificamente a minoria, trazerem para a arena judicial questões derrotadas na arena política propriamente dita. Assim, essas ações transformam-se em instrumento de fazer política, quer como recurso estratégico para a proteção de minorias, quer para adiar decisões, quer ainda para modificar ou contestar políticas.[7]

Dentre os legitimados para ajuizar ADIn, observa-se que os chefes do Executivo estadual têm sido os que mais têm utilizado esse instrumento. Na segunda posição aparecem as confederações sindicais e as entidades de classe de âmbito nacional. Em terceiro lugar está o Procurador-Geral da República. No que se refere aos partidos políticos, observa-se que houve variações no período: quando o PT era oposição ao governo federal o número de ADIns impetradas era muito alto; quando, contudo, passou a ser governo, essa participação decresceu substancialmente e não foi ocupada por outra agremiação partidária.

Esses dados podem ser apreciados na tabela a seguir que discrimina os atores, sem, contudo, agrupá-los em categorias. Note-se que, por questões de espaço, estão reproduzidos apenas os agentes com até 50 demandas. O número total de agentes chega a 705. Esse quantitativo, relativo às ADIns por legitimado, está atualizado até 27 de setembro de 2015 e pode ser encontrado na página do Supremo Tribunal Federal, no item referente às estatísticas.

---

[7] Taylor (2008) demonstra que o apelo ao STF não se resume ao objetivo de derrubar uma determinada lei, norma ou política pública, A judicialização é motivada também como forma de ganhar tempo e atrasar a execução de certas políticas públicas; para expor publicamente a oposição a uma norma ou política pública; para chamar a atenção dos meios de comunicação e da opinião pública para o tema.

Quantitativo de ADIns por legitimado

Nome	Qtd. de processos	Porcentagem
PROCURADOR-GERAL DA REPÚBLICA	910	18,67%
CONSELHO FEDERAL DA ORDEM DOS ADVOGADOS DO BRASIL	152	3,12%
PARTIDO DEMOCRÁTICO TRABALHISTA – PDT	135	2,77%
GOVERNADOR DO ESTADO DE SÃO PAULO	131	2,69%
ASSOCIAÇÃO DOS MAGISTRADOS BRASILEIROS – AMB	125	2,56%
PARTIDO DOS TRABALHADORES – PT	119	2,44%
GOVERNADOR DO ESTADO DE SANTA CATARINA	110	2,26%
GOVERNADOR DO ESTADO DO RIO GRANDE DO SUL	110	2,26%
GOVERNADOR DO ESTADO DO ESPÍRITO SANTO	95	1,95%
PARTIDO SOCIAL LIBERAL – PSL	88	1,81%
GOVERNADOR DO ESTADO DE RONDÔNIA	84	1,72%
GOVERNADOR DO DISTRITO FEDERAL	83	1,70%
GOVERNADOR DO ESTADO DO PARANÁ	74	1,52%
CONSELHO FEDERAL DA ORDEM DOS ADVOGADOS DO BRASIL – CFOAB	72	1,48%
PARTIDO DA SOCIAL DEMOCRACIA BRASILEIRA – PSDB	67	1,37%
PARTIDO COMUNISTA DO BRASIL – PC DO B	58	1,19%
CONFEDERAÇÃO DOS SERVIDORES PÚBLICOS DO BRASIL – CSPB	57	1,17%
GOVERNADOR DO ESTADO DO RIO DE JANEIRO	55	1,13%

Fonte: STF, 2015.

O impacto do papel do Supremo Tribunal Federal na arena pública tem sido tão relevante, que se tornou objeto de estudos não apenas na área do Direito, mas também das Ciências Sociais, no sentido mais amplo. Dentre essas análises, algumas interpretações merecem destaque, uma vez que esclarecem aspectos relevantes da atuação da Corte e também por salientar as mudanças ocorridas de 1988 até hoje. Não se pretende arrolar todos os estudos – mesmo porque hoje são inúmeros – ou fazer um balanço da literatura, mas simplesmente indicar alguns trabalhos acadêmicos que apontam traços significativos do protagonismo judicial, em particular do Supremo Tribunal Federal.

A judicialização da política foi analisada por Castro (1997) e por Vianna et al. (1999) mostrando seus impactos na realidade brasileira. Castro, a partir da análise de acórdãos do Supremo Tribunal Federal, conclui que o Judiciário passou a interagir com o sistema político. Segundo os dados examinados, o autor aponta que a maior parte dos acórdãos dizia respeito a tributos. Conclui que o STF fazia um "uso parcimonioso de garantias constitucionais de amplo alcance, limitando as medidas de impacto político mais visível a decisões liminares. A análise dos acórdãos do tribunal revela, segundo o autor, que também a produção jurisprudencial rotineira do STF tem uma direção marcante na proteção de interesses privados e, portanto, de impacto negativo sobre a implementação de políticas públicas. Isso se dá, porém, de maneira concentrada nos processos em que se discute o pagamento de exações fiscais (tributos e contribuições)". Termina por concluir que, com exceção da política tributária, o STF preponderantemente não tem desenvolvido jurisprudência em proteção a direitos individuais e em contraposição às políticas governamentais.

Vianna (1999) analisou as ADIns ajuizadas entre 1988 e 1998, procurando verificar qual o padrão de judicialização da política, o perfil de seus autores e quais o temas. Em 2007, uma nova pesquisa busca verificar se ocorreram mudanças no decorrer dos anos e em que direção. As duas contribuições permitem a obtenção de um retrato acurado da atuação do STF e de suas consequências nas relações sociais e no âmbito da vida político-partidária.

Vieira (2008), em artigo publicado na *Revista Direito FGV*, SP, com o sugestivo título "Supremocracia", desenvolve o argumento segundo o qual o STF estaria no centro do sistema político devido à fragilidade do sistema representativo. Dessa forma, a Corte tem exercido o papel de criadora de regras, chamando para si atribuições que, tradicionalmente, competiriam ao Poder Legislativo. Essa atuação tem como consequência o aumento da influência do STF sobre a agenda de políticas públicas. Supremocracia seria a expansão da autoridade da Corte no seu papel de intérprete da Constituição e na criação de regras.

Estudo comparativo feito por Taylor (2007) mostra que a atuação do Poder Judiciário brasileiro na arena pública é extremamente significativa. Constata o autor que nos 15 anos entre 1988 e 2002, o STF, julgando ADIns, proferiu decisões liminares ou de mérito invalidando parcialmente mais de 200 leis federais. Em contraste, entre os anos de 1994 e 2002, a Suprema Corte mexicana julgou a constitucionalidade de um pouco mais de 600 leis, utilizando-se de dois instrumentos parecidos com a ADIn, mas foram invalidadas no período apenas 21 leis federais. A Suprema Corte dos Estados Unidos, por sua vez, em toda a sua história, invalidou em torno de 135 leis federais.

Taylor ainda reforça suas conclusões sobre a expressiva participação do Judiciário brasileiro na arena política demonstrando que durante o governo de Fernando Henrique Cardoso, apesar de o Executivo contar com ampla base de apoio parlamentar, o Judiciário federal como um todo foi acionado para julgar todas as principais políticas públicas adotadas pelo Executivo e aprovadas por maioria pela coalizão reformista no Legislativo. Em decorrência, constata: "as mais significativas e reais ameaças às reformas surgiram no Judiciário e não no Legislativo: das 10 principais iniciativas políticas aprovadas durante o governo

Fernando Henrique, todas foram contestadas de alguma forma pelo Judiciário, e sete das 10 foram alteradas ou atrasadas de alguma maneira no STF".[8]

A face política do Judiciário é confirmada em estudo de Oliveira (2011) sobre as Ações Diretas de Inconstitucionalidade. A autora analisa 300 dessas ações julgadas pelo STF entre outubro de 1988 e março de 2003. As evidências empíricas levantadas permitem que Oliveira ratifique sua tese segundo a qual no "processo de decisão judicial direito e política se encontram imbricados".[9] Segundo ela, o fato do STF ter deferido mais da metade das ações julgadas é um indicador de que a Corte tem exercido ativamente seu papel político, não se esquivando de interferir nas políticas públicas, nas iniciativas governamentais, quer de âmbito estadual, quer federal; tampouco a instituição tem deixado de revisar decisões tomadas por outras instâncias judiciais. Demonstra que a Corte teve um papel relevante, tanto durante os governos Fernando Henrique Cardoso como nos governos de Luiz Inácio da Silva. Afirma ela: "ao contrário do que aponta grande parte da literatura, o STF não foi tão parcimonioso em sua atuação no período considerado. O STF deferiu 37% das ações decididas no período. No segundo governo FHC o Supremo invalidou 29% das normas questionadas e no primeiro governo Lula esse percentual saltou para 43%. E considerando apenas as normas federais, temos que, das questões de interesse do segundo governo FHC julgadas durante o próprio governo, 15% foram decididas contrariamente ao governo e no primeiro governo Lula essa proporção foi um pouco maior, 18%. O Tribunal respondeu de forma mais positiva aos requerentes no primeiro governo Lula quando comparado ao segundo governo FHC. Há diferença na resposta do Supremo entre os dois governos, mas essa diferença deixa de ser significativa quando controlamos por outras variáveis: especialmente a composição do Tribunal, a origem da norma, o tema de que trata e os autores destas ações. E confirmamos também que quanto maior a proporção de magistrados na composição do Tribunal, mais contido e restritivo ele tende a ser quanto a sua atuação. Outro ponto de destaque é que mais do que o governo em questão, o que influencia as decisões é o *timing* de julgamento, ou seja, as ações julgadas no mesmo governo de origem das normas (governo de distribuição) têm proporcionalmente chances menores de serem deferidas. É importante notar também que no segundo governo FHC, comparado ao primeiro governo Lula, foi muito maior o não conhecimento de ações – o que pode ser pensado como uma estratégia formalista para evitar decidir, ou seja, uma estratégia de autocontenção".

---

[8] Essas foram as iniciativas políticas contestadas, alteradas ou atrasadas: Fundo Social de Emergência; Plano Real; reformas da ordem econômica; Plano Nacional de Desestatização; Fundo de Estabilização Fiscal; CPMF; reforma administrativa; reforma previdenciária; tributação da aposentadoria de servidores públicos; racionamento de energia elétrica.

[9] Oliveira cria um modelo analítico combinando abordagens típicas da *judicial politics* com elementos da sociologia das profissões. O processo de decisão judicial é examinado levando em conta a inter-relação de fatores legais, extralegais e profissionais,

Os aspectos levantados pela autora permitem ter uma visão mais aprimorada sobre o processo de tomada decisões no STF. Constata-se que, muito embora a Corte não controle o que recebe, tem poder de decidir sobre a sua agenda, a partir da definição dos tempos da pauta. A autora sustenta ainda que, diferentemente do que o senso comum propaga, não se comprova a partir da análise dos julgamentos que os ministros sejam submissos aos interesses do governo que os nomeou.

A despeito das diferenças nas análises e dos distintos enfoques e supostos teóricos, os aspectos sublinhados por esses estudos indicam a importância da atuação do Supremo Tribunal Federal na arena pública e no processo de construção da democracia brasileira.

O protagonismo judicial não é, entretanto, uma exclusividade do Supremo Tribunal Federal. Os demais tribunais superiores (STJ, TSE, TST, TRT, e TJs) e varas também têm sido muito demandados. Como todos os integrantes da magistratura podem exercer o controle de atos e políticas dos agentes públicos, ministros de cortes superiores, desembargadores e juízes têm tido uma atuação com reflexos nas relações sociais e nas decisões político-partidárias. A crescente solicitação por liminares envolvendo direitos sociais é um claro indicador desse tipo de estratégia por parte de indivíduos, grupos e organizações da sociedade civil.

Além desse tipo de protagonismo, a interferência do Judiciário na arena pública tem se dado também preenchendo brechas deixadas pelo Poder Legislativo. As denominadas omissões legislativas. Trata-se, nesse caso, da atuação do Judiciário frente à inércia dos parlamentares em elaborar leis que visem garantir os direitos estipulados na Constituição. A Constituição de 1988 prevê o Mandado de Injunção como o instrumento a ser utilizado por cidadãos e entidades para a solução de problemas decorrentes da falta de norma reguladora. Incluem-se neste grupo, por exemplo, o aviso prévio proporcional;[10] a ausência de uma lei de greve para o serviço público; aposentadoria especial para servidores públicos devido a condições de insalubridade no trabalho; criação, incorporação, fusão e desmembramento de municípios.

4 Notas finais

Juízes, desembargadores e ministros conquistaram importantes espaços na arena pública. O contraste com o passado é acentuado, tanto no que se refere ao desempenho de integrantes da magistratura como no que diz respeito ao imaginário coletivo. Muitos magistrados tornaram-se personagens conhecidos e, muitas vezes, suscitaram aclamações ou censuras, não apenas por seus pares,

---

[10] O inciso XXI do artigo 7º da Constituição Federal prevê como direito de trabalhadores rurais e urbanos o aviso prévio proporcional ao tempo de serviço, com mínimo de trinta dias e de acordo com os termos de uma lei ordinária que nunca foi feita.

ou por operadores do Direito, mas também por parte da imprensa e da opinião pública. A figura sisuda, fechada, resguardada de envolvimentos em embates públicos deixou de retratar a magistratura, assim como caiu por terra a crença na existência de um corpo homogêneo. Sessões televisionadas no Supremo Tribunal Federal contribuíram significativamente para o desenvolvimento de novos paradigmas.

A configuração desse novo magistrado propiciou que muitos mitos fossem derrubados. Dentre os mitos questionados, desponta a representação idealizada que opõe o Direito e a política, como se fossem dois universos sem nenhuma comunicação entre si. A inter-relação entre as duas esferas ganhou foros de plausibilidade.

Ministros não apenas se tornaram personagens quase familiares, como divergências entre eles se tornaram legítimas e públicas. Evidenciou-se, a partir de debates, a possibilidade de sustentação de diferentes teses, apoiadas em distintos princípios. Essa abertura à exposição pública propiciou que muitas questões, anteriormente destinadas exclusivamente a especialistas e à mídia especializada, passassem a ser estampadas nos mais diversos meios de comunicação, inclusive, dividindo opiniões.

Nesse novo cenário, não haveria como negar que, nos últimos anos magistrados se transformaram em figuras públicas, em atores de grande visibilidade. Bastaria mencionar Joaquim Barbosa, Gilmar Mendes, Eliana Calmon e, mais recentemente, o juiz Sérgio Moro. Não se trata de apontar se essa presença é benéfica ou não. Mas sim que ela traduz um fenômeno característico do novo perfil da magistratura brasileira.

Faz parte desse novo paradigma a relevância política, econômica e social dos temas constantes das pautas de julgamento ou já decididos. A maior parte deles ou todos eles têm ressoado para além dos tribunais e do universo jurídico. Alguns exemplos parecem ser suficientes: união homoafetiva; células-tronco; doações eleitorais; quotas nas universidades; aborto; demarcação de terras indígenas; lei da anistia; indenização de presos devido às condições degradantes nos presídios; precatórios; *royalties* do petróleo; distribuição de medicamentos; lei de crimes hediondos; liberdade de imprensa; direito de greve; reforma agrária; desarmamento; uso de algemas; fidelidade partidária. Acrescentem-se ainda os reflexos provocados por julgamentos de forte apelo popular, como o "mensalão" e o "lava a jato".

Ao lado do novo perfil da magistratura, da atuação sobre questões de impacto, tem contribuído também para reforçar a presença pública do Judiciário o exponencial aumento na procura de soluções judiciais, com uma pluralidade de temas, estimulando novos procedimentos.

Como acentuamos nesse artigo, todas essas mudanças não ocorreram por obra do acaso e, menos ainda, estão circunscritas a determinados eventos. A Constituição Federal de 1988 e, posteriormente, a Emenda Constitucional nº 45, de dezembro de 2004, construíram as bases para essas transformações. Trata-se de um processo irreversível. Críticas e resistências ao protagonismo judicial não têm força para refluir o movimento. Podem, quando muito, diminuir o ritmo de sua manifestação e impor empecilhos. O fenômeno, contudo, é universal. Tem marcado presença na maioria dos atuais Estados constitucionais.

Referências

ALEXY, Robert. *Teoria dos direitos fundamentais.* Tradução Luís Virgílio Afonso da Silva. São Paulo: Malheiros, 2008.

ARANTES, Rogério B. *Judiciário e política no Brasil.* São Paulo: Idesp, 1997.

ARANTES, Rogério B. Constitutionalism, the Expansion of Justice and the Judicialization of Politics in Brazil. In: SIEDER, Rachel; SCHJOLDEN, Line; ANGELL, Alan (Orgs.). *The judicialization of politics in Latin America.* New York: Palgrave, 2005.

BADIN, L. A. A renovação administrativa do poder judiciário pela cultura da transparência. *Interesse Nacional,* ano 5, n. 19, out./dez. 2012.

BAUM, Lawrence. *The puzzle of judicial behavior.* Ann Arbor: The University of Michigan Press, 1997.

BARROSO, Luís Roberto. Da falta de efetividade à Judicialização excessiva: direto à saúde, fornecimento gratuito de medicamentos e parâmetros para a atuação judicial. *Revista da Procuradoria Geral do Estado do Rio Grande do Sul – RPGE,* Porto Alegre, v. 31, n. 66, p. 89-114, jul./dez. 2007.

BARROSO, Luís Roberto. Judicialização, ativismo judicial e legitimidade democrática. *Revista Eletrônica da OAB,* n. 4, p. 1-29, 2009.

BARROSO, Luís Roberto. A razão sem voto: o Supremo Tribunal Federal e o governo da maioria. In: SARMENTO, Daniel (Org.). *Jurisdição constitucional e política.* Rio de Janeiro: Forense, 2015.

BONELLI, Maria da Glória. *Profissionalismo e política no mundo do direito.* São Carlos/ Sumaré: Edufscar/ Fapesp, 2002.

CARVALHO NETO, Ernani R. de. Revisão abstrata da legislação e a judicialização da política no brasil. Tese (Doutorado) – USP, São Paulo, 2005.

CASTRO, Marcus F. de. O Supremo Tribunal Federal e a judicialização da política. *Revista Brasileira de Ciências Sociais,* v. 12, n. 34, p. 147-156, jun. 1997.

COSTA, Flavio Dino de Castro. A Função realizadora do poder judiciário e as políticas públicas no Brasil. *Revista CEJ,* Brasília, n. 28, p. 40-53, 2005.

CUNHA, Luciana Gross. Juizado especial: ampliação do acesso à justiça? In: SADEK, Maria Tereza (Org.). *Acesso à justiça.* São Paulo: Fundação Konrad Adenauer, 2001.

DAHL, Robert A. Decision-making in a democracy: the supreme court as a national policy-maker. *Journal of Public Law,* v. 6, p. 279-295, 1957.

DWORKIN, Ronald. *O império do direito.* São Paulo: Martins Fontes, 1999.

EPSTEIN, Lee; FRIEDMAN, Barry. The politics of judicial review. *Texas Law Review,* v. 84, n. 2, p. 257-337, 2005.

GARAPON, Antoine. *O juiz e a democracia:* o guardião das promessas. Rio de Janeiro: Revan, 2001.

GUILHON-ALBUQUERQUE, J. A. Montesquieu: sociedade e poder. In: WEFFORT, Francisco (Org.). *Os clássicos da política.* São Paulo: Ática, 1989. v. 1.

HESSE, Konrad. *A força normativa da constituição.* Tradução Gilmar Ferreira Mendes. Porto Alegre: Sérgio Antônio Fabris, 1991.

HIRSCHL, Ran. *Towards juristocracy:* the origins and consequences of the new constitutionalism. Cambridge: Harvard University Press, 2004.

LAMOUNIER, Bolivar; NOHLEN, Dieter (Orgs.). *Presidencialismo ou parlamentarismo:* perspectivas sobre a reorganização institucional brasileira. São Paulo: Loyola/ IDESP, 1993.

LIJPHART, Arend. *Patterns of democracy*: government forms and performance in thirty-six countries. New Haven: Yale University Press, 1999.

MADISON, James; HAMILTON, Alexander; JAY, John. *Os artigos federalistas*. Tradução Maria Luiza X. de A. Borges. Rio de Janeiro: Nova Fronteira, 1993.

MARSHALL, Thomas H. *Cidadania, classe social e status*. Rio de Janeiro: Zahar, 1967.

MENDES, Gilmar Ferreira; COELHO, Inocêncio Mártires; BRANCO, Paulo Gustavo Gonet. *Curso de direito constitucional*. 2. ed. rev. e atual. São Paulo: Saraiva, 2008.

MORO, Sérgio Fernandes. *Desenvolvimento e efetivação judicial das normas constitucionais*. São Paulo: Max Limonad, 2001.

NOVELINO, Marcelo. *Direito constitucional*. Rio de Janeiro: Método, 2012.

OLIVEIRA, Fabiana L. *Justiça, profissionalismo e política*: o Supremo Tribunal Federal e o controle da constitucionalidade das leis no Brasil (1998-2003). Rio de Janeiro: FGV, 2011.

PINHEIRO, Armando Castelar (Org.). *Judiciário e Economia no Brasil*. São Paulo: Sumaré, 2000.

PINHEIRO, Armando Castelar. Judiciário, reforma e economia: a visão dos magistrados. In: PINHEIRO, Armando Castelar (Org.). *Reforma do Judiciário*: planos, propostas e perspectivas. Rio de Janeiro: Booklink, 2003.

RENAULT, Sérgio; BOTTINI, Pierpaolo (Coords.). *Reforma do Judiciário*. São Paulo: Saraiva, 2005.

RÍOS-FIGUEROA, Julio; TAYLOR, Matthew M. Institutional determinants of the judicialization of policy in Brazil and Mexico. *Journal of Latin American Studies*, v. 38, n. 4, p. 739-766, 2006.

RODRÍGUEZ, César. *La decisión judicial*: el debate de Hart y Ronald Dworkin. Santa-Fé de Bogotá: Siglo del Hombre Editores, 1997.

SADEK, Maria Tereza. A crise do judiciário vista pelos juízes: resultados da pesquisa quantitativa. In: SADEK, Maria Tereza (Org.). *Uma introdução ao estudo da justiça*. São Paulo: Sumaré, 1995.

SADEK, Maria Tereza. *Justiça e cidadania no Brasil*. São Paulo: Sumaré, 2000.

SADEK Maria Tereza; CAVALCANTI, R. B. The New brazilian public prosecution: an agent of accountability. In: MAINWARING, Scott; WELNA, Chritopher. *Democratic accountability in Latin America*. New York: Oxford University Press, 2003.

SADEK, Maria Tereza. El poder judicial y la magistratura como actores políticos. In: RODRIGUES, L. M.; SADEK, M. T. *El Brasil de Lula*: diputados y magistrados. Buenos Aires: La Crujíia, 2004.

SADEK, Maria Tereza. Judiciário e arena pública: um olhar a partir da ciência política. In: GRINOVER, Ada Pellegrini; WATANABE, Kazuo (Orgs.). *O controle jurisdicional de políticas públicas*. Rio de Janeiro: Forense, 2011.

SARMENTO, Daniel. *A ponderação de interesses na Constituição*. Rio de Janeiro: Lumen Juris, 2000.

SARMENTO, Daniel (Org). *Jurisdição constitucional e política*. Rio de Janeiro: Forense, 2015.

SHAPIRO, Martin. Judicial review in developed democracies. In: GLOPPEN, Siri; GARGARELLA, Roberto; SKAAR, Elin (Orgs.). *Democratization and the judiciary*: the accountability function of courts in new democracies. London: Frank Cass Publishers, 2004.

TATE, C. Neal; VALLINDER, Torbjörn (Eds.). *The global expansion of judicial power*. New York: New York University Press, 1995.

TAVARES, André Ramos. *Paradigmas do judicialismo constitucional*. São Paulo: Saraiva, 2012.

TAYLOR, Matthew M. Courts, policy contestation and the legitimation of economic reform under Cardoso. In: SOLA, Lourdes; WHITEHEAD, Laurence (Orgs.). *Statecrafting monetary authority*: democracy and financial order in Brazil. Oxford: Centre for Brazilian Studies, 2006a.

TAYLOR, Matthew M. Veto and voice in the courts: policy implications of institutional design in the brazilian judiciary. *Comparative Politics*, v. 38, n. 3, p. 337-355, 2006b.

TAYLOR, Matthew M. O judiciário e as políticas públicas no Brasil. *Dados – Revista de Ciências Sociais*, Rio de Janeiro, v. 50, n. 2, p. 229-257, 2007.

TOCQUEVILLE, Alexis. *De la democracie en Amérique*: Oeuvres completes. Paris: Gallimard, 1961.

TORRES, Ricardo Lobo. *O direito ao mínimo existencial*. Rio de Janeiro: Renovar, 2009.

VALLINDER, T. When the courts go marching. In: TATE, C. Neal; VALLINDER, Torbjörn (Orgs.). *The global expansion of judicial power*. New York: New York University Press, 1995. p. 13-26.

VIANNA, Luiz Werneck et al. *Corpo e alma da magistratura brasileira*. 2. ed. Rio de Janeiro: Revan, 1997.

VIANNA, Luiz Werneck et al. *A judicialização da política e das relações sociais no Brasil*. Rio de Janeiro: Revan, 1999.

VIANNA, Luiz Werneck (Org.). *A democracia e os três poderes no Brasil*. Belo Horizonte: UFMG, 2002.

VIANNA, Luiz Werneck. Dezessete anos de judicialização da política. *Revista Tempo Social*, v. 19, n. 2, 2007.

VIEIRA, Oscar Vilhena. *A Constituição e sua reserva de justiça*. São Paulo: Malheiros, 1999.

VIEIRA, Oscar Vilhena. *Supremo Tribunal Federal*: jurisprudência política. 2. ed. São Paulo, Malheiros, 2002.

Informação bibliográfica deste texto, conforme a NBR 6023:2002 da Associação Brasileira de Normas Técnicas (ABNT):

SADEK, Maria Tereza Aina. Poder Judiciário e arena pública. In: COPETTI NETO, Alfredo; LEITE, George Salomão; LEITE, Glauco Salomão. *Dilemas na Constituição*. Belo Horizonte: Fórum, 2017. p. 285-300. ISBN 978-85-450-0236-9.

PROTAGONISMO INSTITUCIONAL DO PODER JUDICIÁRIO NO ESTADO CONTEMPORÂNEO: REFLEXÕES SOBRE A JUDICIALIZAÇÃO, O ATIVISMO JUDICIAL E A AUTONOMIA PROCESSUAL DA JUSTIÇA CONSTITUCIONAL

Guilherme Peña de Moraes

1 Introdução

O artigo que ora vem a lume tem a pretensão de investigar o "movimento global em direção ao Judiciário",[1] que experimenta uma ascensão institucional na organização dos Poderes do Estado contemporâneo, por força do qual os juízes são trazidos para o primeiro plano da vida pública.

O ponto de convergência da judicialização e ativismo do Poder Judiciário, dessa forma, encontra-se no quadro de valorização das atividades dos juízes.[2] A nosso ver, no espaço dos diálogos constitucionais, é identificado o protagonismo, ou mesmo a supremacia, do Poder Judiciário, que, por causa da judicialização de relações de natureza social e política, pode operar o efeito do ativismo judicial.[3]

Debruçar-nos-emos, pois, sobre o trinômio judicialização da política – protagonismo institucional – ativismo do Judiciário ao longo do texto para, ao final, examinar o conceito de autonomia processual da justiça constitucional.

2 Judicialização da política

A elocução "judicialização da política" pode ser remontada a Neal Tate e Torbjörn Vallinder, segundo os quais "a judicialização consiste, de todo modo, na transformação de algo em formato de processo judicial".[4]

---

[1] MORAES, Guilherme Peña de. *Constitucionalismo multinacional*: uso persuasivo da jurisprudência estrangeira pelos tribunais constitucionais. São Paulo: Atlas, 2015. p. 19.
[2] CROWE, Justin. *Building the judiciary*: law, courts and the politics of institutional development. New Jersey: Princeton University Press, 2012. p. 270.
[3] HIRSCHL, Ran. *Towards juristocracy*: the origins and consequences of the new constitutionalism. Cambridge: Harvard University Press, 2007. p. 7.
[4] TATE, Neal; VALLINDER, Torbjörn. *The global expansion of judicial power*. New York: NYU Press, 1997. p. 13. Ver também: The judicialization of politics: a world-wide phenomenon. *International Political Science Review*, n. 15, p. 91-100, 1994.

Nesse sentido, o papel invasivo da ciência jurídica é determinado pela invasão do Direito tanto nas relações sociais – "judicialização da sociedade"[5] – quanto nos poderes republicanos – "judicialização da política".[6]

Com efeito, a judicialização da sociedade deriva da intervenção do Direito na sociabilidade, com a regulação das práticas sociais.

O Poder Judiciário é exposto, sem nenhum tipo de mediação, dentro dessa lógica de raciocínio, às expectativas por cidadania de setores socialmente emergentes.

A Justiça, como "guardiã das promessas democráticas" ainda não realizadas durante a modernidade, é convertida em "lugar em que se exige a realização da democracia".[7]

Demais disso, a judicialização da política exsurge da intervenção do Direito nas instituições, com o reconhecimento, antes, de um novo padrão de configuração do Poder Judiciário e, depois, de um novo padrão de relacionamento entre os Poderes do Estado.

No novo padrão de configuração, ao Poder Judiciário é atribuído o poder de elaborar o Direito, a partir do esvaziamento progressivo da supremacia legislativa e, por via de consequência, da transposição de poder do Legislativo para o Judiciário.[8]

O deslocamento do centro de gravidade revela a evolução de um sistema jurídico monocêntrico para outro policêntrico, no qual toda a produção normativa não está alocada na legislatura eleita.[9]

No novo padrão de relacionamento, o Poder Judiciário, instituição estratégica nas democracias de hoje, impondo-se, entre os dois Poderes do Estado, como ator político e parceiro no processo decisório, é convocado ao exercício de novos papéis constitucionais.[10]

A judicialização da política, não pode ser negado, é revestida de natureza dúplice ou ambivalente, eis que, de um lado, as minorias parlamentares demandam a intervenção do Poder Judiciário contra a vontade da maioria (defesa das minoria), ao tempo em que, de outro lado, os agentes institucionais, como, por exemplo, o Poder Executivo e as Instituições de Provedoria de Justiça, demandam a intervenção do Poder Judiciário contra a representação parlamentar, com vistas à racionalização do governo (defesa da sociedade).[11]

---

[5] FRIEDMAN, Lawrence; PÉREZ-PERDOMO, Rogelio. *Legal culture in the age of globalization*. Redwood: Stanford University Press, 2003. p. 64.
[6] SHAPIRO, Martin; SWEET, Alec. *On law, politics and judicialization*. Cary: Oxford University Press, 2002. p. 55.
[7] Na visão de Antoine Garapon, "tornou-se o Poder Judiciário o último refúgio de um ideal democrático decantado ao longo do tempo". GARAPON, Antoine. *Le gardien des promesses*. Justice et démocratie. Paris: Odile Jacob, 1996. p. 20, 22 e 45, e *Les juges dans la mondialisation*. Paris: Seuil, 2005. p. 71. V., também, da mesma autoria: L'imaginaire pirate de la mondialisation. *Revue Esprit*, p. 154-167, 1º set. 2009; e La peur de l'impuissance démocratique. *Revue Esprit*, p. 19-30, 1º fev. 2014.
[8] DRESSEL, Björn. *Judicialization of politics*. New York: Routledge, 2012. p. 15.
[9] TUSHNET, Mark. *Taking the Constitution away from the Courts*. New Jersey: Princeton University Press, 2000. p. 6.
[10] POPOVA, Maria. *Politicized justice*. Cambridge: Cambridge University Press, 2014. p. 26.
[11] Na visão de Luciano Da Ros, o Poder Judiciário pode atuar em relação à judicialização da política como "instrumento de oposição", pela defesa das minorias, ou "árbitro da partida", para defesa da sociedade e, por

3 Protagonismo judicial

O Poder Judiciário, devido à judicialização das relações sociais e políticas, é colocado no epicentro jurídico-constitucional do Estado contemporâneo.[12]

O protagonismo institucional do Poder Judiciário pode ser constatado em decisões de temas polêmicos, que envolvem questões de dissenso moral razoável da sociedade ou aspectos morais não socialmente estáveis.[13] O Poder Judiciário, nestas matérias, é evidenciado como uma arena – jurídica – para a qual são deslocados os conflitos de interesse de outra arena – política.[14]

Exemplos do protagonismo judicial são detectados ao redor do mundo, como as decisões da Suprema Corte do Canadá, no caso *Operation Dismantle v. The Queen*, acerca do teste de mísseis de cruzeiro americanos no território do país,[15] do Tribunal Constitucional da Coreia do Sul, no caso *Roh Moo-hyun*, sobre o julgamento do processo de *impeachment* do Presidente da República,[16] do Conselho Constitucional da França, na *Décision nº 2010-44 QPC*, acerca do imposto de solidariedade das riquezas,[17] da Suprema Corte de Israel, no caso *Ornan Yekutieli v. The Minister of Religious Affairs*, a respeito do bloqueio da Faixa de Gaza ao Hamas,[18] do Conselho Constitucional da Hungria, na *Döntés száma 8/2010*, sobre o imposto de redistribuição das fortunas,[19] do Tribunal Constitucional da Turquia, no caso *Pasinler Criminal Court of Peace*, acerca da preservação da laicidade do Estado contra o fundamentalismo islâmico,[20] e da Suprema Corte dos Estados Unidos da América, no caso *Citizens United v. Federal Election Commission*, sobre os limites à participação financeira de empresas, ou mesmo organizações sem fins lucrativos, em campanhas eleitorais de que trata o *Bipartisan Campaign Reform Act*.[21]

---

conseguinte, manutenção das regras do jogo. DA ROS, Luciano. Tribunais como árbitros ou como instrumentos de oposição: uma tipologia a partir dos estudos recentes sobre judicialização da política com aplicação ao caso brasileiro contemporâneo. *Direito, Estado e Sociedade*, n. 31, p. 86, 2007; e Ministério público e sociedade civil no Brasil contemporâneo: em busca de um padrão de interação. *Política Hoje*, n. 18, p. 29, 2009. Ver também, da mesma autoria: Fundamentos sociopolíticos do pioneirismo jurisprudencial e da diversificação do espaço jurídico: notas a partir de estudo de caso. *Revista da Ajuris*, n. 35, p. 217-230, 2008, e Difícil hierarquia: a avaliação do Supremo Tribunal Federal pelos magistrados da base do Poder Judiciário no Brasil. *Revista da GV*, n. 9, p. 47-64, 2013.

[12] O protagonismo institucional do Poder Judiciário é relacionado ao "quadro de valorização do papel do juiz", por José Ribas Vieira, "protagonismo judicial-processual", por Lenio Luiz Streck, ou "nova ideia de direito, com o juiz como figura principal", por Evandro Gueiros Leite. VIEIRA, José Ribas. Leituras e debates em torno da interpretação no direito constitucional nos anos 90. *Impulso – Revista de Ciências Sociais e Humanas*, n. 20, p. 16, 1996; e LEITE, Evandro Gueiros. Ativismo Judicial. *BDJur – Biblioteca Digital Jurídica*, n. 5, p. 2, 2008.

[13] VALLE, Vanice Regina Lírio do. *O ativismo jurisdicional e o Supremo Tribunal Federal*. Curitiba: Juruá, 2009. p. 33.

[14] RAMOS, Elival da Silva. *Ativismo judicial*: parâmetros dogmáticos. São Paulo: Saraiva, 2010. p. 13.

[15] Operation Dismantle v. The Queen [1985] 1 S.C.R. 441.

[16] 2004Hun-Na1, 16-1 KCCR 609.

[17] Décision nº 2010-44 QPC. Journal Officiel 29.9.2010, p. 671.

[18] Ornan Yekutieli v. The Minister of Religious Affairs, HCJ 4124/00.

[19] Döntés száma 8/2010. Magyar Közlöny 2010/10.

[20] Esas no: 2014/36. Karar no: 2015/51.

[21] Citizens United v. Federal Election Commission, 558 U.S. 310.

Da mesma forma, como ator do processo de interpretação da Constituição, o Supremo Tribunal Federal do Brasil enfrentou as questões da antecipação terapêutica de parto de fetos anencéfalos, na Arguição de Descumprimento de Preceito Fundamental nº 54/DF,[22] da fidelidade partidária dos detentores de mandatos eletivos, no Mandado de Segurança nº 26.602/DF,[23] do cultivo, industrialização e comercialização de organismos geneticamente modificados, na Ação Direta de Inconstitucionalidade nº 3.035/PR,[24] da união estável entre pessoas do mesmo sexo, na Arguição de Descumprimento de Preceito Fundamental nº 132/RJ,[25] do uso de células-tronco embrionárias em pesquisas, na Ação Direta de Inconstitucionalidade nº 3.510/DF,[26] da progressão de regime prisional em crimes hediondos, no *Habeas Corpus* nº 82.959/SP,[27] e das ações afirmativas raciais no acesso às instituições de ensino superior públicas, na Arguição de Descumprimento de Preceito Fundamental nº 186/DF.[28]

4 Ativismo judicial

A expressão "ativismo judicial" pode ser reputada a Arthur Schlesinger Junior, que, ao analisar o perfil dos juízes da Suprema Corte norte-americana em 1947, identificou os "ativistas judiciais" – *Justices* Hugo Black, William O. Douglas, Frank Murphy e Wiley B. Rutledge, Jr. –, os "campeões do autocontrole" – *Justices* Robert H. Jackson, Felix Frankfurter e Harold H. Burton – e, por último, o "grupo intermediário" – *Justice* Stanley F. Reed, sob a liderança do *Chief Justice* Frederick M. Vinson.[29]

4.1 Definição

A definição de ativismo judicial não é unívoca.

A partir da constatação de cinco significados, o fenômeno sob investigação pode ser examinado como (i) "prática utilizada para atacar os atos emanados de outros Poderes do Estado, com constitucionalidade defensável", (ii) "estratégia de não aplicar os precedentes", (iii) "afastamento dos cânones de

---

[22] ADPF nº 54/DF. DJe-080.
[23] MS nº 26.602/DF. DJe-197.
[24] ADI nº 3.035/PR. DJe-152.
[25] ADPF nº 132/RJ. DJe-198.
[26] ADI nº 3.510/DF. DJe-096.
[27] HC nº 82.959/SP. DJe-022.
[28] ADPF nº 186/DF. DJe-205.
[29] SCHLESINGER JUNIOR, Arthur. The Supreme Court: 1947. *Fortune Magazine*, p. 202, 1º jan. 1947. Ver também: *The Cycles of American History*. Boston: Houghton Mifflin, 1986. p. 422-423.

interpretação", (iv) "conduta de legislar desde os tribunais" ou (v) "julgamento predeterminado a um fim".[30]

Em que pese a multiplicidade de significados, permitimo-nos definir o ativismo judicial como método de criação judicial do Direito *extra legem*, porém *intra ius*.[31]

4.2 Tipologia

O debate norte-americano acerca do ativismo e da autocontenção judicial gira em torno de uma questão de calibragem da atividade dos juízes e tribunais, sendo exato que, na história da Suprema Corte, os conceitos desenvolveram uma trajetória pendular.[32]

Entendido como participação mais intensa do Poder Judiciário na atividade intelectual de concretização dos valores constitucionais[33] ou, de outro modo, interferência em maior grau do Judiciário na esfera de atuação dos demais Poderes do Estado,[34] na definição que nos é fornecida pela dogmática tradicional, o ativismo judicial não pode ser confundido com a politização do Judiciário (ativismo extrajudicial), o estado de coisas inconstitucional (ativismo dialógico) e a autonomia processual da justiça constitucional (ativismo procedimental).[35]

4.2.1 Ativismo extrajudicial

A politização do Judiciário, isto é, a "articulação com representantes de outros Poderes do Estado", por meio da qual os juízes "se relacionam com o mundo da política",[36] não tem a ver com o desempenho da jurisdição.

Muito pelo contrário, o ativismo extrajudicial é relacionado à forma como os magistrados se apresentam perante os demais Poderes, a sociedade e a opinião

---

[30] KMIEC, Keenan D. The origin and current meanings of "judicial activism". *California Law Review*, n. 92, p. 1463-1476, 2004.

[31] MORAES, Guilherme Peña de. *Justiça Constitucional*: limites e possibilidades da atividade normativa dos tribunais constitucionais. São Paulo: Atlas, 2012. p. 96, 105 e 168.

[32] AMAR, Akhil R. *America's Unwritten Constitution*. New York: Basic Books, 2012. p. 95.

[33] ROOSEVELT, Kermit. *The myth of judicial activism*. New Haven: Yale University Press, 2006. p. 37.

[34] FORTE, David F. *The Supreme Court in american politics*: judicial activism *vs.* self-restraint. Lexington: Heath, 1972. p. 17.

[35] O ativismo judicial é constituído por sete espécies ou modalidades, de acordo com William P. Marshall: o contramajoritário, o não-originalista, o jurisdicional ou formal, o de precedentes, o material ou criativo, o remediador e o *partisan*. MARSHALL, William P. Conservatism and the seven sins of judicial activism. *University of Colorado Law Review*, n. 73, p. 1.217, 2002.

[36] TORQUATO, Francisco Gaudêncio. A politização do judiciário. *O Estado de São Paulo*, p. A2, 13 mar. 2005.

pública, por seus modos de pronunciamento externo ao processo, tendo em vista as questões de interesse da judicatura.

Dentro dessa perspectiva, "o ativismo extrajudicial torna mais explícita uma dimensão de politização do Judiciário, que o aproxima do procedimento de atuação dos outros Poderes do Estado legitimados democraticamente".[37]

4.2.2 Ativismo dialógico

O estado de coisas inconstitucional é demonstrado pelo fracasso generalizado de políticas públicas, que, causado pelo bloqueio do processo político ou institucional, resulta em violações massivas de direitos humanos.[38]

A teoria foi desenvolvida pela Corte Constitucional da Colômbia na solução de casos estruturais,[39] como, por exemplo, os relacionados aos estabelecimentos carcerários,[40] deslocamentos internos[41] e saúde pública,[42] à luz do art. 27, nº 3, do Decreto nº 2.591, de 19 de novembro de 1991.[43]

O estado de coisas inconstitucional é contemplado em ordens judiciais de execução complexa do tribunal constitucional, que, no exercício da jurisdição supervisora que lhe é investida, deve proceder à realização de audiências públicas de prestação de informações e de autos de monitoramento das providências adotadas pelo Estado.[44]

Diferentemente do ativismo clássico, que tem a pretensão de resolver, com a sentença ou acórdão, todos os problemas discutidos no processo judicial, propõe o ativismo dialógico, o emprego de procedimentos de mudança organizacional pela implementação gradual do julgado.

---

[37] VIEIRA, José Ribas; CAMARGO, Margarida Maria Lacombe; SILVA, Alexandre Garrido da. O Supremo Tribunal Federal como arquiteto institucional: a judicialização da política e o ativismo judicial. *Versus – Revista de Ciências Sociais Aplicadas do CCJE/UFRJ*, n. 2, p. 74, 2009.

[38] GARAVITO, César Rodríguez. *Juicio a la Exclusión*: el impacto de los tribunales sobre los derechos sociales en el Sur Global. Buenos Aires: Siglo Veintiuno, 2015. p. 33.

[39] Resolución, abril 28 de 1998: "Este Tribunal tem utilizado a figura do estado de coisas inconstitucional a fim de buscar remédio para situações de violação dos direitos fundamentais que têm um caráter geral, que afetam tantas pessoas, e cujas causas são de natureza estrutural, isto é, como regra, não se originam exclusivamente da autoridade demandada e, portanto, sua solução exige esforços conjuntos de diferentes entidades. Nessas condições, a Corte Constitucional decide que, como milhares de pessoas estão na mesma situação, o mais indicado é emitir ordens às instituições públicas competentes, com vistas a colocar em ação o seu poder para eliminar este estado de coisas inconstitucional". Disponível em: <http://www.corteconstitucional.gov.co>. Acesso em: 24 set. 2015.

[40] Sentencia T-606/98. Octubre 27 de 1998.

[41] Sentencia T-025/04. Abril 27 de 2004.

[42] Sentencia T-760/08. Julio 31 de 2008.

[43] Decreto nº 2.591/91, art. 27, nº 3: "Em todo caso, o juiz deve estabelecer os efeitos da sua decisão para o caso concreto, mantida a sua competência até que o direito seja totalmente reintegrado ou as causas da ameaça tenham cessado". Disponível em: <http://www.congreso.gov.co>. Acesso em: 24 set. 2015.

[44] LANGFORD, Malcolm. *Teoría y Jurisprudencia de los Derechos Sociales*: tendencias emergentes en el Derecho Internacional y Comparado. Bogotá: Universidad de los Andes-Siglo del Hombre, 2013. p. 209.

4.2.3 Ativismo procedimental

O maior grau de liberdade na configuração do processo constitucional é, em resumo, um atributo da justiça constitucional, que, no desempenho da autonomia processual que lhe é inerente, pode fornecer ao processo constitucional uma natureza dúctil, flexível e, sobretudo, aberta às suas necessidades.[45]

O ativismo procedimental é informado pelo princípio da adaptabilidade, que investe os tribunais constitucionais no poder de suprir a incompletude ou inconsistência, ou então, a inconveniência ou inoportunidade da aplicação do Direito Processual Constitucional. Em outras palavras, os tribunais constitucionais gozam de não pouca margem de discricionariedade judicial, que lhes permite "preencher uma lacuna jurídica" e, bem assim, "modificar o sistema conforme considerações de conveniência e oportunidade que são alheias ao próprio sistema (pelo menos na opinião de alguns)".[46]

A deformalização do processo constitucional é fomentada pela autonomia processual da justiça constitucional, que, a nosso sentir, pode ser constatada, posto que evidente, na filtragem dos recursos excepcionais, pluralização do debate constitucional e redimensionamento da eficácia das decisões tomadas em controle de constitucionalidade.[47]

4.3 Limitação

"Todo poder é limitado por mais que se tenha ele".[48]

Poder e limitação constituem os parâmetros, aparentemente contraditórios, a partir dos quais são fundadas as estruturas de todas as democracias contemporâneas. Forte nesta premissa, a conclusão há de ser pela afirmação das possibilidades do ativismo judicial, sem, entretanto, deixar de impor-lhe limites.

Temos que o ativismo e a autocontenção judicial são iluminados por cinco *standards* ou padrões de avaliação: a discriminação ou preconceito, a deliberação popular, o funcionamento da democracia, a capacidade técnica e a proteção deficiente dos direitos das gerações futuras.[49]

---

[45] MARTINS, Leonardo. A retórica do processo constitucional objetivo no Brasil. In: NOVELINO, Marcelo (Org.). *Leituras complementares de direito constitucional*. Salvador: Juspodivm, 2007. p. 30.
[46] DIMOULIS, Dimitri; LUNARDI, Soraya Regina. Efeito transcendente, mutação constitucional e reconfiguração do controle de constitucionalidade no Brasil. *Revista Brasileira de Estudos Constitucionais*, n. 5, p. 220, 2008.
[47] VAL, Eduardo. A "Corte" Gilmar Mendes revisitada (2008-2010): mais ativismo no controle de constitucionalidade brasileiro? In: BELLO, Enzo (Org.). *Ensaios críticos sobre direitos humanos e constitucionalismo*. Caxias do Sul: Educs, 2012. p. 121.
[48] BOETHIUS, Anicius Manlius Torquatus Severinus. *De Consolatione Philosophiae, Opuscula Theologica*. Munich & Leipzig: K.G. Saur (Bibliotheca Teubneriana), 2000. p. 65.
[49] MORAES, Guilherme Peña de. A redução da maioridade penal é constitucional? Não. *Carta Forense*, p. B23, 04 maio 2015.

4.3.1 Discriminação ou preconceito

Ativismo ou autocontenção judicial conforme a questão envolva, ou não, minorias objeto de discriminação ou preconceito.

As discriminações, sob a forma de preconceitos de origem, raça, sexo, cor ou idade, devem ensejar a participação mais intensa do Poder Judiciário na concretização dos valores constitucionais em jogo.

A proteção judicial dos direitos das minorias e dos grupos vulneráveis nas sociedades pluralistas deve compor a agenda dos tribunais constitucionais, em ordem a fornecer efetividade ao direito a ser diferente.[50]

4.3.2 Deliberação popular

Ativismo ou autocontenção judicial consoante a maior ou menor deliberação popular sobre a matéria.

Nesse contexto, quanto maior for o grau de deliberação popular no processo de tomada de decisão dos agentes da política, menor deve ser o nível de interferência do Judiciário na esfera de atuação dos demais Poderes do Estado.

O tribunal constitucional, como guardião da formação da deliberação popular, deve conter-se frente a organizações de mesma hierarquia. Evidenciar-se-ia, do contrário, uma supremacia inconstitucional daquele em relação a estas.[51] [52]

4.3.3 Funcionamento da democracia

Ativismo ou autocontenção judicial conforme a questão envolva, ou não, pressupostos para o funcionamento da democracia.[53]

---

[50] ATALIBA, Geraldo. Judiciário e minorias. *Revista de Informação Legislativa*, n. 96, p. 189-194, 1987.

[51] SOUZA NETO, Cláudio Pereira de. Teoria da constituição, democracia e igualdade. In: SOUZA NETO, Cláudio Pereira de et al. *Teoria da Constituição*: estudos sobre o lugar da política no Direito Constitucional. Rio de Janeiro: Lumen Juris, 2003. p. 24.

[52] A partir da concepção de procedimento democrático (*demokratische Verfahren*), a teoria da deliberação foi engendrada por Jürgen Habermas. Defende o autor que a formação da vontade política deve ser submetida a um procedimento democrático na esfera pública, com a função de racionalizar as decisões do governo e da administração pública, eis que "os pressupostos comunicacionais da formação democrática da vontade funcionam como importantes escoadouros da racionalização discursiva das decisões de um governo e administração pública vinculados ao direito e à lei. Racionalização significa mais que mera legitimação, mas menos que a ação de constituir o poder político". HABERMAS, Jürgen. *Die Einbeziehung des Anderen*. Frankfurt am Main: Suhrkamp, 1996. p. 277-292. Ver, também, da mesma autoria: *Faktizität und Geltung*. Frankfurt am Main: Suhrkamp, 1998. p. 311.

[53] COMMAGER, Henry. *Majority rule and minority rights*. New York: Peter Smith, 1980. p. 38-41.

A democracia é resultado da convivência entre a preservação da vontade da maioria (*majority rule*) e, sobretudo, a proteção dos direitos fundamentais (*minority rigths*).⁵⁴

Em linha de princípio, o governo da maioria deve ser protegido, a não ser na hipótese em que a vontade de quem tenha a maioria dos votos imponha ameaça ou lesão à preservação dos direitos fundamentais, quando, então, a regra se inverte.⁵⁵

4.3.4 Capacidade técnica

Ativismo ou autocontenção judicial consoante a maior ou menor capacidade técnica de resolução do litígio.

Nesse diapasão, quanto maior for o nível de capacidade técnica para deslinde da questão jurídica, menor deve ser o grau de interferência do Judiciário na esfera de atuação dos outros Poderes do Estado.

O tribunal constitucional, no entanto, dispõe da possibilidade de requisitar informações adicionais, designar perito para que emita parecer acerca da questão, ou fixar data para ouvir depoimentos de pessoas com experiência na matéria, para esclarecimento de circunstância de fato sobre a qual não possua *expertise*.⁵⁶ ⁵⁷

4.3.5 Proteção deficiente dos direitos das gerações futuras

Ativismo ou autocontenção judicial conforme a questão envolva, ou não, no presente os direitos das gerações do futuro.

---

[54] MORAES, Guilherme Peña de. (Des)ordem e violência. *O Dia*, p. 12, 14 maio 2014.

[55] HAHN, Harlan. *Minority rights and majority rule*. New York: John Wiley & Sons, 1976. p. 19-22.

[56] MENDES, Gilmar Ferreira. Controle de constitucionalidade: hermenêutica constitucional e revisão de fatos e prognoses legislativos pelo órgão judicial. In: MENDES, Gilmar Ferreira. *Direitos fundamentais e controle de constitucionalidade*. Estudos de direito constitucional. São Paulo: Saraiva, 2007. p. 471.

[57] A teoria do controle das prognoses legislativas pode ser reconduzida a Klaus Jürgen Philippi, para quem o processo de conhecimento envolve a análise integrada de elementos fáticos e jurídicos. Considerando a existência da "comunicação entre norma e fato" (*Kommunikation zwischen Norm und Sachverhalt*), desmistifica o autor a ideia de que a questão constitucional configura simples "questão jurídica" (*Rechtsfragen*) de aferição de legitimidade da lei em face da Constituição. Dessa forma, Klaus Jürgen Philippi constata a possibilidade jurídica de exame ou revisão dos fatos legislativos pressupostos ou adotados pelo legislador, entendendo-se como tal qualquer "fato real" (*realer Sachverhalt*) que tenha relevo para aplicação de uma norma. Em seguida, o autor procede à classificação dos fatos legislativos em "fatos históricos" (*historische Tatsache*), "fatos atuais" (*gegenwärtige Tatsachen*) e "eventos futuros" (*zukünftige Tatsachen*). No tocante aos "eventos futuros", segundo a concepção dos prognósticos legislativos, a decisão acerca da legitimidade ou ilegitimidade de uma dada lei ou ato normativo depende da confirmação de uma prognose fixada pelo legislador ou da provável verificação de um dado evento. De outro modo, havendo erro no prognóstico, ou a mera inocorrência do evento previsto, estaria viciada de inconstitucionalidade a lei editada sob este fundamento: a não confirmação da prognose legislativa. PHILIPPI, Klaus Jürgen. *Tatsachenfeststellungen des Bundesverfassungsgerichts*: ein Beitrag zur rational-empirischen Fundierung verfassungsgerichtlicher Entscheidungen. Köln: Heymann, 1971. p. 14-15. V., também, da mesma autoria: *Reflexion und Wirklichkeit*. Tübingen: Max Niemeyer, 1966. p. 152.

A proteção deficiente dos direitos das gerações futuras de satisfazer as suas próprias necessidades pode ensejar a participação mais intensa do Poder Judiciário na concretização dos valores constitucionais em jogo.

A vinculação às cláusulas pétreas das gerações presentes, como entendemos, há de ser interpretada com moderação. Ela não pode expor os princípios básicos da ordem constitucional, que lhe conferem identidade. Todavia, ela não deve obstar a decisão majoritária dos órgãos de representação popular que tenham a legítima pretensão de ajustar a Constituição à realidade que lhe é subjacente. As cláusulas pétreas, que não resultam na intocabilidade dos enunciados linguísticos da Constituição, desse modo, têm o condão de impedir a deliberação de proposta de reforma que possa importar em descaracterização do núcleo essencial do bem jurídico tutelado por ela.[58]

5 Conclusão

Pelo fio do exposto, as conclusões que obtivemos ao longo do desenvolvimento da pesquisa são três.

A um, as definições de protagonismo judicial, de judicialização da política e de ativismo judicial, embora sejam relacionadas ao Poder Judiciário, não se confundem.

O protagonismo judicial é delineado como uma posição de vértice, a judicialização da política, um fato, e o ativismo judicial, um comportamento.

Em consequência, no quadro da organização dos Poderes, o Judiciário ocupa uma posição do alto da qual pode observar um fato e, se houver por bem, amoldar um comportamento que se lhe afigure suficiente e pertinente para a resolução das questões de direito das quais deva conhecer.

A dois, em linha de princípio, a judicialização da política é investigada como causa do protagonismo judicial, que opera o efeito do ativismo judicial nos sistemas jurídicos contemporâneos.

A judicialização da política, todavia, não resulta, *ipso facto*, em ativismo judicial e vice-versa.

O ativismo judicial é possível sem que, anteriormente, tenha havido a judicialização da política, na medida em que o Poder Judiciário pode adotar uma postura ativista em matérias que já eram submetidas à cognição judicial.

De outro giro, a judicialização da política é possível sem que, posteriormente, venha a haver o ativismo judicial, uma vez que o Poder Judiciário pode conter-se em matérias que tenham sido trazidas da arena política.

---

[58] ANDRADE, Fábio Martins. As cláusulas pétreas como instrumentos de proteção dos direitos fundamentais. *Revista de Informação Legislativa*, n. 181, p. 207-226, 2009.

Ao final, o aumento da margem de judicialização da política e, bem assim, a diminuição progressiva do espaço de ativismo judicial, em razão dos limites que lhe foram impostos, levam-nos a concluir que os níveis de ambos os institutos não são equivalentes.

Enquanto o grau de judicialização da política é alto, o nível de ativismo judicial, no Direito Constitucional brasileiro, pela interpretação do protagonista em cena, o Supremo Tribunal Federal, é baixo ou, pelo menos, moderado.

Referências

AMAR, Akhil R. *America's unwritten Constitution*. New York: Basic Books, 2012.

ANDRADE, Fábio Martins. As cláusulas pétreas como instrumentos de proteção dos direitos fundamentais. *Revista de Informação Legislativa*, n. 181, 2009.

ATALIBA, Geraldo. Judiciário e minorias. *Revista de Informação Legislativa*, n. 96, 1987.

BOETHIUS, Anicius Manlius Torquatus Severinus. *De Consolatione Philosophiae, Opuscula Theologica*. Munich & Leipzig: K.G. Saur (Bibliotheca Teubneriana), 2000.

COMMAGER, Henry. *Majority rule and minority rights*. New York: Peter Smith, 1980.

CROWE, Justin. *Building the judiciary*: law, courts and the politics of institutional development. New Jersey: Princeton University Press, 2012.

DA ROS, Luciano. Tribunais como árbitros ou como instrumentos de oposição: uma tipologia a partir dos estudos recentes sobre judicialização da política com aplicação ao caso brasileiro contemporâneo. *Direito, Estado e Sociedade*, n. 31, 2007.

DA ROS, Luciano. Ministério Público e Sociedade Civil no Brasil Contemporâneo: em busca de um padrão de interação. *Política Hoje*, n. 18, 2009.

DA ROS, Luciano. Fundamentos sociopolíticos do pioneirismo jurisprudencial e da diversificação do espaço jurídico: notas a partir de estudo de caso. *Revista da Ajuris*, n. 35, 2008.

DA ROS, Luciano. Difícil hierarquia: a avaliação do Supremo Tribunal Federal pelos magistrados da base do Poder Judiciário no Brasil. *Revista da GV*, n. 9, 2013.

DIMOULIS, Dimitri; LUNARDI, Soraya Regina. Efeito transcendente, mutação constitucional e reconfiguração do controle de constitucionalidade no Brasil. *Revista Brasileira de Estudos Constitucionais*, n. 5, 2008.

DRESSEL, Björn. *Judicialization of politics*. New York: Routledge, 2012.

FORTE, David F. *The Supreme Court in american politics*: judicial activism *vs.* self-restraint. Lexington: Heath, 1972.

FRIEDMAN, Lawrence; PÉREZ-PERDOMO, Rogelio. *Legal culture in the age of globalization*. Redwood: Stanford University Press, 2003.

GARAPON, Antoine. *Le gardien des promesses*. Justice et démocratie. Paris: Odile Jacob, 1996.

GARAPON, Antoine. *Les juges dans la mondialisation*. Paris: Seuil, 2005.

GARAPON, Antoine. L'imaginaire pirate de la mondialisation. *Revue Esprit*, 1º jul. 2009.

GARAPON, Antoine. La peur de l'impuissance démocratique. *Revue Esprit*, 1º fev. 2014.

GARAVITO, César Rodríguez. *Juicio a la exclusión*: el impacto de los tribunales sobre los derechos sociales en el Sur Global. Buenos Aires: Siglo Veintiuno, 2015.

HABERMAS, Jürgen. *Die Einbeziehung des Anderen*. Frankfurt am Main: Suhrkamp, 1996.

HABERMAS, Jürgen. *Faktizität und Geltung*. Frankfurt am Main: Suhrkamp, 1998.

HAHN, Harlan. *Minority rights and majority rule*. New York: John Wiley & Sons, 1976.

HIRSCHL, Ran. *Towards juristocracy*: the origins and consequences of the new constitutionalism. Cambridge: Harvard University Press, 2007.

KMIEC, Keenan D. The origin and current meanings of "judicial activism". *California Law Review*, n. 92, 2004.

LANGFORD, Malcolm. *Teoría y jurisprudencia de los derechos sociales:* tendencias emergentes en el derecho internacional y comparado. Bogotá: Universidad de los Andes-Siglo del Hombre, 2013.

LEITE, Evandro Gueiros. Ativismo judicial. *BDJur – Biblioteca Digital Jurídica*, n. 5, 2008.

MARSHALL, William P. Conservatism and the seven sins of judicial activism. *University of Colorado Law Review*, n. 73, 2002.

MARTINS, Leonardo. A retórica do processo constitucional objetivo no Brasil. In: NOVELINO, Marcelo (Org.). *Leituras complementares de direito constitucional*. Salvador: Juspodivm, 2007.

MENDES, Gilmar Ferreira. Controle de constitucionalidade: hermenêutica constitucional e revisão de fatos e prognoses legislativos pelo órgão judicial. In: MENDES, Gilmar Ferreira. *Direitos fundamentais e controle de constitucionalidade*. Estudos de direito constitucional. São Paulo: Saraiva, 2007.

MORAES, Guilherme Peña de. *Justiça constitucional*: limites e possibilidades da atividade normativa dos tribunais constitucionais. São Paulo: Atlas, 2012.

MORAES, Guilherme Peña de. *Constitucionalismo multinacional*: uso persuasivo da jurisprudência estrangeira pelos tribunais constitucionais. São Paulo: Atlas, 2015.

MORAES, Guilherme Peña de. (Des)ordem e Violência. *O Dia*, 14 maio 2014.

MORAES, Guilherme Peña de. A redução da maioridade penal é constitucional? Não. *Carta Forense*, 4 maio 2015.

PHILIPPI, Klaus Jürgen. *Reflexion und Wirklichkeit*. Tübingen: Max Niemeyer, 1966.

PHILIPPI, Klaus Jürgen. *Tatsachenfeststellungen des Bundesverfassungsgerichts*: ein Beitrag zur rational-empirischen Fundierung verfassungsgerichtlicher Entscheidungen. Köln: Heymann, 1971.

POPOVA, Maria. *Politicized justice*. Cambridge: Cambridge University Press, 2014.

RAMOS, Elival da Silva. *Ativismo judicial*: parâmetros dogmáticos. São Paulo: Saraiva, 2010.

ROOSEVELT, Kermit. *The myth of judicial activism*. New Haven: Yale University Press, 2006.

SCHLESINGER JUNIOR, Arthur. The Supreme Court: 1947. *Fortune Magazine*, 1º jan. 1947.

SCHLESINGER JUNIOR, Arthur. *The cycles of american history*. Boston: Houghton Mifflin, 1986.

SHAPIRO, Martin; SWEET, Alec. *On law, politics and judicialization*. Cary: Oxford University Press, 2002.

SOUZA NETO, Cláudio Pereira de. Teoria da constituição, democracia e igualdade. In: BERCOVICI, Gilberto et al. *Teoria da Constituição:* estudos sobre o lugar da política no direito constitucional. Rio de Janeiro: Lumen Juris, 2003.

STRECK, Lenio Luiz. Hermenêutica, Constituição e processo, ou de "como discricionariedade não combina com democracia": o contraponto da resposta correta. In: MACHADO, Felipe Daniel Amorim (Coord.). *Constituição e processo:* a contribuição do processo ao constitucionalismo democrático brasileiro. Belo Horizonte: Del Rey, 2009.

TORQUATO, Francisco Gaudêncio. A politização do judiciário. *O Estado de São Paulo*, 13 mar. 2005.

TUSHNET, Mark. *Taking the constitution away from the courts*. New Jersey: Princeton University Press, 2000.

VAL, Eduardo. A "Corte" Gilmar Mendes revisitada (2008-2010): mais ativismo no controle de constitucionalidade brasileiro? In: BELLO, Enzo (Org.). *Ensaios críticos sobre direitos humanos e constitucionalismo*. Caxias do Sul: Educs, 2012.

VALLE, Vanice Regina Lírio do. *O ativismo jurisdicional e o Supremo Tribunal Federal*. Curitiba: Juruá, 2009.

VALLINDER, Torbjörn. The judicialization of politics: a world-wide phenomenon. *International Political Science Review*, n. 15, 1994.

VALLINDER, Torbjörn, TATE, Neal. *The global expansion of judicial power*. New York: NYU Press, 1997.

VIEIRA, José Ribas. Leituras e debates em torno da interpretação no direito constitucional nos anos 90. *Impulso – Revista de Ciências Sociais e Humanas*, n. 20, 1996.

VIEIRA, José Ribas; CAMARGO, Margarida Maria Lacombe; SILVA, Alexandre Garrido da. O Supremo Tribunal Federal como arquiteto institucional: a judicialização da política e o ativismo judicial. *Versus – Revista de Ciências Sociais Aplicadas do CCJE/UFRJ*, n. 2, 2009.

Informação bibliográfica deste texto, conforme a NBR 6023:2002 da Associação Brasileira de Normas Técnicas (ABNT):

MORAES, Guilherme Peña de. Protagonismo institucional do Poder Judiciário no Estado contemporâneo: reflexões sobre a judicialização, o ativismo judicial e a autonomia processual da justiça constitucional. In: COPETTI NETO, Alfredo; LEITE, George Salomão; LEITE, Glauco Salomão. *Dilemas na Constituição*. Belo Horizonte: Fórum, 2017. p. 301-313. ISBN 978-85-450-0236-9.

PARTE V

DILEMAS NO PROCESSO CONSTITUCIONAL E NO CONTROLE DE CONSTITUCIONALIDADE

ENTRE O *ÉTHOS* E A PRÁXIS: OSCILAÇÕES DA JURISDIÇÃO CONSTITUCIONAL NA PROTEÇÃO DE DIREITOS FUNDAMENTAIS

Flávia Santiago Lima
Glauco Salomão Leite

Introdução

O triunfo das constituições contemporâneas teve como baliza a redemocratização da Europa, imediatamente após a Segunda Grande Guerra, e se deve às condições específicas daquele momento histórico, em que o *status* político, econômico e social estava desorganizado.[1] Vislumbrou-se na constitucionalização de um catálogo mais amplo de direitos, e nas potencialidades da jurisdição para fazê-los efetivos, a possibilidade de se estabelecer um novo equilíbrio naquelas sociedades.

Diante do sucesso da fórmula na Europa, especialmente na Alemanha (1949) e Itália (1947), cujas Cortes Constitucionais tornaram-se famosas ao redor do mundo, a *revolução constitucional* irradiou-se pelo Ocidente e se converteu num dos mais importantes acontecimentos da segunda metade do século XX.

Certamente, produziu impactos no Brasil, como consequência natural da necessidade de reconstrução da institucionalidade após as experiências autoritárias do centênio anterior. A Constituição de 1946 e a Constituição de 1988 (CF/88) aderiram aos pilares normativos do constitucionalismo, resguardadas as peculiaridades nacionais, ao estabelecer um elenco de direitos fundamentais – liberais e sociais – e garantias aos atores políticos para viabilização da almejada democracia.

Neste sentido, a CF/88 trouxe expectativas mais complexas: redemocratização, garantia de direitos, justiça social e inclusão dos mais diversos grupos. Para tal fim, foram fortalecidas as instituições estatais e privilegiadas as interações com a sociedade civil. E o Poder Judiciário, sobretudo seu órgão de cúpula – o Supremo Tribunal Federal (STF) –, foi tido como importante ator desse arranjo. Tribunais e juristas, após 1988, tornaram-se afiançadores da proteção dos direitos fundamentais, na caracterização de um acalorado processo de judicialização da política e das relações sociais.[2]

---

[1] SWEET, Alec Stone. *Governing with judges*: constitutional politics in Europe. Oxford: Oxford University Press, 2000. p. 38.
[2] VIANNA, Luiz Werneck et al. *A judicialização da política e das relações sociais no Brasil*. Rio de Janeiro: Revan, 1999.

O presente trabalho insere-se neste debate, ao questionar como o STF deveria e *efetivamente* desempenha seu papel na garantia de uma das principais justificativas para a jurisdição constitucional: a defesa dos direitos fundamentais. A esse respeito, já se afirmou que o *éthos* da jurisdição constitucional é a garantia de direitos fundamentais, especialmente quando demandas legítimas da sociedade não são atendidas nas esferas de representação política, impulsionando o processo de judicialização. Como dito pelo Ministro Gilmar Mendes:

> Nas sustentações de ontem, agitou-se o tema da questão do reconhecimento do direito da minoria. Tenho escrito sobre isso, já destaquei em outro momento inclusive como um *ethos* fundamental, básico, da jurisdição constitucional. E, no caso específico, é notório que o que se pede é um modelo mínimo de proteção institucional como instrumento para evitar uma caracterização continuada de discrímen, de discriminação.
>
> Evidentemente, essa proteção poderia ser feita – ou talvez devesse ser feita – primariamente pelo Congresso Nacional, mas também se destacou da tribuna as dificuldades que ocorrem nesse processo decisório, em razão das múltiplas controvérsias que se lavram na sociedade em relação a esse tema. E aí a dificuldade do modelo representativo, muitas vezes, de atuar, de operar.[3]

Para tal escopo, inicialmente serão analisadas as expectativas dirigidas ao Tribunal, a partir de um aparato metodológico que lhe assegura ampla discricionariedade no exercício da interpretação e aplicação da CF/88 – o neoconstitucionalismo. Posteriormente, pretende-se expor – a partir de dados coletados nas pesquisas empíricas quanto à atuação do Tribunal – se a judicialização é acompanhada de um efetivo protagonismo dos direitos fundamentais na pauta do STF. Verificados estes aportes, as atenções serão dirigidas a recentes decisões do Tribunal sobre liberdades fundamentais: presunção de inocência e privacidade (sigilo bancário).

Ao final, a ideia é articular se há (ou não) uma desconexão entre o *éthos* e a práxis no exercício da jurisdição constitucional pelo STF.

1   O discurso neoconstitucionalista na legitimação do protagonismo judicial

Com a promulgação da Constituição de 1988, um desafio foi apresentado aos juristas pátrios: como construir uma dogmática adequada ao conjunto de normas e procedimentos (re)democratizantes adotados pela Constituição Cidadã, claramente comprometida com uma dimensão ética e moral do direito, a qual se revela pelo extenso rol de direitos fundamentais? Mais ainda: qual o papel de um Poder Judiciário institucionalmente fortalecido e que passou a apresentar-se como importante ator político no novo paradigma constitucional?

---

[3] ADI nº 4.277/DF, rel. Min. Ayres Britto, *DJ*, de 05.05.2011.

Diante de concepções jurídicas acostumadas a compreender a Constituição como uma simples "folha de papel", fez-se urgente a reconstrução da Dogmática Jurídica brasileira, só que, desta vez, sem descambar para uma espécie de "legalidade paralela e não oficial", nem para perspectivas jusnaturalistas. Ao contrário, a juridicidade constitucional foi o motor de um novo fôlego doutrinário emergente na década de 1990.

Luís Roberto Barroso, a respeito, atentou para a necessidade de estabelecer uma "boa dogmática constitucional", com "capacidade de trabalhar o direito positivo [...] dotada de rigor científico, com a apropriada utilização de princípios, com conceitos e elementos interpretativos", para isolá-lo do "charlatanismo constitucional". Os compromissos do Direito Alternativo ou "Uso Alternativo do Direito", ao invés de rejeitados, foram incorporados a esta pretensão.[4] A convocação a este projeto contou com a aceitação de vários juristas brasileiros, que vivenciaram uma ampliação da pesquisa acadêmica na área do Direito Constitucional e suas aproximações com a Teoria do Direito e a Hermenêutica Jurídica.

As expressões "efetividade" e "emancipação constitucional" tornaram-se frequentes no vocabulário jurídico, numa demonstração de ruptura com a pretensa neutralidade do discurso formalista anterior, no pressuposto de que "se a Constituição condensa normativamente valores indispensáveis ao exercício da cidadania, nada mais importante que a busca (política, sim, mas também) jurídica de sua afirmação (realização, aplicação)".[5] Por isso, no plano teórico, a Dogmática Jurídica passou a ser concebida como instrumental comprometido com a concretude e a normatividade da Constituição, orientada a expandir os domínios de uma ordem constitucional inovadoramente includente. Ficou claro, então, que a Dogmática Jurídica não se confundia com o *dogmatismo*. Em tese, ela pode até resvalar, como a história atesta, para um dogmatismo legalista e opressor, mas também pode assumir uma feição diferenciada e emancipatória. Eis o caso da dogmática constitucional da efetividade pós-88.[6]

Nessa perspectiva, para Lenio Streck, por exemplo, o Direito deveria ser visto como um "campo necessário de luta para implantação de promessas modernas". Esse engajamento não representaria o abandono dos meios políticos, dos poderes majoritários ou dos movimentos sociais, mas "é importante observar no meio de tudo isto, que, em nosso país, há até mesmo uma crise de legalidade, uma vez que sequer esta é cumprida, bastando, para tanto, ver a inefetividade dos dispositivos da Constituição".[7] O trabalho de conversão dos

---

[4] BARROSO, Luís Roberto. *Interpretação e aplicação da constituição*: fundamentos de uma dogmática constitucional transformadora. 2. ed. São Paulo: Saraiva, 1998. p. 260.

[5] CLÈVE, Clèmerson Merlin. *A fiscalização abstrata de constitucionalidade no direito brasileiro*. São Paulo: RT, 1995. p. 209-210.

[6] CLÈVE, Clèmerson Merlin. *Para uma dogmática constitucional emancipatória*. Belo Horizonte: Fórum, 2012. p. 42.

[7] "Cumpre observar que a fragilidade do Poder Judiciário atende a interesses bem marcados dos Executivos fortes, que se nutrem de projetos desdobrados de nítida transposição, hoje, dos quadros do privado para os do público, do individualismo possessivo". STRECK, Lenio Luiz. *Jurisdição constitucional e hermenêutica*: uma nova crítica do Direito. Porto Alegre: Livraria do Advogado, 2002, p. 80.

preceitos constitucionais em realidade política é considerado uma "tarefa de responsabilidade de uma cidadania juridicamente participativa que depende, é verdade, da atuação dos tribunais, mas sobretudo do nível de pressão e mobilização política que sobre eles se fizer".[8]

Essa movimentação sem precedentes passou a ser conhecida como "constitucionalismo brasileiro" ou "doutrina brasileira da efetividade", atrelando elaboração teórica a uma perspectiva de ação, com caráter nitidamente político. Em termos históricos, somente poderia ser comparada com a discussão que resultou na redefinição do instituto do *Habeas Corpus*, ainda no século XIX. Assume-se que a "luta" política pela eficácia constitucional é também um desafio jurídico.[9] O objetivo destas construções parecia claro: superar "crônicas disfunções da formação nacional", que se manifestavam numa "insinceridade normativa", pela previsão de instrumentos desacompanhados de interesse político de seu cumprimento.[10]

Esse esforço de construção teórica pós-1988 contou com a colaboração da doutrina ibérica – influência já percebida no período de formação constituinte. Autores portugueses e espanhóis haviam se deparado, nos anos 1980, com o mesmo desafio de interpretar a aplicar textos constitucionais expansivos, permeados por compromissos substantivos, e visualizavam na jurisdição constitucional o potencial de assegurar as condições de possibilidade destes novos arranjos democráticos. Nestes ordenamentos, com substancial reforço da doutrina italiana, vivenciou-se a reaproximação entre as dimensões descritiva e prescritiva na Teoria Geral do Direito através de um conjunto de teorias denominado de "neoconstitucionalismo".[11] Sob tal rótulo, construiu-se um novo pensamento jurídico a partir da atribuição de um papel diferenciado para as Constituições e para a jurisdição constitucional, enquanto instância alçada à condição de protetora da ordem constitucional e, sobretudo, dos direitos fundamentais. De uma maneira geral, seus pressupostos teóricos radicam em autores como Robert Alexy, Ronald Dworkin, Gustavo Zagrebelsky, Luigi Ferrajoli e Carlos Santiago Nino.[12]

A expressão "neoconstitucionalismo" foi amplamente adotada pela doutrina brasileira, sendo objeto de trabalhos que descrevem o fenômeno

---

[8] CITTADINO, Gisele. Judicialização da política, constitucionalismo democrático e separação de poderes. In: VIANNA, Luiz Werneck (Org.). *A democracia e os três poderes no Brasil*. Belo Horizonte/ Rio de Janeiro: UFMG/ Iuperj/Faperj, 2002. p. 17-42, 37-39.

[9] SOUZA NETO, Cláudio Pereira de. Teoria da Constituição, democracia e igualdade. BERCOVICI, Gilberto et al. *Teoria da constituição*: estudos sobre o lugar da política no direito constitucional. Rio de Janeiro: Lumen Juris, 2003, p. 1-73, 14, 15, 17.

[10] BARROSO, Luís Roberto. *O direito constitucional e a efetividade de suas normas*: limites e possibilidades da Constituição brasileira. 9. ed. Rio de Janeiro: Renovar, 2009. p. 354-355.

[11] SASTRE ARIZA, Santiago. La ciencia jurídica ante el neoconstitucionaismo. In: CARBONELL, Miguel (Org.). *Neoconstitucionalismo(s)*. Madrid: Trotta, 2003. p. 239-258, 164 *et seqs*.

[12] Curiosamente, tais autores não compartilham das mesmas teses, nem dos mesmos pressupostos teóricos e nenhum deles se intitula um "neoconstitucionalista".

da "constitucionalização do direito" e suas repercussões nos diversos ramos jurídicos.[13] Como lembra Antonio Cavalcanti Maia, como toda nação periférica, é natural que a doutrina brasileira esteja "sobredeterminada pelos influxos especulativos das culturas jurídicas mais maduras".[14]

Como assevera Paolo Comanducci, os termos "constitucionalismo" e "neoconstitucionalismo" são bastante ambíguos e se prestam a representar uma teoria e/ou ideologia e/ou método de análise do direito, além de modelos constitucionais. Segundo o autor, o mero uso destes sentidos mostra-se suficiente para delinear a diferença entre neoconstitucionalismo e constitucionalismo, pois este seria uma ideologia, talvez respaldada no jusnaturalismo, mas que não constituía uma Teoria do Direito. Tampouco exibia uma pretensão metodológica, num período marcado pelo positivismo jurídico. Em contrapartida, o neoconstitucionalismo caracteriza-se por esta tríplice dimensão: ideologia, teoria e metodologia.[15]

Propõe-se, portanto, uma ruptura com os padrões jurídicos conhecidos e impõe uma nova visão. Como bem expõe Luigi Ferrajoli, a partir da descrição do seu parâmetro garantista para o direito:

> el paradigma del Estado constitucional de derecho – o sea, el modelo garantista – no es otra cosa que esta doble sujeción del derecho al derecho, que afecta a ambas dimensiones de todo fenómeno normativo: la vigencia y la validez, la forma y la sustancia, los signos e los significados, la legitimación formal y la legitimación sustancial o, si se quiere, la "racionalidad formal" y la "racionalidad material" weberianas.[16]

No campo metodológico, tem-se que o neoconstitucionalismo refere-se a determinados aspectos estruturais, que repercutem numa renovada cultura jurídica. Implica, primordialmente, numa noção forte da intervenção jurídica e se caracteriza pela aceitação de uma "constituição invasora", que impregna gradualmente toda a legislação ordinária e acaba por transformar o sistema jurídico, constitucionalizando-o. O paradigma neoconstitucional acaba por ampliar as fronteiras do sistema jurídico, restringindo o campo da política.

Nessa linha de raciocínio, ao enumerar as exigências que determinado sistema deve satisfazer para ser considerado "impregnado" pela normatividade constitucional, Ricardo Guastini assevera a existência de condições necessárias para esta constatação, ao lado de outras que permitem aferir a intensidade desta

---

[13] Esse artigo de Luís Roberto Barroso é um dos principais inventários do neoconstitucionalismo e suas repercussões no Brasil. BARROSO, Luís Roberto. Neoconstitucionalismo e constitucionalização do Direito. O triunfo tardio do direito constitucional no Brasil. *Jus Navigandi*, Teresina, ano 9, n. 851, 1 nov. 2005. Disponível em: <http://jus2.uol.com.br/doutrina/texto.asp?id=7547>. Acesso em: 16 jan. 2007.

[14] MAIA, Antonio Cavalcanti. *As transformações dos sistemas jurídicos contemporâneos*: apontamentos acerca do neoconstitucionalismo. p. 2. Disponível em: <http://www.mundojuridico.adv.br/cgi-bin/upload/Texto1159(2).pdf>.

[15] COMANDUCCI, Paolo. Formas de (Neo)constitucionalismo: un análisis metateórico. In: CARBONELL, Miguel (Org.). *Neoconstitucionalismo (s)*. Madrid: Trotta, 2003. p. 75.

[16] FERRAJOLI, Luigi. *Derechos y garantías*: la ley del más débil. Madrid: Trotta, 2000. p. 23-34.

constitucionalização. Assim, rigidez constitucional e a sua garantia jurisdicional constituem um pressuposto indispensável. É precisamente a dificuldade de promover mudanças nas regras constitucionais que favorece e fortalece a imperatividade dos seus mandamentos.[17] Já o reconhecimento da força normativa da constituição e a repercussão das instâncias judiciais no processo político denotam um ordenamento altamente influenciado pela Constituição.[18]

No plano jurídico, os neoconstitucionalistas identificam a concepção de Estado de Direito com o reconhecimento da supremacia constitucional, que condiciona a interpretação das demais normas do ordenamento e determina os conteúdos da legislação ordinária.[19] As normas constitucionais não podem ser derrogadas, modificadas ou ab-rogadas por quaisquer outros dispositivos. A preponderância do texto, e dos acordos semânticos nele contidos, irradia-se pelas gerações ulteriores, que sofrem limitações nas tentativas de alterá-lo diante da relevante rigidez nos processos de reforma.

Desse modo, a constituição possui normatividade, o que pressupõe a aceitação do seu caráter vinculante em relação aos poderes públicos e aos particulares. As relações jurídicas são intermediadas pelos princípios e direitos constitucionalizados, ainda que reconhecido o alto grau de abstração de algumas de suas previsões. Aceita-se, assim, o forte caráter principiológico e genérico das normas constitucionais, que decorre do seu alcance mais amplo, em virtude dos objetivos colimados e dos valores nelas implícitos. Estas peculiaridades redundaram, inclusive, na (re)formulação de uma Teoria da Constituição, encarregada da discussão da interpretação e aplicação dos seus preceitos.

Entende-se que as constituições enunciam princípios ou critérios gerais de valoração, de sorte que seu conteúdo depende da densificação e concretização por parte do intérprete aplicador, que deve exercer uma atuação criativa, adequando-se às mutações dos valores nelas expressos.[20] Constata-se, consequentemente, um grande esforço da doutrina em trazer novos elementos para a formação de uma "Nova Hermenêutica Constitucional".[21]

A eficácia das normas constitucionais – independentemente de sua estrutura ou conteúdo normativo – permite sua aplicação direta em alguns momentos, a garantir sua efetividade sem intervenção de qualquer órgão legislativo.

---

[17] PRIETO SANCHÍS, Luis. *Justicia constitucional y derechos fundamentales*. Madrid: Trotta, 2003. p. 101 *et seq*.

[18] GUASTINI, Ricardo. La constitucionalización del ordenamiento jurídico: el caso italiano. In: CARBONELL, Miguel (Org.). *Neoconstitucionalismo(s)*. Madrid: Trotta, 2003. p. 49 *et seq*.

[19] "Uma das perspectivas que ganha força é a da denominada "filtragem constitucional", que reconhece a preeminência normativa da constituição frente às demais normas do ordenamento jurídico. Fala-se, nesta seara, numa unidade formal do sistema, com o reconhecimento do aspecto hierárquico-normativo, como numa unidade material ou axiológica, que remete a interpretação de qualquer instituto jurídico ao parâmetro constitucional". SCHIER, Paulo Ricardo. *Novos desafios da filtragem constitucional no momento do neoconstitucionalismo*. p. 3. Disponível em: <http://www.mundojuridico.adv.br>. Acesso em: 12 dez. 2008.

[20] CAPPELLETTI, Mauro. *O controle judicial de constitucionalidade das leis no direito comparado*. Porto Alegre: Safe, 1992. p. 130.

[21] BONAVIDES, Paulo. *Curso de direito constitucional*. São Paulo: Malheiros, 1999. p. 258.

A imperatividade constitucional não conferiria, a rigor, um espaço de discricionariedade ao legislador na densificação dos seus mandamentos. Dessarte, entende-se que as deliberações públicas – estatais ou não – estariam submetidas aos inafastáveis conteúdos constitucionais. Isto porque os direitos fundamentais, que formam uma espécie de núcleo intangível do Estado, representariam uma "esfera" do que pode ser decidido ou não, e podem "legitimar" ou "deslegitimar" uma determinada atuação estatal. A própria democracia, no paradigma neoconstitucional, justificar-se-ia pela capacidade operacional de um determinado sistema político e/ou seu ordenamento jurídico tornar(em) efetivos os direitos fundamentais.[22]

Como ponto em comum, essas contribuições redundam numa reavaliação da atividade julgadora. A ponderação de princípios constitucionais e a aceitação da interpretação moral da constituição diminuem consideravelmente o grau de certeza do direito, cuja afirmação submeter-se-ia às preferências éticas do juiz individual.[23] A interpretação é reconhecida como uma "atividade criativa" e, por conseguinte, são aceitos maiores espaços de discricionariedade aos operadores jurídicos e à função jurisdicional. Há quem se reporte, como Pérez Luño, à ideia de "direito judicial", caracterizado pelo protagonismo dos magistrados na conformação do direito para adaptá-lo às transformações sociais.[24] *Ao mesmo tempo, a constituição, ao exigir esta "guarda" especial, por abrigar em seu texto importantes decisões acerca de determinado grupo social, deve ter sua força normativa afirmada por uma jurisdição forte e adequada.*[25]

O fortalecimento do Poder Judiciário em virtude de um aparato metodológico que lhe assegura maior discricionariedade é objeto de ferrenha censura, pois acarreta riscos para o arranjo democrático, numa substituição das decisões imputáveis aos agentes sociais e titulares dos poderes majoritários pelas escolhas judiciais.[26] Demanda-se uma nova visão dos poderes estatais, especialmente do Poder Judiciário, que passa a exercer uma função de garantia do cidadão, em contraponto aos demais – Executivo e Legislativo –, ainda que estes estejam legitimados democraticamente pelas maiorias, já que seus membros são investidos pelos processos eleitorais.

---

[22] FERRAJOLI, Luigi. *Derechos y garantías*: la ley del más débil. Madrid: Trotta, 2000. p. 22-25.
[23] POZZOLO, Susanna. Neoconstitucionalismo y especificidad de la interpretación constitucional. *Doxa*, n. 21, v. 2, p. 352-353, 1998. Disponível em: <http://rua.ua.es/dspace/bitstream/10045/10369/1/doxa21-2_25.pdf>. Acesso em: 08 dez. 2012.
[24] PÉREZ LUÑO, Antonio E. Derechos humanos y constitucionalismo en la actualidad: ¿continuidad o cambio de paradigma? In: PÉREZ LUÑO, Antonio E. (Coord.). *Derechos humanos y constitucionalismo ante el tercer milenio*. Madrid: Marcial Pons, 1996. p. 14.
[25] BARROSO, Luís Roberto. Neoconstitucionalismo e constitucionalização do direito: o triunfo tardio do direito constitucional no Brasil. *Jus Navigandi*, Teresina, ano 9, n. 851, 1º nov. 2005. Disponível em: <http://jus2.uol.com.br/doutrina/texto.asp?id=7547>. Acesso em: 16 jan. 2007.
[26] SARMENTO, Daniel. O neoconstitucionalismo no Brasil: riscos e possibilidades. In: FELLET, André Luiz Fernandes; PAULA, Daniel Giotti de; NOVELINO, Marcelo (Coords.). *As novas faces do ativismo judicial*. Salvador. Juspodivm, 2011. p. 104 *et seq.*

Além disso, a demanda pela aplicação direta e imediata das normas constitucionais tem elevado as expectativas em torno das reais possibilidades da jurisdição constitucional. O problema dessa visão muitas vezes entusiástica consiste em atribuir à constituição e à jurisdição constitucional uma capacidade extraordinariamente transformadora das estruturais sociais que elas não possuem. Ocorre que, por vezes, em razão de um tratamento inadequado nas esferas econômica e política, por exemplo, cria-se a expectativa de uma resposta do sistema jurídico sob a forma de uma *suplência funcional*. Em outras palavras, transferem-se para a jurisdição constitucional problemas que o Direito não possui estrutura para resolver adequadamente sozinho, pois falta-lhe capacidade para oferecer condições reais e efetivas para a fruição dos benefícios exigidos amplamente.[27] Com isso, quanto maior a expectativa depositada na jurisdição, maior também será a frustração.

Dessa maneira, a tensão entre constitucionalismo e democracia alcança, no novo constitucionalismo, grau máximo[28] e, no caso brasileiro, a preocupação em torno desta dicotomia reverbera, atualmente, na imputação de ativismo ao STF. É preciso analisar criticamente se o universo discursivo em torno do neoconstitucionalismo, ao depositar grande esperança na jurisdição constitucional como instância de defesa de direitos, tem contribuído para a efetiva realização de tal anseio.

2   Ativismo judicial para proteção de direitos?

A doutrina jurídica brasileira apostou nas potencialidades da jurisdição para a afirmação do acordo constitucional. As atenções voltaram-se, sobretudo, ao órgão de cúpula, o STF, titular da relevante função de "guardião da constituição", a partir de um complexo sistema de competências previstas no art. 102, da CF/88. Nos primeiros anos de vigência da nova carta, contudo, as expectativas geraram ampla frustração. Conforme expôs Lenio Streck, "a maioria dos integrantes do Poder Judiciário brasileiro – especialmente seu órgão de cúpula – não vem atuando no sentido de concretizar o texto constitucional de 1988, antes o contrário".[29]

---

[27] Campilongo utiliza o seguinte exemplo para ilustrar essa assertiva. "(...) para uma pequena cidade de um país central, escolher entre a construção de uma escola, um hospital ou um teatro, representa um 'não' às demais hipóteses; uma pequena cidade dos países periféricos, além das alternativas anteriores, ainda deve escolher sobre o saneamento básico, a pavimentação das ruas, os programas de construção de casas populares e uma infinidade de outras necessidades permanentes. É claro que a tendência à produção de 'não' é mais alta e mais trágica. Consequentemente, qualquer que seja a alternativa escolhida, reaparecem rapidamente, e de forma cada vez mais forte, as propostas rejeitadas. (...) Não se trata tanto de uma inacessibilidade ao direito ou a suas vantagens, mas de uma incapacidade de o direito produzir esses benefícios. A escassez não é só de acesso ou inclusão, mas de benefícios reais" (*Política, sistema jurídico e decisão judicial*. São Paulo: Max Limonad, 2002. p. 169-170).

[28] SANTOS, Gustavo Ferreira. *Neoconstitucionalismo, poder judiciário e direitos fundamentais*. Curitiba: Juruá, 2011. p. 101.

[29] STRECK, Lenio Luiz. *Jurisdição constitucional e hermenêutica*: uma nova crítica do direito. Porto Alegre: Livraria do Advogado, 2002. p. 118.

A impressão dos juristas, neste sentido, podia ser visualizada nas primeiras pesquisas empíricas produzidas sobre a atuação da Suprema Corte. Já em 1999, os dados redundavam na conclusão de que o "STF tem sido muito cuidadoso ao administrar suas relações com os demais poderes, evitando o comportamento que a bibliografia qualifica como ativismo judicial", ainda quando apontavam uma tendência de maior adesão do Tribunal ao papel de "guardião dos direitos fundamentais". Imaginava-se, então, que o constante recurso às vias judiciais por parte dos atores políticos reduziria as "resistências do Supremo Tribunal Federal em assumir suas atribuições".[30]

Em contraposição à mencionada timidez, os anos 2000 viram a ascensão de uma profícua discussão em torno do ativismo judicial. Há uma difundida percepção de que o Poder Judiciário – e mais especificamente, o STF – é ativista, como se infere em termos como "supremocracia" ou "judicialismo constitucional", incorporados ao vocabulário jurídico.[31]

Como já alertado em outras oportunidades, a noção de que o Tribunal engajou-se numa disposição a sobrepor-se à atividade dos demais poderes é amparada nos "exemplos notórios"– como as controvertidas decisões sobre "fidelidade partidária", "verticalização das coligações partidárias" e "união homoafetiva".[32]

A despeito das críticas ensejadas por decisões de ampla interferência nas opções dos titulares dos Poderes Legislativo e Executivo, a análise dos aspectos gerais da atuação do Tribunal indica uma outra tendência: a prevalência das questões de Direito Administrativo – e não dos direitos fundamentais – na pauta do STF.

De acordo com Marcos Paulo Veríssimo, o STF não se constrange em exercer competências de revisão cada vez mais amplas, quer incidentes sobre a política parlamentar (via controle de constitucionalidade, sobretudo), quer incidentes sobre as políticas de ação social do Governo (por intermédio das competências de controle da administração pública, controle esse interpretado de forma cada vez mais larga nos dias atuais)".[33]

O importante meio do controle difuso mostra a preponderância, no universo dos Recursos Extraordinários e Agravos de Instrumento, das demandas dos atores públicos, sobretudo do Poder Executivo federal. Dos doze maiores litigantes do STF em matéria recursal, apenas a Telemar (oitava) não compõe a Administração

---

[30] VIANNA, Luiz Werneck et al. *A judicialização da política e das relações sociais no Brasil*. Rio de Janeiro: Revan, 1999. p. 48, 53.
[31] VIEIRA, Oscar Vilhena. Supremocracia. *Revista Direito GV*, v. 4, p. 441-459, 2008; TAVARES, André Ramos. *Paradigmas do judicialismo constitucional*. São Paulo: Saraiva, 2012.
[32] LIMA Flávia Santiago. *Jurisdição constitucional e política*: ativismo e autocontenção no STF. Curitiba: Juruá, 2014. p. 228 *et seq*.
[33] VERÍSSIMO, Marcos P. A Constituição de 1988, vinte anos depois: Suprema Corte e ativismo judicial "à brasileira". *Revista Direito GV*, v. 4, p. 409, 2008.

Pública. Mais de 50% destes processos referem-se ao Poder Executivo federal: Caixa Econômica Federal (18,87%), União (16,48%), INSS (14,87%) e Banco Central (2,36%). Destacam-se, ainda, o Estado de São Paulo (4,26%), o Estado do Rio Grande do Sul (2,09%) e o Município de São Paulo (2,0%). Ao final, as impugnações têm baixa possibilidade de êxito,[34] de sorte que a impressão de um ativismo judicial pode ser questionada.

No controle concentrado, os estudos também indicam que as controvérsias sobre direitos fundamentais não têm dimensão significativa na pauta do Tribunal. Inicialmente, deve-se ressaltar o reduzido universo de legitimados ativos para a propositura das ações de inconstitucionalidade, nos termos do art. 103 da CF/88, e os requisitos estabelecidos pela jurisprudência do STF – *v.g.* a pertinência temática para as entidades de classe e associações. Além disso, destaque-se a noção de "entidade de classe" utilizada pela Corte, restringindo essa expressão às categorias profissionais e econômicas. Desse modo, associações representativas de grupos vulneráveis (negros, indígenas, pessoas com deficiência, homossexuais, idosos, etc.) não se encaixam no conceito de "classe". Paradoxalmente, a Corte que retira do argumento da proteção de minorias um dos fundamentais de sua legitimidade democrática fecha suas portas para tais minorias. Assim, a pauta do Tribunal acaba sendo condicionada pelas opções dos agentes legitimados. Segundo relatório de pesquisa empírica produzida pela Universidade de Brasília, essa pauta privilegia "o controle federativo e o corporativo, combinado com uma seletividade nas decisões judiciais (que privilegiam o controle formal e o material baseado em regras de estrutura administrativa, e não na eficácia dos direitos fundamentais)".[35]

Ao final, conclui-se que

> (...) a atuação do STF no julgamento das ADIs não se concentra nas decisões relativas a direitos fundamentais e que, mesmo nas poucas decisões que lidam com a efetivação de tais direitos, elas são majoritariamente ligadas à proteção dos interesses corporativos das entidades legitimadas, o que é ainda mais grave no âmbito federal, em que praticamente 60% das decisões têm um caráter corporativo.[36]

---

[34] FALCÃO, Joaquim; CERDEIRA, Pablo de Camargo; ARGUELHES, Diego Werneck. *Relatório Supremo em números*: o múltiplo Supremo. Rio de Janeiro: Fundação Getúlio Vargas, 2011. p. 68-69.

[35] BENVINDO, Juliano Zaiden; COSTA, Alexandre Araújo (Coords.). *A quem interessa o controle concentrado de constitucionalidade?* O descompasso entre teoria e prática na defesa dos direitos fundamentais. Brasília: UnB, 2014. p. 80.

[36] "Apesar dos discursos de legitimação do controle concentrado normalmente se justificarem na necessidade de oferecer proteção adequada aos direitos dos cidadãos, o que se observa na prática é uma garantia relativamente efetiva dos interesses corporativos e não do interesse público". "Essa tendência dos julgamentos parece gerar uma retroalimentação no sistema, fazendo com que a judicialização somente seja uma escolha estratégica razoável quando as questões levantadas possam ser redescritas como problemas de competência, de procedimento, de desenho institucional ou de simetria. Em outros casos, aparentemente a via judicial se mostra pouco aberta para realizar um controle mais efetivo, ao menos na estrutura imposta pelo atual modelo de ADI (p. 79)". BENVINDO, Juliano Zaiden; COSTA, Alexandre Araújo (Coords.). *A quem interessa o controle concentrado de constitucionalidade?* O descompasso entre teoria e prática na defesa dos direitos fundamentais. Brasília: UnB, 2014. p. 72-73.

Destes resultados, chega-se à importante conclusão de uma espécie de desconexão entre a atuação do STF e um dos principais argumentos para a legitimação da sua atividade – a proteção dos direitos fundamentais.

3 O ativismo inesperado: entre retrocesso e potenciais avanços

É certo que o estudo da jurisdição constitucional e do ativismo judicial pode ser realizado a partir de uma metodologia quantitativa, o que é fundamental para se ter um retrato fiel das práticas institucionais. Por outro lado, não se deve desconsiderar a relevância de julgamentos emblemáticos, embora, sob o critério estatístico, representem uma pequena fração das decisões de um Tribunal. Mesmo assim, a análise qualitativa não pode ser negligenciada. Como destacado por Caprice Roberts, as estatísticas empíricas não devem engolir o debate substantivo, promovendo uma simplificação do problema em torno do ativismo judicial. E nisso reside exatamente o risco em *quantificar o qualitativo*.[37] Questões de elevada voltagem política ou moral normalmente não constituem temas corriqueiros na pauta de uma Corte. Porém, quando uma delas é judicializada, emerge o problema acerca da resposta do Tribunal a essa demanda, aparecendo o ativismo judicial como categoria operacional importante para compreender a dinâmica da Corte, bem como as repercussões de sua decisão na esfera política. Como exemplos já bastante conhecidos, podemos citar as decisões do STF nos casos de infidelidade partidária como hipótese de perda de mandato parlamentar; legitimidade de interrupção de gravidez de fetos anencefálicos e reconhecimento das uniões homoafetivas.

No presente tópico, analisaremos decisões proferidas pelo STF as quais se referem aos contornos e limites das restrições a direitos fundamentais. Somado à investigação qualitativa, pretendemos questionar o argumento de que o ativismo judicial vem sendo exercido para promover direitos, notadamente quando os demais poderes se omitem. É comum, neste contexto, fazer referência à "Corte Warren", período em que a Suprema Corte norte-americana se notabilizou por assumir posturas ativistas na proteção de direitos individuais de minorias. Enxerga-se a Corte como uma nova trincheira na proteção de direitos e para ela deságuam demandas sociais que não são adequadamente absorvidas pelo sistema político. Assim, ativismo judicial e autocontenção funcionariam como tipos ideais, pelos quais o primeiro estaria vocacionado a uma maior expansão dos poderes decisórios de um Tribunal, o que se justificaria em termos de legitimidade democrática se tal movimento estivesse orientado para a proteção de direitos, enquanto o segundo seria representativo de uma postura de

---

[37] ROBERTS, Caprice L. In search of judicial activism: dangers in quantifying the qualitative. *Tennessee Law Review*, v. 74, p. 35, 2007. Disponível em: <http://ssrn.com/abstract=1003542>. Acesso em: 30 set. 2013.

deferência da Corte às instituições políticas. Neste caso, o Tribunal se retrai e não intervém nas escolhas feitas pela maioria eleita.

3.1 Caso 1: Flexibilização da presunção de inocência

A decisão do STF[38] sobre o princípio da presunção de inocência provocou polêmica em amplos setores da sociedade. O acórdão representou uma significativa alteração em sua jurisprudência, pois, desde o precedente firmado no HC nº 84.078/MG, de 2009, o Tribunal vinha entendendo que não poderia haver execução provisória de condenação, já que era necessário aguardar o trânsito em julgado da sentença. A partir de agora, com a condenação por Tribunais de segunda instância, mesmo cabendo recurso, o réu já será obrigado a iniciar o cumprimento da pena.

Diante da interpretação firmada pela Suprema Corte, boa parte da comunidade jurídica revelou preocupação com esse novo entendimento, ao passo que algumas poucas instituições o enalteceram, a exemplo de segmentos da Magistratura e do Ministério Público, levantando a bandeira contra a impunidade e contra a "farra dos recursos".

Como se sabe, a maioria da Corte foi conduzida pelo voto do Ministro Teori Zavaski, sendo dissidentes os Ministros Marco Aurélio, Celso de Mello, Ricardo Lewandowsky e Rosa Weber. Em sua fundamentação, o Ministro Zavaski iniciou ressaltando duas questões que deveriam ser enfrentadas no equacionamento da controvérsia: "(a) o alcance do princípio da presunção da inocência aliado à (b) busca de um necessário equilíbrio entre esse princípio e a efetividade da função jurisdicional penal, que deve atender a valores caros não apenas aos acusados, mas também à sociedade, diante da realidade de nosso intricado e complexo sistema de justiça criminal".

A respeito do princípio da presunção de inocência, o relator não deixou de tecer considerações, ainda que genéricas, sobre a relevância desta garantia constitucional para um processo criminal condizente com o Estado de Direito. De tal garantia, decorreria a necessidade de existir "reserva de dúvida acerca do comportamento contrário à ordem jurídica" atribuído ao acusado. Porém, segue o Min. Teori Zavascki, "a eventual condenação representa, por certo, um juízo de culpabilidade, que deve decorrer da logicidade extraída dos elementos de prova produzidos em regime de contraditório no curso da ação penal". Assim, a sentença condenatória em primeiro grau significaria a superação da presunção de inocência por um juízo de culpa, "embora não definitivo, já que sujeito, se houver recurso, à revisão por Tribunal de hierarquia imediatamente superior".

---

[38] HC 126.292/SP, Rel. Min. Teori Zavascki.

Na sequência, o Min. Teori Zavascki argumenta que é precisamente perante os Tribunais de segunda instância que se exaurem as possibilidades de discussão sobre fatos e provas que levaram à condenação do acusado: "noutras palavras, com o julgamento implementado pelo Tribunal de apelação, ocorre espécie de preclusão da matéria envolvendo os fatos da causa".

O argumento, como se vê, parte de premissas questionáveis. Desnecessário haver maiores esforços interpretativos para perceber que o modelo adotado pela CF/88 acerca da presunção de inocência determina que "ninguém será considerado culpado até o trânsito em julgado de sentença penal condenatória" (art. 5º, LVII). Portanto, o preciso momento a partir do qual alguém pode considerado culpado é com o trânsito em julgado da condenação e não com a sentença de primeira instância, nem com o acórdão de Tribunal de segundo grau. Duvidosa, desse modo, a ideia segundo a qual com a sentença condenatória em primeira instância a presunção de inocência restaria "superada" por um juízo de culpa. A CF/88 não autoriza tamanha antecipação de culpa.

Além disso, a circunstância de que nos Tribunais de segundo grau se encerram as oportunidades para discutir a valoração de fatos e provas não significa reconhecer o trânsito em julgado de eventual condenação por tais Cortes. Ora, por "trânsito em julgado", como determina a CF/88, quer-se afirmar que não há mais possibilidade de recurso algum contra a decisão condenatória. Sendo mais claro, as alternativas de defesa do réu teriam se esgotado. Se é assim, não há como tornar definitiva a formação de culpa por Tribunal de segundo grau se contra sua decisão ainda cabem recurso especial (por violação à legislação federal) e/ou recurso extraordinário (por violação à CF). O fato de, em tais recursos, não se admitir a rediscussão de fatos e provas certamente não é o mesmo que sustentar que não se pode questionar *coisa alguma*. Tanto é assim que, segundo o decano do Tribunal, o Min. Celso de Mello, cerca de 25% dos recursos em matéria criminal que chegam ao STF são acolhidos integralmente. Portanto, ao menos perante nosso sistema constitucional, as decisões de segundo grau, porque passíveis de recurso, não podem diminuir a presunção da inocência de alguém.

Sob outro viés, o Min. Teori Zavascki argumentou a necessidade de equilibrar a garantia da presunção de inocência com a efetividade da função jurisdicional em matéria penal, em ordem a resguardar "valores caros" à sociedade. Embora isso não tenha sido referido em seu voto, a referência à ideia de equilíbrio sugere tratar a presunção de inocência como princípio jurídico a ser ponderado com outros interesses, o que, ao menos em tese, justificaria flexibilizações mediante sopesamentos. Ocorre que, se esta fosse a linha argumentativa pensada pelo magistrado, a presunção de inocência, tal como prevista na CF, não é princípio, e sim regra. E, como tal, deve ser aplicada em toda sua inteireza. Não estaria sujeita a ponderações ou sopesamentos. Afinal, que exceções a CF trouxe ao determinar que a formação da culpa depende do trânsito em julgado da sentença? Nenhuma. Então, deve-se seguir a lógica do *tudo ou nada*. Este episódio retrata uma patologia que tem se verificado no Direito brasileiro. Cuida-se do manejo equivocado de categorias próprias do paradigma neoconstitucional e que enseja[39] um *abuso de princípios*.

Além disso, o magistrado considerou que o ajuizamento de recursos perante os Tribunais Superiores poderia ser causa de impunidade, pois, diante da morosidade do Poder Judiciário, haveria o risco de se alcançar a prescrição, ocasionando a extinção de punibilidade do crime. Trata-se de argumento meramente consequencialista, sem qualquer respaldo constitucional. Não concordamos com a permanência de situações de impunidade por crimes cometidos. No entanto, isso não legitima subverter o sentido de um preceito constitucional. Os direitos e garantias individuais consubstanciam escudos do indivíduo em face do próprio Estado. A persecução penal, desse modo, só pode ser validamente conduzida se realizada dentro das regras do jogo fixadas constitucionalmente. O fato de existir morosidade no Poder Judiciário não é motivo suficiente para relativizar uma importantíssima garantia constitucional, como o é a presunção de inocência.

Pelas mesmas razões, não se pode culpar o réu em um processo criminal pelo fato dele ter ajuizado recursos contra decisões de Tribunais de segundo grau. Em primeiro lugar, porque, se cabe recurso, é pelo fato de a decisão não ter transitado em julgado. Em segundo lugar, porque, inerente a um processo judicial democrático, é assegurado o direito à ampla defesa, com todos os meios e recursos a ela inerentes. Observe-se: cuida-se do direito à *ampla*, e não à *restrita* defesa.

Como se nota, apesar de toda a discussão em torno do ativismo judicial do STF, não se imaginava que ele se empenharia num ataque aos direitos fundamentais, justamente contra uma das maiores conquistas do Estado de Direito: a presunção de inocência. Pelo visto, em vez de o STF envidar esforços como protagonista de um diálogo institucional na formulação de uma política judiciária consistente que levasse em conta a celeridade processual, reformulação do Direito Processual Penal e redução de suas próprias competências (que inviabilizam sua própria atividade), elegeu o pior meio para resolver problemas do próprio Judiciário: retroceder na tutela dos direitos fundamentais.

Importante refletir sobre o próprio papel institucional que o STF acabou assumindo com essa decisão de nítido viés ativista. A ele, enquanto guardião da constituição, cabe interpretá-la da maneira como ela é, e não como seus integrantes gostariam que ela fosse. Caso não se enxergue a constituição como uma realidade concreta e objetiva, que se descola das decisões da Suprema Corte, então somos forçados a reconhecer que se vive um realismo jurídico em grau máximo e a constituição apenas existe pela voz do Tribunal. É afirmar: a constituição não teria voz própria. Assim, os constituintes teriam apenas aprovado um conjunto de sugestões e conselhos, os quais poderiam ser seguidos ou não, de acordo com pragmatismos e conveniências invocados pelos juízes da Corte.

---

[39] NEVES, Marcelo. *Entre Hidra e Hércules*: princípios e regras constitucionais. São Paulo: Martins Fontes, 2013. p. 172.

Neste cenário, considerando que a decisão afrontou literalmente um enunciado constitucional de sentido clarividente, o STF não atuou apenas como "legislador positivo". Tampouco atuou como poder reformador, pois os direitos e garantias individuais não podem ser esvaziados nem por emendas constitucionais (art. 60, §4º, CF). A Corte se transubstanciou em poder constituinte permanente, ou seja, em autoridade política soberana, capaz de reescrever cláusulas constitucionais como lhe aprouver.

Se pensarmos que as constituições são, sobretudo, instrumentos garantistas, inclusive contra as maiorias, a uma Corte Constitucional não é reconhecida a prerrogativa de relativizar garantias individuais em nome de clamor social, da opinião pública ou de qualquer forma de pressão política. Menos ainda quando existem problemas estruturais relacionados à lentidão da prestação jurisdicional. Em última análise, essa suposta opinião pública acabaria se transformando em critério legitimador de decisões judiciais, especialmente quando tais decisões não são permitidas pelo sistema jurídico-normativo, mas que atendem às reivindicações das multidões. Por isso, equivocado o argumento segundo o qual "nos Estados Unidos é assim e o condenado já cumpre a pena de imediato". É lição básica a que recomenda cautela na importação de institutos e categoriais de ordens jurídicas estrangeiras para o Direito brasileiro, tendo-se em conta as diferenças institucionais e culturais. Desse modo, nossa ordem constitucional exige claramente o trânsito em julgado da condenação para se romper a presunção de inocência. A seguir naquele argumento, teríamos que defender a pena de morte, já que esta não é proibida no Direito estadunidense. Mas, aqui, esta é taxativamente vedada. E pela mesma constituição que determina o trânsito em julgado para a formação da culpa de uma pessoa. Defender o contrário nos levaria a relativizar a proibição da pena de morte a depender de eventuais pressões políticas conjunturais ou clamor social.

A ser assim, o direito perde em sua autonomia para responder de forma consistente às demandas de uma sociedade complexa. Por isso, entendemos que a Corte cedeu onde deveria ter sido a grande âncora do nosso constitucionalismo tropical. O ativismo judicial, neste caso, voltou-se contra direitos individuais, contribuindo com a erosão de sua própria legitimidade. Se o Tribunal quis zelar por valores caros à sociedade brasileira, como dito no voto do relator, deveria ter escolhido agir na proteção intransigente da Constituição e das garantias individuais, contra pressões sociais e políticas.

3.2 Caso 2: Flexibilização da garantia do sigilo bancário

As liberdades públicas sofreram um primeiro e contundente ataque com a decisão que, ignorando a literalidade do texto constitucional, permitiu o cumprimento provisório da pena a partir de decisões condenatórias prolatadas por tribunais de segunda instância. O STF cedeu ao populismo penal. Desta feita, a Corte flexibilizou o importante direito individual à privacidade ao permitir a quebra do sigilo bancário por ordem direta da Administração Pública, sem necessidade de autorização judicial para tanto.

Discutia-se, na ocasião,[40] a constitucionalidade da Lei Complementar nº 105/2001, cujo artigo 6º dispõe que: "As autoridades e os agentes fiscais tributários da União, dos Estados, do Distrito Federal e dos Municípios somente poderão examinar documentos, livros e registros de instituições financeiras, inclusive os referentes a contas de depósitos e aplicações financeiras, quando houver processo administrativo instaurado ou procedimento fiscal em curso e tais exames sejam considerados indispensáveis pela autoridade administrativa competente". Seu parágrafo único estabelece um dever de sigilo para a autoridade fazendária nos seguintes termos: "O resultado dos exames, as informações e os documentos a que se refere este artigo serão conservados em sigilo, observada a legislação tributária".

Observe-se, desse modo, que existe uma lei federal, fruto da vontade política da maioria dos representantes, a qual relativiza a proteção do sigilo bancário. Como premissa do Estado de Direito contemporâneo, é a lei que deve girar em torno dos direitos fundamentais, e não o contrário. Assim, a inviolabilidade do sigilo de dados, prevista no artigo 5º, XII, da CF, do que decorre a proteção do sigilo de informações bancárias, fiscais e telefônicas das pessoas, deve funcionar como o parâmetro normativo e limite de eventuais intervenções estatais, devendo-se ressaltar, ainda, que tais prerrogativas constituem um desdobramento do próprio direito à intimidade e à vida privada (artigo 5º, X, da CF). Como parte de seu âmbito de proteção, essas cláusulas constitucionais asseguram o direito à intimidade e à vida privada em múltiplos aspectos (pessoais, familiares e negociais) e compõem o próprio núcleo dos direitos da personalidade e autonomia da vontade. Desse modo, o indivíduo tem o direito de manter consigo informações acerca de sua vida particular e de só compartilhá-las com terceiros mediante seu próprio consentimento. Em sua dimensão negativa, o direito à privacidade projeta um dever de obediência tanto para outros particulares (eficácia horizontal), que não podem ter acesso a informações privadas sem autorização de seu titular, quanto para o próprio Estado (eficácia vertical), cujos órgãos não podem se valer de seus poderes para monitorar, ter acesso e/ou utilizar tais informações, a não ser nas hipóteses constitucionalmente legítimas. A regra, portanto, é a não intromissão na vida privada das pessoas.

É certo, também, que nosso sistema constitucional não considera o direito à privacidade como absoluto, de modo que o sigilo bancário pode sofrer relativizações. Porém, importa destacar, a invasão na vida privada de alguém constitui exceção e, por isso mesmo, deve ser compreendida com cuidados. Assim, a quebra do referido sigilo pode ser decretada, mas não por qualquer ato estatal, e sim por ordem judicial, devidamente motivada. Apenas ao juiz, então, compete avaliar e justificar a necessidade da quebra do sigilo bancário. A necessidade de autorização judicial afasta a possibilidade de outros órgãos do Estado terem

---

[40] RE n. 601314, rel. Min. Edson Fachin.

poderes para quebrar o sigilo bancário do cidadão, como os Tribunais de Contas, a polícia judiciária e o próprio Ministério Público. Tanto é assim que apenas às comissões parlamentares de inquérito, porque possuem "poderes de investigação próprios das autoridades judiciais", reconheceu-se a competência para a quebra de sigilos sem ordem judicial. Trata-se de exceção expressamente prevista no texto constitucional (art. 58, §3º, CF). E mais: exceção que confirma a regra.

Além disso, não se pode desconsiderar que a necessidade de autorização judicial para a quebra do sigilo bancário fortalece a proteção desse direito fundamental, evitando ou mitigando os efeitos de uma indesejada hipertrofia ainda maior do Estado em relação ao contribuinte. Nas relações tributárias, convém lembrar, a Administração Pública detém muito poder. Cobra tributos elevadíssimos, impõe sanções políticas, aplica multa confiscatória, restringe a concessão de certidões de regularidade fiscal, exige garantias e impõe arrolamentos abusivos aos contribuintes, dentre outras medidas não menos gravosas. A presença da jurisdição constitucional é fator de equilíbrio a favor do contribuinte.

Por ocasião da decisão, o Min. Dias Toffoli alegou que, a rigor, referida lei não autorizava quebra de sigilo pelos órgãos fazendários, o que a tornaria constitucional. Em sua argumentação, sustentou que, por força da própria lei, tais órgãos administrativos devem manter o sigilo das informações fornecidas pelas instituições financeiras, então haveria uma "transferência de sigilo" (dos bancos para a Administração). Entendemos que esse argumento é meramente retórico e envolve um jogo de palavras, cujo intuito é esconder a violência institucional praticada em desfavor do cidadão. Ora, o núcleo essencial do direito à privacidade consiste em dividir informações pessoais apenas com quem o próprio titular dessas informações desejar. Portanto, decorre desse direito, por exemplo, o ato *voluntário* de alguém divulgar nas redes sociais seus extratos bancários, movimentações financeiras, faturas de cartão de crédito, aplicações etc. Todavia, o que a LC nº 105/2001 estabelece é que os órgãos fazendários terão acesso a dados bancários *contra* a vontade de seus titulares. A circunstância de que esses órgãos terão que manter o sigilo das informações recebidas não apaga o fato de que elas foram obtidas sem ordem judicial e sem anuência do cidadão. Sendo mais claro, o cidadão não autorizou que o banco com o qual ele possui conta bancária repassasse suas informações a um órgão administrativo. E o direito ao sigilo é oponível ao próprio Estado-administração.

Por isso, estamos diante de um lamentável episódio em que o STF chancelou a ânsia estatal em *vigiar e punir* os indivíduos, sem respeitar suas garantias constitucionais. Pragmatismos e argumentos consequencialistas não são fundamentos adequados para relativizar direitos fundamentais onde a CF não os relativiza. Então, não é de se aceitar que, em nome de uma suposta maior eficiência administrativa, afaste-se a atuação judicial como condição para a quebra do sigilo bancário. Não se está a defender desvios ou condutas ilícitas cometidas por maus contribuintes, muito menos sua impunidade. Tampouco se está sustentando barreiras instransponíveis que pudessem frustrar as pretensões fiscalizatórias do Estado. Como se disse anteriormente, importantes órgãos como Tribunais de Contas, Ministério Público e polícia judiciária não possuem legitimidade para quebrar os sigilos das pessoas e nem por isso se diz que tal fator obstaculiza o regular desempenho de suas funções constitucionais. O mesmo vale para o Fisco. Ademais, caso qualquer desses órgãos entenda necessária a quebra de algum sigilo, basta provocar o Poder Judiciário, que, enquanto instituição imparcial na relação "investigador-investigado", terá condições de bem avaliar a real necessidade da invasão da privacidade de alguém. E, estando presentes as exigências legais, de certo autorizará a quebra. Ocorre que, diante da decisão do STF, se por opção do legislador a proteção da privacidade pode ser flexibilizada a favor dos órgãos fazendários, não deverá causar maiores surpresas se daqui em diante forem aprovadas outras leis autorizando os demais órgãos estatais a quebrarem o sigilo das pessoas. Vê-se, então, que estamos diante da ponta do iceberg para um completo esvaziamento do direito à privacidade.

Observando a posição do STF sob outro prisma, qual seja, de seu papel institucional na proteção da ordem constitucional, a decisão simboliza um grave retrocesso. Caso a Corte houvesse declarado a inconstitucionalidade do artigo 6º, da LC nº 105/2001, poder-se-ia levantar questionamentos acerca do caráter antidemocrático da *judicial review* e da conhecida "dificuldade contramajoritária" do Tribunal por ter invalidado uma opção política aprovada pela maioria dos representantes eleitos. Todavia, no âmbito de um Estado Constitucional, as constituições devem funcionar como limitações às vontades da maioria. Nesse paradigma, as decisões majoritárias apenas são legítimas se não agredirem os direitos fundamentais, sob pena de absolutizar a regra da maioria. A função de um tribunal como o STF é exatamente dar concretude aos limites que as Constituições impõem à política.

Portanto, a lição que o constitucionalismo contemporâneo nos oferta é a de que o dogma *rousseauniano* da infalibilidade das leis caiu por terra, e as tiranias legislativas e majoritárias podem ser tão violentas quanto a tirania dos governos. Por isso, se o *éthos* da jurisdição constitucional é a proteção dos direitos fundamentais, o exercício inadequado da autocontenção, nesse caso, resultou na confirmação da violação do direito ao sigilo praticada pelo legislador. Onde a Corte deveria assumir sua função contramajoritária, optou, equivocadamente, pela passividade judicial.

Conclusões: um Soberano Tribunal Federal?

Como visto, a fórmula do Estado Democrático de Direito se reergueu ao longo da segunda quadra do século XX, tendo como condições de possibilidade constituições normativas e respeito a direitos fundamentais. No plano institucional, o estabelecimento das democracias constitucionais provocou, de um lado, a atenuação da regra da maioria, sendo necessários controles mais rigorosos em relação aos Parlamentos e Governos, e, de outro, o fortalecimento da jurisdição constitucional, enquanto instância responsável pela proteção da ordem constitucional.

No Brasil, as mesmas premissas foram incorporadas ao discurso constitucional pós-88. Uma série de fatores contribuiu para que o Poder Judiciário, em geral, e o STF, em particular, realizassem uma travessia marcada pelo abandono do passivismo e da timidez em direção ao protagonismo judicial. Como resultado do fenômeno da intensa judicialização da política e das relações sociais, várias controvérsias relevantes da agenda nacional foram apreciadas pelo STF, que, não raro, assumiu posturas consideradas ativistas.

Em certa medida, a recepção das teses neoconstitucionalistas pela doutrina brasileira também contribuiu para respaldar práticas ativistas do Poder Judiciário, na medida em que cria um ambiente teórico-discursivo que aposta na jurisdição constitucional para a promoção dos valores constitucionais e direitos fundamentais, sem levar em conta seus limites estruturais e capacidades institucionais. Constitucionalização da ordem jurídica, irradiação dos direitos fundamentais, ponderação de princípios, aplicação imediata das normas constitucionais são elementos presentes no paradigma neoconstitucional que muitas vezes são utilizados para revestir de legitimidade práticas ativistas dos Tribunais.

Ocorre que, por trás do discurso de legitimação, constatou-se que, quantitativamente, a temática dos direitos fundamentais representa um pequeno percentual da pauta do STF. Além disso, mesmo considerando que o ativismo judicial não deve ser avaliado apenas por dados estatísticos, percebeu-se que tal forma de agir, ainda que vista sob o ângulo qualitativo, nem sempre está atrelada à proteção efetiva de direitos fundamentais. Isso indica que o ativismo judicial não representa necessariamente o alargamento do direito como forma de controle mais rigoroso da política para fins de tutela de direitos. Ativismo pode ser apenas uma expressão de afirmação de autoridade ou de poder do STF, sem uma necessária conexão com aquilo que deveria ser seu *éthos*: a tutela de direitos. Nesse caso, expandir os espaços decisórios da Corte, sobretudo quando essa expansão se apoia na retórica neoconstitucional, apenas encobrindo juízos morais e políticos dos seus membros na tomada de decisão, pode conduzir à própria erosão da legitimidade democrática da jurisdição constitucional. Ao confiar excessivamente na jurisdição constitucional, corre-se o risco de converter o guardião da Constituição em um Soberano Tribunal, que passaria a ditar os rumos das principais controvérsias da agenda do país, sem um compromisso efetivo com a proteção de direitos. Sendo assim, nossa práxis ainda está muito longe do *éthos* da jurisdição constitucional.

Referências

BARROSO, Luís Roberto. *Interpretação e aplicação da constituição*: fundamentos de uma dogmática constitucional transformadora. 2. ed. São Paulo: Saraiva, 1998.

BARROSO, Luís Roberto. Neoconstitucionalismo e constitucionalização do direito. O triunfo tardio do direito constitucional no Brasil. *Jus Navigandi*, Teresina, ano 9, n. 851, 1º nov. 2005. Disponível em: <http://jus2.uol.com.br/doutrina/texto.asp?id=7547>. Acesso em: 16 jan. 2007.

BARROSO, Luís Roberto. *O direito constitucional e a efetividade de suas normas*: limites e possibilidades da Constituição Brasileira. 9. ed. Rio de Janeiro: Renovar, 2009.

BENVINDO, Juliano Zaiden; COSTA, Alexandre Araújo (Coords.). *A quem interessa o controle concentrado de constitucionalidade?* O descompasso entre teoria e prática na defesa dos direitos fundamentais. Brasília: UnB, 2014.

BONAVIDES, Paulo. *Curso de direito constitucional*. São Paulo: Malheiros, 1999.

CAMPILONGO, Celso Fernandes. *Política, sistema jurídico e decisão judicial*. São Paulo: Max Limonad, 2002.

CAPPELLETTI, Mauro. *O controle judicial de constitucionalidade das leis no direito comparado*. Porto Alegre: Safe, 1992.

CITTADINO, Gisele. Judicialização da política, constitucionalismo democrático e separação de poderes. In: VIANNA, Luiz Werneck (Org.). *A democracia e os três poderes no Brasil*. Belo Horizonte/ Rio de Janeiro: UFMG/ Iuperj/Faperj, 2002. p. 17-42.

COMANDUCCI, Paolo. Formas de (Neo)constitucionalismo: un análisis metateórico. In: CARBONELL, Miguel (Org.). *Neoconstitucionalismo(s)*. Madrid: Trotta, 2003. p. 75-98.

CLÈVE, Clèmerson Merlin. *A fiscalização abstrata de constitucionalidade no direito brasileiro*. São Paulo: RT, 1995.

CLÈVE, Clèmerson Merlin. *Para uma dogmática constitucional emancipatória*. Belo Horizonte: Fórum, 2012.

FALCÃO, Joaquim; CERDEIRA, Pablo de Camargo; ARGUELHES, Diego Werneck. *Relatório Supremo em números*: o múltiplo Supremo. Rio de Janeiro: Fundação Getúlio Vargas, 2011.

FERRAJOLI, Luigi. *Derechos y garantías: la ley del más débil*. Madrid: Trotta, 2000.

GUASTINI, Ricardo. La constitucionalización del ordenamiento jurídico: el caso italiano. In: CARBONELL, Miguel (Org.). *Neoconstitucionalismo(s)*. Madrid: Trotta, 2003. p. 49-73.

LIMA, Flávia Santiago. *Jurisdição constitucional e política*: ativismo e autocontenção no STF. Curitiba: Juruá, 2014.

MAIA, Antonio Cavalcanti. *As transformações dos sistemas jurídicos contemporâneos*: apontamentos acerca do neoconstitucionalismo. Disponível em: <http://www.mundojuridico.adv.br/cgi-bin/upload/Texto1159(2).pdf>. Acesso em: 15 mar. 2008.

NEVES, Marcelo. *Entre Hidra e Hércules*: princípios e regras constitucionais. São Paulo: Martins Fontes, 2013.

PÉREZ LUÑO, Antonio E. Derechos humanos y constitucionalismo en la actualidad: ¿continuidad o cambio de paradigma? In: PÉREZ LUÑO, Antonio E. (Coord.). *Derechos humanos y constitucionalismo ante el tercer milenio*. Madrid: Marcial Pons, 1996. p. 11-52.

POZZOLO, Susanna. Neoconstitucionalismo y especificidad de la interpretación constitucional. *Doxa*, n. 21, v. 2, p. 339-353, 1998. Disponível em: <http://rua.ua.es/dspace/bitstream/10045/10369/1/doxa21-2_25.pdf>. Acesso em: 08 dez. 2012.

PRIETO SANCHÍS, Luis. *Justicia constitucional y derechos fundamentales*. Madrid: Trotta, 2003.

ROBERTS, Caprice L. In search of judicial activism: dangers in quantifying the qualitative. *Tennessee Law Review*, v. 74, p. 35, 2007. Disponível em: <http://ssrn.com/abstract=1003542>. Acesso em: 30 set. 2013.

SANTOS, Gustavo Ferreira. *Neoconstitucionalismo, poder judiciário e direitos fundamentais*. Curitiba: Juruá, 2011.

SARMENTO, Daniel. O neoconstitucionalismo no Brasil: riscos e possibilidades. In: FELLET, André Luiz Fernandes; PAULA, Daniel Giotti de; NOVELINO, Marcelo (Coords.). *As novas faces do ativismo judicial*. Salvador: Juspodivm, 2011. p. 73-113.

SASTRE ARIZA, Santiago. La ciencia jurídica ante el neoconstitucionaismo. In: CARBONELL, Miguel (Org.). *Neoconstitucionalismo(s)*. Madrid: Trotta, 2003. p. 239-258.

SCHIER, Paulo Ricardo. Novos desafios da filtragem constitucional no momento do neoconstitucionalismo. *Revista Eletrônica de Direito do Estado*, Salvador, n. 4, out./dez. 2005. Disponível em: <www.direitodoestado.com.br>. Acesso em: 12 dez. 2008.

SOUZA NETO, Cláudio Pereira de. Teoria da constituição, democracia e igualdade. In: BERCOVICI, Gilberto et al. *Teoria da constituição*: estudos sobre o lugar da política no direito constitucional. Rio de Janeiro: Lumen Juris, 2003. p. 1-73.

STRECK, Lenio Luiz. *Jurisdição constitucional e hermenêutica*: uma nova crítica do Direito. Porto Alegre: Livraria do Advogado, 2002.

SWEET, Alec Stone. *Governing with judges*: constitutional politics in Europe. Oxford: Oxford University Press, 2000.

TAVARES, André Ramos. *Paradigmas do judicialismo constitucional*. São Paulo: Saraiva, 2012.

VERÍSSIMO, Marcos P. A Constituição de 1988, vinte anos depois: Suprema Corte e ativismo judicial "à brasileira". *Revista Direito GV*, v. 4, p. 407-440, 2008.

VIANNA, Luiz Werneck et al. *A judicialização da política e das relações sociais no Brasil*. Rio de Janeiro: Revan, 1999.

VIEIRA, Oscar Vilhena. Supremocracia. *Revista Direito GV*, v. 4, p. 441-459, 2008.

Informação bibliográfica deste texto, conforme a NBR 6023:2002 da Associação Brasileira de Normas Técnicas (ABNT):

LIMA, Flávia Santiago; LEITE, Glauco Salomão. Entre o *éthos* e a práxis: oscilações da jurisdição constitucional na proteção de direitos fundamentais. In: COPETTI NETO, Alfredo; LEITE, George Salomão; LEITE, Glauco Salomão. *Dilemas na Constituição*. Belo Horizonte: Fórum, 2017. p. 317-337. ISBN 978-85-450-0236-9.

MODULAÇÃO DE EFEITOS NO CONTROLE DE CONSTITUCIONALIDADE E *OBJETIVAÇÃO* DO RECURSO EXTRAORDINÁRIO – REFLEXOS SOBRE O ACESSO À JURISDIÇÃO

Alexandre Melo Franco Bahia
Dierle Nunes
Diogo Bacha e Silva

1 Introdução

Vimos paulatinamente a mudança dos papéis que o sistema processual vem sofrendo ao longo das últimas décadas em nosso país, seja pela busca de assunção de uma concepção constitucional do processo e de suas garantias, seja pela alteração qualitativa e quantitativa das litigiosidades. Percebe-se o crescimento de preocupação com os novos perfis de utilização do processo civil na implementação de direitos fundamentais (com destaque para os sociais) e sua imediata conexão com o controle de constitucionalidade implementado pela via processual.

Isto fomenta novos dilemas de compreensão da função jurisdicional, como a dicotomia de assunção de um papel ativista ou minimalista (explicar), da possibilidade ou não de exercício de uma jurisdição contramajoritária, entre outros. Nesses termos, necessitamos vislumbrar os dilemas do referido controle de constitucionalidade em nosso país desde seu surgimento. Sabe-se que o controle de constitucionalidade já é praticado no Brasil há mais de cem anos. O controle difuso de constitucionalidade, que surge junto com a Constituição de 1891, já se encontrava enraizado em nossas instituições quando se incluiu o controle concentrado em meados do século XX. Este foi *lido* pela jurisprudência e doutrina de modo a incorporar nossa *tradição* constitucional, o que acabou por lhe atribuir efeitos que não possuía em sua versão austríaca, ou seja, teve somado à sua *natural* eficácia *erga omnes* o efeito *ex tunc* (historicamente referente ao controle difuso).[1] De qualquer forma, o que se percebe é que a coexistência de ambas as formas de controle contribuiu para a construção de um sistema singular de controle de constitucionalidade que coloca nosso país numa posição de vanguarda. No novo quadro, o controle difuso continuou a existir, mantendo-se como a principal forma de controle de constitucionalidade no país. Isso pode ser explicado, entre outras

---

[1] Cf. BARACHO JR., José A. de O. Efeitos do pronunciamento judicial de inconstitucionalidade no tempo. *Cadernos da Pós-Graduação*, Belo Horizonte, p. 30, 1995.

razões, pela estreita legitimação ativa atribuída ao Procurador-Geral da República no regime da representação de inconstitucionalidade.

Com a Constituição de 1988 há a criação de novas ações de controle concentrado,[2] o que tem levado muitos a afirmar que esta forma de controle passa a ser a "regra" no Brasil[3] – não sem críticas.[4] De fato, vivemos uma tendência pela centralização do controle de constitucionalidade em nosso país. Essa tendência pode ser vista na adoção da ação declaratória de constitucionalidade (EC n. 3/93), nas Leis nº 9.868/99 e nº 9.882/99, que regulamentaram as diferentes ações do controle concentrado de constitucionalidade. Também na jurisprudência, por exemplo, no julgamento das Ações Declaratórias de Constitucionalidade (ADC) nº 1 (STF, Rel. Min. Moreira Alves, DJ. 29.10.1993 e 05.11.1993 e DJ 16.06.1995) e nº 4 (ADC-MC nº 4, STF, Rel. Min. Sydney Sanches, DJ 21.05.1999), percebe-se uma clara influência da doutrina/jurisprudência alemãs, não apenas quanto aos procedimentos e metodologia (como a "interpretação conforme a Constituição"), mas igualmente quanto ao uso do chamado princípio da proporcionalidade.[5]

A limitação tem-se concretizado em uma progressiva centralização do controle da constitucionalidade das leis nas mãos do Supremo Tribunal Federal, isto é, quer-se garantir maior "celeridade processual" e "segurança jurídica" a partir da eliminação do número de ações nos vários juízos e tribunais (ou pelo menos do tipo de questões suscitadas) por meio de *uma decisão única e* vinculante do órgão de cúpula do Judiciário, quer isso *iniba a má-fé processual* (em procrastinar ações com recursos indevidos), quer isso signifique *o impedimento* de que questões sejam discutidas por aquele que sofreu "lesão ou ameaça a direito" (art. 5º, XXXV – CR/88). Como lembra Frederico Gomes, nesse processo de centralização o efeito vinculante das decisões tem papel fundamental:

> [O] efeito vinculante tem sido utilizado (...) muito mais como um instrumento de garantia de governabilidade do que de defesa dos direitos fundamentais, que a sua previsão, em plano constitucional, se dá justamente com a adoção da ação declaratória de constitucionalidade, que foi inserida na ordem jurídica nacional por meio da Emenda

---

[2] A representação de inconstitucionalidade é transformada na ação direta de inconstitucionalidade (ADIn) e são criadas a ação direta de inconstitucionalidade por omissão (ADInO) e a arguição de descumprimento de preceito fundamental (ADPF).

[3] Ver, *e.g.*, MENDES, Gilmar F. *Jurisdição constitucional*: o controle abstrato de normas no Brasil e Alemanha. 2. ed. São Paulo: Saraiva, 1998.

[4] Em sentido contrário, isto é, advogando que o controle difuso permanece como a principal forma de controle de constitucionalidade no Brasil, ver CATTONI DE OLIVEIRA, Marcelo Andrade. *Devido processo legislativo*: uma justificação democrática do controle jurisdicional de constitucionalidade das leis e do processo legislativo. Belo Horizonte: Mandamentos, 2000. p. 136; CATTONI DE OLIVEIRA, Marcelo Andrade. *Processo constitucional*. 2. ed. rev. atual. e ampl. Belo Horizonte: Pergamum, 2013. p. 257 *et seq*.

[5] Ver precedentes citados em: BAHIA, Alexandre Melo Franco. *Controle judicial de constitucionalidade das leis e atos normativos*: contribuição para a construção de uma democracia cidadã no Brasil. Dissertação (Mestrado em Direito Constitucional) – Programa de Pós-graduação em Direito, UFMG, Belo Horizonte, 2003; e BAHIA, Alexandre Melo Franco. Antissemitismo, tolerância e valores: anotações sobre o papel do Judiciário e a questão da intolerância a partir do voto do Ministro Celso de Mello no HC 82.424. *Revista dos Tribunais*, São Paulo, v. 847, p. 443-470, maio 2006.

Constitucional n. 03/93, cujo principal fim foi o de realizar uma reforma tributária. Foi, assim, o meio encontrado para se garantir que a "insubordinação" da magistratura nacional não comprometesse os "elevados" fins daquela reforma.[6]

Não é que o controle concentrado seja algo *ruim* ou não democrático. Ele possui a importante função de controle da regularidade do processo legislativo.[7] Todavia, a *conformação que se tem dado a ele* não condiz com o paradigma do Estado Democrático de Direito. O Judiciário deve garantir que o controle de constitucionalidade (em qualquer de suas modalidades) ocorra com a participação (ou influência) da "sociedade aberta dos intérpretes da Constituição" – de todos os possíveis afetados –, como único meio de que suas decisões possam levar em consideração os mais variados argumentos subjacentes à interpretação da Constituição e, de resto, de todo o ordenamento, de forma que se possa proceder a uma "interpretação construtiva que compreenda o próprio Processo Constitucional como garantia das condições para o exercício da autonomia jurídica dos cidadãos".[8]

Tal processo de centralização do controle de constitucionalidade ocorre como desdobramento de iniciativas de reforma do Judiciário e tentativa de aceleração da "prestação" jurisdicional. Entre tais medidas percebe-se um processo de "objetivação" do Recurso Extraordinário via interpretação do STF através da qual aquele recurso e outras ações/recursos no Tribunal são dotados de efeitos não previstos constitucionalmente. Tal constatação não é nova, mas entendemos que precisa ser melhor explorada e exposta a uma teoria adequada do processo enquanto processo constitucional.[9]

Pretendemos, assim, no presente, discutir até que ponto há mesmo uma centralização do controle de constitucionalidade no Brasil (ou se isso representa mesmo uma evolução), com todas as consequências que daí advêm, como a limitação do acesso à justiça e/ou a mitigação do contraditório. Num segundo momento, mostraremos como isso tem repercutido no recurso extraordinário (e outros), de forma que este passa a ser lido a partir da lógica do controle concentrado de constitucionalidade (tal como este tem sido lido pela maioria, isto é, como uma forma centralizadora e objetivista, como já mencionamos). A "objetivação do recurso extraordinário" é mais um passo para que o julgamento deste deixe de ser o julgamento de um *recurso* (isto é, em que há partes litigando sobre direito material) para se transformar numa oportunidade de uniformização e de definição de teses *pro futuro*.

---

[6] GOMES, Frederico Barbosa. *Arguição de descumprimento de preceito fundamental*: uma visão crítica. Belo Horizonte: Fórum, 2008. p. 437-438.

[7] CATTONI DE OLIVEIRA, Marcelo Andrade. *Devido processo legislativo. Op. cit.*, p. 135.

[8] Cf. CATTONI DE OLIVEIRA, Marcelo Andrade. Devido processo legislativo. *Op. cit.*, p. 131. Ver HÄBERLE, Peter. *Hermenêutica constitucional, a sociedade aberta de intérpretes da Constituição*: contribuição para a interpretação pluralista e procedimental da Constituição. Porto Alegre: Fabris, 1997. p. 36-37.

[9] Cf. NUNES, Dierle; BAHIA, Alexandre Melo Franco. Processo constitucional: uma abordagem a partir dos desafios do estado democrático de direito. *Revista Eletrônica de Direito Processual*, UERJ, v. 4, p. 224-250, jul./dez. 2009.

2 Controle concentrado de constitucionalidade como processo objetivo e efeitos transcendentes dos fundamentos da decisão

Já há muito se tornou lugar comum falar que os processos em controle concentrado de constitucionalidade são "processos objetivos",[10] isto é, processos sem partes – o que é reforçado pela denominação que se dá a essa forma de "judicial review" como "controle abstrato de constitucionalidade". No seu "Jurisdição Constitucional: o controle abstrato de normas no Brasil e Alemanha", Gilmar Mendes procura fazer um estudo comparado do controle concentrado de normas perante o Tribunal Constitucional alemão e o Supremo Tribunal Federal, mostrando diferenças e semelhanças entre as duas formas. A partir disso ele pôde chegar a algumas conclusões, como:

> Não se deve olvidar que a Constituição de 1988 contribuiu para uma *relativa concentração* das questões constitucionais no Supremo Tribunal Federal, mediante a ampliação do direito de propositura e a limitação do recurso extraordinário às questões constitucionais. (...) A gradual evolução de um sistema de controle incidente para um modelo no qual a função principal do controle está concentrado no Supremo Tribunal Federal, reforça o caráter do Tribunal, como autêntica Corte Constitucional, uma vez que ele não apenas detém o monopólio da censura no processo de controle abstrato de atos normativos estaduais e federais em face da Constituição Federal, como tem a última palavra na decisão das questões constitucionais submetidas ao controle incidental.[11]

O autor não apenas cita diferentes tipos de controle e de decisões na Corte Constitucional da Alemanha, mas também, ao compará-los com a atuação do Supremo Tribunal Federal, procura mostrar que este *já possuiria* decisões em que faz uso de institutos semelhantes aos daquela, como a declaração de nulidade parcial e da interpretação conforme a Constituição – e isso mesmo antes da aprovação das Leis nº 9.868/99 e nº 9.882/99 – aliás, ambas sob sua influência direta quando Advogado-Geral da União.

Quanto à natureza "objetiva" do controle concentrado, ao contrário do afirmado, entendemos que o processo de controle concentrado de constitucionalidade é um processo de *jurisdição contenciosa*, com uma lide de fato. Basta vermos a previsão constitucional expressa da necessidade de manifestação do Procurador-Geral

---

[10] Segundo o Ministro Moreira Alves, o controle abstrato possuiria um "caráter excepcional com acentuada feição política pelo fato de visar ao julgamento, não de uma relação jurídica concreta, mas da validade da lei em tese" (RTJ 95/993); e, noutro lugar, afirma que os processos de controle concentrado são processos objetivos, "em que não há prestação de jurisdição em conflitos de interesses que pressupõem necessariamente partes antagônicas, mas em que há, sim, a prática, por fundamentos jurídicos, do ato político de fiscalização dos Poderes constituídos decorrente da aferição da observância, ou não, da Constituição pelos atos normativos deles emanados. (...) Num processo objetivo (...) não tem sentido pretender-se que devam ser asseguradas as garantias individuais do princípio do contraditório e da ampla defesa (...), não há prestação jurisdicional ínsita ao Poder (...), mas meios do exercício de forma específica de jurisdição (...) que se traduz em ato político de fiscalização dos Poderes (...) quanto à conformidade, ou não, à Constituição dos atos normativos por eles editados" (STF. ADC. n. 1, Questão de Ordem, Rel. Min. Moreira Alves, j. 27.10.1993). Ver também: STF. AgRg. em ADI. n. 1254-MC, Rel. Min. Celso de Mello, DJ 19.09.1997; MENDES, Gilmar Ferreira. *Jurisdição Constitucional. op. cit.*, p. 312.

[11] MENDES, Gilmar Ferreira. *Jurisdição constitucional. Op. cit.*, p. 304.

da República, de um lado e do Advogado-Geral da União do outro lado (art. 103, §§1º e 3º – CR/88), o que retira qualquer confusão que ainda poderia haver à época da representação de inconstitucionalidade, em que havia apenas a figura do primeiro.[12] Mesmo o STF afirmando ser um processo "objetivo", não está dispensada a participação do Advogado-Geral da União – que poderá, até, vir para se postar contra a lei questionada; de forma similar, a participação também indispensável do Procurador-Geral da República.[13] Irretocável a conclusão de Sérgio Sérvulo da Cunha a respeito do que seria "processo objetivo":

> não há, no direito brasileiro, o procedimento solipsista que se designou como "processo objetivo". A falácia do processo "objetivo" é uma dessas ficções, excrescências pseudocientíficas postas a serviço do autoritarismo. Se o juiz não ouviu, é irrelevante o que possa haver sentido: não há *sentencia* onde não se ouviu parte. Nem pode haver, processo "objetivo", com efeitos subjetivos.[14]

Mas o problema vai além. Da natureza "objetiva" do controle concentrado decorre também que a defesa de que a respectiva decisão dada pelo STF vincula não apenas na parte dispositiva como também por seus fundamentos, na chamada *teoria da transcendência dos motivos determinantes*.[15] Lembremos que a adoção do "efeito vinculante" no Brasil se inicia com a EC nº 3/93, que criou a ação declaratória de constitucionalidade e somente a ela atribuiu efeito vinculante[16] – posteriormente

---

[12] Nesse sentido digna de nota a observação de Aroldo Plínio Gonçalves, segundo o qual, com base no disposto no art. 103, §3º da CR/88, não haveria dúvidas de que no Brasil o procedimento de arguição concentrada de lei se realiza em contraditório. "É, portanto, um verdadeiro processo, e não um simples procedimento, ou um 'processo de jurisdição voluntária'" (GONÇALVES, Aroldo Plínio. *Técnica processual e teoria do processo*. Rio de Janeiro: Aide, 1992. p. 118). Aliás, mesmo à época da "Representação de Inconstitucionalidade", em que apenas o Procurador-Geral era competente, Alfredo Buzaid defendia seu caráter "jurisdicional" pleno: "A função que o STF exerce na apreciação dos princípios fundamentais (...) não é de caráter administrativo, nem legislativo; é tipicamente jurisdicional. Trata-se, porém, de jurisdição constitucional, porque seu objeto não é resolver relações jurídicas de direito privado ou de direito público, mas compor conflitos de normas do Estado (...). O que dá lugar à provocação do STF é, portanto, a existência de um litígio constitucional, proposto pelo Procurador em ação direta" (BUZAID, *apud* LEAL, Victor Nunes. Representação de inconstitucionalidade perante o Supremo Tribunal Federal: um aspecto inexplorado. *Revista de Direito Público*, n. 53-54, p. 28, jan./jun. 1980).

[13] Anote-se, outrossim, que mesmo a existência de efeito "erga omnes" nas decisões de controle concentrado não justifica a qualificação dos respectivos processos como sendo "sem partes"; isso porque haveríamos de igualmente classificar como tal todas as ações coletivas cujas decisões possuem igual efeito.

[14] CUNHA, Sérgio Sérvulo da. Ainda o efeito vinculante. *Revista Trimestral de Direito Público*, São Paulo, n. 18, p. 154, 1997.

[15] Sobre isso, ver SILVA, Diogo Bacha e. *Ativismo no controle de constitucionalidade:* transcendência dos motivos determinantes e a ilegítima apropriação do discurso de justificação pelo STF. Belo Horizonte: Arraes, 2013; ABBOUD, Georges. *Jurisdição constitucional e direitos fundamentais*. São Paulo: RT, 2011. p. 136 *et seq.*

[16] Como já lembramos noutro lugar, "a EC n. 3/93 foi aprovada no intuito de minorar a situação gerada por várias perdas judiciais sofridas pela União em razão de um grande número de ações que questionavam a constitucionalidade de medidas, notadamente nas áreas de previdência e tributos (*e.g.*, o reajuste de '147,06%' aos aposentados/pensionistas, o 'FINSOCIAL', a 'COFINS'). Assim, a Emenda Constitucional veio tentar resolver um problema de *caixa* da União através de duas medidas: o IPMF e a ADC. Por um lado ganhava-se mais uma fonte de receitas para dar conta dos aumentos de indenizações a que estava sujeita a União, por outro, criava-se um mecanismo através do qual aquela poderia resolver *per saltum* e *in abstracto* a questão da (in)constitucionalidade de certas medidas" (BAHIA, Alexandre Melo Franco. *Recursos extraordinários no STF e no STJ*. Curitiba: Juruá, 2009. p. 206). Ver também o voto do Min. Moreira Alves em STF, ADC n. 1. Questão de Ordem, Rel. Min. Moreira Alves, j. 27.10.1993.

esse efeito foi estendido por via infraconstitucional (Leis nº 9.868/99 e nº 9.882/99) às demais ações de controle concentrado e somente em 2004, com a EC nº 45/04, houve a harmonização constitucional a respeito. Então, com a EC nº 3/93 houve a inclusão da eficácia vinculante, para além dos efeitos "erga omnes" (e "ex tunc") já existentes. Ora, se o efeito "erga omnes", próprio do controle concentrado de constitucionalidade de matriz austríaca,[17] significa que a decisão dada pelo STF estende seus efeitos para além das partes que figuram formalmente no processo e isso, estando na parte dispositiva da decisão, faz coisa julgada, o que significaria o efeito vinculante? Para o Ministro Moreira Alves, no julgamento de Questão de Ordem na ADC nº 1, a eficácia vinculante era apenas um *plus* ao efeito vinculante, pelo qual:

a) a partir da decisão do STF, caso algum magistrado decida de forma diferente, a parte poderá se valer da Reclamação,[18] e, além disso, b) essa decisão (e isso se restringe ao dispositivo dela, não abrangendo – como sucede na Alemanha – os seus fundamentos determinantes, até porque a Emenda Constitucional n. 3 só atribui efeito vinculante à própria decisão definitiva de mérito) (...) alcança os atos normativos de igual conteúdo daquele que deu origem a ela, mas que não foi seu objeto, para o fim de, independentemente de nova ação, serem tidos como constitucionais ou inconstitucionais, adstrita essa eficácia aos atos normativos emanados dos demais órgãos do Poder Judiciário e do Poder Executivo, uma vez que ela não alcança os atos editados pelo Poder Legislativo (STF, ADC n. 1. Questão de Ordem, Rel. Min. Moreira Alves, j. 27.10.1993).

Essa não é, no entanto, a posição de Mendes, que, à época, já defendia (e um estudo seu sobre o tema aparece na Justificativa da PEC que deu origem à EC nº 3/93)[19] que a eficácia vinculante é algo diferente da "coisa julgada" referente à parte dispositiva, uma vez que a "vinculação" se dirige aos *fundamentos* da decisão, de forma que todos estariam vinculados às razões dadas pelo STF ao decidir, o que impediria qualquer nova discussão do tema por via administrativa ou pelos demais órgãos judiciários[20] e, para aquele autor, até mais além: defende que o efeito vinculante deve ser compreendido para alcançar os fundamentos da decisão (os "motivos determinantes" ou "*ratio decidendi*") – o que faria com que a decisão conseguiria até que o legislador não repetisse o mesmo conteúdo em outra lei.[21]

---

[17] CAPPELLETTI, Mauro. *O controle judicial de constitucionalidade das leis no direito comparado*. 2. ed. Porto Alegre: Fabris, 1999. p. 118.

[18] O novo Código de Processo expressamente prevê, no art. 988, III, o cabimento da reclamação para garantir a observância da decisão do STF em controle concentrado de constitucionalidade. O §4º do art. 988 do novo CPC bem expressa que o cabimento é com relação à não aplicação da tese jurídica. Mais uma vez, a legislação expressa o ideário de que os Tribunais Superiores seriam órgãos formuladores de teses e não órgãos judicantes.

[19] Cf. MENDES, Gilmar Ferreira. Jurisdição constitucional, *op. cit.*, p. 311 *et seq.* Ver também: GOMES, Frederico Barbosa. *Arguição de descumprimento de preceito fundamental. Op. cit.*, p. 441 *et seq.*

[20] Nesse sentido, *e.g.*: STF. AgRg Rcl 2.617, *RTJ* 193/858 e MC Rcl. 5442, Rel. Min. Celso de Mello, j. 31.08.2007.

[21] MENDES, Gilmar Ferreira. A ação declaratória de constitucionalidade: a inovação da Emenda Constitucional n. 3, de 1993. In: MARTINS, Ives Gandra da Silva; MENDES, Gilmar Ferreira (Coords.). *Ação declaratória de constitucionalidade*. São Paulo: Saraiva, 1994. p. 84.

Tal alcance do efeito vinculante já foi adotado pelo STF em alguns julgados para dar provimento a Reclamações nas quais se pedia a "extensão" do entendimento dado na decisão de uma ação de controle concentrado (acerca de certa lei/ato normativo) a outra lei ou ato normativo com conteúdo similar. Dessa forma, outras leis/atos normativos semelhantes também deveriam ser considerados constitucionais ou inconstitucionais de acordo com o entendimento vinculante dado pelo STF em controle concentrado, como se lê no *leading case*:

> Reclamação. Cabimento. Afronta à decisão proferida na ADI 1662-SP. (...) Admissibilidade da reclamação contra qualquer ato, administrativo ou judicial, que desafie a exegese constitucional consagrada pelo Supremo Tribunal Federal em sede de controle concentrado de constitucionalidade, ainda que a ofensa se dê de forma oblíqua (...). A decisão do Tribunal, em substância, teve sua autoridade desrespeitada de forma a legitimar o uso do instituto da reclamação. Hipótese a justificar a transcendência sobre a parte dispositiva dos motivos que embasaram a decisão e dos princípios por ela consagrados, uma vez que os fundamentos resultantes da interpretação da Constituição devem ser observados por todos os Tribunais e autoridades, contexto que contribui para a preservação e desenvolvimento da ordem constitucional.[22]

Apesar desse caso, entretanto, mantém-se a orientação sobre o não alcance dos motivos determinantes da decisão ao legislador – "nosso ordenamento não estendeu ao legislador os efeitos vinculantes da decisão de inconstitucionalidade" (AgRg Rcl 2.617, *RTJ* 193/858) e também: AgR. Rcl 11.477 (Rel. Min. Marco Aurélio, j. 29.05.2012).[23] O rechaço à tese da "transcendência dos motivos determinantes" encontra fundamento na doutrina histórica sobre o tema da coisa julgada,[24] além das disposições legais expressas (*e.g.*, art. 467 – CPC/73 e art. 504, I do CPC/15).

Ainda, há que se esclarecer o que é a diferença entre a eficácia *erga omnes* e o efeito vinculante das decisões em controle concentrado. Gilmar Mendes (e alguns outros) pretende que essa diferença está em que o efeito "erga omnes" brasileiro seria equivalente à "força de lei" do §31(2) da Lei do *Bundesverfassungsgericht*[25] – assim, o efeito vinculante não poderia incidir também sobre o dispositivo (para apenas dizer respeito a quem é atingido pela decisão), mas, sim, significaria que, tendo efeito vinculante, os fundamentos da decisão do STF alcançariam a todos.[26]

---

[22] STF. Rcl. n. 1.987, Rel. Min. Maurício Corrêa, DJ 21.05.2004 p. 33. Ver também: STF. Rcl nº 2.363, *RTJ* 193/513; e MC Rcl. N. 2.986-MC, Rel. Min. Celso De Mello, DJ 18.03.2005 p. 87.
[23] Também contra qualquer extensão do efeito vinculante aos "motivos determinantes", ver ABBOUD, Geoges. *Jurisdição constitucional e direitos fundamentais*. São Paulo: RT, 2011. p. 136 *et seq*.
[24] Cf. BARBOSA MOREIRA, apud ABBOUD, Georges. *Jurisdição constitucional e direitos fundamentais. Op. cit.* p. 118, que também afirma: "Somente o dispositivo da sentença transita em julgado. Os fundamentos (...) não podem limitar, estender ou modificar o sentido do dispositivo (...). No que tange à sentença constitucional, Wolfgang Zeidler assevera que a coisa julgada material diz respeito tão somente à 'fórmula decisória' e não também aos elementos da sentença contidos nos fundamentos da decisão" (*idem*, p. 119).
[25] Ver MENDES, Gilmar Ferreira. *Jurisdição constitucional. Op. cit.*, p. 280 *et seq*.
[26] Gilmar Mendes, Inocêncio Coelho e Paulo Branco mostram que as propostas que levaram à adoção do efeito vinculante ao controle concentrado distinguiam precisamente este da eficácia *erga omnes*, a partir de distinções feitas no direito alemão (MENDES, Gilmar Ferreira; COELHO, Inocêncio Mártires; BRANCO, Paulo G. Gonet. *Curso de direito constitucional*. 2. ed. rev. e atual. São Paulo: Saraiva, 2008. p. 1280-1281). Mas essa distinção não

Georges Abboud[27] critica essa equiparação entre sistemas e realidades jurídicas tão distintas como são a brasileira e a alemã. Para ele tal não é possível, a uma porque a eficácia "erga omnes" não é exclusiva do controle concentrado de normas – apesar de "ínsita" à coisa julgada formada neste, não lhe é exclusiva, pois que há ações outras no Brasil que também geram eficácia "erga omnes"; a duas porque o efeito vinculante, como previsto para o controle concentrado, é o único exclusivo deste, decorrente da coisa julgada material e significa uma "qualidade especial aos pronunciamentos definitivos de mérito (...) que confere aos jurisdicionados a utilização da reclamação"; mas não apenas isso: enquanto a eficácia "erga omnes" amplia o alcance subjetivo da decisão (fazendo-a alcançar o Poder Público e os demais órgãos do Judiciário), o efeito vinculante atingirá os particulares (que não poderão mais arguir a inconstitucionalidade da lei) e o próprio direito material[28] – de forma que, quando o STF declara uma lei inconstitucional em controle incidental de normas, porque sua decisão não possui efeito vinculante, isso permite que a mesma norma continue a ser questionada/aplicada por outros órgãos judiciais, como o que ocorreu quando da decisão do HC nº 82.959.[29] De qualquer forma, pode-se afirmar que a atribuição de efeito vinculante pretende fechar as portas para qualquer tentativa de construção de uma sociedade *mais* aberta de intérpretes da Constituição.[30] E, após definida a interpretação "correta" de forma vinculante, é de se ter em vista que o legislador não está a ela vinculado, como dissemos, e mais, que *o próprio STF também não se vincula*. Após sua decisão, nada impede, em tese, que uma novel ação seja intentada, caso haja "mudança na situação fática ou jurídica".[31]

---

consta dos textos legais que foram aprovados; para os autores, contudo, isso não impede que aqueles efeitos sejam lidos a partir da matriz tedesca. A partir disso é que vão propor que o efeito vinculante deve alcançar os motivos da decisão, que, então, teriam "transcendência" (*idem*, p. 1282 *et seq*).

[27] ABBOUD, Georges. *Jurisdição constitucional e direitos fundamentais*. Op. cit., p. 121 et seq.

[28] ABBOUD, Georges. *Jurisdição constitucional e direitos fundamentais*. Op. cit., p. 127-129.

[29] Ainda: a) se a ideia de "transcendência dos motivos determinantes" está fincada no direito alemão, vale salientar que, "na Alemanha, a vinculação aos motivos determinantes não alcança os particulares nem o próprio Tribunal Constitucional, e o efeito vinculante em relação à *ratio decidendi*, mesmo na Alemanha, tem sofrido severas críticas" (ABBOUD, Georges. *Jurisdição constitucional e direitos fundamentais*. In: ABBOUD, Georges. *Jurisdição constitucional e direitos fundamentais*. Op. cit., p. 138); se, por outro lado, se quiser vincular essa pretensão ao sistema do *stare decisis* anglo-saxão, há que se perceber, como mostra Georges Abboud (*idem*, p. 138-139), que se trata de institutos que não guardam relação interna, um se refere à aplicação de um caso a outro e o outro (o efeito vinculante) se refere à aplicação geral a partir de um caso, além do fato da maior flexibilidade no tratamento dos precedentes.

[30] Cf.: BAHIA, Alexandre Melo Franco. Peter Häberle e a Lei 9.868/99: abertura ou fechamento? – por uma compreensão constitucionalmente adequada do controle concentrado de constitucionalidade. *Lex*, 2007. Disponível em: <http://migre.me/sL5wM>. Ver também, como crítica ao efeito vinculante: GOMES, Frederico Barbosa. *Arguição de descumprimento de preceito fundamental*. Op. cit., p. 437.

[31] Ademais, vale lembrar – como o faz Diogo Bacha e Silva a partir de Leonardo Martins – que mesmo na Alemanha esse efeito vinculante não está isento de dúvidas e questionamentos, "em primeiro lugar, a dificuldade em saber o que seriam motivos determinantes e aquelas razões tomadas de modo acessório e, em segundo lugar, uma canonização dos motivos, o que faria com que houvesse uma petrificação do Direito Constitucional" (SILVA, Diogo Bacha e. *Ativismo no controle de constitucionalidade*. Op. cit., p. 32).

3   A objetivação do recurso extraordinário (e outros)

O STF, ao julgar um recurso extraordinário – assim como outros recursos que chegam ao STF e ações originárias que não sejam as de controle concentrado de normas –, julga casos concretos, que envolvem interesses diretos dos litigantes. Ultrapassadas todas as barreiras postas à sua admissibilidade, a decisão "revolve a lide, aplicando o direito à espécie" – ver art. 1.034 do CPC/2015. Daí que pareceria não haver dúvidas sobre o caráter "inter partes" das decisões aqui proferidas. No entanto, mesmo sem considerar as previsões relativas à repercussão geral (art. 1.035 – CPC/2015), tal assertiva não pode ser feita sem algumas ponderações. Em nome de se reformar o Judiciário de maneira que os Tribunais Superiores possam definir desde logo certas "teses" – inclusive no que se tem chamado de "jurisprudência preventiva" –, tem surgido uma novidade na atribuição de efeitos ao recurso extraordinário: a transposição de institutos próprios do controle concentrado – relativos à atribuição de efeitos das decisões – para este recurso (e outros),[32] tudo, é claro, visto como uma "evolução" do instituto:

> Esse novo modelo legal traduz, sem dúvida, um avanço na concepção vetusta que caracteriza o recurso extraordinário entre nós. Esse instrumento deixa de ter caráter marcadamente subjetivo ou de defesa de interesse das partes, para assumir, de forma decisiva, a função de defesa da ordem constitucional objetiva. Trata-se de orientação que os modernos sistemas de Corte Constitucional vêm conferindo ao recurso de amparo e ao recurso constitucional.[33]

Isso quer dizer, na prática, mudanças profundas no recurso extraordinário (e outros). Em certos casos, o STF determina "a partir de quando" sua decisão passaria a ter efeitos (semelhante ao que pode fazer no controle concentrado de constitucionalidade). No RE nº 197.917 discutia-se (incidentalmente) a constitucionalidade de lei municipal que havia determinado o número de vereadores de forma desproporcional ao estabelecido no artigo 29, IV da Constituição.[34] O Pleno do STF decidiu, por maioria, dar provimento parcial ao recurso, declarando a inconstitucionalidade da lei municipal (por ofensa à proporcionalidade, entre outros princípios). Entretanto, em nome do interesse público, entendeu que deveria dispor sobre os efeitos temporais de sua decisão (STF. RE. n. 197.917. Rel. Min. Maurício Corrêa, Pleno, DJ. 07.05.2004).

---

[32] Sobre isso, cf. ABBOUD, Georges. *Jurisdição constitucional e direitos fundamentais*, Op. cit., p. 98 et seq; SOUZA, Eduardo Francisco de. A abstração do controle difuso de constitucionalidade. *Revista do CEJ*, v. 12, n. 41, p. 74-84, abr./jun. 2008.

[33] MENDES, Gilmar, *apud* SOUZA, Eduardo Francisco de. A abstração do controle difuso de constitucionalidade. Op. cit., p. 78.

[34] O Ministério Público estadual requeria por ação civil pública que o número de vereadores fosse reduzido. A ação foi julgada procedente no primeiro grau (com ordem de redução do número de vereadores excedente), mas reformada pelo Tribunal de Justiça de São Paulo. Contra esta decisão se interpôs o recurso extraordinário.

Esse caso serviu de fundamento para que o Min. Carlos Velloso, no RE nº 442.683, não desse provimento a recurso em que se requeria o desfazimento de ato administrativo de progressão de servidores sem concurso público. Entendeu-se que a declaração de inconstitucionalidade de lei deveria ser compreendida com efeitos *ex nunc* haja vista os "princípios da boa-fé e da segurança jurídica [...]. Ademais, os prejuízos que adviriam para a Administração seriam maiores que eventuais vantagens do desfazimento dos atos administrativos" (STF. RE. n. 442.683. Rel. Min. Carlos Velloso. DJ. DJ 24.03.2006). Também citando o referido recurso extraordinário, o Ministro Gilmar F. Mendes, Relator na MC em Petição nº 2.859, assim votou:

> [...] se se entende inconstitucional a lei municipal em apreço, impõe-se que se limitem os efeitos dessa declaração (pro futuro). Limitação de efeitos no sistema difuso. Embora a Lei nº 9.868, de 10 de novembro de 1999, tenha autorizado o Supremo Tribunal Federal a declarar a inconstitucionalidade com efeitos limitados, é lícito indagar sobre a admissibilidade do uso dessa técnica de decisão no âmbito do controle difuso.[35]

Ao negar provimento aos Recursos Extraordinários nºs 556.664, 559.882, 559.943 e 560.626, julgados em conjunto, o STF decidiu:

> modular os efeitos da declaração de inconstitucionalidade dos dispositivos que tratam dos prazos de prescrição e decadência em matéria tributária. (...) A restrição vale tanto para créditos já ajuizados, como no caso de créditos que ainda não são objeto de execução fiscal. Nesse ponto, a decisão teve eficácia retroativa, ou seja, a partir da edição da lei. A modulação dos efeitos da decisão faz uma ressalva, no entanto, quanto aos recolhimentos já realizados pelos contribuintes, que não terão direito a restituição, a menos que já tenham ajuizado as respectivas ações judiciais ou solicitações administrativas até a data do julgamento (11 de junho). (...) Essa proposta de modulação, inédita no âmbito do Supremo, foi feita pelo presidente da Corte, ministro Gilmar Mendes, e tem o poder de garantir a necessária segurança jurídica na resolução da matéria.[36]

Ainda mais um caso. No RE nº 522.897 tratou-se da prescrição trintenária do FGTS. O Relator, Min. Gilmar Mendes, e a Ministra Ellen Gracie votaram no sentido de que a prescrição deveria ser quinquenária, o que mudaria o entendimento consolidado do STF e, por isso, propôs-se que essa decisão – em sede de controle

---

[35] Após discorrer sobre a modulação dos efeitos em declaração de inconstitucionalidade nos Estados Unidos e em outros países e em questionar se tal modulação também poderia afetar processos de controle *concreto* de constitucionalidade, declara: "É verdade que, tendo em vista a autonomia dos processos de controle incidental ou concreto e de controle abstrato, entre nós, mostra-se possível um distanciamento temporal entre as decisões proferidas nos dois sistemas (decisões anteriores, no sistema incidental, com eficácia *ex tunc* e decisão posterior, no sistema abstrato, com eficácia *ex nunc*). Esse fato poderá ensejar uma grande insegurança jurídica. Daí parecer razoável que o próprio STF declare, nesses casos, a inconstitucionalidade com eficácia *ex nunc* na ação direta, ressalvando, porém, os casos concretos já julgados ou, em determinadas situações, até mesmo os casos sub judice, até a data de ajuizamento da ação direta de inconstitucionalidade" (Min. Gilmar F. Mendes, Relator, MC. em Petição n. 2.859, DJ. 16.04.2004).

[36] Trecho de matéria publicada no *link* "Notícias", do *site* do STF, publicada no dia 12 jun. 2008. Disponível em: <http://www.stf.jus.br/portal/cms/verNoticiaDetalhe.asp?idConteudo=91116>.

difuso – apenas gere efeitos para processos ajuizados após a decisão do Tribunal. O julgamento está suspenso desde 2011 em razão de pedido de vista feito pelo então Min. Ayres Britto. Aqui, mais uma vez, a discussão sobre os efeitos temporais em sede de recurso extraordinário.

Contudo, há uma particularidade: já se toma como certo que a decisão no extraordinário gera efeitos *"extra partes"* – mesmo não tendo sido reconhecida "repercussão geral" no caso. Em nome de uma "boa-fé objetiva", pretende-se esclarecer que a decisão apenas afetará casos ajuizados a partir da decisão. Ora, processos já transitados em julgado não poderiam, de qualquer forma, ser atingidos. Já para os casos que estão em tramitação, que segurança jurídica é essa que diz à parte que a decisão dada pelo STF em caso análogo (e que lhe seria favorável) não poderia ser aplicada ao seu caso? Aliás, mesmo que se diga que a decisão apenas tem efeito *"ex nunc"*, o que impede que seja usada como "precedente" para casos pendentes/futuros?

Algumas críticas podem ser colocadas quanto a essa "mutação" do recurso extraordinário. Primeiramente, querer modular os efeitos temporais da decisão de um caso concreto no qual a "questão constitucional" é apenas um incidente processual viola a natureza da tarefa jurisdicional que ali se tem. Vale dizer, no controle de constitucionalidade incidental, a questão principal para as partes litigantes e para o próprio juízo é, de fato, o "problema" jurídico concreto ou a *res in iudicium deducta*, sendo a discussão constitucional apenas um meio para resolver o principal. Ainda que os casos julgados pelo Tribunal tenham "repercussão geral", há que se observar que, ao julgar o caso, é a isto que o STF deve se atentar: à resolução daquele litígio. É claro que a decisão pode ter "transcendência" – e o procedimento da repercussão geral acabou por tentar positivar o que é um mecanismo que foge ao enclausuramento legislativo[37] –, contudo, mudar a "natureza jurídica" do instituto, emprestando-lhe efeitos que ele não possui, viola a competência constitucional dada ao STF. Nem por lei ordinária – senão por emenda à Constituição – se pode alterar um recurso que envolve competência de órgão definido na Lei Maior;[38] o que dizer, então, de algo como a ampliação de efeitos da decisão de um Tribunal (cujas competências são definidas via Constituição) ser feita pelo próprio Tribunal? Algo assim apenas foi visto na Alemanha, pré e pós 2ª Guerra Mundial.[39] Além do mais, não seria uma violação ao devido processo legal e ao contraditório a modificação dos efeitos sem que as partes atingidas pudessem participar da discussão?

A tese do "fato consumado", que é um dos sustentáculos da limitação "ex nunc" dos efeitos da decisão quando envolve o "interesse público estatal",

---

[37] Cf. BAHIA, Alexandre Melo Franco. *Recursos extraordinários no STF e no STJ*. Op. cit., p. 161 *et seq*.
[38] Sobre isso o magistério de Afonso Arinos de Melo Franco: "lei que amplia jurisdição de tribunal é inconstitucional" (MELO FRANCO, Afonso Arinos. *Curso de direito constitucional brasileiro*. Rio de Janeiro: Forense, 1958. v. I, p. 73).
[39] Cf. BAHIA, Alexandre Melo Franco. Ingeborg Maus e o judiciário como superego da sociedade. *Revista do CEJ*, v. 30, p. 10-12, jul./set. 2005.

pode ter sustentação para a Administração Pública – inserindo-se no princípio da proporcionalidade, do cálculo de custo-benefício e, claro, da "supremacia do interesse público" –, mas este raciocínio a respeito *dos prejuízos que adviriam da decisão* não faz parte dos discursos de aplicação, próprios do Judiciário[40] – argumentos pragmáticos desse tipo não são aceitáveis em um órgão judicial. Quando o Judiciário converge sua argumentação nesse sentido, sai do terreno de questões de princípio e passa a considerações de questões de política, como mostra Dworkin:

> Minha visão é que o Tribunal deve tomar decisões de princípio, não de política – decisões sobre que direitos as pessoas têm sob nosso sistema constitucional, não decisões sobre como se promove melhor o bem-estar geral –, e que deve tomar essas decisões elaborando e aplicando a teoria substantiva da representação, extraída do princípio básico de que o governo deve tratar as pessoas como iguais.[41]

O risco, como mostra Georges Abboud,[42] é a abertura para a produção de decisões discricionárias pelo STF. O autor cita o voto da Min. Ellen Gracie no AI nº 375.011, no qual a Ministra "dispensou" o requisito do prequestionamento a fim de "dar efetividade a posicionamento do STF sobre questão constitucional".[43] Além disso, há uma outra questão: dar efeitos *erga omnes* a partir de uma decisão de inconstitucionalidade em controle *concreto* é tarefa constitucionalmente dada ao Senado Federal e também aqui vem se travando uma batalha no STF, pois que não é apenas em sede de recurso extraordinário que o fenômeno da "objetivação" vem aparecendo. Quando o STF declarou, *incidenter tantum*, a inconstitucionalidade da lei de crimes hediondos na parte em que proibia a progressão de regime: no *HC* nº 82.959 (Rel. Min. Marco Aurélio, j. 23.02.2006) ficou claro que a decisão *não* possuía efeitos *erga omnes*, devendo cada juízo responsável pela execução de penas de crimes hediondos apreciar *caso a caso* se o condenado possuiria condições de progressão do regime. Entretanto, o que se viu na sequência foi uma primeira tentativa de aplicação *automática* da decisão do STF para todos os processos, repercutindo inclusive no STF.[44]

Depois veio a Reclamação nº 4.335, na qual o STF discutiu se era dispensável a deliberação do Senado Federal a fim de conferir eficácia *erga omnes* à decisão daquele tribunal que considerar inconstitucional ato normativo em controle difuso

---

[40] Cf. BAHIA, Alexandre Melo Franco. *Recursos extraordinários no STF e no STJ*. Op. cit., p. 281. Aliás, mesmo no Direito Administrativo o fundamento de teses como aquela não subsiste sem críticas. Sobre isso ver os ensaios reunidos em: SARMENTO, Daniel (Org.). *Interesses públicos versus interesses privados*: desconstruindo o princípio de supremacia do interesse público. Rio de Janeiro: Lumen Juris, 2005.

[41] DWORKIN, Ronald. *Uma questão de princípio*. São Paulo: Martins Fontes, 2005. p. 100-101.

[42] ABBOUD, Georges. Jurisdição constitucional e direitos fundamentais. *Op. cit.*, p. 98.

[43] ABBOUD, Georges. *Op. cit.*, p. 98-99.

[44] Cf., *e.g.*, RHC nº 86.951, Rel. Min. Ellen Gracie, DJ. 20.03.2006 e o *HC* nº 85.204, Rel. Min. Gilmar F. Mendes, DJ. 17.05.2006. Vale consultar também Parecer da Procuradoria de Justiça do RS no Agravo em Execução n. 70014946958, 4ª Câm. Crim., TJRS, Rel. Des. Amilton B. Carvalho.

de constitucionalidade (*HC* nº 82.959 referido).⁴⁵ Em 2006 foi concedida liminar a fim de que se desse prevalência ao entendimento dado pelo STF naquele *habeas corpus*. A discussão travada no Tribunal diz respeito à possibilidade do STF declarar ter havido uma "mutação constitucional" (*sic*), de forma que o inciso X do art. 52 da Constituição estaria "revogado"⁴⁶ e também à discussão sobre o cabimento de Reclamação quando a decisão que teria sido "ofendida" não advier de controle concentrado (ou quando aquela não disser respeito a processo originalmente sobre as mesmas partes). A tese da mutação constitucional acabou sendo vencida no final do julgamento, mas que obviamente não perde seu interesse acadêmico. Vencedora foi a ideia de uma eficácia denominada "expansiva" no controle difuso, como veremos a seguir.

O que se percebe é a tentativa de transformar o recurso extraordinário (e, no limite, quaisquer ações/recursos no STF que tenham transcendência/repercussão) *em soluções de "teses" de forma definitiva*. É claro que o julgamento de um recurso extraordinário possui uma dimensão pública relevante de uniformização de jurisprudência e/ou de (re)afirmação da autoridade constitucional, contudo, esse interesse "público" não é o único e nem deve ser posto como o mais importante. Tomado no extremo, a objetivação do recurso extraordinário, comparando-o a uma ADIn (ou similar), retira do julgamento quaisquer elementos subjetivos, o que, aí sim, *descaracteriza o instituto de sua função*. Não resulta do julgamento do STF em RE uma "tese", mas o julgamento de um caso – de forma que, ao julgar o caso, é sobre ele que se deve debruçar o Tribunal.⁴⁷

Atente-se para o fato de que os limites objetivos e subjetivos da coisa julgada estão estabelecidos no CPC⁴⁸ e não há ali (e nem em qualquer outra legislação) qualquer previsão de ampliação dos efeitos da decisão dada em recurso

---

⁴⁵ STF. Rcl nº 4.335, Rel. Min. Gilmar Mendes. A tese da "dispensabilidade" do Senado é sustentada pelo Ministro Gilmar Mendes e vem de um entendimento consolidado já há alguns anos. Cf. MENDES, Gilmar Ferreira. *Direitos fundamentais e controle de constitucionalidade*: estudos de direito constitucional. São Paulo: IBDC, 1998. p. 376-378.

⁴⁶ Para uma crítica, cf.: PEDRON, Flávio Quinaud. *Mutação constitucional na crise do positivismo jurídico*: história e crítica do conceito no marco da teoria do direito como integridade. Belo Horizonte: Arraes, 2012; CATTONI DE OLIVEIRA, Marcelo Andrade. A Súmula Vinculante n. 4 do STF e o "desvio" hermenêutico do TST: notas programáticas sobre a chamada "nova configuração" da jurisdição constitucional brasileira nos vinte anos da Constituição da República. In: CATTONI DE OLIVEIRA, Marcelo Andrade; MACHADO, Felipe Daniel Amorim (Orgs.). *Constituição e processo*. Belo Horizonte: Del Rey, 2009. p. 39-56. Ver também CATTONI DE OLIVEIRA, Marcelo Andrade; LIMA, Martonio Mont'Alverne Barreto; STRECK, Lenio Luiz. A nova perspectiva do Supremo Tribunal Federal sobre o controle difuso: mutação constitucional e limites da legitimidade da jurisdição constitucional. *Revista da Faculdade Mineira de Direito da PUC Minas*, v. 10, n. 20, p. 37-57, 2º sem. 2007.

⁴⁷ Cf. BAHIA, Alexandre Melo Franco. *Recursos extraordinários no STF e no STJ. Op. cit.*, p. 175 e 310; e: BAHIA, Alexandre Melo Franco. Os recursos extraordinários e a co-originalidade dos interesses público e privado no interior do processo: reformas, crises e desafios à jurisdição desde uma compreensão procedimental do estado democrático de direito. In: CATTONI DE OLIVEIRA, Marcelo Andrade de; MACHADO, Felipe Daniel Amorim (Coords.). *Constituição e processo: a contribuição do processo no constitucionalismo democrático brasileiro*. Belo Horizonte: Del Rey, 2009. p. 366-369.

⁴⁸ Quanto aos limites objetivos, a coisa julgada só atinge a lide deduzida e as questões solucionadas. Logo, não atinge: os motivos e a verdade dos fatos (art. 504, I e II do CPC/15) e somente fará coisa julgada a questão incidental se for imprescindível para a solução da questão principal, tiver havido contraditório efetivo e o juiz for competente em razão da matéria e da pessoa (art. 503, §1º do CPC/15) quanto aos subjetivos: apenas as partes se beneficiam/prejudicam da sentença. Os efeitos da coisa julgada só atingem as partes (art. 506 do CPC/15).

extraordinário (e outros casos em que o STF tenha decidido). A "repercussão geral das questões constitucionais" tem previsão expressa e precisa na Constituição e no CPC, não abrindo espaço para ser usada como fundamento para essa "objetivação";[49] o mesmo se diga da disposição constitucional e legal acerca das ações de controle concentrado, que igualmente são específicas.

A questão não é meramente "técnica", pois que querer-se atribuir a um processo futuro o mesmo entendimento dado (isto é, a "tese" firmada) anteriormente viola os princípios constitucionais do devido processo legal, da ampla defesa e do contraditório (art. 5º, LIV e LV da CR/88), pois se pretende uma decisão *standard* (padrão decisório) deva reger um novo caso sem que a parte envolvida nesse novo caso tenha tido oportunidade de se manifestar – de ter suas razões tomadas para efeito da decisão.[50] Ademais não podemos nos olvidar de um aspecto que vimos defendendo no Brasil, qual seja, os riscos que a convergência entre a *civil law e common law* vem gerando no Brasil e a mantença do modo de formação da jurisprudência, especialmente no STF, em face da possibilidade de prevalência do discurso ora combatido no presente ensaio.

4 Convergência, riscos e formação de nossa jurisprudência

Como já afirmamos em inúmeras outras oportunidades, o sistema jurídico brasileiro encontra-se há algum tempo profundamente imerso no movimento de convergência entre a *civil law* e *common law*,[51] com a utilização cada vez mais corrente de decisões jurisprudenciais como fonte de aplicação do Direito. Este movimento de transição foi fortalecido pela EC nº 45/2004, que permitiu os julgamentos dos recursos extraordinários pelo STF em repercussão geral (regulamentado pelos arts. 543A e B, CPC/1973), das técnicas de julgamento repetitivo absorvidas por reformas legais na legislação processual[52] e também com a promulgação do novo Código de Processo Civil.

Estas modificações deveriam provocar paulatinamente um novo olhar sobre o modo de aplicação do Direito e impor a necessidade de que tematizemos o modo

---

[49] Apesar de que a repercussão geral é tomada como um reforço à objetivação do recurso extraordinário. Veja-se o RE nº 576155, no qual foi acolhida Questão de Ordem a fim de se determinar o sobrestamento de quaisquer processos (nos quais estivesse sendo discutida "questão idêntica" àquela objeto do recurso), em quaisquer instâncias, o que, como bem lembrou o Min. Marco Aurélio (voto vencido), viola o direito das partes destes outros processos de serem ouvidas sobre tal decisão. Para críticas a tal entendimento, ver: BAHIA, Alexandre Melo Franco. *Recursos Extraordinários no STF e no STJ*. Op. cit., p. 132 ss.

[50] A violação ao contraditório é evidente, principalmente se este for compreendido como não surpresa e possibilidade de influência. Sobre isso, cf. NUNES, Dierle. *Processo jurisdicional democrático*: uma análise crítica das reformas processuais. Curitiba: Juruá, 2008.

[51] Cf. THEODORO JÚNIOR, Humberto; NUNES, Dierle; BAHIA, Alexandre. Breves considerações da politização do judiciário e do panorama de aplicação no direito brasileiro: análise da convergência entre o civil law e o common law e dos problemas da padronização decisória. *Repro*, v. 189, p. 3, nov. 2010.

[52] Cf. THEODORO JÚNIOR, Humberto; NUNES, Dierle; BAHIA, Alexandre. Litigiosidade em massa e repercussão geral no recurso extraordinário. *Repro*. São Paulo: RT, v. 177. 2009.

como os Tribunais vêm promovendo seus julgamentos, com especial relevo ao STF. No entanto, o "velho" modo de julgamento promovido pelos ministros, que, de modo unipessoal, com suas assessorias, e sem diálogo e contraditório pleno entre eles e com os advogados, proferem seus votos partindo de premissas próprias e construindo fundamentações completamente díspares, não atende a este novo momento que o Brasil passa a vivenciar.[53]

Os acórdãos, na atualidade, deveriam possuir uma linearidade argumentativa para que realmente pudessem ser percebidos como verdadeiros *padrões decisórios* (*standards*) que gerariam estabilidade decisória, segurança jurídica, proteção da confiança e previsibilidade. De sua leitura deveríamos extrair um

---

[53] Acerca das premissas essenciais para o uso dos precedentes, veja-se: "Nesse aspecto, o *processualismo constitucional democrático* por nós defendido tenta discutir a aplicação de uma igualdade efetiva e valoriza, de modo policêntrico e comparticipativo, uma renovada defesa de convergência entre o *civil law* e *common law*, ao buscar uma aplicação legítima e eficiente (efetiva) do Direito para todas as litigiosidades (sem se aplicar padrões decisórios que pauperizam a análise e a reconstrução interpretativa do direito), e defendendo o delineamento de uma teoria dos precedentes para o Brasil que suplante a utilização mecânica dos julgados isolados e súmulas em nosso país. Nesses termos, seria essencial para a aplicação de precedentes seguir algumas premissas essenciais: 1º – Esgotamento prévio da temática antes de sua utilização como um padrão decisório (precedente): ao se proceder à análise de aplicação dos precedentes no *common law* se percebe ser muito difícil a formação de um precedente (padrão decisório a ser repetido) a partir de um único julgado, salvo se em sua análise for procedido um esgotamento discursivo de todos os aspectos relevantes suscitados pelos interessados. Nestes termos, mostra-se estranha a formação de um "precedente" a partir de um julgamento superficial de um (ou poucos) recursos (especiais e/ou extraordinários) pinçados pelos Tribunais (de Justiça/regionais ou Superiores). Ou seja, precedente (padrão decisório) dificilmente se forma a partir de um único julgado. 2º – Integridade da reconstrução da história institucional de aplicação da tese ou instituto pelo tribunal: ao formar o precedente o Tribunal Superior deverá levar em consideração todo o histórico de aplicação da tese, sendo inviável que o magistrado decida desconsiderando o passado de decisões acerca da temática. E mesmo que seja uma hipótese de superação do precedente (*overruling*) o magistrado deverá indicar a reconstrução e as razões (fundamentação idônea) para a quebra do posicionamento acerca da temática. 3º – Estabilidade decisória dentro do Tribunal (*stare decisis* horizontal): o Tribunal é vinculado às suas próprias decisões: como o precedente deve se formar com uma discussão próxima da exaustão, o padrão passa a ser vinculante para os Ministros do Tribunal que o formou. É impensável naquelas tradições que a qualquer momento um ministro tente promover um entendimento particular (subjetivo) acerca de uma temática, salvo quando se tratar de um caso diferente (*distinguishing*) ou de superação (*overruling*). Mas nestas hipóteses sua fundamentação deve ser idônea ao convencimento da situação de aplicação. 4º – Aplicação discursiva do padrão (precedente) pelos tribunais inferiores (*stare decisis* vertical): as decisões dos tribunais superiores são consideradas obrigatórias para os tribunais inferiores ("comparação de casos"): o precedente não pode ser aplicado de modo mecânico pelos Tribunais e juízes (como *v.g.* as súmulas são aplicadas entre nós). Na tradição do *common law*, para suscitar um precedente como fundamento, o juiz deve mostrar que o caso, inclusive, em alguns casos, no plano fático, é idêntico ao precedente do Tribunal Superior, ou seja, não há uma repetição mecânica, mas uma demonstração discursiva da identidade dos casos. 5º – Estabelecimento de fixação e separação das *ratione decidendi* dos *obter dicta* da decisão: a *ratio decidendi* (elemento vinculante) justifica e pode servir de padrão para a solução do caso futuro; já o *obter dictum* constituem-se pelos discursos não autoritativos que se manifestam nos pronunciamentos judiciais "de sorte que apenas as considerações que representam indispensavelmente o nexo estrito de causalidade jurídica entre o fato e a decisão integram a *ratio decidendi*, onde qualquer outro aspecto relevante, qualquer outra observação, qualquer outra advertência que não tem aquela relação de causalidade é *obiter*: um *obiter dictum* ou, nas palavras de Vaughan, um *gratis dictum*". 6º – Delineamento de técnicas processuais idôneas de distinção (*distinguishing*) e superação (*overruling*) do padrão decisório: A ideia de se padronizar entendimentos não se presta tão só ao fim de promover um modo eficiente e rápido de julgar casos, para se gerar uma profusão numérica de julgamentos. Nestes termos, a cada precedente formado (padrão decisório) devem ser criados modos idôneos de se demonstrar que o caso em que se aplicaria um precedente é diferente daquele padrão, mesmo que aparentemente seja semelhante, e de proceder à superação de seu conteúdo pela inexorável mudança social – como ordinariamente ocorre em países de *common law*". NUNES, Dierle. *Processualismo constitucional democrático* e o dimensionamento de técnicas para a litigiosidade repetitiva. A *litigância de interesse público* e as tendências "não compreendidas" de padronização decisória. *Repro*, vol. 189, p. 38, setembro 2011.

quadro de análise panorâmica da temática, a permitir que em casos futuros pudéssemos extrair uma "radiografia argumentativa" daquele momento decisório. Esse pressuposto seria essencial antes de se tematizar os potenciais efeitos vinculantes da decisão de inconstitucionalidade. Extrair-se-ia, inclusive, se um dado argumento foi levado em consideração, pois caso contrário seria possível a superação do entendimento (*overruling*). Ou mesmo se verificar se o caso atual em julgamento é idêntico ao padrão ou se é diverso, comportando julgamento autônomo mediante a distinção (*distinguishing*). No entanto, ao se acompanhar o modo como os Tribunais brasileiros (incluso o STF) trabalham e proferem seus acórdãos, percebemos que se compreende parcamente as bases de construção e aplicação destes padrões decisórios (precedentes), criando um quadro nebuloso de utilização da jurisprudência. Flutuações constantes de entendimento, criação subjetiva e individual de novas "perspectivas", quebra da integridade (Dworkin) do direito são apenas alguns dos "vícios".

Ademais, não se pode olvidar um dos principais equívocos na análise da tendência de utilização dos precedentes no Brasil, qual seja, a credulidade exegeta (antes os Códigos, agora os julgados modelares) que o padrão formado (em RE, *v.g.*) representa o fechamento da discussão jurídica, quando se sabe que, no sistema do *case law*, o precedente é um *principium* argumentativo.[54] A partir dele, de modo discursivo e profundo, verificar-se-á, inclusive com análise dos fatos, se o precedente deverá ou não ser repetido (aplicado), tendo o precedente aquilo que Dworkin chama de força gravitacional. Aqui, o "precedente" do STF (e STJ) é visto quase como um fechamento argumentativo que deveria ser aplicado de modo mecânico para as causas repetitivas. E estes importante Tribunal e seus Ministros produzem comumente rupturas com seus próprios entendimentos; ferindo de morte um dos princípios do modelo precedencialista: a estabilidade.

Sabe-se que após a CRFB/88 as litigiosidades se tornaram mais complexas e em número maior. E que a partir deste momento o processo constitucionalizado passou a ser utilizado como garantia não só para a fruição de direitos (prioritariamente) privados. mas para o auferimento de direitos fundamentais, pelo déficit de cumprimento dos papéis dos outros "Poderes" (Executivo/Legislativo), entre outros fatores. Dentro deste contexto, a litigiosidade repetitiva passou a aumentar as taxas de congestionamento do Poder Judiciário brasileiro, e as propostas de técnicas processuais padronizadoras, e do uso de "precedentes" como fonte, ganharam muitíssima força. No entanto, isso não permite que se chancele uma visão utilitarista do sistema de RE e seus potenciais efeitos.

Ainda não podemos nos olvidar da questão, acerca dos efeitos da decisão do RE, se tratar de uma discutível mutação constitucional.

---

[54] BAHIA, Alexandre. As súmulas vinculantes e a nova Escola da Exegese. *Repro*, n. 206, ano 37, p. 359-379, 2012.

5 Mutação constitucional e eficácia expansiva: o que é isto?

Flávio Pedron[55] reconstrói os votos já dados na Reclamação 4.335 para mostrar sua inconsistência e seu equívoco de pretender "suprimir" um dispositivo constitucional via "mutação": Gilmar Mendes defende a admissibilidade de Reclamação fundada em decisão de processo subjetivo sem levar em conta o que dispõem o art. 102, I, "l" da CR/88, o art. 156 do RI-STF e o art. 13 da Lei nº 8.038/90.

Ainda, os fundamentos naquele voto para a tese de que o efeito "inter partes" de decisões em controle difuso apenas existe por razões históricas não se sustentam: nenhum precedente citado pelo Ministro justifica a decisão que se pretende. De igual modo a suposta "evolução" do sistema para uma concentração é uma tese, não uma constatação. Não obstante, sua própria compreensão do que seja "mutação constitucional" é passível de críticas, uma vez que não ao concebe como algo natural, como uma mudança social que apenas é reconhecida pelo Tribunal – ao contrário, para ele *é o Tribunal que cria a mutação*, sendo a decisão não "declaratória", mas também "constitutiva", o que o transforma em poder constituinte (permanente).

De forma semelhante, também no voto do Min. Eros Grau percebe-se que o fundamento do voto está num argumento de "cálculo pragmático":[56] a eficiência (que será gerada no sistema judicial com a atribuição de efeitos *erga omnes* às decisões em controle difuso diretamente pelo STF). Este é o argumento central em todo o processo de "objetivação" do Recurso Extraordinário, como mostramos. Tanto lá como cá, valem as conclusões de Flávio Pedron: "opera-se a mutação (...) por meio da decisão do STF para esse caso [Recl. 4.335] – que, na realidade, não está reconhecendo a existência de uma mudança na prática jurídica brasileira, mas antes, criando norma constitucional a partir de uma reinterpretação do texto da Constituição".[57]

O julgamento final da Reclamação 4.335 teve como voto vencedor o chamado efeito expansivo no controle difuso de constitucionalidade, a partir do voto-vista do Ministro Teori Zavaski. Muito embora se mantenha a competência do Senado Federal para suspender a eficácia da lei declarada inconstitucional pelo STF em controle difuso (art. 52, inc. X), as decisões proferidas pelo STF têm considerável impacto não só argumentativo perante as cortes inferiores. No âmbito do controle difuso, três hipóteses ilustram que a eficácia expansiva vem se alastrando no ordenamento jurídico. A EC nº 45/2004 trouxe duas hipóteses de eficácia expansiva. A primeira é a possibilidade de edição de súmula vinculante quando, a partir do julgamento de casos concretos, o STF edite enunciado geral e abstrato[58] válido para

---

[55] PEDRON, Flávio Quinaud. Mutação constitucional na crise do positivismo jurídico. *Op. cit.*, p. 10 *et seq.*
[56] PEDRON, Flávio Quinaud. *Op. cit.*, p. 20.
[57] PEDRON, Flávio Quinaud. *Op. cit.*, p. 16.
[58] "O ponto é que não somos gerais e não vivemos situações abstratas, logo, tal qual as normas, também as súmulas serão interpretadas – veja, não dissemos que elas deveriam ser interpretadas, a questão não é normativa, mas descritiva: quer se queira, quer não, a Súmula, como qualquer texto, será interpretada quando de sua aplicação – o exame dos casos que lhe deram origem poderia ser um primeiro passo interessante nesse sentido" (BAHIA, Alexandre. *Recursos extraordinários no STF e no STJ*. Op. cit., p. 219-220).

toda a Administração Pública e os demais juízes e tribunais (art. 103-A da CF/88 e Lei nº 11.417/06). A segunda eficácia expansiva seria a inserção, pela Emenda Constitucional nº 45/2004, do requisito da repercussão geral para o conhecimento do recurso extraordinário (art. 102, §3º da CF/88 e arts. 543-A e 543-B do CPC/73 e art. 1.035 do CPC/2015). A terceira hipótese, referida no voto do Ministro Teori Zavascki, é a utilização da modulação dos efeitos, prevista no art. 27 da Lei nº 9.868/99, também em controle difuso no julgamento dos casos concretos (cf. supra), que nada mais seria do que estabelecer a repercussão de sua decisão para outros casos análogos. Dessa forma, o STF, mesmo em controle difuso, estabelece parâmetros a serem observados pelos demais órgãos ao julgar questão análoga. Nas palavras do Ministro Teori Zavascki, "o Tribunal está, implícita mas inquestionavelmente, reconhecendo e atribuindo-lhes força expansiva e universalizante".

É preciso ver que a eficácia expansiva não permite o cabimento de reclamação pelos indivíduos que não foram partes, não havendo uma igualação entre essa e os efeitos *erga omnes* e vinculantes, presentes nas ações de cariz concentrada, sob pena de o próprio STF suprimir as competências de tribunais locais. Com efeito, a eficácia expansiva quer significar que as decisões proferidas pelo STF no controle difuso de constitucionalidade carregam a possibilidade de influenciarem, não apenas no âmbito argumentativo, as decisões de instâncias inferiores, fazendo com que esta se amolde aos preceitos estabelecidos pela Corte. Influenciariam com a possibilidade de se transformarem em súmula vinculante, após a reiteração do entendimento, com a possibilidade de nem sequer ser admitido recurso extraordinário e com o estabelecimento de efeitos inclusive temporais, a partir do qual se deve observar tal entendimento. Por isso, ainda que a chamada eficácia expansiva mantenha hígida a competência do Senado Federal, bem como a existência do controle difuso, não se pode esquecer que é possível aos juízes e tribunais deixarem de aplicar a decisão do STF proferida em controle difuso de constitucionalidade, tendo em vista que os fatos e, consequentemente, a interpretação pode conduzir a um resultado diferente daquele alcançado pelo STF. De qualquer forma, o que está em jogo é o ideal de suprimir a discussão jurídica travada nas primeiras instâncias, buscando a eficiência a todo custo.

6 Considerações finais

Buscamos discutir a naturalidade com que se vem afirmando no Brasil que o controle difuso de constitucionalidade se tornou um "apêndice"; aliás, um apêndice incômodo que mereceria sua extração. Isso porque o controle "abstrato" de normas seria mais adequado às nossas necessidades atuais de celeridade e eficiência processual (entendidas estas como definição de teses o mais brevemente possível – padrões decisórios de fechamento argumentativo). No máximo, aceita-se a permanência do recurso extraordinário desde que perca o caráter de meio de impugnação extrema subjacente a um caso e sofra uma mutação que faça com que passe a ser lido a partir da lógica própria do controle concentrado.

Argumentamos que a afirmação do controle concentrado como processo objetivo não é feita sem críticas, pois que de jurisdição se trata e não de mero *référé* feito a um Conselho Constitucional (nos moldes como tradicionalmente era concebido o órgão francês). Daí que também uma compreensão adequada do efeito vinculante e da eficácia "erga omnes" foi proposta, de forma a superar a equivocada equiparação destes a similares do direito alemão, com todos os inconvenientes aventados: o efeito vinculante não pode significar uma "transcendência dos motivos determinantes", pois que isso, entre outras questões tratadas, significa uma violação ao art. 5º, XXXV, da Constituição.

Se o controle concentrado pós-88 pretende instaurar uma arena aberta de intérpretes da Constituição não deve, justamente por isso, agir de forma a fechar o fórum de discussão de forma eterna. O STF, inclusive, apesar de inicialmente haver decidido naquele sentido, hoje já não mais adere à tese da vinculação aos fundamentos da decisão em controle concentrado.

De outro lado, a "modulação de efeitos" no recurso extraordinário bem como a atribuição de efeitos *extra partes* – e outras medidas de "objetivação" do recurso – também não se coadunam com uma compreensão constitucionalmente adequada da jurisdição. Como mostramos, já há a previsão da "repercussão geral das questões constitucionais" que pode conferir a fixação de "teses jurídicas" – com as críticas que se pode fazer a isso. Mas querer atribuir tal transcendência a um único caso (que não teve repercussão geral reconhecida) vai além da competência que a Constituição atribui ao STF e apenas por alteração desta poderia ser isso previsto.

O aumento de competências de um Tribunal feito por ele mesmo (como a tese da dispensabilidade de remessa da decisão ao Senado Federal sobre inconstitucionalidade em controle difuso feito pelo STF como requisito para que ela tenha eficácia "erga omnes") é algo profundamente discutível em uma democracia não apenas por uma questão formal sobre atribuições mas também pelo risco que a ampliação representa no controle democrático de decisões discricionárias que podem ferir princípios constitucionais como o devido processo legal e o contraditório.

Referências

ABBOUD, Georges. *Jurisdição constitucional e direitos fundamentais*. São Paulo: RT, 2011.

BAHIA, Alexandre Melo Franco. Controle judicial de constitucionalidade das leis e atos normativos: contribuição para a construção de uma democracia cidadã no Brasil. Dissertação (Mestrado em Direito Constitucional) – Programa de Pós-graduação em Direito, Faculdade de Direito, Universidade Federal de Minas Gerais, Belo Horizonte, 2003.

BAHIA, Alexandre Melo Franco. Ingeborg Maus e o Judiciário como superego da sociedade. *Revista do CEJ*, v. 30, p. 10-12, jul./set. 2005. Disponível em: <http://migre.me/sL5yD>.

BAHIA, Alexandre Melo Franco. Antissemitismo, tolerância e valores: anotações sobre o papel do Judiciário e a questão da intolerância a partir do voto do Ministro Celso de Mello no HC 82.424. *Revista dos Tribunais*, São Paulo, v. 847, p. 443-470, maio 2006.

BAHIA, Alexandre Melo Franco. Peter Häberle e a Lei 9.868/99 Abertura ou Fechamento? Por uma Compreensão Constitucionalmente Adequada do Controle Concentrado de Constitucionalidade. LEX, 2007. Disponível em: <http://migre.me/sL5wM>.

BAHIA, Alexandre Melo Franco. *Recursos extraordinários no STF e no STJ*. Curitiba: Juruá, 2009.

BAHIA, Alexandre Melo Franco. Os recursos extraordinários e a co-originalidade dos interesses público e privado no interior do processo: reformas, crises e desafios à jurisdição desde uma compreensão procedimental do estado democrático de direito. In: CATTONI DE OLIVEIRA, Marcelo Andrade de; MACHADO, Felipe Daniel Amorim (Coords.). *Constituição e processo*: a contribuição do processo no constitucionalismo democrático brasileiro. Belo Horizonte: Del Rey, 2009. p. 366-369.

BAHIA, Alexandre Melo Franco. As súmulas vinculantes e a nova escola da exegese. *Repro*, n. 206, ano 37, p. 359-379, 2012.

BARACHO JÚNIOR, José Alfredo de. Efeitos do pronunciamento judicial de inconstitucionalidade no tempo. *Cadernos da Pós-Graduação*, Belo Horizonte: Movimento Editorial da Faculdade de Direito da UFMG, 1995. p. 29-74.

CAPPELLETTI, Mauro. *O controle judicial de constitucionalidade das leis no direito comparado*. 2. ed. Porto Alegre: Fabris, 1999.

CATTONI DE OLIVEIRA, Marcelo Andrade. *Devido processo legislativo*: uma justificação democrática do controle jurisdicional de constitucionalidade das leis e do processo legislativo. Belo Horizonte: Mandamentos, 2000.

CATTONI DE OLIVEIRA, Marcelo Andrade. A Súmula Vinculante n. 4 do STF e o "desvio" hermenêutico do TST: notas programáticas sobre a chamada "nova configuração" da jurisdição constitucional brasileira nos vinte anos da Constituição da República. In: CATTONI DE OLIVEIRA, Marcelo Andrade; MACHADO, Felipe Daniel Amorim (Orgs.). *Constituição e processo*. Belo Horizonte: Del Rey, 2009. p. 39-56.

CATTONI DE OLIVEIRA, Marcelo Andrade. *Processo constitucional*. 2. ed. rev. atual. e ampl. Belo Horizonte: Pergamum, 2013.

CATTONI DE OLIVEIRA, Marcelo Andrade; LIMA, Martonio Mont'Alverne Barreto; STRECK, Lenio Luiz. A nova perspectiva do Supremo Tribunal Federal sobre o controle difuso: Mutação constitucional e limites da legitimidade da jurisdição constitucional. *Revista da Faculdade Mineira de Direito da PUC Minas*, v. 10, n. 20, p. 37-57, 2º sem. 2007.

CUNHA, Sérgio Sérvulo da. Ainda o efeito vinculante. *Revista Trimestral de Direito Público*, n. 18, p. 124-164, 1997.

DWORKIN, Ronald. *Uma questão de princípio*. São Paulo: Martins Fontes, 2005.

GOMES, Frederico Barbosa. *Arguição de descumprimento de preceito fundamental*: uma visão crítica. Belo Horizonte: Fórum, 2008.

GONÇALVES, Aroldo Plínio. *Técnica processual e teoria do processo*. Rio de Janeiro: Aide, 1992.

HÄBERLE, Peter. *Hermenêutica constitucional, a sociedade aberta de intérpretes da Constituição*: contribuição para a interpretação pluralista e procedimental da Constituição. Porto Alegre: Fabris, 1997.

LEAL, Victor Nunes. Representação de Inconstitucionalidade perante o Supremo Tribunal Federal: um aspecto inexplorado. *Revista de Direito Público*, n. 53-54, p. 25-37, jan./jun. 1980.

MELO FRANCO, Afonso Arinos. *Curso de direito constitucional brasileiro*. Rio de Janeiro: Forense, 1958. V. I.

MENDES, Gilmar Ferreira. *Jurisdição constitucional*: o controle abstrato de normas no Brasil e na Alemanha. 2. ed. São Paulo: Saraiva, 1998.

MENDES, Gilmar Ferreira. *Direitos fundamentais e controle de constitucionalidade*: estudos de direito constitucional. São Paulo: IBDC, 1998.

MENDES, Gilmar Ferreira. A ação declaratória de constitucionalidade: a inovação da Emenda Constitucional n. 3, de 1993. In: MARTINS, Ives Gandra da Silva; MENDES, Gilmar Ferreira (Coords.). *Ação declaratória de constitucionalidade*. São Paulo: Saraiva, 1994. p. 51-106.

MENDES, Gilmar Ferreira; COELHO, Inocêncio Mártires; BRANCO, Paulo Gustavo Gonet. *Curso de Direito Constitucional*. 2. ed. rev. e atual. São Paulo: Saraiva, 2008.

NUNES, Dierle. *Processo jurisdicional democrático*: uma análise critica das reformas processuais. Curitiba: Juruá, 2008.

NUNES, Dierle; BAHIA, Alexandre Melo Franco. Processo constitucional: uma abordagem a partir dos desafios do Estado democrático de direito. *Revista Eletrônica de Direito Processual*, UERJ, v. 4, p. 224-250, jul./dez. 2009. Disponível em: <http://www.redp.com.br/arquivos/redp_4a_edicao.pdf>.

NUNES, Dierle. Processualismo constitucional democrático e o dimensionamento de técnicas para a litigiosidade repetitiva. A litigância de interesse público e as tendências "não compreendidas" de padronização decisória. *Repro*, v. 189, p. 38, set. 2011.

PEDRON, Flávio Quinaud. *Mutação constitucional na crise do positivismo jurídico*: história e crítica do conceito no marco da teoria do direito como integridade. Belo Horizonte: Arraes, 2012.

SARMENTO, Daniel (Org.). *Interesses públicos versus interesses privados*: desconstruindo o princípio de supremacia do interesse público. Rio de Janeiro: Lumen Juris, 2005.

SILVA, Diogo Bacha e. *Ativismo no controle de constitucionalidade*: transcendência dos motivos determinantes e a ilegítima apropriação do discurso de justificação pelo STF. Belo Horizonte: Arraes, 2013.

SOUZA, Eduardo Francisco de. A abstração do controle difuso de constitucionalidade. *Revista do CEJ*, v. 12, n. 41, p. 74-84, abr./jun. 2008.

THEODORO JÚNIOR, Humberto; NUNES, Dierle; BAHIA, Alexandre. Breves considerações da politização do judiciário e do panorama de aplicação no direito brasileiro; análise da convergência entre o civil law e o common law e dos problemas da padronização decisória. *Repro*, v. 189, nov. 2010.

THEODORO JÚNIOR, Humberto; NUNES, Dierle; BAHIA, Alexandre. Litigiosidade em massa e repercussão geral no recurso extraordinário. *Repro*, v. 177, 2009.

Informação bibliográfica deste texto, conforme a NBR 6023:2002 da Associação Brasileira de Normas Técnicas (ABNT):

BAHIA, Alexandre Melo Franco; NUNES, Dierle; SILVA, Diogo Bacha e. Modulação de efeitos no controle de constitucionalidade e *objetivação* do recurso extraordinário – reflexos sobre o acesso à jurisdição. In: COPETTI NETO, Alfredo; LEITE, George Salomão; LEITE, Glauco Salomão. *Dilemas na Constituição*. Belo Horizonte: Fórum, 2017. p. 339-359. ISBN 978-85-450-0236-9.

HUMOR, POLÍTICA E JURISDIÇÃO CONSTITUCIONAL. O SUPREMO TRIBUNAL FEDERAL COMO GUARDIÃO DA DEMOCRACIA: A PROTEÇÃO DA LIBERDADE DE CRÍTICA POLÍTICA EM PROCESSOS ELEITORAIS

Gustavo Binenbojm

I Introdução

Este artigo tem por objetivo analisar o papel desempenhado pelo Supremo Tribunal Federal no julgamento da Ação Direta de Inconstitucionalidade nº 4.451,[1] na qual se discutiu a validade jurídico-constitucional do inciso II e da parte final do inciso III do art. 45 da Lei Federal nº 9.504/1997, que impunham restrições à programação e ao noticiário das emissoras de rádio e televisão durante o período eleitoral.

Confira-se a dicção literal dos dispositivos legais em questão:

> Art. 45. A partir de 1º de julho do ano da eleição, é vedado às emissoras de rádio e televisão, em sua programação normal e noticiário:
>
> (...)
>
> II – *usar trucagem, montagem ou outro recurso de áudio ou vídeo que, de qualquer forma, degradem ou ridicularizem candidato, partido ou coligação, ou produzir ou veicular programa com esse efeito;*
>
> III – veicular propaganda política *ou difundir opinião favorável ou contrária a candidato, partido, coligação, a seus órgãos ou representantes;*

Como patrono da requerente naquela ação direta, sustentei que os dispositivos legais em questão não eram compatíveis com a sistemática constitucional das *liberdades de expressão e de imprensa e do direito à informação*, garantias institucionais verdadeiramente constitutivas da democracia brasileira.

Com efeito, tais normas geravam um grave efeito silenciador sobre as emissoras de rádio e televisão, obrigadas a evitar a divulgação de temas políticos polêmicos para não serem acusadas de "difundir opinião favorável ou contrária" a determinado candidato, partido, coligação, a seus órgãos ou representantes. Além disso, esses dispositivos inviabilizavam a *veiculação de sátiras, charges e programas humorísticos envolvendo questões ou personagens políticos*, durante o período eleitoral.[2]

---

[1] ADIN nº 4.451, rel. Min. Ayres Britto, proposta pela Associação Brasileira de Emissoras de Rádio e Televisão – ABERT.
[2] Segundo notícia veiculada no Jornal "O Globo" do dia 27.07.2010, o programa "CQC", que conjuga humor e jornalismo, está adotando tons mais "suaves" para não incorrer na multa. O programa "Pânico na TV", por sua

Em que pese o pretenso propósito do legislador de assegurar a lisura do processo eleitoral, as *liberdades de manifestação do pensamento, da atividade intelectual, artística, científica e de comunicação* (CF, art. 5º, IV e IX) constituem garantias tão caras à democracia quanto o próprio sufrágio. Assim, a id de um procedimento eleitoral justo não exclui, mas antes pressupõe, a existência de um *livre, aberto e robusto mercado de ids e informações*, só alcançável nas sociedades que asseguram, em sua plenitude, as *liberdades de expressão e de imprensa, e o direito difuso da cidadania à informação* (art. 5º, XIV).

De outro lado, em relação especificamente aos *meios de comunicação social*, a Constituição de 1988 foi ainda mais enfática – quiçá até propositalmente pleonástica – ao dispor, em seu art. 220, *caput* e §§1º e 2º:

> Art. 220. *A manifestação do pensamento, a criação, a expressão e a informação, sob qualquer forma, processo ou veículo não sofrerão qualquer restrição*, observado o disposto nesta Constituição.
>
> §1º *Nenhuma lei conterá dispositivo que possa constituir embaraço à plena liberdade de informação jornalística em qualquer veículo de comunicação social*, observado o disposto no art. 5º, IV, V, X, XIII e XIV.
>
> §2º *É vedada toda e qualquer censura de natureza política, ideológica e artística.*

Ao criar restrições e embaraços *a priori* à liberdade de informação jornalística e à livre manifestação do pensamento e da criação, no âmbito das emissoras de rádio e televisão, os incisos II e III (parte final) da Lei Federal nº 9.504/1997 instituíam verdadeira *censura* de natureza *política e artística*, de forma totalmente incompatível com a Constituição da República.

Ao longo do presente artigo, pretendo expor brevemente as razões pelas quais entendo que as restrições ao humorismo político e à crítica jornalística em geral impostas pela legislação brasileira durante o período eleitoral contrariam a sistemática constitucional que assegura a liberdade de expressão e o direito à informação. Ao final, além de expor a corajosa decisão tomada pelo Supremo Tribunal Federal na ADIN nº 4.451, pretendo defender a sua legitimidade e enquadrá-la como parte do papel de um Tribunal Constitucional a serviço da guarda da democracia e dos direitos fundamentais.

II As dimensões substantiva e instrumental da liberdade de expressão

A liberdade de expressão pode ser compreendida em duas concepções – ou dimensões – que lhe são usualmente atribuídas: uma dimensão *libertária*, ou substantiva, e outra intitulada *democrática* ou instrumental.

---

vez, tem se mantido fora das eleições. No "Casseta & Planeta", as paródias aos candidatos majoritários foram excluídas após o início da campanha e os roteiristas tiveram de investir em personagens fictícios. Cf. BRISOLLA, Fabio. Campanha mais sem graça para os humoristas. *Jornal O Globo*, de 27 jul. 2010.

Sob um prisma dito *libertário*, a liberdade de expressão "é um bem em si, é um aspecto da autorrealização do homem, essencial ao pleno desenvolvimento de sua personalidade".[3] Nessa linha de raciocínio, a liberdade de expressão possui um valor imanente,[4] enquanto desdobramento da própria dignidade da pessoa humana. Cada homem e mulher, para a realização de sua personalidade, têm o direito de exprimir e divulgar, por exemplo, suas concepções de mundo, suas visões estéticas e suas visões políticas. A necessidade de comunicar-se é inerente à condição humana, sendo a imposição do silêncio uma violência à sua dignidade. Nesse sentido, Daniel Sarmento salienta que:

> A possibilidade de cada um de exprimir as próprias ids e concepções, de divulgar suas obras artísticas, científicas ou literárias, de comunicar o que pensa e o que sente, é dimensão essencial da dignidade humana. Quando se priva alguém destas faculdades, restringe-se a capacidade de realizar-se como ser humano e de perseguir na vida os projetos e objetivos que escolheu. Trata-se de uma das mais graves violações à autonomia individual que se pode conceber, uma vez que nossa capacidade de comunicação – nossa aptidão e vontade de exprimir de qualquer maneira o que pensamos, o que sentimos e o que somos – representa uma das mais relevantes dimensões de nossa própria humanidade.[5]

Segundo perspectiva diversa, dita *democrática* ou *instrumental*, a liberdade de expressão deve ser garantida não como direito moral dos indivíduos, mas como instrumento necessário ao exercício do autogoverno e à consecução de outros objetivos importantes para a sociedade (como, por exemplo, a autodeterminação coletiva, o controle e a fiscalização das instâncias de poder, o incremento da *accountability* ou da responsabilização política e eleitoral do agente, dentre outros). Nesse sentido, a livre manifestação do pensamento é também fundamental porque, por seu intermédio, é mais provável que se chegue à verdade, que se corrijam erros ou, ainda, que se produzam boas políticas.[6] De acordo com a visão instrumental, portanto, o compromisso com a liberdade de expressão funda-se na premissa de que, ao longo do tempo, a liberdade produzirá resultados melhores para a sociedade do que qualquer benefício que se possa alcançar por meio de sua supressão. O melhor remédio para uma eventual patologia do discurso é uma dose ainda maior de liberdade discursiva.[7]

---

[3] SCHREIBER, Simone. Liberdade de expressão: justificativa teórica e a doutrina da posição preferencial no ordenamento jurídico. In: BARROSO, Luís Roberto (Org.). *A reconstrução democrática do direito público no Brasil.* 2007. p. 229.

[4] Aqui, a liberdade de expressão se apresenta como aspecto da chamada *liberdade dos modernos*, para usar a expressão de Benjamin Constant, vista como emanação da personalidade individual a ser defendida da intervenção estatal. Em poucas palavras: um direito subjetivo fundamental por excelência, a ser tutelado ainda que em detrimento do bem-estar da coletividade.

[5] SARMENTO, Daniel. A liberdade de expressão e o problema do "Hate Speech". In: SARMENTO, Daniel. *Livres e iguais*: estudos de direito constitucional. Rio de Janeiro: Lumen Juris, 2006. p. 242.

[6] Parafraseando James Madison, a liberdade de expressão ajuda a proteger o poder do povo de governar a si mesmo. *Apud* GOULD, Jon B. *Speak no Evil*: The Triumph of Hate Speech Regulation. Chicago: The University of Chicago Press, 2005, p. 45/46.

[7] O Supremo Tribunal Federal já lidou com o tema, através da pena do Min. Carlos Alberto Menezes Direito, nos seguintes termos: "(...) quando se tem um conflito possível entre a liberdade e sua restrição deve-se defender

Sob esse enfoque, assumem especial importância a *liberdade de imprensa*, o *direito à informação*, o *princípio do pluralismo* e a noção de *cidadania*. A id é permitir que os cidadãos sejam livremente informados sobre os assuntos de interesse geral e, deste modo, estejam aptos a formar, *sponte propria*, suas convicções individuais.[8] Esta forma de compreender a liberdade de expressão desempenha papel de destaque nas teorias contemporâneas sobre democracia deliberativa. Como bem sintetizado por Paulo Murillo Calazans, a liberdade de expressão, sob tal ponto de vista, visa à "construção de um éthos argumentativo-deliberativo, propiciando a realização do processo coletivo do debate público e tomada de decisões com apoio em grandes discussões extensíveis a todos os cidadãos".[9]

As concepções substantiva e instrumental da liberdade de expressão – embora diferentes – não são antagônicas, como apressadamente se poderia supor. Bem ao contrário, são duas faces da mesma moeda, convivendo, no mais das vezes, de forma complementar, na busca da realização dos ideais de liberdade e democracia. Sem uma delas, a proteção à liberdade de expressão não seria completa. O direito à informação, por exemplo, exibe tanto um viés substantivo, como direito subjetivo de cada cidadão à informação verdadeira, quanto uma dimensão democrática, na medida em que o acesso à informação adequada é elemento essencial à criação de ambiente

---

a liberdade. *O preço do silêncio para a saúde institucional dos povos é muito mais alto do que o preço da livre circulação das ids*. A democracia para subsistir depende de informação e não apenas do voto; este muitas vezes pode servir de mera chancela, objeto de manipulação. *A democracia é valor que abre as portas à participação política, de votar e ser votado, como garantia de que o voto não é mera homologação do detentor do poder*. Dito de outro modo: os regimes totalitários convivem com o voto, nunca com a liberdade de expressão". Trecho do voto proferido pelo Ministro Carlos Alberto Menezes Direito por ocasião do julgamento do mérito da ADPF nº 130, que versava sobre a recepção da Lei de Imprensa pela ordem constitucional de 1988 (STF, ADPF 130, Rel. Min. Carlos Ayres de Britto, Tribunal Pleno, j. em 30.04.2009; p. 10).

[8] Usando mais uma vez a dicotomia vislumbrada por Benjamin Constant (V. nota 4 retro), esta dimensão se aproxima da chamada *liberdade dos antigos*, identificada com a cidadania participativa ativa do cidadão nos negócios da *pólis*.

[9] CALAZANS, Paulo Murillo. A liberdade de expressão como expressão da liberdade. In: VIEIRA, José Ribas (Org.). *Temas de constitucionalismo e democracia*. Rio de Janeiro: Renovar, 2003, p. 74. Louis Hodges, ao comentar o papel dos veículos de comunicação nas democracias representativas, afirmou, com absoluta propriedade, que *"O governo representativo não pode existir* (e nem mesmo ser teoricamente concebido) *a menos que os governados disponham de mecanismos que lhes permitam saber o que seus governantes estão fazendo, não fazendo, e pretendendo fazer*. Uma vez que nem todos os cidadãos podem ter acesso direto aos poderes constituídos – executivo, legislativo e judiciário – eles necessitam de *alguém que observe em seu lugar como o governo cuida de seus interesses. Jornalistas são aqueles que observam por nós e nos informam sobre os nossos governantes*. É uma questão de necessidade prática! Como não podemos estar presentes o tempo todo, precisamos que alguém mais esteja. Nós 'encarregamos' os jornalistas de observarem o governo em nosso nome. Eles constituem portanto um elo prático vital na cadeia das comunicações" (HODGES, Louis W. Definindo a responsabilidade da imprensa. Uma abordagem funcional. In: ELLIOT, Deni. *Jornalismo versus privacidade*. Tradução Celso Vargas. Rio de Janeiro: Nórdica, 1986. p. 24; grifou-se). Vejam-se, ainda, as lições de Jean François Revel, para quem "[...] a função indispensável que tem a imprensa no sistema democrático é a função de informação. Se *a democracia* é o regime no qual os cidadãos decidem as orientações gerais da política interior e exterior, escolhendo com seu voto entre os diversos programas dos candidatos que eles designam para governá-los, esse regime *não tem sentido nem pode funcionar no interesse de seus membros sem que os eleitores estejam corretamente informados dos assuntos tanto mundiais como nacionais*. Esta é a razão pela qual a mentira é tão grave na democracia, regime que só é viável diante da verdade e *leva à catástrofe se os cidadãos decidem sobre informações falsas*. Nos regimes totalitários, os dirigentes e a imprensa do estado enganam a sociedade, mas os governos não conduzem sua política segundo suas próprias mentiras. Guardam para si outros informes. Na democracia, quando o poder engana a opinião pública, vê-se obrigado a ter que concordar seus atos com os erros que tem inculcado" (REVEL, Jean François. *El conocimiento inútil*. Barcelona: Planeta, 1989. p. 206; grifou-se).

de efetiva deliberação. De igual modo, a liberdade de expressão é tanto um direito subjetivo à livre manifestação do pensamento como também uma norma objetiva voltada à construção de instituições livres – como, *v.g.*, a imprensa, o teatro, o cinema, a universidade – que conferirão dimensão transindividual ao direito fundamental.

Vale lembrar, a propósito, a lição de Konrad Hesse no sentido de que a liberdade de expressão possui um caráter duplo e complementar, como direito subjetivo e como prescrição constitutiva da ordem democrática fundamental.[10] Segundo o consagrado mestre alemão,

> *o alcance completo dessas garantias abre-se, também aqui, somente com vistas ao seu caráter duplo: elas são, por um lado, direitos subjetivos,* e, precisamente, tanto no sentido de direito de defesa como no de direitos de cooperação política; *por outro lado, elas são prescrições de competência negativa e elementos constitutivos da ordem objetiva democrática e estatal-jurídica.* Sem a liberdade de manifestação da opinião e liberdade de informação, sem a liberdade dos 'meios de comunicação de massa' modernos, imprensa, rádio e filme, opinião pública não pode nascer, o desenvolvimento de iniciativas e alternativas pluralistas, assim como a 'formação preliminar da vontade política' não são possíveis, publicidade da vida política não pode haver, a oportunidade igual das minorias não está assegurada com eficácia e vida política em um processo livre e aberto não se pode desenvolver. Liberdade de opinião é, por causa disso, para a ordem democrática da Lei Fundamental 'simplesmente constitutiva'.[11]

Em síntese, a liberdade de expressão possui duas dimensões, substancial e instrumental, que asseguram, ao mesmo tempo, o desenvolvimento da personalidade individual (dimensão substantiva), além de condições mínimas para o exercício de outros direitos fundamentais e para a consecução de outros objetivos coletivos (dimensão instrumental), dentre os quais, aqueles relacionados à constituição e funcionamento da democracia.

III O sistema constitucional da liberdade de expressão e a sua posição preferencial

No plano normativo, é possível concluir que a Constituição de 1988 acolheu ambas as dimensões da liberdade de expressão,[12] conferindo-lhes posição

---

[10] No julgamento do caso *Lüth* – BverfGE 7, 198 – o Tribunal Constitucional Federal da Alemanha afirmou que, a par de uma dimensão defensiva, subjetiva, os direitos fundamentais também constituíam uma ordem objetiva de valores. Ou seja, o Tribunal reconheceu que os direitos fundamentais se irradiam por todo o sistema penetrando em todas as relações jurídicas – inclusive nas privadas –, influenciando a interpretação e a aplicação das normas jurídicas que devem a eles se conformar. A dimensão objetiva impõe ao Estado, ainda, um dever de proteção dos direitos fundamentais.

[11] HESSE, Konrad. *Elementos de direito constitucional da República Federal da Alemanha*. Tradução Luís Afonso Heck. Porto Alegre: Sergio Antonio Fabris, 1998. p. 302-303; grifou-se.

[12] Oscar Vilhena Vieira sustenta posição semelhante quando afirma que "[N]ossa *Constituição* (...) *buscou conciliar dois conceitos fundamentais de liberdade. O emprego da expressão 'Estado Democrático de Direito' não é fortuito, mas uma representação de que há pelo menos dois princípios de liberdade inspiradores de nossa ordem constitucional,*

de nítido destaque. Na verdade, o constituinte originário criou um sistema robusto de proteção dessa liberdade, que se desdobra em direitos substantivos e procedimentais espraiados pelo Texto Maior, enquanto elementos-chave da democracia brasileira.

Em resumo, a Carta Maior protege e garante: a livre manifestação do pensamento em todos os seus desdobramentos, inclusive artísticos, científicos, religiosos e políticos (art. 5º, IV, VI e IX); o direito de resposta (art. 5º, V); a liberdade de consciência e de crença (art. 5º, VI); o amplo acesso à informação, com as garantias que lhe são inerentes (art. 5º, XIV, XXXIII e LVII); a liberdade de aprender, ensinar, pesquisar e divulgar o pensamento, a arte e o saber, como princípio reitor do ensino (art. 206, II); a livre manifestação do pensamento, a criação, a expressão e a informação, sob qualquer forma, processo ou veículo (art. 220); a plena liberdade de informação jornalística em qualquer veículo de comunicação social (art. 220, §1º); e veda toda e qualquer censura de natureza política, ideológica e artística (art. 220, §2º).[13]

Todos esses direitos consubstanciam *um sistema constitucional da liberdade de expressão*, ora mais relacionado à faceta substantiva, ora à instrumental. Garante-se a cada brasileiro tanto a possibilidade de manifestar-se livremente, expressando suas impressões individuais sobre o mundo a sua volta, quanto a faculdade de participar dos processos de deliberação coletiva, atuando na formação da opinião pública e dos consensos indispensáveis ao autogoverno. Assim, genérica e sistematicamente considerada na Constituição brasileira, a liberdade de expressão é o solo fértil e dinâmico de que aflora um sistema de liberdades, em que se relacionam muitos outros direitos, dentre os quais se destacam:

(i) a *liberdade de expressão stricto sensu*, correspondendo ao direito individual de externar ids, opiniões, sentimentos, manifestações estéticas, artísticas ou qualquer outra forma de expressão do espírito humano. Trata-se da liberdade que cada ser humano possui de tornar pública a sua visão subjetiva a respeito dos acontecimentos da vida;

(ii) a *liberdade de informação*, que se consubstancia tanto no direito individual de comunicar fatos objetivamente considerados (direito de informar) quanto no direito subjetivo de receber informações verdadeiras e de não ser enganado, ou manipulado, do qual todo cidadão é titular, numa dinâmica de construção de um ambiente deliberativo bem informado (direito de ser informado); e

---

que são a autonomia e a liberdade negativa". Cf. VIEIRA, Oscar Vilhena. *Direitos fundamentais*: uma leitura da jurisprudência do STF. São Paulo: Malheiros, 2006. p. 146.

[13] Vale salientar, ademais, que não se trata de rol taxativo, eis que, na forma do parágrafo segundo do art. 5º da Constituição, "[o]s direitos e garantias expressos nesta Constituição não excluem outros decorrentes do regime e dos princípios por ela adotados, ou dos tratados internacionais em que a República Federativa do Brasil seja parte". Assim, também fazem parte do sistema constitucional da liberdade de expressão diversos tratados e convenções internacionais de que o Brasil é signatário, dentre os quais merecem destaque: (i) a Declaração Universal dos Direitos Humanos (art. 19); (ii) o Pacto Internacional dos Direitos Civis e Políticos (art. 19); e (iii) a Convenção Americana de Direitos Humanos (art. 13).

(iii) a *liberdade de imprensa*, indicando o direito dos meios de comunicação de divulgarem fatos e opiniões. Nesse sentido, relaciona-se tanto com a liberdade de informação quanto com a de expressão em sentido estrito, enquanto veículo para a exteriorização de opiniões e pensamentos. A distinção essencial no tratamento destes conceitos reside no fato de que a liberdade de imprensa não se refere a um direito individual, mas sim ao interesse eminentemente público na livre circulação de ids.

Esse sistema de proteções conferido à liberdade de expressão (em sentido amplo) no Brasil propõe-se, de sua vez, a tutelar e a promover o *pluralismo político* e a *cidadania participativa*, com vistas ao desenvolvimento da democracia brasileira. A plena liberdade de expressão é, assim, instrumento constitucional decisivo na formação da cidadania e no desenvolvimento democrático. Realmente, apesar da dificuldade de definição de *democracia*, parece intuitivo que integram o seu núcleo: (*i*) tanto a tutela da livre manifestação de opiniões e ids por parte dos indivíduos, como direito subjetivo fundamental; (*ii*) como a promoção de um ambiente deliberativo potencialmente ativo e informado, que torne a condução da coisa pública expressão real da vontade do povo.[14]

A análise da jurisprudência do Supremo Tribunal Federal confirma o que se expôs. Dela se colhem decisões pautadas no referido sistema da liberdade de expressão, que ressaltam a dimensão dúplice conferida pelo constituinte a tal sistema de direitos, sublinhando seus aspectos substantivos, como também o seu papel crucial para a democracia brasileira.

No que se refere à proteção da liberdade de expressão como direito individual, relacionado à sua autonomia privada e à livre manifestação do pensamento (dimensão libertária ou substantiva), é ilustrativo o acórdão proferido no *Habeas Corpus* nº 83.996. Em tal *decisum*, o Tribunal, diante de ato supostamente obsceno cometido por famoso diretor teatral, descaracterizou a ocorrência de crime contra os costumes, entendendo tratar-se de manifestação protegida pela liberdade de expressão. Confira-se:

> EMENTA: Habeas corpus. Ato obsceno (art. 233 do Código Penal). 2. Simulação de masturbação e exibição das nádegas, após o término de peça teatral, em reação a vaias do público. 3. *Discussão sobre a caracterização da ofensa ao pudor público*. Não se pode olvidar o contexto em se verificou o ato incriminado. *O exame objetivo do caso concreto demonstra que a discussão está integralmente inserida no contexto da liberdade de expressão, ainda que inadequada e deseducada*. 4. A sociedade moderna dispõe de mecanismos próprios e adequados, como

---

[14] Para Ronald Dworkin, uma democracia coparticipativa se caracteriza por três fundamentos: (*i*) soberania popular: só há democracia se o povo governa a si próprio; (*ii*) igualdade de cidadania: apesar de coletivamente soberanos, os cidadãos, individualmente, participam das disputas que são julgadas coletivamente. Por isso, precisam ser iguais; e (*iii*) discurso democrático: a ação coletiva exige interação entre os cidadãos. Nas palavras do autor, "se o povo pretende governar coletivamente, de maneira que torne cada cidadão um parceiro da empreitada política, deve deliberar, como indivíduos, antes de agir coletivamente, e a deliberação deve concentrar-se nos motivos a favor e contra essa ação". Cf. DWORKIN, Ronald. *A virtude soberana*: a teoria e a prática da igualdade. São Paulo: Martins Fontes, 2005. p. 512.

a própria crítica, para esse tipo de situação, dispensando-se o enquadramento penal. 5. Empate na decisão. Deferimento da ordem para trancar a ação penal. Ressalva dos votos dos Ministros Carlos Velloso e Ellen Gracie, que defendiam que a questão não pode ser resolvida na via estreita do habeas corpus (grifamos). (STF, HC 83996, Rel. Min. Carlos Velloso, Rel. p/ Acórdão: Min. Gilmar Mendes, Segunda Turma, julgado em 17.08.2004, DJ 26-08-2005 PP-00065).[15]

Em outra oportunidade, a Corte asseverou que a liberdade de expressão deve ser tutelada na medida em que constitui uma importante ferramenta de realização da democracia. Assim, acentuando a dimensão instrumental da liberdade de expressão, sem, contudo, descuidar da dimensão substantiva, o Supremo Tribunal Federal afirmou, expressamente, que o direito à informação e à livre manifestação do pensamento, garantidos pela liberdade de imprensa, constitui instrumento para a efetivação do *pluralismo político* e, por conseguinte, do próprio Estado Democrático de Direito. É o que se extrai do acórdão proferido no julgamento da ADPF nº 130, em que reconhecida a não recepção da Lei de Imprensa (Lei nº 5.250/67):

> (...) 6. RELAÇÃO DE MÚTUA CAUSALIDADE ENTRE LIBERDADE DE IMPRENSA E DEMOCRACIA. *A plena liberdade de imprensa é um patrimônio imaterial que corresponde ao mais eloquente atestado de evolução político-cultural de todo um povo. Pelo seu reconhecido condão de vitalizar por muitos modos a Constituição, tirando-a mais vezes do papel, a Imprensa passa a manter com a democracia a mais entranhada relação de mútua dependência ou retroalimentação. Assim visualizada como verdadeira irmã siamesa da democracia, a imprensa passa a desfrutar de uma liberdade de atuação ainda maior que a liberdade de pensamento, de informação e de expressão dos indivíduos em si mesmos considerados.* O §5º do art. 220 apresenta-se como norma constitucional de concretização de um *pluralismo* finalmente compreendido como fundamento das sociedades autenticamente democráticas; isto é, o *pluralismo como a virtude democrática da respeitosa convivência dos contrários.* A imprensa livre é, ela mesma, plural, devido a que são constitucionalmente proibidas a oligopolização e a monopolização do setor (§5º do art. 220 da CF). A proibição do monopólio e do oligopólio como novo e autônomo fator de contenção de abusos do chamado 'poder social da imprensa'. (...) (STF, ADPF 130, Rel. Min. Carlos Britto, Tribunal Pleno, julgado em 30.04.2009; grifou-se).[16]

---

[15] Na mesma linha, v. Pet 3486, Rel. Min. Celso de Mello, julgado em 22.08.2005, publicado em DJ 29.08.2005: "Essa garantia básica da *liberdade de expressão do pensamento,* como precedentemente assinalado, representa, em seu próprio e essencial significado, um dos fundamentos em que repousa a ordem democrática. Nenhuma autoridade pode prescrever o que será ortodoxo em política, ou em outras questões que envolvam temas de natureza filosófica, ideológica ou confessional, nem estabelecer padrões de conduta cuja observância implique restrição aos meios de divulgação do pensamento. Isso, porque "o direito de pensar, falar e escrever livremente, sem censura, sem restrições ou sem interferência governamental" representa, conforme adverte Hugo Lafayette Black, que integrou a Suprema Corte dos Estados Unidos da América, "o mais precioso privilégio dos cidadãos...". ("Crença na Constituição", p. 63, 1970, Forense)" (grifou-se). V. ainda, HC 83125, Rel. Min. Marco Aurélio, Primeira Turma, julgado em 16.09.2003, DJ 07.11.2003.

[16] Confiram-se, ainda, os seguintes trechos extraídos dos votos proferidos durante o julgamento. Trecho do voto do Ministro Gilmar Mendes: "O livre tráfego de ids e a diversidade de opiniões são elementos essenciais para o bom funcionamento de um sistema democrático e para existência de uma sociedade aberta". Trecho do voto do Min. Carlos Ayres Britto: "(...) nada se compara à imprensa como cristalina fonte de informações multitudinárias que mais habilitam os seres humanos a fazer avaliações e escolhas no seu concreto dia-a-dia. Juízos de valor que sobremodo passam por avaliações e escolhas em período de eleições gerais, sabido que é pela via do voto popular que o eleitor mais exercita a sua soberania para a produção legítima dos quadros de representantes do povo

Tem-se, portanto, que a liberdade de expressão e os direitos a ela associados, em qualquer de suas dimensões, são essenciais para o Estado democrático brasileiro, conforme desenhado na Constituição de 1988. Aliás, tamanha é a importância da liberdade de expressão na Constituição, que se sustenta tratar-se de um direito que ocupa *posição preferencial*.

Segundo a doutrina da posição preferencial (inicialmente desenvolvida nos EUA,[17] mas atualmente aceita e aplicada por diversos tribunais de nações democráticas pelo mundo,[18] inclusive no Brasil, embora ainda de forma tímida),[19] a solução das colisões envolvendo liberdade de expressão e outros bens, direitos e valores constitucionais se resolve, em princípio, em favor daquela. Nesse sentido é a lição de Luís Roberto Barroso, segundo o qual

> (...) entende-se que as liberdades de informação e de expressão servem de fundamento para o exercício de outras liberdades, o que justifica uma posição de preferência – *preferred position* – em relação as direitos fundamentais individualmente considerados. (...) *Dela deve resultar a absoluta excepcionalidade da proibição prévia de publicações, reservando-se essa medida aos raros casos em que não seja possível a composição posterior do dano que eventualmente seja causado aos direitos da personalidade. A opção pela composição posterior tem a inegável vantagem de não sacrificar totalmente nenhum dos valores envolvidos, realizando a id de ponderação.*[20] (grifamos)

O reconhecimento da posição preferencial decorre da centralidade do sistema de liberdade de expressão, enquanto garantia institucional constitutiva

---

no Poder Legislativo e nas chefias do Poder Executivo". Noutro trecho, salientou ainda o Ministro Carlos Britto que: "Daqui já se vai desprendendo a intelecção do quanto a imprensa livre contribui para a concretização dos mais excelsos princípios constitucionais. A começar pelos mencionados princípios da "soberania" (inciso I do art. 1º) e da "cidadania" (inciso II do mesmo art. 1º), entendida a soberania como exclusiva qualidade do eleitor-soberano, e a cidadania como apanágio do cidadão, claro, mas do cidadão no velho e sempre atual sentido grego: aquele habitante da cidade que se interessa por tudo que é de todos; isto é, cidadania como direito de conhecer e acompanhar de perto as coisas do Poder, aos assuntos da polis. Organicamente. Militantemente. Saltando aos olhos que tais direitos serão melhor exercidos quanto mais denso for o acervo de informações que se possa obter por conduto da imprensa (contribuição que a INTERNET em muito robustece, faça-se o registro)".

[17] A doutrina da posição preferencial da liberdade de expressão começou a desenvolver-se a partir da nota de rodapé nº 4, inserida no voto proferido pelo Justice Harlan Stone, no caso *United States v. Carolene Products Co.*, 304 U.S. 144 (1938). O caso, no entanto, não se referia à liberdade de expressão. No entanto, poucos anos depois, em 1943, no julgamento do caso *Murdock v. Commonwealth Of Pennsylvania* (319 U.S. 105 (1943)), a Suprema Corte norte-americana decidiu, textualmente, que "*Freedom of press, freedom of speech, freedom of religion are in a preferred position*". A doutrina da posição preferencial foi reafirmada novamente em 1945, no julgamento do caso *Thomas v. Collins* (323 U.S. 516 (1945)). Na ocasião, a corte decidiu que "2. *The task of drawing the line between the freedom of the individual and the power of the State is more delicate than usual where the presumption supporting legislation is balanced by the preferred position of the freedoms secured by the First Amendment. 3. Restriction of the liberties guaranteed by the First Amendment can be justified only by clear and present danger to the public welfare*".

[18] Adotam a teoria da posição preferencial o Tribunal Europeu de Direitos Humanos e os tribunais constitucionais da Alemanha e da Espanha, dentre outros.

[19] No Brasil, o STF já se manifestou no sentido de que "(...) o direito de crítica em nenhuma circunstância é ilimitável, porém *adquire um caráter preferencial, desde que a crítica veiculada se refira a assunto de interesse geral, ou que tenha relevância pública, e guarde pertinência com o objeto da notícia, pois tais aspectos é que fazem a importância da crítica na formação da opinião pública*". (Pet. 3486/DF, Min. Rel. Celso de Mello. 22.08.2005; grifou-se).

[20] BARROSO, Luís Roberto. Liberdade de Expressão e limitação a direitos fundamentais. Ilegitimidade de restrições à publicidade de refrigerantes e sucos. In: BARROSO, Luís Roberto. *Temas de direito constitucional*. Rio de Janeiro: Renovar, 2005. t. III, p. 105-106.

da democracia brasileira. Com efeito, não existe democracia, quer sob um viés estritamente procedimental, quer sob uma perspectiva substantiva, sem um sistema amplo de liberdade de expressão. Isso não significa, contudo, uma hierarquia rígida ou definitiva entre os princípios e valores constitucionais. A liberdade de expressão não é absoluta – como de resto, nenhum direito o é – e poderá ceder lugar a outros princípios e valores. A adoção da teoria amplia, no entanto, o ônus argumentativo do intérprete, que deverá apresentar razões bastante robustas – tanto substantivas quanto procedimentais – para justificar a restrição às liberdades de expressão e de imprensa, e ao direito à informação.[21]

Em síntese: (*i*) a Constituição da República de 1988 contempla um sistema robusto de proteção à liberdade de expressão, em suas diversas manifestações (livre manifestação do pensamento, liberdades de informação e de imprensa, dentre outras), que evidenciam tanto a dimensão substantiva quanto a dimensão instrumental de tal direito; (*ii*) referido sistema apresenta-se como peça fundamental – é dizer, verdadeiramente *constitutiva* da democracia brasileira; (*iii*) na linha do que verificado em diversos outros ordenamentos democráticos, do modelo acolhido pelo constituinte é possível extrair uma ascendência axiológica da liberdade de expressão (doutrina da *preferred position*).

IV Liberdade de expressão e regime jurídico dos serviços de radiodifusão: inexistência de fundamentos para tratamento diferenciado em relação a outros veículos de comunicação

É importante ainda assentar que, embora as empresas de radiodifusão estejam sujeitas à disciplina específica prevista na própria Constituição (disciplina dos serviços públicos), elas gozam das mesmas prerrogativas da liberdade de expressão, imprensa e informação, como os demais veículos de comunicação social. Em outras palavras, o regime jurídico do serviço público não se presta de fundamento a justificar qualquer pretensão de controle estatal sobre o livre fluxo de informações, ids e opiniões, que constituem um direito difuso de todos os cidadãos. O sentido publicístico do regime das concessionárias de radiodifusão é, ao contrário, o de preservação de sua independência em relação ao governo e às forças de mercado, como garantia da própria sociedade de ser livremente informada.

---

[21] A referência, aqui, remete à tensão doutrinária, no âmbito do controle de constitucionalidade das leis, entre *procedimentalistas* e *substantivistas*, estes capitaneados, *e.g.*, por Ronald Dworkin (*Uma questão de princípio*. Tradução Luís Carlos Borges. São Paulo: Martins Fontes, 2001. p. 80-100) e aqueles por autores como John Hart Ely (*Democracy and distrust*: a theory of judicial review. Cambridge: Harvard University Press, 1998) e Jürgen Habermas (*Direito e democracia entre facticidade e validade*. Rio de Janeiro: Tempo Brasileiro, 1997. v. II). Para uma análise comparativa, na doutrina brasileira, ressaltando que, na verdade, procedimentalismo e substancialismo são doutrinas complementares e não antagônicas, v. BINENBOJM. Gustavo. *A nova jurisdição constitucional brasileira*. 3. ed. Rio de Janeiro: Renovar, 2010.

Os fundamentos constitucionais de tal entendimento são inúmeros. Em primeiro lugar, há que se atentar para o fato de que os diversos dispositivos constitucionais que asseguram a liberdade de expressão – como o art. 5º, IV, V, IX e XIV, e o art. 220 – não fazem qualquer distinção, para tal fim, quanto "à forma, processo ou veículo" de comunicação social. Bem ao contrário, a linguagem do art. 220 é bastante enfática e exaustiva, buscando abarcar, em seu escopo protetivo, todos os possíveis meios em que se projeta a liberdade de expressão. Veja-se:

> Art. 220. A manifestação do pensamento, a criação, a expressão e a informação, sob qualquer forma, processo ou veículo, não sofrerão qualquer restrição, observado o disposto nesta Constituição.
>
> §1º Nenhuma lei conterá dispositivo que possa constituir embaraço à plena liberdade de informação jornalística em qualquer veículo de comunicação social, observado o disposto no art. 5º, IV, V, X, XIII e XIV.
>
> §2º É vedada toda e qualquer censura de natureza política, ideológica e artística.

Vale notar, ainda, que as normas em tela aplicam-se indistintamente a todos os veículos de comunicação social, dada a sua amplíssima abrangência semântica e sua inserção no Capítulo V, destinado, de forma genérica, à "Comunicação Social". Ademais, merece relevo a circunstância de que as normas especificamente dirigidas aos veículos impressos (*v.g.*, o art. 220, §6º) ou às emissoras de rádio e televisão (*v.g.*, o art. 221) fazem alusão *expressa* aos seus respectivos destinatários. Assim, onde o legislador constituinte não distinguiu, não caberá ao intérprete pretender fazê-lo.

Por outro lado, o tratamento jurídico de *serviço público* dispensado aos serviços de radiodifusão sonora e de sons e imagens, pelo art. 22, XII, "a", não representa um fator relevante de diferenciação em relação a outros veículos de comunicação social, no que se refere à proteção das liberdades de expressão, imprensa e informação. A escassez das frequências eletromagnéticas justifica a intervenção do Estado na sua alocação, mediante autorizações, permissões ou concessões, diversamente do que ocorre com os veículos impressos, cuja publicação independe de licença de autoridade (art. 220, §6º). Trata-se, a bem dizer, de uma *regulação de entrada*, que visa a garantir um uso otimizado do meio escasso por empresas aptas ao desempenho da atividade de comunicação social.

O art. 221, por seu turno, apresenta um elenco de princípios norteadores da produção e programação das emissoras de rádio e televisão. Em nenhum de seus quatro incisos, todavia, o preceptivo autoriza qualquer forma de censura ou embaraço à plena liberdade das empresas no que se refere à forma e ao conteúdo de suas transmissões. Em outras palavras, dentro da sistemática constitucional, o art. 221 estabelece um conjunto de objetivos a serem perseguidos pelas emissoras de rádio e televisão, consoante a livre criação artística e a livre atuação jornalística de seus profissionais.

Por essas razões, vê-se que as normas constitucionais especificamente dirigidas às emissoras de rádio e televisão, não se prestam de fundamento a justificar qualquer tentativa estatal de controle sobre o livre fluxo de informações, ids e opiniões veiculadas. Por evidente, a singularidade do regime jurídico dos serviços de radiodifusão *não* está na possibilidade de instituição de mecanismos de controle pelo Estado do que será veiculado pelas emissoras e conhecido pelos cidadãos. Esta seria uma forma oblíqua de restauração da censura, totalmente incompatível com a letra e o espírito da Carta de 1988.

O sentido publicístico de tal regime jurídico consiste na necessidade de manter-se um ambiente aberto e pluralista na mídia radiofônica e televisiva,[22] no qual empresas distintas poderão livremente veicular suas visões e opiniões sobre fatos jornalísticos, assim como suas produções artísticas e culturais, cabendo aos cidadãos, de forma igualmente livre, formular seus juízos e exercer suas escolhas.

V Liberdade de expressão e lisura do processo eleitoral

A despeito de seu papel central, é evidente que a construção da democracia não se resume à salvaguarda das liberdades de expressão e de informação. A tais direitos unem-se, ainda, outros de caráter fundamental, os quais formam um conjunto ao mesmo tempo dinâmico e aberto de elementos constitutivos da moderna noção de democracia.[23] Sua compreensão deve considerar, assim, as demais instituições necessárias para a criação de um *governo do povo*, que não se resolve apenas por meio da deliberação e do livre discurso, mas também – e, sobretudo, – por via de um regime representativo fundado no voto universal.

É verdade que, na Grécia Antiga, cunhou-se, originariamente, o modelo de democracia direta como forma de configurar o governo dos cidadãos. Hoje, contudo, em sociedades de dimensões exorbitantes e complexas, a fórmula original

---

[22] O art. 220, §5º, da Constituição Federal dispõe que "os meios de comunicação social não podem, direta ou indiretamente, ser objeto de monopólio ou oligopólio".

[23] Como salienta Daniel Sarmento: "(...) É difundida a crença de que a democracia pressupõe também a fruição de direitos básicos por todos os cidadãos, de molde a permitir que cada um forme livremente as suas opiniões e participe dos diálogos políticos travados na esfera pública. Nesta lista de direitos a serem assegurados para a viabilização da democracia não devem figurar apenas os direitos individuais clássicos, como liberdade de expressão e direito de associação, mas também direitos às condições materiais básicas de vida, que possibilitem o efetivo exercício da cidadania. A ausência destas condições, bem como a presença de um nível intolerável de desigualdade social, compromete a condição de agentes morais independentes dos cidadãos, e ainda prejudicam a possibilidade de que se vejam como parceiros livres e iguais na empreitada comum de construção da vontade política da sociedade" (SARMENTO, Daniel. A proteção judicial dos direitos sociais: alguns parâmetros ético-jurídicos. In: SOUZA NETO, Cláudio Pereira de; SARMENTO, Daniel (Orgs.). *Direitos sociais*: fundamentos, judicialização e direitos sociais em espécie. Rio de Janeiro: Lumen Juris, 2008. p. 560).

é substituída pela id de *democracia representativa*,[24] enquanto meio de viabilização da deliberação na *pólis* contemporânea, em que se tornou impraticável o processo de tomada de decisão na ágora. O autogoverno não deixa de ser um ideal, mas a representação através de agentes eleitos pelo povo, com seus problemas e virtudes,[25] torna-se inevitável para a manutenção do sistema.

A combinação entre representação democrática e a tutela de um sistema da liberdade de expressão cria questões complexas sobre o desenho das regras do processo político para a escolha, pelo povo, de seus governantes. Tão importante quanto garantir a liberdade de pensamento e expressão é assegurar um procedimento eleitoral apto a legitimar as escolhas populares, por meio de um conjunto de regras do jogo *justas*.

A deliberação política durante o período de sufrágio deve ser objeto de preocupações, num cenário em que o livre discurso precisa dialogar com o desafio da democracia representativa. O processo político eleitoral é elemento decisivo da construção do sistema representativo brasileiro, sendo, por outro lado, a garantia de um amplificado ambiente deliberativo, a peça-chave desse sistema.

Nesse sentido, podem-se admitir algumas formas de regulação da liberdade de expressão em benefício do aperfeiçoamento do processo público de debate sobre a escolha dos representantes do povo. Todavia – e isso demonstra a complexidade da dinâmica com que se depara – referida regulação deverá integrar-se ao *sistema constitucional da liberdade de expressão*, que pressupõe a preservação, na maior medida possível, das garantias de livre manifestação individual, de livre funcionamento dos veículos de comunicação e o livre fluxo de informações. Em outras palavras, a *condição de validade jurídico-constitucional* da regulação imposta pela legislação eleitoral será o respeito aos limites e possibilidades abertos pela sistemática constitucional brasileira, considerada a posição preferencial que ostenta o sistema constitucional da liberdade de expressão.

Na busca da correta combinação entre esses elementos, os direitos fundamentais constitutivos do sistema constitucional da liberdade de expressão funcionarão como trunfos, ou limites, para o estabelecimento das regras do jogo, numa dialética a ser resolvida por critérios de proporcionalidade e de proibição do excesso. De fato, como qualquer limitação a direitos fundamentais, a solução proposta de regulação do processo eleitoral e do sistema de liberdade de expressão deve ser *justificada* à luz do *princípio da proporcionalidade*.[26]

---

[24] Ressaltando como o processo de representação eleitoral é componente essencial da democracia, v. URBINATI, Nadia. *Representative democracy*: principles and genealogy. Chicago: University of Chicago Press, 2006.

[25] V. o clássico PITKIN, Hanna. *The concept of representation*. Berkley: University of California Press, 1972.

[26] A verificação da proporcionalidade dá-se, como bem se sabe, através de três testes ou exames: (*i*) o teste da *adequação* da medida para atingir a finalidade constitucional almejada; (*ii*) o teste da *necessidade* ou exigibilidade da regulação, a qual pressupõe uma análise sobre a verificação do excesso da medida e da eventual existência de restrição menos gravosa igualmente apta a atingir aquela mesma finalidade; e (*iii*) o teste da *proporcionalidade em sentido estrito*, entendido como a verificação sobre os custos e benefícios da medida restritiva imposta. O Ministro Gilmar Mendes explica a proporcionalidade enquanto método de aferição da constitucionalidade da limitação de direitos fundamentais e seus testes nos seguintes termos: "Tal como já sustentei em estudo sobre

Em outras palavras, a medida estatal de restrição a direito fundamental apenas será constitucional na medida em que "(a) mostrar-se apta a garantir a sobrevivência do interesse contraposto, (b) não houver solução menos gravosa e (c) o benefício logrado com a restrição a um interesse compensar o grau de sacrifício imposto ao interesse antagônico".[27] É o emprego da proporcionalidade que auxilia o intérprete e aplicador do Direito a alcançar a justa proporção na ponderação entre os valores constitucionais envolvidos,[28] verificando sua legitimidade em face da Constituição. Assim é que o princípio da proporcionalidade é o instrumento da ponderação entre valores e finalidades à primeira vista antagônicos.[29] A proporcionalidade auxiliará o intérprete no diálogo entre o sistema de liberdades de expressão e o intento de criação de eleições justas, aptas a contribuir para o projeto de autogoverno pela via da representação política.

É justamente nesse contexto de confluência dos elementos da democracia brasileira que se insere a discussão objeto desta representação. Não há dúvidas quanto à relevância da Lei Eleitoral (Lei nº 9.504/97) para o desenvolvimento democrático do País. Contudo, nos incisos II e III do art. 45 da referida lei, o legislador ordinário foi além do que lhe era permitido, agindo excessiva e desproporcionalmente, na medida em que, para garantir a justiça das "regras do jogo", sacrificou de maneira intolerável a liberdade de expressão, quer sob a ótica substantiva, quer sob a ótica instrumental.

Feitas essas considerações teóricas, passa-se à demonstração da incompatibilidade dos referidos incisos com as liberdades de expressão, imprensa e informação previstas na Constituição.

---

a proporcionalidade na jurisprudência do Supremo Tribunal Federal (...), há de perquirir-se, na aplicação do princípio da proporcionalidade, *se em face do conflito entre dois bens constitucionais contrapostos, o ato impugnado afigura-se adequado* (isto é, apto para produzir o resultado desejado), *necessário* (isto é, insubstituível por outro meio menos gravoso e igualmente eficaz) e *proporcional em sentido estrito* (ou seja, se estabelece uma relação ponderada entre o grau de restrição de um princípio e o grau de realização do princípio contraposto)". Trecho do voto do Min. Gilmar Mendes, no julgamento da Intervenção Federal nº 2.257-6/SP.

[27] SARMENTO, Daniel. *A ponderação de interesses na Constituição Federal*. Rio de Janeiro: Lumen Juris, 2003. p. 96.

[28] Nas palavras do Ministro Gilmar Mendes, em elucidativa lição extraída da jurisprudência do Supremo Tribunal Federal: "*O princípio da proporcionalidade, também denominado princípio do devido processo legal em sentido substantivo, ou ainda,* princípio da proibição do excesso, *constitui uma exigência positiva e material relacionada ao conteúdo de atos restritivos de direitos fundamentais, de modo a estabelecer um 'limite do limite' ou a 'proibição de excesso' na restrição de tais direitos. A máxima da proporcionalidade, na expressão de Alexy, coincide igualmente com o chamado* núcleo essencial dos direitos fundamentais *concebido de modo relativo – tal como o defende o próprio Alexy. Nesse sentido, o princípio ou máxima da proporcionalidade determina* o limite último da possibilidade de restrição legítima de determinado direito fundamental" (voto do Min. Gilmar Mendes, aqui transcrito em parte, que guiou o Plenário da Corte Suprema no julgamento da Intervenção Federal nº 2.257-6/São Paulo).

[29] Mais uma vez, nas palavras do Ministro Gilmar Mendes: "a aplicação do princípio da proporcionalidade se dá quando verificada restrição a determinado direito fundamental *ou um* conflito entre distintos princípios constitucionais *de modo a exigir que se estabeleça o peso relativo de cada um dos direitos por meio da aplicação das máximas que integram o mencionado princípio da proporcionalidade. São três as máximas parciais do princípio da proporcionalidade: a adequação, a necessidade e a proporcionalidade em sentido estrito. Tal como já sustentei em estudo sobre a proporcionalidade na jurisprudência do Supremo Tribunal Federal (...), há de perquirir-se, na aplicação do princípio da proporcionalidade, se em face do conflito entre dois bens constitucionais contrapostos, o ato impugnado afigura-se adequado (isto é, apto para produzir o resultado desejado),* necessário *(isto é, insubstituível por outro meio menos gravoso e igualmente eficaz)* e proporcional em sentido estrito *(ou seja, se estabelece uma relação ponderada entre o grau de restrição de um princípio e o grau de realização do princípio contraposto)*" (voto do Min. Gilmar Mendes, aqui transcrito em parte, que guiou o Plenário da Corte Suprema no julgamento da Intervenção Federal nº 2.257-6/São Paulo).

VI A inconstitucionalidade do art. 45, II, da Lei nº 9.504/1997

O inciso II do art. 45 da Lei nº 9.504/1997 veda o uso de "trucagem, montagem ou outro recurso de áudio ou vídeo que, de qualquer forma, degradem ou ridicularizem candidato, partido ou coligação", proibindo, ainda, a produção ou veiculação de programa com esse efeito. A leitura desse inciso deve ser combinada com a dos §§4º e 5º do art. 45, inseridos pela Lei nº 12.034/2009, que definiram trucagem e montagem.

Trucagem, segundo a dicção do §4º, é "qualquer efeito realizado em áudio ou vídeo que degradar ou ridicularizar candidato, partido político ou coligação, ou que desvirtuar a realidade e beneficiar ou prejudicar qualquer candidato, partido político ou coligação". Já montagem é conceituada pelo §5º como "qualquer junção de registros de áudio ou vídeo que degradar ou ridicularizar candidato, partido político ou coligação, ou que desvirtuar a realidade e beneficiar ou prejudicar qualquer candidato, partido político ou coligação".[30]

A partir da leitura do inciso II e dos §§4º e 5º do art. 45, é possível inferir que a intenção do legislador parece ter sido a de evitar que os meios de comunicação social viessem a *deformar* o processo de formação da vontade do eleitorado. Nada obstante, o que se percebe é que, além de não ser apto a atingir seu *telos*, o dispositivo foi longe demais, sacrificando excessiva e ilegitimamente a liberdade de expressão artística, a liberdade de imprensa e o direito à informação. Explica-se.

A leitura do inciso II conduz à conclusão de que os meios de comunicação estão impedidos, por exemplo, de produzir ou veicular *charges*, *sátiras* e programas humorísticos que envolvam candidatos, partidos ou coligações. Trata-se, como soa evidente, de medida absolutamente incompatível com a Constituição e o sistema constitucional da liberdade de expressão, porque manifestamente desproporcional e excessiva.

Com efeito, a medida é *inadequada*, porquanto a construção de ambiente justo de debate não tem qualquer relação com a simples proibição *tout court* de manifestações satíricas. A sátira é inerente à expressão artística e contém componente humorístico que deixa claro ao receptor da mensagem o seu teor fantasioso, com o que inexiste distorção da realidade. Isto é: todo aquele que, por exemplo, vê uma charge no jornal, ainda que sobre candidatos, ou questões de cunho eleitoral, sabe do que se trata, e não poderia se dizer enganado. Em outras palavras, a sátira, enquanto manifestação artística, não distorce o ambiente de deliberação e escolha.

A restrição é igualmente *desnecessária*, na medida em que há meios menos gravosos a atingir a finalidade pretendida. O direito de resposta é, por exemplo,

---

[30] Antes mesmo do advento da Lei nº 12.034/2009, o TSE já havia definido os conceitos de trucagem e montagem, em termos bastante semelhantes àqueles que vieram a ser consagrados pelo legislador ordinário recentemente. Veja-se, nesse sentido, a Resolução TSE nº 22.718.

forma de garantir a manifestação artística, sem esvaziar a criação de ambiente deliberativo, mas, ao contrário, amplificando-o. A proibição pura e simples revela-se verdadeiramente ilegítima, devendo ser afastada por força da vedação do excesso, ou do princípio da "menor ingerência possível".[31] Para usar a expressão de Humberto Ávila,[32] a medida deve ser afastada pela busca do "meio mais suave" na conformação do direito fundamental, o qual certamente não é a proibição.

A *desproporcionalidade em sentido estrito* da medida é igualmente manifesta, eis que seus supostos benefícios (na verdade inexistentes) são suplantados pelos seus custos, os quais implicam o cerceamento absoluto da manifestação satírica, enquanto meio artístico de crítica política.

A criação e a manifestação humorística possuem grande valor instrumental, pois incentivam a participação e fomentam a discussão sobre questões de interesse público, em incremento da deliberação e da democracia, sobretudo diante do cenário brasileiro de desinteresse da população por questões políticas. Nesse caso, os programas humorísticos são, antes de tudo, um meio de promoção do debate e não de seu desvirtuamento. Eles atraem o público para a atuação dos candidatos, tornando a campanha eleitoral mais palatável para grande parte da população.

Trata-se, igualmente, de meio de crítica social importantíssimo para a coletividade, que deve olhar para os próprios problemas e lidar com as críticas e opiniões que deles podem advir. Ao realizar sátiras com os acontecimentos políticos do país, os programas humorísticos não desvirtuam a realidade, mas chamam atenção para ela. Indubitavelmente, contribuem para o debate social a respeito das questões que interferem no curso do processo eleitoral.

Todavia, a redação do inciso II do art. 45 da Lei nº 9.504/1997, ao proibir a veiculação de cenas que *"degradem"* ou *"ridicularizem"* os candidatos, estabelece uma restrição desproporcional a este tipo de manifestação artística, interferindo tanto na dimensão *substantiva* quanto na dimensão *instrumental* da liberdade de expressão. Nesse cenário, as restrições impostas pelo dispositivo representam grave interferência no direito à crítica social, restando evidente a inconstitucionalidade do inciso II do art. 45 da Lei nº 9.504/1997.

Vale lembrar, em acréscimo ao que já dito, que a norma legal impugnada configura um cerceamento *a priori* das liberdades de expressão, imprensa e informação, caracterizando uma forma de *censura legislativa prévia*. Como é evidente, as manifestações artísticas, como charges, sátiras e programas humorísticos, não estão imunes ao controle judicial *a posteriori*, no campo da responsabilização civil e penal. Mas o que o inciso II do art. 45 da Lei nº 9.504/1997 institui é um controle *prévio e apriorístico* sobre as liberdades de manifestação do pensamento, da atividade intelectual, artística, científica e de comunicação, em franca contradição com a Carta Magna.

---

[31] BARROSO, Luís Roberto. *Interpretação e aplicação da constituição*. 5. ed. São Paulo: Saraiva, 2003. p. 228.
[32] ÁVILA, Humberto. *Teoria dos princípios*. São Paulo: Malheiros, 2004. p. 123.

Cumpre trazer à baila o entendimento desse Egrégio STF no célebre julgamento da ADPF 130 (rel. Min. Ayres Britto), no qual ficou assentado que as formas de controle judicial sucessivo, tanto no campo civil como na esfera penal, são os mecanismos constitucionais, por excelência, de calibragem entre as liberdades de expressão e informação e os demais direitos da personalidade. Confira-se a seguir significativo trecho da ementa daquele histórico aresto:

> 4. MECANISMO CONSTITUCIONAL DE CALIBRAÇÃO DE PRINCÍPIOS. O art. 220 é de instantânea observância quanto ao desfrute das liberdades de pensamento, criação, expressão e informação que, de alguma forma, se veiculem pelos órgãos de comunicação social. Isto sem prejuízo da aplicabilidade dos seguintes incisos do art. 5º da mesma Constituição Federal: vedação do anonimato (parte final do inciso IV); do direito de resposta (inciso V); direito a indenização por dano material ou moral à intimidade, à vida privada, à honra e à imagem das pessoas (inciso X); livre exercício de qualquer trabalho, ofício ou profissão, atendidas as qualificações profissionais que a lei estabelecer (inciso XIII); direito ao resguardo do sigilo da fonte de informação, quando necessário ao exercício profissional (inciso XIV). Lógica diretamente constitucional de calibração temporal ou cronológica na empírica incidência desses dois blocos de dispositivos constitucionais (o art. 220 e os mencionados incisos do art. 5º). *Noutros termos, primeiramente, assegura-se o gozo dos sobredireitos de personalidade em que se traduz a "livre" e "plena" manifestação do pensamento, da criação e da informação. Somente depois é que se passa a cobrar do titular de tais situações jurídicas ativas um eventual desrespeito a direitos constitucionais alheios, ainda que também densificadores da personalidade humana. Determinação constitucional de momentânea paralisia à inviolabilidade de certas categorias de direitos subjetivos fundamentais, porquanto a cabeça do art. 220 da Constituição veda qualquer cerceio ou restrição à concreta manifestação do pensamento (vedado o anonimato), bem assim todo cerceio ou restrição que tenha por objeto a criação, a expressão e a informação, seja qual for a forma, o processo, ou o veículo de comunicação social.* Com o que a Lei Fundamental do Brasil veicula o mais democrático e civilizado regime da livre e plena circulação das ids e opiniões, assim como das notícias e informações, mas sem deixar de prescrever o direito de resposta e todo um regime de responsabilidades civis, penais e administrativas. Direito de resposta e responsabilidades que, mesmo atuando *a posteriori*, infletem sobre as causas para inibir abusos no desfrute da plenitude de liberdade de imprensa.

Assim sendo, por excluir *prévia e aprioristicamente* determinadas formas de manifestação do pensamento e da criação artística e intelectual dos meios de comunicação social por radiodifusão (emissoras de rádio e televisão), o inciso II do art. 45 da Lei nº 9.504/1997 incorre em grave afronta à Constituição Federal.

VII Inconstitucionalidade do art. 45, III (em parte), da Lei nº 9.504/1997

O art. 45, III, da Lei Eleitoral veda às emissoras de rádio e televisão, a partir de 1º de julho do ano da eleição, em sua programação normal e noticiário, a veiculação de propaganda política ou a difusão de opinião favorável ou contrária a candidato, partido, coligação, a seus órgãos ou representantes. A proibição de "veiculação de propaganda política", constante da primeira parte do dispositivo, não constituiu objeto da Ação Direta de Inconstitucionalidade nº 4.451.

A *ratio* do dispositivo parece ter sido a de impor um *dever de imparcialidade* às emissoras de rádio e televisão, impedindo a divulgação de opiniões favoráveis ou contrárias a candidato, partido ou coligação, como forma de evitar que o eleitor seja por elas *influenciado*. Ou seja, pretendeu-se impedir que os veículos de radiodifusão se valessem de sua audiência para influenciar, de forma ilegítima, a população durante o processo eleitoral.

A despeito de possíveis bem alegadas intenções, o dispositivo legal em questão revela uma tradição oficialista que ainda insiste em confiar mais no Estado do que nas pessoas, quanto ao julgamento de fatos, ids e opiniões. Seu efeito prático, contudo, é perverso: controlar o que os cidadãos devem saber, como forma de protegê-los de si mesmos.

A rigor, a veiculação de qualquer notícia que envolva tema político ou fato do dia a dia da população pode ser vista como difusão de opinião contrária ou favorável a candidato, partido, coligação, seus órgãos ou representantes. Veja-se, nesse sentido, que, como a norma proíbe, de forma genérica, a divulgação de opiniões, a jurisprudência eleitoral vem interpretando a proibição de modo abrangente, de forma a atingir não só a difusão da opinião dos veículos de comunicação (*v.g.*, por meio de editoriais) como também a manifestação de jornalistas e terceiros em geral. Confira-se:

> Nos termos do art. 45, III e §2º, da Lei nº 9.504/97, a difusão de opinião favorável ou contrária a candidato, partido ou coligação, a seus órgãos ou representantes, sujeita a emissora ao pagamento de multa, *sendo irrelevante se foi realizada pelo entrevistado, pela emissora ou por agente dela*.[33]
>
> O art. 45 da Lei nº 9.504/97 estabelece vedações às emissoras de rádio e televisão quanto à veiculação, em sua programação normal e de noticiário, de propaganda política ou difusão de opinião favorável ou contrária a candidato, partido político ou coligação e a seus órgãos ou representantes, impondo àquelas que o infringirem multa pecuniária.[34]
>
> A liberdade de imprensa é essencial ao estado democrático, mas a lei eleitoral veda às emissoras de rádio e televisão a veiculação de 'propaganda política ou a difusão de opinião favorável ou contrária a candidato, partido, coligação, a seus órgãos ou representantes'. Se o programa jornalístico ultrapassar esse limite difundindo opinião favorável a um candidato, fora do padrão do comentário político ou de notícia, fica alcançado pela vedação.[35]
>
> ELEIÇÕES 2008. Recurso especial. Representação. *Comprovada a veiculação de opinião contrária a candidato e de cunho eleitoral por emissora de rádio em data posterior a 1º de julho do ano da eleição. Irrelevante o fato de as opiniões terem sido realizadas por entrevistado*. Incidência do inc. III do art. 45 da Lei nº 9.504/1997. Decisão do Tribunal Regional Eleitoral contrária a esse entendimento. Precedentes. Recurso especial ao qual se dá provimento. Determinação de retorno dos autos ao Tribunal Regional Eleitoral para novo julgamento.[36]

---

[33] TSE, Acórdão nº 21.369, Rel. Min. Fernando Neves da Silva, 19.2.2004; grifou-se.
[34] TSE, Acórdão nº 27.814, Rel. Min. Fernando Gonçalves, 23.04.2009.
[35] TSE, Acórdão nº 1.169, Rel. Min. Carlos Alberto Menezes Direito, 26.9.2006.
[36] TSE, REsp Eleitoral nº 34.883, Rel. Min. Cármen Lúcia Antunes Rocha, Decisão Monocrática, DJE de 29.03.2010, p. 28-30; grifou-se.

O que não se tem levado em conta é que as emissoras de rádio e televisão, na qualidade de concessionárias de um serviço público essencial para a sociedade, têm o dever constitucional e ético[37] de fornecer toda sorte de notícias e informações à população sobre a disputa política, relatando tudo quanto possa interessar à sociedade e à decisão dos cidadãos. E isso inclui, obviamente, a veiculação de críticas formuladas por comentaristas políticos, econômicos e de outras áreas de especialização. Do contrário, as emissoras estariam violando, elas próprias, o seu dever de informar.

A imposição de um *dever de imparcialidade* às emissoras de rádio e televisão (que as obrigue, *v.g.*, a dispensar tratamento isonômico aos candidatos ao sufrágio) não autoriza que elas sejam *silenciadas* durante a disputa eleitoral ou que sejam obrigadas a adotar uma *postura acrítica em relação à política*. Em outras palavras o *direito de crítica política é elemento integrante e essencial da liberdade de informação jornalística*, assegurada no art. 220, *caput* e §1º, da Constituição da República.

Cumpre acrescentar, ademais, que tal dever de imparcialidade também não justifica que se proíbam as emissoras de radiodifusão de emitirem opiniões favoráveis ou contrárias a candidatos. Para assegurar tal imparcialidade, basta que as emissoras deixem claro ao público tratar-se de um *espaço editorial*, e não da divulgação de fatos jornalísticos. Em suma, a *imparcialidade* deve ser compreendida como um dever de lhaneza, lealdade e boa-fé no relacionamento com o público, e não como uma pretensão de *neutralidade*, de resto insuscetível de ser alcançada em qualquer atividade de comunicação.

Seja como for, o fato é que o inciso em exame, longe de atingir as finalidades a que se propõe, mostra-se desproporcional e excessivo, violando assim as liberdades de expressão e informação. De fato, na tentativa açodada de garantir um procedimento eleitoral justo e imparcial, o legislador atingiu em cheio o núcleo essencial da liberdade de expressão em sentido amplo – tanto em sua dimensão substantiva quanto instrumental. Ignorando a Constituição, estabeleceu-se censura de natureza política e ideológica e embaraços claros "à plena liberdade de informação jornalística em qualquer veículo de comunicação social", em violação frontal ao que dispõe o art. 220, §§1º e 2º, CF.

Com efeito, a proibição contravém a *perspectiva substantiva* das liberdades de expressão, de imprensa e de informação, na medida em que: (*i*) impede que os indivíduos se informem livremente, decidindo previamente sobre o que as pessoas devem ou não considerar para formar suas convicções políticas; e (*ii*) proscreve a exposição, por qualquer pessoa, de suas preferências políticas através de emissoras de rádio e televisão.[38] *Da perspectiva dos cidadãos*, o efeito da norma é nitidamente

---

[37] Eugênio Bucci, ao tratar do dever ético de informar, assevera que "[p]ara o jornalista, exercer a liberdade é um dever porque, para o cidadão, ela é um direito. Para que este possa contar com o respeito cotidiano ao seu direito à informação, o jornalista não pode abrir mão do dever da liberdade" (BUCCI, Eugênio. *A imprensa e o dever da liberdade*. São Paulo: Contexto, 2009. p. 124.)

[38] O fato de outros veículos de comunicação (*v.g.* jornais e internet) poderem divulgar essas manifestações não reduz a gravidade da restrição; ao contrário, a agrava. De um lado, evidencia uma violação ao princípio isonômico (CRFB, art. 5º, *caput*). Por outro, demonstra a ineficácia prática da proibição imposta às emissoras de rádio e televisão.

paternalista, porquanto parte da premissa de que os brasileiros não têm capacidade para ouvir as diversas opiniões existentes no debate público, participar do discurso, se assim desejarem, e tirar suas próprias conclusões. Já *da perspectiva dos meios de comunicação*, a medida tem tormentoso efeito silenciador, porquanto veda, *a priori*, a manifestação de opiniões, como se o ato de pensar e transmitir ids não fosse permitido. Trata-se, assim, de inequívoca censura de natureza política e ideológica, que constitui grave embaraço à difusão do pensamento através de um veículo de comunicação, em grave afronta ao art. 220, *caput*, e §1º e 2º, CF.

Por outro lado, o inciso compromete a *dimensão instrumental* das liberdades de expressão, de imprensa e de informação: (*i*) porque impede que a população tome conhecimento das posições políticas de seus concidadãos e de pessoas respeitadas e admiradas na comunidade, por mérito próprio, o que poderia ser relevante para a decisão política individual de cada sujeito; e (*ii*) porque deforma artificialmente o mercado de ids, ao proibir que as empresas delegatárias do serviço de radiodifusão divulguem informações e opiniões sobre as eleições e candidatos, prejudicando a deliberação e, por conseguinte, o próprio exercício do autogoverno pelos cidadãos. O mero risco de comprometimento ou de redução do espaço destinado ao debate público (risco de dano potencial), no caso, torna inconstitucional a restrição estabelecida em lei.[39] Afinal, em um ambiente verdadeiramente democrático, os eleitores e atores envolvidos devem ter a oportunidade de manifestar livremente suas posições políticas, por qualquer veículo de comunicação social, criando-se rico ambiente fértil para a deliberação, amadurecimento da cidadania e tomada das melhores decisões.

Assim, ainda que a difusão de opinião favorável ou contrária a candidato, partido, coligação, a seus órgãos ou representantes pudesse interferir na tomada de decisões por parte do eleitor – impacto esse que, se existente, é limitado, porque as pessoas têm capacidade de pensar e refletir sobre a realidade –, a restrição deve ser considerada ilegítima. Isso porque, como se disse, a norma impede que cada cidadão, titular do direito à informação, tenha acesso a importantes veículos de comunicação para manifestar suas posições e conhecer o posicionamento de terceiros, inviabilizando uma das funções primordiais dos veículos de comunicação, que é atuar como porta-voz da sociedade. Não há como impedir que o eleitor seja influenciado pela realidade que o cerca. Na verdade, se influência houver, ela deve ser considerada benéfica, pois isso significa que o eleitor passou a levar em conta determinados fatos reais que desconhecia, alcançando uma decisão mais informada.

---

[39] Já em 1859 John Stuart Mill enfatizava, no conhecido ensaio sobre *A Liberdade*, um dos marcos teóricos mais importantes de justificação da liberdade de expressão, que não há nada mais prejudicial para a coletividade do que a proibição de uma opinião. Segundo o autor inglês, "o que há de particularmente mau em silenciar a expressão de uma opinião é o roubo à raça humana – à posteridade, bem como à geração existente, mais aos que discordam de tal opinião do que aos que a mantêm. Se a opinião é correta, privam-nos da oportunidade de trocar o erro pela verdade; se errada, perdem, o que importa em benefício tão grande, a percepção mais clara da verdade, produzida por sua colisão com o erro". Cf. MILL, John Stuart. *A liberdade*: utilitarismo. São Paulo: Martins Fontes, 2000. p. 29.

Nessa linha de raciocínio, é oportuno destacar que o Supremo Tribunal Federal já reconheceu expressamente a inconstitucionalidade da vedação à divulgação de pesquisas eleitorais às vésperas do pleito.[40] De acordo com a Suprema Corte, o risco de que esse tipo de consulta influa na decisão do eleitorado não justificava a restrição de informação de interesse dos cidadãos. Mais uma vez, ressaltou-se a id de que a liberdade de informação é corolário da democracia e por isso deve ser preservada. Confira-se, neste sentido, trecho do voto do Ministro Ricardo Lewandowski:

> Cumpre notar que *as restrições admissíveis ao direito à informação são estabelecidas na própria Carta Magna*, e dizem respeito à proibição do anonimato, ao direito de resposta e à indenização por dano moral ou material, à proteção à intimidade, honra e imagem da pessoa, ao livre exercício de qualquer trabalho, ofício ou profissão e, finalmente, ao resguardo do sigilo da fonte, quando necessário. O que a Constituição protege, nesse aspecto, é exatamente, na precisa lição de José Afonso da Silva, '*a procura, o acesso, o recebimento e a difusão de informações ou ids por qualquer meio e sem dependência de censura, respondendo cada qual pelos abusos de poder que cometer*'. A liberdade de expressão do pensamento, portanto, completa-se no direito à informação, livre e plural, que constitui um valor indissociável da id de democracia no mundo contemporâneo. (...) Ademais, analisando-se a questão sob uma ótica pragmática, forçoso é concluir que a proibição da divulgação de pesquisas eleitorais, em nossa realidade, apenas contribuiria para ensejar a circulação de boatos e dados apócrifos, dando azo a toda sorte de manipulações indevidas, que acabariam por solapar a confiança do povo no processo eleitoral, atingindo-o no que ele tem de fundamental, que é exatamente a circulação de informações. De resto, *vedar-se a divulgação de pesquisas a pretexto de que estas poderiam influir, de um modo ou de outro, na disposição dos eleitores, afigura-se tão impróprio como proibir-se a divulgação de previsões meteorológicas, prognósticos econômicos ou boletins de trânsito antes das eleições, ao argumento de que teriam o condão de alterar o ânimo dos cidadãos e, em consequência, o resultado do pleito.* A propósito, vale lembrar a preciosa lição do Ministro Gilmar Mendes, relacionada aos princípios da razoabilidade e da proporcionalidade, no sentido de que a legitimidade de eventual medida constritiva '*há de ser aferida no contexto de uma relação meio-fim (Zweck-Mittel Zusammenhang), devendo ser pronunciada a inconstitucionalidade que contenha limitações inadequadas, desnecessárias ou desproporcionais (não-razoáveis)*'. *A restrição ao direito de informação criada pela Lei 11.300 encaixa-se perfeitamente nessa última hipótese, visto que se mostra inadequada, desnecessária e desproporcional quando confrontada com o objetivo colimado pela legislação eleitoral, que é, em última análise, permitir que o cidadão forme a sua convicção de modo mais amplo e livre possível, antes de concretizá-la nas urnas por meio do voto.* Não vejo, portanto, à luz dos princípios da razoabilidade e da proporcionalidade, e em face

---

[40] Eis a ementa do julgado: "*AÇÃO DIRETA DE INCONSTITUCIONALIDADE. LEI 11.300/2006 (MINI-REFORMA ELEITORAL). ALEGADA OFENSA AO PRINCÍPIO DA ANTERIORIDADE DA LEI ELEITORAL (CF, ART. 16). INOCORRÊNCIA. MERO APERFEIÇOAMENTO DOS PROCEDIMENTOS ELEITORAIS. INEXISTÊNCIA DE ALTERAÇÃO DO PROCESSO ELEITORAL. PROIBIÇÃO DE DIVULGAÇÃO DE PESQUISAS ELEITORAIS QUINZE DIAS ANTES DO PLEITO. INCONSTITUCIONALIDADE. GARANTIA DA LIBERDADE DE EXPRESSÃO E DO DIREITO À INFORMAÇÃO LIVRE E PLURAL NO ESTADO DEMOCRÁTICO DE DIREITO. PROCEDÊNCIA PARCIAL DA AÇÃO DIRETA. I – Inocorrência de rompimento da igualdade de participação dos partidos políticos e dos respectivos candidatos no processo eleitoral. II – Legislação que não introduz deformação de modo a afetar a normalidade das eleições. III – Dispositivos que não constituem fator de perturbação do pleito. IV – Inexistência de alteração motivada por propósito casuístico. V – Inaplicabilidade do postulado da anterioridade da lei eleitoral. VI – Direto à informação livre e plural como valor indissociável da id de democracia. VII – Ação direta julgada parcialmente procedente para declarar a inconstitucionalidade do art. 35-A da Lei introduzido pela Lei 11.300/2006 na Lei 9.504/1997*" (STF, ADI 3741, Rel. Min. Ricardo Lewandowski, Tribunal Pleno, julgado em 06.08.2006; grifou-se).

dos dispositivos da Lei Maior acima citados, como considerar hígida, do ponto de vista constitucional, a proibição de divulgar pesquisas eleitorais a partir do décimo quinto dia anterior até as dezoito horas do dia do pleito.

O mesmo raciocínio é aqui aplicável. Ao reconhecer a inconstitucionalidade no precedente citado, o STF entendeu que o zelo e o esforço de lisura do pleito eleitoral não são um fim que legitime a restrição excessiva à liberdade de imprensa. O desiderato do legislador de tentar assegurar um processo eleitoral absolutamente asséptico e imparcial, proibindo a divulgação de informações, foi considerado inconstitucional pelo STF. Assim, o Tribunal reconheceu a prevalência da liberdade de expressão e de informação, conferindo-lhe posição privilegiada à vista de sua íntima ligação com a democracia – *ratio* que, em tudo e por tudo, se aplica à hipótese em exame.

Como se vê, a proibição da veiculação de opiniões de terceiros, jornalistas ou não, sobre candidatos, partidos ou coligações, não se compadece com a Constituição brasileira, especialmente com o seu sistema de liberdades de expressão, imprensa e informação.

VIII A decisão do Supremo Tribunal Federal: intervenção a favor, e não contra a democracia

Em 02 de setembro de 2010, a poucas semanas das eleições gerais, o Supremo Tribunal Federal referendou decisão do relator da ADIN 4451, Ministro Ayres Britto, que concedera a medida cautelar para suspender a eficácia dos dispositivos legais impugnados até julgamento final. Na verdade, em decisão corajosa e exemplar, a Corte foi até além do que decidira o relator monocraticamente, em acórdão assim ementado:

EMENTA: MEDIDA CAUTELAR EM AÇÃO DIRETA DE INCONSTITUCIONALIDADE. INCISOS II E III DO ART. 45 DA LEI 9.504/1997.

1. Situação de extrema urgência, demandante de providência imediata, autoriza a concessão da liminar *"sem a audiência dos órgãos ou das autoridades das quais emanou a lei ou o ato normativo impugnado"* (§3º do art. 10 da Lei 9.868/1999), até mesmo pelo relator, monocraticamente, *ad referendum* do Plenário.

2. Não cabe ao Estado, por qualquer dos seus órgãos, definir previamente o que pode ou o que não pode ser dito por indivíduos e jornalistas. Dever de omissão que inclui a própria atividade legislativa, pois é vedado à lei dispor sobre o núcleo duro das atividades jornalísticas, assim entendidas as coordenadas de tempo e de conteúdo da manifestação do pensamento, da informação e da criação *lato sensu*. Vale dizer: *não há liberdade de imprensa pela metade ou sob as tenazes da censura prévia, pouco importando o Poder estatal de que ela provenha*. Isso porque a liberdade de imprensa não é uma bolha normativa ou uma fórmula prescritiva oca. Tem conteúdo, e esse conteúdo é formado pelo rol de liberdades que se lê a partir da cabeça do art. 220 da Constituição Federal: liberdade de *"manifestação do pensamento"*, liberdade de *"criação"*, liberdade de *"expressão"*, liberdade de *"informação"*.

Liberdades constitutivas de verdadeiros *bens de personalidade*, porquanto correspondentes aos seguintes direitos que o art. 5º da nossa Constituição intitula de *"Fundamentais"*: a) *"livre manifestação do pensamento"* (inciso IV); b) *"livre [...] expressão da atividade intelectual, artística, científica e de comunicação"* (inciso IX); c) *"acesso a informação"* (inciso XIV).

3. Pelo seu reconhecido condão de vitalizar por muitos modos a Constituição, tirando-a mais vezes *do papel*, a imprensa mantém com a democracia a mais entranhada relação de interdependência ou retroalimentação. A presente ordem constitucional brasileira autoriza a formulação do juízo de que o caminho mais curto entre a verdade sobre a conduta dos detentores do Poder e o conhecimento do público em geral é a liberdade de imprensa. A traduzir, então, a ideia-força de que abrir mão da liberdade de imprensa é renunciar ao conhecimento geral das coisas do Poder, seja ele político, econômico, militar ou religioso.

4. A Magna Carta Republicana destinou à imprensa o direito de controlar e revelar as coisas respeitantes à vida do Estado e da própria sociedade. A imprensa como a mais avançada sentinela das liberdades públicas, como alternativa à explicação ou versão estatal de tudo que possa repercutir no seio da sociedade e como garantido espaço de irrupção do pensamento crítico em qualquer situação ou contingência. Os jornalistas, a seu turno, como o mais desanuviado olhar sobre o nosso cotidiano existencial e os recônditos do Poder, enquanto profissionais do comentário crítico. Pensamento crítico que é parte integrante da informação plena e fidedigna. Como é parte do estilo de fazer imprensa que se convencionou chamar de *humorismo* (tema central destes autos). A previsível utilidade social do labor jornalístico a compensar, de muito, eventuais excessos desse ou daquele escrito, dessa ou daquela *charge* ou caricatura, desse ou daquele programa.

5. Programas humorísticos, *charges* e modo caricatural de pôr em circulação ideias, opiniões, frases e quadros espirituosos compõem as atividades de *"imprensa"*, sinônimo perfeito de *"informação jornalística"* (§1º do art. 220). Nessa medida, gozam da plenitude de liberdade que é assegurada pela Constituição à imprensa. Dando-se que *o exercício concreto dessa liberdade em plenitude assegura ao jornalista o direito de expender críticas a qualquer pessoa, ainda que em tom áspero, contundente, sarcástico, irônico ou irreverente, especialmente contra as autoridades e aparelhos de Estado*. Respondendo, penal e civilmente, pelos abusos que cometer, e sujeitando-se ao direito de resposta a que se refere a Constituição em seu art. 5º, inciso V. A crítica jornalística em geral, pela sua relação de inerência com o interesse público, não é aprioristicamente suscetível de censura. Isso porque é da essência das atividades de imprensa operar como formadora de opinião pública, lócus do pensamento crítico e necessário contraponto à versão oficial das coisas, conforme decisão majoritária do Supremo Tribunal Federal na ADPF 130. Decisão a que se pode agregar a ideia de que a locução *"humor jornalístico"* enlaça pensamento crítico, informação e criação artística.

6. A liberdade de imprensa assim abrangentemente livre não é de sofrer constrições em período eleitoral. Ela é plena em todo o tempo, lugar e circunstâncias. Tanto em período não-eleitoral, portanto, quanto em período de eleições gerais. Se podem as emissoras de rádio e televisão, fora do período eleitoral, produzir e veicular *charges*, sátiras e programas humorísticos que envolvam partidos políticos, pré-candidatos e autoridades em geral, também podem fazê-lo no período eleitoral. *Processo eleitoral não é estado de sítio* (art. 139 da CF), única fase ou momento de vida coletiva que, pela sua excepcional gravidade, a Constituição toma como fato gerador de *"restrições à inviolabilidade da correspondência, ao sigilo das comunicações, à prestação de informações e à liberdade de imprensa, radiodifusão e televisão, na forma da lei"* (inciso III do art. 139).

7. O próprio texto constitucional trata de modo diferenciado a mídia escrita e a mídia sonora ou de sons e imagens. *O rádio e a televisão, por constituírem serviços públicos, dependentes de "outorga" do Estado e prestados mediante a utilização de um bem público (espectro de radiofrequências), têm um dever que não se estende à mídia escrita: o dever da imparcialidade ou da equidistância perante os candidatos. Imparcialidade, porém, que não significa ausência de opinião ou*

de crítica jornalística. Equidistância que apenas veda às emissoras de rádio e televisão encamparem, ou então repudiarem, essa ou aquela candidatura a cargo político-eletivo. 8. Suspensão de eficácia do inciso II do art. 45 da Lei 9.504/1997 e, por arrastamento, dos §§4º e 5º do mesmo artigo, incluídos pela Lei 12.034/2009. Os dispositivos legais não se voltam, propriamente, para aquilo que o TSE vê como imperativo de imparcialidade das emissoras de rádio e televisão. Visa a coibir um estilo peculiar de fazer imprensa: aquele que se utiliza da trucagem, da montagem ou de outros recursos de áudio e vídeo como técnicas de expressão da crítica jornalística, em especial os programas humorísticos.

9. Suspensão de eficácia da expressão *"ou difundir opinião favorável ou contrária a candidato, partido, coligação, a seus órgãos ou representantes"*, contida no inciso III do art. 45 da Lei 9.504/1997. *Apenas se estará diante de uma conduta vedada quando a crítica ou matéria jornalísticas venham a descambar para a propaganda política, passando nitidamente a favorecer uma das partes na disputa eleitoral. Hipótese a ser avaliada em cada caso concreto.*

10. Medida cautelar concedida para suspender a eficácia do inciso II e da parte final do inciso III, ambos do art. 45 da Lei 9.504/1997, bem como, por arrastamento, dos §§4º e 5º do mesmo artigo.

Na feliz síntese de Silvia Porto Buarque de Gusmão, o STF adotou as seguintes premissas para alicerçar o seu julgamento da ADIN 4451: 1) a liberdade de expressão é elemento estruturante da democracia, havendo prevalência de suas normas sobre os demais direitos fundamentais; 2) os dispositivos impugnados não apenas restringiam e censuravam a liberdade de imprensa manifestada pelo humor, como expressão de arte e de opinião crítica, mas também atingiam os programas de humor e o humor em qualquer programa; 3) o período eleitoral é o momento em que o cidadão mais precisa de plenitude de informação proporcionada pelos meios de comunicação social por radiodifusão.[41]

Com relação ao aspecto temporal da limitação imposta a partir de 1º de julho do ano das eleições, o Tribunal concluiu que a provável intenção de não interferência na formação da convicção do eleitor não poderia servir de amparo ao cerceamento da liberdade de imprensa, justamente no período em que o acesso à informação sobreleva de importância. Como ressaltou o Ministro Ayres Britto, "seria até paradoxal falar que a liberdade de imprensa mantém uma relação de mútua dependência com a democracia, mas sofre contratura justamente na época em que a democracia mesma atinge seu clímax ou ponto mais luminoso (na democracia representativa, obviamente). Período eleitoral não é estado de sítio".

Entendo que o Supremo Tribunal Federal cumpriu regiamente o seu papel de guardião da democracia e dos direitos fundamentais dos cidadãos estabelecidos na Lei Maior. Com efeito, as normas legais restritivas da liberdade da imprensa no período eleitoral representavam, na prática, uma espécie de imunidade à crítica jornalística criada pelos agentes políticos em seu próprio benefício. Ao criar um *efeito silenciador* sobre jornalistas, comentaristas políticos e humoristas, na *noventena* que antecede aos pleitos eleitorais, os políticos legislaram em causa

---

[41] Silvia Porto Buarque de Gusmão. O humorismo político levado a sério pelo Supremo Tribunal Federal: análise do julgamento da ADI 4451-MC. In: HORBACH, B. B.; FUCK, L. F. (Ed.). *O Supremo por seus Assessores*. São Paulo: Almedina, 2014. p. 259-266.

própria, impedindo o livre fluxo de informações, ideias e opiniões. Assim, na qualidade de guardião do regime democrático, cabia ao Tribunal Constitucional glosar a deliberação legislativa, em defesa não apenas da liberdade de expressão dos veículos de comunicação, mas, sobretudo, do direito difuso da sociedade de ser livre e adequadamente informada.

Como se sabe, mais do que meros corretivos liberais do princípio majoritário, os direitos fundamentais se afirmam, hodiernamente, como condições estruturantes da própria democracia. Tal circunstancia é ainda mais evidente no caso dos direitos associados às liberdades de expressão e de informação. O papel das Cortes Constitucionais é, neste sentido, o de protegê-los contra eventuais investidas das maiorias políticas que restrinjam desproporcionalmente o seu exercício e acabem por subverter, por via oblíqua, a própria lógica democrática. Aí, ainda quando anule leis aprovadas pela maioria dos representantes eleitos pelo povo, a intervenção da jurisdição constitucional se dá a favor, e não contra a democracia. Esta a fonte maior de sua legitimidade.

Informação bibliográfica deste texto, conforme a NBR 6023:2002 da Associação Brasileira de Normas Técnicas (ABNT):

BINENBOJM, Gustavo. Humor, política e jurisdição constitucional. O Supremo Tribunal Federal como guardião da democracia: a proteção da liberdade de crítica política em processos eleitorais. In: COPETTI NETO, Alfredo; LEITE, George Salomão; LEITE, Glauco Salomão. *Dilemas na Constituição*. Belo Horizonte: Fórum, 2017. p. 361-385. ISBN 978-85-450-0236-9.

PARTE VI

DILEMAS NA ORDEM ECONÔMICA E SOCIAL

A SAÚDE PÚBLICA NO BRASIL: BREVE ANÁLISE DE SUAS COMPLEXIDADES À LUZ DO DIREITO FINANCEIRO

José Maurício Conti
Ricart César Coelho dos Santos

1 Apresentação

O presente artigo aborda a saúde pública no Brasil sob a ótica do Direito Financeiro, com destaque para alguns temas que são especialmente relevantes para referida disciplina jurídica. A saúde é reconhecida como essencial para o desenvolvimento humano, sendo, inclusive, um dos pilares avaliados no cálculo do Índice de Desenvolvimento Humano (IDH), que considera a expectativa de vida em sua elaboração. Contudo, muitas vezes, o mencionado setor não tem recebido a devida prioridade dos governos dos três entes federativos (União, Estados e Municípios), o que pode ser afirmado em face do notório estado de calamidade das unidades de saúde de todo o país, frequentemente divulgado pela imprensa.

Acrescente-se que, nas últimas décadas, a Medicina desenvolveu-se sobremaneira. Doenças outrora fatais e incuráveis não mais o são. Contudo, essa melhoria na qualidade de vida das pessoas foi proporcionada pelo referido avanço da Medicina, o qual decorreu, em muitos casos, do emprego de tratamentos e medicamentos sofisticados e, quase sempre, muito caros. De fato, são inúmeros os exames e remédios à disposição dos profissionais da área de saúde atualmente, ao contrário do que ocorria há alguns anos, em que a conversa com o médico era praticamente o único exame disponível.

Tal progresso científico causou o aumento da complexidade dos tratamentos disponíveis, além de incrementar o custo da saúde como um todo, tanto para o setor privado quanto para o público.

Em relação ao primeiro, constata-se que os hospitais e planos privados de saúde suplementar passaram a ter que arcar com um custo crescente, ao passo que se tornam cada vez mais frequentes os litígios judiciais desses com os particulares, cujas lides versam, em última análise, sobre quem irá suportar esse ônus financeiro.

No âmbito público, o aumento de despesas com a saúde também é claro. Do ponto de vista orçamentário, a previsão de gastos do Ministério da Saúde (MS) encontra-se entre as maiores da União. Para o exercício atual, a dotação do MS é de 120 bilhões de reais, de acordo com a lei orçamentária federal.[1]

---

[1] Lei nº 13.115, de 20 de abril de 2015 – Lei Orçamentária Anual da União para o ano de 2015.

2 A saúde na Constituição brasileira de 1988

A Constituição Federal de 1988 consagrou a saúde como *direito social*, por meio de sua previsão expressa no art. 6º, *caput*, do texto constitucional.

Pode-se afirmar que se trata do mais importante direito assegurado pelo Estado brasileiro, estando em consonância com os objetivos fundamentais da nossa República Federativa, contidos no art. 3º da Carta Magna. Trata-se de autêntico direito fundamental de segunda dimensão dentro da evolução dos direitos humanos, juntamente, por exemplo, com a educação e a previdência.

O Estado brasileiro possui o compromisso de dar efetividade ao direito à saúde, não podendo constituir mera "promessa inconsequente" para usar as palavras do Ministro Celso de Mello do Supremo Tribunal Federal.[2] Torná-lo real na vida dos brasileiros possui um custo a ser suportado pelo poder público, que não é pequeno. Isso porque, além do preço cada vez mais elevado dos tratamentos e medicamentos que devem ser oferecidos pela rede pública, devem ser remunerados os profissionais da área de saúde que trabalham para o Estado, como, por exemplo, médicos, enfermeiros, fisioterapeutas etc. (despesa corrente, segundo o art. 12, §1º, c/c art. 13 da Lei nº 4.320/1964); além disso, há também custos de construção dos prédios das unidades de saúde onde funcionarão os serviços (despesas de capital, segundo o art. 12, §4º, da referida lei). Quando somadas todas as despesas da área de saúde, a cifra a que se chega é elevadíssima.

Em razão disso é que frequentemente o poder público reluta em assumir tal ônus. Foi o que ocorreu, inclusive, na maior economia do planeta, os Estados Unidos da América, onde houve forte resistência à implementação do chamado "*Obamacare*", que amplia a participação do setor público no sistema de saúde, aumentando as despesas do Estado norte-americano, ao proporcionar que um número maior de cidadãos daquele país passasse a possuir cobertura de saúde.

Apesar da relutância em assumir tal encargo, o Estado brasileiro passou, sim, após forte pressão, principalmente, de diversos setores do movimento sanitário, a custear o direito relativo à saúde pública previsto na Constituição.

Analisando-se o tema de forma mais específica no texto constitucional, vê-se que o art. 196 assim dispõe sobre a saúde:

> Art. 196. A saúde é direito de todos e dever do Estado, garantido mediante políticas sociais e econômicas que visem à redução do risco de doença e de outros agravos e ao acesso universal e igualitário às ações e serviços para sua promoção, proteção e recuperação.

Já o Sistema Único de Saúde (SUS) é previsto no art. 198 da Lei Maior, que lhe confere diretrizes, quais sejam, a *descentralização*, o *atendimento integral* e a *participação da comunidade*.

---

[2] RE 271.286-AgR, Rel. Min. Celso de Mello, julgamento em 12.09.2000, Segunda Turma, DJ de 24.11.2000.

A conceituação legal do SUS pode ser encontrada na disposição do art. 4º da Lei nº 8.080/1990, que o considera como sendo o conjunto de ações e serviços de saúde, prestados por órgãos e instituições públicas federais, estaduais e municipais, da Administração direta e indireta e das fundações mantidas pelo Poder Público.

Neste momento, deve-se ressaltar uma das características do SUS, que é o seu caráter *descentralizado*.

De fato, em consonância com o *pacto federativo vigente*, esse sistema é integrado por todos os entes federativos, de acordo com a repartição de competências prevista na Constituição. Nesse sentido, observe-se o art. 23 da Lei Maior, nos seguintes termos:

> Art. 23. É competência comum da União, dos Estados, do Distrito Federal e dos Municípios:
> [...]
> II – cuidar da saúde e assistência pública, da proteção e garantia das pessoas portadoras de deficiência;

Dessa forma, por disposição expressa do texto constitucional, a saúde é competência material comum de todos os três entes federativos (União, Estados e Municípios). Típica política pública exercida no âmbito do *federalismo cooperativo* que vigora em nosso país, sendo executada de forma conjunta por todos os entes da federação, o que, evidentemente, exige a participação, cooperação e coordenação entre eles, o que já demonstra a dificuldade existente para o seu funcionamento.

Tal dificuldade aumenta ainda mais se considerarmos que os entes da federação são dotados de autonomia, o que implica capacidade de autogoverno e produção legislativa própria, e não deve ser confundida com soberania, que é característica apenas do Estado Federal.[3] Em virtude da sua autonomia, União, Estados e Municípios possuem, cada um deles, governantes que são eleitos pelo voto direto da respectiva população, o que leva a um verdadeiro *mosaico político*, com prefeitos, governadores e presidente oriundos de partidos, ideologias e estilos diferentes. Ademais, deve-se considerar que os prefeitos dos mais de 5.000 municípios brasileiros são eleitos na metade do mandato dos governadores e presidente da República. Tudo isso demonstra o quanto é árduo alcançar uma atuação coordenada e cooperativa em função de objetivos comuns, a qual é exigida para o funcionamento adequado da política pública de saúde.

O artigo 198 da Constituição dá as diretrizes gerais para o setor de saúde, cujas ações e serviços públicos "integram uma rede regionalizada e hierarquizada e constituem um sistema único" regulamentado pelas Leis nºs 8.080 e 8.142, de 1990, e pela Lei Complementar nº 141, de 2012, em que estão delineadas as atribuições de cada ente federado e a forma de financiamento.

A descentralização dos encargos em matéria de saúde é complexa e delicada, em face das especificidades do setor.

---

[3] DALLARI, Dalmo de Abreu. *Elementos de teoria geral do Estado*. São Paulo: Saraiva, 2013. p. 255.

Com efeito, os três entes podem ter atribuições comuns, como aquelas estabelecidas no art. 15 da Lei nº 8.080/1990. Este mesmo diploma também especifica as atribuições da direção nacional do SUS no art. 15, enquanto as direções estadual (art. 16) e municipal (art. 17) também têm as suas competências previstas no mesmo diploma. Destaque-se que a necessidade de descentralização é reforçada na própria lei, a qual determina que a direção estadual descentralize para os Municípios os serviços e as ações de saúde (art. 17, I). Já o art. 9º delimita as competências para a direção: no âmbito da União, ao Ministério da Saúde; no âmbito dos Estados e do Distrito Federal, à respectiva Secretaria de Saúde ou órgão equivalente; e, nos Municípios, à respectiva Secretaria de Saúde ou órgão equivalente.

A referida lei ainda prevê que os entes federativos podem se coligar para a prestação das ações e serviços de saúde, aumentando ainda mais a gama de possibilidades de que dispõem os gestores públicos da área. É que, de acordo com o art. 10 da Lei nº 8.080/1990, "os municípios poderão constituir consórcios para desenvolver em conjunto as ações e os serviços de saúde que lhes correspondam".

Além dos fatores anteriormente abordados, outros também contribuem para dificuldades na gestão da saúde pública. Urgência, gravidade, complexidade, custo, demanda – há muitos aspectos a interferir na definição de quem vai fazer, o que irá fazer e como irá executar.

Ademais, podem ocorrer outros fenômenos conhecidos dos estudiosos de federalismo fiscal, como o *free rider efect* ou "efeito carona". Nesse caso, determinadas unidades da federação, especialmente os municípios, por fornecerem serviço público com competência e eficiência, atraem para si pacientes de outros municípios e acabam arcando com as despesas para o tratamento de um cidadão que não reside em seu território. De fato, são muitos os prefeitos que, ao invés de se esforçarem para construir e manter postos de saúde e hospitais que prestem um serviço de boa qualidade, optam por comprar ambulâncias que simplesmente levam os pacientes para serem atendidos em municípios vizinhos, deixando de arcar com altas despesas, ao passo que oneram outro entes da federação.[4]

Em suma, organizar todos estes fatores de modo a construir um sistema eficiente e evitar fatores externos impeditivos é tarefa árdua, a exigir muito esforço, estudo e dedicação, que depende ainda de muita vontade política para ser executada.

3 Financiamento do Sistema Único de Saúde

A Constituição e, principalmente, a legislação infraconstitucional trazem a disciplina sobre a distribuição dos recursos necessários para a execução das ações e serviços públicos de saúde. Com efeito, também nessa área específica de atuação

---

[4] CONTI, José Mauricio. *Saúde não precisa só de dinheiro, mas de boa gestão*. Disponível em: <www.conjur.com.br/2013-out-22/contas-vista-saude-nao-dinheiro-boa-gestao>. Acesso em: 22 out. 2013.

do Estado, houve um regramento sobre o financiamento necessário à prestação do serviço de saúde.

De início, deve-se afirmar que o art. 165, §5º, da CF, prevê que a Lei Orçamentária Anual compreenderá o orçamento fiscal, o de investimentos e o da *seguridade social*.

A saúde encontra-se inserida na seguridade social, por isso os seus recursos são oriundos do orçamento da seguridade social, conforme o art. 198, §1º, da CF.

Dentro do orçamento da área social, muitos dos recursos advêm de contribuições sociais. De acordo com a CF, tais tributos são arrecadados pela União, na forma do seu art. 149, *caput*.

Desse modo, uma parte considerável dos recursos destinados às ações e serviços públicos de saúde é auferida pela União.

Contudo, o SUS caracteriza-se, também, por uma gestão *descentralizada* para Estados e Municípios, conforme visto. Daí surge uma aparente incongruência: como os entes nacionais prestarão o serviço público de saúde se os recursos para a área encontram-se, em grande parte, com a União?

A resposta é que, tendo em vista o federalismo cooperativo existente em nosso país (ao qual já nos referimos anteriormente), a União transfere parte desses recursos às outras esferas (estadual e municipal), na forma prevista no ordenamento jurídico.

A realização dessas transferências tem como principal instrumento o fundo de saúde, que concentra os recursos do setor de saúde, de acordo com disposições constitucionais (art. 77, §3º, do ADCT) e legais (art. 14 da LC nº 141/2012, arts. 33 e 34 da Lei nº 8.080/1990 e art. 4º da Lei nº 8.142/1990).

Quanto à forma, as transferências podem ser *obrigatórias*, porque assim determina a Constituição ou a lei. São exemplos dessa espécie, dentro do SUS, as transferências previstas pelo Decreto nº 1.232/1994, cujo art. 1º assim dispõe:

> Art. 1º Os recursos do Orçamento da Seguridade Social alocados ao Fundo Nacional de Saúde e destinados à cobertura dos serviços e ações de saúde a serem implementados pelos Estados, Distrito Federal e Municípios serão a estes transferidos, obedecida a programação financeira do Tesouro Nacional, *independentemente de convênio ou instrumento congênere* e segundo critérios, valores e parâmetros de cobertura assistencial, de acordo com a Lei nº 8.080, de 19 de setembro de 1990, e exigências contidas neste Decreto. (grifou-se)

Por outro lado, também podem ser realizadas transferências *voluntárias*. De acordo com o dispositivo, *a contrario sensu*, dependem de convênio ou instrumento congênere para serem efetivadas. Tal espécie está prevista na Lei Complementar nº 101, de 4 de maio de 2000, também conhecida como Lei de Responsabilidade Fiscal (LRF), que as define como "a entrega de recursos correntes ou de capital a outro ente da Federação, a título de cooperação, auxílio ou assistência financeira, que não decorra de determinação constitucional, legal ou os destinados ao Sistema Único de Saúde" (art. 25, *caput*). Como exemplo dessa modalidade de transferência de recursos, pode-se citar um repasse da União para o Município de São Paulo para que este construa um hospital público, em decorrência de convênio assinado entre a municipalidade e o Ministério da Saúde.

Portanto, tendo-se em vista o federalismo cooperativo existente atualmente em nosso país, vemos no setor de saúde um sistema cujo financiamento é realizado em conjunto pelos três entes da federação, os quais transferem entre si recursos para viabilizar a execução das ações e serviços públicos de saúde, por meio de transferências, que podem ser obrigatórias ou voluntárias.

4 Planejamento e gestão

Os aspectos financeiros da gestão na área da saúde, como se pode notar, são bastante complexos, especialmente por envolver todos os entes federados, em um exemplo de federalismo cooperativo, com compartilhamento de recursos financeiros, materiais e humanos.

Uma boa gestão não prescinde de um sistema de planejamento bem elaborado e organizado, sem o que há desperdício de recursos de toda ordem e ineficiência na ação.

O setor de saúde mostra-se avançado neste aspecto, e destacam-se medidas no sentido de conferir uma ação planejada para os gastos de saúde, especialmente a partir da elaboração do Plano Nacional de Saúde 2004-2007, aprovado e publicado em dezembro de 2004. Criou-se o denominado PlanejaSUS – Sistema de Planejamento do SUS,[5] a partir de discussões promovidas pelo Ministério da Saúde, que organizou discussões e debates com a participação dos secretários estaduais e municipais de saúde, por meio dos respectivos conselhos (Conass e Conasems), resultando em documentos fundamentais para subsidiar a produção normativa que organiza o setor.[6]

No aspecto financeiro, ora destacado neste texto, o planejamento de políticas públicas em regime cooperativo tende a ser mais difícil de se operacionalizar, uma vez que os orçamentos públicos e o planejamento financeiro a eles relacionado são organizados por ente federado.

Cada um dos entes da federação tem seu orçamento, veiculado por meio da Lei Orçamentária Anual (LOA), que atualmente integra um sistema de planejamento financeiro governamental que abrange mais duas outras leis: a Lei de Diretrizes Orçamentárias (LDO) e o Plano Plurianual (PPA).

O Plano Plurianual, previsto no art. 165, §1º da Constituição, prevê as metas e diretrizes da Administração Pública para o período de quatro anos, sendo a norma mais relevante em matéria de planejamento de prazo mais longo, estabelecendo

---

[5] Concebido como "a atuação contínua, articulada, integrada e solidária das áreas de planejamento das três esferas de gestão do SUS" (BRASIL. Ministério da Saúde. *Sistema de planejamento do SUS*, p. 27).

[6] BRASIL. Ministério da Saúde. *Sistema de planejamento do SUS*, p. 9-10.

as regras para um período de médio prazo. Deverão, pois, as ações e serviços públicos de saúde que envolvam despesas de capital e dela decorrentes, bem como programas de duração continuada, estarem nele contemplados, em cada ente da federação. Além disso, os gastos no setor deverão, ano a ano, constar nos respectivos orçamentos públicos, autorizando-se assim as despesas de forma a permitir a continuidade na prestação dos serviços e implementação dos programas do setor.

Da mesma forma, as Leis de Diretrizes Orçamentárias anuais deverão, a cada exercício financeiro, estabelecer, de forma compatível com o Plano Plurianual em vigor, as diretrizes e metas da administração pública do ente federado na área da saúde para o exercício financeiro subsequente, orientando a elaboração da Lei Orçamentária Anual, que deverá contemplar os programas específicos para a o setor sanitário, com seus respectivos objetivos, resultados e metas, a serem cumpridos pela respectiva unidade federativa.

No entanto, vê-se que, pelas próprias características do setor, bem como pelas disposições constitucionais que organizam o setor sanitário em nosso país, as ações e serviços públicos de saúde formam um sistema único, que abrange todos os entes da federação, devendo agir de forma harmônica e coerente.

A gestão e o planejamento, por conseguinte, não podem se restringir ao ente federado, evidenciando a inaplicabilidade de um sistema jurídico de planejamento que seja fundado unicamente em leis próprias de cada unidade da federação.

A Lei nº 8.080, de 1991, que organiza o funcionamento dos serviços de saúde dispõe, nos artigos 36 a 38, sobre o planejamento e orçamento do SUS, em caráter nacional, o que permite sistematizar, de forma coesa, o planejamento financeiro de todo o sistema, de modo a integrar os entes da federação em torno dos objetivos comuns do setor. O mesmo diploma legal, em seu artigo 16, atribui à direção nacional do SUS a responsabilidade de elaborar o planejamento estratégico nacional do sistema, em cooperação com os demais entes federados. E o art. 30 da Lei Complementar nº 141, de 2012, prevê que "os planos plurianuais, as leis de diretrizes orçamentárias, as leis orçamentárias e os planos de aplicação dos recursos dos fundos de saúde da União, dos Estados, do Distrito Federal e dos Municípios serão elaborados de modo a dar cumprimento ao disposto nesta Lei Complementar". Há, portanto, nessa hipótese, um claro caso de planejamento orçamentário setorial de caráter nacional, o que, nesta hipótese, é fundamental para garantir o funcionamento de um sistema que se propõe a ser único, institucionalizando um conjunto de políticas públicas no âmbito de nosso federalismo cooperativo de forma eficiente.

Releva notar que o referido artigo 36 da Lei nº 8.080/1991 estabelece que esse planejamento será "ascendente, do nível local até o federal, ouvidos seus órgãos deliberativos, compatibilizando-se as necessidades da política de saúde com a disponibilidade de recursos em planos de saúde dos municípios, dos estados, do Distrito Federal e da União". Uma forma moderna de democratizar a eleição das prioridades no âmbito da saúde, por meio de técnica orçamentária do tipo "bottom-up", dando-se atenção diferenciada à esfera de governo local, cuja proximidade da população é maior, e mais capaz de entender as necessidades locais. Trata-se de medida de especial relevância na área da saúde, em que as especificidades das necessidades públicas são bastante peculiares em matéria territorial, tornando mais adequada e eficiente a prestação dos serviços se compatibilizados com as necessidades locais.

A descentralização das políticas públicas na área da saúde, que deve se refletir no planejamento do setor, é particularmente relevante e fundamental para promover um serviço público mais eficiente, com maior transparência e controle, e segue as diretrizes constitucionais estabelecidas para o Sistema Único de Saúde, que organiza o setor e se consolidou a partir da década de 1990. Nessa linha, destacam-se os instrumentos do PDR (Plano Diretor de Regionalização), PDI (Plano Diretor de Investimento) e PPI (Programação Pactuada e Integrada). Tem como aspecto relevante a fixação das responsabilidades de cada um dos entes federados, de modo a deixar claras as respectivas atribuições, sem o que não se consegue implementar políticas públicas em regime de cooperação, como é o caso da saúde.

O planejamento na área da saúde prevê mecanismos de impor uma ação planejada e transparente aos demais entes federados, exigindo que cada um deles tenha seu plano de saúde, que deverá estar contemplado no orçamento respectivo, e as transferências intergovernamentais dos recursos do Fundo Nacional de Saúde ficam vinculadas à existência dos referidos planos (Lei nº 8.142, de 1990, art. 4º, e Lei Complementar nº 141, de 2012, art. 22, parágrafo único, II).

Nas prioridades do sistema de planejamento do SUS, destacam-se a adoção das necessidades de saúde da população como critério para o processo de planejamento; a integração dos instrumentos de planejamento; o fortalecimento do PlanejaSUS como processo de planejamento, com monitoramento e avaliação; a adoção de instrumentos de planejamento, como planos, relatórios e programações, adotados pelas três esferas de gestão; e a cooperação entre as três esferas de gestão.[7]

Vê-se haver, no aspecto jurídico, um bem construído sistema de planejamento financeiro para o setor de saúde, o que é o primeiro e mais relevante passo no sentido de implementar o Sistema Único de Saúde previsto em nossa Constituição. Sendo recentes as normas que organizam o setor, há que se cuidar da observância e fiel cumprimento desse sistema, a fim de que a efetiva execução não venha a destoar do que estabelece o ordenamento jurídico em matéria de saúde.

5 Judicialização

A complexidade em organizar as finanças na área da saúde tem sido ainda aumentada pela forte interferência do Poder Judiciário.

---

[7] Portaria do Ministério da Saúde nº 399, de 2006.

Este tem decidido, de forma cada vez mais frequente, pela obrigatoriedade no fornecimento de medicamentos e tratamentos muitas vezes caros a serem custeados pelos cofres públicos, os quais, muitas vezes, sequer são vendidos no país. Isso tem demandado esforço redobrado dos gestores para realocar recursos orçamentários, alterando toda a programação financeira dos entes federados, a qual é determinada anualmente e não deveria, em princípio, sofrer tantas influências judiciais.

Esse fenômeno adquiriu tamanha magnitude que motivou a realização de audiência pública pelo Supremo Tribunal Federal no ano de 2009 para debater o tema, que é por demais complexo, razão pela qual não se pretende exauri-lo nesta oportunidade, porém entendem-se oportunas algumas considerações a respeito.

Com efeito, a quantidade de decisões judiciais concedendo medicamentos e tratamentos tem aumentado de maneira significativa nos últimos anos. A partir de dados fornecidos pela Consultoria Jurídica do Ministério da Saúde (CONJUR/MS), órgão da Advocacia-Geral da União (AGU) responsável pelo assessoramento jurídico da pasta, houve um incremento claro na quantidade de aquisições realizadas diretamente pelo mencionado Ministério. Para se ter uma ideia, enquanto no ano de 2002 foi realizada apenas uma compra de remédio, no ano de 2011 esse número saltou para 1.931 aquisições.[8]

O volume de recursos públicos destinados ao atendimento dessas decisões judiciais também acompanhou o crescimento da judicialização da área: de R$2,4 milhões destinados no ano de 2005 chegou-se à cifra de aproximadamente R$244 milhões no exercício de 2011.[9] Em outras palavras, um aumento de 100 vezes nesse período.

Apesar de tais dados se referirem apenas à União, os Estados e Municípios também passaram a ser cada vez mais obrigados pelo Judiciário ao fornecimento de remédios e tratamentos.

A despeito de se mostrar por vezes necessária, o fato é que a judicialização está virando regra e dificulta a execução do orçamento anteriormente planejado, exigindo o uso de créditos adicionais[10] e outros instrumentos financeiros para reforçar as dotações orçamentárias do setor, alterando o orçamento inicialmente aprovado.

Portanto, a judicialização é fator que atualmente contribui para a complexidade de qualquer análise da saúde pública, inclusive por obrigar, muitas vezes, que seja revista a programação financeira anteriormente feita para o setor.

---

[8] BRASIL. Ministério da Saúde. *Intervenção judicial na saúde pública*: panorama no âmbito da justiça federal e apontamentos na seara das justiças estaduais. Disponível em: <http://portalsaude.saude.gov.br/portalsaude/arquivos/Panorama.pdf>. Acesso em: 20 jun. 2013.

[9] *Ibidem*.

[10] De acordo com a Lei nº 4.320/1964, "são créditos adicionais as autorizações de despesa não computadas ou insuficientemente dotadas na Lei de Orçamento" (art. 40), podendo ser suplementares, especiais ou extraordinários.

6 Síntese conclusiva

Conforme visto, a saúde é área social reconhecida como essencial para o desenvolvimento humano, porém não tem logrado receber a atenção que merece dos três entes da federação, conforme exposto no início deste escrito.

Ademais, o avanço da Medicina, nas últimas décadas, resultou, dentre outras coisas, em tratamentos e medicamentos, os quais, a par de serem mais efetivos na cura de doenças, passaram a apresentar um custo cada vez mais elevado. Isso acarretou um aumento considerável no custo da saúde como um todo, tanto para o setor privado quanto para o público.

Em relação ao último, que foi objeto do presente estudo, tal fato é inegável, inclusive em face da demonstrada previsão de gastos do Ministério da Saúde (MS) para o ano de 2014, cujo montante é superior a R$100 bilhões.

Outra característica da saúde pública em nosso país, além de envolver valores expressivos, é a sua notável complexidade de gestão.

As causas dessa complexidade são muitas. A primeira delas é a concentração de recursos para a área na União, uma vez que as contribuições sociais por ela arrecadadas são a sua maior fonte de financiamento.

Apesar da concentração de recursos na esfera federal, a Constituição atribuiu competências para a prestação das ações e serviços públicos de saúde também para Estados e Municípios.

Outro aspecto da questão é a competência comum entre os entes da federação para a prestação do serviço público de saúde. Com efeito, não existe, muitas vezes, uma distinção muito clara entre as atribuições de cada um deles, o que também causa certa confusão institucional.

Por último, outro fator tem influenciado cada vez mais fortemente o financiamento das políticas públicas de uma maneira geral: a judicialização. Quanto a esta, é inegável que, apesar de ser constatada também em relação aos demais direitos sociais, é na área da saúde que ela se verifica de maneira mais intensa.

Com efeito, são cada vez mais frequentes as condenações judiciais dos entes públicos ao fornecimento de medicamentos e de tratamentos de saúde. Em face do elevado número de demandas e dos valores das providências concedidas, o impacto no orçamento da saúde pública também tem sido muito alto, levando a uma alteração da programação financeira estabelecida anteriormente para os órgãos envolvidos na saúde pública.

Ao final, pode-se concluir que é imprescindível uma boa gestão deste complexo sistema de saúde pública, para que o direito à saúde previsto na Constituição seja efetivo. Tanto quanto recursos financeiros, o setor público necessita é de uma administração mais eficiente, a qual somente poderá ser alcançada com estudos, planejamento e medidas que não olhem apenas para o hoje, mas que visem principalmente ao médio e longo prazos.

Referências

BALEEIRO, Aliomar. *Uma introdução à ciência das finanças*. 18. ed. atual. Rio de Janeiro: Forense, 2012.

BLIACHERIENE, Ana Carla; SANTOS, José Sebastião (Orgs.). *Direito à vida e à saúde*: impactos orçamentário e judicial. São Paulo: Atlas, 2010.

BRASIL. Conselho Nacional de Secretários de Saúde. *Coleção para entender a gestão do SUS 2011*. a: Ministério da Saúde, 2011. Disponível em: <http://www.conass.org.br/index.php?option=com_content&view=article&id=51:entendendo-a-gestao-do-sus-2011&catid=19:entendendo-a-gestao-do-sus-2011&Itemid=21>. Acesso em: 16 set. 2012.

BRASIL. Ministério da Saúde. *Gestão financeira do sistema único de saúde*: manual básico. Brasília: Ministério da Saúde, 2003. Disponível em: <http://siops-homologa.datasus.gov.br/Documentacao/Manual%20FNS.pdf>. Acesso em: 08 set. 2011.

BRASIL. Ministério da Saúde. *Manual de auditoria na gestão dos recursos financeiros do SUS*. Ministério da Saúde, 2004. Disponível em: <http://sna.saude.gov.br/download/Manual%20Recurso%20%20Financeiro_2004-jul.pdf>. Acesso em: 21 jan. 2012.

BRASIL. Ministério da Saúde. *Histórico da EC 29*. Disponível em: <http://www.portalfne.com.br/downloads/documentacao/historico-da-ec-29.pdf>. Acesso em: 18 set. 2012.

BRASIL. Supremo Tribunal Federal. *A Constituição e o Supremo*. 4. ed. Brasília: Supremo Tribunal Federal, 2011. Disponível em: <http://www.stf.jus.br/arquivo/cms/publicacaoLegislacaoAnotada/anexo/Completo.pdf>. Acesso em: 12 out. 2012.

CONTI, José Mauricio. *Federalismo fiscal e fundos de participação*. São Paulo: Juarez de Oliveira, 2001.

CONTI, José Mauricio. *Saúde não precisa só de dinheiro, mas de boa gestão*. Disponível em: <www.conjur.com.br/2013-out-22/contas-vista-saude-nao-dinheiro-boa-gestao>. Acesso em: 22 out. 2013.

CONTI, José Mauricio (Coord.). *Orçamentos públicos*: a Lei 4.320/1964 comentada. 3. ed. São Paulo: Revista dos Tribunais, 2014.

CONTI, José Mauricio (Coord.). *Federalismo fiscal*. Barueri: Manole, 2004.

CONTI, José Mauricio; SCAFF, Fernando F. (Coords.). *Orçamentos públicos e direito financeiro*. São Paulo: Revista dos Tribunais, 2011.

CONTI, José Mauricio; SCAFF, Fernando F.; BRAGA, Carlos Eduardo F. (Coords.). *Federalismo fiscal*: questões contemporâneas. Florianópolis: Conceito Editorial, 2010.

CRUZ, Flávio da (Coord.). *Lei de responsabilidade fiscal comentada*: Lei complementar n. 101, de 4 de maio de 2000. São Paulo: Atlas, 2011.

DALLARI, Dalmo de Abreu. *Elementos de teoria geral do Estado*. São Paulo: Saraiva, 2013.

DI PIETRO, Maria Sylvia Zanella. *Direito administrativo*. 24. ed. São Paulo: Atlas, 2011.

GIACOMONI, James. *Orçamento público*. 15. ed. São Paulo: Atlas, 2010.

HARADA, Kyoshi. *Direito financeiro e tributário*. 19. ed. São Paulo: Atlas, 2010.

HOLMES, Stephen; SUNSTEIN, Cass. *The cost of rights*: why liberty depends on taxes. New York: W. W. Norton & Company, 2010.

MARTINS, Ives G. S.; NASCIMENTO, Carlos V. (Coords.). *Comentários à Lei de responsabilidade fiscal*. 5. ed. São Paulo: Saraiva, 2011.

MEIRELLES, Hely Lopes. *Direito administrativo brasileiro*. 36. ed. São Paulo: Malheiros, 2010.

OLIVEIRA, Regis Fernandes de. *Curso de direito financeiro*. 5. ed. São Paulo: Revista dos Tribunais, 2013.

SCAFF, Fernando F.; CONTI, José Mauricio (Coords.). *Lei de responsabilidade fiscal*: 10 anos de vigência – questões atuais. Florianópolis: Conceito Editorial, 2010.

SERRANO, Mônica de Almeida Magalhães. *O Sistema Único de Saúde e suas diretrizes constitucionais*. São Paulo: Verbatim, 2009.

SILVA, José Afonso da. *Curso de direito constitucional positivo*. 34. ed. São Paulo: Malheiros, 2011.

TORRES, Ricardo Lobo. *Curso de direito financeiro e tributário*. 18. ed. Rio de Janeiro: Renovar, 2011.

TORRES, Ricardo Lobo. *Tratado de direito constitucional financeiro e tributário*. 3. ed. Rio de Janeiro: Renovar, 2008. v. V – O Orçamento na Constituição.

VIANA, Ana Luiza D'Ávila; LIMA, Luciana Dias de. OLIVEIRA, Roberta Gondim de. *Descentralização e federalismo*: a política de saúde em novo contexto – lições do caso brasileiro. Disponível em: <http://www.scielo.br/pdf/%0D/csc/v7n3/13027.pdf>. Acesso em: 18 set. 2012.

Informação bibliográfica deste texto, conforme a NBR 6023:2002 da Associação Brasileira de Normas Técnicas (ABNT):

CONTI, José Maurício; SANTOS, Ricart César Coelho dos. A saúde pública no Brasil: breve análise de suas complexidades à luz do Direito Financeiro. In: COPETTI NETO, Alfredo; LEITE, George Salomão; LEITE, Glauco Salomão. *Dilemas na Constituição*. Belo Horizonte: Fórum, 2017. p. 389-400. ISBN 978-85-450-0236-9.

OS DILEMAS DA PROTEÇÃO AO TRABALHO E DO COMBATE ÀS DESIGUALDADES SOCIAIS NA CONSTITUIÇÃO DE 1988

Gilberto Bercovici

A escola de pensamento formada pela CEPAL (*Comisión Económica para América Latina*) foi, talvez, a única corrente teórica que conseguiu, efetivamente, perceber a especificidade da periferia latino-americana. Não por acaso, o desenvolvimentismo da periferia nasceu no mesmo berço que produziu o keynesianismo no centro. Exatamente por estar vinculada à industrialização e às transformações estruturais, a apropriação das ideias keynesianas pelos desenvolvimentistas latino-americanos, como Raúl Prebisch e Celso Furtado, irá associar o keynesianismo a uma posição muito mais emancipatória e progressista do que a preponderante no centro do sistema. Deste modo, a CEPAL percebeu que é, justamente, a condição do Estado latino-americano como Estado periférico que exige que ele seja algo mais do que o Estado Social tradicional. A estrutura do Estado Social europeu e as intervenções keynesianas na economia são insuficientes para a atuação do Estado na América Latina. A teoria de Keynes valoriza, também, os centros nacionais de decisão para a obtenção do pleno emprego. Entretanto, se a luta contra o desemprego exige a atuação do Estado, esta é muito mais necessária para promover as modificações estruturais necessárias para a superação do subdesenvolvimento. O papel do Estado na América Latina deve ser muito mais amplo e profundo do que nos países centrais.[1]

O Estado brasileiro constituído após a Revolução de 1930 é um Estado estruturalmente heterogêneo e contraditório. É um Estado Social sem nunca ter conseguido instaurar uma sociedade de bem-estar: moderno e avançado em determinados setores da economia, mas tradicional e repressor em boa parte das questões sociais. Entretanto, apesar das contradições e limitações estruturais, é um Estado que, para Celso Furtado, poderia terminar o projeto de formação nacional, ultrapassando a barreira do subdesenvolvimento. A falta de integração social, econômica e política das sociedades latino-americanas continua exigindo, assim, uma decisiva atuação do Estado.[2]

---

[1] FURTADO, Celso. *Introdução ao desenvolvimento:* enfoque histórico-estrutural. 3. ed. Rio de Janeiro: Paz e Terra, 2000. p. 31-32; GURRIERI, Adolfo. Vigencia del estado planificador en la crisis actual. *Revista de la CEPAL*, n. 31, p. 204-205, 211, abr. 1987; OLIVEIRA, Francisco de. O ornitorrinco. In: OLIVEIRA, Francisco de. *Crítica à razão dualista:* o ornitorrinco. São Paulo: Boitempo Editorial, 2003. p. 125-128 e BELLUZZO, Luiz Gonzaga de Mello. *Ensaios sobre o capitalismo no século XX*. São Paulo/Campinas: Edunesp/Instituto de Economia da Unicamp, 2004. p. 38-39.

[2] Cf. OLIVEIRA, Francisco de. Viagem ao olho do furacão: Celso Furtado e o desafio do pensamento autoritário brasileiro. *Novos Estudos*, n. 48, p. 15-19, jul. 1997. Vide, ainda, FURTADO, Celso. *Brasil*: a construção interrompida. 2. ed. Rio de Janeiro: Paz e Terra, 1992. p. 11-13, 24-25, 28-35 e GURRIERI, Adolfo. Vigencia del Estado planificador en la crisis actual. *Op. cit.*, p. 213-214.

O alerta que deve ser feito é o dos limites e possibilidades do Estado latino-americano. O problema está no fato de que a CEPAL acertou a agenda que os Estados latino-americanos deveriam implementar. Os seus formuladores só não previram se o Estado periférico poderia efetivar todas aquelas tarefas. No caso brasileiro, por exemplo, o Estado nunca foi propriamente keynesiano, muito menos socialdemocrata, mas estendeu sua presença para quase todos os setores econômicos e sociais. Foi um Estado forte para disciplinar o trabalho e a cidadania, mas fraco perante o poder econômico privado. Por isto, sempre foi obrigado a promover uma "fuga para frente", pelos caminhos de menor resistência, criando uma estrutura industrial desenvolvida, mas sem autonomia tecnológica e sustentação financeira.[3]

Afinal, o problema central é o fato de que a soberania do Estado brasileiro, ou de qualquer Estado latino-americano, como soberania de um Estado periférico é uma "soberania bloqueada", ou seja, enfrenta severas restrições externas e internas que a impedem de se manifestar em toda a sua plenitude.

Não podemos esquecer que o subdesenvolvimento, em suas raízes, é um fenômeno de dominação. O subdesenvolvimento é um processo histórico autônomo, não uma etapa pela qual, necessariamente, os países desenvolvidos passaram. Segundo Celso Furtado, ele é a manifestação de complexas relações de dominação entre os povos e que tende a perpetuar-se. Deste modo, é fundamental ter consciência da dimensão política do subdesenvolvimento. O que houve nos países periféricos foi a modernização, sem nenhuma ruptura com as estruturas socioeconômicas, mantendo-se a reprodução do subdesenvolvimento. Não existe uma tendência à passagem automática da periferia para o centro do sistema econômico capitalista. Pelo contrário, a única tendência visível é a da continuidade do subdesenvolvimento dos países periféricos. Portanto, o esforço para superar o subdesenvolvimento requer um projeto político apoiado por vários setores sociais, pois se trata da superação de um impasse histórico.[4]

Para a superação do subdesenvolvimento é necessário um Estado nacional forte e democrático, com o objetivo de incluir a população na cidadania política e social. Portanto, a partir deste debate sobre o papel do Estado, é possível afirmar que a garantia da existência digna por meio da homogeneização social[5] está, também, diretamente vinculada à democracia. Afinal, com a falta de homogeneidade social,

---

[3] GURRIERI, Adolfo. Vigencia del estado planificador en la crisis actual. *Op. cit.*, p. 205 e FIORI, José Luís. Para uma economia política do Estado brasileiro. In: FIORI, José Luís. *Em busca do dissenso perdido*: ensaios críticos sobre a festejada crise do Estado. Rio de Janeiro: Insight, 1995. p. 149-151.

[4] FURTADO, Celso. *Teoria e política do desenvolvimento econômico*. 10. ed. Rio de Janeiro: Paz e Terra, 2000. p. 152-153, 197, 203, 207 e 265; FURTADO, Celso. *Brasil*: a construção interrompida. *Op. cit.*, p. 37-45, 57, 74-75 e FURTADO, Celso. *Em busca de novo modelo*: reflexões sobre a crise contemporânea. Rio de Janeiro: Paz e Terra, 2002. p. 8-9, 35-36.

[5] Na definição de Celso Furtado: "O conceito de homogeneização social não se refere à uniformização dos padrões de vida, e sim a que os membros de uma sociedade satisfazem de forma apropriada as necessidades de alimentação, vestuário, moradia, acesso à educação e ao lazer e a um mínimo de bens culturais". FURTADO, Celso. *Brasil*: a construção interrompida. *Op. cit.*, p. 38.

inúmeros setores da população já não mais se identificam na política e no Estado. A cidadania, assim, não se limita aos direitos de participação política, inclui, também, os direitos individuais e, fundamentalmente, os direitos sociais. A ideia de integração na sociedade é fundamental para a cidadania, o que não ocorre em países como o Brasil. A igualação das condições sociais de vida, assim, está intrinsecamente ligada à consolidação e ampliação da democracia, para não dizer que é essencial para sua legitimidade, permanência e futuro como forma política.

Dado, portanto, o caráter de dominação do fenômeno do subdesenvolvimento, a passagem do subdesenvolvimento para o desenvolvimento só pode ocorrer em processo de ruptura com o sistema, internamente e com o exterior. Deste modo, é necessária uma política deliberada de desenvolvimento, em que se garanta tanto o desenvolvimento econômico como o desenvolvimento social, que são interdependentes, não há um sem o outro. O desenvolvimento só pode ocorrer com a transformação das estruturas sociais, o que faz com que o Estado Desenvolvimentista precise ser um Estado mais capacitado e estruturado que o Estado Social tradicional. E não é o fato de não termos tido, no Brasil, um Estado de Bem-Estar Social pleno que nos impede de construir um Estado que possa, finalmente, superar a barreira do subdesenvolvimento.

O desenvolvimento, como afirma Celso Furtado, é um processo global, que envolve a transformação da sociedade, não se limitando a buscar compreender o processo de acumulação e de ampliação da capacidade produtiva, mas também o processo de apropriação do excedente e seus impactos na divisão social do trabalho e na estratificação e dominação sociais.[6]

O Direito Econômico é dotado de racionalidade essencialmente macroeconômica, pois trata da ordenação dos processos econômicos ou da organização jurídica dos espaços de acumulação. Deste modo, atua de maneira direta nas questões referentes à estratificação social. O Direito Econômico tem como objeto, assim, também as formas e meios de apropriação do excedente, seus reflexos na organização da dominação social e as possibilidades de redução ou ampliação das desigualdades. A preocupação com a geração, disputa, apropriação e destinação do excedente é o que diferencia o Direito Econômico de outras disciplinas jurídicas que também regulam comportamentos econômicos. A possibilidade de análise das estruturas sociais que o Direito Econômico possui decorre justamente desta característica.[7]

Neste sentido, de chamar a atenção para o conflito social, o Direito Econômico, ao instrumentalizar a política econômica do Estado, envolve também todas as medidas que situam o trabalho no âmbito desta política econômica.[8] O arco

---

[6] FURTADO, Celso. *Introdução ao desenvolvimento*. Op. cit., p. 8, 22 e 30.
[7] BERCOVICI, Gilberto; MASSONETTO, Luís Fernando. Limites da regulação: esboço para uma crítica metodológica do "Novo direito público da economia". *Revista de Direito Público da Economia*, n. 25, p. 143-146, jan./mar. 2009.
[8] SOUZA, Washington Peluso Albino de. *Direito econômico do trabalho*. Belo Horizonte: Fundação Brasileira de Direito Econômico, 1985. p. 3-10, 36-45.

dessas medidas vai da garantia do direito ao trabalho à estruturação do mercado de trabalho, passando, inclusive, até pela regulamentação das várias profissões.[9] O trabalho está vinculado às várias etapas do processo de acumulação capitalista, como a produção, a circulação (trabalho como mercadoria), a repartição (política salarial), o consumo (política salarial, política de crédito e política de preços), além de ser um dos fundamentos da própria atuação do Estado na esfera econômica (direito ao trabalho e pleno emprego).[10]

O valor social do trabalho é um dos fundamentos da República (art. 1º, IV) e da ordem econômica constitucional (art. 170, *caput*),[11] inserido no contexto de proposta de estruturação de uma sociedade de bem-estar da Constituição de 1988. A livre-iniciativa, portanto, como toda liberdade pública, é relativa. O bem-estar econômico geral, a busca da igualdade material e do pleno emprego a limitam. Afirmar, como vários autores brasileiros fazem, que a livre-iniciativa privada é a regra, e os demais vínculos sociais constitucionalmente estabelecidos são a exceção, não passa de um jogo de palavras sem consistência teórica, fruto da tentativa de impor determinadas ideologias. A partir do momento em que a livre-iniciativa é reconhecida constitucionalmente, e, repita-se, o reconhecimento constitucional foi ao valor social da livre-iniciativa, ela está condicionada pelos fins e objetivos coletivos.[12]

A previsão do valor social da livre-iniciativa como fundamento da ordem econômica constitucional significa que a livre-iniciativa não é garantida em termos absolutos, mas como atividade que contribui para o progresso da sociedade. Por mais ampla que seja a concepção de "valor social", o significado mínimo diz respeito a algo não individualista. A iniciativa privada é limitada e suscetível de ser vinculada positivamente na direção da utilidade social, em uma perspectiva não individualista, suficiente para excluir a visão atomística idealizada dos agentes econômicos eficientes e racionais das teorias econômicas neoclássicas. O fato de o valor social da livre-iniciativa estar previsto como fundamento da República e da ordem econômica constitucional prescreve o objetivo de satisfação dos interesses econômicos gerais, não exclusivamente os individuais, com preferência aos setores tradicionalmente em desvantagem (como trabalhadores, pequenos proprietários, pequenos empresários, cooperados, etc.) nos confrontos econômicos com grupos mais privilegiados. O valor social da livre-iniciativa condiciona os detentores

---

[9] Este tema tem grande destaque na doutrina do Direito Econômico alemão. Vide, por exemplo, HUBER, Ernst Rudolf. *Wirtschaftsverwaltungsrecht*. 2. ed. Tübingen: J. C. B. Mohr (Paul Siebeck), 1954. v. 2, p. 355-415; PITSCHAS, Rainer. Recht der Freien Berufe. In: SCHMIDT, Reiner (Org.). *Öffentliches Wirtschaftsrecht*: Besonderer Teil 2. Berlin/Heidelberg/New York: Springer Verlag, 1996. p. 1-126; VOLLMÖLLER, Thomas. Gewerberecht. In: SCHMIDT, Reiner; VOLLMÖLLER, Thomas (Orgs.). *Kompendium Öffentliches Wirtschaftsrecht*. 3. ed. Berlin/Heidelberg/New York: Springer Verlag, 2007. p. 271-304.
[10] SOUZA, Washington Peluso Albino de. *Direito econômico do trabalho*. Op. cit., p. 91-118.
[11] COMPARATO, Fábio Konder. Ordem econômica na Constituição Brasileira de 1988. *Revista de Direito Público*, n. 93, p. 269-270, jan./mar. 1990.
[12] VIGORITA, Vincenzo Spagnuolo. L'iniziativa economica privata nel diritto pubblico. In: VIGORITA, Vincenzo Spagnuolo. *Opere Giuridiche 1954-1994*. Napoli: Editoriale Scientifica, 2001. v. I, p. 193-207.

de privilégios e poder econômico à conformidade com o interesse coletivo, legitimando a atuação do Estado na execução das diretrizes constitucionais.[13]

O valor social do trabalho, inclusive, tem uma relevância constitucional muito mais ampla do que a livre-iniciativa. A proteção ao trabalho está presente em uma série de dispositivos constitucionais, dos direitos fundamentais (artigos 6º a 11) à ordem econômica (artigos 170, VIII, e 186, III, por exemplo), entre vários outros. A garantia da propriedade está condicionada ao cumprimento da sua função social (artigos 5º, XXIII, e 170, III), do mesmo modo que a livre-iniciativa em geral, e a iniciativa econômica privada em particular, deve atender ao seu valor social.[14]

No tocante ao respeito à legislação trabalhista, deve ser ressaltada a importância da valorização do trabalho humano, como corolário da dignidade da pessoa humana, como fundamento da ordem econômica constitucional (artigo 170, *caput*) e do valor social do trabalho como fundamento da República (artigo 1º, IV).[15] A República Federativa do Brasil está fundada, entre outros, na dignidade da pessoa humana e no valor social do trabalho. A proteção constitucional da propriedade só pode se realizar enquanto respeitadora e garantidora desses fundamentos. Propriedade na qual não se respeita a legislação trabalhista, ou na qual se atenta, na exploração da mão de obra, contra a dignidade da pessoa humana, como no caso da propriedade rural em que se emprega o inadmissível trabalho escravo, não tem proteção constitucional, pois não cumpre com sua função social (artigo 186, III e IV). Aliás, o combate ao trabalho escravo é extremamente relevante, não apenas para coibir tal prática, como para poder pôr em prática o disposto no artigo 243 da Constituição de 1988.[16]

O mercado de trabalho envolve a regulamentação das condições de acumulação, como salário, direitos trabalhistas e jornada de trabalho. A construção deste mercado de trabalho revelou-se uma complexa tarefa do Estado brasileiro, que só conseguiu uniformizar o mercado de trabalho na década de 1930.[17] A

---

[13] VIGORITA, Vincenzo Spagnuolo. L'iniziativa economica privata nel diritto pubblico, *Op. cit.*, p. 54-58, 227-253; GALGANO, Francesco. La libertà di iniziativa economica privata nel sistema delle libertà costituzionali. In: GALGANO, Francesco (Coord.). *Trattato di diritto commerciale e di diritto pubblico dell'economia*. Padova: Cedam, 1977. v. 1, p. 511-514; GRAU, Eros Roberto. *A ordem econômica na Constituição de 1988 (Interpretação e Crítica)*. 12. ed. São Paulo: Malheiros, 2007. p. 200-201, 212-213 e BERCOVICI, Gilberto. Os princípios estruturantes e o papel do estado. In: CARDOSO JR., José Celso (Org.). *A constituição brasileira de 1988 revisitada*: recuperação histórica e desafios atuais das políticas públicas nas áreas econômica e social. Brasília: Ipea, 2009. v. 1, p. 258-259.

[14] VIGORITA, Vincenzo Spagnuolo. L'iniziativa economica privata nel diritto pubblico, *Op. cit.*, p. 103 e GRAU, Eros Roberto. *A ordem econômica na Constituição de 1988. Op. cit.*, p. 198-200, 220-224, 252-253.

[15] Vide GRAU, Eros Roberto. *A ordem econômica na Constituição de 1988. Op. cit.*, p. 198-200.

[16] Artigo 243 da Constituição (redação alterada pela Emenda Constitucional nº 81, de 05 de junho de 2014): "As propriedades rurais e urbanas de qualquer região do País onde forem localizadas culturas ilegais de plantas psicotrópicas ou a exploração de trabalho escravo na forma da lei serão expropriadas e destinadas à reforma agrária e a programas de habitação popular, sem qualquer indenização ao proprietário e sem prejuízo de outras sanções previstas em lei, observado, no que couber, o disposto no art. 5º. Parágrafo único. Todo e qualquer bem de valor econômico apreendido em decorrência do tráfico ilícito de entorpecentes e drogas afins e da exploração de trabalho escravo será confiscado e reverterá a fundo especial com destinação específica, na forma da lei".

[17] Vide, por todos, ALENCASTRO, Luiz Felipe de. A pré-Revolução de 30". *Novos Estudos*, n. 18, p. 17-21, set. 1987.

política nacional de desenvolvimento iniciada com Getúlio Vargas favoreceu a estruturação do mercado de trabalho nacional, ao menos até a década de 1980. A população assalariada passou de 42% da população economicamente ativa em 1940 para 62,8% em 1980. A partir de 1980, com os programas de ajuste ortodoxos da economia cada vez mais frequentes, praticamente interrompeu-se este processo de estruturação do mercado de trabalho, com maior precarização do trabalho e ampliação do desemprego. A título de exemplo, a população assalariada passou de 62,8% em 1980 para 57,2% da população economicamente ativa em 2000, havendo um início de recuperação lenta a partir de 2003.[18]

No Brasil, no entanto, esta regulamentação do mercado de trabalho nunca foi plenamente universalizada. Deste modo, como afirma Alexandre de Freitas Barbosa, a presença de um setor informal nunca resultou de uma suposta deficiência do nosso capitalismo. Pelo contrário, o setor informal demonstra o caráter segmentado e não universalizante da expansão capitalista no Brasil, comandada por determinados interesses econômicos excludentes de grande parcela da população.[19]

A importância da política salarial para a política econômica é evidente. Trata-se de instrumentos que definem boa parte da qualidade de vida da população, seja por sua parcela assalariada, seja pela que obtenha outros tipos de ganho (por exemplo, o artigo 7º, IV, da Constituição de 1988).[20] Os principais fundos de investimento que financiam o capital no Brasil, inclusive, são provenientes do salário dos trabalhadores, pois se formam a partir de recursos descontados em folha salarial, como o FGTS (Fundo de Garantia por Tempo de Serviço) e o PIS/PASEP (Programa de Integração Social/Programa de Formação do Patrimônio do Servidor Público).[21] A partir da Constituição de 1988 (artigo 239, §1º), o Fundo de Amparo ao Trabalhador (FAT), instituído por meio da Lei nº 7.998, de 11 de janeiro de 1990, passou a ser o maior financiador de longo prazo do país, constituindo cerca de 40% dos recursos administrados pelo BNDES (Banco Nacional de Desenvolvimento Econômico e Social).

De acordo com os dados extraídos do sítio do próprio BNDES na *internet* (www.bndes.gov.br), pode-se perceber a ampliação de atuação do banco no financiamento da economia brasileira. O desembolso anual do Sistema BNDES pulou de quase R$ 47 bilhões em 2005 para quase R$ 188 bilhões em 2014. Destes quase R$ 188 bilhões em financiamentos, R$ 47 bilhões foram destinados à indústria de transformação e R$ 120 bilhões para o comércio e serviços (incluindo-se nesta rubrica os investimentos em infraestrutura, como eletricidade, saneamento,

---

[18] POCHMANN, Marcio. *O emprego no desenvolvimento da nação*. São Paulo: Boitempo, 2008. p. 47-79.
[19] BARBOSA, Alexandre de Freitas. *A formação do mercado de trabalho no Brasil*. São Paulo: Alameda, 2008. p. 286-290. Vide também POCHMANN, Marcio. *O emprego no desenvolvimento da nação. Op. cit.*, p. 195-214.
[20] SOUZA, Washington Peluso Albino de. *Direito econômico do trabalho. Op. cit.*, p. 368-376. Vide, especialmente, BANDEIRA DE MELLO, Celso Antônio. *Eficácia das normas constitucionais e direitos sociais*. São Paulo: Malheiros, 2009.
[21] OLIVEIRA, Francisco de. *O ornitorrinco. Op. cit.*, p. 146-149.

transportes, etc). Outro dado interessante diz respeito ao porte das empresas beneficiadas com o financiamento do BNDES. Em 2014, foram destinados R$ 44 bilhões para as micro e pequenas empresas e R$ 117 bilhões para as grandes empresas.

O BNDESPAR (BNDES Participações) detinha em 2014 ativos (especialmente em ações e debêntures) que perfaziam um total de R$ 77 bilhões. Para além dos valores absolutos, cerca de 83% das companhias listadas no chamado Novo Mercado captaram recursos do BNDES ou do BNDESPAR. A magnitude dos números se repete na análise dos dados dos fundos de pensão (as entidades fechadas de previdência complementar), que respondem por investimentos superiores a R$ 620 bilhões (cerca de 14,7% do PIB brasileiro). Os três maiores fundos de pensão (Previ, dos servidores do Banco do Brasil; Petros, dos servidores da Petrobras, e Funcef, dos servidores da Caixa Econômica Federal) respondem por investimentos de cerca de R$ 280 bilhões.

Vinculado à valorização do trabalho humano, o princípio da busca do pleno emprego (art. 170, VIII) é também, indiretamente, uma garantia para o trabalhador, refletindo efeitos em relação ao direito social ao trabalho (art. 6º da Constituição). O direito ao trabalho consiste em um marco na luta por direitos sociais desde os debates da Revolução de 1848, que terminaram por excluir a previsão do direito ao trabalho do texto constitucional francês,[22] mas não do centro da disputa política e jurídica que irá servir de fundamento para o chamado "constitucionalismo social" do século XX. Em virtude da centralidade da questão do trabalho e do direito ao trabalho neste "constitucionalismo social", Antonio Cantaro, inclusive, o denominará de *costituzioni del lavoro*, cujo ápice se dará com a Constituição da Itália de 1947 e sua proclamação de que "a Itália é uma República democrática fundada sobre o trabalho" (art. 1º da Constituição Italiana),[23] cujo texto correlato na Constituição de 1988 é a proclamação do valor social do trabalho como fundamento da República e da ordem econômica constitucional.

O pleno emprego, no entanto, não é uma regra geral de funcionamento do capitalismo, pelo contrário. O desemprego é parte integrante do processo de desenvolvimento capitalista. No caso brasileiro, a reestruturação produtiva ocorrida a partir dos anos 1990 gerou um grande comprometimento na geração de empregos, ampliando o desemprego. O significado do artigo 170, VIII, assim, adquire ainda maior importância, pois determina a necessidade, inclusive constitucional, de estruturação de um modelo de desenvolvimento que assegure também a inclusão por meio do trabalho.[24]

---

[22] Sobre o debate de 1848, vide HERRERA, Carlos Miguel. Estado, constitución y derechos sociales. *Revista Derecho del Estado*, n. 15, p. 78-80, 2003 e CANTARO, Antonio. *Il secolo lungo*: lavoro e diritti sociali nella storia europea. Roma: Ediesse, 2006. p. 52-54, 151-152.

[23] CANTARO, Antonio. *Il secolo lungo*: lavoro e diritti sociali nella storia europea. Op. cit., p. 54-75, 161-172.

[24] POCHMANN, Marcio. *O emprego no desenvolvimento da nação*. Op. cit., p. 9-46, 65-79.

Neste contexto, a proteção constitucional às micro e pequenas empresas (artigos 170, IX, e 179) também visa a ampliar as ofertas de emprego e possibilidades de inovação deste setor da economia. Segundo Marcio Pochmann, uma política pública voltada às micro e pequenas empresas deve ter como preocupações centrais a democratização do mercado, a inclusão bancária (especialmente o acesso ao crédito), a universalização do acesso aos serviços técnicos necessários e o compromisso com a formalização das relações de trabalho.[25]

O debate sobre a democracia econômica e social vem, mais uma vez, da República de Weimar,[26] mas diz respeito, essencialmente, à expansão da democracia e do Estado de direito da esfera política para as esferas econômica e social. Democratizar a economia significa romper com a influência dos detentores do poder econômico privado, democratizando-o, ou seja, significa distribuí-lo. O cidadão deve ser, ao mesmo tempo, um cidadão do Estado e um cidadão da economia.[27] A tarefa primordial do direito do trabalho, segundo Hugo Sinzheimer, pai do Direito Trabalhista na Alemanha, é a efetiva libertação do trabalhador do poder de mando do empregador, impondo limites ao exercício do poder social inerente à propriedade privada dos meios de produção. O direito do trabalho, assim, não se limita às garantias dos trabalhadores contra o abuso do poder do empregador, nem à limitação da jornada de trabalho ou à obtenção de um salário mais justo ou às garantias sociais contra os períodos de desemprego. Para Sinzheimer, o direito do trabalho é uma ferramenta que deve ser empregada no processo de democratização da economia.[28] A economia deve deixar de ser privada, para ser efetivamente publicizada, ou seja, pertencer a todos e funcionar de acordo com o interesse coletivo.

A liberdade e a igualdade políticas da democracia representam também uma exigência material de igualdade e a sua sobrevivência depende de um maior grau de homogeneidade social. Como já alertava Hermann Heller, não é possível a garantia de sobrevivência da democracia em um país em que imensas parcelas do povo não se reconhecem mais no Estado, pois foram por ele abandonadas. A homogeneidade social é, assim, uma forma de integração política democrática.[29] Trata-se, no fundo,

---

[25] Cf. POCHMANN, Marcio. *O emprego no desenvolvimento da nação*. Op. cit., p. 210-214.

[26] Sobre este debate, vide BERCOVICI, Gilberto. *Constituição e estado de exceção permanente*: atualidade de Weimar. Rio de Janeiro: Azougue, 2004. p. 59-63.

[27] Estas são palavras de um dos participantes mais ativos do debate sobre a democracia econômica em Weimar, o sindicalista Theodor Leipart. Cf. LEIPART, Theodor. *Auf dem Wege zur Wirtschaftsdemokratie?* Berlin: Verlagsgesellschaft des Allgemeinen Deutschen Gewerkschaftsbundes, 1928. p. 15.

[28] DUKES, Ruth. Hugo Sinzheimer and the Constitutional Function of Labour Law. In: DAVIDOV, Guy; LANGILLE, Brian (Orgs.). *The idea of labour law*. Oxford/New York: Oxford University Press, 2011. p. 59-61.

[29] Vide, neste sentido, HELLER, Hermann. Politische Demokratie und soziale Homogenität. In: *Gesammelte Schriften*. 2. ed. Tübingen: Mohr Siebeck, 1992. v. 2, p. 421-433; MÜLLER, Friedrich. Welcher Grad an sozialer Ausgrenzung kann von einem demokratischen System noch ertragen werden? In: *Demokratie in der Defensive* – Elemente einer Verfassungstheorie VII. Berlin: Duncker & Humblot, [S. n.]. p. 73-96; SOUZA, Washington Peluso Albino de. Democracia e exclusão social. In: GRAU, Eros Roberto; GUERRA Filho, Willis Santiago (Orgs.). *Direito constitucional*: estudos em homenagem a Paulo Bonavides. São Paulo: Malheiros, 2001. p. 484-504 e BERCOVICI, Gilberto. *Desigualdades regionais, Estado e Constituição*. São Paulo: Max Limonad, 2003. p. 241-244.

da expansão da soberania popular para a esfera econômica, ou seja, da capacidade de todos, e não apenas uma minoria privilegiada, decidir, democraticamente, sobre a utilização do capital acumulado pelos frutos de seu trabalho no interesse coletivo. Não por acaso, a Constituição de 1988 prescreve, dentre os princípios que regem a ordem econômica, como corolário necessário da finalidade de assegurar a todos uma vida digna, a busca do pleno emprego (artigo 170, VIII).

O problema que se configura com a concretização do pleno emprego é o levantado, já em 1943, pelo economista polonês Michal Kalecki, que advertia que nenhum governo manteria o pleno emprego devido à oposição dos grandes empresários em relação à manutenção do pleno emprego por meio do gasto governamental. Para Kalecki, seriam três os motivos desta oposição. Em primeiro lugar, haveria a eliminação do mecanismo do "estado de confiança", ou seja, o mecanismo que possibilita aos empresários, quando perdem a confiança nos governos, diminuírem os investimentos e gerarem menos empregos. No entanto, se o governo souber manter ou aumentar o nível de emprego por suas próprias despesas, o mecanismo de controle social do "estado de confiança" perderia o sentido. Em segundo lugar, haveria a reprovação à utilização dos gastos governamentais para o investimento público e o subsídio ao consumo e, finalmente, a objeção do empresariado às mudanças sociais e políticas advindas da manutenção do pleno emprego. Afinal, sob um regime de pleno emprego, a demissão dos empregados deixaria de exercer sua função disciplinar (a "disciplina da fábrica"), minando a posição social dos empregadores e fortalecendo os trabalhadores.[30]

A situação atual não é diferente da anunciada por Kalecki. Os detentores do poder econômico e do poder político vêm conseguindo bloquear a realização do programa emancipatório e transformador presente no texto de 1988, privilegiando a realização de políticas ortodoxas de ajuste fiscal e a inclusão, pela via da reforma constitucional, de dispositivos que servem para "blindar" a sua opção política, contrária às decisões fundamentais originais da constituinte, buscando evitar que possam ser alteradas por uma improvável reviravolta ideológica ou eleitoral.[31] Ora, a Constituição de 1988 expõe de forma muito clara como se vinculam dignidade do trabalho e constituição econômica: esta vinculação se dá por meio da democracia econômica e social.

Uma das funções constitucionais do Direito do Trabalho é, justamente, além de enfatizar os direitos trabalhistas como direitos fundamentais, a de compreender o trabalho como algo além de uma mercadoria, como parte da economia política

---

[30] KALECKI, Michal. Os aspectos políticos do pleno emprego. In: KALECKI, Michal. *Crescimento e ciclo das economias capitalistas*. 2. ed. São Paulo: Hucitec, 1987. p. 54-56, 59-60. Sobre a questão do pleno emprego para Kalecki e sua importância para a articulação da constituição financeira e da constituição econômica, vide BERCOVICI, Gilberto; MASSONETTO, Luís Fernando. A constituição dirigente invertida: a blindagem da constituição financeira e a agonia da constituição econômica. *Boletim de Ciências Econômicas*, Coimbra, n. 49, p. 19-21, 2006. Separata.

[31] Vide BERCOVICI, Gilberto; MASSONETTO, Luís Fernando. A constituição dirigente invertida: a blindagem da constituição financeira e a agonia da constituição econômica. *Op. cit.*, p. 3-4, 12-13, 15-23.

constitucional e elemento essencial do controle democrático sobre a esfera econômica. O Direito do Trabalho não deve estar submetido às exigências do poder econômico no mercado, mas se estrutura a partir da dignidade dos trabalhadores, fundando-se em um projeto nacional de desenvolvimento que absorva a força de trabalho excedente, garanta os direitos sociais e universalize as políticas sociais.[32]

Afinal, as questões da proteção ao trabalho e da redução das desigualdades sociais são temas centrais também do Direito Econômico. A Constituição brasileira de 1988 instituiu um verdadeiro sistema de redução das desigualdades sociais (artigo 3º e os objetivos da República de eliminação das desigualdades regionais e sociais), estruturado em políticas universais, tanto horizontal (artigos 6º e 193 a 232) como verticalmente (federalismo cooperativo e competências comuns do artigo 23). O federalismo cooperativo brasileiro tem por fundamento a igualação das condições sociais de vida em todo o território nacional, o que significa o direito à prestação dos serviços públicos independentemente de que parte do território nacional vivam os cidadãos.[33] Foi, ainda, a Constituição de 1988 a responsável pela maior distribuição de renda da história brasileira, ao garantir o pagamento de benefícios de, ao menos, um salário mínimo para a previdência social dos trabalhadores rurais, independentemente de contribuição (artigos 7º, XXIV; 195, §8º, e 201, §7º, II).

O vetor central da distribuição de renda no Brasil continua a ser o salário mínimo, cujo poder de compra atingiu seu valor máximo em 1959. As políticas focalizadas de combate à miséria, ampliadas desde 2003, não se caracterizam por serem políticas efetivamente estruturais, de ampliação de direitos. Trata-se de políticas de transferência de renda mínima que, se por um lado, conseguiram inequivocamente retirar milhões de brasileiros da miséria absoluta,[34] por outro lado, não garantem que estes beneficiados não possam retornar à condição miserável a qualquer momento.

A garantia de ampliação de direitos sociais está estreitamente vinculada à universalização das políticas sociais, com igualdade de acesso e qualidade nas prestações para todos, e no desenvolvimento endógeno do país, com o mercado interno como centro dinâmico da economia e a internalização dos centros de decisão econômica, fundamentos essenciais, previstos constitucionalmente (artigos 3º, 6º, 170 e 219) para a implantação efetiva de uma sociedade industrial avançada e democrática entre nós. No entanto, resta um obstáculo até hoje não ultrapassado: a distribuição de renda passa, necessariamente, pela questão da distribuição do patrimônio, ou seja, da propriedade privada. Este é o núcleo essencial das reformas sociais, notadamente as reformas urbana e agrária, nunca implementadas no Brasil.

---

[32] BARBOSA, Alexandre de Freitas. *A formação do mercado de trabalho no Brasil. Op. cit.*, p. 289-290 e DUKES, Ruth. Hugo Sinzheimer and the constitutional function of labour law. *Op. cit.*, p. 61-67.

[33] BERCOVICI, Gilberto. *Desigualdades regionais, Estado e Constituição. Op. cit.*, p. 239-244.

[34] Vide, especialmente, RÊGO, Walquiria Leão; PINZANI, Alessandro. *Vozes do bolsa família*: autonomia, dinheiro e cidadania. São Paulo: Edunesp, 2013.

Referências

ALENCASTRO, Luiz Felipe de. A pré-Revolução de 30. *Novos Estudos*, n. 18, setembro de 1987, p. 17-21.

BANDEIRA DE MELLO, Celso Antônio. *Eficácia das normas constitucionais e direitos sociais*. São Paulo: Malheiros, 2009.

BARBOSA, Alexandre de Freitas. *A formação do mercado de trabalho no Brasil*. São Paulo: Alameda, 2008.

BELLUZZO, Luiz Gonzaga de Mello. *Ensaios sobre o capitalismo no século XX*. São Paulo/Campinas: Edunesp/Instituto de Economia da Unicamp, 2004.

BERCOVICI, Gilberto. *Desigualdades regionais, estado e constituição*. São Paulo: Max Limonad, 2003.

BERCOVICI, Gilberto. *Constituição e estado de exceção permanente*: atualidade de Weimar. Rio de Janeiro: Azougue Editorial, 2004.

BERCOVICI, Gilberto. Os princípios estruturantes e o papel do estado. In: CARDOSO JR., José Celso (Org.). *A constituição brasileira de 1988 revisitada*: recuperação histórica e desafios atuais das políticas públicas nas áreas econômica e social. Brasília: Ipea, 2009. v. 1, p. 255-291.

BERCOVICI, Gilberto; MASSONETTO, Luís Fernando. A constituição dirigente invertida: a blindagem da constituição financeira e a agonia da constituição econômica. *Boletim de Ciências Económicas*, v. 49, Coimbra, p. 23, 2006. Separata.

BERCOVICI, Gilberto; MASSONETTO, Luís Fernando. Limites da regulação: esboço para uma crítica metodológica do "Novo direito público da economia". *Revista de Direito Público da Economia*, n. 25, p. 137-147, jan./mar. 2009.

CANTARO, Antonio. *Il secolo lungo*: lavoro e diritti sociali nella storia europea. Roma: Ediesse, 2006.

COMPARATO, Fábio Konder. Ordem econômica na Constituição Brasileira de 1988. *Revista de Direito Público*, n. 93, p. 263-276, jan./mar. 1990.

DUKES, Ruth. Hugo Sinzheimer and the constitutional function of labour law. In: DAVIDOV, Guy; LANGILLE, Brian (Orgs.). *The idea of labour law*. Oxford/New York: Oxford University Press, 2011. p. 57-68.

FIORI, José Luís. Para uma economia política do estado brasileiro. In: FIORI, José Luís. *Em busca do dissenso perdido*: ensaios críticos sobre a festejada crise do Estado. Rio de Janeiro: Insight, 1995. p. 121-161.

FURTADO, Celso. *Teoria e política do desenvolvimento econômico*. 10. ed. Rio de Janeiro: Paz e Terra, 2000.

FURTADO, Celso. *Introdução ao desenvolvimento*: enfoque histórico-estrutural. 3. ed. Rio de Janeiro: Paz e Terra, 2000.

FURTADO, Celso. *Brasil*: a construção interrompida. 2. ed. Rio de Janeiro: Paz e Terra, 1992.

FURTADO, Celso. *Em busca de novo modelo*: reflexões sobre a crise contemporânea. Rio de Janeiro: Paz e Terra, 2002.

GALGANO, Francesco. La libertà di iniziativa economica privata nel sistema delle libertà costituzionali. In: GALGANO, Francesco (Coord.). *Trattato di diritto commerciale e di diritto pubblico dell'economia*. Padova: Cedam, 1977. v. 1, p. 511-530.

GRAU, Eros Roberto. *A ordem econômica na Constituição de 1988 (Interpretação e Crítica)*. 12. ed. São Paulo: Malheiros, 2007.

GURRIERI, Adolfo. Vigencia del estado planificador en la crisis actual. *Revista de la CEPAL*, n. 31, p. 201-217, abr. 1987.

HELLER, Hermann. Politische Demokratie und soziale Homogenität. In: *Gesammelte Schriften*. 2. ed. Tübingen: Mohr Siebeck, 1992. v. 2, p. 421-433.

HERRERA, Carlos Miguel. Estado, Constitución y Derechos Sociales. *Revista Derecho del Estado*, n. 15, p. 75-92, 2003.

HUBER, Ernst Rudolf. *Wirtschaftsverwaltungsrecht*. 2. ed. Tübingen: J. C. B. Mohr (Paul Siebeck), 1953/1954.

KALECKI, Michal. Os aspectos políticos do pleno emprego. In: KALECKI, Michal. *Crescimento e ciclo das economias capitalistas*. 2. ed. São Paulo: Hucitec, 1987. p. 54-60.

LEIPART, Theodor. *Auf dem Wege zur Wirtschaftsdemokratie?* Berlin: Verlagsgesellschaft des Allgemeinen Deutschen Gewerkschaftsbundes, 1928.

MORTATI, Costantino. Il lavoro nella costituzione. *Il Diritto del Lavoro*, 1954, I, p. 149-212.

MÜLLER, Friedrich. Welcher Grad an sozialer Ausgrenzung kann von einem demokratischen System noch ertragen werden? In: *Demokratie in der Defensive – Elemente einer Verfassungstheorie* VII. Berlin: Duncker & Humblot, [S. d]. p. 73-96.

OLIVEIRA, Francisco de. Viagem ao olho do furacão: Celso Furtado e o desafio do pensamento autoritário brasileiro. *Novos Estudos*, p. 3-19, n. 48, jul. 1997.

OLIVEIRA, Francisco de. O ornitorrinco. OLIVEIRA, Francisco de. *Crítica à razão dualista:* o ornitorrinco. São Paulo: Boitempo, 2003. p. 121-150.

PITSCHAS, Rainer. Recht der Freien Berufe. In: SCHMIDT, Reiner (Org.). *Öffentliches Wirtschaftsrecht: Besonderer Teil 2*. Berlin/Heidelberg/New York: Springer Verlag, 1996. p. 1-126.

POCHMANN, Marcio. *O emprego no desenvolvimento da nação*. São Paulo: Boitempo, 2008.

RÊGO, Walquiria Leão; PINZANI, Alessandro. *Vozes do Bolsa Família*: autonomia, dinheiro e cidadania. São Paulo: Edunesp, 2013.

SOUZA, Washington Peluso Albino de. *Direito econômico do trabalho*. Belo Horizonte: Fundação Brasileira de Direito Econômico, 1985.

SOUZA, Washington Peluso Albino de. Democracia e exclusão social. In: GRAU, Eros Roberto; GUERRA Filho, Willis Santiago (Orgs.). *Direito constitucional*: estudos em homenagem a Paulo Bonavides. São Paulo: Malheiros, 2001. p. 484-504.

VIGORITA, Vincenzo Spagnuolo. *L'iniziativa economica privata nel diritto pubblico*. In: *Opere Giuridiche 1954-1994*. Napoli: Editoriale Scientifica, 2001. v. I, p. 1-337.

VOLLMÖLLER, Thomas. Gewerberecht. In: SCHMIDT, Reiner; VOLLMÖLLER, Thomas (Orgs.). *Kompendium Öffentliches Wirtschaftsrecht*. 3. ed. Berlin/Heidelberg/New York: Springer Verlag, 2007. p. 271-304.

Informação bibliográfica deste texto, conforme a NBR 6023:2002 da Associação Brasileira de Normas Técnicas (ABNT):

BERCOVICI, Gilberto. Os dilemas da proteção ao trabalho e do combate às desigualdades sociais na Constituição de 1988. In: COPETTI NETO, Alfredo; LEITE, George Salomão; LEITE, Glauco Salomão. *Dilemas na Constituição*. Belo Horizonte: Fórum, 2017. p. 401-412. ISBN 978-85-450-0236-9.

DILEMAS DA CONSTITUIÇÃO ECONÔMICA

Daniel Francisco Nagao Menezes

1   Introdução

Discutir os dilemas da Constituição Econômica é um desafio que vem em boa hora, rendendo as justas homenagens a esta obra coletiva a qual pretende discutir a Constituição Federal. A expressão "dilemas da Constituição Econômica"[1] abre várias frentes de discussão, como por exemplo o conceito (conteúdo) de "Constituição Econômica"; ou ainda, suas perspectivas futuras.

O que pretendo demonstrar neste artigo é o entrelaçamento entre Constituição Econômica, desenvolvimento econômico e burocracia estatal. Parto do pressuposto que há uma relação intrínseca entre o aumento da burocracia estatal e o desenvolvimento econômico, relação a qual somente é possível com a existência de uma forte Constituição Econômica.

2   Constituição Econômica brasileira – história e conceitos

A intervenção do Estado na economia não é uma criação da Constituição Federal de 1988, tendo aparecido explicitamente na Carta Constitucional de 1934. Em verdade, mesmo os textos constitucionais liberais, que defendem a liberdade econômica (não intervenção), representam uma intervenção estatal no sentido de manutenção desta liberdade.

O primeiro texto constitucional brasileiro data de 1824, um ano e meio após a Independência. Outorgada por Dom Pedro I criava o peculiar "Poder Moderador", reservado ao Imperador. O Poder Moderador funcionava com a mesma finalidade do atual sistema de freios e contrapesos entre os poderes, obtendo com isso a estabilidade política que, por sua vez, permitiu o desenvolvimento de uma matriz econômica agrícola no século XIX.

---

[1] "A 'Constituição Econômica' vem a ser, pois, o conjunto de normas voltadas para a ordenação da economia, inclusive delineando a quem cabe exercê-la. A Constituição, por ser o elemento fundamental para todos os atos do Estado (administrativos, legislativos e jurisdicionais), acaba sempre tomando uma posição em face da matéria econômica. Se ela não tiver normas explícitas sobre ela, prevalece o que poderíamos chamar de uma ordem econômica implícita, qual seja, a resultante da regulação de determinados direitos como o de propriedade e o da liberdade de trabalho. Eis que esses vão naturalmente dar lugar a uma ordem econômica baseada na livre iniciativa. Portanto, a ausência de posições assumidas pela Carta Magna ante o fenômeno econômico é própria dos regimes liberais". BASTOS, Celso Ribeiro. Existe efetivamente uma constituição econômica? *Revista de Direito Constitucional e Internacional*, v. 10, n. 39, p. 90, abr./jun. 2002.

Apesar de liberal, a Carta Imperial já aportava dispositivos intervencionistas, como bem destaca Alberto Venâncio Filho:

> Do ponto de vista da intervenção do Estado no domínio econômico, o panorama do Império revela sempre a ênfase nos problemas das tarifas alfandegárias, que eram, na verdade, os que tinham influência no incipiente sistema econômico da época, e os quais, em tôdas (sic) as situações históricas, têm sempre a primazia como primeira atividade onde o Estado intervém no domínio econômico.[2]

Com isso, observamos que mesmo as Constituições liberais como a de 1824 já traziam mecanismos de intervenção, como a proteção comercial, a garantia da plenitude da propriedade e as liberdades individuais.

A Constituição da República brasileira (1891) também tem cunho liberal, vez que não ocorreu qualquer alteração na matriz econômica (agrícola e latifundiária) com a Proclamação da República em 1889. O evento de 15 de novembro altera somente o regime político, mantendo a posição de ausência estatal da economia.

A crise econômica de 1929 muda o paradigma constitucional brasileiro. A queda nas exportações de café, causada pela crise nos Estados Unidos e Europa, desarticula não só economicamente as elites locais, especialmente São Paulo, Minas Gerais e Rio de Janeiro, mas, também, politicamente. Esta ruptura se consuma em 1930 com a tomada do poder por Getúlio Vargas, que, no fundo, representa uma alternativa econômica à matriz agrícola do Brasil.

Superada a Revolução conservadora de 1932, encontramos a Constituição de 1934 como a pedra fundante da ordem econômica constitucional, pelo motivo de ser a primeira Constituição brasileira a possuir um Capítulo "Da Ordem Econômica e Social". Isto permite a criação de um modelo arcaico de Estado do Bem-Estar Social, através da atuação estatal, permitindo a posterior formação de uma ordem jurídica social infraconstitucional.

Com a Constituição Federal de 1934 o tema justiça social entra na agenda política brasileira, como observado nos artigos 115 e 121 da Constituição.[3] Contudo, um viés liberal, como ainda hoje existe, é mantido, respeitando a propriedade privada e a livre-iniciativa, bem como as liberdades públicas, muito embora com a intervenção do Estado.

Com o Golpe de novembro de 1937, a Constituição Federal de 1934 é substituída pela de 1937, que possuía natureza centralizadora, o que garante ao Estado (Poder Executivo) alta capacidade de intervenção na ordem econômica e social, aumentando para isso o aparato da burocracia estatal, daí a acusação de sua natureza fascista.

---

[2] VENANCIO FILHO, Alberto. *A intervenção do Estado no domínio econômico*: o direito público econômico no brasil. Rio de Janeiro: Fundação Getúlio Vargas, 1968. p. 25

[3] Art. 115. A ordem econômica deve ser organizada conforme os princípios da justiça e as necessidades da vida nacional, de modo que possibilite a todos existência digna. Dentro desses limites, é garantida a liberdade econômica. Parágrafo único. Os poderes públicos verificarão, periodicamente, o padrão de vida nas várias regiões do país. Art. 121. A lei promoverá o amparo da produção e estabelecerá as condições de trabalho, na cidade e nos campos, tendo em vista a proteção social do trabalhador e os interesses econômicos do país.

A intervenção estatal no domínio econômico é conhecida pela doutrina do Direito Econômico na atualidade, isto é, pode ser mediata e imediata, através do controle estatal (empresas públicas), do estímulo ou da gestão direta. O objetivo central era que o Estado fosse o carro-chefe do processo de industrialização tardia que se inaugurava no Brasil.

Com a retirada de Vargas do poder em 1945, há a formação de uma Assembleia Constituinte, que, em 19 de setembro de 1946, promulga uma nova Constituição, de cunho muito mais liberal que as duas anteriores. Washington Peluso Albino de Souza assim se pronuncia:[4]

> Após a experiência das duas Grandes Guerras, conclui-se que a política econômica exigiu do estado a participação em um novo tipo de relação jurídica, diferente daquela que se caracterizava nos demais ramos do Direito. De simples mantenedor da ordem e da justiça, ocupado em administrar-se, exercia funções diretas na vida econômica nacional. E, se a história oferecia o exemplo do Mercantilismo, entre outros, que lhe dava as bases desta nova situação, as conquistas tecnológicas atuais, somadas ao crescimento do poderio econômico privado, configuravam um quadro bastante diverso daquele.

O principal ponto da Constituição Federal de 1946 é a tentativa (utópica para os marxistas) de conciliar a justiça social com a livre-iniciativa. Assim previa o art. 145: "A ordem econômica deve ser organizada conforme os princípios da justiça social, conciliando a liberdade de iniciativa com a valorização do trabalho humano".

Em 1946 a discussão da dignidade da pessoa humana recebe tratamento constitucional, passando a ser o ponto de equilíbrio entre a justiça social e a livre-iniciativa, isto é, permite a iniciativa empresarial desde que respeitadas as condições mínimas do indivíduo, integrando o Brasil a nova onda de Constituições do pós segunda guerra.

Por sua vez, a Constituição Federal de 1967 provém da ditadura militar e suas relações com a elite econômica do país. Desta forma é mantido o binômio justiça social e livre-iniciativa, acrescentando agora um novo elemento constitucional de intervenção, típico dos militares, que é o planejamento. A Emenda Constitucional nº 01/69, considerada por alguns uma nova constituição, mantém a mesma estrutura da Constituição outorgada de 1967. A estrutura linguística da Constituição de 1967 serviu de base para a Constituição Federal de 1988, porém, as finalidades da atual Constituição são bem diferentes da do período anterior.

3 A redemocratização e o movimento constituinte 87/88

Ao mencionar a atual Constituição Federal, não há como pensar o país após 1988 sem falar em processo de redemocratização e os enfrentamentos que foram

---

[4] SOUZA, Washington Peluso Albino de. *Direito econômico*. São Paulo: Saraiva, 1980. p. 282.

travados em torno da Constituição nos anos que se seguiram. Objeto de fortes disputas entre progressistas e conservadores, o texto produzido pela Constituinte abriu novas possibilidades para o aprofundamento da construção de uma esfera pública e democrática no país, razão pela qual se transformou nos anos posteriores em ponto central dos ataques daqueles que desejavam, a partir de reformas na "Constituição Cidadã", colocar o Brasil ao lado das nações "modernas", leia-se aqui as forças conservadoras e liberais derrotadas no processo constituinte.

Tornar o Brasil moderno implicava, para os liberais, o encerramento da "Era Vargas", tida como superada, devido aos "entulhos" que permaneciam, em grande medida, na Carta de 88 e que impediam nosso andamento mais acelerado rumo ao mundo desenvolvido, isto é, a aderir às ideias do Consenso de Washington, que se formaria logo após a queda do Muro de Berlin um ano após a Constituição de 1988.

Há que se relembrar aqui e episódio do então Presidente da República, José Sarney, afirmando que com aquele texto constitucional não se podia governar, iniciando já no dia seguinte à promulgação da Constituição um processo político de reforma constitucional, já que, segundo seus críticos, a CF/88 nasceu na "contramão" da história, posto que aprovada em um contexto marcado pelo avanço do neoliberalismo em escala mundial.

O revanchismo das forças político-econômicas derrotadas no processo constituinte em muito se deu pela forma como o embate ideológico foi realizado, especialmente ao final do processo, momento no qual foram discutidas as questões econômicas que resultaram no art. 170 e seguintes do Texto Constitucional.

De um lado se formou o bloco progressista – constituído pelos partidos PCB, PCdoB, PDT, PSB e PT, bem como pela "esquerda" do PMDB – e de outro o bloco conservador – integrado pelo PDS, PFL, PL, PDC, PTB e pela fração "conservadora" do PMDB. Surge aqui o primeiro problema de pesquisa, ou seja, como uma Constituinte majoritariamente conservadora pode ter conseguido produzir um texto progressista?

A constituinte se estruturou, desde seu início, com o objetivo de redigir um texto que não alterasse o *status quo* dominante, sem qualquer alteração profunda nas relações socioeconômicas brasileiras, fato que aparentava fácil de conseguir, pois a constituinte era composta por uma maioria conservadora, proveniente das eleições ordinárias ocorridas em 1986. Em que pesem as pressões exercidas pelos partidos de esquerda e diversos segmentos da sociedade civil organizada para a formação de uma constituinte exclusiva, esta acabou composta por representantes que acumulavam mandato da política ordinária (Congresso Nacional), configurando-se, dessa maneira, "um procedimento formal parlamentar desenvolvido no âmbito de uma instituição parlamentar constituída".[5]

Isso acaba por criar um filtro nas reivindicações populares. Embora estas fossem maciças, diferentemente das constituintes anteriores, não ocorreu uma

---

[5] PILATTI, Adriano. *A Constituinte de 1987-1988*: progressistas, conservadores, ordem econômica e regras do jogo. Rio de Janeiro: Lumen Juris, 2008. p. 02.

assembleia necessariamente popular, já que as reinvindicações e propostas eram apresentadas aos parlamentares tradicionais, que filtravam as propostas segundo seus interesses. A "atuação e a interferência de grupos de pressão, movimentos sociais, grupos econômicos, órgãos de formação da opinião pública e quaisquer outros atores exógenos, institucionais ou não" passava, por conseguinte, necessariamente, "pelo filtro do mundo parlamentar, seu *éthos* e suas formas".[6]

Contudo, apesar da composição conservadora – dos deputados e senadores constituintes, 306 pertenciam ao PMDB, 201 a partidos conservadores e 50 a partidos de esquerda –, os constituintes construíram um texto voltado muito mais para a transformação do que para a conservação, adotando, do ponto de vista da economia política um viés desenvolvimentista.

Em determinados momentos históricos certas forças sociais, cientes do papel periférico no Brasil, buscam apresentar um plano para buscar a construção nacional, transformando social e economicamente o Brasil. Esta visão em muito explica a natureza dirigente[7] da Assembleia Nacional Constituinte.

O discurso dos parlamentares de esquerda foi neste sentido, de que havia um conflito ideológico e de interesses instalado na ANC, o qual somente seria superado em um momento posterior, com o cumprimento de uma Carta Constitucional que finalizasse o projeto de nação iniciado na década de 30 e perdido durante a Ditadura Militar.

A partir desta concepção,[8] desde os dias iniciais da Assembleia Nacional Constituinte, os partidos de esquerda passaram a receber acenos explícitos da ala

---

[6] PILATTI, Adriano. *A Constituinte de 1987-1988*: progressistas, conservadores, ordem econômica e regras do jogo. Rio de Janeiro: Lumen Juris, 2008. p. 03.

[7] Explicando o que vem a ser Constituição Dirigente, novamente nos valemos dos ensinamentos de Gilberto Bercovici: "a constituição dirigente busca racionalizar a política, incorporando uma dimensão de legitimidade material pelos fins e tarefas previstos no texto constitucional. A constituição, assim, não é só garantia do existente, mas também um programa para o futuro. Esta dimensão transformadora é ressaltada por todas as versões de constituição dirigente. Seja a constituição dirigente "revolucionária", como a portuguesa de 1976, em cuja versão original havia a consagração da transição ao socialismo como um dos objetivos da República. Seja a constituição dirigente "reformista", como a espanhola de 1978 e a brasileira de 1988, que, embora não proponham a transição para o socialismo, determinam um programa vasto de políticas públicas inclusivas e distributivas". In: BERCOVICI, Gilberto. A Constituição Dirigente de 1988. *Jornal da UNESP*, ano XXII, n. 238, suplemento, out. 2008.

[8] Para melhor esclarecer os procedimentos na ANC, nos valemos do texto de Márcia Teixeira de Souza: "A elaboração do regimento interno da Assembleia Nacional Constituinte fora marcada por muitas controvérsias e disputas políticas uma vez que os constituintes se mostravam refratários à id de se compor uma comissão especial para a elaboração de um anteprojeto, como no processo constituinte de 1946. Tendo sido preterido este caminho, os parlamentares constituintes mais próximos do centro decisório, isto é, da Presidência da ANC, reconheciam que não tinham um modelo para fazer a Constituição, dada a ausência de uma memória histórica compartilhada e sistematizada sobre esses processos. 5. Ao argumento pode-se acrescentar a insuficiente socialização do debate sobre temas constitucionais durante o processo eleitoral de 1986. Diante desta contingência, prevaleceu uma exploração inventiva na perspectiva de montagem de um modelo decisório, a qual deveria levar em conta, dadas as exigências evocadas em nome da paridade decisória, apenas um pressuposto, o de que todos os constituintes deveriam participar do processo em curso. Identificados como obra condominial dos líderes dos partidos com representação congressual, os 86 artigos do regimento interno da ANC aliados aos regulamentos das comissões bem como a utilização dos regimentos internos da Câmara e do Senado, como linhas auxiliares, demonstram uma dimensão das dificuldades de obtenção de regras claras e inequívocas que estabelecessem a forma do jogo no processo constituinte. O formato afinal acordado foi o da distribuição proporcional dos 503 constituintes em oito comissões temáticas, por sua vez divididas em três subcomissões compostas por 21 membros que discutiam

"progressista" do PMDB. Em uma reação interna ao PMDB contra a concentração de poderes, foi possível que um progressista histórico, Mário Covas, se tornasse líder da maioria e exercesse um papel decisivo na articulação do bloco progressista em formação e na designação seletiva de membros e relatores (de viés progressista) nas Comissões e Subcomissões Temáticas.

Somadas a adesão de parte do PMDB aos partidos de esquerda, o bloco progressista agora formado passou a contar com número significativo das Presidências das Subcomissões e das Relatorias dos foros e Comissões Temáticas. As relatorias garantiram uma vantagem procedimental capaz de compensar o pequeno número de membros do bloco progressistas. Isso porque este bloco definia a agenda deliberativa, trazendo vantagem de mobilização para a esquerda, fato muito importante nas questões sociais.

A etapa de funcionamento das Subcomissões agravou a divisão dos constituintes em dois blocos, o conservador e o progressista, com os partidos de esquerda se unindo em torno dos relatores progressistas e seus anteprojetos demonstrando grande coesão nas votações.

---

temas conexos. O início dos trabalhos nas comissões contou com audiências públicas, nas quais personalidades políticas e acadêmicas eram convidadas para uma exposição de tema correspondente a cada um destes colegiados. Os três relatórios aí originados deveriam, em seguida, ser rediscutidos pelas respectivas comissões temáticas, cuja função era a de produzir um texto novo a partir das proposições recebidas. À verificação deste modelo decisório fragmentado correspondeu, paradoxalmente, uma consequência que fora refutada pelos constituintes, mas que agora se colocava como uma necessidade inarredável. Ou seja, revelou-se imperiosa a formação de uma comissão com a atribuição de imprimir maior coesão, sistematicidade e excluir as contradições do conjunto das proposições apresentadas. Neste sentido, a comissão de sistematização foi uma espécie de sucedâneo do que seria uma comissão de elaboração de um anteprojeto. Deslocava-se, portanto, a assimetria decisória entre os constituintes para um segundo momento deste processo. É compreensível, nesta linha argumentativa, a disputa pelo cargo da relatoria-geral da comissão de sistematização. 6, uma vez que esta detinha, na forma do primeiro regimento interno, maior ascendência decisória em relação ao plenário geral. Uma de suas funções principais era conhecer, de modo mais abrangente, as matérias propostas, pois cabia ao relator verificar o conteúdo e a coerência ao longo do texto. Esse trabalho exaustivo, de caráter "técnico", como o denominava o senador Bernardo Cabral (PMDB-AM), constituía-se uma referência obrigatória para o posicionamento dos parlamentares no plenário. Após encaminhamentos de defesa e de rejeição de determinada matéria e do debate que se desenrolava em seguida, o voto do relator era percebido como uma espécie de balizamento que auxiliava as deliberações transcorridas na assembleia. De modo geral, pode-se afirmar que as relatorias desempenham um papel importante nos processos decisórios na medida em que influem sobremaneira na elaboração dos anteprojetos encaminhados à votação. Como centralizadores de todas as informações disponíveis no âmbito de sua atuação formal, os relatores dispõem de um amplo raio de intervenção no que se refere ao conteúdo mesmo das proposições contidas em seus pareceres. Os presidentes das comissões, por sua vez, concentrariam grande poder na medida em que influenciavam diretamente as decisões regimentais. A vitória expressiva do PMDB nas eleições de 1986 asseguraria a este partido, após acordo com o PFL, detentor da segunda maior bancada, a indicação das relatorias para o primeiro partido e as presidências para o segundo. Um conjunto de medidas políticas acabou por desencadear um grave conflito no âmbito da Constituinte. A prática da indicação dos relatores pela liderança partidária, que no caso do senador Mário Covas (PMDB-SP), ao conduzir a esquerda do PMDB para os postos mencionados, implicou um descompasso entre o sistema de valores com o qual se identificava a maioria do plenário e os constituintes reunidos na comissão de sistematização. O núcleo do problema residia na forma fragmentada de distribuição do poder decisório e na relação que se estabeleceu entre as etapas bem delimitadas de construção do texto constitucional, isto é, as subcomissões, a comissão temática, a comissão de sistematização e, por fim, o plenário geral, e o grau de legitimidade das deliberações tomadas em cada um desses colegiados. O conflito mencionado acima derivou da relação entre as duas últimas etapas decisórias. O método de formar o órgão decisor (comissão de sistematização) e a relação que se estabeleceu entre o quórum de maioria absoluta (42 votos) necessário para a aprovação do conjunto das propostas aí reformuladas e a etapa posterior, que previa o seu exame, agora pelo corpo de parlamentares-constituintes reunido em plenário, configuraram um genuíno dilema de representação". In: SOUZA, Márcia Teixeira de. O processo decisório na Constituição de 1988: práticas institucionais. *Lua Nova*, n. 58, p. 38, 2003.

Em que pese a organização e o poder de agenda dos progressistas, o seu número reduzido não evitou derrotas importantes. Os conservadores, por sua vez, também demonstraram índices elevados de coesão nas votações decisivas, anulando o poder de agenda dos relatores progressistas. Isto ocorria principalmente pelo veto dos anteprojetos progressistas e aprovação de substitutivos mais conservadores.

Na fase seguinte, das Comissões Temáticas, os conservadores foram mais agressivos, derrubando as propostas progressistas e aprovando os substitutivos dos conservadores. Conseguiram fazê-lo plenamente na Comissão de Ordem Econômica, embora não tenham tido o mesmo êxito na de Família, Educação, Cultura, Esportes, Ciência, Tecnologia e Comunicação, pois derrotaram o relator, mas não conseguiram estabelecer as condições para a aprovação de um substitutivo ou emendas próprias.

Na etapa seguinte da ANC, houve a centralização do processo Constituinte, iniciando-se os trabalhos da Comissão de Sistematização, composta por agora 93 constituintes. A dinâmica da Comissão de Sistematização favoreceu os progressistas. Mesmo possuindo vantagem numérica, os conservadores não tinham votos suficientes para assegurar a maioria absoluta necessária, inexistindo por isso a possibilidade de executarem o chamado "rolo compressor", também a obstrução plena, exercido em algumas das Subcomissões e Comissões temáticas.

Devido a uma série de decisões equivocadas da direita e a acontecimentos externos ao processo, especialmente relacionados com tensões sobre a duração do mandato do Presidente da República e ataques pesados da opinião pública, as lideranças constituintes viram-se diante do imperativo de buscarem construir consensos mínimos, configurando um cenário favorável para os progressistas, que se encontravam em menor número.

A consequência foi que as propostas aprovadas na Comissão de Sistematização foram as mais próximas dos progressistas no tocante a diversas temáticas, como por exemplo a reforma agrária. Tal episódio gerou uma forte reação conservadora que se mobilizou para alterar o Regimento Interno e neutralizar os resultados alcançados pelos progressistas na fase anterior. Forma-se o aqui famoso centrão.

Os impasses nas votações, que contavam com a participação do baixo clero, foram superados com a volta à cena dos líderes de bancadas, estabelecendo negociações e acordos através do uso da figura das fusões de emendas, entrando aqui o papel habilidoso de "costura política" feito pelo Presidente da ANC, Ulysses Guimarães, garantindo prosseguimento aos trabalhos e a aprovação de um texto que continha avanços significativos para o campo progressista.

Isto demonstra que a agenda constituinte é altamente complexa e envolve várias questões, vez que trata do modelo de Estado seja no aspecto político, seja no econômico (envolvendo estratégias de desenvolvimento). Ademais, como ensina Raymundo Faoro:[9] "assembleias constituintes são meios preventivos para limitar

---

[9] FAORO, Raymundo. *A república inacabada*. Porto Alegre: Globo, 2007. p. 182.

e controlar o poder, preparando a sociedade para a mudança política por meio de uma moldura jurídica, exatamente para evitar a ruptura revolucionária".

Muito embora uma nova constituição tenha por papel possuir caráter fundacional, no sentido de romper e iniciar um novo ordenamento que supere a ordem anterior, os processos são contínuos, razão pela qual se sustenta que a transição brasileira, no aspecto econômico, só se completa na década de 1990, por ocasião da implantação do Plano Real e do governo de Fernando Henrique Cardoso.

4 Os modelos de gestão

A evolução constitucional brasileira demonstra a existência de dois modelos de gestão pública consolidados e um modelo híbrido em construção. O primeiro modelo é o modelo patrimonialista, encontrado nas Constituições Federais de 1824 e 1891, cuja característica principal é o Estado Liberal, que não intervém na vida social e econômica, exceto para a manutenção das liberdades individuais, inclusive perante o próprio Estado.

A função do Estado é mínima, resumindo-se à existência de forças de segurança para a proteção da propriedade privada. Tal estrutura decorre das relações entre público e privado que constituem o Estado brasileiro, levando o Estado a atuar não em função do bem público, mas sim em função dos interesses privados das elites dominantes, no caso, as elites rurais, especialmente Minas Gerais e São Paulo, e em menor grau a elite urbana fluminense. A ordem econômica é regulada exclusivamente pelo mercado, o que se observa nos parcos serviços públicos prestados na época.

As relações patrimonialistas são demarcadas pela dominação, porém são sustentadas pela aceitação dos súditos diante dos soberanos, nesta dominação não se expressa o conflito ou desejo de transformação, pelo contrário, a dependência é aceita como natural. Apesar da origem deste conceito remontar às relações familiares das sociedades patriarcais, tais práticas adentraram na gestão pública. Na sociologia weberiana o patrimonialismo caracteriza-se como a apropriação de recursos estatais por funcionários públicos, grupos políticos e segmentos privados.

Podemos identificar outras características e nuances:

a) *o patrimonialismo privado* – grupos espoliam o Estado por diferentes mecanismos legais ou ilegais (contratos superfaturados, empréstimos subsidiados);

b) *o patrimonialismo jurídico e fiscal*, manipulação de sistemas jurídicos para a manutenção de impunidade;

c) *o patrimonialismo negativo*, o poder político é empregado para prejudicar ou discriminar grupos sociais inimigos.

Já o modelo burocrático remete ao período "getuliano", aos anos de 1930 até a metade da década de 1990 (incluindo a Constituição de 1988). Como afirmado, a institucionalização deste modelo ocorreu com Getúlio Vargas e seu plano de desenvolvimento do país a partir do Estado, especialmente com a criação do Departamento Administrativo do Serviço Público (DASP) em 1936.

A reforma promovida por Vargas está diretamente relacionada com a crise econômica de 1929, passando a Constituição de 1934 a adotar o modelo proposto por Keynes, fortalecendo a concepção do Estado interventor. De outro lado, o modelo burocrático rompe com as relações patrimonialistas até então vigentes, criando conceitos jurídicos, como o interesse público e a justiça social, acreditando-se que as organizações burocráticas são mais eficientes com a implementação de normas jurídicas bem definidas. O objetivo da burocracia implantada é a dominação legitimada pelo Direito, apresentando algumas características presentes até hoje,[10] já vistas nas Constituições de 1946 e 1967.

Após o regime militar, em outubro de 1988, é aprovada a atual Constituição Federal, que mantém os princípios da administração burocrática, como, por exemplo, a obrigatoriedade de concursos públicos para contratação, procedimentos de compras públicas e o regime jurídico único dos servidores públicos, a obrigatoriedade do planejamento, entre outras medidas.

Contudo, o projeto constitucional de 88 não é implementado nos anos finais do governo Sarney, completamente abandonado no Governo Collor e negado no governo Fernando Henrique Cardoso, através de uma série de alterações constitucionais e na estrutura burocrática do governo, aproximando o país do neoliberalismo.

A inspiração do modelo gerencial implantado por FHC é lastreado em ferramentas de gestão próprias da administração privada, inserida no movimento conhecido como *New Public Administration*. O objetivo deste modelo é atingir metas de eficiência na prestação do serviço público com o menor custo possível, ou seja, criando assim mecanismos típicos de mercado dentro da estrutura burocrática brasileira.

Isso leva a medidas como a privatização, a terceirização e o ajuste fiscal, resultando no enfraquecimento do Estado, da administração pública e da economia. Uma das marcas do modelo gerencial são os Planos Diretores e os Planos Plurianuais, resultando no descolamento da função de planejar da função de implementar, agora reservadas à iniciativa privada, transformando o cidadão em cliente, apenas consumindo o que as empresas reguladas oferecem.

Contudo, as reformas constitucionais feitas na década de 90 e também no início deste século são todas incompletas, não logrando êxito em completar a mudança constitucional de transformar um modelo burocrático em um modelo gerencial e neoliberal.[11]

---

[10] São as características: a estrutura de autoridade impessoal; hierarquia de cargos altamente especificada; descrição de cargos com claras esferas de competências e atribuições; seleção com base em qualificação técnica; remuneração fixa compatível com a hierarquia de cargos; o cargo como única ocupação do burocrata; promoção baseada em sistema de mérito; separação entre os bens públicos e privados do burocrata; e controle sistemático do cargo.

[11] "Os detentores do poder econômico e do poder político vêm conseguindo bloquear a realização do programa emancipatório e transformador presente no texto, de 1988, privilegiando a realização de políticas ortodoxas de ajuste fiscal e a inclusão, pela via da reforma constitucional, de dispositivos que servem para 'blindar' a sua opção

5 Considerações finais: os dilemas da Constituição Econômica

Como demonstrado a atual Constituição Federal opta, democraticamente, por um modelo de gestão burocrática em que o Estado é o centro da atividade econômica, sendo responsável pelo fornecimento de condições mínimas de vida, especialmente pelo fornecimento de serviços públicos. A Constituição de 1988 assume um rol claro de objetivos em seu art. 3º, cujos instrumentos para alcançá-los estão previstos do art. 170 em diante, que estabelecem uma grande ordem econômica com vastos poderes ao Estado, criando um verdadeiro capitalismo de Estado.

A Constituição cria ainda mecanismos de autoproteção que vão além dos estados de defesa e sítio, missão esta que cabe agora ao Poder Judiciário, como nunca antes na história do país, ressaltando que este poder se abre à participação popular não só pela ampliação do rol de legitimados ao acesso às cortes superiores, mas também por figuras de participação direta e pelo controle difuso de constitucionalidade.

A análise conjuntural da economia brasileira a partir da Constituição deixa claro que toda atividade econômica passa de alguma forma pelo Estado, o que leva a concluir que toda atividade (pública ou privada) econômica (produção, planejamento ou consumo) é estatal. O artigo 170 da Constituição demonstra a soberania econômica do Estado ao trazer as restrições da atividade econômica, desarticulando qualquer pretensão liberal no exercício de tais atividades. Tanto é que as necessidades essenciais aparecem de forma clara na imposição dos direitos sociais, em especial, o direito do trabalho, os quais, em extremo, são prestados pelo próprio Estado.

Os serviços públicos são outra manifestação clara da existência do capitalismo de Estado no Brasil. Estes serviços, considerados direitos fundamentais do ser humano, são prestados diretamente pelo Estado, que pode concedê-los para a iniciativa privada, mas sempre sob diretrizes impostas pelo Estado e sob fiscalização deste. A política econômica de planejamento e desenvolvimento também passa pelo Estado, não só pela direção do processo econômico nas políticas de desenvolvimento, pleno emprego, política monetária e distribuição de renda, como também na função transformadora da economia prevista nos objetivos gerais da República (art. 3º), em especial as reformas urbana e agrária.

As políticas de educação e pesquisa também são articuladas com as finalidades da nação ao colocarem que a educação visa não só a formação intelectual do ser humana, mas também sua inserção no mercado de trabalho (art. 205 da CF), devendo tanto o ensino médio como o universitário atentar para as demandas econômicas de momento, a fim de supri-las sob orientação e

---

política, contrária às decisões fundamentais originais da constituinte, buscando evitar que possam ser alteradas por uma improvável reviravolta ideológica ou eleitoral". BERCOVICI, Gilberto. Constituição econômica e dignidade da pessoa humana. *Revista da Faculdade de Direito da Universidade de São Paulo*, v. 102 p. 463, jan./dez. 2007.

fornecimento de educação pelo próprio Estado (art. 209 da CF). Talvez o artigo constitucional que mais explicite a presença do Estado nas atividades econômicas e sociais seja o art. 218, que trata da Ciência e Tecnologia. O artigo invocado deixa claro que é função do Estado a promoção do desenvolvimento científico e tecnológico, sendo esta última direcionada preponderantemente para a solução de problemas nacionais do setor produtivo (art. 218, §2º). Ou seja, temos neste artigo a atuação do Estado na resolução de problemas técnicos, que, em qualquer economia capitalista, seria problema da própria empresa privada.

O capitalismo de Estado é criado pela Constituição de 1988 após uma evolução histórica do Brasil. Este processo é desmontado nos anos 90, seja no governo Collor como no de FHC. Contudo o modelo burocrático de uma constituição econômica interventiva permanece em vigor mesmo com as alterações promovidas neste período, que, embora descaracterizem a Constituição Federal a ponto de alguns afirmarem a existência de um modelo gerencial, mantêm tal modelo.

O grande dilema e também desafio atual para a Constituição Econômica brasileira é retomar os objetivos originários do texto constitucional, eliminando a deturpação de mentalidades entreguistas que governaram o Brasil na década de 90. As mudanças capitaneadas por Fernando Henrique Cardoso e Luiz Carlos Bresser-Pereira são contrárias às determinações da Constituição originária, bem como antidemocráticas, pois a proposta deles foi derrotada na Assembleia Nacional Constituinte. Como demonstrado anteriormente, há uma construção democrática do modelo de economia[12] e de gestão pública pelo qual o Brasil optou, no momento de elaboração de sua Constituição Federal, que é retalhado pelas forças conservadoras derrotadas no processo político.

Estas reformas de um lado não tiveram êxito em implementar um modelo de estado gerencial e, ao mesmo tempo, impedem o desenvolvimento das ferramentas trazidas na Constituição Econômica original, acarretando mais cinquenta anos de atraso ao Brasil, implicando inclusive crises de gestão e dificultando o alcance das metas previstas na Constituição.

O grande desafio para o futuro é eliminar o entulho neoliberal deixado pelas reformas neoliberais das últimas décadas, cumprindo finalmente, o texto da Constituição Cidadã de 1988 e eliminando o que Paulo Bonavides[13] chama de "bloqueio constitucional", fato que impede o desenvolvimento da

---

[12] "A Constituição de 1988, assim como várias outras constituições contemporâneas, não exclui nenhuma forma de intervenção estatal, nem veda ao Estado atuar em nenhum domínio da atividade econômica. A amplitude maior ou menor desta atuação econômica do Estado é consequência das decisões políticas democraticamente legitimadas, não de alguma determinação constitucional expressa. Mas o Estado deve ter sua iniciativa econômica pública protegida de forma semelhante às das iniciativas privada e cooperativa. A iniciativa econômica pública, obviamente, tem suas especificidades, pois é determinada positivamente pela Constituição ou pela lei". BERCOVICI, Gilberto. Comentários aos art. 170 a 173. In: BONAVIDES, Paulo; MIRANDA, Jorge; AGRA, Walber de Moura. *Comentários à Constituição Federal de 1988*. Rio de Janeiro: Forense, 2009. p. 1.943.

[13] BONAVIDES, Paulo. *Curso de direito constitucional*. 22. ed. São Paulo: Malheiros, 2008. p. 384.

Constituição Econômica e privilegia a política econômica ortodoxa rechaçada pela Constituição Federal.[14]

Somente com a volta do modelo burocrático e a presença estatal é que conseguiremos erradicar a pobreza e o desemprego, superando o nosso subdesenvolvimento e garantindo vida digna a todos.

Referências

BASTOS, Celso Ribeiro. Existe efetivamente uma Constituição Econômica? *Revista de Direito Constitucional e Internacional*, v. 10, n. 39, p. 89-96, abr./jun. 2002.

BERCOVICI, Gilberto; MASSONETTO, Luís Fernando. A constituição dirigente invertida: a blindagem da constituição financeira e a agonia da constituição econômica. *Boletim de Ciências Econômicas da Faculdade de Direito de Coimbra*, n. XLIX, p. 57-77, 2006.

BERCOVICI, Gilberto. Constituição econômica e dignidade da pessoa humana. *Revista da Faculdade de Direito da Universidade de São Paulo*, v. 102 p. 457-467, jan./dez. 2007.

BERCOVICI, Gilberto. A Constituição Dirigente de 1988. *Jornal da UNESP*, ano XXII, n. 238, suplemento, out. 2008.

BERCOVICI, Gilberto. Comentários aos art. 170 ao 173. In: BONAVIDES, Paulo; MIRANDA, Jorge; AGRA, Walber de Moura. *Comentários à Constituição Federal de 1988*. Rio de Janeiro: Forense, 2009. p. 1933-1970.

BONAVIDES, Paulo. *Curso de direito constitucional*. 22. ed. São Paulo: Malheiros, 2008.

FAORO, Raymundo. *A república inacabada*. Porto Alegre: Globo, 2007.

PILATTI, Adriano. *A Constituinte de 1987-1988*: progressistas, conservadores, ordem econômica e regras do jogo. Rio de Janeiro: Lumen Juris, 2008.

SOUZA, Márcia Teixeira de. O processo decisório na Constituição de 1988: Práticas Institucionais. *Lua Nova*, n. 58, p. 37-60, 2003.

SOUZA, Washington Peluso Albino de. *Direito econômico*. São Paulo: Saraiva, 1980.

VENANCIO FILHO, Alberto. *A intervenção do Estado no domínio econômico*: o direito público econômico no brasil. Rio de Janeiro: Fundação Getúlio Vargas, 1968.

Informação bibliográfica deste texto, conforme a NBR 6023:2002 da Associação Brasileira de Normas Técnicas (ABNT):

MENEZES, Daniel Francisco Nagao. Dilemas da Constituição Econômica. In: COPETTI NETO, Alfredo; LEITE, George Salomão; LEITE, Glauco Salomão. *Dilemas na Constituição*. Belo Horizonte: Fórum, 2017. p. 413-424. ISBN 978-85-450-0236-9.

---

[14] Sobre este assunto conferir: BERCOVICI, Gilberto; MASSONETTO, Luís Fernando. A constituição dirigente invertida: a blindagem da constituição financeira e a agonia da constituição econômica. *Boletim de Ciências Econômicas da Faculdade de Direito de Coimbra*, v. XLIX, p. 57-77, 2006.

O *TRATADO ORÇAMENTAL*, UM VERDADEIRO "GOLPE DE ESTADO EUROPEU"

António Avelãs Nunes

1 – A agudização da situação na Grécia (mas também a evolução da 'crise' em Portugal e na Irlanda e mesmo na Espanha e na Itália) obrigou a acelerar os trabalhos para a revisão do *Tratado de Lisboa*, que acabou por concretizar-se, de modo muito pouco ortodoxo, através do chamado *Tratado sobre Estabilidade, Coordenação e Governação na União Económica e Monetária* (TECG), assinado em Bruxelas em 2 de março de 2012 pelos Chefes de Estado e de Governo de 25 estados-membros da UE (todos os da Eurozona e mais oito, ficando de fora o RU e a República Checa).

Mais uma vez, tudo foi decidido "à porta fechada" (Habermas), a pretexto da crise.

O modo como foi aprovado este estranho tratado (conhecido como *Tratado Orçamental*) mostra que os fiéis do "pensamento único euro-beato" (Jacques Généreux) não hesitaram em prosseguir na cruzada da construção da *Europa do capital* através de um verdadeiro "golpe de estado europeu" (R.-M. Jennar), que vem minar ainda mais a já débil estrutura democrática de funcionamento da UE, prosseguindo a tarefa de esvaziar as competências dos órgãos politicamente legitimados pelo sufrágio universal, confiando-as às instâncias tecnocráticas da União.

Apesar disso, os 'chefes' decidiram que tal 'tratado' não aumenta as competências da UE, pelo que entrará em vigor através do *procedimento simplificado*, logo que ratificado por doze dos 25 países que o subscreveram. Os 'donos da Europa' fazem questão de continuar, na mesma via antidemocrática, a edificar uma *Europa imperialista*, ao sabor dos interesses do grande capital financeiro, o contrário de uma Europa assente na *cooperação* entre estados-membros com estatuto de igualdade, na *participação democrática* dos cidadãos europeus na definição do seu futuro, respeitadora dos direitos e da *dignidade* dos trabalhadores, dos povos e dos estados da Europa.

2 – Se a estes procedimentos acrescentarmos o conteúdo do próprio Tratado, sobram razões para afirmar que ele representa um passo novo no processo de construção de uma 'Europa' não democrática, pondo em causa não só a *democracia* mas também a *paz* na Europa.

No *Preâmbulo* fazem-se algumas considerações pias, falando dos objetivos do crescimento económico, do emprego e da coesão social. Mas as medidas previstas não têm nada que ver com esta agenda.

Tentarei uma síntese breve deste *Tratado Orçamental*, que vem transformar em lei o *princípio das finanças sãs*:

1) as contas públicas devem apresentar-se equilibradas ou excedentárias, não se admitindo que vá além de 0,5% do PIB o chamado *défice estrutural* (teoricamente,

o défice corrigido das variações cíclicas e líquido de medidas extraordinárias e temporárias), que, na prática, ninguém sabe muito bem o que é (circulam várias definições 'oficiais'), porque, conforme as instituições (UE, OCDE, FMI), ele é calculado segundo fórmulas matemáticas diferentes, que nunca dão o mesmo resultado;

2) esta *'regra de ouro' do equilíbrio orçamental* deve passar a constar de disposições legais vinculativas e de carácter permanente, de preferência a nível constitucional;

3) redução da dívida para o máximo de 60% do PIB no prazo de vinte anos, com a obrigação de a reduzir a uma taxa média anual de 5% enquanto se mantiver a situação de dívida excessiva;

4) caso a Comissão Europeia entenda que um estado-membro da Eurozona se encontra em situação de défice estrutural, o estado em causa terá de aplicar *automaticamente* um *mecanismo de correção*, ficando afastada qualquer possibilidade de intervenção dos parlamentos nacionais, para autorizar tal mecanismo ou para impedir o Governo de o executar;

5) os estados-membros que não cumpram estas disposições ficarão, sem mais, sujeitos à aplicação de sanções pelo Tribunal de Justiça da União Europeia (TJUE), passando por cima dos tribunais nacionais.

O TECG consagra ainda:

– a obrigação dos estados-membros de sujeitar as reformas significativas de política económica a *debate prévio* (não por parte dos cidadãos desses países, mas por parte das instâncias da UE) e, quando adequado, à *coordenação* entre elas, no quadro das instituições comunitárias;

– a obrigação dos estados que ultrapassem os limites estabelecidos para o défice público e para a dívida pública de submeter à Comissão e ao Conselho um *programa de reformas estruturais obrigatórias* (traduzindo: um programa de privatizações, enquanto houver 'matéria-prima'; alterações no sentido da flexibilização da legislação laboral; medidas de estrangulamento dos sistemas públicos de segurança social, de saúde e de educação);

– a obrigação das partes de comunicar previamente ao Conselho e à Comissão Europeia os respetivos planos de emissão de dívida pública;

– o direito da Comissão a analisar, antes de eles serem submetidos aos parlamentos nacionais, os orçamentos dos estados-membros.

Sem o mínimo pudor, o 'tratado' não resiste à tentação de legislar aquilo que sabe não corresponder à verdade: "o mecanismo de correção previsto respeita integralmente as prerrogativas dos parlamentos nacionais". Sem qualquer recato, o 'tratado' vem atribuir novas competências à Comissão Europeia e ao TJUE (que são instituições da UE), apesar de tal 'tratado' não ser subscrito por alguns estados-membros da UE.

São condições verdadeiramente intoleráveis, que não podem deixar de "corroer qualquer credibilidade democrática", como sublinha Jürgen Habermas.[1]

---

[1] Cfr. Habermas, *op. cit.*, 165-166.

3 – No caso português, a obrigação de reduzir a dívida para 60% do PIB em vinte anos (com uma redução à taxa média anual de 5% até se atingir o objetivo) implica, segundo os cálculos da Unidade Técnica de Apoio Orçamental (organismo que assessora a Assembleia da República), a necessidade de conseguir *saldos primários* (os saldos apurados sem contar os juros da dívida) anuais positivos de cerca de 3,5% do PIB durante os próximos 20 anos, meta que só é viável no pressuposto de uma taxa anual de crescimento do PIB de 4%.

Esta obrigação, associada à imposição do objetivo de reduzir, em curto prazo, o défice das contas públicas à taxa-limite de 0,5% do PIB, constitui um verdadeiro colete de forças para países como Portugal.

Com efeito, apesar da dureza destes quatro anos de 'austeridade' imposta pela *troika* e desejada pelo governo, a dívida pública aumentou para mais de 130% do PIB, e a Comissão Europeia admite que, em 2030, a dívida se mantenha pelo menos ao nível de 100% do PIB;[2] o melhor saldo primário alcançado não foi além de 0,4% do PIB; o PIB decresceu cerca de 6,5% entre 2009 e 2014, estando agora, a partir do fundo, a crescer à roda dos 2%. A taxa média de crescimento do PIB, tanto em Portugal como na Europa do euro, nos anos decorridos desde a chegada da moeda única, ronda zero por cento (pouco acima). O pressuposto de uma taxa anual de crescimento do PIB de 4% é, pois, um pressuposto não sério.

A verdade é que o objetivo de conseguir saldos primários positivos e crescentes obriga a cortar drasticamente nas despesas sociais (saúde, educação, segurança social, serviços públicos em geral), com a consequente destruição do estado social, aumento da desigualdade e da pobreza, destruição do mínimo de coesão social e consequente destruição da comunidade social em que assenta a soberania.

E obriga também a cortar no consumo público e no investimento público (incluindo em infraestruturas e investigação científica), o que não pode deixar de continuar a agravar as consequências negativas em termos do crescimento da economia e do emprego, agravando as dificuldades (já inultrapassáveis) de pagamento da dívida. Um verdadeiro círculo vicioso, que só deixa em aberto a total colonização do nosso País ou a saída do euro.

4 – Na minha ótica, este *Tratado Orçamental* perfila-se como um verdadeiro *pacto colonial*, um *pacto* através do qual as elites políticas das 'metrópoles' e das 'colónias', continuando a "enterrar a cabeça na areia" (Habermas), se conluiam para impedir a participação dos cidadãos europeus no governo da 'cidade' e nas decisões sobre o seu destino, impondo aos povos dos países mais fracos, sem os consultar, o seu próprio *subdesenvolvimento* e a sua própria *colonização*.

Ele visa, fundamentalmente, mais uma vez por portas travessas, consagrar ('constitucionalizar') o *neoliberalismo* e as *políticas de austeridade para todo o sempre*, matando o *estado social* e tornando o crescimento impossível para muitos países.

---

[2] Cfr. *Country Report Portugal 2015*, 26.02.2015.

Ora, sem desenvolvimento económico faltarão as receitas indispensáveis para o *investimento no futuro* (os investimentos estratégicos na educação, na saúde, na investigação científica, na segurança social, nos transportes públicos, na habitação social e em todos os serviços públicos associados à qualidade de vida e ao desenvolvimento sustentado). Estes direitos (constitucionalmente consagrados) transformar-se-iam em um luxo inacessível aos povos 'colonizados'.

Países como Portugal (e os 'países do sul') sofreriam um brutal *retrocesso civilizacional*, vendo inviabilizada a sua capacidade de desenvolvimento autónomo.

Como mostrou o filósofo e historiador português António Sérgio, a burguesia portuguesa foi sempre, historicamente, uma *burguesia parasita*, incapaz de realizar o papel de classe dinamizadora da acumulação do capital, que lhe coube nos países que passaram por revoluções burguesas a sério. No nosso país, a burguesia sempre viveu de *rendas*, as rendas fáceis de uma qualquer *Índia*, quer a Índia propriamente dita (que proporcionou a riqueza do comércio das especiarias), quer o Brasil (e o ouro que de lá veio, e os escravos africanos que para lá foram levados), quer as colónias africanas. Mais recentemente, as *rendas* resultantes dos fundos da CEE/UE (antes, da Europa já tinham vindo, aos milhões, as remessas dos emigrantes), as *rendas* da especulação bolsista e da especulação imobiliária, as *rendas* resultantes das posições monopolistas dos grupos económicos nos sectores de bens não transacionáveis (distribuição, energia, comunicações, obras públicas...), as *rendas* das parcerias público-privadas, as *rendas* da corrupção institucionalizada.

Em Portugal e em países com idêntica estrutura económica e social, o objetivo do crescimento e do emprego exige, pois, *reformas estruturais* radicalmente diferentes das que decorrem do breviário neoliberal, reformas que passam pela alteração do estatuto esquizofrénico do BCE; pela flexibilização das regras 'estúpidas' e 'medievais' do PEC; pela alteração do estatuto do euro; pela utilização da capacidade de financiamento do BEI; pela ampliação do orçamento comunitário; pelo reforço e facilitação do acesso aos fundos estruturais da UE; pelo cumprimento das regras do jogo por parte dos países com saldos positivos das suas balanças de pagamentos; pelo combate ao *dumping fiscal* no seio da UE; pelo controlo pelo estado da poupança nacional e do seu destino; pela colocação da banca ao serviço da economia; pelo aumento dos salários e pela garantia dos direitos dos trabalhadores; pelo reforço do papel do estado em sectores estratégicos da economia; pelo aumento do investimento do estado, nomeadamente em infraestruturas e nos sectores da investigação científica, da educação e da formação profissional; pelo apoio às pequenas e médias empresas e às empresas exportadoras, às atividades da pesca e da agricultura; pelo apoio ao emprego dos jovens, para evitar que continue a hemorragia emigratória de jovens (sobretudo de jovens qualificados, cuja formação pagámos), ao ritmo de cem mil por ano (é *o futuro a emigrar de Portugal*).

Em Portugal, qualquer estratégia de desenvolvimento só será viável se por detrás dela estiver um estado radicalmente diferente daquele que pretende o *Tratado Orçamental*, um estado dotado dos meios indispensáveis para promover as referidas *reformas estruturais*, um estado capaz de garantir a *subordinação do poder económico-financeiro ao poder político democrático*, como manda a CRP.

A 'Europa' para que aponta o *Tratado Orçamental* só pode ser uma *Europa de servos*, que nunca poderá ser uma Europa de desenvolvimento e de paz. Não é exagero, por isso mesmo, afirmar que este Tratado constitui uma séria ameaça à democracia e à paz na Europa.

5 – Em declaração pública, o Primeiro-Ministro britânico afirmou que este tratado traduz o propósito de *tornar ilegal o keynesianismo*. E a verdade é que ele tem razão, embora não se perceba tal preocupação por parte de um neoliberal assumido. De resto, como se diz atrás, esta ideia de 'matar' Keynes está na raiz do processo de integração europeia, logo no Tratado de Roma, em 1957, em pleno apogeu do keynesianismo.[3]

Creio, porém, que é necessário ir mais longe. Porque o que está em causa, verdadeiramente, é a *ilegalização da democracia*, num *Tratado* que transforma em normas jurídicas (que 'constitucionaliza') pontos de vista doutrinários em matéria de política económica. Com efeito, a *regra de ouro* das *finanças sãs* (que, até há poucos anos, todos os manuais ridicularizavam...) bem como outras 'regras' impostas pelos Tratados estruturantes da UE (a regra da independência dos bancos centrais, os requisitos do PEC, etc.) são meras sínteses das *opções políticas* do grande capital financeiro, as opções que têm servido de base à *política de globalização neoliberal*, transformadas, como que por magia, em *normas jurídicas*, de nível 'constitucional', aprovadas sem ouvir o povo soberano.

Na minha leitura, estas *regras* (*normas-travão*) são as *regras do jogo* impostas à economia real e aos cidadãos pelo sector dominante da classe dominante do *capitalismo de casino* e visam garantir que os eleitos para cargos políticos (nos parlamentos ou nos governos) não tenham a veleidade de pretender honrar o mandato popular que receberam dos seus eleitores, prosseguindo políticas que não respeitem as *regras do jogo*. A mensagem que se quer fazer passar para os cidadãos da 'Europa' é clara: podem eleger partidos de direita ou partidos de esquerda, mas aqueles que forem eleitos ficam impedidos de respeitar aquele mandato, amarrados que estão por estas *regras* decorrentes do figurino neoliberal. Lembra a 'história' que se conta de Henry Ford dirigindo-se aos compradores dos seus automóveis: podem escolher qualquer cor, desde que seja a preta.

A famosa *Regra de Friedman* é a ilustre antepassada de todas as *regras de ouro* consagradas nos Tratados da UE. Ela traduz a tese segundo a qual os países deveriam ser privados da capacidade de emitir moeda discricionariamente, segundo a análise política feita pelos órgãos competentes do poder político democrático, para prosseguir objetivos políticos definidos por estes mesmos órgãos. Esta capacidade de decisão política deveria ser substituída por uma *regra* (desejavelmente de natureza constitucional), nos termos da qual o banco

---

[3] Cfr. o meu livro *A Constituição Europeia...*, *op. cit.*, 132. O Tratado de Maastricht significou um passo de gigante nesse sentido.

emissor só poderia emitir moeda nova em medida igual à da taxa de crescimento do produto, acrescida de uma margem de 2%-3%. Nunca ninguém levou a sério esta proposta de Milton Friedman. Em vida, ele teve o azar de ver as suas teorias submetidas à prova da realidade, e muitos autores concluíram que as suas teorias estavam erradas (alguns acusaram-no mesmo de viciar dados estatísticos). Depois de morto, talvez o professor de Chicago comente: a vingança serve-se fria...

A imposição *destas regras* visa tornar imperativas, para todos os governos, as famosas *reformas estruturais* (que, em todos os 'púlpitos', os 'teólogos' do neoliberalismo declaram essenciais para a 'salvação do mundo'). São reformas contra os trabalhadores e a favor do capital, que combatem os desempregados em vez de combaterem o desemprego e, muito menos, de promoverem o pleno emprego.

Porque os interesses e a ideologia dominantes não querem estas políticas. Um antigo ministro espanhol da economia confessa isto mesmo (em 1996) num livro em que analisa a sua experiência em um Governo do PSOE: "a redução do desemprego, longe de ser uma estratégia de que todos sairiam beneficiados, é uma decisão que, se fosse levada à prática, poderia acarretar prejuízos a muitos grupos de interesses e a alguns grupos de opinião pública".[4] Quer dizer: as políticas ativas de combate ao desemprego e de promoção do emprego não são levadas a sério porque o *desemprego interessa a muitos grupos de interesses*, os interesses ligados ao grande capital, que, enfraquecendo os trabalhadores e as suas organizações, podem reforçar as condições da sua exploração.

6 – Esta problemática foi abordada, do ponto de vista teórico, por Michael Kalecki, num lucidíssimo ensaio publicado há mais de setenta anos (1943), no qual analisa os *aspetos políticos do pleno emprego*. Dada a sua atualidade, vale a pena recordar as linhas gerais da tese defendida pelo economista polaco.[5]

Em moldes semelhantes aos de Keynes, Kalecki admite que as economias capitalistas podem garantir o pleno emprego, desde que o estado leve a cabo políticas ativas com esse objetivo, baseadas em *despesas de investimento* em áreas que não concorram com os investimentos privados (escolas, hospitais, rede viária, etc.) e em despesas que se traduzam em apoios ao *consumo de massa* (transferências para as famílias, diminuição dos impostos sobre o consumo, subsídios para manter baixos os bens de primeira necessidade...), despesas que devem ser financiadas através do recurso ao crédito e não com receitas provenientes dos impostos.

Sendo óbvio que as situações de pleno emprego beneficiam não apenas os trabalhadores mas também os empresários (as vendas aumentam e os lucros também), importa esclarecer as razões que levam o capital (e os 'especialistas' ao seu serviço) a opor-se tão terminantemente às políticas de pleno emprego. Kalecki enuncia três ordens de razões: 1) o capital não gosta que o estado intervenha no problema do emprego enquanto tal; 2) não gosta também do tipo de despesas

---

[4] *Apud* V. NAVARRO; LÓPEZ; ESPINOSA, *op. cit.*, 8384.
[5] Ver M. Kalecki, *Op. cit.*

públicas envolvidas (investimento público e subsídios ao consumo); 3) não gosta, sobretudo, das consequências sociais e políticas que são de esperar da *manutenção de situações estáveis de pleno emprego*.

O pensamento liberal sempre viu com maus olhos a 'intervenção' do estado na economia. Mas é particularmente agressiva a oposição do capital às *políticas ativas de criação de emprego*, com o objectivo de promover o *pleno emprego*. E a razão é esta. Numa economia 'separada' do estado, confiada à *mão invisível*, os liberais defendem que tudo depende do *nível de confiança* dos empresários-investidores relativamente ao rumo dos negócios ditado pelas 'leis do mercado'. Se este dogma não for posto em causa, o capital goza de grande poder de controlo sobre as políticas públicas, invocando sempre que o melhor é o estado deixar correr (o velho *laissez-faire*...), porque qualquer ação sua pode afetar negativamente o *nível de confiança* dos empresários, provocando a diminuição do investimento privado, da produção e do emprego.

Daí o perigo das políticas ativas de pleno emprego, na ótica do capital: elas põem em causa aquele *dogma* e anulam este *poder de controlo*.

O capital receia também que o estado 'tome o gosto' pelo investimento e comece a nacionalizar alguns sectores da economia, como os transportes e os serviços públicos em geral, o que permitiria colocá-los ao serviço do objetivo de apoiar o consumo de massa.

Acresce que, segundo a 'ética capitalista', cada um deve ganhar o pão com o suor do seu rosto (a não ser que seja rico...), o que justifica o anátema lançado sobre este tipo de subsídios (conformes à lógica keynesiana de fortalecer e estabilizar a *procura efetiva* das famílias), que alimentam a *preguiça natural das classes trabalhadoras* (*slogan* classista que se vem mantendo desde o século XVIII até hoje).

Especialmente perigosas são, na perspetiva do capital, as políticas que visam *manter situações estáveis de pleno emprego*, apesar de, nas situações de pleno emprego, serem de esperar lucros mais elevados para as empresas. O perigo reside em que as situações referidas provocam alterações sociais e políticas (aumento da autoconfiança e reforço da consciência de classe por parte dos trabalhadores) que anulam a importância estratégica dos *despedimentos* como arma capaz de impor a disciplina nas empresas e de garantir a vitória da parte mais forte nas relações industriais. Nas palavras de Kalecki, "a *disciplina nas empresas* e a *estabilidade política* são mais apreciadas pelos homens de negócios do que os lucros", porque "o seu instinto de classe lhes diz que o pleno emprego duradouro é algo de perverso e que o desemprego é uma parte integrante do sistema capitalista 'normal'".[6]

À luz destas considerações, pode compreender-se que, mesmo durante os anos da Grande Depressão, o grande capital se tenha oposto sistematicamente às políticas ativas de criação de emprego, tanto nos EUA (New Deal) como na França do Governo da *Frente Popular* e até na Alemanha antes da tomada do

---

[6] Cfr. KALECKI, *op. cit.*, 425.

poder pelo partido nacional-socialista. Só no quadro do fascismo esta posição do grande patronato deixou de manifestar-se. Michael Kalecki observou, a propósito, que uma das importantes funções do nazifascismo foi precisamente a de "remover as objeções capitalistas ao pleno emprego". Com o fascismo, desapareceu o medo das despesas públicas, porque o estado era uma espécie de 'sociedade' entre o partido fascista e o *Big Business* e porque uma grande parte das despesas públicas eram despesas militares (em armamento e na máquina de guerra). Por outro lado, o aparelho repressivo do estado fascista garantia a *disciplina nas empresas* e a *estabilidade política*: "a pressão política substitui a pressão económica do desemprego".

Deixando de lado as situações de *fascismo declarado*, a ideologia (neo)liberal e o grande capital continuam a opor-se às políticas keynesianas de pleno emprego, sustentando, com base no dogma do *desemprego voluntário*, que a solução está em fazer desaparecer as *imperfeições do mercado* (liberdade sindical, contratação coletiva, salário mínimo garantido, subsídio de desemprego, direitos sociais dos trabalhadores, sistema público de segurança social), confiando nas 'leis do mercado' para conseguir situações de equilíbrio com pleno emprego em todos os mercados. É o *fascismo de mercado*, assente no reforço do que Bourdieu chamou a *mão direita do estado* (o seu aparelho repressivo) e amputando a sua *mão esquerda* (educação, ciência, cultura, saúde, segurança social), a *mão que semeia o futuro*.

Os que, dentro das hostes neoliberais, vão mais longe admitem que o estado tome medidas para *reduzir o desemprego* em situações de crise grave (social e politicamente perigosas), mas continuam a rejeitar *políticas ativas* que visem o *pleno emprego* e a sua manutenção. E, mesmo quanto àquelas medidas, defendem que elas não devem orientar-se para o *investimento público* nem para o apoio ao *consumo de massa*, devendo antes ser *medidas de estímulo ao investimento privado* (baixa das taxas de juro, redução do imposto sobre as pessoas coletivas, redução das contribuições patronais para a segurança social, subsídios a fundo perdido aos investidores, flexibilização da legislação laboral...). O estado deve limitar-se a oferecer dinheiro e condições favoráveis para que o capital privado continue dono e senhor da economia e da vida dos trabalhadores.

A requentada *regra de ouro* do *equilíbrio orçamental*, a menina dos olhos do discurso neoliberal e ponto forte do perigoso *Tratado Orçamental*, tem aqui a sua explicação. Nenhum argumento teórico a justifica. Ela é uma pura decorrência dos dogmas da *ideologia dominante*, a ideologia que serve aos interesses da *classe dominante*. "A função social da doutrina das *finanças sãs* – escreve Kalecki – é tornar o nível de emprego dependente do *nível de confiança*", ou seja, é impedir que o estado adote *políticas ativas* de combate ao desemprego e, sobretudo, de promoção do crescimento e do emprego, porque tais políticas, segundo a confissão do ministro espanhol atrás citado, "poderiam acarretar prejuízos a muitos grupos de interesses e a alguns grupos de opinião pública" (os 'especialistas' e os fazedores de opinião pagos para defender a 'boa doutrina', a 'verdade verdadeira' dos dogmas ditados e impostos pelo grande capital financeiro).

Pela minha parte, a presente crise do capitalismo e o comportamento dos poderes políticos do capitalismo, privilegiando políticas que agravam a crise e multiplicam o desemprego, declarando guerra aos desempregados em vez de combater o desemprego, vieram reforçar a razão desta observação de Michael Kalecki, datada de 1943: "A luta das forças progressistas a favor do pleno emprego é ao mesmo tempo um modo de *prevenir* o regresso do fascismo".[7]

7 – O processo de integração europeia tem sido, na leitura de Habermas, um processo de "expropriação das entidades soberanas democráticas por poderes executivos", processo que Frédéric Lordon classificou como uma "gigantesca operação de subtração política (...), de subtração de soberania popular", que "é tão somente o outro nome da própria democracia", pelo que "a negação da soberania é mesmo a negação da democracia na Europa".[8]

Os órgãos do poder político eleitos pelo voto democraticamente expresso dos cidadãos já hoje são pouco mais do que marionetas comandadas a partir de Bruxelas ou de Frankfurt (ou a partir de Berlim, via Bruxelas e Frankfurt): não podem decidir sobre a emissão de moeda; não podem desvalorizar a moeda; dependem dos 'mercados' para se financiar (como qualquer *pessoa* ou empresa – uma verdadeira 'privatização' dos estados-membros da zona euro); não podem fixar e controlar as taxas de juro; não podem optar por um determinado nível de inflação suscetível de ajudar o crescimento económico; não podem decidir sobre o nível da despesa pública, sobre o montante do défice das contas públicas ou sobre a dimensão da dívida pública.

Pois bem. Este *processo de expropriação da soberania e da democracia* dos estados-membros mais fracos da UE deu um passo de gigante com este *Tratado Orçamental*, que é, como tudo o que de relevante vem acontecendo na UE desde Maastricht, "um modelo político de marca alemã", que tem de ser visto não como a proposta de uma "Alemanha cooperante", mas como a afirmação de "uma clara pretensão de liderança" por parte da *Alemanha alemã*, numa "Europa marcada pelos alemães".[9]

Este Tratado e o radicalismo que ele traduz são, com efeito, o fruto maduro da política de uma Alemanha que, perante as dificuldades, 'aconselha' os gregos a vender o Parthénon e as ilhas do Mar Egeu, e os portugueses a embarcar na "jangada de pedra" (tomando o título de um livro de José Saramago) rumo ao Brasil (para se juntarem aos índios da selva amazónica, pensarão eles...).

Ignorando que a raiz dos problemas que afligem os povos europeus está, como se torna cada vez mais claro, na natureza e na estrutura desta *Europa do*

---

[7] Cfr. *Op. cit.*, 423, 430.
[8] Cfr. F. Lordon, "Sair do euro..., *op. cit.*, 12. Um dos ministros do governo de François Hollande (Benoît Hamon, entretanto demitido) confessou, numa entrevista (jornais de 09.04.2013), a sua "impressão de que uma política de esquerda ou de direita apenas doseia de forma diferente os mesmos ingredientes". É o preço a pagar por quem assumiu, com 'grande sentido de estado', a responsabilidade da *gestão leal do capitalismo* e continua cegamente a defender as regras do jogo impostas pelo Tratado de Maastricht e a aprovar os instrumentos destinados a tornar irreversível o caminho aberto em Maastricht.
[9] Cfr. HABERMAS, *op. cit.*, 73, 163-169.

capital, o *Tratado Orçamental* dá mais um passo no sentido da acentuada diminuição da já reduzida democraticidade de funcionamento da UE. O 'governo' dos países mais fracos passa para as mãos de *órgãos executivos* constituídos por burocratas que escapam ao controlo democrático, prosseguindo o processo de substituição da *política* (e da *prestação de contas* que lhe é inerente em democracia) pela aplicação mecânica e cega de *regras* (verdadeiros *dogmas* indiscutíveis, como é próprio dos dogmas) plasmadas neste e nos demais Tratados estruturantes da UE, todos praticamente petrificados, imutáveis, aspirando à eternidade.

Este *Tratado* é fruto da arrogância das autoridades da UE e dos países dominantes no seio da UE, que se recusam a ter em conta as críticas feitas às deficiências estruturais da UEM (que a presente crise tornou visíveis a olho nu), persistindo em ignorar o indesmentível "fracasso de uma fantasia".[10] Só esta atitude de 'negação' explica que se insista no erro de impor as *mesmas regras* (saídas da cabeça de tecnocratas iluminados e muito sensíveis aos interesses do grande capital financeiro) a países com situações e com histórias completamente diferentes, ignorando que a política não pode reduzir-se à *aplicação mecânica* de *regras iguais para todos*.

Os seus mentores continuam a pensar que a *crise do euro* (a *crise da 'Europa'*) não tem nada que ver com a *crise do capitalismo* que teve início em 2007-2008, imputando as *culpas* da 'crise' aos *povos do sul*, acusados de viver acima das suas posses. Só assim se compreende que toda a sua lógica assente na condenação dos 'pecadores' por 'pecados' que não cometeram, impondo-lhes *programas de austeridade perpétuos* que destroem as suas economias, põe em causa as regras do estado de direito democrático e mina as bases da sua soberania.

Um dos dogmas do monetarismo neoliberal é o da *morte da política económica* (a *morte da política*, sem mais). Porque as *leis naturais do mercado* (a reinventada *mão invisível*) resolvem tudo sem erro possível, para além do justo e do injusto, e porque os agentes económicos privados dispõem da mesma informação do estado, o que lhes permite antecipar as medidas de política económica e os seus efeitos e agir como *agentes económicos racionais*, adotando comportamentos que anulam os efeitos das políticas públicas, tornando-as *neutras* em relação à economia, e por isso *desnecessárias* (é a *teoria das expectativas racionais*, a fina flor do monetarismo).

Em conformidade com estes pontos de vista, o *Tratado* e as suas 'regras' impedem os estados em situação de recessão económica e de desemprego generalizado de adotar *políticas ativas anticíclicas*, apoiadas em investimentos públicos que promovam o investimento privado e a criação de riqueza e de emprego e em políticas sociais que fortaleçam e estabilizem a procura interna das famílias e evitem, deste modo, a falência de muitas pequenas e médias empresas e o consequente aumento do desemprego.

---

[10] Cfr. KRUGMAN, Quando..., *op. cit.*

8 – Como Habermas sublinha, nos termos deste *Tratado*, "os chefes de governo comprometeram-se a implementar nos seus respetivos países um catálogo de medidas a nível da política financeira, económica, social e salarial que, na realidade, seria da competência dos Parlamentos nacionais (ou dos parceiros sociais)".

Por outro lado – continuo a acompanhar Habermas –, "o direito da Comissão a analisar *atempadamente*, portanto antes das decisões dos Parlamentos, os orçamentos dos estados-membros" "afeta competências fundamentais dos estados-membros e dos seus Parlamentos", o que traduz "a arrogância de criar um precedente eficaz". Para os cidadãos dos estados-membros (especialmente os mais fracos), fica a suspeita de "os seus governos nacionais serem apenas atores no palco europeu" e de os parlamentos nacionais "se limitarem a aprovar obedientemente (...) as decisões prévias tomadas noutro lugar".

Atualmente, as sanções têm que ser aplicadas por voto da maioria qualificada do Conselho Europeu que represente pelo menos 2/3 dos estados-membros e 62% da população da UE. Este *Tratado* 'imperial' determina, porém, que, em caso de incumprimento das suas 'regras', os países (os mais fracos, claro) ficam sujeitos a *sanções automáticas*, aplicadas pela 'eurocracia', sem necessidade de qualquer votação. E ficam ainda sujeitos a 'penas' aplicadas diretamente pelo TJUE, ignorando os tribunais dos estados-membros envolvidos, que são *órgãos de soberania* desses países.

A 'filosofia' inspiradora do *Tratado Orçamental* é a mesma que, à escala mundial, vem destruindo a coesão social com base em políticas que garantem tudo ao capital (incluindo a impunidade pelos crimes cometidos, muitas vezes verdadeiros *crimes contra a humanidade*) e negam todos os direitos que os trabalhadores foram conquistando ao longo de séculos. Este *Tratado Orçamental* ilustra bem o que é a *ditadura do grande capital financeiro*.

Partindo da ideia de que os problemas dos 'países devedores' radicam essencialmente nos défices das contas públicas, este *Tratado* pretende negar que aqueles problemas são *problemas do euro*, são problemas da Eurozona, que têm a sua raiz na estrutura da UEM, nos défices comerciais dos países em dificuldade (que alimentam os saldos positivos da Alemanha) e nas dívidas da banca e das grandes empresas privadas. São problemas da "Europa como ela é" (Jacques Chirac).

E 'esquece' que, em todos os países devedores, os problemas relacionados com o défice público e com a dívida pública (melhor, da *dívida externa*, *pública* e *privada*) ganharam relevo, em boa parte, como 'efeitos colaterais' do *crime sistémico* (verdadeira marca de água do capitalismo mundial) e aumentaram por efeito da crise e do *tratamento de choque* que foi imposto aos 'pecadores'.

Para que serve, afinal, este dramático *Tratado Orçamental*? Alguém acredita que a Alemanha (ou a França, e mesmo a Itália, a Espanha e até a Polónia) submeta as suas políticas económicas a debate prévio e à coordenação com as de outros países, no quadro das instituições comunitárias, passando por cima dos parlamentos nacionais? Alguém concebe que a Alemanha (ou a

França e outros países da UE) sofra algum dia as consequências do referido mecanismo automático de correção? Quem esquece que a Alemanha, tão rigorosa para com os 'povos inferiores', foi o primeiro estado-membro a violar, grosseira, ostensiva e impunemente o Pacto de Estabilidade e Crescimento? Alguém pode acreditar que o Tribunal Constitucional alemão deixe que seja a Comissão Europeia a decidir sobre o orçamento da Alemanha, matéria que é da competência do Parlamento alemão? De todo o modo, não é crível que os países mais fortes (os atrás referidos) aceitem submeter-se a esta indignidade. Os visados são, é claro, os 'bárbaros do sul'.

Se vier a ser aplicado, este *Tratado Orçamental* será, pois, uma 'lei de funil'.[11]

9 – Os objetivos do *Tratado Orçamental* vêm sendo, aliás, prosseguidos por outros meios, sub-repticiamente, enganando os povos. E, como sempre, com o apoio (ou com a cumplicidade) de todos os defensores desta *Europa do capital*.

Como é sabido (embora as negociações decorram em ambiente sigiloso), os chefes de estado e de governo vêm negociando, há anos, um *Acordo de Parceira Transatlântica* com os EUA.[12] Pelo que se pode ler em algumas publicações mais atentas aos meandros da integração europeia, os mesmos 'chefes' vêm articulando entre si a criação de novos instrumentos destinados a liquidar de vez a autonomia de decisão dos estados-membros da UE, em especial daqueles que dependem do recurso a empréstimos externos e dos recursos provenientes dos fundos comunitários.

Falam alguns de *Instrumentos de Convergência e de Competitividade*, que não passam de uma espécie de 'contratos' a celebrar entre a Comissão Europeia e os

---

[11] Em 2003-2004 a Alemanha foi o primeiro estado-membro da UE a não cumprir o Pacto de Estabilidade e Crescimento. Logo seguida da França, pela mesma altura. A economia alemã não crescia e o desemprego atingia taxas preocupantes: 8,7% em 2002; 9,8% em 2003; 10,5% em 2004 e 11,3% em 2005. Não admira, por isso, que, em julho de 2003, quando enfrentava um procedimento por défice excessivo movido pela Comissão Europeia, o Ministro das Finanças alemão (Hans Eichel) tenha declarado que "a estabilidade não é a prioridade agora, aquilo de que nós precisamos é de crescimento".
Pouco tempo depois, em 04.09.2003, foi a vez de o Primeiro-Ministro da França (Jean-Pierre Raffarin) dizer, em entrevista à TF1, que o PEC poderia ser "muito importante", mas que o seu "primeiro dever" era o de assegurar trabalho aos franceses, pelo que não iria sacrificar este objetivo às exigências 'contabilísticas' da Comissão Europeia, que recomendava aos governos destes dois países o reforço das medidas de austeridade (menor despesa pública, flexibilização da legislação laboral, cortes nas pensões).
A 'história' acabou com a 'derrota' da Comissão, uma vez que a Alemanha e a França, cada uma com dez votos nas votações por maioria (juntamente com o RU e a Itália), conseguiram facilmente os aliados necessários para conseguir a minoria de bloqueio (26 votos em 87 possíveis) que inviabilizou as pretensões da Comissão Europeia. Pois bem. Em novembro de 2014 enfrentam formalmente procedimentos por défice excessivo oito países da zona euro: Chipre, Eslovénia, Espanha, França, Grécia, Irlanda, Malta e Portugal. Mas, como a Áustria e a Itália estão na mesma situação, são dez dos dezoito estados da zona do euro que não cumprem as exigências do PEC. Neste mesmo mês de novembro de 2014, a Comissão avisou cinco estados-membros de que as suas propostas de orçamento para 2015 eram inaceitáveis. Fê-lo por *carta secreta*, certamente por entender que o segredo é a alma dos negócios e por querer esconder dos povos da Europa as políticas que ela impõe, contra o crescimento e contra o emprego. A Itália respondeu tornando pública a *carta secreta*. E a Comissão ficou furiosa, como se deduz da reação dos seus responsáveis ao mais alto nível.
Vamos ver como acaba esta história, porque, agora, a França está entre os 'faltosos', mas a Alemanha joga por fora. Será que a Alemanha via ganhar? Seria uma grave derrota para os povos da Europa. Talvez as coisas se 'acertem' entre 'amigos', porque a Alemanha também não cresce e as suas 'vitórias' sobre os povos 'colonizados' podem repercutir-se negativamente na saúde da sua economia, pondo em causa a paz social.

[12] Ver uma pequena nota sobre este Acordo em A. J. Avelãs Nunes, "O euro...", *op. cit.*, 115-120.

estados-membros: aqueles que precisarem do apoio financeiro da Comissão serão obrigados a assinar contratos mediante os quais se comprometem a executar *reformas estruturais* (*reformas macroeconómicas*), que se anuncia consistirão, como é 'natural', em medidas destinadas a 'aliviar' as empresas de uma parte dos custos do trabalho (descontos para a Segurança Social), a 'estimular o investimento' com base em incentivos fiscais, a 'flexibilizar' o mercado de trabalho (inviabilizando a contratação coletiva e facilitando os despedimentos).

Há quem defenda que os 'auxílios' financeiros por parte da Comissão podem ser concedidos a partir de um fundo especial alimentado pela receita de uma taxa sobre as transações financeiras, tão prometida e nunca concretizada. Outros dizem que o risco para apanhar os desprevenidos poderá consistir na apresentação das medidas de apoio por parte da Comissão como um primeiro passo no sentido da *mutualização das dívidas nacionais* (da emissão de *dívida pública da união europeia*). Os estados mais débeis poderiam deste modo obter crédito mais barato, mas seriam *obrigados* a adotar os programas impostos pela Comissão Europeia, que ganharia poderes que se sobrepõem aos parlamentos e aos governos destes *estados-súbditos*.

Ao fim e ao cabo, trata-se de *perpetuar as troikas*, cometendo à Comissão Europeia as suas funções, mesmo em situações que não sejam situações de crise. Na Cimeira Europeia de 19-20 de dezembro de 2013, os 'donos da Europa' terão chegado a um acordo de princípio relativamente a estas medidas. É mais um passo grave na destruição da Europa solidária, da Europa dos povos.

Frédéric Panier não hesita em sustentar que, se forem levados à prática, tais 'contratos' (contratos desiguais, contratos leoninos, contratos imorais) "podem tornar-se a arma mais poderosa jamais confiada às instituições europeias para desmantelar os estados sociais". Antes desta Cimeira, o Presidente do Partido Socialista Europeu terá dito que os projetos em análise poderão "fazer desaparecer as disposições sociais em todos os estados-membros, um atrás do outro, medida após medida". E o líder dos liberais no Parlamento Europeu terá vaticinado igualmente que o sistema em discussão na referida Cimeira poderá anunciar a "morte da Europa".

Pelos vistos, há quem esteja a par do que se trama nos corredores de Bruxelas e em outros corredores que fazem parte do mesmo labirinto. Será que, tão 'europeus' como eles são, uns e outros (socialistas e conservadores), irão fazer alguma coisa para evitar a "morte da Europa"? Será que, tão defensores do estado social como dizem ser, os socialistas europeus vão fazer alguma coisa para evitar a sua morte, "em todos os estados-membros, um atrás do outro, medida após medida"? Aceitam-se apostas...[13]

10 – Depois do debate suscitado, sobretudo na França, durante o período que antecedeu o referendo sobre a chamada constituição europeia e tendo em conta os resultados desastrosos das políticas neoliberais adotadas pela Comissão Europeia

---

[13] Os dados aqui utilizados foram colhidos em PANIER, Arranjos..., *op. cit.*

e pelo BCE, sob a batuta da Alemanha, para combater a crise, seria de esperar que, desta vez, ao menos na França, os socialistas viessem dizer que o *Tratado Orçamental* devia ser pura e simplesmente posto de lado, porque a 'regra de ouro' e outras 'regras' que ele contém constituem um verdadeiro "golpe de estado europeu" (R.-M. Jennar), arrastam consigo um entrave estrutural ao desenvolvimento da Europa e condenam os países mais débeis ao 'subdesenvolvimento' e a um verdadeiro estatuto colonial.

Esta expectativa foi alimentada pelo facto de o candidato François Hollande ter afirmado, durante a campanha eleitoral para a Presidência da República, que o seu 'inimigo' era o sistema financeiro e ter prometido que tal *Tratado* não seria aprovado pela França se as políticas de crescimento e de emprego não passassem a ser a primeira preocupação da UE. E a verdade é que, após a eleição de François Hollande para a Presidência da República Francesa, pôs-se em marcha uma nova operação de propaganda ideológica, cuja música de fundo tinha como nota dominante a afirmação de que o crescimento e o emprego iriam passar a estar na ordem do dia das políticas da UE.

Puro engano. Se, em Portugal, o PS votou favoravelmente o Tratado na Assembleia da República dizendo que o fazia com absoluta paz na consciência (embora gostasse de ver uma adenda sobre o crescimento e o emprego...), também os deputados socialistas franceses o votaram na Assembleia Nacional, talvez nem todos em paz com a sua própria consciência, mas pressionados por Hollande, como bom seguidor da *religião TINA (There IS No Alternative)* fundada pela Srª Thatcher...

Poucos terão esperado, certamente, que Hollande viesse dizer que a política de promoção do crescimento e do emprego deve assentar na alteração profunda das *regras alemãs* do Tratado de Maastricht, na regulamentação e controlo da atividade bancária, em medidas ativas de combate ao desemprego e de promoção do emprego apoiadas em investimento público estratégico, na defesa do estado social, do direito à contratação coletiva e, em geral, dos *direitos fundamentais dos trabalhadores*.

Estas deveriam ser as verdadeiras *reformas estruturais* e não aquelas de que sempre nos falam quando pensam em esvaziar os direitos inerentes ao sistema de segurança social, em asfixiar a escola pública e o serviço público de saúde, em anular a contratação coletiva, em baixar os salários, em aumentar a precariedade do emprego, em facilitar os despedimentos, em reduzir o montante do subsídio de desemprego e o prazo durante o qual é pago.[14]

E, descontadas as operações de *marketing* destinadas à diferenciação dos 'produtos' apresentados no mercado dos votos, muito poucos terão esperado que o Governo de Hollande fizesse assentar a 'política de austeridade' no combate à

---

[14] Em Portugal, apenas cerca de 34,5% dos trabalhadores desempregados recebem subsídio de desemprego: mais de 500 mil trabalhadores desempregados não recebem qualquer subsídio. E este número tem vindo a aumentar, o que evidencia o 'êxito' das *políticas de austeridade* impostas aos trabalhadores para os empobrecer e degradar socialmente.

corrupção, à fuga ao fisco e à fraude fiscal; no encerramento dos *paraísos fiscais*; na tributação das transações financeiras e dos ganhos especulativos, enfim, na "eutanásia do rendista" (de que falava Keynes), pondo termo a todas as *rendas* de que vive o capital financeiro.

Pierre Moscovici – que era vice-presidente do *Cercle de l'Industrie*, organização que representa os principais grupos industriais franceses, antes de ser diretor de campanha de Hollande, Ministro da Economia e das Finanças do Governo francês, e, agora, Comissário Europeu – teve o cuidado de esclarecer, durante a campanha eleitoral, que, se Hollande ganhasse as eleições, os défices públicos seriam reduzidos a partir de 2013, aquém de 3% do PIB, "custe o que custar". E está a custar mais recessão, mais desemprego e mais cortes no estado social, sacrificando os trabalhadores.

Como sublinha Perry Anderson, uma vez eleito, François Hollande tornou-se "o intendente francês" do "sistema neoliberal europeu", pelo que esperar dele "um pouco mais de independência económica ou estratégica já será uma vitória da esperança sobre a experiência".[15] A *experiência*, porém, parece estar a confirmar-se, à custa da *esperança*. O Presidente François Hollande comportou-se como vêm fazendo há anos os políticos e os partidos burgueses (que se autointitulam do 'arco da governação'): fez exatamente o contrário do que tinha prometido ao povo francês que o elegeu, 'obrigando' os deputados socialistas a aprovar o referido tratado na Assembleia Nacional.

11 – Em mais uma operação de propaganda, o Conselho Europeu de 28.06.2012 aprovou, por proposta de Hollande, o *Pacto para o Crescimento e Emprego*. Encerrou com 'chave falsa' o espetáculo encenado para fazer de contas que a UE passava a preocupar-se com o crescimento e o emprego. O *Tratado Orçamental* continua de pé, apesar de ele ser, como disse atrás, um verdadeiro *pacto colonial*, um *pacto de subdesenvolvimento*, incompatível com o crescimento económico e com o crescimento do emprego.

O *Pacto para o Crescimento e Emprego* não passa de uma *merkolandía*, uma 'mercadoria' inventada pela dupla Merkel e Hollande para calar a (má) consciência de Hollande e para 'legitimar' o dito *Tratado Orçamental* imposto pela chanceler alemã. É um gesto platónico e uma solução caricata, de rematado *non sense*, que põe em causa seriamente a credibilidade das instituições comunitárias e das políticas comunitárias. Com os dois Tratados em vigor simultaneamente, tudo se passa como se a UE e os estados-membros fizessem o seu caminho pedalando e travando ao mesmo tempo.

Este *Pacto* não vai ativar nenhuma política nova destinada a promover o crescimento e o emprego. Por isso, ao aprová-lo, o Conselho Europeu enganou os povos da Europa e criou uma situação ridícula, que não abona a seriedade intelectual e política das instituições comunitárias e das políticas comunitárias.

---

[15] Cfr. ANDERSON, *op. cit.*

Encerrado o tempo da propaganda, com a França e a Alemanha a proclamarem divergências sérias quanto ao rumo da política comunitária em matéria de crescimento e de emprego, o que tal 'solução' significa é que o governo socialista da França e o governo conservador da Alemanha (e todos os que lhes seguiram os passos) estão irmanados na sua fé neoliberal, que lhes dá força para manter em vigor o *Tratado Orçamental* aprovado em março de 2012.

Em suma: este novo *Pacto* não passa de uma declaração de intenções, sem qualquer relevância como instrumento dinamizador de uma nova política, que teria de começar pela rejeição do *Tratado Orçamental*, que este novo *Pacto* vem, afinal, legitimar.

Tendo em conta o que fica dito, ocorre perguntar: o que está a ser encoberto por detrás de tanto alarido?

Em 1º lugar, o conteúdo vazio das promessas dos dirigentes socialistas europeus de lançar políticas de promoção do crescimento e do emprego.

Em 2º lugar, o firme propósito de *todos* os aparentemente desavindos (os socialistas de Hollande e os conservadores de Merkel) de prosseguir as *políticas de austeridade* ao serviço das *finanças sãs*, com o argumento de que elas são indispensáveis e de que (sempre o velho *slogan* thatcheriano) *não há alternativa* para elas.

Em 3º lugar, a vontade de todos de levar por diante o "golpe de estado europeu", mantendo de pé e fazendo aplicar o *pacto contra o crescimento e contra o emprego*, que é o *Tratado Orçamental*.

Mais grave ainda: por detrás das propostas 'técnicas' contidas neste *Tratado* está uma visão totalitária, que suprime a soberania e a igualdade entre os estados-membros da UE (que os Tratados continuam a consagrar) e que aponta para a *colonização* dos pequenos países pelos grandes. Repito: este novo *pacto colonial* encerra, a meu ver, ameaças sérias à democracia e à paz na Europa.

As posições doutrinais e a prática política dos governos nacionais e das instituições comunitárias justificam inteiramente as preocupações do antigo Presidente socialista do governo de Espanha, Felipe González, que, no início de 2013,[16] reconheceu os perigos inerentes à *crise da democracia representativa*: "Os cidadãos pensam, com razão, que os governantes obedecem a interesses diferentes, impostos por poderes estranhos e superiores, a que chamamos mercados financeiros e/ou Europa. É perigoso, pois tem algo de verdade indiscutível". Pois tem! Vale mesmo a pena corrigir e dizer tudo de uma vez: esta é uma verdade indiscutível! A chamada *democracia representativa* sucumbiu às mãos de *poderes estranhos*, às mãos dos *mercados financeiros*, às mãos da *Europa do capital*, que os socialistas europeus ajudaram a construir, em defesa do *socialismo democrático* (algo que, afinal, nem é socialismo nem é democrático).

12 – Está-se a construir um novo *Leviathan*, invocando, bem vistas as coisas, que os homens e os povos (ou alguns povos do 'sul') são incapazes de autogoverno. Daí a necessidade do *Leviathan*, para pôr ordem na casa, moderar os que gostam de viver acima das suas posses, governar o presente e garantir o futuro.

---

[16] Entrevista ao *Expresso*, 05.01.2013.

Ao fim e ao cabo, é sempre o *Leviathan* 'justificado' com a invocação de que *o homem é o lobo do homem*. Com efeito, nas sociedades que assentam na existência de classes antagónicas e em que, no domínio das relações económicas, "o trabalhador [que só tem de seu a "sua força e habilidade de mãos"] é uma pessoa e o proprietário do capital, que o emprega, é outra pessoa", o *Leviathan* é sempre necessário para que a classe dominante (a classe exploradora) possa impor à(s) outra(s) classe(s) "os seus próprios termos" (continuando a citar Adam Smith), condição indispensável para preservar o seu estatuto de classe dominante.[17]

As 'regras' impostas pelo novo *Leviathan* equivalem, pois, à substituição da *política* pelo *mercado*, à *negação da política* (e da *liberdade de decisão* que ela pressupõe, com a correspectiva *responsabilidade*), à *negação da cidadania* e à *morte da democracia*. É este o papel do *Tratado Orçamental*.

O *Leviathan* dos nossos tempos, enquadrado pela ideologia neoliberal, coloca acima de tudo as *liberdades do capital*, governando segundo as 'leis do mercado' (a *constituição das constituições*). O moderno *Leviathan* é "o poder político que já não se separa do poder económico e, sobretudo, do poder financeiro".[18] É a *ditadura do grande capital financeiro*.

Referências

ANDERSON, Perry. A Europa face à hegemonia alemã. *Le Monde Diplomatique* (ed. port.), dez. 2012.

AVELÃS NUNES, A. J. *A Constituição Europeia*: a constitucionalização do neoliberalismo. São Paulo: Coimbra Editora/ Revista dos Tribunais, 2007.

AVELÃS NUNES, A. J. O euro: das promessas do paraíso às ameaças de austeridade perpétua. *Boletim de Ciências Económicas*, v. LVI, n. 3, p. 166, 2013.

BALIBAR, Étienne. Um novo impulso, mas para que Europa? *Le Monde Diplomatique* (ed. port.), mar. 2014, p. 1-13.

HABERMAS, Jürgen, *Um ensaio sobre a Constituição da Europa*. Lisboa: Edições 70, 2012.

JENNAR, Raoul-Marc. Dois tratados para um golpe de estado europeu. *Le Monde Diplomatique* (ed. port.), jun. 2012.

KALECKI, Michael. Political aspects of full employment. In: HUNT, E. K.; SCHWARTZ, Jesse G. (Eds.). *A critique of economic theory*: selected readings. London: Penguin Books, 1972. p. 420-430.

KRUGMAN, Paul. Quando a austeridade falha. *The New York Times*, 25 maio 2011.

LORDON, Frédéric. Sair do euro, mas como? *Le Monde Diplomatique* (ed. port.), ago. 2013.

NAVARRO, Vicenç; LÓPEZ, Juan Torres; ESPINOSA, Alberto Garzón. *Hay Alternativas* – Propuestas para crear empleo y bienestar social en España. Madrid: Ediciones Sequitur, 2011.

PANIER, Frédéric. Arranjos contratuais: a arma fatal. *Le Monde Diplomatique* (ed. port.), abr. 2014. p. 37.

SMITH, Adam. *Riqueza das nações*. Lisboa: Fundação Calouste Gulbenkian, 1981 e 1983. v. I, v. II.

---

[17] Cfr. *Riqueza das Nações*, v. I, p. 176.
[18] Cfr. BALIBAR, *op. cit.*

Informação bibliográfica deste texto, conforme a NBR 6023:2002 da Associação Brasileira de Normas Técnicas (ABNT):

NUNES, António Avelãs. O *Tratado Orçamental*, um verdadeiro "golpe de estado europeu". In: COPETTI NETO, Alfredo; LEITE, George Salomão; LEITE, Glauco Salomão. *Dilemas na Constituição*. Belo Horizonte: Fórum, 2017. p. 425-442. ISBN 978-85-450-0236-9.

SOBRE OS AUTORES

Alexandre Melo Franco Bahia
Doutor e Mestre em Direito Constitucional pela UFMG. Professor Adjunto na Universidade Federal de Ouro Preto e IBMEC-BH.

Alexandre Morais da Rosa
Doutor em Direito pela Universidade Federal do Paraná (UFPR). Professor da UFSC e UNIVALI. Juiz de Direito (TJSC).

Alfredo Copetti Neto
Professor PPGD/Unijuí e Professor Adjunto da Universidade Estadual do Paraná (Unioeste). Advogado OAB/RS. Editor da Revista do Instituto de Hermenêutica Jurídica. Membro fundador da Rede de Pesquisa Estado e Constituição.

Andreas J. Krell
Doctor Juris da Freie Universität Berlin/Alemanha. Professor de Direito Ambiental e Constitucional da Faculdade de Direito da Universidade Federal de Alagoas (FDA/UFAL), nos cursos de graduação e de mestrado. Ex-diretor da FDA (2006-14). Colaborador do PPGD da Faculdade de Direito do Recife (UFPE). Pesquisador bolsista do CNPq (nível 1B). Consultor da CAPES.

António Avelãs Nunes
Professor Catedrático Jubilado da Faculdade de Direito de Coimbra/Portugal.

Bernardo Gonçalves Fernandes
Doutor e Mestre em Direito Constitucional pela UFMG. Pós-Doutor pela Universidade de Coimbra (FDUC). Professor Associado I de Teoria da Constituição e Direito Constitucional da graduação e pós-graduação (mestrado e doutorado) da Faculdade de Direito da Universidade Federal de Minas Gerais (UFMG). Professor Adjunto IV de Direito Constitucional da Pontifícia Universidade Católica de Minas Gerais (PUC Minas). Membro do Conselho Científico do Instituto de Hermenêutica Jurídica.

Bruno Meneses Lorenzetto
Professor de Direito da Pontifícia Universidade Católica do Paraná. Professor de Direito do programa de mestrado em Direito e da graduação do Centro Universitário Autônomo do Brasil (UniBrasil). Visiting Scholar na Columbia Law School, Columbia University, New York. Doutor em Direito pela UFPR na área de Direitos Humanos e Democracia.

Clèmerson Merlin Clève
Professor Titular de Direito Constitucional da Faculdade de Direito da Universidade Federal do Paraná e do Centro Universitário Autônomo do Brasil (UniBrasil). Pós-graduado em Direito Público pela Université Catholique de Louvain, Bélgica. Líder do Núcleo de Investigações Constitucionais em Teorias da Justiça, Democracia e Intervenção da UFPR (NINC).

Daniel Francisco Nagao Menezes
Graduado em Direito pela Pontifícia Universidade Católica de Campinas. Possui especializações em Direito Constitucional e Direito Processual Civil pela PUC-Campinas. Especialização em Didática e Prática Pedagógica no Ensino Superior pelo Centro Universitário Padre Anchieta. Mestre e Doutor em Direito Político e Econômico pela Universidade Presbiteriana Mackenzie. Professor Universitário da Faculdade de Direito da Universidade Presbiteriana Mackenzie, campus Campinas.

Dierle Nunes
Doutor em Direito Processual (PUC Minas/Università degli Studi di Roma "La Sapienza"). Mestre em Direito Processual pela PUC Minas. Professor Permanente do PPGD da PUC Minas. Professor Adjunto na PUC Minas e na UFMG. Membro do IBDP e do IAMG. Advogado.

Diogo Bacha e Silva
Mestre pela Faculdade de Direito do Sul de Minas (FDSM). Professor da Faculdade de São Lourenço. Advogado.

Edilson Pereira Nobre Júnior
Doutor e Mestre em Direito Público pela Faculdade de Direito do Recife (UFPE). Professor da Faculdade de Direito do Recife (UFPE). Desembargador do Tribunal Regional Federal da 5ª Região (TRF5).

Flavia de Campos Pinheiro
Mestra em Direito Constitucional pela Pontifícia Universidade Católica de São Paulo (PUC-SP). Professora de Direito Constitucional na Pontifícia Universidade Católica de São Paulo (PUC-SP).

Flávia Santiago Lima
Doutora e Mestra em Direito Público pela Universidade Federal de Pernambuco (UFPE). Professora de Direito Constitucional da Universidade Católica de Pernambuco (UNICAP). Advogada da União. Integrante do grupo "Recife Estudos Constitucionais" (REC/CNPq).

Frederico Antonio Lima de Oliveira
Professor da Universidade da Amazônia (UNAMA), da Universidade Estácio de Sá (Belém/PA) e da Faculdade Ideal (FACI/PA), na graduação e pós-graduação (especialização e mestrado). Promotor de Justiça de 3ª Entrância do Ministério Público do Estado do Pará. Pós-Doutorando em Direito pela Universidade de Lisboa (Portugal). Doutor em Direito de Estado (subárea: Direito Constitucional) pela Pontifícia Universidade Católica de São Paulo (PUC-SP). Mestre em Direito Público (subárea: Direito Administrativo) pela Universidade Federal do Pará (UFPA). Pósgraduado em Direito Ambiental pela Universidade de São Paulo (USP), em Direito Sanitário pela Universidade de Brasília (UNB), em Direito Ambiental e Políticas Públicas pelo Núcleo de Altos Estudos Amazônicos (NAEA-UFPA) e em Direito Eleitoral pela Universidade Federal do Pará (UFPA). É membro da Academia Brasileira de Direito Constitucional (ABDConst), do Instituto Brasileiro de Direito Constitucional (IBDC) e do Instituto "Pimenta Bueno" de constitucionalistas.

George Salomão Leite
Doutorando em Direito Público pela Pontifícia Universidade Católica de Buenos Aires (UCA). Mestre em Direito Constitucional pela Pontifícia Universidade Católica de São Paulo (PUC-SP). Presidente da Escola Brasileira de Estudos Constitucionais (EBEC).

Gilberto Bercovici
Professor Titular de Direito Econômico e Economia Política da Faculdade de Direito da Universidade de São Paulo (USP). Professor do programa de pós-graduação em Direito Político e Econômico da Universidade Presbiteriana Mackenzie. Doutor em Direito do Estado e livre-docente em Direito Econômico pela Universidade de São Paulo (USP).

Glauco Salomão Leite
Doutor em Direito Público pela UFPE. Mestre em Direito Constitucional pela PUC-SP. Professor de Direito Constitucional da Graduação e do Programa de Pós-Graduação em Direito (Mestrado e Doutorado) da Universidade Católica de Pernambuco (UNICAP). Professor de Direito Constitucional da Universidade Federal da Paraíba (UFPB) e da Universidade de Pernambuco (UPE). Membro do grupo de pesquisa REC – Recife Estudos Constitucionais (REC/CNPq). Advogado.

Guilherme Peña de Moraes
Membro do Ministério Público do Estado do Rio de Janeiro. Professor de Direito Constitucional da Universidade Federal Fluminense (UFF). Mestre em Direito Constitucional pela Pontifícia Universidade Católica do Rio de Janeiro (PUC-Rio). Doutor em Direito Constitucional pela Pontifícia Universidade Católica de São Paulo (PUC-SP). Pós-Doutor em Direito Constitucional pela Fordham School of Law – Jesuit University of New York (FU/NY).

Gustavo Binenbojm
Professor Adjunto da Faculdade de Direito da Universidade do Estado do Rio de Janeiro (UERJ). Professor da pós-graduação da Fundação Getúlio Vargas (FGV). Professor Emérito da Escola da Magistratura do Estado do Rio de Janeiro (EMERJ). Doutor e Mestre em Direito Público pela UERJ. Master of Laws (LL.M.) pela Yale Law School (EUA). Procurador do Estado e Advogado no Rio de Janeiro e em Brasília.

Ingo Wolfgang Sarlet
Doutor em Direito (Universidade de Munique). Estudos em nível de Pós-Doutorando junto à Universidade de Munique e Universidade do Instituto Max-Planck de Direito Social Estrangeiro e Internacional, Alemanha. Professor Titular de Direito Constitucional na Faculdade e no programa de pós-graduação em Direito (Mestrado e Doutorado), no programa de pós-graduação em Ciências Criminais (Mestrado e Doutorado) da PUCRS e na Escola Superior da Magistratura do RS (AJURIS). Professor convidado do curso de Direito Constitucional Europeu (Granada). Ex-professor visitante da Universidade Católica Portuguesa, Lisboa, 2009 (bolsista do Programa Erasmus Mundus). Ex-pesquisador visitante nas Universidades de Georgetown e Harvard, EUA. Pesquisador associado (correspondente científico) ao Instituto Max-Planck de Direito Social Estrangeiro e Internacional (Munique, Alemanha). Juiz de Direito no Rio Grande do Sul.

Jéssica Gonçalves
Mestranda em Direito pela Universidade Federal de Santa Catarina (UFSC). Pesquisadora bolsista (CNPQ).

José Luiz Bolzan de Morais
Professor Titular do PPG Direito da UNISINOS e da UIT. Pesquisador PQ/CNPQ. Procurador do Estado do Rio Grande do Sul.

José Luiz Quadros de Magalhães
Professor da Universidade Federal de Minas Gerais (UFMG) e da Pontifícia Universidade Católica de Minas Gerais (PUC Minas). Mestre e Doutor em Direito. Coordenador Regional da Rede pelo Constitucionalismo Democrático Latino-Americano Região Sudeste.

José Maurício Conti
Professor de Direito Financeiro da Faculdade de Direito da USP. Doutor e livre-docente em Direito Financeiro pela USP. Juiz de Direito em São Paulo.

Lenio Luiz Streck
Doutor em Direito (UFSC). Pós-Doutor em Direito (FDUL). Membro catedrático da Academia Brasileira de Direito Constitucional. Professor Titular da Unisinos e Unesa. Professor Visitante da Universidade Javeriana de Bogotá, Coimbra e Lisboa (PT). Advogado. E-mail: <lenios@globomail.com>.

Luiz Alberto David Araujo
Livre docente. Doutor e Mestre em Direito Constitucional. Professor Titular de Direito Constitucional da Faculdade de Direito da Pontifícia Universidade Católica de São Paulo. Ex-Procurador do Estado de São Paulo. Procurador Regional da República aposentado.

Marcelo Andrade Cattoni de Oliveira
Doutor e Mestre em Direito (UFMG). Pós-Doutorado em Teoria do Direito (Università degli studi di Roma Tre). Bolsista de Produtividade do CNPq (1D). Professor Associado IV do Departamento do Direito Público. Subcoordenador do programa de pós-graduação em Direito da Faculdade de Direito da UFMG.

Marcelo Labanca Corrêa de Araújo
Doutor e Mestre em Direito Público pela Universidade Federal de Pernambuco. Pesquisa de Pós-Doutorado desenvolvida na Universidade de Pisa, Itália, pelo Programa de Estágio Pós-Doutoral no Exterior da CAPES. Professor permanente de Direito Constitucional do Programa de Doutorado em Direito da Universidade Católica de Pernambuco. Procurador do Banco Central na Procuradoria Regional para a 5ª Região. Vice-Presidente da Comissão de Estudos Constitucionais da Ordem dos Advogados do Brasil, PE. Advogado.

Maria Tereza Aina Sadek
Pós-Doutora na Universidade da Califórnia e na Universidade de Londres. Doutora em Ciência Política pela Universidade de São Paulo (USP). Mestra em Ciências Sociais pela Pontifícia Universidade Católica de São Paulo (PUC-SP). Colaboradora da Fundação Getúlio Vargas RJ. Pesquisadora sênior e diretora de pesquisas do Centro Brasileiro de Estudos e Pesquisas Judiciais. Professora Doutora da Universidade de São Paulo (USP).

Mariana Garcia
Mestra em Direito pelo PPGD/Unijuí. Advogada OAB/RS.

Ricart César Coelho dos Santos
Procurador do Ministério Público junto ao Tribunal de Contas do Rio Grande do Norte.

Roberta Camineiro Baggio
Professora adjunta da Faculdade de Direito da Universidade Federal do Rio Grande do Sul. Conselheira da Comissão de Anistia do Ministério da Justiça.

Vânia Siciliano Aieta
Advogada especializada em Direito Eleitoral. Docente do programa de pós-graduação *stricto sensu* da Faculdade de Direito da UERJ. Doutora em Direito Constitucional pela PUC-SP. Pós-Doutoranda em Direito Constitucional pela PUC-Rio supervisionada pelo Professor Doutor Adriano Pilatti. Presidente da Escola Superior de Direito Eleitoral (ESDEL) no Rio de Janeiro. Líder dos Grupos de Pesquisa do CNPQ Hermenêutica Constitucional e Análise Transacional, Políticas Públicas Urbanas e Direito da Infraestrutura e Observatório do Direito Eleitoral. E-mails: <vaniaaieta@siqueiracastro.com.br>; <vaniaaieta@yahoo.it>.

"Esta obra foi composta em fonte Palatino Linotype, corpo 10,5 e impressa em papel Offset 75g (miolo) e Supremo 250g (capa) pela Gráfica e Editora O Lutador, em Belo Horizonte/MG."